暮しの手帖編

戦争中の暮しの記録

目次

戦場 5

いろいろの道具 18

わたしの写した教科書　清水安子 26

若き日よふたたびはかえらぬものを 30

焼跡の卒業式 32

壕舎にも召集令状は来た 34

ちまたに雨の降る如く 36

この日の後に生まれてくる人に 53

日日の歌　勝矢武男 37

配給食品日記　平岡峯太郎 149

お願い申します

それでも私は生きる・田上ユイノ 54

子供をたのむと一言・石井スヱ 56

さまざまのおもい・村上せん 58

疎開

無理に疎開させた子が疎開先で爆死・柿谷実子 140
捨ててあるものを拾ってたべる暮し・渡辺とよ子 141
夫の出征中に強制疎開でついに廃業・森井勢以 142
疎開荷物を預かるほうにも多い苦労・熊谷さち 143
一家離散したまま再び揃うことなく・清沢ひろ子 144

東京大空襲

火・島野康子 60
死・黒岩保子 62
熱・坂本千枝子 64
命・谷口ますみ 66
家・紀禮子 67
隣・坂本千枝子 70
傷・松岡婦志 72
煙・藤木治子 74

わが町は焼けたり

燃えたはずなのに・中杉知誉子 208
手を振る敵機・服部秀子 209
タンスをお棺に・宮治千枝子 210
豆粕を押いただく・神林範 211
早よ降参したらええ・小森美恵子 212
防空壕に埋まる・佐藤弘子 213
くさった握飯・尾関岩二 214
運命の給料日・西本恵三子 215
逃げる・河原富志恵 216
おしゃれの効用・高橋君子 217
爆弾ともしらず・松田経子 218

一九四五年八月六日

黒い雨・村上芳子 162
わが子・小久保よう子 164
駅から・野村ぬい 166
やけど・橋本朝江 167
次の朝・星野佳以子 169

大阪全滅

こんな所で負けたらあかんと人を押のけ・勝きみ子 122
防空壕の中の物まで灰になってしまって・今田やす 124

飢えたるこどもたち

お手玉の大豆・康本君子 112
二日間歩いて脱走・上沢美和子 113
いなごの青い汁・渡辺玲子 114
おやつの食塩・森川玉江 117
食べすぎ・山下隆男 118
腹下しをかくして・梅野美智子 119
絵にかいたお菓子・中村桂子 121

おてがみ

大和田一子 86
今泉タマ 86

村へやってきた町の子

食物やって歌わせる・土佐林信江 188
先生が子供のぶんまで・藤原徳子 188

防空壕と壕舎

トタン小屋・戸田達雄 190
屋根のカボチャ・松本栄子 191
役に立たぬ防空壕・江間道子 193
まるで仙人の暮し・藤木治子 193
機銃掃射で助かる・小久保勘市 195
女手ひとつで作る・土谷義 195
防空壕は断念して・中山筆子 196

小学生

きたかぜがふいているときにつくつたかんそういも・田中よし子 170
のどがかわいてもみずものめないでざいもくはこび・富田美鶴 172
ひもじさにひとのべんとうをぬすんでたべたこども・浦田邦子 172
こわされたふろやのいろのついたタイルがほしかつた・太田真理子 173
きのみをひろつたりまつやにをとつたりしたやまのこ・中川三郎 174
ひるはこどもよるはすいへいさんがつかうきようしつ・小関春子 176
あのころのこどもはこんなふうにしてくらしていた・太田芳江 177
十五キロもあるとなりむらへひとりでかいだしにゆく・江川佐一 178
まいにち四キロのみちをがつこうへはだしでいつた・松本和子 179

油と泥にまみれて

飛行場・横山譲二 94
軍帽・梶川裕子 95
放送・木内勝子 96
機関砲・片山アヤ子 97
検車・稲田好子 98
撃茎・古橋賢造 99
航空廠・森崎和江 100

食

海水のおかゆ・戸原照子 104
豆ご飯・喜多三重子 105
糠の団子・新井オイツ 106
日の丸弁当・草野知代子 107
雑炊食堂・柏木七洋 108
ジャガ芋・小久保よう子 109
かぼちゃの葉・岩森道子 110
ごった煮・内田長三郎 111

酒・たばこ・マッチ 石けん・長ぐつ・油

暗い灯・瑞慶覧長和 180
たばこをまく・細矢充栄 181
手作りの靴・古川雅子 181
あく洗い・高井薫 182
やみ酒・小久保勘市 183
月下の食事・遠藤風子 184
行列の場所とり・内田長三郎 185
電柱の利用・神守きよ子 185
海ほたる・横田好子 186
松の明り・南郷よね子 186
雪はだし・味方瞳 187

路傍の畑

どぶ板の上にも野菜はそだつ・内田長三郎 146
御堂筋の歩道を掘りかえして・守先花子 147
三合程の大豆を一斗にせよと・山田千野 148

産婆さんは大忙し

ろーそくの火の下で・石井園江 102
産湯の燃料にこまる・高木ちよ 103

ゆがめられたおしゃれ

佳人薄命・小久保よう子 136
千枚通し・笠井幸子 137
地下足袋・黒滝正子 138
女子挺身隊の記念写真・岩瀬田鶴子 139

恥の記憶

紀元節の買出し・内田長三郎 126
女生徒の病気・木沢敏子 127
先生のピンはね・山下隆男 128
疎開地の女ボス・飯森加代子 130
白米の弁当・上池達男 131
疎開っ子・佐野寛 132
乾パンどろぼう・藤原正高 133
生めよふやせよ・内藤咲枝 135

汽車は行く

宇都宮から大阪へ・山中二郎 88
東京から静岡へ・山内祥子 90
八幡—千丁間・芝崎総夫 90
東京から山形へ・値賀アイ 92

いろいろ

薪の塩だし・篠田良一 76
血清・中村のぶ子 76
千人針・土屋政江 77
父の免職・岡井敏 79
犬を連れて・池田ゆき子 80
取急ぎ結婚・種岡敏子 81
つくろい屋・小幡坡矢子 82
銭湯・原多美江 83
女教師の宿直・安土文子 83
戦死・内田茂子 84
心の隅にのこる汚点・河原富志恵 198
全羅南道光州東公立中学校・白土時雄 198
ある教え子の死・小林綾子 199
自分だけ白い飯を食べる神経・渡辺秀子 200
カラフトのいも作り・山口清子 201
東京の下宿・高畠健 202
防空演習・柏木七洋 203
台湾の嘉義の防空壕・太田光子 204
じゃま者あつかい・大山輝子 205
竹槍・田島泰子 206
ある徴用工・吉本元太郎 206

父よ夫よ

お通夜の炭・藤岡タヅ 157
家の下に・矢島與志子 158
駅頭のわかれ・向坂淑子 158
君死に給う・久末栄 159
いわしの箱・三田庸子 160
暮れかけた道・林優子 161

百姓日記 田中仁吾 220

附録

1 戦争中の暮しの記録を若い世代はどう読んだか 251
1215名の若い人たちについて 267
2 戦争を体験した大人から戦争を知らない若い人へ 271
やっと発言しはじめた戦中派 289

●見返し 東京空襲による焼失区域図
●写真提供 朝日新聞社・毎日新聞社・読売新聞社・山梨日日新聞社・北日本新聞社・熊本日日新聞社
南日本新聞社
伊与田昌男・梶川裕子・岩谷圭江子・岩瀬田鶴子・丸 静江・堀越千代子・大石 孝

表紙 花森安治
装画 花森安治
写真 松本政利 斎藤 進
飯泉 勇

編集
花森安治 大橋鎭子 大橋芳子
中野家子 松本政利 河津一哉
宮岸 毅 斎藤 進 杉山泰子
岩澤弘恭 小榑雅章 加川厚子
鎌谷和子 晴気栄子 尾崎弘枝
横佩道彦 池田君子 深津淑江
平野頼子 山口寿美子 大沼俔子
杉村民子 西村美枝 吉越栄夫
卜部ミユキ 永田豊子 林 精孝
小倉道子 小原喜久枝 武居君代
冷牟田米子 飯泉 勇 佐藤明子
横山晴子

製作
横山啓一 大畑 威 岡戸久夫
千葉千代吉

印刷
青山与三次郎 矢部富三
鈴木信司 笠原栄次
高橋武夫

整版
田中一男 天野義道
市村駒之助 中条安健

製本
清水茂登吉 佐藤賢一郎

戦場

〈戰場〉は
いつでも
海の向うにあった
海の向うの
ずっととおい
手のとどかないところに
あった
学校で習った地図を
ひろげてみても
心のなかの〈戰場〉は
いつでも
それよりもっととおくの
海の向うにあった

ここは
〈戰場〉ではなかった
ここでは　みんな
〈じぶんの家〉で
暮していた
すこしの豆粕と大豆と
どんぐりの粉を食べ
垢だらけのモンペを着て
夜が明けると
血眼になって働きまわり
日が暮れると　そのまま

毎日新聞

眠った
ここは〈戦場〉では
なかった

海の向うの
心のなかの〈戦場〉では
泥水と　疲労と　炎天と
飢餓と　死と
そのなかを
砲弾が　銃弾が　爆弾が
つんざき　唸り　炸裂し
ていた

〈戦場〉と　ここの間に
海があった
兵隊たちは
死ななければ
その〈海〉をこえて
ここへは　帰ってこられ
なかった

いま
その〈海〉をひきさいて
数百数千の爆撃機が
ここの上空に
殺到している

焼夷弾である
焼夷弾が
投下されている
時間にして
おそらく　数十秒
数百秒
焼夷弾が
想像をこえた量が
いま　ここの上空から
投下されているのだ
それは　空中で
一度　炸裂し
一発の焼夷弾は
七二発の焼夷筒に分裂し
すさまじい光箭となって
地上に　たたきこまれる
それは
いかなる前衛美術も
ついに及ばぬ
凄烈不可思議な
光跡を画いて
数かぎりなく
後から　後から　地上に
突きささってゆく
地上

毎日新聞

そこは　〈戦場〉では
なかった
この　すさまじい焼夷弾
攻撃にさらされている
この瞬間も
おそらく　ここが
これが〈戦場〉だとは
おもっていなかった

爆弾は　恐しいが
焼夷弾は　こわくないと
教えられていた
焼夷弾はたたけば消える
必ず消せ
と教えられていた
みんな　その通りにした
気がついたときは
逃げみちは　なかった
まわり全部が　千度を
こえる高熱の焔であった
しかも　だれひとり
いま　〈戦場〉で
死んでゆくのだ　とは
おもわないで
死んでいった

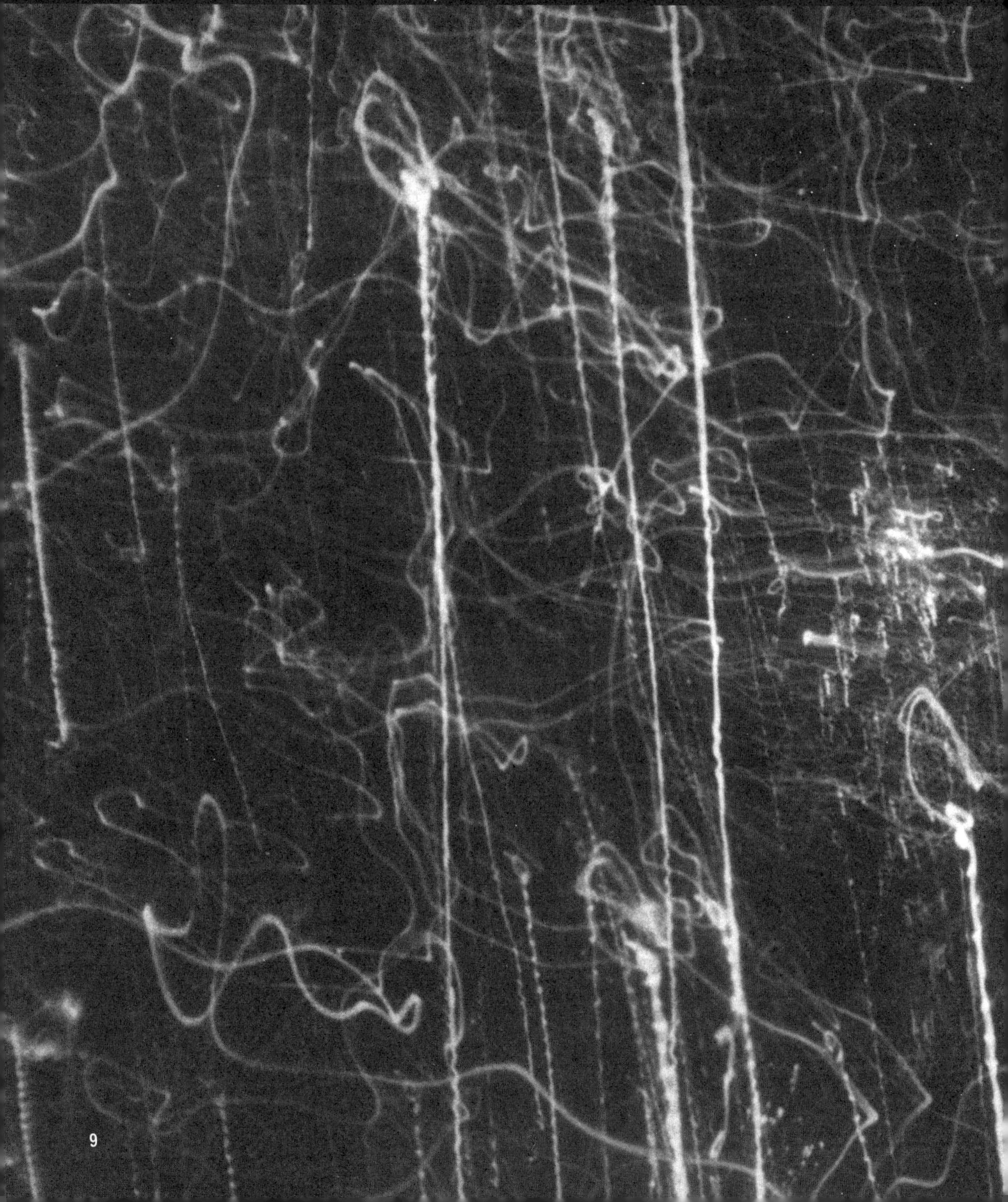

夜が明けた
ここは　どこか
わからない
見わたすかぎり　瓦礫が
つづき　ところどころ
余燼が　白く煙りを上げてくすぶっている
異様な　嘔き気のする臭いが　立ちこめている
うだるような風が　ゆるく吹いていた

しかし　ここは
〈戰場〉ではなかった
この風景は
單なる〈燒け跡〉にすぎなかった
ここで死んでいる人たちを　だれも〈戰死者〉とは　呼ばなかった
この気だるい風景のなかを動いている人たちは
正式には　單に〈罹災者〉であった
それだけであった
はだしである

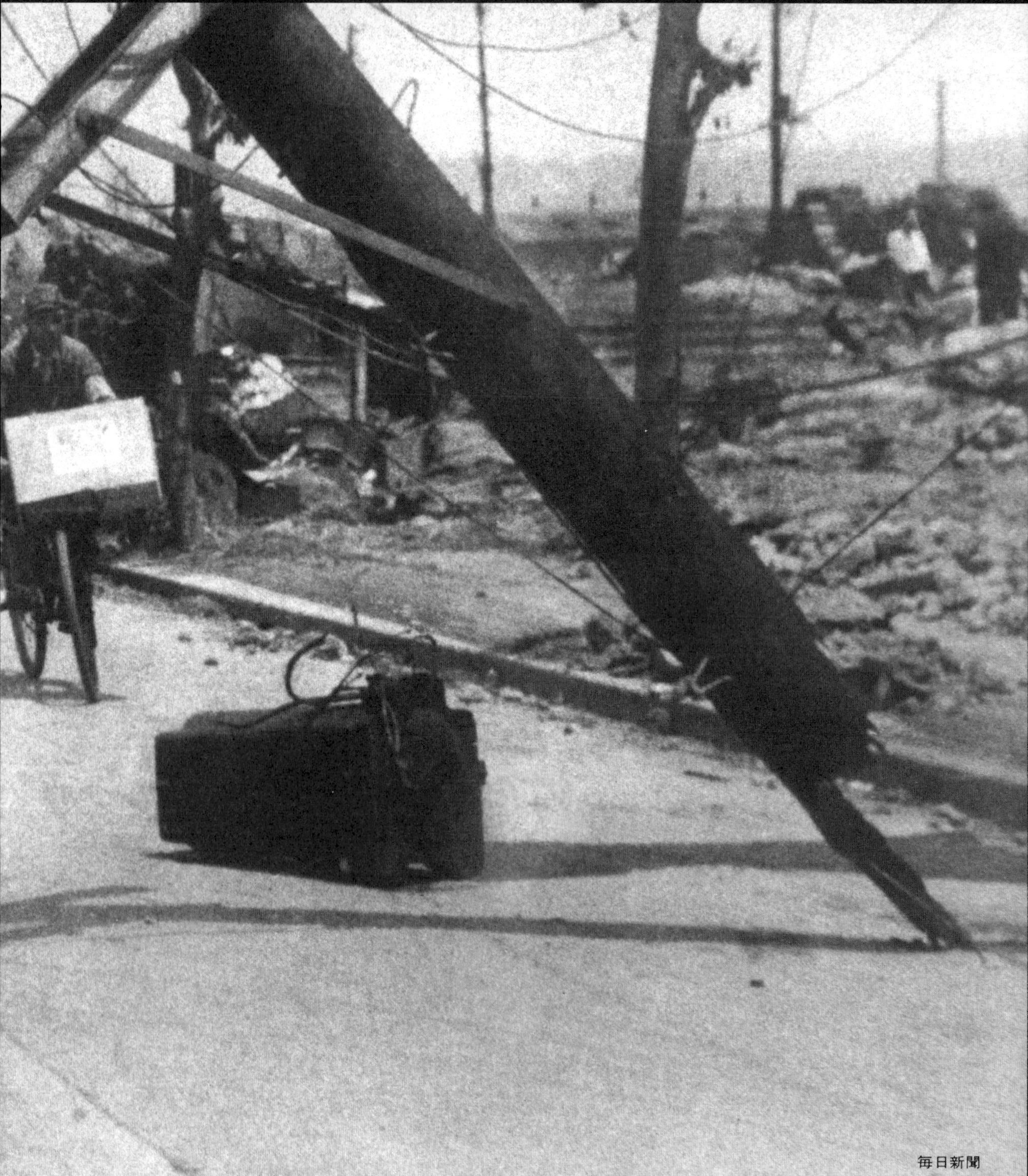

毎日新聞

負われている子をふくめて
この六人が　六人とも
はだしであり
六人が六人とも
こどもである
おそらく　兄妹であろう
父親は　出征中だろうか
母親は　逃げおくれたのだろうか

持てるだけの物を持ち
六人が寄りそって
一言もいわないで
だまって　焼けた鋪道を
歩いてゆく
どこからきて　どこへゆくのか
だれも知らないし
だれも知ろうとしない

しかし
ここは〈戦場〉ではない
ありふれた〈焼け跡〉の
ありふれた風景の
一つにすぎないのである

あの音を
どれだけ　聞いたろう
どれだけ聞いても
馴れることは　なかった
聞くたびに
背筋が　きいんとなった
6秒吹鳴　3秒休止
6秒吹鳴　3秒休止
それの十回くりかえし
空襲警報発令

あの夜にかぎって
空襲警報が鳴らなかった
敵が第一弾を投下して
七分も経って
空襲警報が鳴ったとき
東京の下町は　もう
まわりが　ぐるっと
燃え上っていた
まず　まわりを焼いて
脱出口を全部ふさいで
それから　その中を
碁盤目に　一つづつ
焼いていった

朝日新聞

1平方メートル当り
すくなくとも3発以上
という焼夷弾
〈みなごろしの爆撃〉

三月十日午前零時八分か
ら　二時三七分まで
一四九分間に　死者
8万8千7百93名
負傷者
11万3千62名
この数字は
広島、長崎を上まわる

ここを　單に〈焼け跡〉
とよんでよいのか
ここで死に　ここで傷き
家を焼かれた人たちを
ただ〈罹災者〉で　片づ
けてよいのか

ここが　みんなの町が
〈戰場〉だった
こここそ　今度の戰爭で
もっとも凄惨苛烈な
〈戰場〉だった

とにかく
生きていた
生きているということは
呼吸をしている
ということだった
それでも　とにかく
生きていた

どこもかしこも
白茶けていた
生きていた
とはおもっても
生きていたのが幸せか
死んだほうが幸せか
よくわからなかった

気がついたら
男の下駄を　はいていた
その下駄のひととは
あの焔のなかで
はぐれたままであった
朝から　その人を探して
歩きまわった
たくさんの人が
死んでいた
誰が誰やら　男と女の
区別さえ　つかなかった
それでも　やはり

朝日新聞

見てあるいた
生きていてほしい
とおもった
しかし　じぶんは
どうして生きていけば
よいのか
わからなかった

どこかで
乾パンをくれるという
ことを聞いた
とりあえず
そのほうへ　歩いていっ
てみようと　おもった

いま考えると
この〈戦場〉で死んだ人
の遺族に
国家が補償したのは
その乾パン一包みだけ
だったような気がする

読売新聞

お父さん
少年が　そう叫んで
号泣した
あちらこちらから
嗚咽の声が洩れた

戰争の終った日
八月十五日
靖国神社の境内

海の向うの〈戰場〉で
死んだ
父の　夫の　息子の
兄弟の
その死が　なんの意味も
なかった
そのおもいが　胸のうち
をかきむしり
号泣となって
噴き上げた

しかし　ここの
この〈戰場〉で
死んでいった人たち
その死については
どこに向って

泣けばよいのか
その日
日本列島は
晴れであった

米つき棒

戦争も、だんだん激しくなってくると米ばかりの飯、などは、昔語りの夢になってしまった、芋や大豆や豆粕のまわりに米粒がちらついているような飯でも、米粒がないよりは、ありがたかった、その米も、精白しない玄米のまま配給されるようになった、精白する人手と動力がなくなったのだろう、玄米のほうが体によいといわれたが、炊きぶえはしないし、第一、下痢した、そこで、こんな簡易精白器が流行した、ハタキの柄などを利用した細い棒で、ビンの中の玄米をついていると、三合の米が二時間ほどで、七分づきくらいにはなった、しかし、それに馴れたころには、玄米の配給も、ほとんどなくなってしまった

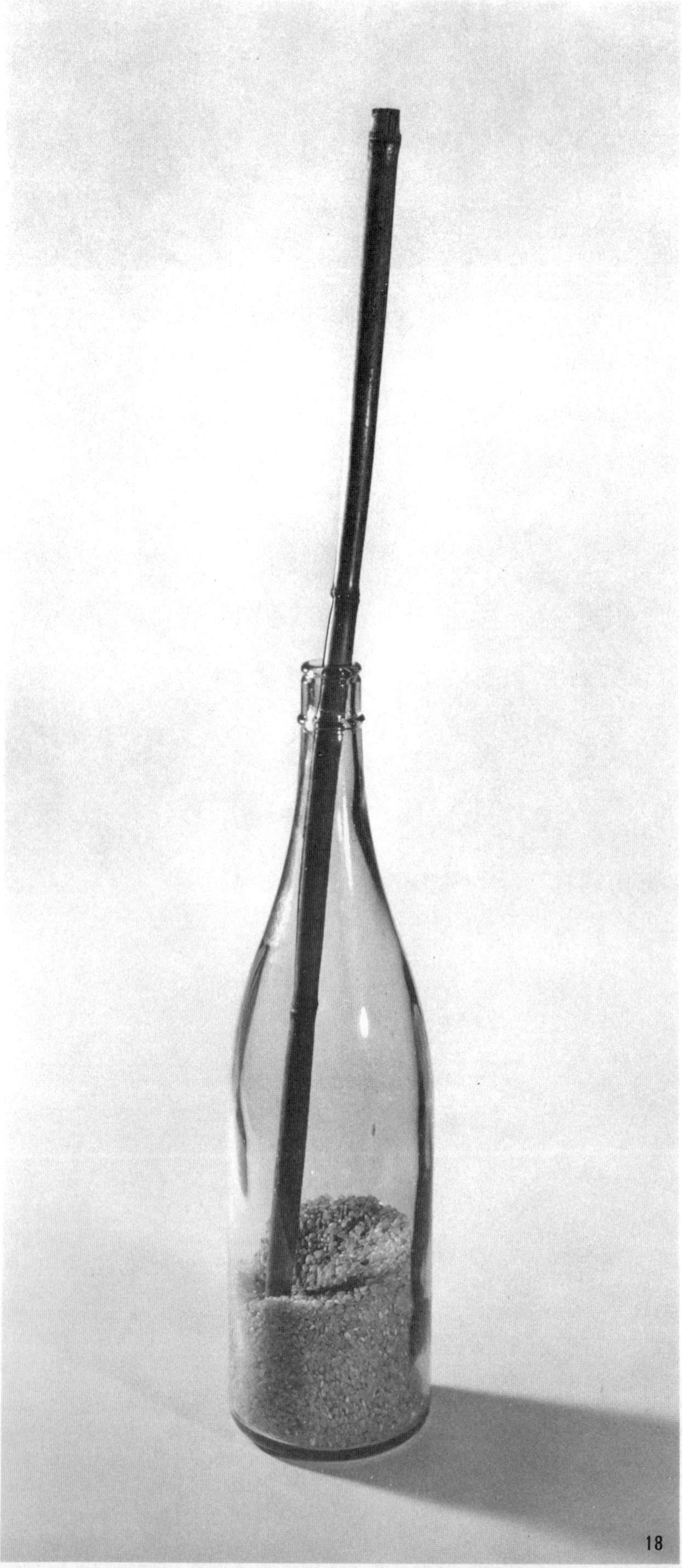

いろいろの道具

たばこ巻き器

タバコがないつらさは、タバコのみでないとわからない、それも一日六本の配給が、二十年になると、三本になってしまった、これでは、どうにもがまんしきれない、のまない人間と物々交換という手も、交換するブツに事欠く、いきおい代用品探しに血眼になった、茄子の葉がよい、イタドリがよい、山ごぼうの葉がよい、などといわれてたいてい試めしてみたが、いがらっぽい煙りが出るというだけで、どれもパッとしない。そのころ、ヤミで流れる刻みタバコを巻くために、こんなキカイができた、巻く紙は、コンサイス字典に使ってあるインディアンペーパーがよい、といわれていた

もんぺ

モンペは、もともとは、東北あたりの農村の仕事着であった、それが、戦争がはじまると、日本中の女のひとの、ふだんの服装になってしまった

はじめは、しかし、防空演習などのときにだけ着て出る服で、ふだんの着物の上から、上っぱりのようにひっかけた、だから、股下もずいぶん短く、ぶくぶくして、どうみても、いいスタイルとは申しかねた

空襲がはじまるころから、ふだんの長着のかわりに、肌着の上に、じかにモンペを着るようになって、これが、ふだんの服装になってくると、さすがに形も工夫されてきた

股上も短くなって、腰から足への線もきりっとした裁ち方になり、袖口も、舟底袖の和風から、細いカフスに、スナップかボタン止めの洋風になり、裾口も、紐で結ぶ式が、やはりカフスになった

生地も、もめん一点ばりだったのが、ちょいちょい着、よそ着までがモンペになると、銘仙や、お召も使われはじめた、いったいに地味な色合や柄だったが、袖の振りに、ちらと色をのぞかせたりして、せめて、女心のいじらしさをみせたものである

防空ずきん

モンペが、農村の仕事着からきたのに対して、防空ずきんのほうは、むかしの火事装束《しょうぞく》にヒントを得ている
これも、はじめは、隣組あたりの防空演習に出るときのもので、だから、やはり女のひとの、一種の戦時服装だった
それが、どういうものか、モンペのほうは、すっかり、日常着に落着いてしまったのに、防空ずきんのほうは、むしろ、男や、こどものものになってしまった
それというのも、防空ずきんは、火の粉や、爆弾の破片や、爆風で飛びちるガラス片などを防ぐためのもので、いわば、鉄カブトのような役目をしていたからだろう
そうなると、ほとんど家にいる主婦には、むしろ暑くるしく、わずらわしいものだし、一日外に出て働く男や、学校へゆくこどもたちには、欠かせないものになっていったのもうなずける
おなじ意味で、外で働く娘たちは、や

はり防空ずきんは手ばなせなかった
やはり、形については、いくつかの変遷があって、初期は、この写真でいうと、左から三つ目と、右から二つ目のように、頭のかたちに円く裁って、ヒサシがついていた
それが、だんだん直線裁ちになって、まん中の大きい黒っぽいものに見られるように、細長いものを、頭の上でワにして、首筋のところに三角のマチをいれるようになった
もちろん綿入れで、それをところどころとじたが、なかには、全体をキルティングしたのもあった、綿は厚く入れたほうが、危害を防ぐのにはよかったが、ぼたぼたして、見た目はよくないので、若い女だと、着物の綿入れに毛の生えた程度にしたがった、しかし、暮してゆく知恵というものは、大したもので、空襲が激しくなって、身の危険が切実になってくると、それもうんと厚いものに作りかえた
綿入れだから、冬は、けっこう防寒帽として役に立ったが、暖かくなると、紐と紐をむすんで、肩から斜めに下げるのが普通になった
生地は、これはよそゆきも何もないから、丈夫なもめんが使われたが、女の子のは、やはり紅いメリンスで作ってやったものである

●リュック　戦前の若い者の旅行というと、リュックをかついでいったから、たいていの家には、一つや二つはころがっていて、これが買い出しには大いに役に立った。女世帯などで、持ち合せがない家では、見よう見まねで、帯芯を利用して作ったが、本物のようにいかなかったのは、仕方がない

●靴　牛皮、馬皮などの皮靴は、とっくに姿を消し、ちょっと、サメ皮というのが出たが、これも長くはつづかなかった。みんな古い靴の底を、二度も三度も張りかえてはいたが、それもきかなくなって、底から水のじみるのを

がまんしてはいていた、ズック靴も地下足袋も一般の手に入らなかった、なかには、とっておきのスキー靴をはくのもいて、みんなを羨やましがらせたものだが、ラッシュの車内で、これで踏まれると、飛上るほど痛かった

●鉄カブト・防毒面　どちらも防火演習用で、じっさい空襲をうけてみると、むしろ無用の長物だった

●雑嚢　これは役に立った、なにしろ両手はいつでもあけておかないと、いざというとき困るので、手でさげるカバンは使えない、その代りに、この雑嚢をいつでも肩からかけて歩いていた、この中には、三角巾や火傷のクスリ、といった救急用品や、手帳や、手ぬぐいそれに、なにか食物がすこし入っていた、大豆をいったものがタバコの空カンに入っていたり、乾パンが入っていたりした、貯金通帳などを、これに入れていつも持ち歩いている人もいた

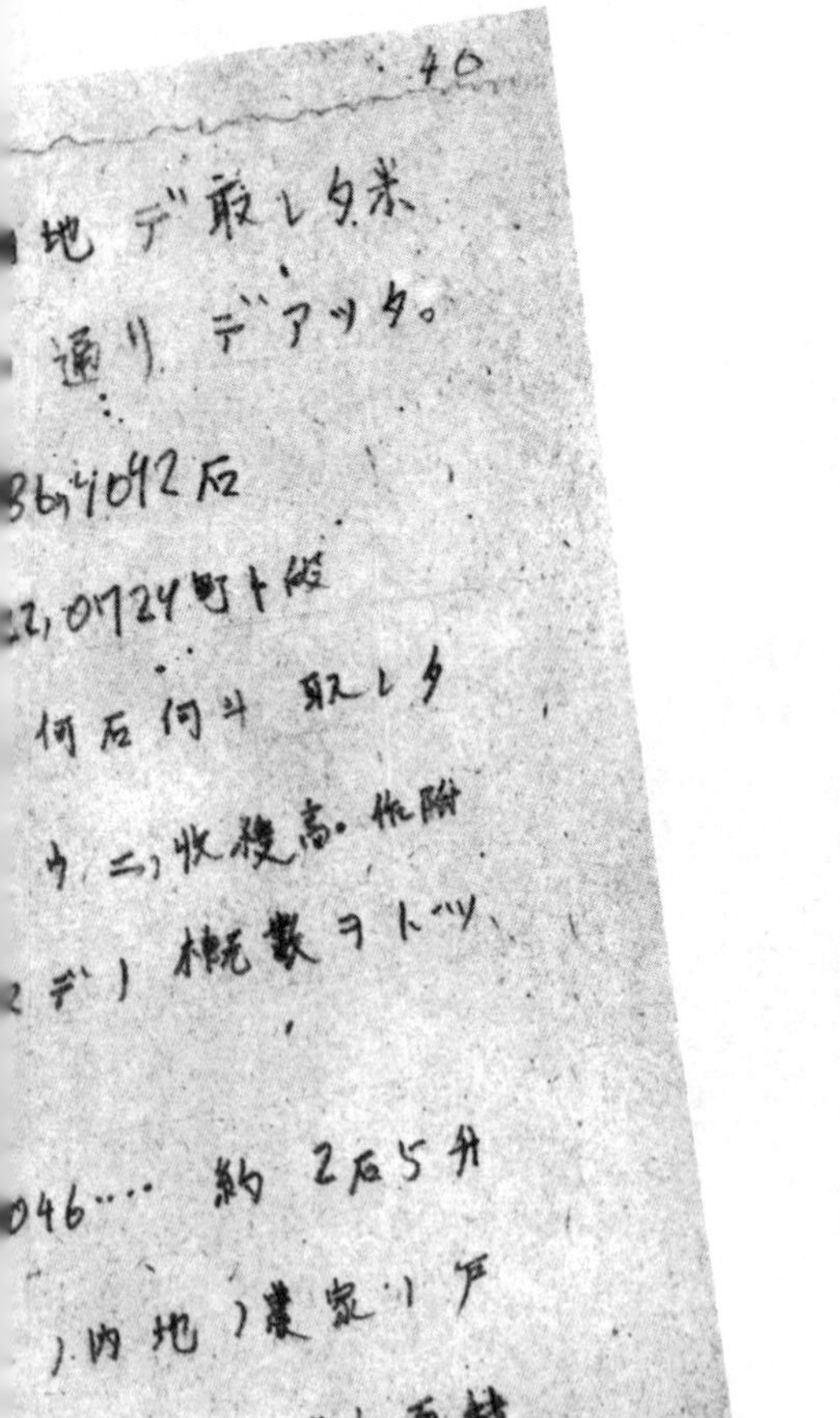

わたしの写した教科書

清水安子

このあいだ実家へ行ったとき、これが出てきたよ、と姉が取り出してきたのは、も一度見たいとおもっていたものの一つ、教科書にあらず、さし絵までまねて、拙いが一生懸命に書いた六年生のときの教科書のうつしでした。当時教科書は知人のお古を借り、新しいのは四人に一冊くらいだったかとおもいます。国語もうつしたのですが、一寸見当りません。それもちゃんとした紙もなく、二つ折にして半紙の裏側を使って、綴じたものです。

教科書がない、なんて今の子供たちには、そうぞうもつかないことでしょう。

もとのかなづかい、学校名も小学校から国民学校と変った時代です。二、三、拾ってみると、書ききれないが、これ一冊でも、お米の値段、小包の値段、漁獲高など当時のいろいろな情勢がわかります。（更埴市）

(4) アル村デ去年取レタ米ハ一萬六千八百五十三俵デ値段ハ一俵平均十八圓九十五錢デアツタ。

マタ政府カラ一俵ニツキ六圓二十錢ノ補助金《ホジョ》ヲモラツタ。

コノ村ノ米ニヨル收入ノオヨソノ見積リハ次ノヤウニ概算スル。

(19円+6円)×17000=425000円

約四十萬圓

(5) アル工場ニ工員ガ二千三百六十八人ヰル。日給ハ一圓二十錢カラ三圓八十錢マデデアツテ平均ガ約一圓八十五錢デアル。

コノ工場ノ工員ノ給料一日分ハオヨソドノクラヰカ。

(6) 昭和十三年

トリノ作附《サクツケ》面積ハ、

收穫高

作附面積

一般ニ

カヲミルニハ、次

面積ノ上カラ三

テ割算ヲスル。

654÷32

(7) 昭和十

數ハ551,948

ハ607,8282.

何倍ノ土地

(8) 昭和

ヲ含ムハ、

阪ノ人口

何割何分

分トシテ計算サレル。

	15字マデ	5字以内ヲ増スゴトニ
	50銭	10銭
	70	15
	60	12

イクラカ。

(16) 二十一日午前七時八分田中ガ名古屋駅ニ着クカラ出迎ヘヲ頼ムトイフ意味ノ文ヲ書イテ、ノ料金ヲ求ヨ。

(3) 小銃弾ハ普通ノ土ヲ1米ノ厚サニ積メバ防グコトガデキル。下ノ圖ノヤウナ、切口デ長サガ30米ノ土手ヲ作ルニハ、土ガドレダケイルカ。

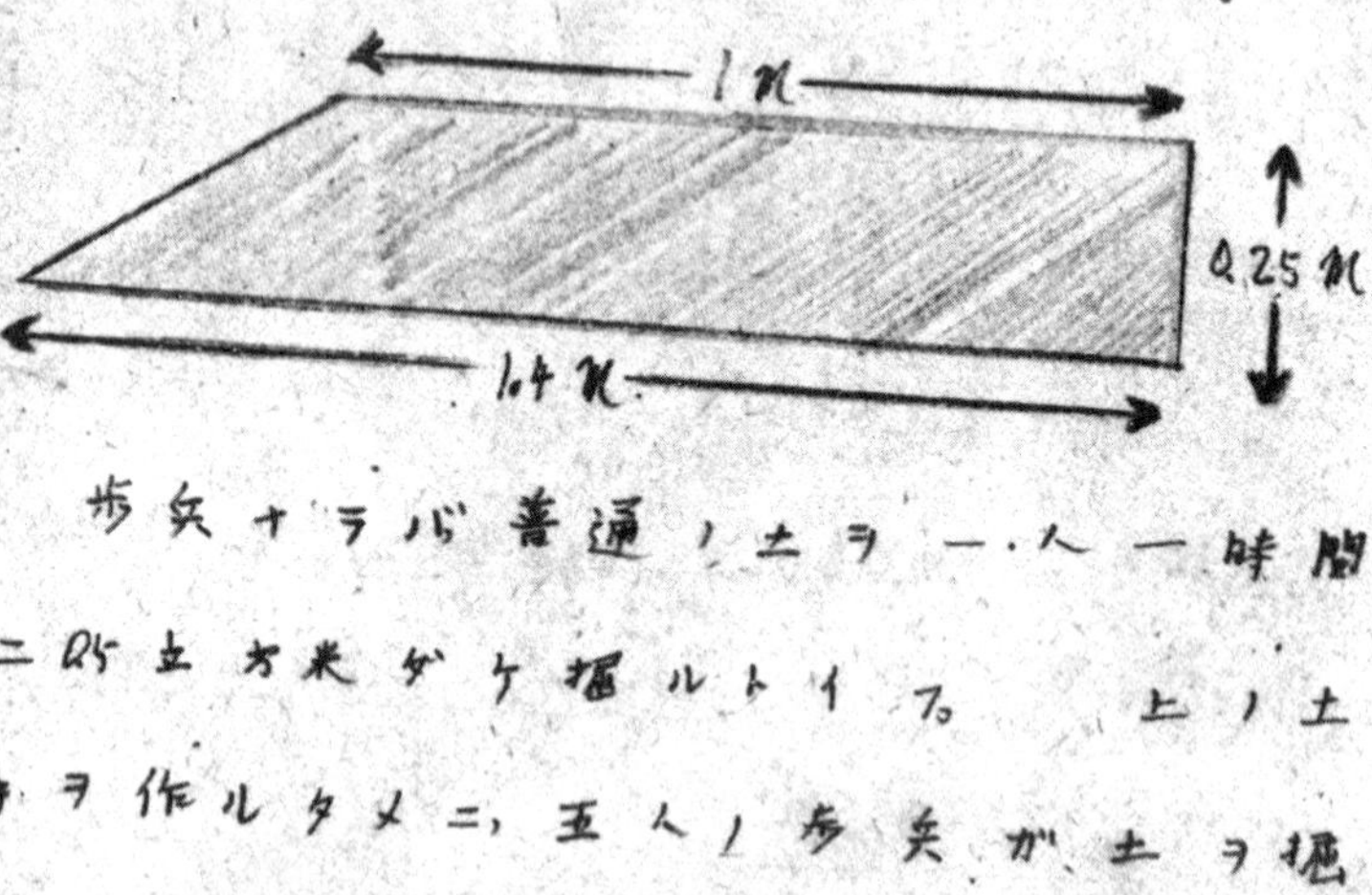

歩兵ナラバ普通ノ土ヲ一人一時間ニ0.25立方米ダケ掘ルトイフ。上ノ土手ヲ作ルタメニ、五人ノ歩兵ガ土ヲ掘ルト何時間カカルカ。

(4) 重サ750瓲ノ軍需《ジユ》品ヲ次ノ順序デ運ビタイト思フ。車ヤ舟ヲドレダケヅツ準備シナケレバナラナイカ。

トラック(大)→汽車(貨物)→船→トラック(小)

トラック(大)3000瓩積ミ　汽車(貨物) 5瓲積ミ

トラック(小)1500瓩積ミ　船　500瓲積ミ

(11) 内地相互《サウゴ》間ノ小包郵便物ノ大キサハ長サ・幅・厚サ各ミ五十糎、マタハ、長サ一米、幅・厚サ各ミ二十糎マデデアル。マタ重サハ四瓩マデデ、料金ハ次ノ表ノ通リデアル。

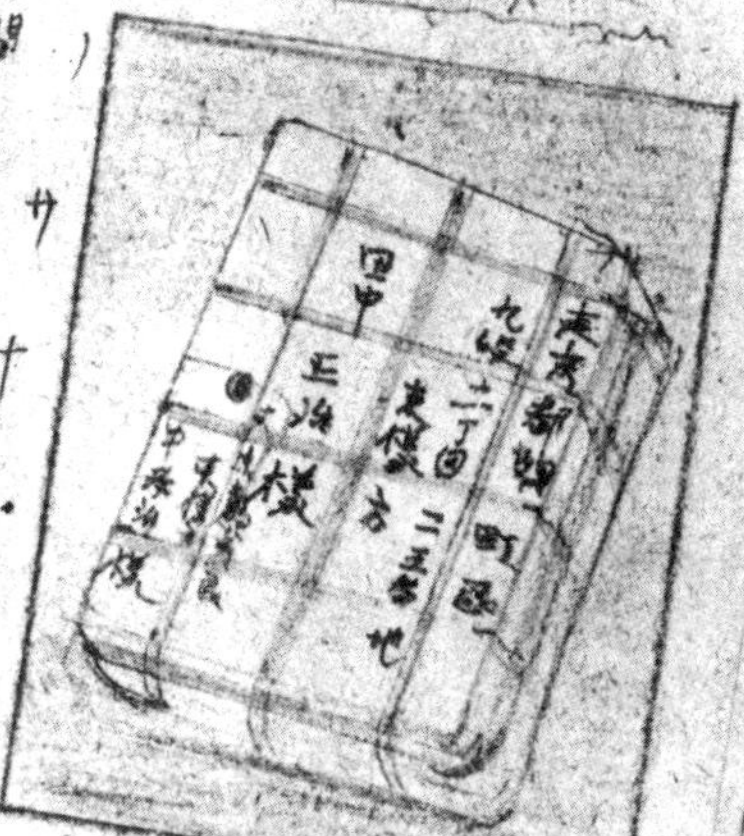

	1Kgマデ	2Kgマデ	3Kgマデ	4Kgマデ
普通	30銭	50銭	70銭	90銭
書留	50〃	70〃	90〃	1円10〃

コノ表ヲ圖ニ書イテ、イロイロナ問題ヲ考ヘヨ。

(12) 電報ニ使フ字ハ、片カナト0カラ9マデノ算數字トデアル。記號トシテ「、」「L」「(」ヲ用ヒルコトガデキル。料金ハ字數ニヨツテ定メラレテヰテ、濁音《ダクオン》・半濁音ハ二字分、記號トウチコハ

二字分、他ハ

内地相互間

内地ハ朝鮮・臺灣・
南洋群島間

内地ト關東州マタハ滿

下ノ電報ノ料金

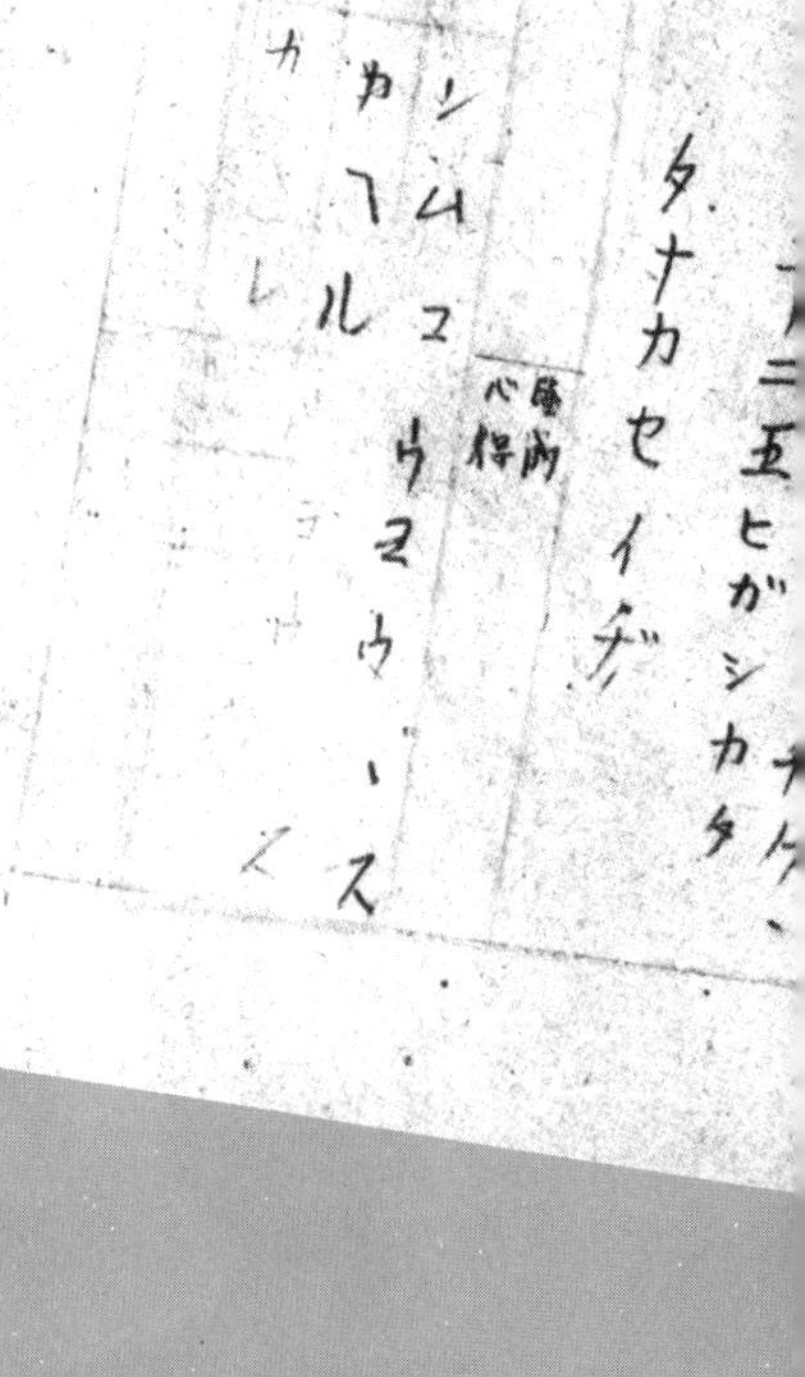

若き日よふたたびはかえらぬものを

朝日新聞

朝日新聞

焼跡の
卒業式

朝日新聞

壕舎にも召集令状は来た

朝日新聞

朝日新聞

ちまたに雨の降る如く

日日の歌

勝矢武男

立流しが腐って水がもる。トタンを張りかえれば、まだ結構使えるが、当節、流しに使うトタンなど、カネ太鼓で探してもないそうである。

木だけでも、二、三年は持つものだと聞いたので、よしよし、それなら、おれが作ってやろうと、貴重な第三日曜の一日を棒にふって、一世一代の流し作りをした。亭主の作る物は信用しないくせのある妻君が、ほんとに使えますかと、ざあと水を流して、たしかにまちがいなく、水が低いほうへ落ちて行くのを見て、不思議そうな顔をした。

十七日、米一粒もなくなる。近所では借りつくし、この上は高木さんか、酒井さんへ頼みに行く外あるまいという。ヨシヨシ、配給所から来るまで、何としてでもがまんしろと、二かたけ、茄子と南瓜でしのぐ。

食用油の配給は段階制、三人家族で四合、七人までは六合、八人以上は一升。うちは七人だから六合である。お隣りの千葉さんは、うちよりたった一人多いだけなのに、殆んど倍の一升がもらえる。お向いの何とかさんは、この春生まれた赤ちゃんでも、一人は一人の勘定で一升もらえる。裏の向うの何とかさんのうちのお婆さんは、八十いくつで、もう食べるというほど食べはしないのに、頭数で一升もらえる。

うちはみんな食べざかりで、ひと滴らしでも余計欲しいのに、たった一人足りないばかりに、一升の半分みたいな六合しか油がもらえない。それも、こんど三月ぶりに配給になったら、一合へって五合になった。

豆腐も配給になった。別に食べたくもない時に、へい、これが七人分、と置いてゆかれ、腐るからやむをえず、食べてしまえば、ああ、お豆腐のおみおつけが食べたいね、と来月のその配給の日まで、嘆きあう。

夕ぐれにひびく豆腐屋のラッパ――そんな情緒もどこかへ消え去った。そもそも情緒などいう言葉が、既に敵性の言葉だそうである。

焼竹輪一本十六銭。これをどうして食べましょう。

それはお前に任すとしよう。あたしはただ絵に書くとしよう。

あなたはどうしてのんきでしょう。

いやいや。こうして気をまぎらす。生きるも死ぬも、どうにもならぬ運でしょう。

これは日曜日の午後
に書いた絵にあらず
して、月曜日の朝、
出勤前のスケッチで
ある。
今年は、朝昼晩
時をかまわず、
雷が鳴り夕立がする
妙な年であったから
人間も、時間かまわず
ひる寝をするのだと見える。

飯なしの、ただ、おから汁
のみにて昼食をすることも
あるなり

妻君が座ぶとんのような、むくむくした物を縫ってる。何だね、と聞くと、輝夫の防空頭巾だという。この頃、学校生徒はみな防空頭巾をかついでいる。見よう見まねで輝夫もそれが欲しいのだそうだ。そうそう、そういえば、隣組から鉄カブトの希望者を聞いてきました。要るなら買っとかないと、後では手に入らないでしょう、と重ねて妻君はいう。そうかも知れない。しかし、要心よく買っておいた鉄カブト一つが、我らの運命を左右するような、そんな生やさしい戦争ではあるまい。無理に買わなくともよいよ、と答えた。

醜くしと嘲りし妻のもんぺ着も
いつか見なれぬ戦さの日々に

正月過ぎ、それも米一粒あるか、なきかに、塩鮭のみ配給になりて、何となることぞ。妻、悲しみつつ、その塩鮭を割くをみて、うたをつくる。

やつれし妻は　乾鮭《からざけ》の
薄き片身を　削《そ》ぐにさえ
あすの炊《か》しきの　あてもなく

きのうは　朝の水がゆに
きょうは　夕べの空《か》ら汁に
凌ぐとすれど　飢ゆる子の

ひとみを見れば　母の身は
と胸もつぶれ　ふたがりて
いやほそ〴〵に　面痩《おもや》する

やつれし妻は　乾鮭《からざけ》の
薄き片身を　削ぐにさえ
当つるうす刃も　力なく

この頃の我が家の生活。朝、釜にて飯を炊き、そのまま朝食とし、幸夫、英夫、ルミ子の弁当をつめれば、飯は殆どなくなってしまう。然り而うして夜はお粥、故に飯櫃《めしびつ》を用うることなく、飯櫃はからからに乾いて、この分では、ひわれて駄目になってしまうでしょうと妻君は嘆く。

金がないのも事実なれど、どこにも七輪を売ってないのも事実なり

ガス制限厳重。超過すれば止められるだろう、という。妻君恐怖し、朝毎にメートルの前で一喜一憂するのは、これは持病の心臓によくあるまい。幸い、うちには燃す物は豊富にある。飯だけでも燃し木にしたがよろしい。さればとて、当今カマドなど売っては居ず、よしよし、おれが作ってやるわ、と、古バケツ利用の即製カマド、図の如し。

ついに使いつくして、風呂に行くに洗濯石鹼を持参する。生半可の化粧石鹼より、落ちがよいが、洗濯石鹼特有の妙なにおいには降参する。その銭湯も、三日に一度、四日に一度の休み。たまたま行けば、籠と小桶の争奪戦を演じ、きれいになるのか、汚くなるのか、わかりかねる湯に浸り、しかも、その湯がぬるくて、いい心持どころか、風をひきそうになって帰るのである。

楠公飯とは、楠正成の発明した米のたき方だという。まず米を煎り、その米の三倍量の熱湯中に投じ、長時間にたきあげる。分量は確かに驚くほど増えるが、美味くないのも事実だ。

食用粉
こうしたら—
ああしたら—
前の奥さんは
こう言いました。
裏の奥さんは
ああ言いました。
新聞には
こんなことが書いて
ありました。
あるったけの
道具と材料とを
動員して
さて、
鉛はどうしても
金にはなり得ぬもの
なのですね。

幸夫と英夫とが夜中の一時半までかかって買ってきた野菜、にんじん、ごぼう、ほうれん草、この代金八円三十銭、勿論闇値なり。

秋刀魚が大漁の噂さ
鰤が大漁の噂さ
鰯が大漁の噂さ
大漁のうわさはしかしかあれど、
欲しき魚は片鱗だに見えで、
名も知れぬ魚のみ、膳上にのる。

玄米が配給されて、どこの家も弱りきってる。口に入るものならばと、路傍のギシギシとかいう雑草まで雑炊に混ぜたが、玄米という奴は、いかにも、もそもそして、なんとしても食えない。

ある日、家へ帰ると、妻君が、瓶で玄米を搗くととても白くなりますね、と大発見をしたように報告する。瓶で精米するとは、瓶を杵《きね》代りに、たたきでもするのかね、と聞くと、いいえ、一升瓶の中へ玄米を入れて、瓶の口から棒で突くのです、という。

馬鹿馬鹿しい。落語に、薄のろの男が、アルコールを瓶につめて来い、というのをまちがえて、あんころを瓶につめてくる、という話があるが、真面目らしく話すだけ、一升瓶に玄米をつめて棒で突くなんどいう話の方が、なお馬鹿馬鹿しい。下らない。そんなことで白米ができれば、誰が苦労するものかと、これは、目で見ないことには信用しない自分のくせで、妻君は不服そうに黙ってしまった。

翌日の晩、家へ帰ると、部屋にうすべりを敷いて、真中に一升瓶をおっ立って、英夫が一生懸命、棒でついてる。何だ、そりゃ。何をやってるんだ、と思わず声を掛けると、英夫が、お米を搗いてるのだよ、思ったより早く白くなるよ、と答える間も、手を休めず、ざくざくざくざくと棒を突っこむ。一升瓶の中には、半白くらいになった玄米が揺れている。

そんなことを真面目に考えるのは阿呆だといったが、最初にこの精米法を考えだした人は、阿呆どころか、大発明家の賢人であり、嘲った自分こそ阿呆であった。

この目で見ないことには信じない、という自分の玉条は訂正を要し、皇軍は、陸に海に、新聞やラジオの発表通りの大戦果を揚げてるのかもしれない。

そんな物を、何をそう一々書くんです、と妻はいう。こんな物でも、もう二度と手に入らないかも知れないから、せめてもの記念に書くんだよ、と夫は答える。

夕方家へ帰ると、妻君が、面白い恰好で蒲団を綴じている。戦災者へ寄贈の物で、一隣組から一枚ずつ、表皮の布も綿も持ちよりだという。皆ずるくて逃げてしまったので、あたし一人骨を折らなけりゃならないと、妻君はこぼしながら針を運んでいる。それはどうか知らぬが、各自持ちよりの結果は、紅紫とりどり、縞模様さまざま、美しく面白く献納には惜しいような蒲団ができた。

自分のこの下駄を見る毎に、妻君、流石にすこし気の毒そうに「いくら探しても下駄屋に下駄がないんですよ」と申訳をいう。下駄屋に下駄がないのか、わが家に金がないのか。誰かカラスの雌雄を知らんや。

八百屋の店頭に行列し、血相を変え、押し合い、へし合うような真似をして、七人家族今日の野菜の配給量が十二銭だという。こんなことで、今にどうなるのでしょう、と妻君が訴える。それをなんで私が知ることか。天の神様にでも聞くがよい。天の神様も、わしにもわからぬ、とおっしゃるかも知れぬ。

腹の足しになるものならば、溝のふちに生えてるギシギシとかいう無気味な雑草から、つつじの花まで食べてみた。しかし、近頃、主食代替で配給になったこの「乾燥唐もろこし」なるものは、どうして食べたらよろしきにや。唐もろこしは焼いて食べる、なんどの概念なんどは、一トン爆弾ほどにも見事に吹っ飛ばしてしまってる。コチコチに石より固そうな粒々は、煎ってみても、ただ焦げるばかりで、全く口に入れる物にはならない。挽いて粉にしたら、何とか食べる工夫がつくかも知れぬが、その粉にするまでの都合がつかない。一升瓶で玄米を精白することを考え出した智恵者も、これにはよい分別もわかぬにや。結局、幾日も水にふやかして、ごとごとと何時間も鍋で煮て、塩で味つけして飲みくだすのが、たった一つの食方法と落ちついたようだ。

○

うちの近所に、ところ天の製造所があって、朝八時から、一人五円までは自由販売する。当節、腹の足しになる物を自由販売するなどは、東京広しといえども、ここくらいのものかもしれない。

五円のところ天は、鍋などには入らない。それで、今日はところ天を売る、という朝には、バケツを下げた女房さん連中が、一町ほどもの列を作る。無論、その中には、れっきとした旦那さんも混り、無論、そのれっきとした旦那さんの中に、自分も混らないわけではない。自分まで乗りだして行列に加わるのは、幾バケツでも、うちにあるバケツを総動員して、ところ天を買いたいからであり、かくて一家七人、道端の砂利粒よりは少し軟かい乾燥とうもろこしを食べる合間には、ところ天ばかり食ってる。

○

無理無体に、両極端のこの二物を流しこまれる胃袋は、知らず、その硬派に組するや、はた軟派に組するや。

ある晩、仕事から帰ると、膳の皿の上にコッペがある。珍らしいな、どこからもらったのだい、というと、いまどき、どこでくれるものですか。主食代りの配給ですと妻君が答えた。こうして、一食一箇とはっきり目の前へつきつけられると、食糧事情がいっそう窮屈に、味気なくなった気がする。

しかし、これ一つが一食じゃ、ちよっと足りないな、というと妻君が、無知な良人を憐れむ目つきで、

それ一つが一食じゃない、それが二つで一日分なのですよ。もう一つあげときますから、それで明日の晩までがまんなすって下さい。

と、も一つ、コッペを置いた。

むしって食べてみる。もさもさと、味もそっけもないまずいパンだが、何よりも腹が空いてる。も少し、も少し、とむしっては食べ、一箇は完全に食べつくし、残る一箇の三分の一も食べてしまった。さっきから心配そうに傍で見ていた早百合が、お父ちゃん、あしたどうするの、といった。仕方がない。水でも飲んでがまんしよう。まさかに明日の夕方までに飢え死もしまい。もしも、どうしても飢え死するのだったら、今宵このコッペパンを一応腹ふくるるまで食べたことで、以て瞑するとしよう。

妻君がうどん機械なるものを借りてきて、これを使うと、とても訳なく、いいうどんができるんです、私がこれを廻すから、あなた、粉をこねて下さいと、うどん機の絶大な効力を讃嘆すると共に、亭主の労力は一文にも踏まぬ言いぶりをした。

ある限りの野菜の葉っぱから茎の根もとまで、みじんに刻んで、雑炊にたきこんで、ふつうの飯など幾日にも食べたことがない。

母の雑炊作りをつくづく見ていた輝夫が、母ちゃん、こんど濡れてないご飯を炊いておくれよ、といった。濡れたご飯とは、水っぽい雑炊のことらしい。では、ふつうの白い、かたいご飯のことは何というのだ、ときくと、しばらく考えていたが、あれは乾いたご飯というのだよ、と答えた。

サイパン陥落す。

暑中休暇中なれど、夕刻より校庭に緊急父兄会。校長より、四学年以上学童集団疎開の説明あり。戦火の巷となる東京に置くよりも、かの地に送るが瑠美子を愛する所以なるをおもい、集団疎開に参加を決意す。

蒲団、ねまき、当分の着がえ、箸、椀、下駄、傘の類より、学校用品を含めて、荷造託送の限度二十キロ。コモ包にした荷物は校庭に運び、まず先送。本人の出発は、輸送列車混乱して見当つかず、数日中に出発のつもりにて待て、という。

田舎に知人親戚を持たず、リュックを背負っての買出しをせず、交際下手のわが家の食生活は惨めであった。親はがまんする、というが、まことは、その親の自分や妻でさえ、堪えがたい。この幾月日かを子供らは、どんなに飢《ひも》じい、情けない日々として生きてきたのだろう。

いよいよ明後日は出発という日、瑠美子をつれて、日本橋から銀座を歩いた。或は、これが一生の別れとなるかも知れない、その最後に、何か食べさせてやりたかった。

しかし、期待の満たされそうにない失望と疲れに、目に見えて足取りの遅くなった瑠美子の手を引いて、日本橋から銀座まで歩いて、遂に一軒のパン売る店もなかった。

〇

クジ引きとかで、来月初め、四万の瑠美子の所へ面会に行けることになった。お父さん、行きますかと妻君がいう。お前、行っといで。私は又折もあるだろうし、私よりもお前の方が瑠美子も喜ぶだろう。

行きたいのは山々だが、留守も心配、途中の自分も心配で、あたし行けるかしら、と迷うのを、行って来い、行って来い。元気出して行って来い。お母さん、大丈夫だよ。輝夫やアポは僕達が見ているよ、と幸夫や英夫にも勇気づけられ、それでは思い切って行って来ようかと、このところ、暇さえあれば妻君の四万行きの話で持ち切ってる。

瑠美子の所へ行くのに下駄を買って来ました、と妻君いう。行く前の日には、髪結いさんに来てもらって、頭を作る、という。何でも、よかろう、よかろう、と答えている。妻君は私の所へ嫁にきた時よりも、うれしく、心を弾ませて、四万行の仕度に全力を捧げている。

〇

汽車の切符、ふつうでは手に入らぬのだが、

疎開学童面会ということで、学校で一括購入。瑠美子に会って、先生がよい、といったら、二晩でも三晩でも泊まって、温泉へ入っておいで、という。結婚以来、共に旅行らしい旅行をした事もなかった。それが瑠美子に面会のため、この戦時に、温泉へ行けるとすれば、寺子屋ならねど、これも子の恩か。

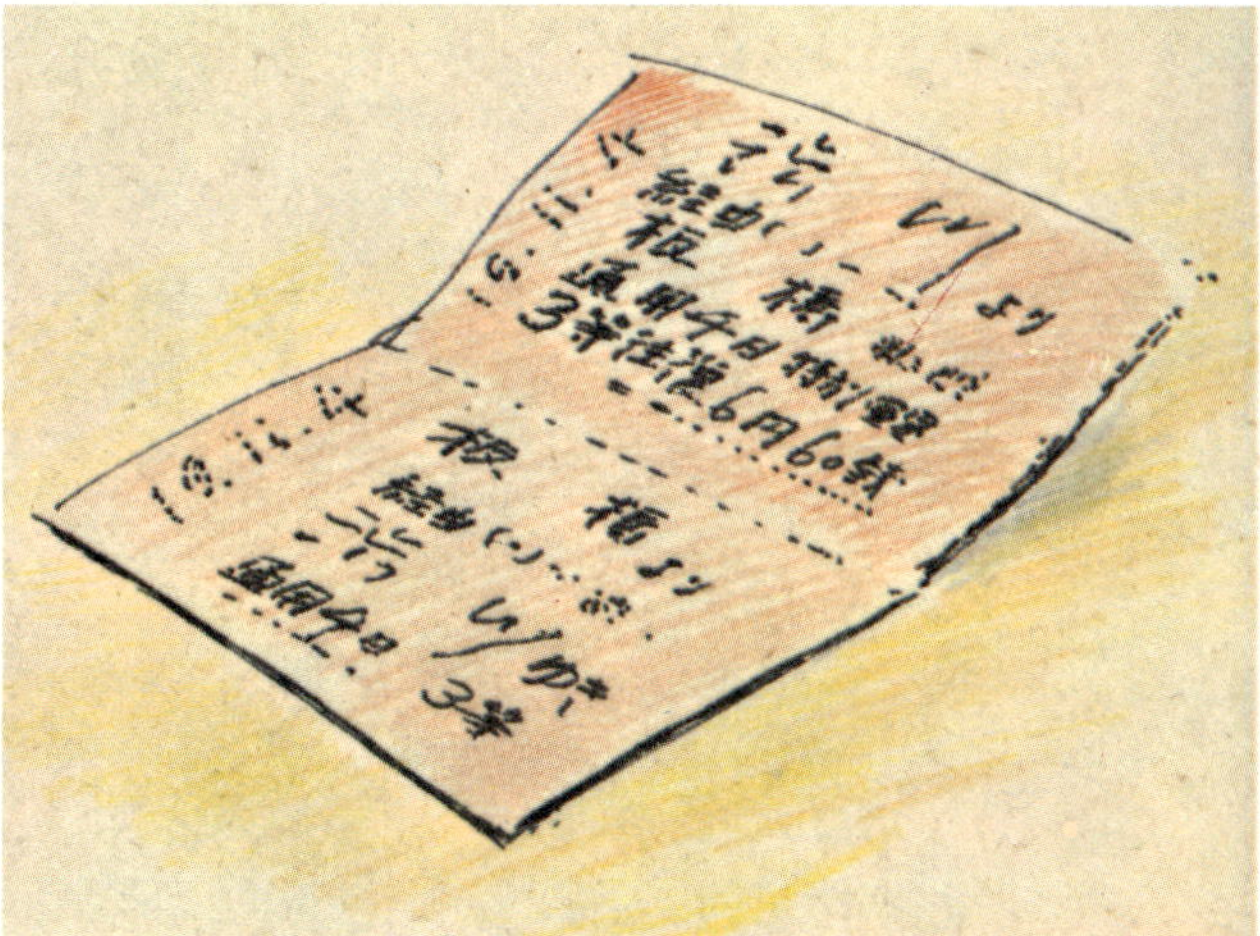

同クラスの子の親達より、届けてくれ、と頼まれた品、一山を成す。どうしてこれを持って行くのだ、といえば、あたしも前に頼んだ。自分の番になっていまさら断れません、何としてでも持って行きます、という。

当日朝、特大のリュックサックにこれらの品を詰め、両手に持ちあまる荷を下げた妻を赤羽駅まで同行見送る。うちの事は心配しないで、ゆっくり行っておいで、行って参ります、というあわただしいホームの別れ。寒い朝。なにやら、ロシアの小説にでもあるような心持ち――

○

妻、四万へ出発せる当日より連続空襲を受く。かくなりては、いかなる事態に立至りても、決して狼狽せまじ、と覚悟を極む。

ラジオ情報が、敵編隊は目下帝都上空に於て、我が機と交戦中、という。しかし、その空は曇って、見上げても何も見えない。頭上で交戦中というのには、あまりにのどかな、ただの曇り空で、何だかそぐわない変な感じ。しかし、高射砲だか、爆弾だかの、地響きするような音は、腹の底までこたえる。

妻、帰宅の予定日は雨。板橋駅に傘を持ち、三時間も待つに帰らず、寒くて風を引きそうなので、空しくもどる。

翌日も帰らず。あんな重い荷を負い、慣れぬ汽車に乗り、向うで具合が悪くなったのではないか、とやや心配になるも、手軽に確かめる方法もなし。

はじめの予定より二日も遅れて、案外元気で、妻君、ひょっこり帰る。東京は毎日空襲だというのに、よく腰を据えていられたな、といえば、もうどうせ、慌てて帰ったって間に合う筈もないし、留守に焼けたら焼けたでままよ。瑠美子の顔もこれが見納めになるかも知れない。できるだけ、長く一緒に居てやろうと思って、と度胸をきめてました、と答える。よしよし。それで瑠美子はどうだった。元気でやってるか、ときけば、ええ、室長になって、皆の先生に可愛がられて、とてもよくやってますよ、と答えたが、でも、あの瑠美子が、骨と皮ばかりにやせて、シラミの蒲団にくるまって寝てますよ、と急にボタボタ涙をこぼした。

妻よ
今日も私たちは
無事生き残った。
空襲は過ぎた。

とはいえ
私たちの運命は
これからどうなるのか?
しかし、私は、無限の感慨を以て
二年前の
あの病の中のお前を思い起す。
蒲団の上げ下しさえ
禁じられたお前を
半年の間、毎朝、私が水仕事した
あのころのお前を。

もしもあの日が今ならば
もしも今があの日なら
すでにお前は倒れていた筈だ

弱いながらにかく戦えるまで
回復したお前の健康を
何ものかに感謝しよう
たとえそれは一筋の糸より細くとも
私たちを救うべく
何ものかの力が天より垂れてるのを
信じよう
信じて、
ある限りの力を振りしぼって生きよう
私たちはまだ死ぬことはできない
五人の子供たちのためにも

妻よ
私は、この戦の前途にある天佑、そんなものは
信じない
ただ、我々への天佑を信じよう。
そして、生きられる
最後の、最後の日まで
生きよう。——五月二七日大空襲のあとで　（東京都）

●この日の後に生まれてくる人に

君は、四十才をすぎ、五十をすぎ、あるいは、六十も、それ以上もすぎた人が、生まれてはじめて、ペンをとった文章というものを、これまでに、読んだことがあるだろうか。

いま、君が手にしている、この一冊は、おそらく、その大部分が、そういう人たちの文章で、うずまっているのである。

これは、戦争中の、暮しの記録である。

その戦争は、一九四一年（昭和十六年）十二月八日にはじまり、一九四五年（昭和二十年）八月十五日に終った。

それは、言語に絶する暮しであった。その言語に絶する明け暮れのなかに、人たちは、体力と精神力のぎりぎりまでもちこたえて、やっと生きてきた。親を失い、兄弟を失い、夫を失い、子を失い、大事な人を失い、そして、青春をうしない、それでも生きてきた。家を焼かれ、財産を焼かれ、夜も、朝も、日なかも、飢えながら、生きてきた。

しかも、こうした思い出は、一片の灰のように、人たちの心の底ふかくに沈んでしまって、どこにも残らない。いつでも、戦争の記録というものは、そうなのだ。

戦争の経過や、それを指導した人たちや、大きな戦闘については、ずいぶん昔のことでも、くわしく正確な記録が残されている。しかし、その戦争のあいだ、ただ黙々と歯をくいしばって生きてきた人たちが、なにに苦しみ、なにを食べ、なにを着、どんなふうに暮してきたか、どんなふうに死んでいったか、どんなふうに生きのびてきたか、それについての、具体的なことは、どの時代の、どこの戦争でもほとんど、残されていない。

その数すくない記録がここにある。

いま、君は、この一冊を、どの時代の、どこで読もうとしているのか、それはわからない。君が、この一冊を、どんな気持で読むだろうか、それもわからない。

しかし、君がなんとおもおうと、これが戦争なのだ。それを君に知ってもらいたくて、この貧しい一冊を、のこしてゆく。

できることなら、君もまた、君の後に生まれる者のために、そのまた後に生まれる者のために、この一冊を、たとえどんなにぼろぼろになっても、のこしておいてほしい。これが、この戦争を生きてきた者の一人としての、切なる願いである。　編集者

お願い申します

それでも私は生きる

昭和十九年六月十日、夫直次郎は教育召集を受け、十八部隊へ入隊した。時に私は三十三歳、十三歳の長女を頭《かしら》に、生後十ケ月の末娘、男二人女四人のこどもがあった。水田一つなく、山を買うて、きっては薪を遠く島へ売り、きりかえ畑にして、桑や麦芋煙草などを植えて収入を得ていた。わずかなたくわえもなく、マユ代を前借りして、夫の出征費にする事でした。

　七月六月の一番忙しい時、夫は戦地へ。夫の使っていた牛を、生活費として、又は私たちが使う為に、子牛と交換しなければならなかった。麦の取り入れもすまぬ中に、煙草の乾燥が始《はじま》った。一里もはなれた丘の斜面に、二反余り煙草を植えてあった。

　煙草の生葉は、大人でも多く持てぬ重い物です。こわがりながら慣れぬ手で牛につけ、こわがる長男に牛を引かせ、七歳の子から上は重労働が始ったのです。遠い坂道を下ろしては持ち、泣きながら引きずって帰る子達、家を出る時泣いていた赤坊《あかんぼう》、後を追って泣きわめく四つの男の子、なぐって柱にくくり、心を鬼にして、背にくいこむ煙草の重さにたえながら、帰って見ると、しめわすれたのか、障子のすき間から縁の下に落ち泣いて居る赤坊、男の子はヒモをちぎって二人共泣いていました。

　それから二人共柱にくくったり、畑の角にねかしてアリが群れ、クモが巣をはったりしていました。

米は五分づきの配給、明日食べる物を

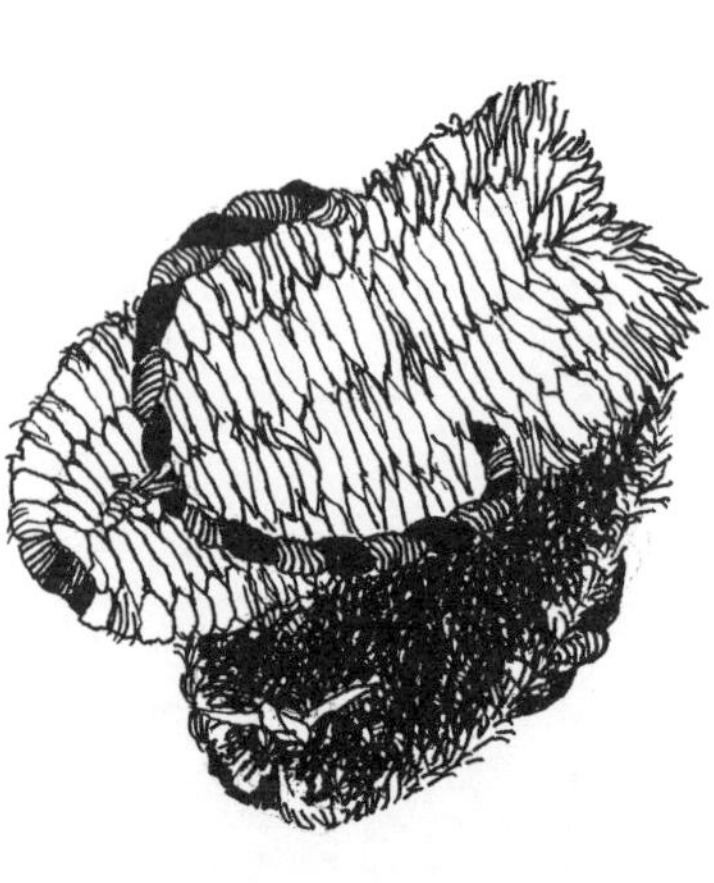

夜、臼でつき、慣れぬ手でワラぞうりを作ったり、ハダシのまま歩いたりでした。

芋の植え付けもあるし、幼い子供に鍬《くわ》を持たせ、子供のみじめさを心でわびながら、生活と闘った。月夜には子供がねてから畑に行き、一時過ぎまでも戦地の夫を月に想い働いた。

煙草乾燥は十二人の共同である。一回の上りが四昼夜、一枚ずつ縄に下げ、つり込みが終って帰る時は、夜の一時までもかかり、帰って見ると、疲れた子等はねてしまい、赤坊だけ起きて泣いて居る事をくりかえされた。

乳もろくに出らず、又時にあたえも出来ず、少々の米に麦や粟芋などのカユが悪く、赤坊は下痢が始った。当時近くに赤痢が流行して居り、医者に行けばかくり入院と思い、五人の子供をおいて入院出来ず、グミの葉やゲンノショウコをせんじてのませ、ようようなおりました。

七月末煙草の乾燥は終った、後には芋や粟ソバなど植えねばならないし、かいこは八月末来る、ぼうぼう生えた桑の草取り、前植えた芋の草取り、追肥、休む間もなく、子供は学校へもろくに行けない。晩秋蚕は九月にかけて上る。十一月は煙草の収納である。不安なしかも始めての選別でした。

一枚乾燥した煙草の葉を、大事な専売物と知りながら、子供の寄せ書きもそえ、夫に送った。子供は父チャンがのむのね、まだまだ送るといって困らせたものでした。でも待ち望んだ返事はなく、近所の人の幸便に、いよいよ南方へ出軍する、子供をたのむとだけの手紙、思えばこれが最後となったのです。

いよいよ収納の日が来た。専売物とはいえ、むずかしく、一葉一葉選別した葉を、二十五枚から三十枚小さなタバを葉でまき、大小限られた俵に作り、手のかかるものでした。不安な選別も、幸せと申しますか、無事合格、今ではささいな金ですが、部落では最高壱千百十壱円、一年中の食費となったのです。戦地の夫に心で報告し、子供とだきあって、喜ぶことでした。

年は暮れる、寒さに向い、いもほり、麦マキ、供出の干芋、生きるためなら、苦しき中にもおしまず干芋を供出した。

近くに飛行場ができ、私達親子十四才の女の子まで奉仕に取られた。日増しにはげしく、阿久根《あくね》の空も戦場となったのです。私は子供と防空壕を掘り、日夜壕であかした。水俣《みなまた》の工場が爆撃され、学校や農家、小舟さえ爆撃した。

或る日二里も先の配給所への帰り、部落が爆撃され、大火となった。無事を祈りながら帰ってみると、子供は壕の中でふるえて泣いていました。

終戦を迎えたが、物はなく、金はなく、夫は不明、重労働に疲れ長男はロッカンシンケイツウ（肋間神経痛）を起し、五人もハシカに倒れ、肺炎を起し、皆死ぬのかとさえ心配しました。

二十二年三月十八日、レイテにおいて戦死の公報、子供をツエに、いたむ身体を自分でむちうちながら、元気で帰る日を待った今日、子供は泣き泣き悲しむ、泣けてくるなみだをむねをおさえ、誓ったあの日を思いだし、再び生きる道を選びました。この苦しみを二度とくりかえされないようお願いしたいものです。

（田上　ユイノ阿久根市）

子供をたのむと一言

私ども昭和十五年十一月結婚いたしました。当時は私どもは板橋《いたばし》の砲兵工廠に勤めておりました。住居は豊島《としま》区東長崎《ひがしながさき》に、家族は私を入れて六人暮しでした。そのうち十六年に長男が生れ、主人は大へん喜びました。十七年頃よりだんだん食糧事情が悪くなって、家の中いちだんときゅうくつになりました。

そんな様子ですから、世帯は早速嫁の私にまかせられ、薄給のため、高いお米は買えず、一時食事のうばい合いのようなこともありました。主人の弟などは、やみ米を買って、自分たち（母妹）食べており、主人は大へん不服におもいました。ほんとうに当時はつらい思いをしました。

その内十八年に二人目のこどもが生れ、産後の肥立《ひだち》が悪くて、体は思うように回復しませんでした。

当時はそ開を都ではすすめました。私も田舎がありましたので、早速そ開をすることにしました。姑は行かないで、私ども四人で行くことになりました。よく姑に、息子をだまして、田舎に連れて行ったと、さんざんいわれました。

私も母の家にひとまず落着きまして、非農家ですから、一ケ月ほどお世話になって、そのうち手頃の家が見付かりました。いよいよ親子四人で暮せるとおもえば束《つか》の間《ま》、召集の電報が東京よりまいりました。主人も田舎で働くつもりで、安定所へ行ったりした様子でした。ともにがっかりしてしまいました。

主人と暮したのは、三年半位です。そ開と同時に、そのとき主人は失業しておりましたので、ほんとうに困りはてました。旅費だけはなんとか出来ましたが、私の手元には、当時十円しかありませんでした。急いで夜の最終で、主人を出発させました。主人も気の毒がっており、子供を頼むと一言申して、私もなにも申さず、別れました。

十九年の三月十九日、無事赤坂《あかさか》に入隊できましたが、東京のみなさんは、何回か面会に行ったそうですが、私は一度も行かれず、二人の子供の顔を見せてやりたかったと、いまもなお悔いております。主人は子供に会いたいと申したそうです。

とにかく残されたその後の私どもの生活状態を考えても不可能とおもいます。本人にもわかって下さると思います。それから、主人が出征してからは、何としても心を鬼にして、二人の子を連れて生きなければと決心しました。

あるときは、土方手伝いもやり、あるときは土運び、子供がいては思うように働けず、困っておりましたところ、母が行商をすすめるので、はかり一丁もらって、姉の所のリヤカーを借りて、行商をはじめました。

三里も先の農家に野菜を買出しに行って、はじめは買付かなくて、だんだんと買付けられるようになり、三〇貫（約百十三キロ）くらいは運べるようになり、空しゅう中なので、売れ行き早く、片付きました。

　あるときは、雪のちらちら降るとき、また雨に降られて子供を連れて、いま思うと、こどもの顔を見るにつけ、さほど苦にならなかったのでしょうね。

　私は三十四才でした。こどもは農家に行くと、赤んぼうの頭くらいのおむすびをもらって、食べるのがたのしみだったらしいですね。

　あるときは、十一月頃は渋柿のじゅくす頃なので、たくさん食べたのでしょう、ふんづまりになって、困ったことがありました。いまでも笑話になります。薬で出しました。子供とは離れませんでした。

　またあるとき、こんな恐しいこともありました。買出して帰る途中の出来ごとです。前後が高い土堤で、そこは橋になっておりまして、ですから坂道なのです。リヤカーであまり土堤のそばを登ったので、車が軽いので、くるりとまわって、五メータくらいの高い土堤より、一しゅんのうちに、車、私、こどもが、三〇貫の荷物ともろとも落ちてしまいました。そのときの驚きは、いまでも思いだすと胸がつまりそうです。

　でもこどもも私も、けが一つせず、無事でした。リヤカーの鉄が一本折れました。子供を片輪にしなくて、ほんとうに喜び合いました。私はリヤカーが落ちるとき、かじ棒をしっかり、命がけでにぎって、あれよあれよと思うだけでした。

　家に帰って母に話しましたら、とうさんが護ってくれているのだよといわれました。そのときは、ほんとうにそう思いまして、拝《おが》みました。その場所を通るたびに思いだします。

　私も子供も丈夫で、その点は恵まれていました。そうしているうちに終戦になり、天皇のお声を聞くことが出来まして、明日からは我も我もと、食糧を求めに、汽車は満員、すべて到る所は満員でした。私も行商はやめて、今日は東、明日西と、毎日夢中で働きました。女の働きは知れたこと、残ったのは、こどもが無事に大きくなって、そのかわり、誰の援助もして頂きませんでした。

　ある人は、着物を米にしたと申してますが、私には姉妹五人、ただ一人世話になりません。やはりそれぞれ苦しい生活をしておりますので、自分は自分といいきかせて生きてきました。

　そのうち主人が突然来やしないかと、毎日待ちました。でもどこにいるのか、さっぱりわからず、東京より、電報でも来るかとも思い、待っておりましたところ、廿一年秋とうとうミンダナオにて戦死の公報がまいりました。そのときの私の気持は、一度にがたがたになって、なにをするのもいやになりました。でもこどものことを考えると、私は責任があり、一生懸命働きました。戦死のことも、東京の皆様に知らせましたら、数ケ月しましたら、子供を連れて上京するよう申されましたので、三年ぶりで、皆さんと会えました。

　子供は大きくなったと、姑は涙を流して喜びましたら、二三月後、二人目の子供ははしかで死亡してしまいました。ほんとうに残念でした。その後汽車の切符はなかなか買えないが、毎日買出しで、

さまざまのおもい

その日の生計を立てて生きてきました。

（石井　スヱ　日野市）

月日《つきひ》の立《たつ》のは早い物《もの》、終戦になってはや二十何年、思《おもえ》ばぞっとする戦争中、あの昭和十六年十二月八日、ラジオ放送きいておどろき、親類知人にあちこちに召《しょう》集《しゅう》の声、家も長男が十七年一月現役で入隊、三月満洲へ、次女も軍事で満洲製鉄会社へと心配は日々に増《ま》し、こまる時《とき》の神だのみ、神仏に無事を祈りあるき、それにすべての物は品すくなく、第一番米が配給、始《はじめ》はよかったが、だんだん少なく、一カ月に五、六日分、十七才を頭《かしら》に親子六人家族、食《た》べ盛《ざか》りの小供《こども》で、毎日食料《しょくりょう》さがしで必死の思い、山へ川へ、口に入る物なら何んでも取り、山へゼンマイ、ワラビ、セリ、ヨメナ、川へシジミ、フキ、イナゴと取りあるき、農家には親類も知人もなく、こまり買出《かいだし》を始《はじ》め、近くにはなく、富士三島《ふじみしま》へさつまいも、にんじん、大根を十貫目も買い帰り、真青《まっさお》のワラビ、真赤《まっか》のにんじん、たくさん入れた御飯《ごはん》で、見た目はきれいですが、じきあいて、豆カス、コブ、ひじき、何んでも入れて分量を多くし食べさせ、そのうち、西は掛川《かけがわ》、袋井《ふくろい》、岩田《いわた》とだんだん遠く、今度《こんど》は汽車のキップに限りが有《あ》り、買うに一苦労、いつ売るかわからぬが、人のうわさで立《た》ち並《なら》び、モーフやフトンをかぶって外の寒い所《ところ》で夜を明《あか》し、やっと一枚のキップを手にして行こうと思《おもえ》ば警戒警報で、一時やめ、解除になって、すぐ出かけ行く時《とき》は、家族と最後のわかれなどと思いて出かけるのでした。

行った先で又《また》帰りのきっぷで一苦労、やっと手にして出掛《かけ》るが、なかなか売って下《くだ》されず、方々歩き、こじきみたいにお願ひ申して、やっとイモの荷物が出来《でき》、十貫目以上もせおい、二里も先から、夕方駅近くで先に来た人が様子を見に行き、警官が居《お》れば帰られず、遠い所でまち、終車又《また》明朝一番までまち、そうなると汽車は物《もの》すごくこみ、貨車にのせてもらい、それものれない時は、一番先の石炭の上にしがみ付《つ》き乗ったこともあり、寒くて身体中ひえて着いた時は立つ事もすぐには出来ず、泣きたい思いでした。

又《また》警官におわれ、お寺へにげこみ、えんの下や、墓の立ちならぶところに、二時間近くいたが見つかり、やっと苦労して買ったやみのイモを公定（価格で）で取られ、四貫目しかで、二日がかりでなみだの出る思いでした。

それでもこまるので又行きますが、だんだん金では売らず、命にはかえられず、ある品物は何でも持ち行きました。小供《こども》にも此《こ》の苦労を見せた方がと思ひ、一人づつつれて行きましたらば、すっかりこりて、これからはわがままは言《いわ》ない、三度食べるのは二回にしようと言いました。

その後は若い人たちと群馬や埼玉へ塩を持ち、米を求めに行き、雨に降《ふ》られ安《やす》宿《やど》に泊《とま》り、朝休んで居《い》る所へ、村の巡査が来て、皆おどろきにげる人もあり、私は身がかたくなった思いでした。でもたいへんやさしく親せつにいろいろ話しさとして下《くだ》され、身にしみ、有《あり》がたく思ひ、此《こ》の後はけっして此《こ》のような遠くへはと、心にかたく思ひました。こんどは帰り所々《ところどころ》の駅に警官が居《い》るとのうわさ、三駅あるき、汽車もまどから乗りかえして、東京駅に長くつながり、家へ着いたのは三日目で、それで米は四升で、骨身のちぢむとうとい米でした。

満洲の小供《こども》からは便《たよ》りがなく心配に思い、買出しない日は武運長久《ぶうんちょうきゅう》に一生懸命の思いでした。いろいろの物《もの》を煮《に》たきするには、配給の五、六っぱのまきではこまり、遠い山へたきぎひろい。たくさんせおって家へ着くのは八時すぎ、夜道で足をふみはずし、ころんだこともありました。

小供《こども》たちにはめいめいリックサックを作って、衣類、薬、ホータイ、米も三合、配給のカンパン、大豆イリ豆にして親兄弟姉妹の名前を書いたのを入れ何時《いつ》何所《どこ》ではぐれてもわかる様《よう》に、警報が出ればすぐ持ち、休むときはマクラもとに。あまり警報がはげしいのでなかなかおきず、二十年六月十日静岡が空襲されました。

いつもの様《よう》に思っていたので、おくれ、フトンをかぶって火の中を遠くまでにげて行き、朝帰ってみれば、幸い家は無事でしたが、町中からにげて来《き》た人がいっぱい泣いて居《お》り、私はすぐ、豆、イモを入れて御飯たきミソ汁を作りあげたらば、思いがけぬと大よろこび。三十何人かでジャガイモをゆでて、それを持って我が焼跡へ行きました。夕方には親類がみな焼けて、三家族十三人が来ました。其《そ》の内《うち》小供《こども》が多く、生れて間もない赤んボウはさっそくおしめに着がえにこまり、大小かまわず着せるしまつで、こんざつでした。有《あ》る物はなんでもわけ合って、丁度《ちょうど》二十日ばかり暮しました。おかげで私共が一家でも残って、皆をおせわすることが出来てよかったと話し合いました。

神仏様のおかげか、運も良く、長男も娘も無事に帰り、うれしい思いでした。皆が帰ってからは長男が米の心配、又買《またかい》出《だし》はして下され、体も心もらくになり、生返《いきかえ》った気持になり、長男も嫁を取り、娘も嫁入り、次男、三男、四男とみな世《しょ》帯《たい》を持ち、皆孫《みなまご》もあり、前の事《こと》を思うと夢の様《よう》に思われます。

其後《そのご》心のゆるみか身体の具合が悪く、お医者様に見て頂きましたらば、血圧が高く、其《そ》のためカンゾウ、シンゾウが悪く、入院も何回もしましたが、今だに晴晴しなくて困ります。小供《こども》たちは皆《みな》やさしく、あまり若い時《とき》から苦労したので疲れが出たのだから、楽な気持になるようにと言ってなぐさめて、小遣《こづかい》も気をつけて下され、ほんとにありがたく思います。皆がせっかく心にかけて下されるとうといお金も、みなお医者さんへはこんでしまい、なさけない思いです。

私は明治三十一年三月生れの老母でございます。不幸にして二才の時母に死にわかれ祖母に義母にそだてられて義務教育の四年もろくに行かず、字を知らず此《こ》の様《よう》な物を書くのは、しつれいとは思ひましたが、あまりにも苦労したので少《すこ》しでも心に光りをと書きました。どうぞ、わからぬ所多くございましょうから御はんだん下さいませ。おねがい申します。

（村上　せん 静岡市）

東京大空襲

火

●本所区厩橋四丁目

　十九年の十一月末頃から、サイパン島が落ち、時々上空の高い所を白い虱《しらみ》の様なB二十九が一機二機とやってくるようになりました。追跡する時もあるが、大方はただ何事もなくやり過《すご》してしまう。時には追跡して打ち落した時には東京港などへバラバラになってフワリフワリと尾翼《びよく》などが落ちることもあったがそんな時には我機にも被害が出ている。そんな日が何日も続いて、十一月二十日頃から一区画位いずつやられていくのでした。でもまだ自分の住んでいる近くでない時はそれほどにも思わず、慢性になってしまいました。

　三月九日の就寝の時には、モンペをはいておりました。子供が四人おりますが、それぞれの所に疎開させてありましたので、長男と次女は手許《てもと》におき、どんな時でも床《とこ》の中で仕事が出来る様に各自電灯と大切な物はいつも枕元において寝るのが習慣でした。主人は警防団の事をしておりましたので私が子供を見ながら自分ですべてのことをするのが常でした。

　三月九日の夜は空襲もなく安心して床についてしばらくたった時、空襲警報がなり出しました。多分十時頃だったと思います。何か大事《おおごと》が起きそうな気配《けはい》がしましたが、それも慣《な》れてしまって、それほどにも思わずに外に出て見ると、今迄見たこともない大きな敵機が低空飛行をして今にも襲《おそ》いかかって来る様でした。あたり一面昼の様な明るさでした。公園などに据えてある高射砲がお腹に響く様な凄まじさでなり立てているが、一万米の所を飛んでいる飛行機にとどかず、低空を飛んでいる飛行機などは高射砲が思う様に動かず、皆逃《にが》してしまっていました。

　あちらこちらから火が出て来てしまっている

ので、主人も帰って来ました。家の前の防空壕に布団《ふとん》を二、三枚ほうり込み、二人の子供の手を引いてどことい ってあてもなく出かけました。どこも手の施《ほど》こしようがない位にあたり一面火の海です。広い道路などなめる様ないきおいで火が走っているので、どこか大きい公園にでもと思い、三ッ目通りを隅田《すみだ》公園方面に行って見たが、行けそうにもなく、警防団の人が刺子《さしこ》を着てズブヌレになって立っていたので、「隅田公園は大丈夫ですか」と聞いたら、「サア何んとも申し上げられません、あなた方のお気のむくままになさって下さい」とたよりない返事であったので、仕方がなく焼きつく街の中を横川小学校へむかいました。

その回《まわ》りは強制疎開してあったので大丈夫と思い行って見たら、すでに人でいっぱいでした。何んとかして学校の入口まで入り、後にしょっている子供の事も見てやらねばと子供を下ろし、やれやれと思ったとたんに後の方からガラスがバリバリと割れていく音がしました。いきよいよく火が建物の中へ入ったので、またこれではいけないと思い表に出て見たが、どこにも行き様がなかった。

■東京を空襲するB29の編隊　20年5月　毎日新聞

どこから拾って来たかわからないが、主人が一枚薄い布団を手にしていたので、それを被《かぶ》って防火用水の中に入り、警防団の人もズブヌレになって長い柄杓《ひしゃく》で、御経《おきょう》を唱《とな》えながら、防火用水の水を皆んなの頭の上へかけてくれました。でも火の粉が落ちてきて、四、五個程の穴があいて、この穴から覗《のぞ》いて見ると、長い髪に火がついた人が、あっちへいったりこっちへいったりして、気違いの様に走り回っています。

あたりの工場からも薬品のドラム缶が大きな音を立てて破裂していました。強風がふき、人人の泣き叫ぶ声、屋根のトタン板が沢山空を舞い上がり、学校の校舎からは三米位の火が一面にふき出して、まるで大蛇が舌を出して人にくい下っている様に見えました。運動場の肋木《ろくぼく》にも全体に火がついて、人々の衣類といわず髪といわず火がついて、ただ一生懸命に走り回わっていました。

こんなことが何時間続いたでしょうか、もう燃えるものは全部燃え尽《つく》して火が衰えました。ハンブルグの爆撃がひどかったと聞きましたが、この様なものかしらと思いました。そして東の空にドロンとした、とても大きな赤い太陽が昇り始《はじ》めていました。

簡単に入った防火用水でしたが、上る時には全身水を含んで上れなくなり、人に助けられて上がりました。今迄入っていた防火用水の中に死体が沢山あり、私達はびしょびしょになった布団のおかげで命拾いをしたのでした。

大分《だいぶ》煙で目をやられた人もありました。運動場のあちらこちらに、ブクブクになってゴムまりの様にふくれて焼けた人が、息がかすかに、うんうんとうなっていました。コンクリートの塀の上にネコが一匹どこをどうして逃げのびて来たのか、ちょこんとすわっていました。

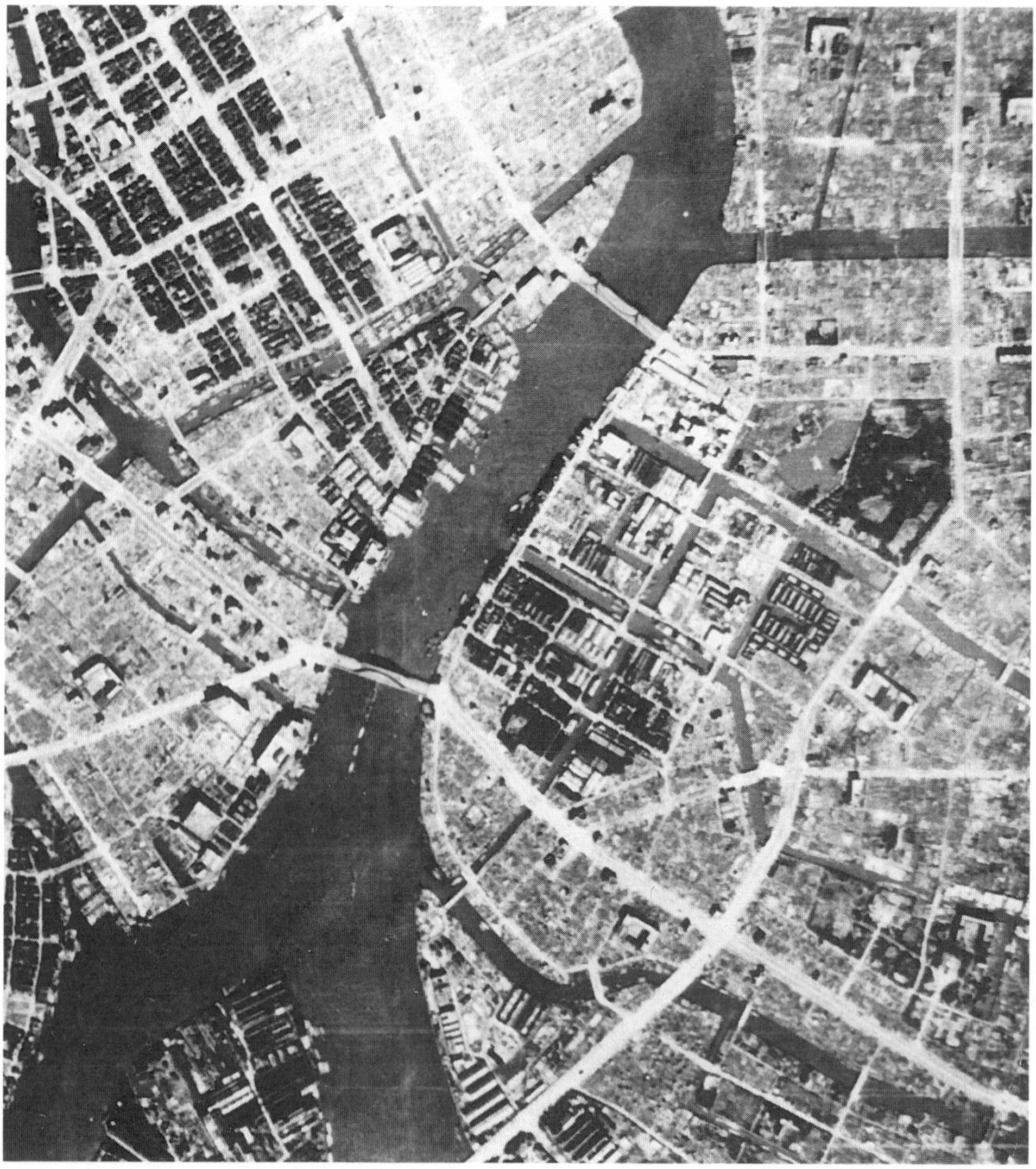

朝日新聞

ふるえながら自分の家へ帰って来て、押入れに大切にしまってあった炭が全部赤々と燃えているので、そこで煖《だん》をとりました。大きな金庫がぽつんと残っているきりでした。家の前の防空壕の中は、ほとんどお隣りの荷物がギッシリと入っていましたが、家族の方は御主人一人を残して皆亡《な》くなられました。四十軒くらいあった隣組も、無事であったのは四、五軒で、全滅のお家も何軒かありました。

あらためて自分達をふりかえって見たとき、髪はぼうぼう、こじき同然のかっこうになっていました。王子《おうじ》区の赤羽《あかばね》に父母達が居ましたので、全員こじき同然で電車に乗って、そかいして来ました。（島野　康子 東京都）

死

●浅草区馬道

家屋の強制立退きで引越した。それをさかいに、酒売りの商売もいっそう品不足で、暖簾《のれん》をつる日はめったになかった。たまに店をあける日は、先に引換券を配《くば》り、それと引換えて酒を売るので、たいそう忙しかったが、二日とそのような日が続くことはなかった。

父は、酒造会社に勤めにでるようになった。母もパーマをかけなくなり、もんぺ姿の日が多くなった。断固、拒んでいた父も、突然坊主頭《ぼうずあたま》にして家族を驚《おどろ》かせた。私の衣服は、従姉《いとこ》たちのお古でほとんど間にあった。もんぺをはい

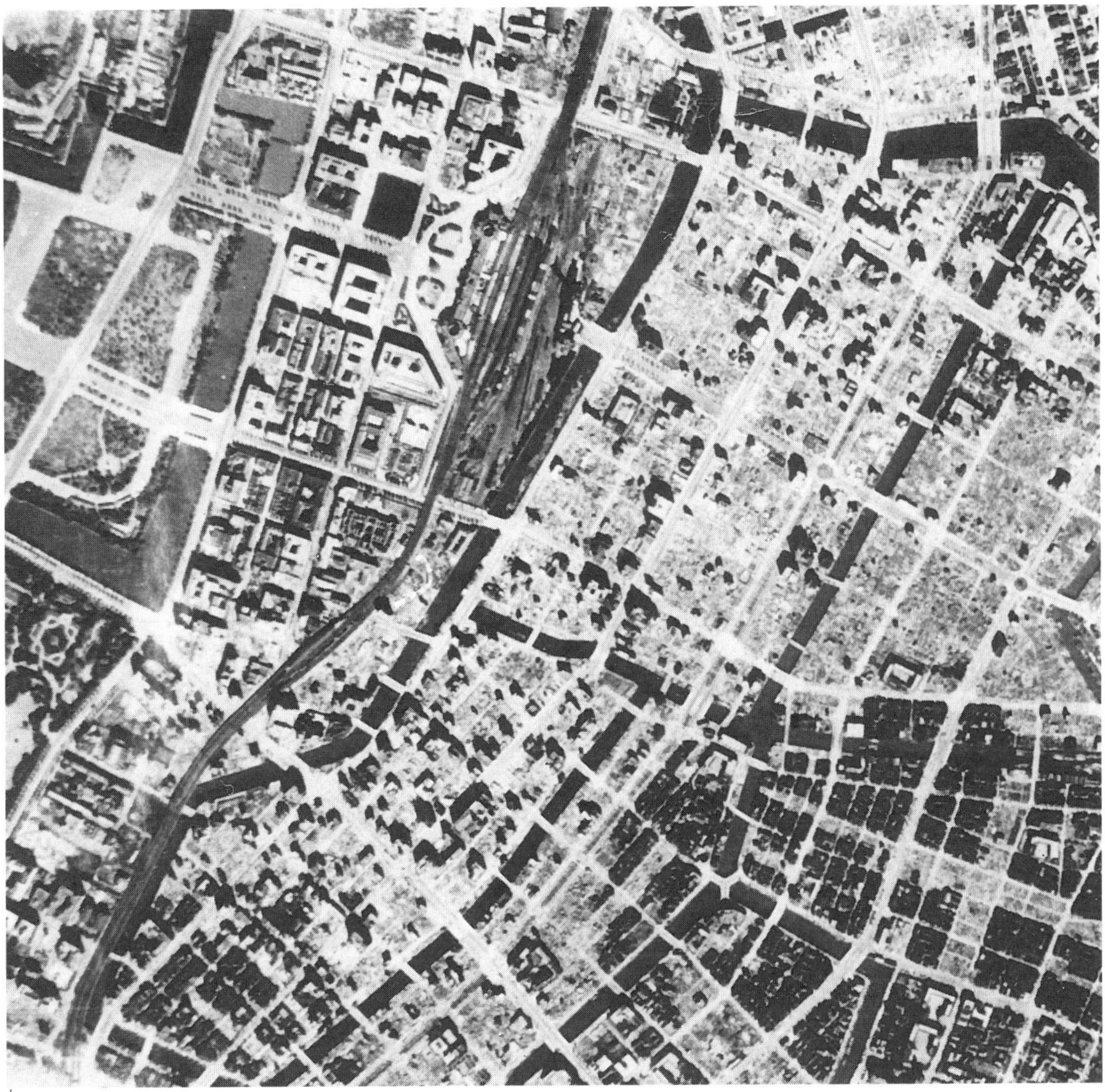

■**東京大空襲の焼け跡** 右頁の中央を流れるのが隅田川で、橋は上が清洲橋、下が永代橋。左頁の左上方に宮城の濠が見え、ほぼ中央を上下に東海道線が走っている、上方が東京駅

て、その上にワンピースを着たりした。こども心に、決して格好よいとは思っていなかった。母は、格好のよいもんぺが作りたいとしょっちゅういった。しかし、誰も、裾にゴムを入れたもんぺの型で、今日のズボンをみると、あれほど工夫したのに、どうしてこんなにスマートにできなかったのかとおもう。弟たちも、私のお古でも、着られれば、型、色、なんとか工夫して着せられた。

そんな中でも、母は、幼い頃を思いだしてか、お手玉をつくってくれたり、人形を作ってくれたり、編物を教えたりしてくれたが、友だちとそのようなもので遊んだおぼえもない。ほとんど家で本を読んだりしていたようだが、近所に女の子のいなかったためかもしれない。

隣組の防火訓練も盛んだったが、いざというときは逃げるのだと教えられ、家族が離散したときの集合場所もきめてあった。母が、家族が離れるのはいやだと主張して、疎開もせず、親子七人浅草《あさくさ》の馬道《うまみち》に住んでいた。

二十年三月九日、空襲警報が警戒警報になって、ほっとした途端、上空雨のようにふる爆弾で、警防団にいた父が息せききって帰宅して、逃げるのだ、といった。

どうして親子そろって避難しなかったのか、悔やまれるが、私は四才の弟と二人で、逃げおくれた人々の後について走った。一歩でも休むと、火に囲まれてしまう気持がした。燃える火のため、風がきつく、泣く弟を背におっても、吹きとばされそうだった。

ようやく隅田川《すみだがわ》を渡り、その橋下で夜明けを迎えた。私の荷物は、ランドセルと学用品を入れた手提だけだった。隅田川は夜明けるにしたがい、死体をはじめ雑多なもの—それだけですべてのことがわかるような遺物の多くを運んでいた。

しかし、橋上の光景は、川を流れていた一死体でさわいだ、多くの者の口をふさぐに十分であった。わずかに人の歩けるほどの道以外の地面を埋めつくしているのが、人骨である、と知るまでには、しばらくかかった。それも電線に片手ひっかかってぶらさがっている人体をみて、幼な心にはっとした。橋の上と下とが、生と死をさだめたようである。

子供の足ではあったが、もう一歩も歩けないほど歩いても、どこまでも焼野原であった。死臭がどこまでも道連れで、人々は黙々と、ただ歩むのみであった。

見知らぬ人に、おにぎりを恵まれて後、祖母と弟に会えたが、両親には会えなかった。怪我人も皆いっしょに入った室で、学校はどうなるのだろう、両親はどうしているのかなど考えて、日記をつけたりしていたが、「忘れました」とだけ記してある日が多かった。息子夫婦を失い、孫四人連れて、先のことをおもいやった祖母の心を、今おもうと、心がうずく。

大阪の伯父が迎えにきてくれて、引取られるまで、二、三週間のことであったが、戦いのみじめさ、むごさ、悲しみばかりきざまれて、大阪へ行って、両親は死んだものとしたが、いつかは両親が訪ねてきてくれると信じていたかった。二十余年すぎ、親となった今日でさえ、その気持を信じていたいような気がする。

（黒岩　保子　西宮市）

熱

●本郷区湯島三組町

九月一日と言えば関東大震災で被災、三月九日は大東亜戦争の空襲で家を焼け出された日と、共に生涯忘れられぬ記念日である。

突然に起ったあの大地震は、未だ小娘だった私の、正にきものつぶれた恐ろしい記憶が残る。それにもました今度の空襲は、しかし、いよいよ内地も戦場と意識して段々ときたえられて、元来臆病の私でさえ日々の覚悟は出来て居た。

数日前娘の学校から、女学校の入学試験があるから三月十日朝帰宅させると通知があった。二、三日前の空襲で目と鼻の先の末広町《すえひろちょう》の一角が大きく焼けて近所の人々もあわただしく疎開して行った矢先きである。

こんな時に娘が国民学校の疎開先から帰って来ると言う。久々明日は娘にあえる嬉しさもあったが、不安を覚えずに居られなかった。病院勤務の医者である主人は、若い先生方が続々と応召され、手不足と過労で肺炎をおこし、予後を家で休んで居た。

夜に入っての空襲はこれまでと全く様子が違って居た。私は壕へも入らず、二階からはるかに見渡せる下町の浅草《あさくさ》方面に数多い敵機の凄じい焼夷弾攻撃の模様を見守って居た。「可哀想に、九日に疎開先から帰った児童はどうしただろう」私は胸のつぶれる思いで久々親の懐《ふところ》に帰った六年生の子供達の事を気づかった。

その一帯がぐれんの炎につつまれて仕舞うと、敵は大挙して我方をおそって来た。必死にうち出す高射砲の音、グーン、グーンと特ちょうのあるB29のプロペラの音—ガラガラガラガラと百の金物屋でもひっくり返した様な焼夷弾の落下する音である。主人と私は壕の中にうずくまって、目と耳を両手で押えて居た。

お向いのK夫人の声で「奥さんもう行くよ、貴女も早くにげなさい」と言うと二、三人あわただしく駈け去る気配がした。私は押えて居た手を離して見ると、壕の中が明るく炎の影がうつって居る。先に壕を出た主人が「おいもう危

○大本営発表（昭和二十年三月十日十二時）

本三月十日零時過ヨリ二時四十分ノ間B29約百三十機主力ヲ以テ帝都ニ来襲市街地ヲ盲爆セリ

右盲爆ニヨリ都内各所ニ火災ヲ生ジタルモ宮内省主馬寮ハ二時三十五分其ノ他ハ八時頃迄ニ鎮火セリ

現在迄ニ判明セル戦果次ノ如シ

撃墜　十五機　損害ヲ与ヘタルモノ　約五十機

■花の銀座も、20年５月の空襲で、焼け野原になってしまった　読売新聞

いから出ようよ」と言う。私も続いて外に出た。

まだ私達の隣組は燃えていないが、その他は一面炎と煙と火の粉だった。玄関のひさしにカランと高射砲の破片が降って来た。主人は夜具を防空壕に入れておこうと言う。手伝って布団を下す手に、あたたかなぬくもりを感じて胸がつまった。私は出がけに素早く家の中を駈けめぐって「有難う有難う」と声に出して言った。焼けると思えば毎日の拭き掃除にも念を入れた。二十数年住みなれた生きて居る様に感じる我家である。

家の側《そば》に蔵《くら》前《まえ》通《どお》りと言うのがあって、通りを右へ四、五分行けば主人の勤め先の病院の裏に出る。万一の時は其道を通って病院へと思って居たが、もう其《その》方面は黒煙と炎と猛吹雪の様な火の粉である。私達は反対に蔵前通りを末広町の方ににげた。そちらも火の海ではあったが、一角が二、三日前に広いやけ跡になって居たから、焼け跡を行けばお成街道《なりかいどう》に抜けられる。

普段《ふだん》なら三分位で出られるのに、私達は足場の悪い焼け跡をのろのろと歩くしかなかった。左手に燃え上る火の手は建物の高さの倍近くもあり、ゴーッと旋風が起ると炎の先は道をへだてた私達の方までとどいて仕舞う。あつい。私は地に伏して旋風のむきの変るのを待つ。ピシャッと体が二、三間先の地面にたたきつけられた事もあった。途中で主人が落した万年筆を拾って渡した覚えはあったが、自分の背負って居たリックサックは何時の間にやら振り落して居た。

　もう高射砲の音はきこえないが、煙の中からガラガラとまだ焼夷弾の火の帯が降って来た。敵機の音はするが、これも見えない。そのうち後から来た男の人が、私の着物に火がついて居るよと教えてくれた。少し歩くと突然背中がキュッとあつくなった。高射砲陣地に近い我家には、よく破片がおちて来るので、防寒用と破片よけに四センチも厚い綿の入った上着を作って羽織《はお》って居た。その綿入と防空頭巾があっと言う間に燃え上った。主人が素早く上着と頭巾と一緒につかんでハギ取って呉れたが、一瞬ボッと火の塊《かたまり》となって見えなくなった。

　お成街道の電車通りに出るのに三十分以上かかった。上野広小路《うえのひろこうじ》の方も凄じい勢で燃えて居る。電車通りを東に横切り、裏道に入り、上野を目指した。

　池《いけ》の端《はた》に出ると、池のむこう雨月荘のならびは珊瑚《さんご》の柱と化し、不忍池《しのばずのいけ》も火の粉につつまれ、弁天様《べんてんさま》も燃え様として居た。引返して山下《やました》の日活館のコンクリートの建物のかげに火をさけて夜を明かした。

　夜が明けて天神下《てんじんした》から行幸通路を我家の方に帰って来ると、湯島《ゆしま》の高台の中段頃の我家はあとかたなく、庭にポツンと石燈籠《いしどうろう》が建っているのが見えた。

　自分の家の焼け跡を見る元気がなく、主人に行って貰って待って居ると、足許に黒いかたまりと思ったのが人だった。少し先にうつ伏せになった子供の死体が真赤になって丸裸で倒れて居る。

　主人の外套《がいとう》の裾につかまったまま沢山の死体の間を歩いていくうち、悲哀は胸をつき上げ慟哭したい気持だったが、不思議に涙が出なかった。

　死骸を其まま起《おこ》した様な人（生きてる）を女の人が二人、泣きながらリヤカーにのせて行く。私達も重い足を引きずって病院へ歩いて行った。（**坂本　千枝子**東京都）

命

●下谷区入谷町

　私どもの家は、いまの台東区《たいとう》にあった。女の足で上野《うえの》へ十五分、浅草《あさくさ》へ十分で行ける所で、その頃主人は三十二才、主婦の私三十一才、長女六才次女三才、主人の父七十才の五人家族で、主人は石川島造船所に勤めていた。

　二十年になると、B29が時々東京上空に現れるようになった。空襲警報発令とどなって来るメガホンの声に、床下の防空ごうに入って小さくなり、息をころして爆弾が落とされない事を祈った。夜などは電燈は消して真暗、タバコの火さえいけないという。

　私はその頃三人目の子供がお腹にいた。栄養になる野菜や他の食物が足りないので、街でニンニクを見つけると、必ず買って焼いて食べた。又マムシの粉末や養命酒もつとめてのみ、お腹の子の栄養を補った。

　予定日は三月一日となっている。だが五日になっても七日になっても生まれず、九日となった。私はお腹が重くて、一度坐ったら立ち上がるのにドッコイショと掛け声で立つほどだった。その日も何回か空襲警報が発令された。夜になって、九時頃からようやく陣痛がはじまったので、産院に身のまわり品を持って入院した。

　入院した時、いまお産がはじまった人がいた。薬を用い出産を早めたのだそうだ。夜十一時頃又空襲警報である。入院したものの、部屋もまだ定めてもらえず、だんだんと近くなる陣痛をこらえながらいらいらしていた。そのうち真暗の中で、先の方の出産が終ったことをきき、わがことのようにほっとした。空襲中は地下防空ごうでお産するのだそうだ。

　突然頭上でごうごうと敵機の爆音、同時に真赤なものが五つ七つシュッシュッと産院の前に落ちてきた、焼夷弾です。幸い場所が道路だったので数分で消えた。

　間もなく院長先生が現れ「みなさん、もうこの病院もあぶないから避難しましょう。私について来て下さい」といった。みなは少しずつ何かを持って先生の後につづいた。私はますます近くなる陣痛をこらえ、おくれてはならぬと小さな風呂敷包みを持って、一番後に続いた。途中何回となくシャガンで、痛むお腹をがまんしては歩いた。

　やがて行きついた所は浅草国際劇場の近くで、百メートルの建物疎開のあとである。あたりは避難の人たちと家具やふとんが一ぱいであった。院長先生は、あまり歩いてはつかれる、ここでみなかたまって、動いてはいけない、と安全と思われる場所にすわらせた。

いっしょに避難した十二三人の人たちがまるく輪になって坐ってくれた中で、私は紙一枚もない土の上にねた。

つぎつぎに敵機が焼夷弾を落し、あたり一面火の海である。火が風を強め、ごうごうと吹く風は身にしみて寒かった。

けれど私は必死だった。何が何でも産まなければならない。幸い看護婦さんが三人ついてはげましてくれた。もうじき、もうすぐと力づけて下さる声に、私はむ中で力み、数分後に大きな男の子を産んだ。看護婦さんは「もう安心ですよ」といって、赤ん坊の目の消毒もしてくれた。

さて産まれた子に着せる物がない。風呂敷包みの中は、おむつ三組と綿が少々、やむなく自分の腰巻を取り、それに赤ん坊をくるんで抱いた。

体を休める所とてなく、敵機の下、そして大火の間で、夜どうしとんでくる火の粉を消しながら、みんなでがんばった。やがて朝が来たが、近くは小学校が残ったのみ、あたり一帯は焼け野原となって、火は消えた。

その時、前に産院にいた方が焼あとに私たちを見舞ってくれ、朝飯ですよといって、ザラメ砂糖を手の平一ぱいずつ配給してくれた。その後、院長先生から「各自行き場所を考えて、身よりのある人は行って下さい」と言いわたされ、私達出産直後の者二人は、他の病院にお世話してくれた。場所は上野の近くの下谷《したや》病院で、その近所は焼け残ったのだ。

くたくたにつかれた重い足を引きずって、ぼろにくるんだ赤ん坊を抱き、まだ所々にくすぶり残る焼あとの道を、やっとたどり着いた。病院ではやけどや、けが人が一ぱいで、病室は満員。それで三階の会議室で、長い木の椅子を二つくっつけ、ふとんを敷いた上にねかせてもらい、ほっとして前後を忘れて何時間かねむることができた。

主人が長女をつれてたずねてきて、家族の無事を知らせ、おむすびと鰯のかんづめを置いていってくれた。家族は焼け残った地元小学校にいるということだった。横にいる赤ん坊はねむりつづけている。死んだのでは、と思ってさわってみると暖かい。病院の食事はおむすび一つ、牛乳半カップで、赤ん坊は砂糖水をガーゼで吸わせた。ガスも水も出ず、赤ん坊の沐浴すら出来ないありさま。生れてから四日目に、ようやく産湯を使い、きれいにしてもらった。そして姉たちの着古した赤いねまきにくるまって、よくねむり、乳をせがみ、母子ともに丈夫になったが、その後の苦労はひどく、みじめだった。（谷口　ますみ 東京都）

★昭和二十年三月十日

敵機の夜間来襲が激化しつつあったことは敵の企図する帝都の夜間大空襲の前兆として既に予期されてゐたことであった

敵はつひに主力を以て帝都を、一部をもって千葉、宮城、福島、岩手の各県に本格的夜間大空襲を敢行し来った

まづ房総東方海上に出現した敵先導機は、本土に近接するや、少数機を極めて多角的に使用しつつわが電波探知を妨害して單機ごとに各所より最も低いのは千メートル大体三千メートル乃至四千メートルをもって帝都に侵入し来り帝都市街を盲爆する一方、各十機内外は千葉県をはじめ、宮城、福島、岩手県下に焼夷弾攻撃を行った

帝都各所に火災発生したが、軍官民は不敵な敵の盲爆に一体となって対処したため、帝都上空を焦した火災も朝の八時頃までにはほとんど鎮火させた（三月十一日朝日新聞）

家

●大森区入新井五丁目

終戦の年の四月十五日に、私の家は大森で戦災にあった。その時私は、私立大森高女に入学し、始業式は済《す》ませたが、連日の空襲で授業は出来ず、今から思い出してみても、此《こ》の学校の記憶は無い。本当なら、小学校の時、伯父の家に縁故疎開《えんこそかい》をし、その儘《まま》茨城《いばらぎ》の女学校に入っている筈であったが、小学校六年の三学期、眼の前に終業式を控えていながら、東京へ一人で戻《もど》ってしまった。

■燃える東京の下町　20年3月　毎日新聞

当時、東京の空襲は激しさを加え、毎夜、田舎で東京方面の空が赤く焼けただれているのを眺めながら、家族が皆死んだ後、一人で生き残る事ばかり考えられ、矢も楯《たて》もたまらず、伯父の強い反対を押し切って、母の許《もと》に帰ってしまった。大森の家には、母、長姉、その姉の初産の女児、次姉、お手伝いさんと、五人居た。長姉は、夫が出征してから、一人では心細いからと戻ってきていたが、丁度四月十五日、まるでその日焼け出されるのを見越したように、夫の実家である新潟県に、お手伝いさんを伴って疎開した。

○大本営発表（昭和二十年四月十六日十六時）
昨四月十五日二十二時三十分頃ヨリ約二時間三十分ニ亘リB29二百機主トシテ京浜西南部ニ来襲セリ
右ノ無差別爆撃ニ依リ市街地ニ相当ノ火災発生セルモ十六日五時頃迄ニ概ネ鎮火セリ
我制空部隊ノ収メタル戦果中現在マデニ判明セルモノ次ノ如シ
撃墜　五十五機　損害ヲ与ヘタルモノ　五十機
以上

　罹災の夜は、母、次姉、私と、三人で二階に寝ていた。十時過ぎ、母に起こされたが、大森海岸の方に向った窓が、かっと明るかった。空襲警報のサイレンや半鐘がけたたましく鳴り響いていた。横手の道は、人々の馳け出す音や叫び声で一杯だった。近いらしいから直《す》ぐ逃げようと母が云った。家が焼けることを考えて持てるだけ持とうと思ったが、母が、お前達は何を持ってるの！　と怒鳴ったので見ると、私は、つくろい物や古足袋の入っている風呂敷包、姉は雨傘二本を持っていた。

人々は、海岸と反対方向にある小高い山の方に向っていた。サエキ山とか云った。石段を登り、山の途中迄行った時、敵機だ、と誰かが云った。と思う間もなく、矢張り此のサエキ山と地続きに在る本門寺《ほんもんじ》の方向からB29が沢山の編隊を組んでこちらに向って来た。

人々は、先を争い、木々のある山の中に入り、地面に伏せた。普段《ふだん》訓練していた、両手で耳と眼をふさぐやり方で、皆伏せの姿勢をとった。これは、両手の親指で両方の耳を押さえ、残りの四本ずつの指で、それぞれの眼を被《おお》うやり方である。私は、自分の眼がつぶれるかと思った程、強く押さえつけていた。

飛行機が真上にきた時、焼夷弾をばらまいた。今度は眼を大きく開き、首をもたげて我が家の方を眺めた。夜空がぱっと明るくなり、花火でも見たことのない明りの点々が、何十個となく、空から、早くもなく、遅くもない無気味な調子で地上に降りる。矢張り首だけ上げていた姉が、家は未《ま》だあるわよ、と云う間もなく、ぼっとその辺《あた》りが一せいに燃え上がった。前に通った飛行機が、油をまいて行くので、焼夷弾が家々に到着するかしないかに、家の方から燃え上がるように見えるのだと後から聞いた。

その日は、毒ガスもまいたらしい。眼を開けていられず、眼の奥がガチガチ痛む。誰の眼からも涙がしきりに出ている。喉《のど》もひりひりする。何処《どこ》かの家の汚ない池や防火用水の水に手拭いを浸し、皆眼や口に当てていた。それから

★昭和二十年四月十五日

マリアナ基地のB29は十三日夜に引続き十五日夜再び帝都およびその周辺の市街地爆撃を実施した、敵機は前回同様伊豆列島の線に沿ひ北上しその主力は相模湾および房総半島南部よりまた一部は駿河湾方面より広正面にわたり単機または少数機をもって帝都西南方地区へ侵入、二千メートルないし四千メートルの高度から焼夷弾および爆弾を混用投下した

今次来襲に当りまづ敵指揮官機が先登に立ち照明弾を投下し、その中間地区に焼夷弾および爆弾を投下するといふ戦法をとってゐる、敵は市街地の無差別爆撃を行ったのち相模湾および房総方面より脱去した

この日の邀撃戦闘は熾烈を極めて大なる戦果を収めた、すなわち十六日午前一時ごろ迄の戦果は撃墜五十五機、損害を与へたるもの五十機以上であったが、その後の調査の結果、撃墜七十機に上り実に来襲機数の約三割に近いことが判明した、地上における我が方の被害は広範囲におよんだが、軍官民の敢闘により比較的防空活動は好成績を収めた

マリアナ基地におけるB29の整備状況はその後相当の程度に達したものと見られ、今後さらに敵機は連続して来襲する可能性あり、万全の準備強化が要請されている

（四月十七日朝日新聞）

山の上に登った時、向う側から来た人達にぶつかり、向うも火の海だと聞いた。本門寺の方も、同じだと云う。

興奮した人達の叫び声や悲鳴、怪我人の呻《うめ》き声などの中で、私達も、時限爆弾の破裂を恐れながら、今爆風をさけて安全だった何処かの塀の影が、立ち上がって歩き始めた一瞬後には、家もろとも崩れ落ちていた。

逃げ道が無くなり、その日の空襲は、フライパン戦術と云って、四方から焼いて行くやり方なので、今立っている所が少し焼け残っていても駄目らしいから、覚悟をした方がいいと云われた。本当に、何処を向いても距離の差こそあれ、火の海であった。初めの頃は、とっておきの炒《い》り米《ごめ》をリュックから出して食べる人、無性《むしょう》に話し出す人など居たが、直ぐ黙り込み、真青な顔色になった。

息苦しい、だが静かな時が一時間位つづいただろうか、誰かが、助かった、風が変った、と云った。見ると火の勢が、海岸の方向へと流れていた。道がついた、神風だ、とまた誰かが云った。

それからどうしたか、私は全然憶《おぼ》えていない。空が自然な色で明るくなった頃、漸《ようや》く大森駅附近の焼け残った知人の家にたどり着いた。

その家には、数日世話になった。その間ずっと痛み続ける眼と耳を我慢《がまん》しながら、新潟から帰って来るお手伝いさんを、毎日焼け跡迄姉と一緒に見に行った。汽車の切符が買えず、漸く六日目に帰ってきた彼女は、其処《そこ》の建てふだも

読まず、私達が皆死んだと早合点した。そして焼け跡の前で茫然《ぼうぜん》と立っている所へ出会したが、長い間三人共、涙が止まらなくなって困った。

　翌日、私達は茨城へ行った。一月半前迄私が居た母の実家である。お手伝いさんは、直ぐ傍の鬼怒《きぬ》川《がわ》を越えたかすれ村という彼女の実家に別れて行った。（紀　禮子　東京都）

隣

●本郷区湯島三組町

東京に警戒警報がなる様になって、国民学校の生徒達は先生に附き添われて田舎に疎開して行った。

　私も長女を久米《くめ》川《がわ》の学校農園に、年老いた母と幼い長男を霞《かすみ》ケ《が》浦《うら》の主人の郷里に、お手伝さん（同じ郷里）と共に疎開させた。主人と二人、家に残って、ほっとしたおもいで、これで働ける覚悟がしゃんと出来上ったような気がした。

　其頃、湯島《ゆしま》の高台の中段にあった私の家は、下町一帯が見下《おろ》せる場所だった。上野《うえの》の森にも、その下町にも、飛行船に似た形の青黒い気球が幾つも上って居て私には何の役に立つ物か分らなかった。人に聞くと空襲に来た艦載機を引っかけるのだと言う。あれに飛行機がうまく引っかかるものかしらと私は不思議な気がした。

昭和十九年十一月から東京にも毎夜、敵機がやって来るようになった。宵に三機、夜中に三機、明け方何機と言う様に。空襲警報がなると、間もなくドカンドカンと高射砲が轟《とどろ》き、真暗な夜空にサーチライトにとらえられた敵機が西から東にむかって行く。焼夷弾を落す時は丁度花火の様な火の帯が何本も空から降って来る。

　「ア綺麗……」と思う間もなく、きれいどころではない。その下の街はたちまちポッと赤くなって火の手が上る。日本の飛行機か高射砲がむかえ討ってくれない限り、空からの攻撃では私達は軒下か防空壕の中に待避して居る他はない。

> **★昭和十九年十二月三十一日**
> ○マリアナ基地のB29各一機は昭和十九年十二月三十一日夜十時過ぎ、同二十年一月一日零時過ぎ、同じく五時過ぎの三回に亘り西方より帝都に侵入、焼夷弾を投下した後東方に遁走した、若干の火災を生じたが消し止めた（一月二日朝日新聞）

　私の隣組の人達は口惜しがって、敵機に、にくらしい名をつけてやろうと、ビーニク（B29）と呼ぶ事にした。隣組には神田《かんだ》の青果市場の問屋の人達の住居が幾軒かあって、元気がよかったから、焼夷弾など消して見せると皆張り切って居た。

　今では記憶もうすれて、順序もよく覚えてはいないが、恐ろしいと思った空襲は四回あった。其一つは、その頃各自の家では風呂がたたぬので、私は神田《かんだ》末広町《すえひろちょう》の白湯と言う銭湯へ行った。

　宵の口は空襲が来ぬと芋を洗うような混雑である。K夫人とともに白湯に行ったが、のぼせ性の私は街のあつい風呂に長湯《ながゆ》が出来ず、早々にK夫人を残して帰って来た。と警戒警報である。つづいて直ぐ空襲警報がなった。おいて来たK夫人を案じて外へ出ると、夜目にも湯気の立つ顔を手拭いでふきふき、K夫人が帰って来た。

　ドカン、ドカン、高射砲が轟き出したので家へ入ったが、ババーンと近くにさく裂《れつ》した爆弾、家がひしゃげたかと思った。あわてて家の中をかけまわって調べたら、東側にある子供部屋の窓硝子にたてにピシッと亀裂《きれつ》が入って居た。他に被害はなかったが、間もなく暗い街に人の走る気配がして、私が今出て来たばかりの白湯に、爆弾が落ちたと言う。けが人も死者も多数出て、惨事は次々と伝わって来た。

　十九年もいよいよ大晦日《おおみそか》である。主人と私は覆《おお》いをかけた暗い電燈の下でネコと呼ぶ土製のコタツに、僅かのタドンを入れてあたって居た。明日はお正月だが、お餅もなかった様な記憶がする。

　此の夜、私達の隣組にも焼夷弾が落された。一軒に二、三発おちた家もあった。暗いのでホースの先がどこにのびているのかよく分らなかったが、主人と私も井戸のポンプを代《かわ》り合っ

朝日新聞

■**銀座4丁目の角**　20年5月28日　焼け出された人たちに食物を配るおまわりさん、後方は築地管内の自転車屋さんがパンク無料直しの奉仕

て、けん命に押した。たちまち、モンペの膝から下はグッショリぬれて、氷る様なつめたさだ。幸い町内では燃え上った家はなく、隣町の同《どう》朋町《ほうちょう》で一軒の家が火に包まれて居た。K夫人はバケツを下げて意気揚々と引き揚げて来た。

「なあに、焼夷弾なんかバケツの水をザブリと一杯かけたら消えちまった」と大よろこびである。隣の御主人が

「イヤあの燃え上った火の手を目当てに敵機の編隊が来るかも知れませんよ」と言うとK夫人

「あら奥さん、どうしよう……」と私につかまって、ガタガタ震《ふる》え出した。冗談かと思って居たら、いくら私が押えても震えが止まらなくなって、そんな中でも、私はおかしくて、つい吹き出して仕舞《しま》った。隣町の方でも皆が奮闘して、燃え上った家もとうとう消し止めてしまった。

皆集って、白々《しらじら》と昭和二十年元旦の夜明けをむかえたが、誰の顔も手足も煙突から這い出した様に真っ黒けに煤《すす》けて居た。「お目出とう」と言うより、「よかったなあ」と言うのが新年の挨拶だった。ビーニク奴《め》とんだお歳暮だか、お年玉をくれたものである。

四回目の空襲でとうとう私の家は焼けて仕舞った。二十五年住みなれた土地に訣別して、火に追われ、煙にまかれ、命からがらにげのびた時、よくぞ命があったものと、後で思う。三月九日夜始まって十日に至る東京の大空襲であった。（坂本　千枝子 東京都）

■空襲の一夜が明けた、まだくすぶっている焼跡の消火作業　目黒区自由が丘附近　20年5月30日　写真　伊与田昌男

傷

●麹町区六番町

家は麹町《こうじまち》で、主人に中学生の息子劭《すすむ》と姑の四人で、毎日の空襲に怯《おび》えていた。四月にも大きな空襲があり、私の家の先の角迄は焼《やけ》の原にされていた。五月二十五日は夜十時頃警報がでると、間もなく焼夷弾を落とされた。方々で火の手が上り、手のくだしようもなく、女子供は先《さき》に避難しろと言うことで男達がのこった。私は劭の先導で遅《おく》れがちの母を振返り、速く速くと言いながら走った。

四谷見付《よつやみつけ》市場の前に来た時、B29の落下物が頭に当り、私の体は二三間ふっ飛ばされた。生温《なまあたた》かい血が防空頭巾を伝わって領《えり》首に流れ入るのがはっきりわかった。劭が馳け寄って抱き起した。ここでぐずぐずしては劭も危いと思って立ちあがった。

そこへ主人が母の手を引いて馳付けた。私は丁度通りかかった主人の友人に背負われて、土手の横穴に皆んなと避難した。この横穴は兵隊が作ったもので、幾つも並んであったが、大勢の人がここに逃込んで居た。私は不思議と傷の痛みは感じなかった。家中の三角巾で頭をきつく結んで貰って、朦朧《もうろう》としている中で、もっときつくきつくと言ったそうだが覚えていない。

明け方に空襲警報は解除になり、白らむ頃から家に戻る人、避難所に行く人等でごったがえした。四谷第三小学校が一時避難所に当てられて、兵隊の救護所もあった。看護兵は私の傷を診《み》て「これは大変な傷だ。縫わなければいけない。ここは兵隊の救護所だから早く病院へ行くように」と言って薬だけは塗《つ》けてくれた。ここで落合った隣組の人達の手で担架《たんか》に乗せられ、麹町消防署に運ばれ、救急車に移されて警察病院に入院した。

病室は超満員で、私の入った室には全身火傷《やけど》の婆さんと、落下物でアキレス腱《けん》を断って歩けない娘に、爆風に飛ばされて、顔や胸に負傷した娘と、頭をやられた私との四人で、歩けるのは私だけでした。頭の傷も骨までは達してない

○大本営発表（昭和二十年五月二十六日十六時三十分）

南方基地ノ敵Ｂ29約二百五十機ハ昨五月二十五日二十二時三十分頃ヨリ約二時間半ニ亘リ主トシテ帝都市街地ニ対シ焼夷弾ニヨル無差別爆撃ヲ実施セリ

右ニヨリ宮城内表宮殿其ノ他並ニ大宮御所炎上セリ

都内各所ニ相当ノ被害ヲ生ジタルモ火災ハ払暁迄ニ概ネ鎮火セリ

我制空部隊ノ邀撃戦果中判明セルモノ　撃墜四十七機ノ外相当機数ニ損害ヲ与ヘタリ

○宮内省発表（昭和二十年五月二十六日午前五時）

昨夜来ノ来襲ニヨリ宮城及ビ大宮御所ニ被害アリタリ、三陛下及ビ賢所ハ御安泰ニ亘ラセラレル

とのことで、縫わずに髪を刈って薬を毎日塗けるだけで済《す》んだ。病院は看護婦が足りないので付添《つきそい》をつけるようにいわれたが、一人の娘さんに小さな弟が二人付いただけです。

数日後に横浜方面が空襲された日は、朝から警報が出てＢ29が病院の上を飛んで行くように思えた。看護婦が来て窓を一杯に明《あ》け、カーテンを一箇所に寄せて出て行った。カーテンがひらひらすると目に付き易《やす》いからだそうだ。外から丸見えになった。そのうち機関銃の音がバリバリ聞えた。付添の子供が「こわい」と叫んだ。私も迚《とて》もこわかった。「早くベッドの下に」と言うと姉のベッドの下に二人とも潜《もぐ》った。みんな生きている気持ちはしなかった。

それから数日が過ぎ、私は家族の事が心配になってきた。その頃、家族は防空壕に寝起きしていた。主人も焼跡にばかりかまっても居られず、務《つと》め先《さき》に出なければならず、母は壕を守り、劭は配給その他の雑用に馳け廻っている。病院のベッドも足りない時だ。先生にお礼を言って焼跡に帰って来た。母は「壕の生活はいやだ、早く地上に出たい」と言う。そこで地上に焼トタンや古板等を集めて四帖半程のバラックを建てて移った。

私達は古里《いなか》をもっていないので喰べ物には人一倍困ったが、燃料には不自由しなかった。隣組に井戸が在ったので、ドラム罐の風呂を焚《た》いて毎日はいれたが、それでも虱《しらみ》が着いて弱った。主食は配給が途絶《とだ》えがちで殆ど大豆を主にした一握りの米との雑炊が一日一食、あとは薯《いも》、人参《にんじん》、それも男衆《おとこしゅ》が遠い所から買出してくれたものです。

母はおなかがすくと大豆のゆでたのをよく喰べていたが、栄養の無い体で不消化の豆を喰べたので、下痢を起し、その儘寝付いた。母には慢性腎臓病があり、十八年頃に尿毒症になり医者にも宣告されたが、それも癒《なお》った。食のある人で、よく食べたがったのが、さっぱり食べなくなった。何時もと様子が違うので医者に診て貰ったが、苦しみもなく二十年七月二十日死んだ。

火葬場の事が心に掛った。焼いてくれるのか如何《どう》か。仏を焼くだけの薪を付ければ焼いて貰えるという人もいた。手紙も電話も頼みにならぬ時なので、幡ケ谷《はたがや》の火葬場へ一度行って見る事にして、主人が出掛けた。その日は雨に風が伴って荒れ気味の日だった。夕方に帰った話では「薪などいらない。お棺に入れなければ引受けない」とのこと。お気の毒に菰《こも》にくるんだ仏と丸太が、荷車にゆわえられたまま雨曝《あまざら》しになっていたそうだ。

さて私も困った。隣組の壕を毀《こわ》してみたが板が薄くて使えない。そこで考えたのは、その頃家の少し先の焼跡の家に兵隊が大勢居て、毎朝畑を作る兵、電線をはる兵等が、ゾロゾロ通る、その中の一人の兵が時々家で休んでゆくようになっていた。その人に頼んで兵隊の武器を入れて送られてくる空箱を一つ頒《わ》けて貰えまいか、と聞いてみたら「僕ではわからない、朝隊長がここを通るから頼んでみなさい」と教わっ

た。隊長は「一存にはいかない物だが、まあいいだろう」と言って箱を一つ届けてくださった。

一メートル位、深い四角い箱であった。それを毀《こわ》して仏の入るように直して、立派なお棺《かん》が出来た。翌朝荷車を借り、仏を乗せて主人が牽《ひ》き劭が後押しして火葬場に行った。想《おも》えばあと一と月生き永らえてくれたらば、もぎたてのトマトや胡瓜《きゆうり》ぐらいはあげられたのに、残念に憶《おも》う。（松岡　婦志東京都）

煙

●麻布区本村町

五月二十四日夜半の空襲で、川向うの商店街は柱一本残らぬ焼土《しようど》となった。その日が終るまで細々《こまごま》とした家が竝《なら》んでいたのに、ほとんど平らに目の届く限りやけ野原となった。川のこちら側の類焼をまぬがれた人達は「なまじ家があると肩身がせまい。早く焼けてくれりゃいい」と話していた。

そのあくる晩、即ち二十五日の午後十時すぎに、又々B29来襲の警報が鳴り渡った。

前日川向うの湯屋が焼けてしまったので、今日は焼け出された人々も家へ湯に入りに見えた為、乏しい湯に裸《はだか》の体をこすり合うようにして終始《しゆうし》混みあい、商売とはいい乍ら客に気の毒だ、と父も言っていた。

店をしめ夜食もそこそこに親娘三人いつもの様にモンペすがたのまま暗い床に身をよこたえようとした時に、重苦しい警報が鳴ったのだ。馴《な》れていたがくらがりの身仕度は口数もすくなく、父は家を守るため、私は母と手をつないで、隣組の防空壕へ向った。

荷物を肩にした人、年よりの手をひく人皆だまって続いて、崖に掘りこんだ壕に入った。近所のYさんのおばあさんは体が埋《うま》りそうな荷物なので、暗い穴の奥から誰かにどなられて、それでも無理に奥へ入ってゆく。体中汗ばんで壕の中のよどんだ空気に胸をしめつけられそうだった。

すると、低いがひびく男の声で、三月十日の大空襲の時のように、こんなに沢山入ると全員むし焼きされるかも知れないといい出して、俄《にわ》かに人波が動き出す。母と私は押し出されて外に出ると、青白い照明弾が西空を照し、あたりは手の筋のみえる位明るい。

川向うは焼けてもう燃えるものがないから、避難するなら向うだと誰かが言う。急に年をとってひと廻りも小さくみえる母が私にすがりついて来た。家の廻りは強制疎開のとりこわしの材木が山と積まれ、すま居の方の窓も、びっしりふさがる程、商売のためと父が積み上げたが、万ケ一火事になると焚木《たきぎ》を背負っている様になり、しかし今となってはどうしようもないのだ。

父が石炭を運ぶ車を裏から引出し、隣近所の人に荷物を入れるようにと声をかけていた。私は家へとび込み、二階の押入に包んでおいた着物の風呂敷包みを、思い切って水を張ってある湯舟に沈めた。焼けさえしなければ染めがしみてもいいと思ったからである。車のあと押しをして母と川向うへゆくと、父はすぐ引返した。不安だったがとめようにも、父は走って行った。

奉公人の多い時に作ってあったおひつは一抱《ひとかか》えもあるが今は兎が一羽入って車のすみにのっ

★昭和二十年五月二十五日

二十五日夜の空襲により被害状況左の如し

秩父宮邸、三笠宮御殿、閑院宮御殿、山階宮御殿、伏見宮御殿、梨本宮御殿、李鍵公邸いずれも全焼

被害区域　麴町、渋谷、小石川、中野、牛込、芝、赤坂各區に相当の被害あり

麻布、目黒、四谷、板橋、京橋、世田谷、荒川の各一部に被害あり、その他區域全域にわたり若干の被害あり

主なる被害施設、外務省、運輸省、大東亜省、読売新聞社、東京新聞社、文理科大学、慶応大学、増上寺、済生會病院、東京病院、満洲國大使館、中華民國大使館、泰國大使館、ソ聯大使館、元米國大使館、ドイツ大使館、アフガニスタン公使館、蒙古自治政府事務所、スウェーデン公使館（五月二十七日　共同新聞――五月二十五日の空襲で、新聞の印刷工場が破壊されたため、朝日、東京、日本産業経済（日経）、毎日、読売報知（読売）の五社は共同して、二十七日付の新聞を、「共同新聞」として発行した。）

ていた。のぞくとおびえているらしい白いかたまりが愛らしかった。

午前一時すぎ警報はみな解除になった。が、

川に近い一角を大きく占めている白粉工場に突然火の手があがった。

白粉工場のうしろに、家の煙突がみえている。少し位消火にあたっても消しとめられる火でないのが母にも私にもよく解《わか》った。

誰かが断水だ、と叫んでいる。

午前二時十分、家の煙突から細い煙りがのぼった。たしかだった。

母の肩が私の肩にふれて来る。煙突の煙りはみるみる勢いを増し、あたり一面の明るい炎の海の上に直立する白いコンクリートの肌が美しかった。

家が、燃えているのだ。釜に火が入ったのだ。

不思議と、涙は出なかった。

気がつくと電車道を渡って父が近づいて来た。

頭は江戸の名残りの火消しのかぶった刺子《さしこ》の頭巾《づきん》で包み、やはり刺子の半《はん》てんを着て、大きい体のわりに、ゲートルできりきりまいた足は、痛々しい位細かった。

「あっけないものだね。ほんの十五分位ですっかり火に包まれてしまったよ」

三十年近く父なりにえいえいと築いて来た風呂屋もならびの家作《かさく》も、すべて焼けてしまったのだ。

「家ばかりでない。家ばかりでない」

母が車の太いかじ棒につかまり乍らつぶやいた。

父と母と三人して家の方をみると、下火《したび》になった火の波にうす汚れて、煙突は死んだように立っているばかりだった。（**藤木　治子** 東京都）

朝日新聞

■焼け跡を軍楽隊がゆく　20年3月10日　あの凄惨な大空襲の夜が明けたら、陸軍記念日であった。軍楽隊の吹き鳴らすマーチが、余燼消えやらぬ焼け跡を、避難する荷物の上を、そして人々の胸の中を流れていった

★薪の塩だし

その頃私は片瀬《かたせ》（藤沢《ふじさわ》市）の西ノ原《にしのはら》の借家に住み、東京の勤め先へ通っていた。いつも非常用の干飯《ほしい》と、若干の救急薬品を入れた雑嚢《ざつのう》を背負い、胸に住所と氏名と血液型を書いた国民服、ゲートルを巻き、防空ずきんでしっかり身をかためた、ものものしいいでたちだった。

田畑をもたない勤め人のこととて、食糧はすべて買い上げだった。配給だけの米麦では、月の半分もまかなえない。不足分は闇買いだ。

妻はお腹に子どもを宿し身重《みおも》だったが、食べないわけにはいかないので、店屋でまに合わない食糧品の買い出しのために、遠く小田急の沿線の農家へ出向き、近所の奥さん方と一緒に、重いいもなどをかかえて帰った。大きなお腹と重い荷物。私はいつもハラハラしていた。

私たちは新婚夫婦二人だけの生活だったので、多人数の家とちがって、食糧難時代とはいえ、三度三度の食事に事欠くことはなかった。

しかし燃料不足にはほんとうに困った。私の家は、もともと都市ガスで炊事一切を済ませていたのだが、そのガスの供給が、原料炭の不足からか悪化しはじめ、供給が終日ストップする日もあった。

今日のようなプロパンはなく、ガソリンや石油コンロなどの民間使用は勿論許されず、電熱器使用も相ならぬ、さらば木炭は、これはまったく姿を見せぬ。たのむはただ一つ、薪使用あるのみ。

急いで台所を一部改造し、釜をすえることにした。ところが、この釜そのものがまた無い、さんざんさがしまわった結果、横浜でようやく手に入れた。重いので、友人に手伝ってもらい、やっとの思いで家まで運びこんだ。さてこれで一安心という段になったが、どっこい、薪の売りのないことを知って大あわて……。

どうしてあんなに薪の売りがなかったのか、不思議でならない。（恐らく輸送状態が悪く、産地からの入荷がと絶えていたのだろう）とにかく片瀬一円には、全然売りがなかった。

現代人のかなしさ、果物以外のすべての食べものに、火を通して口にする習慣をつけられた私たち。煮るにしても、焼くにしても、火がほしい、そのためには薪は絶対必要なのだ。

前庭にはすばらしい松が林立しているが、切るわけにはいかない、家主が許そうはずがない。

古新聞古雑誌を燃やし、急場はしのいだが、永続しない。仕方なしに、腹痛といつわって勤めを二日休んで、薪拾いをした。自転車の荷台に大きな空箱をつけて乗り廻り、燃えそうなものは片っぱしから拾った。この二日間で、相当量は集まったが、座して食《くら》えば何とやら、十日ともたない。だからいつも薪拾いはしていなければならない。

ある時はゴミ捨て場をあさり、古下駄までもって来て飯をたいた。下駄でたいた御飯だからといって、味にはかわりはなかった。

やがて同業者?が続出して、自転車による薪拾いは身入りが少なく、間に合わなくなった。

そこで仕方なしに、海岸に打ち上げられている木の根や木片を集めることにした。時には満潮時を見はからって、西浜《にしはま》や鵠《くげ》沼海岸《ぬまかいがん》に出向いて、熊手《くまで》でかきよせたりした。

これにも強敵が多くいた。他より早く行かねば骨っこいものが拾えぬ。従って朝など人より早く家を出る、まだ夜の明けきれぬうす暗いうちに、大きな背《しょ》負籠《いかご》をかついで出かけたこともままあった。

木片とはいっても、海水をすいこんでいて、なかなか重い。持ち帰ってもぬれているので、すぐには使えない。軒下につみ上げて、十分乾燥するのを待って使った。

ところが、海浜から集めた薪を使うようになってから、金属性の鍋釜のいたみがはげしい。なぜかすぐいたむ、不思議でならなかった。

ある時、年老いた土地の漁師にその話をしたところ「それは塩を含んだ薪をつかうせいだ。昔は海から上った薪など使う者はなかった。今じゃそんなことはいってはいられないからなあ。どうだ、ようく塩ぬきをして使ってみたら」親切に教えてくれた。

私はさもありなんと、この漁師の言を一途に信じた。それから後は、海からの薪は一まず片《かた》瀬川《せがわ》で籠ごと水洗いをし、さらに庭に広げて雨にうたせ、十分塩ぬきをし、干し上げてから燃やした。こうして、貴重品にも値する得がたい鍋釜の保護につとめた。

そのためか、気のせいか、鍋釜のもちは前よりずっとよくなったように思えた。

（篠田　良一　伊那市）

★血清

「お気の毒です」と医者はいったようであった。

「えっ?」と思わずきき返さずにはいられなかった。昨日まで元気だった長女のY子が、咽喉が痛いというので耳鼻科へ来ていたのだ。「手のほどこしようがありません」手のほどこしようがない病気。私はすぐ喉頭《こうとう》結核《けっかく》かと思った。「いいえ、ヂフテリヤです。でも、血清がないのです」

日赤病院にも国立病院にも、また市内のどの開業医にも、持合せがないと聞かされた。何ということか。主人が戦地から帰る日まで、どんなことをしても、この子を二人無事に育てねば、と思っていたのに。

突嗟《とっさ》に姫路にないなら、大阪の主人のつとめていた病院、ここなら大病院だから、きっと血清があるに違いないと思った。急報の電話の連絡がついて、やっぱり持合せがあるとわかった。

とにかく駅へといそいだ。どの窓口も切符を買う人の行列が、駅の玄関の外までつづいていた。一刻を争うのだと思って、駅長室へとびこんだ。妹のほうを背中におんぶし、五才の長女を両腕にしっかと抱いて、一生けんめい駅長さんに切符を都合してほしいとたのんだ。返事は冷めたかった。「切符を都合するわけにゆきません。もし貴女が長時間窓口に並んで切符を手に入れても、ヂフテリヤは伝染病ですからね」

法のきびしさを、この時いやというほど知らされた。たった一枚の切符で、この子は助かるのにと、うらめしかった。

とにかく父母の許へゆこう。同じ寿命がないのなら、せめて祖父母のいる主人の郷里で……と考えた。バスで小一時間の田舎であった。

私の話を聞いている老父母の目から、ポタリ、ポタリ、と涙がおちていった。

「岡田先生へたずねてみよう。血清があるかもしれない」というや否や、年老いた父は、もう表へとび出していった。どこにもないという血清が、こんな田舎の医院にある筈がないと考えながら、一寸でも腕の力をぬくと、この子が死にさらってゆかれるような気がして、かたくかたく抱きしめていた。ギ、ギ、ギイーと表の大門のくぐり戸があく音がして、がやがやと数人の人。「あったぞ」と父は一言いっただけで、後は言葉にならなかった。早速先生によって、血清はうたれた。

その日から二階と下にわかれて子供の世話がはじまった。病気の子供はただ一人二階に、白いかっぽう着を着て、マスクをつけての看病であった。赤ちゃんにうつるから、といいきかせたので、かわいそうな位おとなしく一人ねていた。

一週間も、もっとたってから、役場の人が、消毒に来ました、といって型ばかりの消毒をして帰えった。幸いに誰にもうつらずにすんだ。田舎の医院ではあったが、三代つづいている医者ということで、思いがけなくワクチンの持合せがあったのだった。（**中村　のぶ子** 西宮市）

朝日新聞

■**東京で薪の配給**　電気もガスも使えず木炭の一かけらもなくなった二十年の東京では、たまりかねて、大邸宅の庭木を伐って薪を配給する地区も出てきた

★千人針

十八年頃から女子青年団もいそがしくなってきた。週に一度は千人針作りがまわってきた。

「今度は誰が征《ゆ》くん？」「中の屋のTさんと上郷のFさん」「ふーん、Tさんがねえ、およしちゃん悲しかろうね」Tさんとおよしちゃんとは、互に好き合っていて、野良の帰りなどよく話し込んでいる……という噂を聞いていた。「だけどFさんの方がもっと気の毒よ、子どもが四人もいるのに、でっかい子が、まだ四年生だろ、親たちは年とっているし、乳呑み児《ちのみご》をかかえて、おしなさんどうするつもりだろ」「可哀そうね」「ほんとよ、俺が暗いうちから暗くなるまで働らいて、やっと食ってきたというのに、どうしたらいいだんべ、って家中で泣いていたって、これ内緒よ」

私は暗いいろりばたで、赤ン坊に乳を含ませながら、途方に暮れているFさんのオカタ（カミさん）の日焼けした顔を思って、気が滅入った。

うこん色の（黄色）晒《さら》し木綿《もめん》に、小筆の軸で、小さな丸いハンコを、赤く千個押した手拭いほどの布と、赤い木綿糸が、青年団の役員の手で、二人ずつ組みになった当番の手に渡ると、我先きにとAさんの家に走った。

千人針はその名の如く、千人の人が一針ずつ結び目を作って、武運長久を願い、出征する兵に贈るものだが、寅年《とらどし》生れの人に限って、年の数だけ結ぶことができた。「虎は千里行って千里帰る」といって、縁起がいいとされていた。

　Aさんは夫婦共寅年《とらどし》生れなので、二人で百以上も一気にやってもらえるから、みんな先を争ってAさん宅へかけつけたものである。裁縫でぬい終りの糸に玉を作って止める、あのやり方で、針に糸を五六回巻きつけ、その針をただ引き抜いてもらうだけなのだが、はじめの頃は「御苦労さん」などと機嫌《きげん》よくやってくれていたAさんも、いくらお国のためとはいえ、毎度いい手間をつぶしてしまうので、悲鳴をあげはじめた。そして誰それさんに赤紙（召集令状）がきた、と聞くと翌日は雨戸をしめて、辨当を持って、遠くの畑へ出掛けてしまうようになった。

　Aさんも辛《つら》かろうが、こっちも辛い。私の家だって、兄が出征して、畑仕事は私ひとりの肩にかかってしまった。千人針だけにかかり切ってはいられないのだ。苦肉の策で、寅年生れの人のリストを作って、それをたよりに村を歩いて能率をあげようとしたが、あまり期待したほどのことはなかった。ちなみにAさんたちが五十五才、一回り下の寅年生れが四十三、その下が三十一、そして十九という具合だが、召集以外に軍需工場へ徴用されたりして、男も女も意外に少なくなっていた。

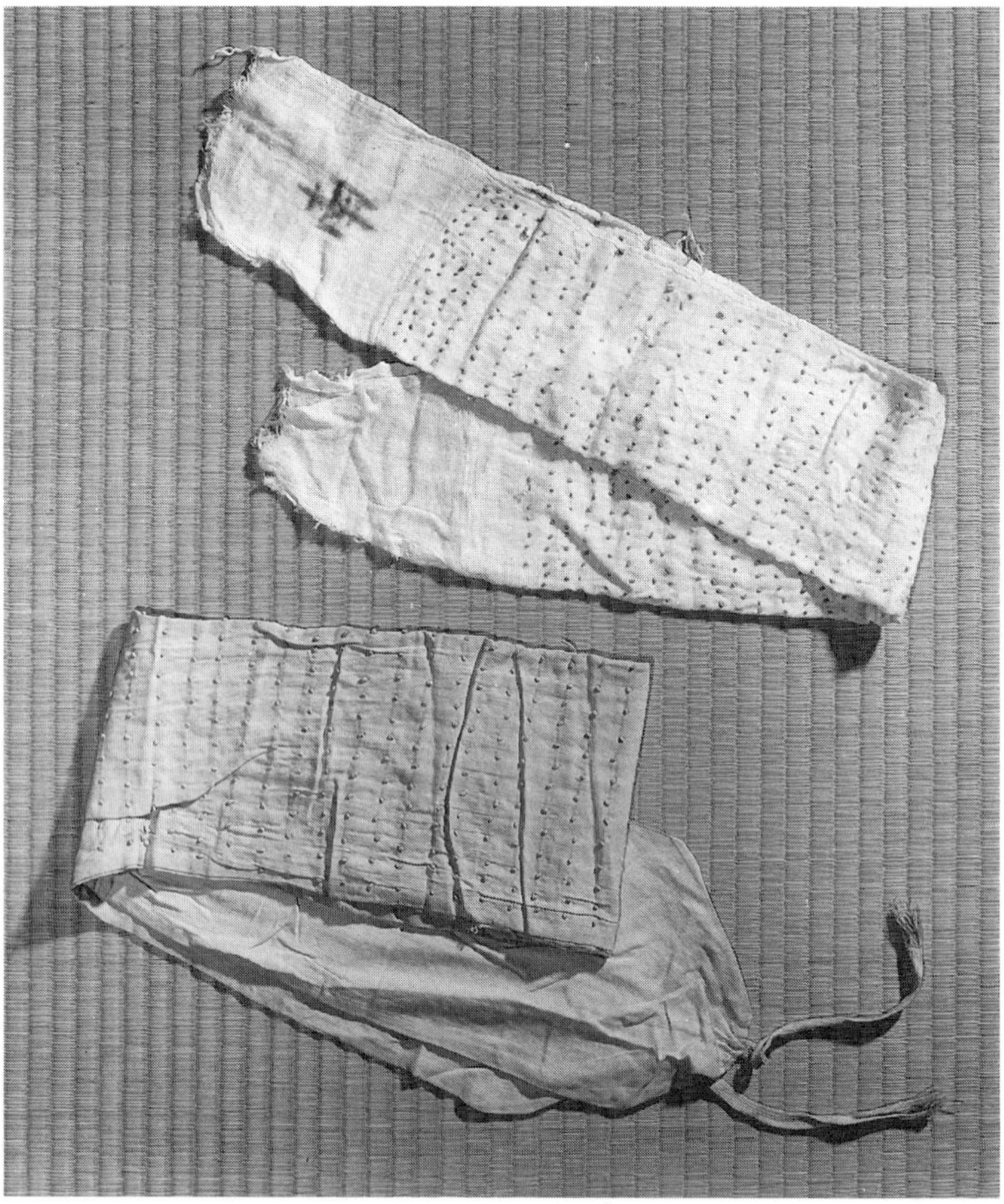
■千人針

　赤紙召集も現役入隊も、同じように村の鎮守様で、神主さんのオハライをうけ、村の人も一戸に一人見送りに出ることになって、ふだんはぴったり閉まっている社殿も、あの頃はよく開かれた。

　兵隊さんはきゅうくつそうにひざを曲げ、畳に座って、長いノリトを聞く。そのあと社殿の前に整列して、決まりきった村の名士の歓送の言葉を受ける。今は故人になった在郷軍人会の○○さんは「…皆さんの任務は誠に重且大《じゅうかつだい》であります……」いうのが得意で、これが出ると、互いに顔を見合せてクスクス笑った。最後が出征兵士を送るうたである。

　わが大君《おおきみ》に召《め》されたる、生命《いのち》光栄《はえ》ある朝ぼらけ、讃《たた》えて送る一億の、歓呼《かんこ》は高く天を衝く、いざ征《ゆ》けつわもの日本男児！

　こう書くと、歌詞は勇ましいのに、小学生のドンドンと腹の底にこたえる大太鼓に合せてうたうと、まことに哀れに悲しくなってくる。

　つわもののひとみは見る見るうちに濡《ぬ》れ、送る方もそっと涙をぬぐう、そんな別れだった。

　朝に兵を送り、夕に遺骨を迎える日も決して珍らしくなかった。役場の係りの人が、名誉の戦死を告げるために遺族をたずねたけれども、どうしても玄関を入ることができず、そのままそっと引き返した、しかし意を決して、又出直してきた、という話も何度か聞いた。

　誰さんの遺骨が帰るという日、村外れまで迎えに出た。バスが止り、みなが緊張して整列する中を、役場の人に付そわれた遺族が、白木の箱を胸に抱いて、首うなだれ静かに通りすぎる。黒い喪服《もふく》に白い箱が目にしみた。「おらあ、これから死ぬまで、うれしい日は一日もなかんべ」と息子に戦死されたある老母は言ったっけ。合同慰霊祭にはこんな歌をうたった。

勇士らは生命を捧げたり
勇士らは戦いに打勝てり
そのみたま、ほほえみて
ここにあり
今仰ぐ忠霊の塔高し。

（土屋　政江 藤岡市）

★父の免職

私の父が東條首相に手紙を出したのは、昭和19年に入って間もなくのことであった。その当時既にいくつかの小さな島の玉《ぎょく》砕撤退《さいてったい》は報ぜられていたけれども、一方国民の眼をあざむく架空の戦果も発表され、この持久戦に耐える方が勝つと宣伝されていたのであった。しかし、政府の関係者は、情勢が日に日に悪化してゆき、破滅に到るのを知っていた筈である。私の父は政治に関係のない地方裁判所判事であったけれども、その無責任を憂えた。そして首相に退陣を求める長い手紙を書いたのである。

家のものは誰もそのことを知らなかった。後で母が云うには、夕食後、書斎に早く引揚げるので、勉強でもしているのかと思った、という事である。

今だったら勿論何の問題になることでもない。しかし、当時はそれが問題になった。首相、或いはその秘書官は手紙の内容を検討するかわりに、形式の不当を問題にし、地方裁判所長を通じて父のケン責を始めた。父は所長に呼ばれて辞表提出を求められた。もとより父はそれに従う筈がなかった。そして、この段階に到って、始めて家のものに事件が知らされたのである。

母は免職になって、一体どうして三人の子供を育ててゆくかをまず考えたであろう。彼女には、昔子供の教育のために貯金をすることを父にはかって、取越し苦労には及ばないと一蹴された経験がある。その無計画さがここ迄嵩じようとは、まさか母も考えなかったに違いない。しかし所長が母を呼んで説得したとき、彼女が応じなかったのは、経済的な理由からではなく、理屈の上から筋を通したからである。

私達子供は、さいわい余り年がいっていなかったので、事をそれ程深刻に考えることはしなかった。けれども、私自身についていえば、父の行為を愛国的であると考えながらも、若干、身のひきしまる思いもした。その頃、国難の中、為政者に逆《さから》って、いやしくも一致団結を乱す者は、非国民と見做《みな》されたからである。そして非国民に対しては、憲兵が容赦なく見張りの目を光らせてい、陰でもその悪口を云ってはならなかった。子供でも、遊びの最中、憲兵に叱られるぞと誰かが云い出すと、わるさを止め、優等生の行いをぎこちなく始めるのである。

初夏の晩、父のところへ珍しく何人かの来客があり、応接間の電灯がともされた。それは裁判所での父の同僚たちであり、荒々しい話ぶりは、所長の意をうけて父に辞職の勧告に来たものである。母は台所の仕事の合間、応接間の声に耳を傾けているようであった。

その夜、客が引揚げてから、又そのうちの一人がやってきて、同じ趣旨を述べ、熱のあるところを示した。子供心にも、それが所長への追従《ついしょう》であることは察しがつく。彼は夜遅く、電車がなくなってから歩いて帰った。

その後、少したって、父は家にばかりいるようになった。判事という仕事はもともと毎日出勤しなくてもよいのであるが、それにしても様子が変だった。父も母も子供に無駄な心配をさせないという配慮から、余りそのことを進んで語ろうとしない。私達も遠慮から、それを強いて聞こうとしない。

しかし、学校から帰ってみると、今日もまた父と母が防空壕を修繕したり、庭に植えてある野菜の手入れなどをしている、ということがある。私はそのすきをねらって、父の書斎に入りこんで、その辺を引っくり返してみた。すると書類籠の中にある一通の書面に、「被告」として父の名があるのを見つけて、烈しく胸が動悸《どうき》をうった。父が免職になるのは或程度覚悟していた。しかしまさか被告になろうとは。

私達にとっては、父の職業を通じて得る知識から「被告」というのは強盗とか殺人とかいう破廉恥《はれんち》罪と同義であった。いま父はその被告の立場に置かれているのだ。たまに出る日、父は被告として裁判を受けに行くのであろう。その時は、巡査に後手にしばられてでもいるのだろうか。

私はそれ以来、学校で友人が何気なしに云う憲兵という言葉に、ひどく神経をとがらせた。憲兵というのは、情報を何でも知っている筈であり、私の秘密を友人の誰かにそっと耳うちする位は、すぐにでもやってしまいそうに思えたからである。その後、裁判は何回か開かれていた。

終戦の少し前、父が野良《のら》仕事をしているすきに、例の書類籠を見ると、厚めの書類に判決と書いてあった。主文、被告ヲ懲戒免職ニ処ス。そして最後には、後に最高裁の判事になった何人かの高名な裁判官の名がつらねてあり、私はその時始めて、私達一家が社会から全く放《ほう》り出されたのを感じたのであった。一体食べていけるのか。自分は学校になんか行っていられる状態だろうか。もっとも、学校は、とうに実質的に閉鎖され、私も工場へ動員されていたのだったが。

　終戦直後のある晩、私達は遅い貧しい食事を雑談しながらとっていると、突然父が「ちょっとだまって」と云うので、反射的に顔を上げると、父はラジオのニュースに注意を向けているようである。恐らく父一人の興味のことでもあろう。面白くもない、と別に気にもしないでいると、父がやや笑いを顔に浮かべて「今判事懲戒裁判を取消すと云っただろう。あれはお父さん一人だよ」と私達を見まわした。

　しかし私にはそのとき、この事件は何の効果もなく空しく終ったのだ、という気もして、父に祝の言葉も述べずに、またうつむいて貧しい食事を続けるのだった。（岡井　敏　横浜市）

★犬を連れて

　十九年の秋には、ドイツのハンブルグも空襲で全滅したというニュースが伝えられていた。東京へも必ずくるという者、東京へきても、自分の住んでいる山の手は大丈夫だろうと手前勝手な考え方をするひと、さまざまであった。

　配給のお米が、細長い外米から、次第にとうもろこしのくだいたものや、高粱《こうりゃん》や、糧秣廠《りょうまつしょう》で研究して藁から作ったという白い粉末など、見たこともない物が配給されるようになると、もう動物、ことに犬はなるたけ供出するようにという回覧板がまわった。

　予防注射に連れていったとき、飼主においていかれた犬が、あちこちにつながれ、主人といっしょに帰る私の犬を、うらやむように、うらめしそうに見送っていた。途中でスピッツを連れた婦人に追つくと、「自分の家で飼っている犬を供出だなんて、とても出来ませんよねえ」と暗い顔でいった。

　間もなく、今度は六十才以上の老人のいる家庭では、疎開した方がよいということになった。私どもは故郷に引き揚げることにして、急に荷物をまとめはじめたが、そこで一つの大きい障碍につき当った。犬は、都内に入れても、都内から連れだしてもいけない、という条例が出ていたからだ。

読売新聞

■汽車に乗る人たち　汽車は、いつ来るかわからなかった、来ても乗れるという自信はなかった

　しかし家族の一員として寝起きをともにしてきた彼を、ここに置き去りにすることは、どうしてもできないことであった。芭蕉翁でさえ歩いて行けた道である。私にも歩けるだろう。彼を連れて、夜ひそかに東京を脱出しようかと考えたが、見つかって降《おろ》される所まで、汽車に乗ろうと考えなおした。

　その夜、彼の頸に成田山《なりたさん》のお守札をしばりつけ、一番大きいリュックに入れて背負い、最終列車の発車間際に、上野《うえの》の改札口をかけ抜けた。

　二等（いまの一等）も箪笥や、その他の大きい家財道具まで持ちこんだ疎開の人たちで、便所の中までぎっしりつまっていて、やっと乗った私は、つぎの郵便車との連結板の上で、一晩中ぎしぎしときしんで絶え間なくゆれる二枚の鉄板の上で、シッカリ袋を抱きかかえて、無事に目的地に着くことを神に祈った。その頃の蛇腹は、もう破れて骨だけになっていて、線路はぶきみに白く光って見えた。

　白河《しらかわ》を過ぎる頃から、十一月の夜風が一そう冷く吹き上げてきて、ひどく冷えた。男の人は窓から用をたしたし、女の人でも、せっぱつまって窓から下り、暗《やみ》にまぎれてホームの端の方で竝《なら》んで用をたしている後姿も見られたが、身動きのできない私は、連結板の上で三回位おたれをしたろうか、濡れた腰はいよいよ冷えて、感じがなくなった。ときどき袋の中に手を入れて「大丈夫だよ」とささやいた。

　夜がしらじらと明けて、郡山《こおりやま》に着くと、乗りかえの人々が大半下り、二等車はがらあきになった。ホッとして立ち上ると、犬もやれやれというふうに頭を出してしまった。誰かが車掌に密告したのか、廻ってきたとき、じーッと私の股の間の袋をにらんだように思った。私は急いで便所に入って、カギを下してホッとする間もなく、二三度戸をたたく音に身がすくんだ。そのうちそとに人の気配もないようなのでそっと開けてのぞくと、誰もいない。急いで二等の席に腰掛けている姉のリュックと取換え、自分は入口近くの席に座って、一駅一駅をもどかしく見送るうち、朝八時頃やっと故郷の駅についた。

下りて汽車が動きはじめたとき、先きの車掌があわてて戸を開けて、私をにらんだ。田圃道で、袋から彼を出して、父のお墓まで一目散に走って行った。

宮城県境に近いこの町は、さすがに食糧事情もよかったが、第二の危機が待っていた。

年も明けた二月の始《はじ》め、犬は全部供出せよということになった。東京では「なるたけ」という条例も、末端の役場までくると、このように強制的になるのか。殺して毛皮を飛行帽につけるのだという。

この地方でも、めずらしい大雪の中を、町の猟師たちが、登録してある家々をまわって、泣いて命乞いをする飼主の眼の前で射ち殺した話。用事から帰ってきた奥さんが、自分の家の犬が四つ足をしばられ、鉄砲の先に血だらけになってぶらさげられてくるのに出会い、肝をつぶして、せめてその死体を返してくれるように頼んだら「そんなにほすくば、肉をやっからこう」といったという話。夜は猟師たちがその肉で酒盛をしているという話。

どうして助けようかと、姉と相談した。幸いまだ登録していなかった。蔵に入れて大戸をしめても、人声に吠えたら、見つかってしまうだろう。犬狩りは三日間だという。そこでアダリンをのませて眠らせようと考えた。一錠は、この犬の体重に対して、すこし多過ぎたようで、二日間眠り続けて、眼をさましたときもよろよろしていたが、それでも、ついに助けることができた。（池田　ゆき子　三鷹市）

★取急ぎ結婚

夫と私とは同じ村に生れ育ちながら、年令が十才近く違うため、お互いに一面識もなかった。夫の両親は私を、私の両親は夫を、それぞれ知っている、そんなたよりない知り合いでしかなかった。

六月十八日、勤務先の上官から、嫁をもらって帰ることを約束に、十日程の休暇をいただいた夫は、何年ぶりかに故郷に帰って来た。人手の極度に不足していた頃のこととて、夫の実家ではおそい田植の真盛り、嫁の話等出すことも出来ず、そのまま田植を手伝い、ようやく田植のおわった二十一日、嫁をもらいに来たことを母につげたらしい。

父は長らく床についており、どうすることも出来ず、おどろいたのは母、新らしい風呂敷一枚持って（私達の土地では嫁を風呂敷につつんでもらってくるという習慣があるので）大した当もなく家を出たとか、途中ぱったり会ったのが私の親類の小《お》母《ば》、嫁の話を持ち出すと、親類の娘（つまり私）ということになり、早速その翌日両方の両親と小母の間で話がまとまってしまった。夫も私も、お互いに相手を知らないままに。——

この時、両親の間で、私たちの写真の交換があったのだそうだけれど、あまりの急な話に、私の両親は私に見合の写真を見せることを忘れ、私がその写真を見たのは、何と終戦後故郷に引揚げて来てからであった。

二日後の二十四日、長袖の着物を、母が寝ずに短く直したものを着て、叔母からお祝いにいただいた黒い、それでも絹のモンペをはいた、そんな花嫁姿となった。そして軍服を着た長身の夫と、初めて夫の家で顔を合わせた。

結婚式といっても、夫の長兄と私の母、それに仲人《なこうど》役をお願いした親類の姉、そして私達、わずか五人のささやかなものだった。闇と物交《ぶっこう》（物々交換のこと）でやっと仕入れた魚、自家製の卵、配給でいただいた少しばかりの酒、旧家で知られた夫の家の座敷のみが、ただ広々と清められてあった。

その夜も例にもれず、空襲警報が発令され、明りのない暗い家の上を、敵の飛行機がブンブンうなっていた。

結婚式の翌日、私は生家に帰り、身の廻りのもの（着替、日用品、少しばかりの台所道具、食糧）を柳行李につめた。そして二日後、新婚旅行にあらず、夫の任地北海道へと旅立つことになったのである。

母の心づくしの赤縞の人絹のモンペをはき、水筒代りに水をつめたビールビン、非常食の豆いり、米いり、それに救急道具を入れた重い大きなリュックを背に、敵機が頭上を飛ぶ中を、夫と駅へ向った。

軍からいただいた心づくしの二等の切符（今の一等）は何の役にもたたず、私達は汽車の窓から乗りこみ、貨車のすみに席を取るのがやっとだった。その時、私はまだやっと十九才、今から思えば、ほんとうに幼ない妻であった。

途中二度ほど空襲警報がかかり、草原の中に避難しながらも、ようやく函館《はこだて》までたどりつくことが出来た。あたかも警報下の函館駅は暗く、闇の中に人人はごったがえしていた。

長身の夫を目当に歩いていた私は、いつか人の波にはぐれてしまった。カーキ色の兵隊さんのなんと多かったことだろう。とうとう私は駅の片すみに腰をおろしてしまった。それからどれほど過ぎたのか、空が白む頃、私をさがしに来てくれた夫と共に、再び大きなリュックを背に、目的地である苫小牧《とまこまい》駅にたどりつくことが出来た。

町は空襲にそなえて、疎開す

■どれが最初の布地だったのかわからない　「つくろい屋」参照

る者が多く、借家はすぐに見つかったが、実家から発送した荷物など着くはずもなく、その日から私達は軍から借用したカーキ色の毛布の中にくるまり、飯《はん》盒《ごう》で飯をたき、ところどころへこんだ軍の食器で御飯を食べた。戸棚もなければテーブルもない、一枚の着替をふるに利用しなければならない毎日だった。日に幾度も防空壕の中にもぐり、朝出掛ければいつ帰るかわからない夫を待ちながら、時には一人で過ごした夜もあった。（種岡　敏子　柏崎市）

★つくろい屋

私たち一家は、尼崎《あまがさき》市から、父だけを残して丹波《たんば》の山の中に疎開しました。荷物を送りたくても、トラックが来てくれず、荷造りしたままの荷物は、一切翌三月の空襲で焼いてしまいました。残ったのは、早々に送っていた上等の着物少しと、リュックにつめるだけつめて疎開した時の衣類だけでした。

育ちざかりの子供四人、私はその長女で、女学校の四年生でした。

母は朝から晩まで、かまどの前に坐って主に食べる方のことをし、私が、昼は学徒動員で工場で働き、夜は暗い電気のもとで一生懸命針仕事をしました。

毎日まいにちがつくろい物の連続でした。冬ともなれば、家中の靴下のつくろいが大変なことでした。つくろった上につくろい、そのまた上をさしして、まるでおだんごのようにごろごろした靴下をはかせました。美しくつくろうというよりも、まず丈夫ということを考えて、ぎっしりとさすのです。そうすると、糸がたくさんいるので、どんな抜き糸でも、大事につくろい用に残しました。それでもはけなくなった靴下は、何足かを集めて一足に縫って弟たちにはかせました。父の軍足は太い糸で編んであるので、必ず解いて、毛糸編みの補強糸に使いました。

でもせっかく作った靴下も、布が弱っているので、かなしいほどすぐに破れてしまうのです。日の当る縁側にボロをひろげて、休みの日は一日中、つくろい物ですぎました。

ミシンがあればどんなに助かるだろう、ミシンがほしいというのが夢でした。母がたった一包みの疎開の荷物の中から、一番よい着物三枚と帯一本売って、ミシンを手に入れてくれました。これでつくろい物は、ずっと楽になりましたが、糸がたくさんいるのにはおどろきました。縫いはじめの余り糸すら勿体なくて、どんな場合でも、二つの物を代るがわる縫って、糸を切らずに連続で縫うようにしました。

布は何もかも弱ってしまい、ちょっと引っぱると、ビリッと破れ、紙のようになっていきました。でも「形あるものはつくろえる」これが私の信条でした。何とか布を当てては刺しました。当て布にも不自由しました。古くなったシーツの横の方や、カーテンを取りはずして使いました。

メリヤスのシャツの背中がつくろえなくなると、パンツにしました。下の方のよい所をとって、股下の部分に長方形の布を入れて作るのです。こんなパンツでも、何枚か出来上ると、晴着ができたようなよろこびを感じました。

ざぶとんが破れ、敷ぶとんが破れて、とうとうつくろうことも出来ないようになると、ばらの花作りがはじまります。どんな小さなくず布でも取っておき、それをバラの花の形につなぐのです。雌しべになる布は、二センチ平方もあればよいのです。それにただもう重ねて重ねて、ついで行くのです。座ぶとん一枚作るのでさえなかなかで、敷ぶとんを作るには何日もかかりました。

風呂敷は、よい布を使ったり、よい布でつくろったりすることは、とても出来ませんでした。ほんとうは、買出しに行ったりして、今よりずっと大事な品だったのですけれど……。どれが最初の布地だったのかわからない見事な満艦飾の風呂敷。

これも捨て切れず、いまでは、大事の記念品として、床の間に祭られています。いわば家宝となっているのです。心に不満が起ったとき、ぜいたくな心が湧いてきたとき、私たち姉弟はこの風呂敷を出して眺めるのです。眺めていると、いつか不満もぜいたく心も吹きとんでしまいます。お正月は、この風呂敷を出してきて、家中でおとそを祝います。

当時、父がガリガリの軍人精神の持主でしたから、買いだめなど非国民だと、一切させてくれませんでしたし、ヤミの品を買うのもひどく嫌いましたので、ことさら苦しかったのだと思います。

（小幡　玻矢子 西宮市）

★銭湯

二十年の二月も過ぎる頃から、空襲がはげしく、商店は二年ぐらい前から、店じまいしていました。お風呂屋さんも休業するところが多く、あっても次次と空襲で焼けるのです。煙突があるので、町工場とおもったのかどうか、とにかくよくねらわれました。

私たちはその頃、駒込《こまごめ》の吉祥《きちじょう》寺《じ》近くに住んでいましたが、時には電車に乗って神田《かんだ》の方まで入浴に行ったこともありました。

お風呂に入ると、必ずといっていいくらい、帰りにお土産の虱《しらみ》をもらってくるのです。それでもお風呂に入りたくて、あちらこちら探して歩きました。

当時のお風呂は、どこもそうですが、脱衣場にはかごもロッカーもありませんでした。それに燈火管制下なので、電球が一つ、ぽつんとついているだけでした。（電球のまわりを黒くそめて、下部からだけ光が出るように作られたものです）うす暗くて陰気なものでした。

お風呂は、いつも混んでいました。持っていった風呂敷に、ぬいだ衣類をつつみ、棚の上にのせ、流し場に入りますが、洗桶は勿論ありません。持っていったセルロイドの桶から、石けんを蛇口の上の台に置いて、お湯を汲み、体にかけてから、また石けんと手拭を桶の中に入れ、それをもって、湯舟に入ります。

配給の石けんで、いまの浴用石鹼とは似ても似つかぬ悪いものですが、それでも盗まれるので、手に持つのです。

お湯は何日も取りかえないのか、どぶどろのような、いやなにおいが鼻にぷーんとつきます。その上お湯が少なく、ひざまでしかありません。芋を洗うような混雑の中で、しゃがもうとすると、人のひざの上に腰かけてしまうといった具合ですが、お風呂に入れるだけいいのですから、気持が悪いのを我慢《がまん》しました。

そして手早く洗うのですが、いつも、外の気はいにじーっと耳をすましていました。いつ空襲になるかわかりませんから。それに、のんびりしていますと、着物が盗まれてしまうのです。

上り湯は余り出ませんので、お水をかけてあがりました。お風呂から出て、衣類があるとほっとしました。

遠くでサイレンが鳴っているようです。そのうち近くで断続的に鳴りはじめました「空襲ですよ」の声に真暗になりました。

今まで体を洗っていた人も、お湯の中にいた人も、われ勝ちに脱衣場にさっとうして、ぬれた体に着物を着ます。そのうち着物がないとさわぐ人も出てきます。不安と焦燥の中で、手だけが動いて、重苦しいその場の空気から早く逃げようと外にでます。外は星あかりか案外明るく、遠く二三ヶ所から火の手が見えました。

家は、母はどうしたかしらと思いながら、人気のない町を物影づたいに急いでかえりました。（原　多美江 東京都）

★女教師の宿直

昭和十九年五月から、東京深《ふか》川《がわ》高橋《たかばし》国民学校訓導として勤めるようになって、翌二十年一月半ば頃からだったろうか……私達女性にまで宿直という思いがけない仕事が課せられるようになった。

若手の自由のきく先生方は殆ど集団疎開についてゆかれ、学校に残ったのは、男性は老校長とK先生、女性は高橋国民学校と共に歩んでこられたような独身のO先生、家庭を持っていられる長年勤続のI先生、それと集団疎開に行くように言われて「子供を育てた経験もない私に、大勢の子供さんを預って生活してゆく自信も力もない」なんて見えを切って遂に東京残留組に入った私と、もう一人家庭のある先生と計六人になってしまった。

宿直が始まったのは、昭和二十年に入って東京の空襲も頻度を増し、情勢が緊迫してからである。三人グループで一日おきに廻ってきた。宿直の朝は大きな毛布の包みをかかえ、二食分の弁当を持って四谷《よつや》の我家から都電で深川まで通うのである。私は校長とO先生の三人グループであった。O先生と二人一しょの部屋に自分の布団でないふとんで寝るのは悲しかった。防空服装のままもぐりこんで、宿直室のシミのあるぬり壁の色を気にしながら、身体を固くして寝た。

その頃もう学校は教育の場でも何でもなかった。昼間警報が出ると一、二年の残っている生徒……その頃一年生、生徒数は約半分近くに減っていた……を急ぎ送り帰すと、広い校舎はガランとし職員室は活気も何もなかった。そして学校を守る為の宿直であったのだろうけれど、何の意義もない廻り番の様であった。

うす暗い電球の小使室で、三人で夜の弁当を食べ、警報のない夜はO先生が「火が一番のゴチソウだ。私は高橋学校といっしょにいつ死んでもいいんだからね」と、大きな太った身体で精力的に動き廻って、疎開の廃材を爐でゴンゴンと焚いて下さった。一番寒い時期だった。放課後、特に宿直の日は日暮れまで講堂のピアノを借りて、私はシューベルトのアンプロンプチュの練習に夢中になっていた。だからその事だけで朝家を出る時の気持は割合軽かった。実際家にいて両親と空襲の夜を迎えるのも不安で頼りない気もしていた。

二月に入ってひどい空襲警報が出た。近所の人達はぞろぞろ学校の地下へ集って来る。昼間学校へ出ていった生徒が、おじいさん、おばあさんに手をひかれ、袋をぶら下げて入って来る。安心感はこれぽっちもなかった。ただ大勢いる事だけが、何とはなしの力のようなものであった。サイレンの音だけが頼みで、学校を守る宿直ではあったが、皆と一しょに地下に入っていった。解除と共にまっ暗な校庭へ出て仰ぐ空にどこか赤く燃える方角があった。「深川の夜はB29から見ると海の続きに見えるそうだ」なんて言葉で、人々は不安と心配を捨て去ろうとしているようであった。ざわざわと校舎に囲《かこ》まれた校庭のまわりで人々は低く話し合っていた。

■焼け跡をうしろに疎開地へ出発する学童たち　20年3月21日　朝日新聞

私は昼間の練習曲の指を心で追っていた。次の空襲の夜を考えることもなく、一人の友達も、話し相手もなかった。あの孤独感は何であったか。校庭の四角くくぎられた赤く燃える夜空を見ていた自分の姿が、自分でないわたしのように浮んでくる。

三月三日私は彼のすすめで、辞表も総《すべ》て母にまかせて、結婚式をあげると直ぐ東京を逃げるようにリュックを背負い、大きい鏡の包み一コ持って日光《にっこう》へ出発した。幸せであった。あの怖ろしい宿直の夜の孤独感には未来がなかった。

三月半ば四谷の家の疎開を前に母がよこした手紙を見て私は死ぬ程びっくりした。三月九、十の夜の東京大空襲で深川は全滅、高橋国民学校は勿論。そしてその夜の宿直は「私の廻り番」であったのだ。校長と高橋の主《ぬし》の様なO先生と、もう一人私の代りは、私と同年位の息子さんのいられたI先生であった。私の一生を通して祈らずにいられない高橋国民学校の宿直の夜である。

（安土　文子　岐阜市）

★戦死

内田作中尉殿　昭和二十年六月二十五日沖縄喜屋武岬《きやんみさき》に於て壮烈な戦死をとぐ、謹んで哀悼の意を表す。

公報が二十二年五月奥沢《おくざわ》（栃木県大田原《おおたわら》市）の家に来た。内地を出る時、「最悪の場合泳いで帰って来るよ、赤い褌《ふんどし》を作ってくれ」夫の逞しい体と笑顔が浮んでくる。一枚の通知だけで夫の戦死は信じられない。

間もなく、「右は留守業務局長の通達に依り昭和二十年六月二十三日で陸軍大尉に進級せられましたからお知せします、東京都知事安井誠一郎」戦歿者進級通知書を受ける。さらに「今般故陸軍大尉内田作殿の御英霊が御帰還になりましたので法要の上増上寺に安置してあります、就ては左記に依って伝達致します」

次々の伝達に、夫の戦死を信じなければならなくなった。章にセーラー服を、私は洗濯《せんたく》したモンペをはいて上京する。姉が敷布を切って遺骨をつつむ布を用意して下さる。

兄姉に付添われ、親子は増上寺に行く。数知れぬ白木の箱が並んで、名前が書いてある。田舎から出てきたらしい老夫婦が、白木をだきしめて泣いている。

死亡賜金二百七十円（米一升二合分）
遺族出頭費用二百七十円（金《かね》丸原《まるはら》駅～上野駅三百六十円）
葬祭料四十円

計五百八十円が、死亡時交付金給与金と書かれた薄い黒線の袋に入れて、軽い白木の箱といっしょに渡される。

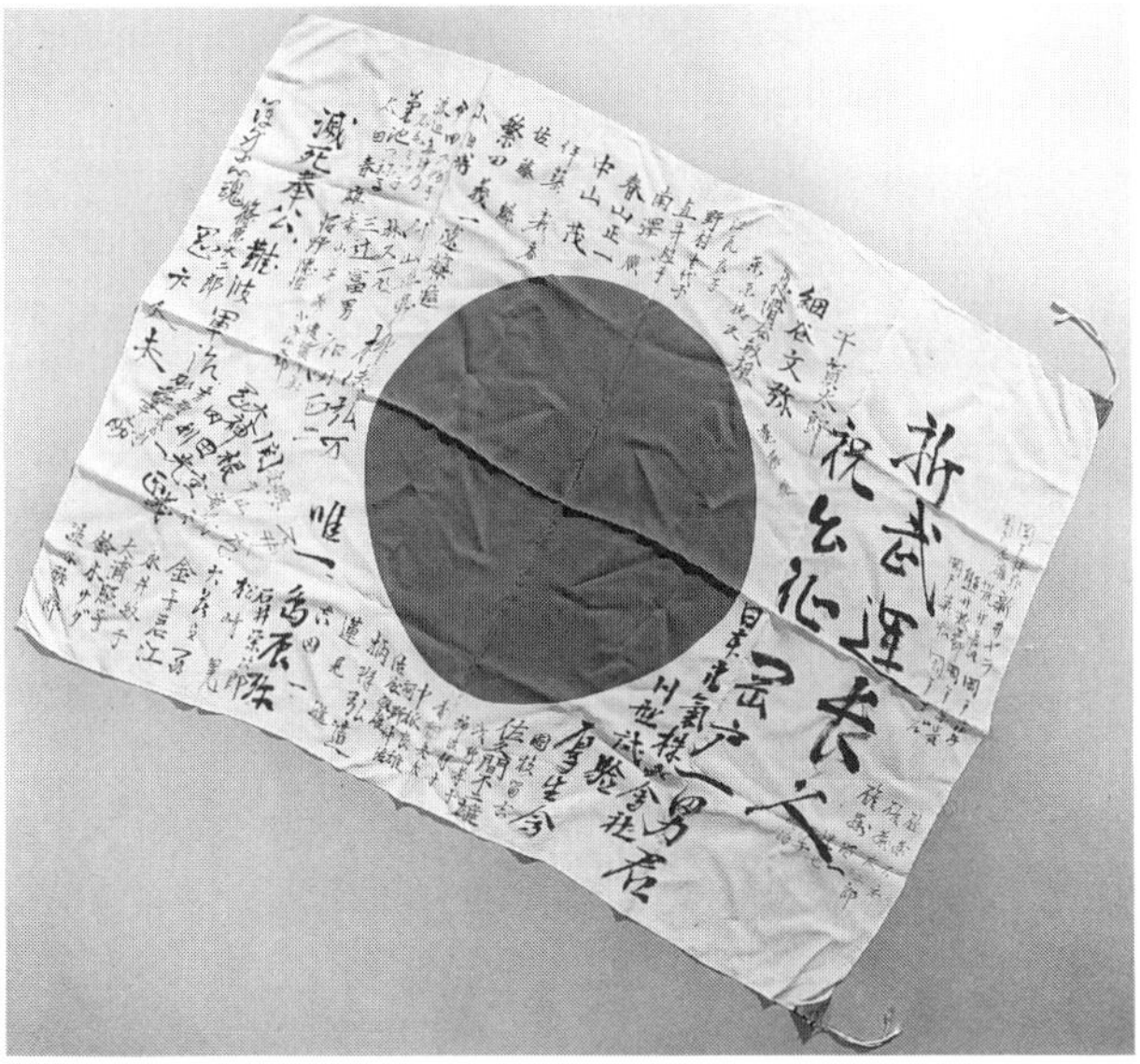

■出征兵士に贈った寄せ書き　この人も戦死した

終戦後、軍部に多くの物資があり、それぞれ私腹を肥した人もいたと聞いたが、せめて白布につつみ丁重に遺族に渡してほしかった。夫の意志でなく赤紙一枚で召され、三十五才の男盛りを永久にこの箱の中にとじこめられ、不用品のようにあつかわれ腹が立つ。

帰宅して恐るおそる箱を開く。「陸軍大尉内田作の英霊」と書いた紙が一枚入っていた。重々しい通達に反し、なんと軽い白木の箱であろう。

出征の時残していった夫の頭髪を、貴重品の中から出す。「昭和十九年六月十五日内田作」と自筆で書いてある、その白紙が茶色に変色している。紙の中の毛髪は、白髪一本まじっていない。若々しい。そおっと鼻に持って行く、もう夫のにおいは消えている。

私の毛髪一にぎりをいっしょに箱の中に納め、白木の箱は簞《たん》笥《す》の上に安置し、戦時中夫のために買いためた煙草を供える。

夫の知人、会社の方たちの参列をいただいて、八月二十六日、駒込吉祥寺《こまごめきちじょうじ》で葬儀をいとなむ。祭壇中央に軍服姿の夫と白木の箱が安置され、陸軍大尉内田作の俗名に並んで「義那院豊徳作道居士」の戒名の白木が目に痛い。山高く煙草が供えられ、とくにお願いして、焼香に煙草をくずして使わせていただく。煙草の煙りが堂内にたちこめ、夫もおいしいと満足してくれたことと、私も自己満足する。

葬儀を終え、参列の皆様に、供物《くもつ》の煙草をおわけする。のんだ人が「カビくさい」と遠慮そうにつぶやく。

葬儀の費用は
院号代二十円
お寺御礼五円
供物五十円
持込茶菓子百二十円
御経料二十円
計二百十五円

戦死者なので院号代もお経料も安くして下さったとお寺でいわれた。

九月二十日納骨をする。深く掘った墓穴に、白木の箱がおさめられ、坊さんが墓経を上げて下さる。汚れた軍服に鉄カブト姿で冥土の道をさまよっている夫の姿が浮ぶ。さっぱりした服装で、冥土で通用するお金も持たせて旅立たせたかった。

空虚な気持で経文を聞く。

御経料二十円
墓経料三十円
永代経三十円
墓掘料百円
花屋心付け十円
花五十円
塔婆料六十円
供物果実百円
持込茶菓百円
計五百円

東京地方世話局の葬儀料四十円也はどういう計算で割出したものか、腑《ふ》に落ちない。

奥沢を引上げ、姉宅にお世話になる。にぎり飯を持って、章とお墓参りに行き、墓の前で食事をしながら、土の中の夫と話をしてくる。お墓の遠足と章は喜ぶ。油蟬の暑い時が過ぎ、カナカナ蟬の涼しい頃となる。お墓の遠足も遠のいて、章も東京の生活になれ、兄姉の暖かい思いやりに明るさを取りもどす。夫の温泉行きのためにたくわえた大枚千円で古ミシンを買い、足がむくむほどミシンとの戦いがはじまる。二十円、五十円の内職で生活の道を開く。


（内田　茂子 東京都**）**

おてがみ

昭和二十年五月

一子チャンしばらくごぶさたしました。みんな元気で居ますから安心して下さい。堀内さんのおばさまにおねがいして、ぜひいり用な物だけおとどけします。今は小包も送れないから、がまんして、あるものだけで間に合せるようにしなさい。横山さんもこの間いらっしゃったそうですね。堀内さんや横山さんは特別にキップが買えたので、この間のお父様のお手紙に書いてあった通り、戦争に必要な物を運ぶため、大して用事のない人は汽車などえんりょしなくてはならないし、又キップも買ってもらえないのです。びんせんも、前に一子がよこしたのも入れておきますから、うちへかく手紙の時にだけ、うらに書いて下さい。よそへ出すのは新しいのをつかって下さい。切手もはがきもびんせんも封筒もなかなか買えませんから、お手紙も一週間か十日に一ぺんで結構です。はり山はありましたか。おもちゃのたんすの中などしらべてみて下さい。きっとどこかにはいっています。くしは入れておきます。お母さんもかけたのをつかっていますから、大切につかって下さい。五日のおせっくには朝、一子のかげぜんをつくりました。長野《ながの》からおうちのごはんをたべたでしょう。赤のごはんとおもちとおいしかったでしょう。てるちゃんのおせっくだから、ざぶとんも五枚しいて、五人でおいわいしたのです。きのうきうりやおなすの苗を買って来てうえました。今日は雨ふりです。かぼちゃのたねもまきましたが、まだめがでてきません。えきの交番のうらのつつじが今よくさいて居ます。方々のつつじがまんかいです。今日はお父様のお手紙はありません。元気でおべんきょうして下さい。母より

六月二十日

お父様お母様輝朗ちゃん、お元気のお手紙ありがとう。私もなかなかこないのでしんぱいしました。ふうとうをおくってください。きのうおちょうめんとえんぴつ一本くださいました。つぎきれもなくなりました。せっけんもなくなりました。小づつみがおくれるようになったら、おくってください。学校からはいきゅうになったけいとで、なにをあんでいるんですか。それがくるのがたのしみにまっています。おばあさまもお元気でいらっしゃるので安心しました。夏になると、はらまきがいりますから、つくってください。ではさようなら　一子より

七月一日

元気で勉強したり遊んだりしているでしょうね。岡田先生と一子の葉書が今日来ました。田中先生の時と同じように、よくおっしゃる事をまもって、よい子になって下さい。お父さんもお母さんも輝朗も、それからおばあ様も、皆元気だから安心して下さい。

空襲で東京もずい分やけてしまいました。これから戦争はもっともっとはげしくなりますが、皆でがんばりましょう。そうすればきっと日本は勝てます。それまで一子もお友達と仲よくがんばっていらっしゃい。病気をしないようによく気をつけて下さい。お父様もお母様もきっときっと元気で居ますから、少しも心配しないように。そうして戦争に勝った時、又みなで楽しくトランプをしたり、いっしょにごはんをいただいたりしましょうね。こんど葉書をくれる時に、この間おくってくれたしゃしんのどこに岡田先生がうつっていらっしゃるか、おしえて下さい。もしうつっていらっしゃらなければ、かまいません。それではさようなら、お父さんより

七月十四日

お母様お元気ですか。私もたいへん元気でべんきょうをしています。もうはがきも一枚もありません。しけんを入れましたけど、つきましたか。正子ちゃんと遊んでいます。トランプがしたいですけど、あったらでいいですから、小づつみをおくるとき入れてください。こっちへきて、いろんなものをおぼえました。今日竹子さんのところへはがきをだしました。きのうくわのみをしぼって、そめものをやりました。セッケンがうすくなってしまいました。私のまくらのかばがどっかにいって、なかなか見つかりません。もみじも赤くなりました。ではおからだにおきをつけください。お父様によろしく、さようなら　一子より

（大和田　一子 東京都**）**

●第一便（四月二十何日）

おとうさんお元気ですか、私もげんきでべんきようをしています。お父さん、私のうまれたし（日）おてがみでおしえてください。このてがみがついたら、だれでもいいからおしえてください。このごろはまいにち学校へいっています。もうじき、うまれたしをきくそうですから、きゆこうでおてがみください。三年は三年でつきました。

私たちのへやの人、えんどうさんもますださんも、みんなえんこ（縁故）をするのですから、私もえんこにさしてくださいね、おねがいいたします。さしてください。さむなければ、そんちやんりようぶ（寮母）さんにきてください。さむなければ、ながののうちにま（部屋）をかりてすんでください。それからどんぶりわつちやいましたから、おくつてください。めんかいにきてね。

●第二便（五月九日）

おかあさんおげんきですか。私もげんきです。私はかえりたくてかえりたくてたまりません。はやくはやくめんかいにきてください。私はなきたくて、なきたくてたまりません。なみだをうかべたときが、ずいぶんうかべたときが、なんどもありました。ではほんとうにきてください、さようなら。

●第三便（五月十二日）

お父さん、おかあさん、おばあちやん、そんちやん、おてつちやん、ねえちやん、おげんきですか。私もげんきですが、めんかいにきてください。はやくはやく、もうとてもはやく、あしたにもきてください。りさいしや（罹災者）はきつぷがかえるそうですから、はやくきつぷをかつて、はやくはやくきてください。それからおにんぎようさんも、きものをたくさんつくつて、めんかいにくるとき、もつてきてください。ではおからだたいせつに、さようなら、みなさまへ。

●第四便（五月二十七日）

おとうさんお元気ですか、私もげんきでべんきようをしています。おかあさんも、おばあちやんも、みんな元気のことと思います。きつてがなくて、てがみがだせませんから、てがみに入れて、おくつてくださいね。いつめんかいにくるの、はやくきてね、それからくるときは、なにかおいしいものたくさんもつてきてね。それから、ここにはつてあるきつてはもらつたのです。十せんきつてを一まいもらうのに、びんせん二まいに、えんぴつ一ぽんに、えはがきもやらなきやくんないのよ。きつてをだからおくつてね。こちらは、てがみだすときは、べんきようをならつているせんせいにいつてだします。

●第五便（六月二日）

おかあさんお元気ですか、私もげんきでべんきようをしています。おくすりとはがきと、それからいんぴつをおくつてください。ごむけしもおくつてくださいね。それからとてもいいつていうの、おねがいだから、それはえんこのことよね。おねがいだからえんこにしてよ。こつちはとてもふじゆうよ。ごはんはすくないし、おやつはないし、私いじめられてばつかしいて、ないてばつかしいるのよ。だからえんこにしてね、おねがいたのむは。ではこれでおしまいにしときます、さようなら。

●第六便（六月十七日）

おかあさん、おげんきですか。私もげんきでべんきようをしています。おかあさん、おばあちやんにおにもつのおれいをだしたのですが、すんでいるうちのなまいをかかなかつたから、もどつてきたので、だせませんでしたから、治子がごめんなさいといつたといつてね。それから、おにんぎようさんや、おさらとか、こつぷとか、ゆのみぢやわんとか、ごむけしとか、いんぴつとか、はながみやちようめんとか、そうゆうもの、てにもつ（手荷物）でおくつてください。くれおんも、ざぶとんも、わすれないようにもつてきてね。ぬりえもあつたら、もつてきてね。ではさようなら、みなさまへ。

●第七便（七月二十六日）

お父さん、週刊少国民のごほんどうもありがとうございます。お父さんもお元気のことと思います、お父さんのほうもくうしゆうがあるでしよう。ではおげんきでさようなら。お母さんおてがみありがとうございます。おかあさんもおげんきのことと思います。ながいあいだびようきをしていて、だせないで、ごめんなさいね。いまでもすこしわるいけれど、もうあるけるからおてがみをだします。ねてるうちに、そんちやんからおてがみが二つう、お母さんから一つう、お父さんからごほんがつきました。ではおげんきで、さようなら。（**今泉　タマ** 東京都）

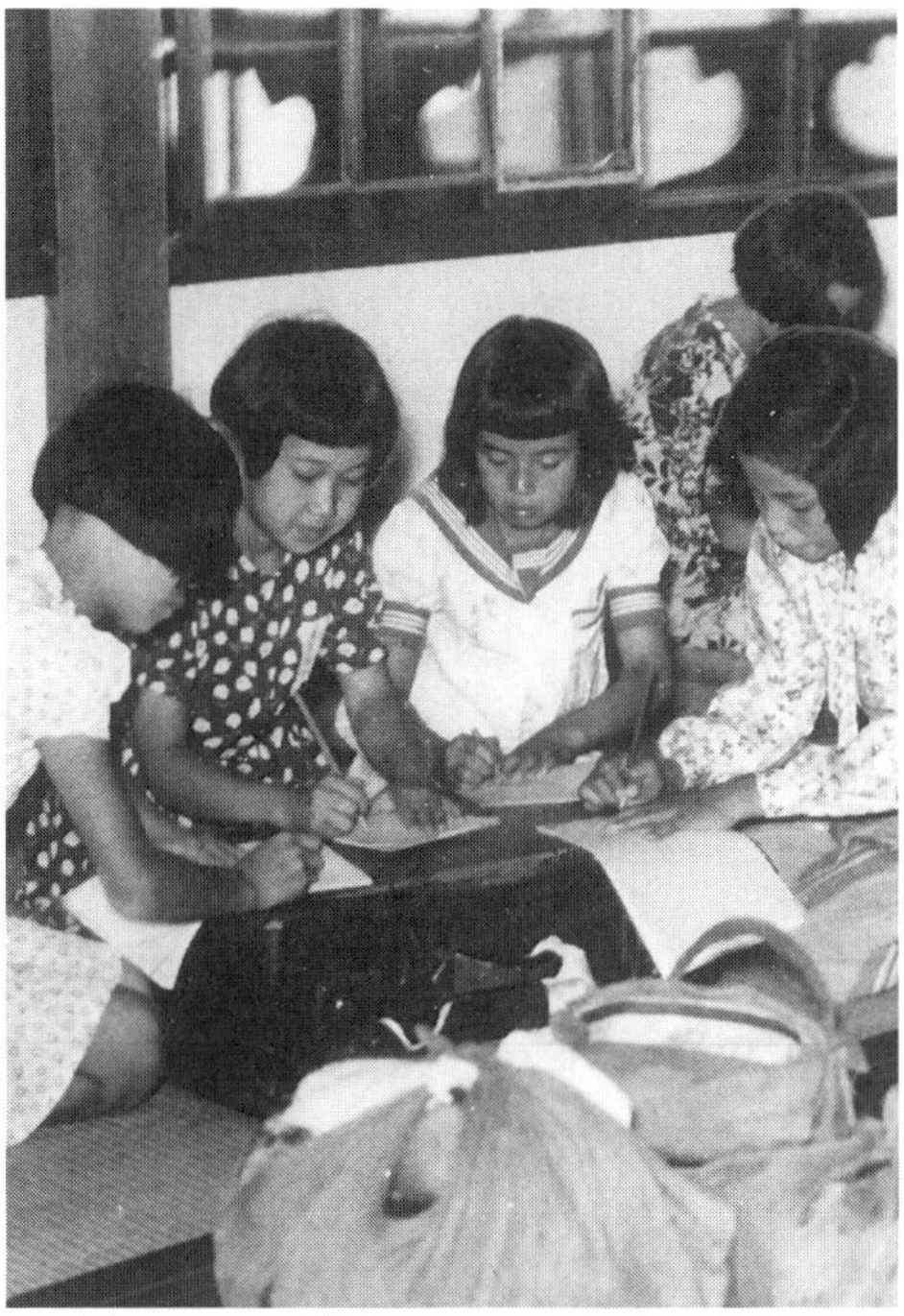

■疎開先で手紙を書くこどもたち　朝日新聞

汽車は行く

■宇都宮から大阪へ

　早朝、長時間行列して入手した切符を手に列車を待つ。汽車は不定期が多く、いつ来るかわからず、やっとこさ乗っても途中で随時打ち切りが多く、目的地まで行けるやら、とにかく動くところまで乗っけてもらうのである。

　超満員で、乗降はすべて窓から。入口から入り、通路を通って座席へ、などと尋常なものではない。女の人など窓にしがみついたが、ぶら下ったままでなかなか上がれず、外から見かねた人達が押し上げる図などは、まだ愛嬌のうち。

　これ以上乗られてはたまらぬと、内の者は窓をあけない。無理にでも乗ろうとするものは、ガラス窓を叩《たた》き割る。破片でケガ人は出る。そこいらでケンカがはじまる。それが日常茶飯の列車風景。

　ガラスが大方割りつくされた頃、窓に板を釘付けにした汽車が走った。それもいつの間にやら叩き割られて、あとは野となれ、とばかり、箱だけの汽車が走った。何一つない全くのガランドウ。日がくれても無論無燈で、怪物のような真っ黒い汽車が、空襲下の無明の闇を突っ走った。

　寒中でも窓はあいたなり、寒風が縦横に吹き抜け、座席はおろか、網棚も、折釘一本打ってない、さっぱりしたもの。夜だったら、お客は自分の荷物の一つに尻をのせ、外の荷物は、し

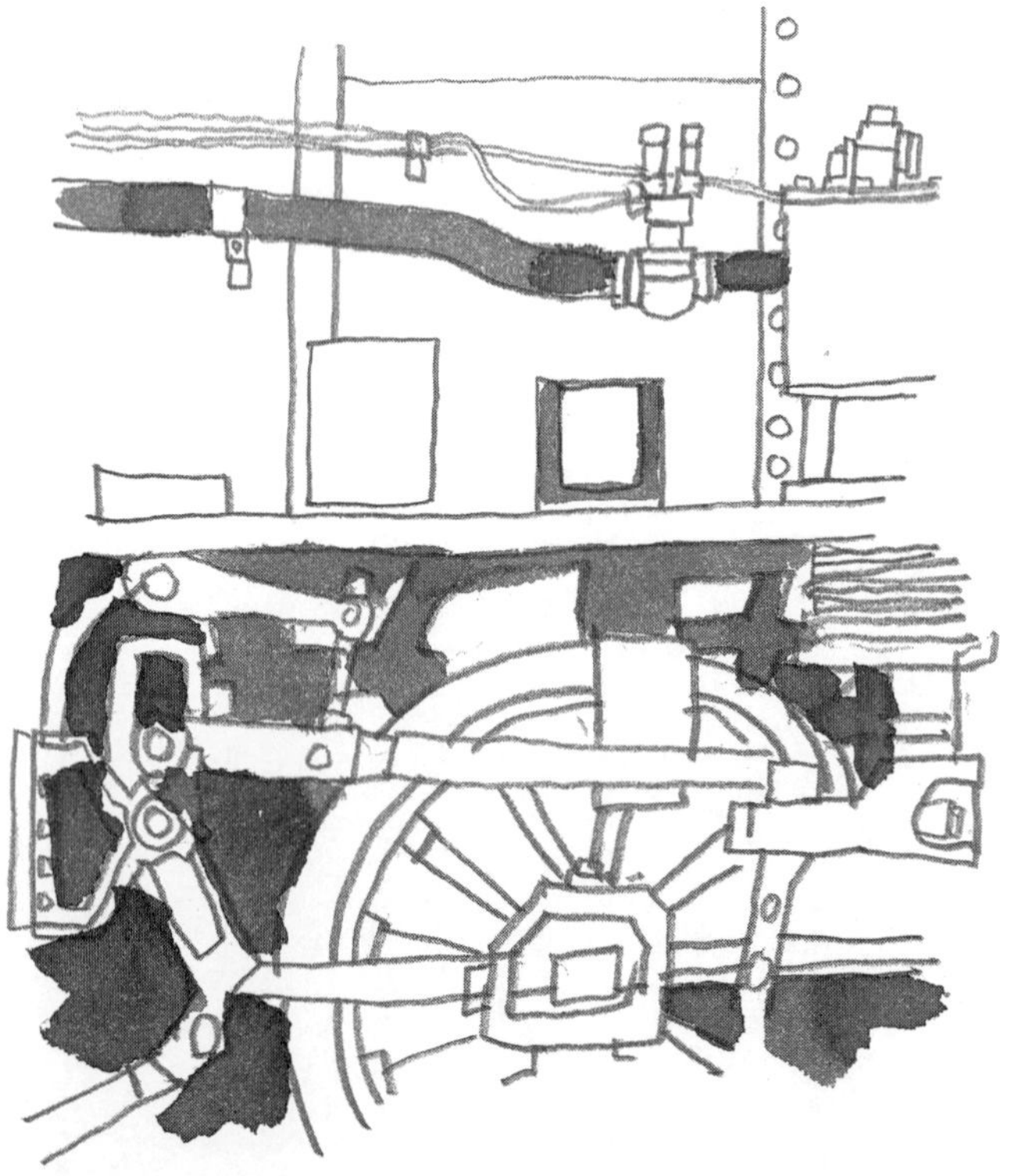

毎日新聞

■乗るだけで命がけ　乗ってからあとの車内の混乱はいうまでもない

つかり抱き寄せて、まっ暗やみの中に目ばかり光らせている。うっかり眠ろうものなら、荷物が闇に吸われて消えかねない。

その頃は、家族と離れ住んでいる人も多かったから、久しぶりでのめぐりあいの行きかえりには、当時最も入手難だった、米麦その他の食糧が、どの荷物にもかくされていた。しかも持てるだけ持ってズッシリと重く……。

私は、当時大阪に勤務していたが、家族は前任地の宇都宮《うつのみや》においたままだったので、交通事情が、どんなに逼迫《ひっぱく》してからでも、間隔の長短はとにかく、定期航海式の旅行を余儀なくされた。

ある時も任地の大阪に戻るために、東海道線の車中にいた。ところが、その汽車は急に米原《まいばら》どまりとなって、みんなおろされたのが夜中の一時すぎ、しかも次の列車がいつ来るか、全くあてがないという。時は真冬であり、寒風の吹き抜けるホームには勿論ベンチはなく、てんでに荷物に腰をおろしてブツクサ言っていたが、そのうちウツラウツラと仮睡、何時間たったのか、やがて列車が入るという駅員のメガホンに目がさめた。

一同われ勝ちに荷物を持ち上げ、入れる窓口が自分の前に停るように念じつつ、列車の到着を待った。その時私はかなり重い荷物を三つ持っていたが、二つは麻なわで結びつけて肩の前後に振り分けに、残る一つは手に持って窓からの乗車である。やがて列車到着、それっとばかり、私は手の荷物を窓から投げ入れ、肩の振り分け荷物もろとも車窓から躍り込んだ。その窓の一番手であった。後から後から、私の尻を押し上げて後続乱入。

さて私のからだの落ちこんだのは、眠っていた人の頭の上であった。まっくらで何も見えないが、下の男がどなっている。「コラお前のふんでるのはワイの膝やぞ」次々に起る怒号にゴメン、スマンを連発しながら、箱を横断して反対側まで転《ころ》げこみ、八方拝《おが》み倒して、自分の足をおく場所だけを、お譲《ゆず》り頂くという次第、しばらくは先に投げ入れた荷物のことを忘れていた。

さて気がついて、さがそうにも車中はまっくら、あたりに声をかけて見たが何の反応もない。やがて夜が明け初め、人の動きも多少あって、そこいら中さがせるだけさがしたが、その荷物はそのまま闇に消えていた。

その時の私の乗車スタイルは、今でも、子どもらと話しあっては笑うのであるが、何しろ吹きさらしの疾風の中に坐りこむのであるから、尋常一様の防寒服装では追いつかない。私はスキー帽、スキー服、スキー靴、無論、アノラックも着た上に、所々ひもで固定した古毛布を羽織るのである。絵にかいた古代人のような、このいでたちを、こどもらは「お父さんの神武天皇」と呼んだものである。私はこの奇想天外な装束《しょうぞく》で、寒風を突いて疾駆する極寒の車中に悠々と眠り、同乗者の羨望の的となった。

その頃、東海道線では列車が、しばしば、敵艦上から飛来するグラマンの機銃掃射にあった。当時まだ中学生だった長男と二男とが、グラマンの動きを調べては一心にグラフを作っていた。グラマンは幾日か暴れ廻ると、又何日か鳴りをしずめ、その動きは一つの周期的なカーブを描くというのである。

そして親父を無事に大阪の任地へ送り返すため、彼等はグラマン動静の谷間を見ては、四キロに近い道を、早朝売出しの入手難の切符を買いに行ってくれたことが、遠い夢のようになつかしく思出される。長男は今年四十二才。先日厄払いの宴席上にも当時の話に花がさいた。（**山中　二郎**豊中市）

■東京から静岡へ

五月三十日、朝早く東海道線開通とのラジオ放送に、七時出発、京王《けいおう》線も代田橋《だいたばし》まで開通、代田橋から新宿《しんじゅく》までは兵隊さんのトラックに乗せてもらう。

これがあの新宿か、一面ガラガラの焼野原、目標がないので方角のつけようがない。やっと代々木《よよぎ》駅まで歩く。駅員は「汽車の切符は東京駅でお求め下さい」という、代々木、東京間は電車があった。昨日二十九日の横浜の昼間爆撃は、B29五百機外百機の六百機で、かつてない大々的なもの、爆弾と焼夷弾との混用で横浜・鶴見《つるみ》・川崎《かわさき》辺り全滅との風評が伝った。

そしての今日、初めて通じる罹災列車とて、証明書をもらう人は、丸ビルを半ば以上取巻いて、延々長蛇の群である。その群に加って、東亜交通公社から、罹災証明書によって乗車証明書をもらう。東京駅は、あの二十五日夜廃墟と化して居るので、駅員は天幕張りの中で、相談所・案内所の立札によって応接して居る。

十番ホームに出た時は丁度正午、家を出てから五時間、空襲警報、敵機を見ながらお弁当を立食、この際ならではの風景である。

二時十五分発の大阪行が四時の豊橋《とよはし》行に変更、さらに六時二十分の静岡《しずおか》行に変る。昨日の空襲で破壊せられた横浜駅の復旧工事が手間取るからである。

汽車には乗れたが、追々夕方になるので「帰るに家なく、行くに宿なくば、どうしましょう」と独言《ひとりごと》をいえば、前の席の人が「静岡はまだ殆んど手付かずですよ、せんだってホンの一部が焼かれたばかりですから、御親戚はどちらですか」「馬淵《まぶち》です」「ああ、あの辺《あた》りなら大丈夫何事もありませんよ、私は清水《しみず》です」と聞いてやや安心する。

そのうちに乗るわ、つめるわ、満員又満員。ベルの音を聞いて「ああやっと出ますね」

六時間ホームに立ちつくした人々もようよう愁眉《しゅうび》を開く。この人々の中には、三回又は四回罹災して、家財道具はもとより、家族まで失ったお気の毒な方も多勢おありになる。それにくらべては、我身など物の数には入らぬとさえ思われる。新橋《しんばし》で超満員、品川《しながわ》では大分残された。罹災列車のこととて、平素停車しない鶴見、保土ケ谷《ほどがや》等で又々つめ込む。ホームのない線路上に人梯子《ひとばしご》を作って、窓から入ること入ること、人と荷物で身動きも出来ない。

東神奈川《ひがしかながわ》から横浜にかけて、見渡す限りの焼野原、横浜はまだ昨日からの燃えつづきで、空まで赤々と映《は》えて、遠くから望見せられる。「これでは敵に見つかるでしょう」と一人がいえば、「この上何を焼くんですか」と誰かが答える。

富士《ふじ》駅を過ぎて、漸く荷物の中から弁当を取出し、夕食をすます。今朝二食分頂いて来てよかったと思う。体はクタクタに疲れて居ても、神経はキンキンさえて眠ることは出来ない。時間が恐ろしく長く感じられる。

静岡着は午前一時半、家を出てから十八時間半、平生なら六時間位の距離である。馬淵の従妹の家では疎開して、家には長男の友典君一人、やっとたどり着いた安心感で、朝まで眠ることが出来た。

翌日、堀之内《ほりのうち》の婚家へ帰った、汽車の都合で十時半過ぎ、かねて入院療養中だった主人の葬儀が昨日、この日はお寺詣《まい》りもすみ、客人の帰った後だった。

舅父は「電報を打ったのに、今頃帰るとは何事か」と怒りの為に、嫁の言葉など受付けもしない。罹災を知らせる術《すべ》のなかった事情を話しても、わかってはもらえない。父の打電など、届く筈もないということが、どうしてもわかってもらえなかった。

（**山内　祥子**静岡県）

■八幡—千丁間

昭和二十年二月二十四日（土）曇

午前四時過ぎ、八代《やつしろ》行の切符を買うため枝光《えだみつ》駅へ行く。五時半から一時間毎に九州線十七枚発売、二時間がかりで求める。

十三時十九分発で出発。一時間の延着で千丁《せんちょう》駅着、歩いて文政《ぶんせい》村へ。家族一同大体元気である。

二月二十六日（月）晴れたり曇ったり

今朝〇時に家を出て一時有佐《ありさ》駅に着く。既に十数名が列を作っている。二時切符発売。本土行は二枚、九州線は五枚で打ち切られてがっかり。応徴の者だからと駅長に頼みこんだが駄目だ。自分の前に四人がいる。昨夜十一時からきているという。タバコは切れるし泣っつらに蜂だとボヤいている。タバコがほしいというので、別けてやると卵を三つくれた。待合室は暗やみで寒さ酷しく情けない。五時卅五分熊《くま》本《もと》行は買えるが、県外は二枚だという。全く情けなくなる。ところが県外五枚発売で助かった。

■**初の疎開列車**　19年3月28日　朝日新聞

三月十三日（火）曇

昨夜勤をすませたので文政行き。十五時半八代着。直ちに十七時五十分の帰りの切符を買っておくため行列に加わる。今日は澪子の八代高女の入試、静枝は発熱臥床中とかち合って大弱りだったという。

三月十五日（木）雨後晴

十九時八幡《やはた》に帰着。高見寮では今日は午後休務となり、知事の命令で午後八時までに天井板全部を取りのぞけということで大混雑中であった。

三月二十七日（火）曇

静枝発熱つづきで困っていると連絡があり、帰宅しようとしたが切符買えない。十時半空襲警報、十二時解除。直ちに枝光駅へ、既に三十人位列を作っている。一時間毎に十三枚で軍公用を含めてあるので遅々として列は進まない。四時半ようやく買えた。

三月二十八日（水）晴

十時五十八分発で文政へ、満員で乗車不能、十三時二十六分で出発、二十一時、文政着。静枝発熱つづいている。

三十日は文政国民学校卒業式、澪子、真理子それぞれ優等で卒業修了する。父兄総代で挨拶する。三十一日、静枝発熱七度四分位。四月から薪の搬入不能となる由で、真理子と一しょで荷車をかりて、太田郷《おおたごう》まで買い出しに行く。千丁から線路を横切って山のふもとまでたっぷり二時間。片山氏宅で中食を御馳走になり、既に連絡ずみだったシバ八束（一束一円二十戋）、杉葉八束（一束七十戋）、白米にした米一俵（百三十円）を荷作りする。これらはすべて静枝の力で出来た結果である。先だって迪郎をせおって太田郷まで行き連絡し、みかんを買いこんで帰ったのが無理だった。これが発熱の直接の原因になった。

四月六日（金）晴

文政国民学校入学式で純子一年一組に編入。静枝の健康ばかりが気がかり、毎日カルシウムの注射、ビタミン剤その他の服用をつづける。澪子は六時半家を出て七時半発で八代へ、高女まで二十分歩く。家に帰るのは五時半、それから食事などの世話でなみたいていではない。

四月七日（土）曇勝ち

昨夜半家を出て有佐駅へ、くらやみの待合室に列を作る。発車一回毎に五枚、軍公用の者が入ると、その分だけ減るからたまらない。八幡帰着と同時にビタミン剤を買い集める。東京、大阪の薬店焼失で品不足となる。

四月二十一日（土）晴

早朝から空襲警報。九州各地が空襲された模様、午後早退して文政行、空襲のあとで大混雑で、枝光駅で列車にぶらさがって乗車。熊本でようやく席に付けた。帰宅、静枝やや良好であんど。

四月二十三日（月）曇　小雨あり

千丁では切符買えそうもなく、朝から八代駅に行く。九時二十分の最後の切符を入手、廿二時発で出発。熊本で、三時間半待たされる。四月というのに寒くて閉口する。列車内は大混雑で吹き通しのデッキに立って寒さがひどい。

五月十一日（金）曇

八時空襲警報、九時半解除。午後文政へ、予定通り安着。

五月十三日（日）晴

六時半澪子と切符購入のため八代駅へ。途中空襲警報で交通止め。天草《あまくさ》方面に盛んに投弾の模様。千丁駅では軍公用以外は熊本以北の切符はないから、逆行して八代駅へ行ったのである。八代で退避命令、十時二十分切符購入。町へ出たが時々退避、十二時ようやく帰宅。

五月十四日（月）曇

午前〇時文政出発、鏡町《かがみちょう》に入って空襲警報は解除になったが、有佐駅には列車は入ってこない。寒風にさらされて待合室にゴロ寝、四時二十分発車。七時伊倉《いくら》駅前で空襲のため退避、鳥栖《とす》で再び退避、列車は鳥栖止りとなる。あとから来た列車につみ込まれて十五時五十分八幡に安着。

五月二十四日（木）晴

早朝切符購入のため枝光駅へ。二十一日から列車旅客の大制限実施で平常の1/11となり、今日は一時間おきに一般五枚、軍公用九枚、午後は一般三枚となって、とても買えない。

五月二十五日（金）曇

海難大豆二キロ特配券。

朝四時起床して枝光駅へ、既に三十名が列を作っている。断念して小倉《こくら》駅へ。ここでは五時半から二十枚、午後二十五枚、夜は十枚を二時間おき位に売出す。一般はその四割で、行列は仲々進まない。八時五十分の売出し分でようやく手に入れる。

五月二十六日（土）晴

静枝病状悪化のため、しばらく欠勤の許可を得て文政へ。予定通り到着、静枝咳が頻発して悪化の一方で心配にたえぬ。ビタミン剤、すい臓エキスの注射。

五月三十一日（木）晴

切符購入のため八代へ。今日はとても買えない。千丁への帰りの切符を買えず歩いて帰宅。千丁では軍公用の切符三枚が十八時半まで出なければ一般に出すというので、十八時再び千丁へ行きようやく入手、あわてて出てきたため、六円七十五戋しかもち合せず、折尾《おりお》までしか行けない始末となった。

六月一日（金）曇

おひる頃、谷川さんの所でチヌ鯛その他を求めて土産物にする。静枝病気中で心配無用と思うのだが、相変らずせわしく色々と用意してくれる。二十時四十分出発、千丁駅へ。途中ホタルが飛び交う夜道はよいが、荷物をもつ身はつらい。駅では明朝の切符を求めようと、一家族が蚊に食われながら待合室に立てこもっている。廿一時五十四分に乗車出来るものは自分一人きりだ。熊本で二日の二時卅分発の列車を待つ。待合室は切符購入者で一杯、殆んどが横になって屋外まで平に広がっている。

七月三日（火）曇

午後枝光駅へ。列車運休、どうなるやら不明で引返し、四日の五時五十一分発で八幡駅から立つ。発車一時間おくれで十四時に千丁着。

七月七日（土）雨後曇

早朝自転車を借りて八代駅へ、丁度十五人目で十時に切符を購入。

七月八日（日）晴

十三時二十三分千丁発、静枝子供達駅まで見送ってくれる。今日は至極おだやかで列車も順調で予定通り安着。

七月二十八日（土）曇勝ち

朝四時寮を出て一番電車で小倉駅へ。五時十分から切符売出し、約一時間毎に発売、第三回目に購入、午後早退して文政へ。途中警報つづきで仲々列車は進まない。二十一時千丁着、濡子風邪臥床中ながら家族大体良好。

七月三十日（月）晴

早朝と夕刻と二回千丁駅へ行ったが切符は買えない。有佐駅に変えても駄目、松橋《まつばせ》駅では数日前グラマンに空襲されて、行列の人達が全滅しているので危険この上なし。

七月三十一日（火）晴

早朝二時から千丁駅へ、一枚しか発売なく駄目、有佐駅附近もグラマンの機銃攻撃があり、夕刻再び千丁駅へ行く、危機一髪というところで買えた。

八月一日（水）晴　暑い

十三時二十三分千丁発帰幡、門司港《もじこう》行は運休で大牟田《おおむた》まで。おくれおくれて大牟田に着いたが、あとどうなるかわからないので、一歩でも前進しておこうと丸焼の市街を通って栄町《さかえまち》電停にゆき、電車で福岡へ、廿三時福岡着、又々焼あとの福岡市街を通って博多《はかた》駅にたどり付く。（**芝崎　総夫**北九州市）

■東京から山形へ

昭和十九年四月、私は中等科教員資格がとれるという希望を持って山形《やまがた》の女学校から東京の専門学校へ上京したのです。入学間もない初夏の頃から敵機は小笠原《おがさわら》まで来はじめました。十二畳に八人と云う寮の同室の学友も、女が片輪になっては何にもならないとそれぞれ親に呼びもどされ、秋頃には三人残っているきりになりました。空腹と空襲にもこらえてがんばっていた私も、艦載機が延何千機と来襲する様になってからは、故郷に錦を飾って帰る決心も砕けて来たのです。

その頃は学徒動員で軍需工場へ行っていたので、学校では人数がへるのが不名誉になるのでしょうか、なかなか国へかえしてくれない様になっていました。しかし二十年三月下町の大空襲があってから、ようやく許しが出ました。朝早く山手線で上野《うえの》へ切符を買いに行きました。田端《たばた》や御徒町《おかちまち》辺はまだ煙がくすぶり、一面平になった町を茫然と見ながら、心は国へ帰れるうれしさが本心だったようです。上野駅は大混乱で、貼紙には公園より坂上改札口で売るとあり、行きましたら長蛇の列でした。しかし売出される様子もなく何時間も並んで居りました。

突然地下窓口に変ったからそのまま来るようにとふれがあり、運動会でやる様に前の人の腰につかまり、皆な口に「手を離すなよー」と叫びながら、焼け出された大勢の人のたむろする中をわけてゾロゾロと電燈のついていない真暗な地下に入りました。しばらくすると動かなくなったので、ようやく目的についたと思っていましたら、急に動き出したので、男も女も恥かしさもなく手をしっかりつないで進みました。すごい勢で引張られる様にしてどの位走った事か、ようやく変だと云ふ事に気がついたら、二十人位の人だけがグルグル走り廻っていたのです。くやしくて情けなくて先頭の人をなぐってやりたい気持でした。

それからもう夢中になって、どうしたら国に帰れるかと薄暗くなった上野駅をアチコチ走り廻りましたら、焼け出された人は明日より切符なしで汽車に乗れる事がわかったのです。

一夜考えて、小さなボール紙で出来ているトランクに、一番大切なノートをつめ、上をシーツでくるんで紐でしばり、罹災者になりすまして上野へ行きました。駅前は全滅で、御徒町まで何も残ってなく、ただその広場へ焼け出された人々がバケツや毛布を持って十列横隊にズーッと並んで居りました。気が遠くなる位歩いて、ようやく列の一番最後につきました。もう御徒町に近かった様です、右を見ても左を見てもトランクを持ってオーバーを着ているのは私一人なのです。身のちぢむ思いをこらえてじっとしてました。

やがて日が照り出し、日が沈みました。夜になると艦載機が又やって来ます。見も知らぬ人々は団結して、もし来たら隠れるものもないから伏せて動かぬようにしろと相談し、自然に指導者になる人が出来て、駅まで視察に出掛けてはいろいろ情報を伝えてくれるのです。焼け出され、肉親と死に別れたのに、その底力のある姿勢に私は一言も話も出来ず、悪い事をした恐れに身をちぢめていました。

その頃にはまだ一列車も出て居らぬ様子で、皆して何日でもここで暮そうじゃないかといい合い地上に坐っていました。何も食べず、どうしたことか寒くもないのです。

夜の九時頃になって、ようやく列が前進し出し、十メートルも動くと止り、又動きをくりかえし、少しずつ駅に近くなりました。ようやくもしかしたら汽車に乗れるのじゃないかという希望も出てきた反面、昨日の切符の様になるのじゃないかと思ったり、そして上野駅の玄関が見えた時はうれしくて息切れがしました。その大玄関は、オリの様に狭いのやら広いのやらにわけて、天井から床まで柵が打つけてあるのです。私は荷物があるので広い所を通るわけですが、はずかしさに足がすくみ、ノートの入ったトランクを捨てて一番狭い区切を一目散に走り抜け、ホームを走り、目の前の黒い汽車の入口にかろうじてぶら下りました。

多分夜中の十二時頃のような気がします。そのまま板谷《いたや》峠を通り、ススで真黒になりながら静かな故郷に近づいて行けたのです。

山形駅では、婦人会の人々がおにぎりを用意して御苦労さんと出してくれたのを無理に振り切って走りましたら、追かけて来て交番に連れて行かれました。その恐ろしかったこと。お巡さんは何の疑いもなく罹災証明書を出してくれたのに、私は真実を云えず、それを手に握り夢中で雪道をズブズブこぎわけて走りました。

家へ走りこむやコタツにもぐり声を出して泣き、いくら泣いても止まりませんでした。それから裏の神社へ行って持っていたお金を全部賽銭箱に入れ、罪を許してくれる様にとふだんは無信心の私が祈りました。のちに学校の寮に焼夷弾が落ちて全部焼けたと報《しら》せがあり、ようやくホッとしたのです。（**値賀　アイ**東京都）

朝日新聞

■駅前にバスを利用して開設された罹災者相談所　20年4月6日

油と泥にまみれて

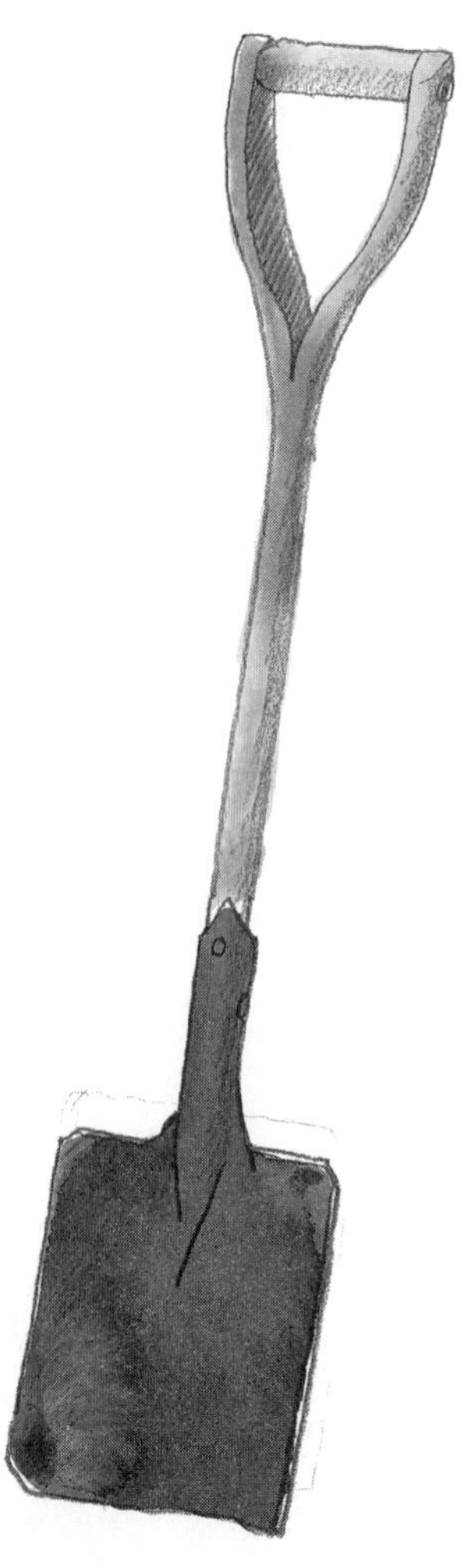

飛行場☆

★東京第二師範学校

　七月といえば、今の学生ならぼつぼつ夏休みだといっている時ですが、当時はサイパン島がすでに米軍の手に落ち、本土決戦を真剣に考えていた頃です。一日も早く飛行場を拡張して、大型機が離着陸できるようにと、この下志津《しもしづ》飛行場の滑走路建設の仕事がはじまったのです。当時でも米軍は、必要とあれば数日の間にブルドーザーで土を平らにし、鉄板をしきつめて、滑走路にしたときいていました。それなのに私たちは必勝を信じて「もっこ」と天秤棒《てんびんぼう》で土をはこびました。したがって能率の上らないことおびただしいものでした。全部で長さが一五〇〇メートル位あったでしょうか、働く人も、私たち一二〇人をいれて、千人位いたのですが、一日やっても目に見える程はすすみません。

　私たち東京からいったものは宿舎がないので、はじめ下志津練兵場わきの廠舎《しょうしゃ》にとまりました。広大な原野がどこまでも続き、大砲の実弾射撃も行なわれる所です。近くには、演習にきた兵隊がとまるバラックがあり、これを廠舎と呼んでいました。その一棟をかりて泊ったわけです。学生なので兵隊より自由がありましたが、朝は五時半起床、簡単な軍事教練のあと朝食、そして七時頃には、四列縦隊になって、約四キロメートルはなれた建設現場にむかいました。くつはなく、みなはだしで、夏のほこりっぽい原を約一時間かかって歩きました。

　到着後すぐ作業にかかるのですが、夏のこととて、汗は流れる、のどはむやみにかわくし、日陰は一切ないし、何ともつらい仕事でした。「もっこ」もやがて木車にかわりました。木車というのは、今のリヤカーのようなもので、鉄もゴムもなくて困っていたために、木だけで作ったものです。それに土を入れるようになってから、能率はいくらか上ってきました。土をスコップで木車につむもの、車の前をひくもの、後おしする者、高い所をけずり、低い所にうめて、だんだん平らな所がふえていきました。

　その年は、特に晴天つづきだったせいか、水不足になやまされました。毎日水当番をだして、遠くの農家から水をもらい、四斗だるに入れ、木車ではこぶのですが、でこぼこ道で半分はこぼれ、途中の砂ぼこりでにごり、どろ水のようになってしまいます。それでもあらそってのみました。

　一時間ごとの休憩がまちどおしく、ラッパがなると原にねころんで休みました。日陰で休みたくてもないし、私たちははだかですから、たちまちまっくろにやけてしまいました。昼休があって午後の仕事をし、くたくたになってから又四キロメートルの道を歩いて、廠舎にかえりました。汗とほこりにまみれた体も水をあびれば、少しはましになりましょう。しかし飲み水程度しか水がなく、体を洗うことのできない日が何日かあり、夕食後そのままの体で、廠舎のうすべりの上にねたこともありました。

　そんな時学生でありながら、勉強できないことに対して、何かうつろなものを感じましたが、すべて決戦体制下だということで、土方《どかた》生活を送らねばなりませんでした。

食事は、当時重労働をする人には、一番多く米が配給されていたので、まだよかったのですが、配給量にまさる重労働のため空腹でした。時々配属将校がきて、戦場ではもっと困っている、お前たちは幸だ。それなのに働き方が少いとハッパをかけるのです。が、体がいうことをきいてくれませんでした。

八月といえば夏休みですが、それも全部返上、しかも日曜にも休めません。当時は工場も学校も、二週間に一回休めればよい方でしたから、つかれがとれません。何週間ぶりにもらった休日に、泥まみれの衣類をもって東京に帰りましたが、やぶれた衣類のつぎあてに、母がどんなに苦労したか、今でも思われます。

仕事になれてくると、今でいうノルマをきめてもらい、それをどんどんかたづけて自由時間を多くしたり、宿舎を現場に近い小学校にしたりして、少しはらくになりました。八月も末頃になってくると、台風が近づいてくるのでしょう、時時スコールがやってきました。雨が降ると休憩できるので、遠くの方からしぐれてくると、決戦体制下申しわけない思いをしながらも、近づいてくるのをこころまちしたものでした。

連日勤労奉仕になってからは、たしか月に二五円の給料をうけとったようにおぼえています。それでたまに東京に帰る時、母に近くの農家でジャガイモをかって帰ったり、ふだんの食糧不足をおぎなったりして、一銭ものこらなかったと記憶しています。

九月十月になると、秋風もさわやかに吹き、休憩時間に草むらに腰をおろすと、秋の七草が咲きみだれていて、しばし戦争を忘れさせました。滑走路の形もおおよそでき、ローラーで平らにし、野芝を切ってはって完成なのですが、このローラーも2台しかなく、それも故障だらけで、広い滑走路が終るのはいつの日だろうかと心配でした。サイパンからのB29による偵察がはじまった十月末、土はこび工事をおえて、次の仕事がまつ横浜の軍需工場にうつっていきました。しかしこの滑走路からは、終戦まで一機も飛びたたなかったようですし、下りなかったようです。滑走路があっても飛行機がなかったのでしょう。

ふりかえってみると、いやな印象ばかり残っています。一番大きな損失は、学生に大切な学力に大きな穴があいてしまったこと、そして今もその穴はふさがらずに残っていて毎日つらい思いをしているということです。（横山　譲二　調布市）

軍帽☆

★島根県立松江高女

ここは元陸軍歩兵六三聯隊だったのですが、私たちが動員になったときには、営庭に飛ばない飛行機が何台か並んでいました。百人余りの女学生が五人一組の二十班に別れ、軍帽を戦斗帽に作りなおす仕事をしました。解体、アイロン、裁断、ミシン仕上げと分担をきめ、どの班が多く上手につくるか競争でした。学校から引率の先生二人、軍側から将校二人、下士官三人、兵隊六人が、それぞれ交替でついておりました。これらの軍人は、他の兵隊からは羨望の的であったことは、私たちにもよくわかりました。

軍帽は解体すると円い天井、まち四枚、赤帯、革帯、ひさし、顎《あご》紐、裏布となります。これの二個分で、戦斗帽一個を作ります。布地はラシャで、表ははげているようでも、解いてみると裏は新しいようです。寸法は、あらかじめ型紙が作ってあったので、よくわかりませんが、とにかく布一杯でした。

縫い方は、まず天井に片身頃をつけ、あとの身頃は、前中央から天井、後中央の明きまでつづけます。この角をうまくしないといけません。ゆがんだ帽子でも出来ようものなら、それをかぶった兵隊さんが、かぶり方が悪いと叱られるとき、責任を感じました。

使わない部分の布は、きちんとまとめてくくっておきます。毎日が略帽作りでしたが、一体いくつ作ったのでしょう。ある日、引率の女先生が、残り布で赤ちゃんの可愛い履物をつくりました。友だちの一人が、私物化するとは何事かと詰問しました。先生は「悪かったわね」と、折角縫上げたものを解かれました。今ならどんなベビーシューズでも売られていますが、どうせいらない端布なのです。私はふとその時の先生の姿を思い浮かべ、あの友は、いま母となって、そんな出来事をおぼえているかしらと思うのです。

そんな中でも、朝礼の際に唱える軍人勅諭のN中尉の凛とした声、すてきに似合う軍服姿に、みなあこがれを抱いたものでした。

休憩時に兵舎を横切り、兵隊さんとおなじ便所にゆくのが厄介の一つ。蔭に隠れてこっそり声をかける兵隊さん。エッチではないのです。「おねがいですから、この手紙をポストに入れて下さい」というのです。毎日わが家から通う私たちには何でもないことですが、これははじめに、かたく禁止されていました。軍規にふれてもいけないし、人情として無《む》下《げ》に断わることもできず、困ったものです。

昼食は兵隊さんと同じです。丼いっぱいの御飯に丼いっぱいの汁のような煮物。御飯は高粱《こうりゃん》と玄米《げんまい》のまじったもので、はじめの日は、その色から、お赤飯かと思ったほどでした。口にすると、まるでモサモサとまぐさをはむ感じ。

でもこれをもらうのが大変です。炊事場の窓口へ兵隊さんとおなじように挙手をし、「学徒報国隊、食かんをいただきに参りましたッ」と叫ぶのです。炊事軍曹は面白がって、何度でもいわせるし、おまけに、東北弁でペラペラと怒鳴られると、こわくて泣きそうでした。

N中尉の転属は、少からずショックでした。記念の写真を一月三日に写しているところをみると、元旦だけを休んだのかもしれません。それでも紀元節には、すっかり縁のなくなった紅白のお菓子をもらい、ときには蜜柑一個ずつを与えられると、大切に持ち帰って、家中で口にしたものでした。

■軍帽を作る女学生（本文参照）

戦斗帽作りもさすがに底をついたとみえ、終りには赤帯の部分で襟《えり》章作りをしました。おかげでスキー帽に運動帽など、一寸したものなら作れるようになりました。

先日、米屋のお兄さんが、このままベトナムへでも応召するのかと思ったほど、かつての戦斗帽にそっくりの帽子をかぶっているので驚きました。「そんな帽子どこからもらったの」ときくと、「カッコいいでしょう、六百円もだして買ったんですよ」と得意そうに自転車のペタルを踏み、口笛を鳴らして行きました。この若者をみるたびに、私は複雑な気持になるのです。

（梶川　裕子　松江市）

放送☆

★日本放送協会徳島放送局

十九年の暮、男子不足を補うため、地方放送局ではじめての女子技術員として、六名が徳島放送局に入った。

戦局が日を追ってきびしくなり、出征者が毎日出て、その補充もつかないので、三ヵ月の講習予定を一月で切り上げて、現業勤務に入ることになった。

仕事は、定められた時間に、いろいろな計器の目盛を記帳する他は、調整盤の前に坐って、放送機の点滅、変調、音量調整などだった。

その頃の地方放送局は、自局から放送を出すことは一ヵ月に一度あるなしだったので、みな中央放送局から送ってくるのを受けて、高知放送局へライン送りをするだけだった。

機械の保持や修理などは何にも出来ないので、男子技手や技術員のお手伝い程度にすぎなかった。

宿直勤務の時は、その他に妨害電波を出す仕事があった。夜六時、子供の時間がはじまると同時に、その頃既にアメリカに占領されていたサイパンを通じてVOAの日本向け放送が入ってくる。周波数はたしか一〇一〇KCで、こちらの放送の九五〇KCとは少しずれがあったが、なにしろ放送局が一つしかない時代だったから、いいかげんのところへダイヤルをまわして聞いていたら、何かの拍子でVOAが入ることもあった。

戦争中日本の放送ではめったに聞けなかった陽気な民謡、佐渡おけさや鹿児島おはら節など賑やかに流して「さてそれでは、最も新しく、最も正確なニュースをお聞かせいたしましょう」といって、沖縄やニューギニア、ビルマ等の戦いの、私達の知らされなかった悲惨な有様や、政治外交などのニュースを流した。それを妨害するのが私達の仕事の一つだったので、初めはガヤガヤという多勢の人の声が無数に交りあっているレコードをかけて、一〇一〇KCで発信した。

LPなど無い時代だったので、三分毎に針をもとに戻さなければならない。それを一晩中くり返していた。その間に電圧が降下してくると、二階の技術室から地下の電力室まで、一直線の長い階段を一気にかけ降りて、真暗がりの中でハンドルを懸命に手でまわした。

そのうちレギュレーター（自動電圧調整装置）が出来て、階段のかけ降りはしなくてよくなり、妨害電波のレコードも止めて、中央局から送って来る雑音電波を、そのまま流せばいいようになった。

しかしそのころから、空襲警報がしきりに出るようになり、交替時間で宿直室に寝ていても、警報が出れば飛び起きて、徹夜で警報情報を出すようになった。

大阪からブブーッ、ブブーッと断続のブザーがなり「大阪から徳島技術、大阪から徳島技術、警報が出ますから御用意ください」とモニターが叫ぶ。すぐ直通の電話器を取り上げ「ハイOKです」といってから「高知さん、高知さん、警報が出ます」と知らせる。「ハイOKです」と元気な声が、どんな時間でもハネ返って来る。

すぐ警報、情報が矢つぎばやに出され、その度に電波を入れたり止めたり（電波管制下であったから、電波の出しっぱなしは許されなかった）変調をかけたり、警報情報の時間を、その度記録したり（その記録は、月に一度放送監督官まで送られた）その間に、近所に爆弾が落ちて、窓ガラスは割れるし、椅子に坐ったまま飛び上る程の衝撃を受けたこともあった。

警報が解除になるころ、そろそろ窓が白んでくる。窓の外には、すぐ川が流れ、対岸には城山《しろやま》が手のとどくようなところに青葉を光らせて寝不足の眼にしみるとき、モニターからは「全国現業の皆様、お早うございます。朝の時報を御送りいたします」とさわやかな女性の声が流れて来る。

私達深夜勤務の者には、夜食としてお米の特配が、一食につき五勺宛あったので（勿論白米ではなく赤い小麦だけの時もあったが）それを人数分（三人か四人）たいて、ささやかな朝食をとったこともあった。

午前十時に勤務が終って、日勤の人と引継《ひきつぎ》をして、さあ帰ろうとすると、空襲警報が出て、そのまま局に残ったり、予備の放送機を護《まも》るため、離れたお寺へかけつけたりすることも度度あった。特に私の宿直明けの金曜日には、きまったように大空襲が阪神方面にあったので、その余波で徳島も空襲警報になったり、時には行きがけや帰りがけの駄賃に、空襲を受けたこともあった。

七月三日の徳島大空襲で、放送局の技術室もスタジオも焼け、私の家も焼けた。母が亡くなったので、私は弟妹の世話をするため退職した。短かかった技術員の生活だったが、充実した日々であった。（木内　勝子　東京都）

機関砲☆

★女子聖学院

昭和十九年八月二十日、私たちは動員されて、王子《おうじ》兵器南千住《みなみせんじゅ》工場の門をくぐった。ガランとした工場の建物の中で入所式があり、暑い最中でもあり、緊張のせいもあってか、一番先に私は脳貧血でたおれて運び出され、続いて数人の友達も同様、医務室に運ばれたのをおぼえている。

私はその時、東京滝野川《たきのがわ》区（現北《きた》区）中里町《なかざとまち》にある女子聖学院の三年生で、十五才であった。

その年の六月、上級生である四、五年生は大蔵省印刷局に動員され、八月には私達三年生も動員されたのである。

動員された工場は、もと王子製紙千住工場で、広い構内に紙を作っていた工場らしい建物が点在し、少し年配の工員の中には、長いこと紙を作っていた人もいたらしい。しかし、当時そこで作っていたのは、機関砲の信管の部品らしかった。くわしいことは軍事機密とかで知らされず、ただ鉄の棒を切り、けずるだけであった。体力のありそうな人は旋盤を操作し、そうでない人は検査にまわされ、幾人かは事務にまわされた。私は検査であった。私たちの学校からは三年生約百五十人、他にも女学校がもう一校来ているようであった。

勤務は最初二交替制で、午前七時からひる頃まで（はっきりした時間をおぼえていない）工場で働き、その後、一、二時間授業を受けた。午後組は仕事の前に授業があり、その後で午前組と交替して職場についた。たとえわずかでも授業時間があったのは、他の学校にくらべてよかった。

十一月か十二月だったか、この勤務体制ではおいつかなくなったのであろう、夜勤制となった。体力その他で夜勤のできない者が多かったのか、交替制ではなく、約半分近くが常夜勤で、いつも夜だけ仕事をさせられるようになった。私は夜勤組には入らなかったが、現場で旋盤を廻す仕事にまわされた。その頃はもう授業もなく、夜組の人たちに会うこともなかった。ターレット旋盤を操作することは、それほどむずかしいことではないけれど、その頃の機械はよく故障し、よくオシャカ（不良品）を出した。

空襲は十二月頃からだんだん激しくなってきた。下級生の二年生も十一月二十日陸軍造兵廠へ動員された。

昭和二十年に入ると空襲はさらに激しくなり、地方へ疎開する友達もあった。不思議と私たちはこわいともおもわず、悲壮感もなかったけれど、学校へ帰りたいと毎日のように考えていた。はじめのうちこそ、登校日があったけれど、その頃は学校へ行くこともなく、ただ工場で働くだけであった。

三月十日には東京に大空襲があり、三月二十八日は、上級の四、五年生の卒業式があった。学年短縮のため、二学年が一度に卒業して、私たちは四年生で最上級生となった。もちろん私たちはその卒業式に列席することはなかった。四月には入学式もあった筈なのに、それも知らない。ただ学校のことが知りたく、学校に帰りたかった。

四月二十三日、学校工場が開設されたときいた。一、二年の生徒がまず乾電池を作る仕事をはじめた。間もなく造兵廠にいた三年生も学校工場に帰った。そして突然のように、私たちも学校工場へ帰った。五月の末頃だったと思う。

工場に変ったとはいえ、なつかしい学校へ帰った時はうれしかった。帰った学校は、軍隊が三教室を使い、運動場でも訓練が行われていた。もうまわりは大部分が焼野原となり、友達の中にも焼けだされて、地方に疎開する人、防空壕生活をする人、他家へ同居生活をはじめる人たちがふえてきていた。

体育館にズラリと机と椅子を並べ、それを作業台にして、小さなカンにカーボンをつめ、薬品を注ぎ、ハンダ付けをして乾電池を作った。すべてが女学生の手作業であり、どんな製品が出来たのか、果してあれが使いものになったのか、いま思うと疑問ではある。

六月三十日、私は学校に籍をおいたまま、長野《ながの》県へ疎開をしたので、乾電池工場で働いたのはわずかの時間であった。そして八月十五日の終戦の日をむかえた。失ったものばかりが多いような一年間であった。こうやって書いてみると一年間の経験なのに、私にはもっと長い間、工場で働いていたような気がする。

（片山　アヤ子　東村山市）

■学校がそのまま工場に　堺市立高女の軍服作り　毎日新聞

検車☆

★阪急百貨店

昭和一九年九月、勤めていた百貨店が平和産業であるため、職域挺身隊を結成する事になった時、私は当時園田《そのだ》にあった同百貨店寮の寮生中で、隊員に選ばれた二四、五名と共に、同系統の会社である私鉄の車庫の、検車課に配属された。

私達に課せられた仕事は、大別して電気、木工、機械の三つに分けられ、「電気」は電車各部の電気関係の修理、「木工」は網棚やシートの破れ、吊皮の傷んだのを修理したり、窓ガラスの入れ替え床の張り替えなど、「機械」は注油が主で、時には車輪測定といって車輪の直径を測ったり、車輪のレールの内側にかかっている部分（フランジ？）の高さを測ったりする。私はずっとこの「機械」の係をした。この検車課という所は、私達が入るまでは、車庫を含めて、合宿の炊事をしている人達以外には、女子を就労させなかったので、まず問題になったのが風呂である。現場の人達が入る風呂に、女子を先に入れる可きかどうか、ずい分論議されたらしいが、結局油で汚れたままで帰って貰うのは気の毒という事で、先に入る事が許された。作業着は、今も鉄道の保線関係の人等が着ている青いあれで、私達は始め囚人服だと言っていやがったものだった。

朝八時に点呼。すぐに作業にかかり、入庫して来る電車につぎつぎと注油して廻る。車軸には、毛糸のようなものに油を浸して詰めこんであって、これを手鉤《てかぎ》で引っぱり出し、又油を浸して詰めこむのだが、男の人でも相当力の要る仕事だった。詰めこんである毛糸が純毛なら扱いよいのだが、物資不足の当時のこと、スフ入りの代用品なので、ぎしぎししてたいへん手間がかかった。夏はさわれば火傷をするほど、冬は逆に凍《こお》りつくような車体。そして冬はまた油が凍って、どろりとなるので、たき火で熱めてから使う事もしばしばだった。

昼食は、使わない車両が一台、更衣室兼用であてがわれていたので、そこで給食の弁当を食べた。食後は現場の人達も来て、雑談をしたりでけっこう楽しかった。私にとって一番励《はげ》みになったのは、当時この電鉄の運輸局長だった後の関電会長太田垣士郎さんが時々現場を見廻りに来られて、「仕事の方はどうですか」と声をかけて下さる事だった。

　現場の人達に車体の構造や、運転の方法を教えてもらうのも、楽しみの一つだった。そして勤務が退《ひ》けてからとか、夜勤明けの日など、私鉄の職員証を使って大挙しての買出し、これには私もよく同行させてもらった。

　やがて空襲のはげしいころになった。車庫のあった西宮《にしのみや》、寮のあった園田とも、直接間接にずいぶん被害を受けた。前夜尼崎《あまがさき》あたりが空襲されると、翌朝はきまって水も出ず、電車も止ったまま。寮にはこんな時のために、とうもろこしと大豆の煎《い》ったのが作ってあり、それを一握りずつもらってかじりながら、約三時間、線路の上を歩いて出勤する。

　勤務中空襲になると、みんな総出で電車を分散させてから、ピットと呼んでいる、車体を底部から検査するために、レールの巾に合わせて、一メートル四〇センチほどの深さに掘った溝の中に入り、その上に電車を持ってくるのである。

「電車は鋼鉄張りやし、その上に屋根があるのや、こんな安全な防空壕はない」とよく言われた。

　車庫の奥の方にある電車の、車輪測定などをしている時に、空襲になったりすると、ピットに戻る時間がなく、よく車体の下に潜りこんだものだった。

　空襲を受けた後は、皆の心が一つになったようで、ふだんは百貨店にいたかったと、不平ばかり言っている隊員の誰彼も、内職と称しては吊皮をこわしてバンドなどを作ったり、さぼったりしている現場の人も、顔を引きしまらせてよく働いた。

　挺身隊員には、次々と郷里に帰る人が出、現場の人達も若いいきのよい人は殆ど出征し、残るは四〇才以上の人ばかり、たまに若い人がいても、戦傷を受けていて、軽い作業しかできないという状態で、残った挺身隊員にますます仕事の重圧が加わりそうになったころ、敗戦を迎えた。

　そのころ、女の電車の運転手がすでに誕生していて、引続き養成するというので、次の機会に受けてみようと思っていた矢先だった。

　私達の隊は、運輸部長がねぎらいの宴を開いてくださった後、八月下旬ごろ解散になった。（稲田　好子　吹田市）

撃茎☆

★茨城県立水戸中学校

　茨城県立水戸中学校（現在水戸第一高校）三年生の私たちに、工場動員の命令が下ったのは、昭和十九年九月初旬、二学期にはいってすぐのことである。

　直前の九月一日には、私たちのクラスでは初めて、海軍予科練習生を送り出したばかりである。これまでにも、暗渠《あんきょ》排水作業といって、水戸市北郊の草炭地帯にかり出されて、農業用水の溝《みぞ》を掘ったこともある。ある時は、那珂《なか》郡芳野《よしの》村の畑をつぶして飛行場を作るべく、三週間にわたって毎日トロッコを押し、スコップを持たされて地ならしをやったこともある。しかしこのころには、往復に幾何《きか》の問題を先生に聞くこともできたし、現場で出される大きなおむすびや、焼きたてのさつまいもを食べる楽しみもあって、けっこう遠足気分にひたっていたものである。

　昭和十九年四月、私たちが三年生になるとまもなく、一年上の四年生が工場に動員されているので、いずれは私たちもと覚悟はしていた。いったん工場に動員されてみると、そこには学問的な、いや少なくとも教科書を読むふんい気は全く見当たらなかった。

　水戸市の北に位置する勝田《かつた》町は、今でこそ工場地帯として発展を遂げ、勝田市となっているが、当時は畑の中にこつ然《ねん》として工場の建物が出現した、といってもよいような町であった。汽車に乗ってひと駅ではあるが、市中に育って汽車通学の経験がないわたしには、与えられた定期券が嬉しくて、よくはしゃいでは駅員に叱られたものである。

　そのような甘えも、三ヵ月に近い工場実習の間だけである。十二月にはいり、現場に配置されることになった。適性検査を受けた記憶はないので、背が低くてやせていたためであろうと今だに信じているが、わたしの回されたのは、小さなしかし最新式の精密旋盤の前であった。組長といったか伍長《ごちょう》といったか、今ではさだかではないが、大変親切に指導してくれた班長の力もあって、未経験の中学生でも、それほど「おしゃか」のでなかったことは、いま考えても不思議なくらいである。

　私たちの工場は、日立兵器株式会社、略して日兵《にっぺい》と呼ばれていた。採光のため垂直なガラス窓を屋根に持つ、工場独得の建物で、その五番目のむねがわたしの勤務する所であり、「ホ―5」と呼ばれていた。この工場では戦斗機の二〇ミリ機関砲を製造していたが、何百という工程を持つ流れ作業であって、当然私たちには全容はうかがい知れなかった。

　わたしの受け持ちは、砲弾の信管をたたく撃針《げきしん》、その時は撃茎《げっけい》と呼ばれていたが、この先端を削る仕事である。長さ数センチの金属を丸く荒削りし、一定の形に作られたバイト（歯）で次々に削ってゆく何工程かを経て、わたしの台に来るころには、あらかた形が整っている。こ

■工作機械と取りくむ生徒　朝日新聞

ちらはその先端の部分を削りながら、丸めてゆく作業である。といってもむずかしいことはない。回転の軸に当たるセンターを合せ、規定のバイトを旋盤に取り付けて、心持ち押しつけてやるようなことでよいのである。

ただ、相手が小さいだけに、力の入れ加減ひとつで削りすぎる。このような時は、ゲージを当てると、手ごたえもなくすーっと通ってしまう。これがいわゆる「おしゃか」であって、子供心にもいやーな感じがしたのをおぼえている。堅くてゲージが通らなくてもいけないし、いうならば、はり着くような感じで、ゲージが通るのが理想的であり、この時はマイクロメーターで測っても、$\frac{2}{100}$ミリ以内に納《おさ》まっている。許されるのは$\frac{5}{100}$ミリまでである。

だから、この工程で最も熟練を要することといえば、このバイトをグラインダーで正しく研《と》ぐことであろう。しかし、親切な大人《おとな》の工員がいつも研いでくれたので、正直いって、わたしは経験工とはいばれないのである。

サイレンが鳴って、昼のべんとうを食べる時が来ると、初めて級友と話ができる。時には、体の大きいグループが、機関砲の試射を行うために、近くの海岸に行った話を聞いて、うらやましがったりする。

汽車で通勤するので、朝も帰りも時間は決っている。工場の門と駅の間は隊列を組み、指導教官の命令で軍歌をうたって行進するが、疲れのために本を開く元気はない。

昭和二十年にはいると空襲が本格化し、四年生は残業体制にはいった。これが昭和二十年七月十七日、艦砲射撃をうけて工場が壊滅するまで続くのである。

現金を手にした記憶はないし、たしか学校側が積み立てることになっていたと思うが、この時の月給?の記録は残っている。この金額は、中学校に納める月謝のほぼ六倍に当たるのである。

（古橋　賢造　東京都）

航空廠☆

★大分県立三重高女

「一、二、三、四」一つしかない寮の部屋の裸《はだか》電球を、五人がかわるがわる十まで数えて、交替で手を暖める。「あの人いつも少し長くさわってる」そんなことが喧嘩の種になった、昭和二十年一月。

大分県立三重《みえ》高女三年の私たちは、学徒動員で大分海軍航空廠へ動員され、大分市上野《うえの》の寮に居た。南国九州とはいえ、一月、二月の寒さはひどく、寮も工場も火の気一つない毎日に、手も足もしもやけだらけになった。手の甲全体がどろどろにとけてしまっていた友達もいた。

寮では朝五時半全員起床。食事当番は前夜当番室に蒲団を運び、皆の睡眠の邪魔にならないよう一番端の部屋に寝る。そして五時起床。暗い朝もやの中を五分程歩いて、男子寮の炊事室まで朝食を取りに行く。木のバケツに入ったうすい味噌汁と、タクワンが上にのった御飯をさげて、女子寮の食堂へ持ってくる。県立森《もり》高女と女子挺身隊の寮の人も同じ食堂。ひろい凍った食堂で、一人ずつのお椀に盛る。六時食事の合図で全員集合、朝食。大きなさつま芋が二、三個、そのまわりに御飯粒がついているような御飯。お芋でない時は、真黒い粉のだんごに御飯粒という感じだ。冷たい味噌汁にタクワン、軽く一杯のもりつけ御飯は五分もかからず終る食事だった。

寮の朝礼、国旗掲揚、六時半出発、毎日海軍軍歌を歌って工場まで足並揃えて行進。七時工場の朝礼、海軍士官の訓示、足踏みをしながら軍歌を歌い、海軍体操と駈足で体を暖め、海軍式に気合を入れられて作業開始。

私たちのクラスは兵器科に配分され、種々の計器、電気機械、旋盤等々。

私は人事係と事務系に廻されて、なんとなく肩身の狭い思いをしたものだ。作業衣を油のしみだらけにした友達が羨しかった。各係の長は全部海軍技術士官で、工員の半分は中学生と女学生だった。作業衣に海軍式の挙手の礼、しゃべりたいさかりの女学生が、ひとことの私語も許されぬ軍隊式の毎日。

昼食、工場の食堂へ取りに行く。おかずは毎日ひじき、他の物を食べた記憶がない。夜の寮の食事、おかずは又ひじき。御飯は三食同じ物。その内体中がひじきのように黒くならないかと本気で思った。木のお椀の塗りのにおいがいやで食べられなかった班長のSさん、だんご御飯はどうにか口に入ったが、さつま芋が駄目な私、お芋を隣の人に食べてもらうと、御飯が一すくいしか残らなかった。おかげで年中おできが出来て、いつもびっこを引いて歩いたものだ。

でもまだこの頃はよい方だった。三月頃から始った空襲に、毎日今日も生きていたと夜を迎えたものだ。日に日にひどくなる空襲に、工場は山の洞窟に引越し、食事なんかいつ、どこで、なにを食べたか思い出せないほどだ。大きな山の中を碁盤《ごばん》の目のようにくりぬき、あかあかと電気をつけ、機械を据えて、立派な工場が出来ていた。

敵の九州上陸を覚悟し、その時は工場にカンヅメになって、敵と戦うのだと本気で思った。無駄死《じに》は絶対しないように。敵を一人でも殺してから死ぬのだと、みな考えていた。十五才の少女が真剣に日本の国のため、アメリカ人を一人でも殺そうと考えていたあの頃。恐ろしい時代だ。純粋な子供たちの気持を、そこまで持って行ったものは何だろう。

山の工場では飲み水がなく「大分《おおいた》川の水を一日一人何回運ぶ事《こと》」というノルマが出て、石油罐に棒を通し、二人一組で川からかついで運んだ。途中回数を数える監督がいて、休むことも出来ず、暑い日照りの中を、肩の痛さをぐっとこらえて、黙々と運んだものだ。運び上げられた水は大きなドラム罐に入れ、木切れを拾い集めて、下からドンドン火を焚き、まるで露天風呂といった風景だった。のどが渇くのに煮立ったお湯しかなく、どうしても冷たい水が欲しく、山の窪地をちょろちょろ流れている水を見つけて、かくれて飲んだものだ。

その頃大分市は空襲でほとんど焼けてしまい、私たちはその少し前から、自宅通勤になっていた。朝五時の汽車で大分迄一時間、駅から歩いて一時間の小野鶴《おのづる》という山の中の工場まで通った。帰りは八時半の終列車、文字通り月月火水木金金で、日曜日も何もあったものではない。いま考えると地獄のようだが、その時は誰も不平をいう人もなく、ほとんど欠席者もなく働いた。

グラマンの機銃掃射のこわかったこと、敵の飛行機から落されたチラシを、そっと拾って読んだこと、「無駄な戦争は早くやめて、言論、信仰、その他すべての自由を得よう」こんな事が真白いきれいな紙に書かれていたこと、汗に汚れた私の女学生時代。好きな本を読むこともできず、音楽を聞くこともできず、毎日学校へ行って勉強することさえできなかった、いまなら当り前のことが、何一つ出来なかった、私の女学生時代。

（森崎　和江 東京都）

毎日新聞

■女子挺身隊の終業後のひととき

産婆さんは大忙し

ろーそくの火の下で

一金五円也。これが賀茂《かも》郡産婆会規定の昭和十八年頃の分娩《ぶんべん》料だった。「お腹が痛くなったから来て下さい」と迎えをうけて行き、すぐ生まれるもの、二日、ときには三日がかりで生まれるのもある。

産婆兼嫁、そして妻。その年に生まれた長男の母である私は、姑さんと百姓をしていたので、月に一人か二人のお産にたのまれるのが手一ぱいだったが、十九年頃から疎開者のお産が加わるようになった。

部落の人は妊娠すると私のところにきて、姙娠届書をもらい、それを役場に持って行くと、姙産婦手帳を渡された。衣類も少なくなって、衣料切符が発行されていたが、姙娠五ヶ月以上になると、姙産婦手帳の証明によって、特別衣料切符というのがもらえた。この衣料切符で腹帯、赤ちゃんのじゅばん一枚分、ネルの一ッ身着物一枚分くらい買うことができた。着がえや自分のおこしを買うと切符が足らなくなり、あまり着物のないその頃の嫁さんたちは、おじいさん、おばあさんの着物をもらって、小さな着物や、じん羽織を作ってあった。

十七年に長男を身ごもった時は、晒布《さらし》がなく「しんもす」を一丈買ってきた。晒布なら二つ折にして腹帯にしめるが、「しんもす」は薄いだけに幅が広く、三つ折にしてしめた。自分が使った後は、つぎのお産の人に貸してやり、この薄い「しんもす」の帯は、休む間もなく、戦後まで、何人の赤ちゃんをくるんだことだろう。（二十五年に黄ばみかけたこの帯は、私の着物をほどいて二枚に作った当時三才半の長女の仕立なおしの胴裏になり、天寿を完《まっと》うした）

お産にたのまれると、仕度が大変だった。お産道具を入れたカバン。ふろしき包み。この中には赤ちゃんの着物、じゅばん、おむつ。産婦さんの腰巻も入っている。汚したとき取りかえることができなくて、困ることがあるからだ。

一番不自由したのは綿花で、うっかりしていると、田舎の人たちは、ぼろ布を消毒しないで、そのままあててしまう。配給の綿花では一週間使うほどあるなしなので、ずいぶん気をつけて、無駄のないように使った。はじめは大きく切って使い、汚れたのは水道か流れのよい川で、棒をはしのように使って、血液を洗い流し、クレゾールで消毒し、さらに煮沸して二度も三度も使う。

大きく切った綿花も、だんだん小さくなった。分娩が長びくと、つい綿花もたくさん使うようになる。ゆかたの古いのや、それをほどくと付いている肩あて、いしきあての晒布の古いのを、きれいに洗って二十センチ角ぐらいに切って揃えて消毒し、分娩中の綿花代用にした。

夜のお産はまたみじめ、電灯に黒い布をかけ、光がもれないように雨戸を閉めまわすので、「うーんうーん」といきむ産婦も、「そーれ、いますこし、そーれ」と、かけ声をかける私も、汗びっしょり、持ってきた代用綿花もつきはて、暗くて思うように洗ったり消毒したりすることのできない時は、心配やら心細いやら、家の人たちのまえでは、たのもしいような様子をしていなければならず、涙と汗をいっしょにぬぐうこともあった。

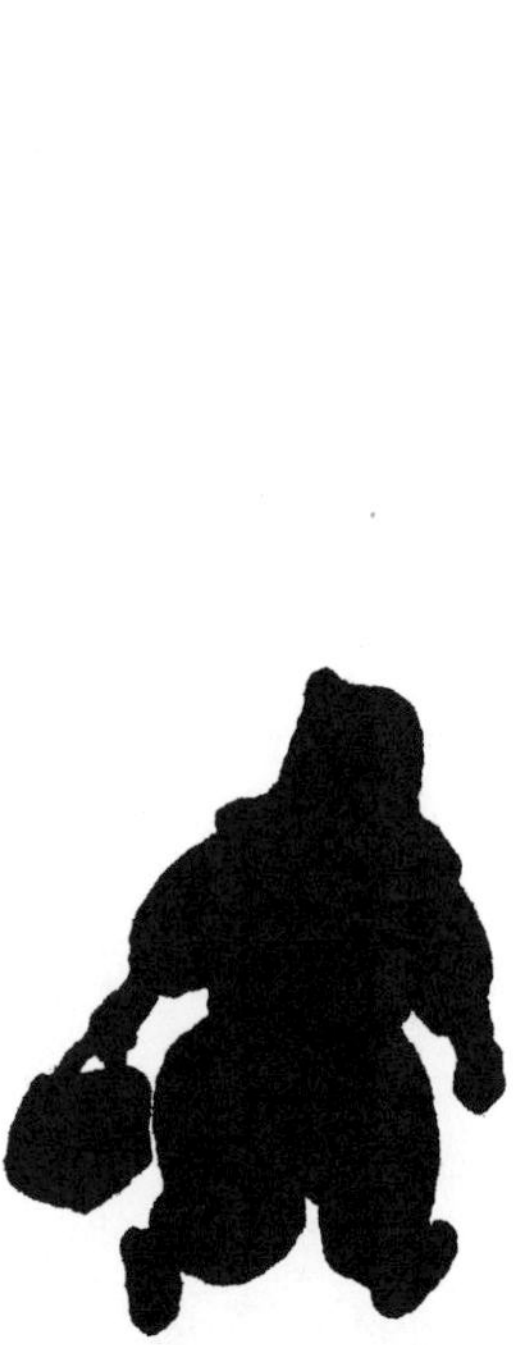

電灯のある家はまだよい方で、急に都会から物置や、はなれに疎開してくる人たちは、電灯のないところが多かった。提灯を障子に下げてみたり、天井からぶら下げてみるが、どうもかんじんのところがよく見えない。箱の上に、はだかろうそくを二、三本立て、足をあまりうごかさないように注意しながら、やっと産声を聞いたこともあった。

沐浴《もくよく》に行くと、顔や手をすすだらけにして、ランプの掃除をしている産婦さんもいた。

米軍空母が伊豆《いず》沖に碇泊し、毎日のように艦載機が南伊豆の空を通って京浜《けいひん》方面にとんでいった。式根《しきね》島、新島《にいじま》の人たちが強制疎開とやらで、私たちの部落にきたのは、終戦も近い七月だったろう。お宮とお寺に宿っていたが、元気のよい人は山すそを開墾しはじめ、老人は近所からわらをもらってたたき、お寺の下の杉の木蔭で、二本の足を伸ばし、指を使ってわらじ作りをしていた。

このなかに姙娠中の人が二人いた。「船で来たので心配です、産婆さんがいると聞いて安心しました」と診察に見えた。七ケ月のお腹の赤ちゃんは元気に動いていた。その人の顔も年令もおぼえていないが、あの赤ちゃんの胎動の手ざわりは、はっきり残っている。

無事安産しましたと、式根島から、くさやの干物が送られて来たのは十月だった。（石井　園江静岡県）

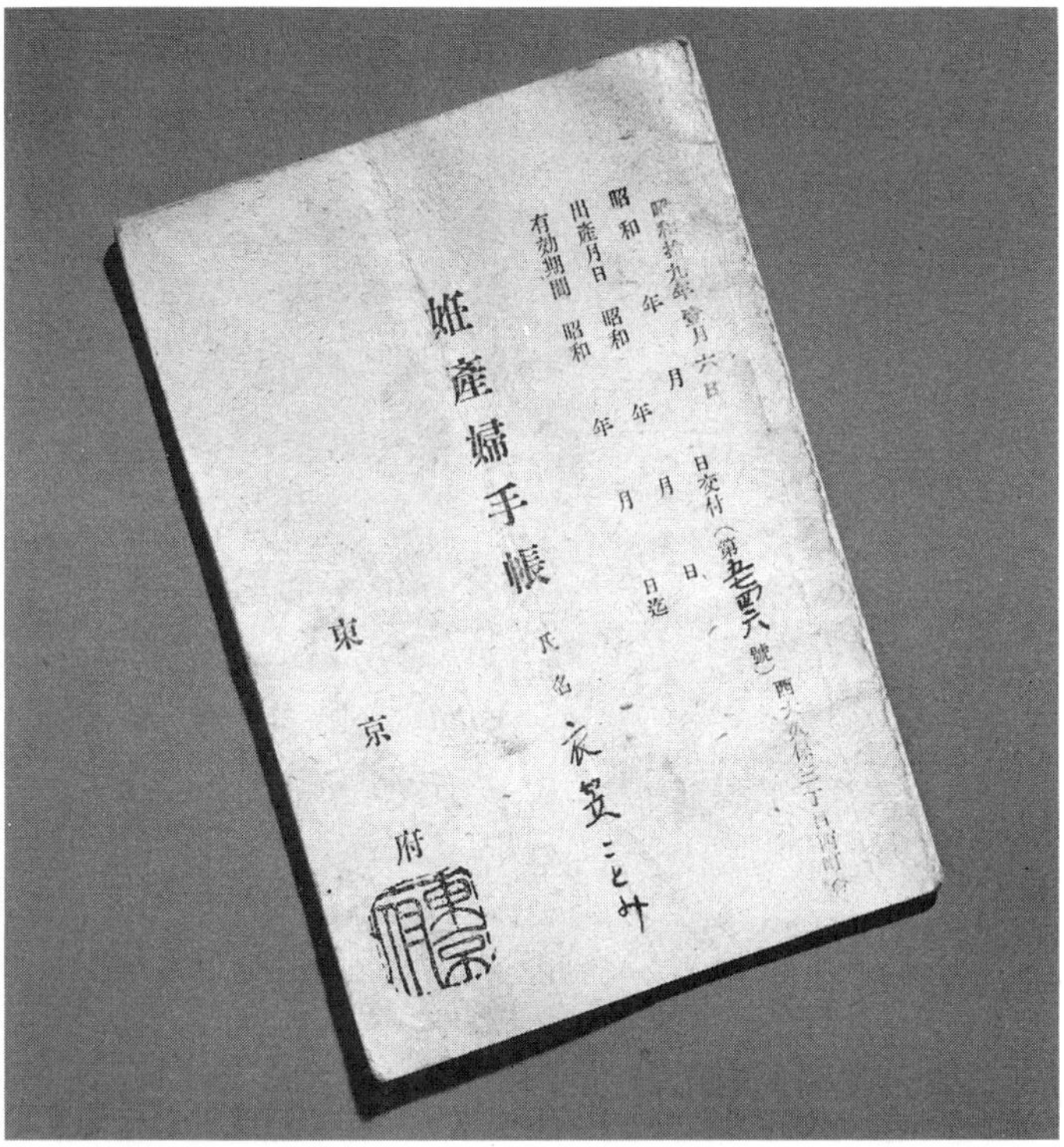

■姙産婦手帳　昭和19年

産湯の燃料にこまる

私は戦時中助産婦をして居りました。とくに生めよふやせよの徹底した時代で、沢山のお産を扱っておりました。ある方は、隣から隣へ軒並みのお産がありますので、いまどきお産できないのは恥かしいようですと、おっしゃっていたことがありました。

戦がだんだん激しくなるにつれ、物資の不足は目立ち、そのなかでもガス、水道の時間制限と、薪炭等燃料の配給不足は、じつに困りました。産湯《うぶゆ》にも差支えるようになり、病院でさえも、一週間のうち二回だけの沐浴の所もあり、一日おきは普通でした。漬物桶をこわし、食器戸棚をこわして、お湯を沸《わか》した話もありました。漬物桶など、漬ける物がないので、不必要だったのです。

ある家で、突然予定日より少し早く生れてしまったが、ガスは出ず、おまけに夜のお産で困ったことがありました。前日国立《くにたち》のほうの山から、生木《なまき》を折って来たのが少しありましたが、何としても生木は燃えにくく、新聞紙でもあればと思いましたが、勿論紙などありません。困っているうちに、お隣りの奥様が、あまり煙るので見かねて、少しばかり燃える燃料を下さいましたので、生木とまぜて燃し、ようやく少ないながらもお湯が沸き、盥《たらい》をかしげて沐浴をすませました。

ある家では、ミルクの時間で、赤ちゃんはさかんに泣いていたが、ガスは出ず、燃料はなし、母乳もすっかり飲み干して出ず、困っておりました。この家は、御主人は出征、おじいさんと三人暮し、毎日おじいさんが、国立のほうの山に、薪を取りに行き、今日も行っているとのこと、待ち切れず思案の揚句、当時は貴重品だった便箋を取りだし、火鉢で燃して湯を沸し、ようやくミルクを飲ませたこともありました。

ある家では、お産の時の産湯の準備に、田舎に頼んで代用燃料マツカサを一俵用意してありました。当時一俵五円とのことでした。私もはじめて知り、その後松林の沢山ある多摩《たま》墓地に行き、リュック一杯拾って来て、大助りしたこともありました。

水制限に困ったこと。ある晩お産がはじまりましたのに、毎晩用意して汲みおかれたが、その晩に限り、忘れて汲んでなかったのです。産湯には相当の水が入用ですのに。近くの共同水道が出るかも知れないというので、行って見たが、やっぱり断水。あれこれと考えた末、二百米ほど離れた知人のお宅に、お風呂のあることを思いだし、そこまで行ってお湯を頂き、何回か運んでようやくにして産湯をすませ、ほっとしたことがありました。

空襲警報中のお産。だんだん激しくなるにつれ、警報中のお産には困りました。少しでも光が漏れると、警防団員から注意されますので、窓には暗幕を張り、お産は押入れの中でローソク一本の光をたよりに、その光をさらに黒い傘を開いておおい、いうにいわれぬ苦労がありました。でもみな過ちもなく、立派なお子さんを取り上げさせて頂きました。

（高木　ちよ東京都）

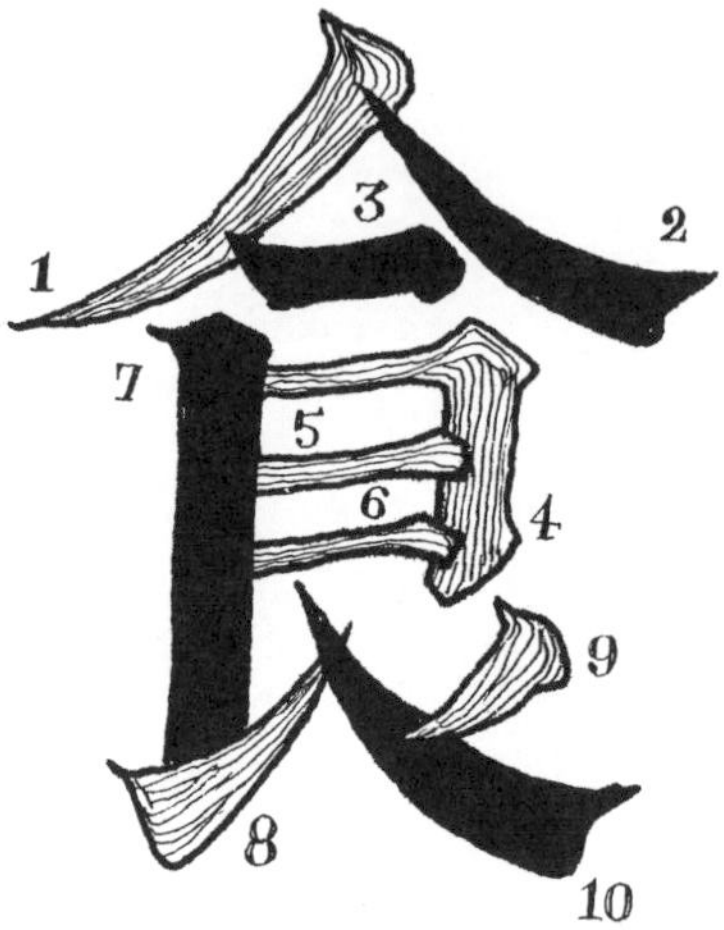

朝日新聞

海水のおかゆ

私の生家は、岡山県笠岡《かさおか》市の隣村で、旧家のボンボンに育った父は、旧制中学校の先生をしており、ヤミ物資には絶対に手を出さぬようにと、いつも母にいっておりました。でも、子供たちの旺盛な食欲には勝てず、母の着物は一枚、二枚と、父にかくれて米に変っていったようでした。

朝は、父や子供達のお弁当がいるので、乏しい中から御飯を炊きます。お麦や、干うどんの細かく折ったのや、大豆などを、日によって、いろいろとりまぜて、三、四割も入れた御飯です。

それでも、一日の中では御飯らしい食事でした。昼は、団子やパンなどの代用食です。小麦粉も勿論不足で、へんな粉がいっしょに配給されます。なんの粉だか、聞いてもよくわからず「どんぐりの粉ではないか」などといっていた人もいましたが、国からの配給物だから、食べられるものには違いないと、小麦粉にまぜて団子にして、焼いたりしていましたが、青くさい匂いと、なんともいえないイヤな味には、空腹な子供達でさえ閉口して、一口かじってはソッポを向きます。

でも、他に食物がないのですから、遊び疲れて帰ると、残した団子を、外側のよく焼けたところをグルリとむくように食べるのです。こげたくらいの方が、いくらか匂いもごまかせます。

お菓子なども、芋から作った飴とか、煎餅などが、たまに缶に入っていることもありましたが、それは父が、のまないでためた配給の煙草と、交換してくれたものでした。

夕食は、いつもきまってお粥です。一升五合ぐらいの釜に、口まで一ぱいつく

るのです。ですから、味付用の塩が相当沢山いります。配給だけではとても足りません。困ったあげくの果て、母の考えついたのが、一里ほど先にある瀬戸内海の海水の利用でした。近所の主婦二人を誘って三人で、大八車に二斗樽《だる》を三つ積みこんで出かけてゆきました。私も、夏休みなど、後押しに、ついて行きました。

近い方の海岸は、結核の療養所が傍にあるので気持が悪いといって、半キロほど先の岬を廻った所の、岩場で内浦のような所までゆきました。ごみのないきれいな所を探して、各々の樽が一ぱいになると、帰り道につくのですが「行きはよいよい、帰りは……」のとおり、一里あまりの田舎のデコボコ道を、樽三つに満載した海水を運ぶのですから、大変です。一人が前の梶《かじ》を持ち、二人が後押しです。

フタのない樽もあり、車の揺れるたびにボチャンと海水がはねます。「アア惜しい、梶を下げて、もっとゆっくり」と後から声をかけて、途中で一服するときも、梶は手からはなせません。車が水平を失うと、海水がそれだけこぼれるからです。

大体平坦な道ですが、家の前が少し登り坂になっていて、二、三割はどうしてもこぼれてしまいます。台所の片隅に樽を収めて、一息つくみなの顔は、汗とほこりでまっ黒、モンペは、はねた海水と汗で白く、地図を書いたようになっています。それをなめてみては「ショッパイ」「きょうのはよくきくョ」と母たちは、疲れも忘れて無邪気によろこんでおりました。

このようにして、母たちの海水汲みがしばらくはつづき、隣組でも有名になり、真似する人も何人かあったようでした。

こうして、海水で味付けしたお粥が夕食なのです。さつま芋のある頃は入れると、芋の甘さがお粥にとけこんでおいしくなり、子供たちはこの芋粥が大好きでした。母は、父や子供たちには、釜の底の方をすくって、米粒が少しでも多く入るように盛ってくれ、重労働をして一番お腹の空いている筈の自分は、上の方のおもゆのようなところばかりをすすって、四杯も五杯も食べておりました。

現在、私が主婦となり、あの頃の母の年令にだんだん近くなってきますと、あの苦しい暗い時代を、よくぞ病気もしないで、みんなを守って来てくれたものとつくづく思います。

本当に、気力だけだったと思います。食べるものも、着るものも、一切をがまんして、戦争に勝つまではと、ただただ盲目的に働き通してきた今のお年寄りたち、ババヌキなどといわないで、残された大切な日日を、少しでも幸せにしてあげたいと心からおもいます。

（戸原　照子 川崎市）

豆ご飯

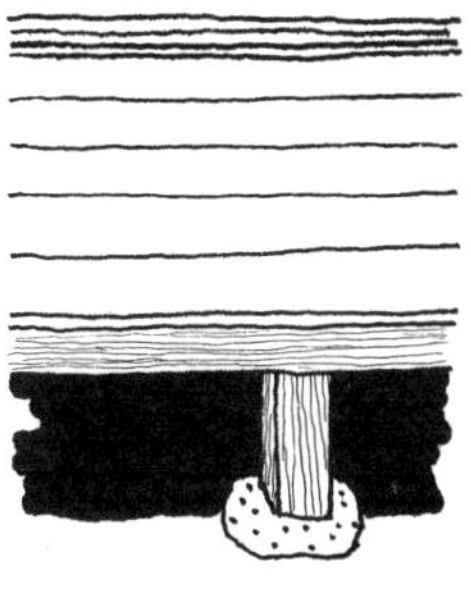

家の中に残った食糧といえば配給の大豆が四斗余りと、バケツに山盛りの砂糖だけ。思えば奇妙な取り合わせではある。

今日も三人の子供を学校へ出した後は、今夜の御飯の心配である。魚の配給は今日も無い日だし、と考えている中に、ふと妙案を思いついた。隣村の農家に嫁いでいる昔の女中の事である。二年前のちょうど今頃彼女が赤坊を産んだというので、お祝を持って見舞に行った事がある。その帰りに、向うの亭主が「田舎の土産は重いですが」と言ってえんどう豆を沢山くれた。嵩《かさ》ばるからと、実《み》だけにして呉れたのを思い出したのである。

「そうだ今日は豆をもらいに行って来よう」私は早速モンペを着て出かける用意をした。銘仙の単衣《ひとえ》を一枚土産にする事も忘れなかったし、何時どこで空襲に逢うやも知れぬから、防空頭巾も肩にかけた。

先方の家に着くと、女中だった人は心よく豆をつんで、今度も実だけにして呉れた。そしてその豆の下に一升ばかりの白米を、かくす様にして入れてくれて、「嬢《とう》さん—豆御飯にして坊ちゃん達に—」と云う。私はじんと胸が熱くなる思いで「有がとう」とその人の手を思わず固く握っていた。この時ほど人の情が心に沁みた事はない。喜び勇んで帰途についた。

帰る途中で案《あん》の定《じょう》、ここ数日来、激しくなっていた艦載機の攻撃にあった。私は畠の畝《うね》の間に腹這って大切な荷物をその下にかくした。爆音が少し遠のいたので、そっと頭をもたげると、五十メートル程先の堤防の小屋が火を吹いていた。

後で聞いたら、学校から帰る途中の小学生が二人死んだという事だった。それにしても自分は何と「浅ましい姿」だろう。もしこの儘《まま》で弾に当って死んだら人は笑うだろうか。起き上ると背中は冷たい汗が一ぱい流れていた。

夕食の時、思いがけない白米の豆飯を見て、子供は目をみはって喜んだ。竜宮に行った浦島太郎の様に思えた。

二、三日して「豆の採れる期間は短かい、もう一度欲しいな」と思ったが、余り厚顔《あつかま》しいので思い止まった。そのかわり、いつかミシンを欲しがってお米と替えてあげた近くの百姓家にたのんで見ようと考えた。

道々今日は交換に何を注文するだろうかと考えつつ重い足を運ぶ。行って見ると若い嫁さんはいなくて、婆さんが一人で留守居していた。それでも私の顔を覚えていて、「奥さん今日はなに持って見えたえ?」と言う。一瞬ハッとして相手を見ていると「うちは金などいらんけんに、何か、うちの孫っ子の着るものないですか?」と云う。

「着るものねーおいくつ?」

「七つと三つの男の子ですさー」頭の中でタンスの中を探しめぐらした。

「そうだ、水兵服の可愛いのがあるがどう?」「上の子にか、それとも下の?」「そうね、上の子に着れると思うのきっと」

「それなら結構ですわ、二代着れるもんな」と、大喜び。そして「きっと約束して下さるな」と念を押されて、漸く豆にありつけたが、何とこの炎天下で自分で採れと云う。仕方なく一時間もかかって、やっと一貫位つんだ。「ああ暑ー」と疲れて悲しくなった。しかも今日はお米はない。煮て卵とじにでもするしかないと思った。

翌日は昨日の約束の水兵服を届けねばならないが帰りに素手ではつまらないと考え、水兵服に一枚浴衣の新しいのを添えて出かけた。

その家に着くと婆さんが出て来て、浴衣を見るなり、「新しいんですの」と言う。何かを持って帰って貰わねばと思ったらしく
「奥さん玉葱とジャガ芋はどうどす。豆より重いが持てますかいな。もっとも欲力《よくちから》ちうてな、持てるもんですけどな」とカラカラと笑う。私は何かあざけられた思いで止そうかしらと思ったが、裏から出て来た若い嫁さんが「まア新しい浴衣まで—」と喜んでくれたのでスッと心が晴れた。嫁さんはホーレン草まで入れて呉れた。

まったく目のさめている間中、食物の事ばかり考えていなければならない。それが今日も明日も、あさっても、次の又次の日も、一体いつ迄続くのだろう。世間では百年戦争だと言っている。では今日生れた赤坊までがこの戦争地獄の中で死んで行かねばならないのだろうか。

糠の団子

（喜多　三重子　茨木市）

私の家は、米を全然作らない山腹の小さい農家でした。その頃は、働き手は兵隊や軍需工業に取られて、いまの言葉でいう、いわゆる三ちゃん農業でした。頼りにする肥料は、配給で思うにまかせず、配給量の少ない時は、おかし包みのように紙のおひねりで、組合の人々と分けた事もありました。人手がないので草は伸び放題《ほうだい》、仕事は手おくれで、いよいよ収量は減りました。

そんな状態の中にも、銃後の務めは厳《きび》しくて、やれ軍馬の飼葉《かいば》の乾草を、やれ兵隊さんの浮袋《うきぶくろ》に山吹のしんを、と供出割当はいっぱいありました。それに衣服の繊維も不足して、からむしの皮や、桑の木の皮、あかそ等も乾して供出しなければなりませんでした。気にかかる畠仕事をおいてさえ、割当を満《み》たすために、これらの野草を探して、おべんとうを持って刈りに行ったりしました。

やっととれた少量の麦も、供出割当にかなりの分量が当てられました。自家用が残っても残らなくても、それは問題にはされません。供出の麦は、一里程離れた共同の倉庫まで運び、それをまた配給として背負って来て食べました。

そんな状態の中に、縁故を頼って疎開はぞくぞくと入りこみ、農家は多くの口を抱えこみました。おおよそ食べられると思われる野草は、摘《つ》みつくされました。その頃の草餅は、米はおろか、麦の粉も少ししか入れられず、ゆでるとお湯にとろけてしまうので、ほうろくで焼いて食べたこともありました。

毎日食べるトウモロコシのおかゆの中に、母はこっそりとフスマを入れるようになりました。夜なべに母とトウモロコシの粉をひきうすでひくことは、昼間働き疲れた私達にとって大変な仕事でした。何回も何回もひいてはふるい、ふるってはひき、最後にフルイの上に残った一つかみの糠《ぬか》。或る晩母は私に言いました。「もう一度碾《ひ》いて、これを二人で焼いて食べようか」

二人で食べた糠の団子《だんご》、それは小さな梅の実くらいのものでしたが、私はもう寝てしまっている家族にすまないような気がしました。全く何もなかったのです。塩もありませんでした。漬物の水も捨てないで、粉で団子をつくる時にその水でこねたりしました。おっかどという木の実には、塩気がありましたので、取って来てしゃぶったこともありました。でもこの実をあまりしゃぶると、舌がこわれて血が出ました。

衣類も逼迫《ひっぱく》していましたので、蚕《かいこ》を飼って、糸をひいて、作業衣から下着まで絹で作りました。ぜいたくに思える絹も、下衣《したぎ》や手拭《てぬぐい》には決してよいものではありません。

一番困るのは、赤ちゃんのおしめです。娘たちは結婚を夢みて、やがて生れて来る子供のために、一枚か二枚しかない木綿の着物を、宝物のように衣類箱の底にしまっておきました。よき時代に子供の成長を祈って買った武者絵幟《むしゃえのぼり》は、煮

洗いされて下衣にされました。紋のついた絹のもんぺや、武者絵の残るじゅばんでした。でもそれを持っている人は羨やましがられました。

　石鹸もありませんでした。とくに絹は石鹸がないと汚れが全然落ちないで、ほんとに困りました。配給になった豆の粉は、あまりに味が悪くて、できものの膿《うみ》のような匂がしましたので、石鹸の代りに使われました、よくは落ちませんでしたが、無いよりはましでした。

　電気がひけていませんでしたので、配給の石油は、一升瓶に紙で目もりを張っておいて、組合の人々と分けました。ラジオはないので、敵機の襲来を告げる警報は、駐在所に当番が詰めていて、ふれて歩きました。そこに一晩泊まると、シラミを一人一人がもらったので、しばらくするうちに、五つの部落の一軒一軒にシラミはえこひいきなく配給されました。（新井　オイツ 青梅市）

日の丸弁当

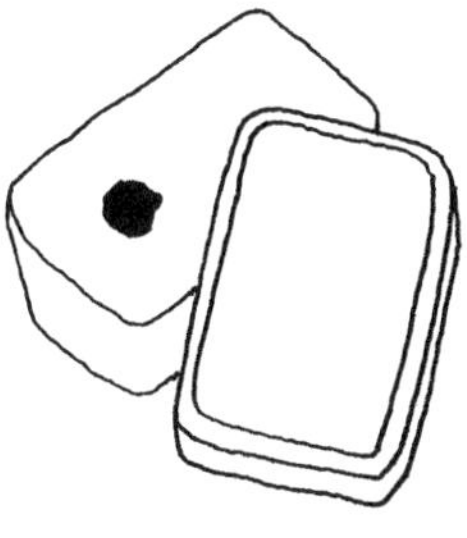

私の父は昭和18年、急死致しました。長いこと村の郵便局の局長代理をつとめておりました。戦費調達のための簡易保険、郵便年金の割当を消化すべく、加入者勧誘に必死でした。

　増産にいそがしいお百姓さんを説得するには、夜でなければなりません。帰宅は午前二時三時ということが一週間以上もつづきました。そして、望み通りの成果を上げて、「なせばなるってなあ」とうれしそうに話していましたが、過労が原因の脳溢血で、8月3日急死いたしました。五十七才でした。遺族は母、私、弟、妹六津子《むつこ》、妹英子《ひでこ》、妹好《この》の六人でした。

　父の積立金その他下付されましたが、葬式のあと清算したら、いくらも残りませんでした。それまで父の収入にのみ頼って暮していた一家は、にわかに一銭の収入もない家庭となってしまったのでした。

　母は商家の出なので、商ないをすることにしましたが、統制令と品物不足で休業も同然でした。私は遊んでいられませんから、仙台の軍需工場に勤めました。弟は徴用令で横須賀の海軍工廠に勤めていました。軍需工場の給与はひどいもので、自分ひとりが食べるのがやっとでした。家へ送金などとてもできませんでした。

　母は翌年3月、日赤の救護看護婦養成所を卒業した妹六津子が帰ってきた翌々日、高血圧に倒れ、寝たっきりになってしまいました。私は職場放棄は出来ないので、六津子が召集猶予を願って、家事を切りもり致しました。

　当時の極度に悪い食糧事情では、一家のうち誰かが食べることに専念しなければ生きてゆけない時代でした。私の家では配給をうけるのがやっとで、とても買出しをする余裕はありませんでした。御飯にはいろいろな物をまぜて食べました。

　女学校一年の英子は、このまぜ飯を弁当に持ってゆくのが恥ずかしいといって、おかゆのような白い御飯に梅干一つの、小さな弁当をもってゆくのでした。こんな粗食で一日運動をし、勉強をし、活動を続《つづ》けていたのですから、体が悪くならないはずはありません。

　その年の秋、帰省した私に、英子がいいました。「姉ちゃん、微熱があるみたいなの。どうしたらいい」私はきっと肺を悪くしたにちがいないと思い、帰りをのばして、方々の医師にみてもらいました。

　ところがこれは「結核ではない」というのです。「ではどこが悪いのですか」と聞くと「ビタミンB_1の欠乏ですな」というのです。

　つまり食物が足りないのです。栄養失調というあれでした。でもまだ私は、御飯の食べられない恐しさを、ほんとに気づいていませんでした。結核でないのに安心して、仙台にもどった私が、病気になって家に帰ったのは20年の3月でした。

　妹が上級生といっしょにとった写真を見せました。一見して驚きました。まるで幽霊のように、ボヤーと写っています。実際に見てはそんなに感じないのに、写真で見ると、衰弱しているのがはっきりとわかるのでした。

　これはいけない。悪くすると妹を失うかもしれぬ。なんとかして存分に食べさせてやらねば。だがどうすれば、何もないこの手から、食糧がわいてくるでしょう。その時、脳裏にパッと閃くものがありました。紙芝居です。あれなら仙台で、養成工の少年たちにやってみせたことがある。あれなら出来る。

　思いついた私は、古い少女雑誌の小説を脚色して、ボール紙に半紙をはり、それに絵を描き、「三井寺《みいでら》の鐘の由来」「愛の一念」自作童話「千代ちゃん物語」の三種をつくりました。それを風呂敷に包んで背負い、薪タバの中から探した拍子木とメリケン袋二枚をもって、本物の紙芝居屋のこない山の部落へ行ってはじめました。

　「馬鈴薯三つで紙芝居見せるよ」恥かしかったけれど、大声で叫んで拍子木をならしますと、子供たちは馬鈴薯を三個ずつ持って集ってきます。

　子供たちの後には、もの珍らしげに見ている大人たちがいました。私はただ一心にやりました。幸い知代ちゃんの紙芝居はためになると評判になり、子供会の余興にもときどき呼ばれるようになりました。

一日紙芝居をして歩くと、二枚のメリケン袋に、馬鈴薯が一杯になりました。

それを御飯に入れたりゆでたりして、とにかく存分に食べさせました。おかげで英子は元気になり、22年3月卒業するときの写真は、幽霊のようではありませんでした。

父が「なせばなるってなあ」といっていたのを思いだしました。

（草野　知代子 いわき市）

雑炊食堂

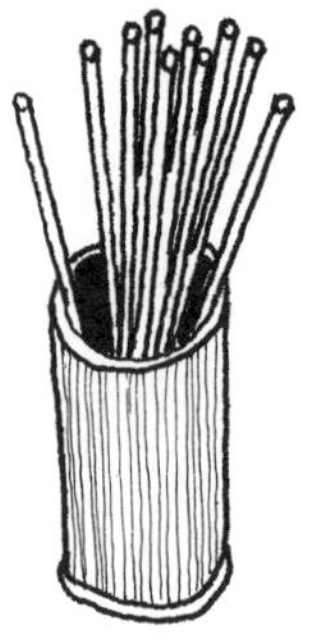

十九年頃から、大半の勤め人や外出者は、昼めしに苦労しはじめた。

労務加配米のある会社食堂で食事のとれる者、弁当持参組……といっても弁当箱に八分目の麦飯に、きりぼし大根のお菜組、じゃが芋に食塩組、さつま芋組、メリケン粉とうもろこし粉でつくった手製のパンに家庭菜園の野菜煮、といったさびしい弁当持参組なのだが（まれには白米弁当をこっそり食べる者もいた）それらを別にして、多くの勤め人は、今日も何とかカロリーのある昼飯にありつきたいものだと、正午も待ち遠しいように街に出る。

どこもすぐ売切れで、食べそこなってしまうからである。もともと一日の米の配給量は二食分しかなかったのだから、外で一食にありつければ、それだけ米のくい延ばしになるわけである。

僕のいた西銀座《にしぎんざ》の会社の近辺でも、昼めしを出す店が、まだ二、三軒残っていた。

大通りの不二屋やオリンピックでは、もう食事の出来ぬころであった。

一軒は、元郵船のコック長までやったという五十がらみの小柄なおやじさんのやっている店で、なんとか手持ち材料で、我々に少しでも満足のゆける料理をと、それこそあぶら汗を流しながら、このおやじさんは懸命にフライパンをひっくり返すのであったが、我々の食べたものは、やし油か、機械油であげた鯨肉か、あいなめ、ほっけのフライに、主食がわりの、芋の粉か大豆かすで丸めただんご、マカロニよりも太い暗かっ色のひじきのつけ合せといった、しばらく口の中が油くさく、もたつくようなものであった。それでも、我々は毎日のように通った。

しかしここも間もなく、おやじさんに徴用がかかり閉店してしまった。

もう一軒は、もと喫茶店であったのが、材料不足で止め、客から米をあずかって、その米で昼飯を出す店であった。多少の融通はやってくれるとかで、あちこちから、米を持参する客は多かった。

といっても、出してくれる料理は、殆んど毎日のように、冷凍ほっけか、冷凍たらの揚げものに、葉のついたさんごに似た太い暗緑色の海草類のつけ合せ、その上、当時の冷凍もの特有のプーンと強烈なアンモニアの臭気をいやでもかがせられる料理であった。

それでも一寸時間を遅らせると、売切れになった。しかしここもまた、間もなく材料入手難で閉店。

つぎが、京橋際《きょうばし》のおでん屋跡の雑炊《ぞうすい》食堂。工面した外食券を持ち、どんぶり一ぱいの雑炊にありつくため、長い行列をつくった。

大きな鍋から、丼八分目につけてくれる雑炊は、ほんのちょっぴりの米に、大根の葉や、芋のつる、皮のままのじゃが芋のかけらなぞを、しじみかたにしのむきみをだしに、代用しょう油で煮こんだ、するすると吸えるようなものであったが、結構誰もうまそうに、やれやれ今日も昼めしにありつけたと、お代わり欲しさにまた行列の後に並び、たちまち売切れに、うらめしそうな顔をする者もあった。

こうして毎日、どうやら昼の空腹をしのぎながらも、当時もう月一、二合の配給酒しか得られなかったわれわれにとって、ビヤホールが曲りなりにも開いていた中は、夕方はなによりの楽しみであった。

といってジョッキを並べ、チーズ、焼肉をつついて談論風発なんてにぎやかなものではなかった。

週一、二回、それもだんだん回数は減っていったが――ビヤホールが開けるという情報が伝わると、丸《まる》の内《うち》、銀座、築地《つきじ》、八方からかけつける、勤人、職人、店主たちで、京橋のエビスビヤホール、ユニオンビヤホールは、長蛇の列であった。

一枚の券で一ぱいのジョッキ、うまく先頭に並べたものが、券を手にするや、眼の色変えて後尾の列にかけこみ、売り切れ前に二はい目を手にして笑う得意気な姿。

まだなにがしかのつまみがある中はよかった。秋から冬に入った頃は、もうそんなものはなく、北風の吹きこむ、ガランとしたユニオンホールの階段を、珠数《じゅず》つなぎになって、歩一歩上りながら、やっと手にした氷のようなビールを、七、八人で円卓をかこんで立飲みする姿は、外目には何とも殺風景なものに違いなかった。

しかし、この最後の二店も、いつの間にか、どこかの下請工場になってしまった。

もう酒をのみたければ、燈火管制した

薄暗い廃業のみ屋の裏口から、こっそり入り、あたりをうかがうようにして運んで来るおかみとひそひそ声で闇酒をのむより外なく、昼めしにあずかろうとすれば、当時いとも簡単に莫大な手附金を国策会社の重役から受けとってくる機械、工具ブローカーのお供して、彼の持ちこみの鶏やまぐろ肉を、彼のなじみの廃業小料理屋の奥座敷で食わせてもらうより外なかった。（柏木　七洋東京都）

■**雑炊食堂**　長い間ならんでやっと一杯を手にする

毎日新聞

ジャガ芋

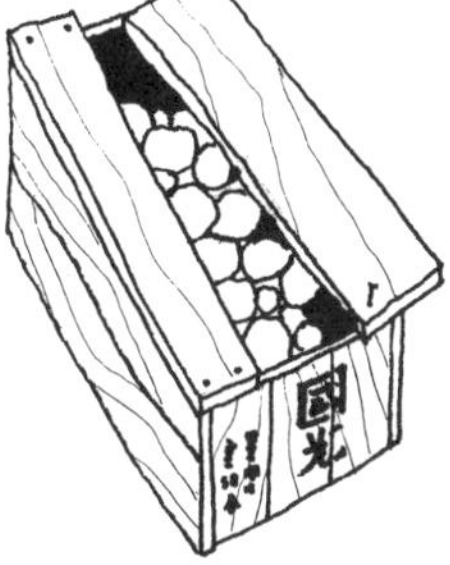

昭和十九年の秋。

その日、町内の防火用水槽の上に、ひさしぶりに鯖《さば》が二尾、大根が四本、大箱マッチが一箱おいてあった。そのまわりを取りかこんで、隣組十七軒の主婦たちが騒いでいる。

魚の切身やマッチの軸木の配給を、目分量でわけるのは不公平だ、ともめているのであった。

その時、最年長の佐賀県出身の奥さんが

「今日から、小《ち》さかもん分けるとき、これば使うて計りまっしょっ」

と、ボール紙を丸く切り、四箇所に丈夫な糸を通し、菜箸に丹念に目盛りを切りこんで竿を作り、おもりには、ミシン糸の糸巻をくくりつけた小さい手製の竿《さお》秤《ばか》りを出された。それ以来、魚の切身やマッチの軸木をわけるのに、どこからも苦情が出ないようになった。

豆腐やオカラは、隣組配給ではなかった。近くの八百屋へ豆腐屋が卸《おろ》し、それを小売りするようになっていたらしいが、交換物を持たない私は、一度もその八百屋で、豆腐もオカラも売ってもらったことはなかった。いつ行っても「売り切れました」というだけで、ふりむいてももらえなかった。

千田《せんだ》町で知人が豆腐製造をやっていることを知り、訪ねてみると、長い行列がその豆腐屋を取巻いていた。自由販売のオカラを手に入れようとする行列であった。私も長い時間をかけて、一かたまりのオカラを手に入れた。

その日の夕食には、そのオカラに小麦粉を少しつなぎに入れ、塩をふりこんでフライパンにならべ、家族そろって七輪をかこんで、オカラまんじゅうを焼きながら食べた。子供たちは、ひさしぶりに満腹したのか、機嫌よく、はしゃいでいた。

それからは、足しげく、その豆腐屋へ通った。そのたびに、タンスから木綿の着物が姿を消した。

江田島《えたじま》の年老いた両親が、ジャガ芋をリンゴ箱に一ぱい送ってくれた。大きなジャガ芋を箱に詰めれば、ところどころに隙《すき》ができる。その隙間には、小さいジャガ芋が、ぎっしり詰めこんであった。

そのジャガ芋を、昼食に独りで煮て食べたことがある。

たった一つ煮たのであった。（二つ食べれば腹一ぱいになるのだが、二つも独りで食べたりしては、罰が当るだろう。一つにしておこう。ええい二つ食べてやれえ。いや、やっぱり一つにしておこう）一つのジャガ芋を、箱から出したり、入れたりした。

ある日曜日、夫は大工道具と木片を出して、ことこと音をたてていた。出来上った物は、小さい弁当箱であった。

「勤め先で弁当箱を開くと、中身が箱の三分の一ほどに片寄って、三分の二くらいは空いている。だから、その三分の一の弁当箱を作ったのだ。明日からは、これに一ぱい詰めてくれ」

夫は小さい箱を私に手渡した。

酒の配給が時折あった。月に三合くらい割当てられるのでは、かえって酒気に誘われるらしく、夫はビールの立飲みに、ビヤホールへ通うようになった。延延とつづく行列に加わって、三度に一度は順番がきて、ビールが飲めたようであった。

防空訓練を終えて帰る途中、私の肩を後から軽くたたく者があった。近くに住んでいる私の従姉妹であった。従姉妹は、私の掌に親指大の紙包をそっと握らせて、なんにもいわずに行きすぎた。その小さい紙包には、厚さ五ミリ幅二センチ、長さ六センチくらいの蛸の切身が二枚入っていた。

その蛸をさかなに、配給酒の晩酌を終えた夫は「今晩は思わぬ大散財にあづかった」と上機嫌であった。

穀類の配給は、大豆や大豆粕、コウリャンなどで、米麦はめったになかった。

炒大豆に菜っ葉汁の食事が続くせいか、次男は、胃腸を痛めて、医者通いをしていた。

その次男に、陸軍幼年学校へ合格の通知がきた。この日を、どんなに待ったことか。待望の知らせであった。

この日から、次男の体は、よりいっそう大切な体になった。米のお粥でも食べさせて、早く元気な体にしてやらなければ。小さいながらも国に捧げる体である。

その日のうちに私は、長男を連れて、田舎へ米や野菜の買出しに行った。長男のリュックサックには芋と大根、私のリュックには、底の方に米をたいらに入れ、その上に白菜をならべて、全部を野菜に見せかけて帰路についた。船着場に船が着いた。そこに三四人の警官の姿が見えた。

私と長男は、人ごみに逃げこんだ。

やがて重い足を引きづって我家に帰った。

私のリュックサックからは、萎びた白菜だけが三株、ごろりと転り出た。米は一粒残らず警官に没収されたのである。

（小久保　よう子 広島市）

かぼちゃの葉

幼なかった私は、三個の小さいカタパンを、コップ一杯の水でとかしてもらい、妹と奪いあいながらチビリチビリ飲んだ。まだカタパンが溶けないうちに飲もうとしては、母から叱られた。とにかく飢えていた。

ある日、私は道端で種子を拾った。それがカボチャの種とわかった時は、小踊りして喜んだ。

猿蟹合戦ではないが、この種をまいて育てよう、そんな気長なことを本気で考えた。母と力を合わせ、玄関の僅かな余地に、リンゴ箱を置いた。幾度と襲う警戒警報のあの唸るようなサイレンを縫って、アスファルトの上に転がっている馬糞や牛糞、それにわずかに吹きたまった埃泥を根気よく拾い集め、新聞を焼いた灰を水でぬらしてしっかり固め、その中に種をまいた。

ところが親子の執念が通じたのか、小さい双葉を出し、水以外の肥料も入れないまま、大きく育ち出したのである。私たちは、くる日もくる日も敵の飛行機に見舞われ、恐怖で生きた心地はしなかったが、それでも、葉を大きく広げた緑が目に入ると、それが唯一の生き甲斐であるかのように心が支えられた。

そのうち花が咲いた。小さい実をつけた花には、おしべの花粉を丁寧につけてやった。ひとつ、ふたつ……小さい豆つぶも入れると六個もの実がなっている。毎日大きくなるのを、なめるようにさわっては楽しんだ。―カボチャが食べられる―。それは想像もつかない喜びだったのである。

やがて花は落ち、カボチャは水だけを吸って、こぶし大の実を地につけた。

ところが、ある朝、無残にも若い実が二つ、もぎ取られていた。私は泣いた。食べられないからではない。同じこの苦しい世相の空の下にいながら、同類の気持を踏みにじられたのが悲しかった。母になぐさめられ、父の提案で、トゲのある針金で周囲をかこう。

やがて近隣は爆撃され、ぞくぞくと焼死者が出た。水を求めてあえぐ焼けただれた人の中を縫って、私たちも布団をぬらして頭からかぶり、逃げまどった。ふしぎに生きのびて家に戻ると、わが家も、それにカボチャも、生きていてくれた。しかし食物はこのカボチャの木一本以外何もないのだ。被災者や負傷者が家の中に入りこんでいる。母はカボチャを小さく切って汁気の多い塩汁にしてつぎわたした。そしてその実もなくなった日、その葉をみじんに切って煮た。少し舌を刺したけれど、それでもみんなの腹は満たされた。

　その葉も僅かになった頃、今度は残された茎も小さくきざんで汁と一緒に煮た。結局残ったのはカボチャのかたい本体の茎一本だけで、あとは全て体に入って命をつないでくれたわけである。

（**岩森　道子** 北九州市）

ごった煮

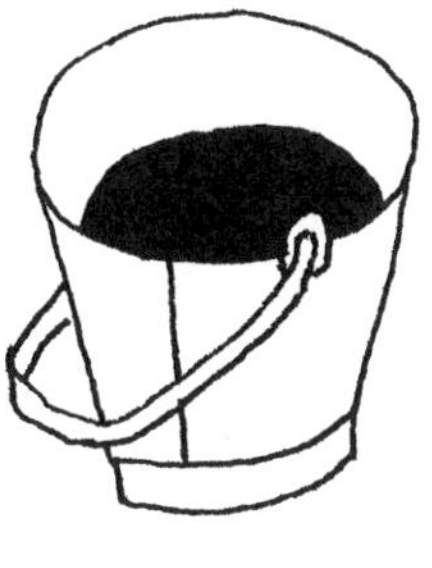

暑さ寒さも彼岸迄《まで》の諺の通り、昨日までのうすら寒さも忘れたように、うららかな春の日でした。

　私は時折り、近くの別所沼《べっしょぬま》（浦和《うらわ》）のあたりを散歩することが多く、今日も早生の芹でも生えていたら不足勝ちな野菜の足しにしようと、沼の岸をさがしながら歩いていますと、年の頃五十五、六の男の人が、なにかバケツの中へほうりこんでいます。その手は赤く染まっていました。

　なにごとかと近寄ってみますと、バケツの中に、大きな蛙が一杯入っていました。思わず「その蛙どうするんですか」と問いました。

　その人は、しづかな口調でひとりごとのように、「戦争で食い物がないないというけれども、こんないいものがいるのを誰もうっかりしているんだ」といいました。

　私はすこしおどろいて「その蛙、食用蛙ですか」と問いますと、「マアそんなもんだね」といいました。いくら食糧難でも、この蛙が食べられるかな、と半信半疑で、「ほんとうに食べられますか」ときくと「ほんとうだとも、とてもうまいよ」といいながら、蛙の上アゴと下アゴを上下に引きはなして、スルスルと尻の方へと皮をむき、赤はだかにして、バケツにほうりこんでいます。

　その手つきを見ていて、残酷だな、と思いましたが、生きるためだ、しかたがない、とも思いました。そして自分も、蛙を取ろうと決心しました。

　沼の中を見まわすと、居ること、居ること、浅瀬のところに、あちらにも、こちらにも、澄んだ水の中で、春の日を受けていました。

　私は家へ飛んで帰ってバケツと、こどもが目高すくいに使った網を持って、再び沼へ戻ってきました。水がつめたいので、よく動けないのか、難なく、つぎつぎと取ることが出来ました。バケツはたちまち一杯になり、四十四ぐらいいたでしょう。先刻の人の仕方を、そのままやってみました。ムゴイやり方で、最初は心臓がどきどきするのを感じました。はじめの一匹を料理していると、途中で手からすべって、蛙は沼の中へ落ちてしまいました。蛙の生命力の強さに驚きました。

　何匹か料理しているうちに、次第に手際よく出来るようになりました。急いで家へ持って帰り、妻や、こどもに蛙の一件を話しました。しかしみんな、大丈夫かしら、食べられるかしら、と心配顔でした。

　「ナーニ毒になるようなことはない、きっと食べられるよ。さっき沼のはしにいた人がいったよ」というと、家族の者は私のいうことを信用してくれました。

　早速煮る事になり、幸い配給の人参が少々あったので、ごった煮にすることにして、大きな鍋に、貴重なしょう油を少し入れて、煮はじめました。プーンと近頃かいだことのない、よいにおいがしてきました。思わず「これはきっとうまいぞ」と、期待と同時に、空腹の上に空腹を感じました。

　間もなく煮上りました、早速責任上毒見です。口の中へほうりこみました。いやそのうまさといったら、一寸たとえようもない味です。「うまい」と私がいうと、妻や、こどもたちも「ホント」とのり出してきました。

　「うンうまい、食べてみな」私はすばらしい餌を取ってきた親鳥のような誇りを感じました。

　親子五人が一斉に箸を入れ、一瞬の間、「うまいうまい」の感嘆の声と、「むしゃむしゃ」食べることで、我家は異常な昂奮に包まれました。

　なんというか、その味は、川魚と、鶏肉の中間のような味で、肉が骨とよくはがれ、柔《やわら》かで、さらにうまさを引き立てました。食糧不足の毎日、栄養失調の体、空いた腹、じつによい味でした。四十四もの蛙のことゆえなんの遠慮もなく、みんなが思いきり、腹の虫がおさまるまで食べました。

　夜になって、家族一同、あらためて「おいしかったね」と顔見合せました。床について、一眠りして目ざめた私は、ふと、鍋の中の蛙の煮こみを思い出しました。また空腹をおぼえました。いつも少量の食物だけなので、すぐ腹がすいてしまいます。

　私は起きて、蛙を食べはじめました。すると妻も目をさまして、

　「お父さんまた食べているの」といいながら、起きてきました。そして「私も食べましょう」といいながら、二人で夜中に「むしゃむしゃ」と食べました。

（**内田　長三郎** 埼玉県）

飢えたるこどもたち

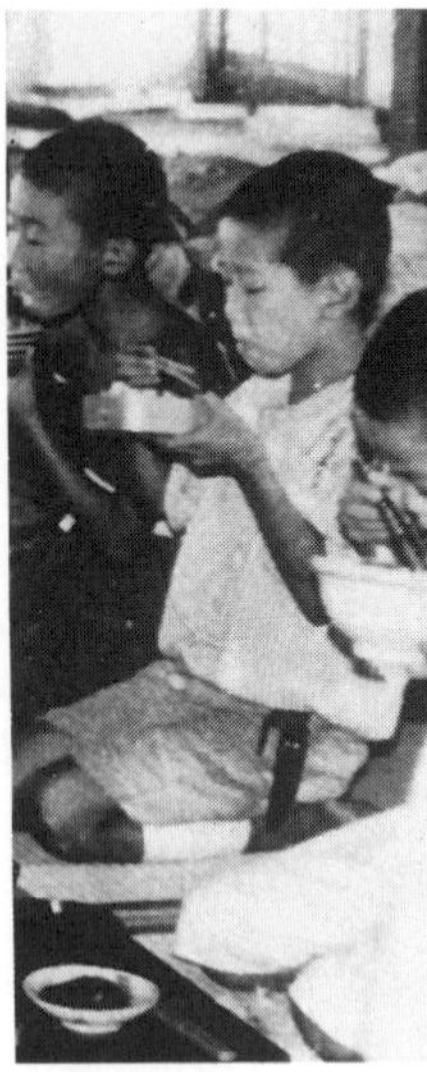
毎日新聞

●お手玉の中の大豆

部屋の壁によりかかり、不足するかもしれない副食のたしにと持たされた胡麻《ごま》塩を、ちびちびなめた。小学三年から六年まで、十人位の同室者たちは、黙々と同じような姿勢と仕草をしていた。日がたち、胡麻塩が少くなってくると、粒を数え、一粒がとけてしまうほどにゆっくり、ていねいに噛んだ。

茨城《いばらぎ》県、袋田《ふくろだ》村の旅館での、昭和十九年夏から秋にかけての体験である。

東京は空襲があって危険だからと、学校ですすめられるままに、両親にねだって、修学旅行に出かけるような気持で、学童集団疎開に加わった。そして、地元の児童たちの振る日の丸の旗に迎えられて、全校の半数くらいの友達といっしょに、この袋田村の住人となった。

はじめのうちは、村人たちの好意と、集団生活の珍らしさ、楽しさで夢中であったが、次第に強まる空腹感にはどうしようもなかった。内心恥かしかった。

ある日、学校から部屋にもどると、一人の友達が掌に何かをのせて、なめていた。思わずつばをのみこんだ。お互いにだまったままであった。そのうちに、班長が帰ってきて、その子が食べているものをたずねたが、返事はない。先生に報告するからと班長がいうと、掌をひろげてみせた。「胡麻塩じゃない……」胡麻塩は持参してよい唯一の食料品であった。

それからは、学校から帰ると、みなが胡麻塩をなめるようになった。

家へ出す便り、家族からの手紙、小包は全てあらかじめ開かれて、食料品は取り上げられた。それで、家族へは、おなか一ぱい食べて元気ですと書いた。

当地に来て一ヶ月ほどして、母が面会に来た。そのとき、友達がお手玉をといて、中の小豆を保母に煎《い》ってもらったこと、分けてもらえなかったことを話した。

母が帰って何日かすると、先生から、小包が届いたと呼出された。規則に従って先生の前で小包を開いた。小包をひろげながら、中味について不安であった。包紙を少しずつ開けてゆくと、香ばしいにおいがしてきた。ますます不安になってきた。

小包には、本が二冊と寝衣が入っていた。そして、煎った大豆のにおいがした。どの先生も黙っていた。寝衣をひろげるようにいわれて、あけると、テニスボールほどの丸いお手玉が、十個くらい出てきた。またひろげると、さらに十位あった。袂《たもと》にも入っていた。胸はどきどきし、赤くなって汗をかいていた顔が、あおくなった。「大きなお手玉ね。ハイ、よろしい」と先生にいわれて、三十くらいのお手玉と本、寝衣をかかえて、逃げるようにして部屋にもどった。

同室の友達は、豆の煎ったにおいがするからと、お手玉を開けることを催促した。食物を送ってもらってはいけないのだからと、班長がいった。落した一つを誰かが開けようとしたが、なかなか破れないでいるところを取上げて、持物入れのトランクに小包全部を押込んでカギをかけた。そして、一人外に飛びだした。送ってきたお手玉はうれしかったが、友達にいろいろいわれたときは、恐怖感のほうが強かった。ほんとにこわくて、なにもいえなかった。母が以前に作ってくれたお手玉は、もっと小さく、恰好《かっこう》もよかった。

翌日になると、心の緊張感もなくなり、空腹感だけが強くなった。

それからは、ポケットにお手玉一つと鋏《はさみ》をしのばせ、階下の部屋にいる弟をさそい、宿舎である旅館の裏山へ行っては、一粒ずつゆっくりとよくかみしめながら食べた。

ある時は川岸のしげみの中に二人して坐り、ときには、神社の木立の中で、共にただだまって、煎った豆をなめるようにして食べた。

台風のせいか、風雨の強い日がつづいた。お手玉の誘惑にはかてず、こっそりお手玉の中味を食べられる場所を思いめぐらした。

そして、母が面会にきたときに使ったことのある、客専用の水洗便所を思いだした。

お手玉と鋏を持って、いやがる弟を連れて、こっそりとお手洗に入った。そのとき、隣のお手洗の戸のあくのが聞え、足音がしたのでびっくりしたが、ひょうきんな弟が戸をすこし開けてのぞいているので、みると早足で遠ざかる班長の後姿があった。

お手洗の中で豆を食べたが、不潔感はなく、誰にも見つからずに弟といっしょに、空腹感をある程度満たせたことがうれしかった。

弟と別れて、部屋に帰ると、雨で退屈していた友達が、長時間部屋にいなかった理由をたずねるかのように、一せいに見つめたので、また、なにかいわれるのではないかと、しばらくは緊張していた。（康本　君子 東京都）

●二日間歩いて脱走

私たちの学校が横浜《よこはま》市神奈川《かながわ》区、そして疎開先はおなじ神奈川県下の津久井《つくい》郡串川《くしかわ》村というところです。東神奈川から横浜線で橋本《はしもと》まで行き、そこから一時間ばかり歩きました。

志田山《しださん》という山のてっぺんにあるお寺で、石段が下から数えて二百七十もありました。

三年から六年までの男女合せて二百名あまりでしたが、男子は上の本堂を、女子は下の百畳敷くらいの大広間を使うことになりました。

遠足気分で出発した私たちでしたが、ほとんどの子供が、親の許《もと》を離れて生活するのは、はじめての経験です。翌日の夕方になると、もう家が恋しくなりはじめました。親のほうでも思いは同じだったのでしょう。出発したのが土曜日で、翌日の夕方には、早くも面会に現れた両親がありました。

私は三日目の夜、先生に呼ばれて、母からの手紙をもらいました。私の出かけた夜書いて、翌日投函したものでした。母の筆跡をみて、不覚にも涙がこぼれました。

毎日が、はじめての、そしてつらい経験ばかりでした。一番困ったのは水でした。五、六年生が二百七十の石段を、下からリレーで運びました。雨水はためておいて、食器などを洗うのに使いました。もちろん何人かの先生方、炊事や小さい子の世話などをする保母さんがいて下さったのですが、上級生はなにかと責任が重いような気がしました。私は六年生でした。

その後、ここはあまりに水その他生活に不便なことが多いので、二ヶ月ほどで山を下り、民家に引越しました。

私たちにとって、一番の関心事は、やはり面会でした。来られる子の親は何回となく足を運び、来られないうちの子は、その度に悲痛な気持を味わなければなりませんでした。仲よしだったSさんは、お父さんが戦病死して、中学生のお兄さんの他に、三人の弟妹がいましたので、お母さんはSさんだけのために、往復五時間もかかる山奥へ、そうたびたびは来られませんでした。Sさんはときどき泣いていました。それで私は、家から持って来てもらったお菓子などをよくわけてあげましたが、こういう友達を持っていることは、損のような気もしました。

お菓子は、表面では禁じられているのですけれど、誰もが、お母さんの顔とおなじくらいに、おいしい食べ物を待っていて、それを後でこっそり食べたり、仲よしにわけてあげたりするのが、楽しみになっていました。

四年生の子のお父さんで、あまり足しげく面会にくるので、「他の子の手前もあるから」と、先生に注意された方がありました。

そのお父さんは恐縮しながらも、「さあ、鉛筆をけずってない子は持っておいで。おじさんがけずってやるよ」と一生懸命みんなにサービスしていた姿を、いまも覚えています。

私たちは六年生でしたし、三月になれば、両親の許に帰れるという望みがありましたが、幼い下級生にとっては、どんなに辛い悲しい生活であったかとおもいます。

秋の終り頃、三年生の男の子が一人、黙って家に帰ってしまいました。脱走です。でも三年生のこと、地図をみて近道を調べるなどということはできません。来たときの反対の道を、つまり橋本まで人に聞きながら歩き、橋本から東神奈川まで、線路に沿って二日くらいかかって歩き通し、夜おそくわが家にたどり着いたということです。こんな話は当時は公表されず、私は大分たってから、友達からききました。

その子は、疎開した翌日に面会にきた両親の子供でした。

三月十日の東京大空襲の日の朝、私はなつかしいわが家へ帰ってきました。たくあん一本ずつが、家へのおみやげでした。玄関先で母は、「ちょっと待ってね」といって、着ていたものをみんな脱がせました。しらみの退治でした。脱いだものは、みんな煮えたぎっているお湯の中に入れられました。（上沢　美和子　埼玉県）

●いなごの青い塩汁

十九年八月、学童集団疎開の附添教師として、名古屋から三重《みえ》県菰野《こもの》町に行きました。真夏ではあり、まだ炊事の設備も不充分なので、しばらくは、油で揚げた食パンを御飯代りにしておりました。当時の学校給食は食パンに味噌汁でしたが、いまの食パンを思い浮べてもらっては困ります。あんな上等な、真っ白いパンなんかではありません。ぬかやふすまのまじった、まっ黒な、ガサガサしたパンで、腐敗も早く、油でパリパリに揚げたわけです。

その後炊事場もでき、普通食になったのですが、御飯は麦の入った雑炊、それも丸麦を一度煮立てた後、しばらく放置してうませたものを入れますから、噛めば口の中で粒々が残り、たいへん食べにくいのです。それにふすまのいっぱい入った小麦粉のだんご汁。これのくり返しです。

終戦近くの雑炊のなかには、名も知れない、真っ黒い、もじゃもじゃした海藻が入りました。また秋になると、だんご汁のなかに、子供たちの採ってきたいなごが、すっかり水ぶくれして入った

■炊事場　食べものがつくられてゆくのを見ているだけでも、いくらか空腹がまぎれる　朝日新聞

りしました。いなごも、砂糖だまりでカラッと煮つけるとなかなか香ばしいものですが、うす青い肌の色をそのまま、塩汁の中にふくれているのをはじめて見たときは、ゾッとして、空腹にもかかわらず、食欲が減退したものです。

食事の質は、いつでもこうしたもので、竹を輪切りにした大小二つの食器に入れて食べるのです。つまり、飯《めし》と汁というわけですが、飯と汁が混合してしまっているので、おなじものを二はい食べるわけです。質も質ですが、量も絶対量がすくないので、たまに給食用のバケツの中に雑炊があまったりすれば、希望者は続出します。そんな場合早いものがちなので、子供たちは勢い早ぐいになり、少しでも早く並ぼうと思います。それでは食事もおちおち出来ないし、早い者はいつも食べれるので、順番をきめてやり、たとえ少しづつでも、皆に当るよう工夫したりしました。

しかし、そんなことは焼石に水で、子供たちはつねに空腹でした。

月に一回面会日があり、都会から親たちがリュックに一パイの食糧を持ってきます。そんな時は、子供らはお祭りです。さんざん食べすぎて、おなかをこわす子もいます。しかし、菓子なんかは見ることもできず、みんな親の手作りです。

たとえば、干しうどんを油で揚げたもの、配給の大豆を炒っただけのもの、大豆を炒って塩汁につけたもの（しわがよっていて、塩気があり、やわらかい）そら豆の炒ったものなどです。こうした、いまどきの子なら見向きもしない、菓子代りの食糧を、子供たちは大切に、お茶のアキカンな

■出発前の校庭　言っておくことがいっぱいあるようで、結局は体に気をつけてね、になってしまう　朝日新聞

どに入れて、めいめいの行李にしまいこんでおき、空腹をまぎらしたのです。

その間恩賜の――といっても今の人にはわからないでしょうが、つまり天皇からの賜《たまわ》りものです――らくがんが頂けたことが一度あります。そのとき、盗難事件が起って困ったのをおぼえています。

子供たちの発育を助けるため、バターとか砂糖とかの配給もありましたが、子供たちに渡るまでに、途中でどうにかなる分が多くて、ごく少量でした。このバターや砂糖を、きちんとわけてやりたくて、寮母さんと相談して自分の部屋にしまいこんだために、炊事婦を信用しないのかと、その夫である寺の住職にどなりこまれたこともあります。

秋になると、お宮の境内の椎の実が落ちました。それを拾ってきて、炒って食べました。それから、演習場のぐみが、小さな実をつけます。それを空きびんにいっぱいとってきて、炊事場でもらってきた塩で漬けておいて、食べました。ぐみの実はとてもきれいだけれど、すっぱいし、渋いし、あまりおいしいものではありません。でも、その頃の子供たちにとっては、貴重な食べものでした。

遠足は、麦飯にさつまいもを混ぜた握りめしでした。おやつなどはありません。でも、さつまいもの甘さが、それに何よりもかたい御飯が、たいへんな御馳走でした。

終戦前になると、いよいよ野菜が欠乏してしまい、子供たちは放課後、列を組んで、野菜とりに歩いたものです。すかんぽや野びるや、その他何でも、食べられる草が雑炊のかさをふやしました。さつまいものつるなんか、上等の部類でした。（渡辺　玲子 愛知県）

●おやつがわりの食塩

昭和二十年三月末、芝《しば》区立白金《しろがね》国民学校二年女子十九名は、岡本先生、大石良江保母に附き添われ栃木《とちぎ》県塩谷《しおや》郡藤原《ふじわら》町川治温泉《かわじおんせん》柏屋ホテルに疎開をした。

当時八才二ヶ月だった私の記憶に残ることは食べ物につながることばかり。

山に食草を探し廻ったこと、かんぞうの芽のおひたし、わらび、ぜんまい、とりあし等、生れて初めての経験に大喜び、山の畑で間引いた馬鈴薯の芽まで油いためをして食べたりした。

麦八分、米二分位のごはんがのどを通らず、とうとう血便が出る程の栄養障害を起こして、養護室のご厄介になること二週間。たった八才ばかりの女の子達が小さな胸にシット心を燃やし、先生の愛をむさぼり合い、ボスが出来上り皆で彼女に仕える様な日々から解放された二週間、一対一の看護とほっぺたが落ちそうにおいしいカボチャの油入り煮つけで、すっかり元気百倍！　山にマキの切り出しに出掛けられるようになり、背丈程もある丸木を肩に運んで歩いた。

いつの頃だったか、兵士達の宿泊が続き、カンパンにコンペイ糖の入った袋のプレゼントがあり、うばい合うようにして食べた。

特にやせて小さかった私を哀れんでか、廊下のすみでコンペイ糖を握らせてくれた兵士。お礼に「花吹雪」のおどりを踊った記憶は、戦後、米兵にガムをもらい、サンキューと礼をいったことと同様、ほろ苦い哀れさがつきまとう。

軍服を着ない宿客もあった、幾人も集まっては遅くまで飲んだり食べたりしていた。宿の下を流れる鬼怒川《きぬがわ》でつったおいしそうな魚は、この人達の食卓にのるのだと聞いていた。いったいこの人たちは誰だったろう。

料亭をしている母親から時々甘味が送られてくる子がいた。中でも角砂糖が圧巻で、みんな蟻のようにむらがっては、こびて一つ二つともらったりした。

私は食塩を「これはうまい」という名のふりかけのびんに入れていた（ふりかけはとっくに失くなっていた）。旅館の庭石のカゲにたむろしては、掌《てのひら》に塩をのせてなめた。塩は口の中にかすかな甘味を感じさせる。毎日少しづつ舌の先でなめ、とうとうビンの底がみえて「もうあげない」と友達に宣言した。

或日、同室の女の子たちが相談した。「家に帰ろう、小遣を出し合って切プを買おう、買える所まで行って、あとは線路を歩いても家に帰ろう」朝食が済《す》んで、授業の始まる前にこっそり抜け出して行った。前日、足の指をケガしてしまった私はついて行かなかった。

友人達が新藤原駅へとひた走っていた頃、旅館中は大騒ぎ、青くなった先生と、事の重大さに驚き、これまた青くなった私が門をころげ出た時、途中で出会った宿の女中さんに叱りつけられながら帰って来た友人達とぶつかった。「お母さん、お母さん」としゃくり上げている子たち、ただ東京に帰りたい、母に逢いたいと、キップを買う金もなくかけ出していた八才の女の子たちに、「遠い南で戦かっている兵隊さんのことを考えろ、東京で空襲から家を守っているお母さんたちのことを考えて、皆もガマンをしろ」と先生の話。ガマンを強いられている子たちの間で、自慰をはじめる子も出て来た。

毎日、温泉に入って、週二回は洗髪をしているのに、シラミが沸《わ》いた、黒い頭のシラミは寝ていてもカユク、起き出してはくしで髪をすいた、パラパラと落ちた奴を指先でぱちんとつぶす。毛じらみはみつけるのが楽しく、肌じらみは白くみつけにくかったので憎かった。

父親戦死の報を受けて、独《ひと》り帰る子もあった。私の父も三度目の出征がきまり、超満員の電車にゆられて数日帰宅した、浅草《あさくさ》を降りて、一面焼野原の中に人だか材木だかごろごろしていたのに驚き、昼夜をわかたない空襲に一夜中ぐっすり寝られることの幸せを身にしみて感じた。

新鮮なトマトが時々食卓を騒《にぎ》わして、毎日スイトンが出る日が多くなって来た、母がやっとの思いで面会に来て呉れた時の喜こび、別れる時の母の涙がいつまでも心にのこった。

八月十五日、昼寝をしていたのに、たたき起された。大広間に整列させられ、天皇陛下の声が聞えて上級生も先生も泣いていた。私はただ暑くて眠むかった。早く終ればよいと思っていた。あとで戦争は敗けて米軍がのり込んで来る、家に帰れるかどうか判らないと聞いた。早く帰りたい、家に帰って、母のつくったカレー・ライスを思いきり食べたいと思った。

　私が家に出した手紙はいつも最初から終りまで食物のことが書いてあったと、母は淋しく笑うのだった。（**森川　玉江** 武蔵野市）

●わかもとの食べすぎ

午後、六キロほど離れた山の中へ、勤労奉仕で木炭の運び出しに行った。空腹と肩にくいこむ炭の重みで、ちょっとした坂でも、足がガクガクなる。途中何回も休んで、漸く二俵のノルマを達成した。

　帰りみち、稲刈りがすんだ田の面は、黄金のむしろを延べたように光って見える。その上を右に左に、無数のいなごが跳び交っている。このいなごをとって、二、三日袋に入れ、汚物を出させてから、しょう油とともに炒るとおいしいと友達が聞いていた。早速、同室の数人と、いなごをとりながら寮に帰った。

　問題はしょう油である。調味料もごくわずかしか配給はなかった、こんなことにわけてくれるとは、子供心にも考えられない。それにフライパンか鍋も借らねばならない、半ば諦めながら炊事場をのぞいた。

　寮母が三人、夕飯のおかずにする甘藷のつるを洗っている。

「おばさん」

　遠慮がちに、低くささやくようにいうと、一番年老いた寮母がふり返った。

「何か用ね」

「うん、これ」

　黙って袋をさしだすと、ちらっと見ただけで

「いなごでしょう」

「うん」

「どうするの」

「あのう、炒って食べるとおいしいんだって」

「二、三日放っておかないと駄目よ」

「いいんだよ、よく炒るから」

　空腹を察したのだろう、「じゃ、これを使いなさい」とフライパンを貸してくれた。

「あのう、おばさん、しょう油を少し」

　いまにも雷が落ちるのではないかと、おそるおそる申し立てると、複雑な笑いを浮べて、湯呑の底にほんの少量、しょう油を入れてくれた。

　コンロに火をおこし、跳びはねないようにフライパンにふたをして、いなごをくり返し炒った。最後にしょう油をたらすと「じゅっ」と音をたて、香ばしい、何ともいえないおいしそうなにおいが周囲にたちこめた。すばやく食器に移す。

　ポリポリと歯ごたえがあり、適当に辛味もついて、――このときの味は、今でも、ありありと思いだすことができる。

　柏原《かいばら》は田舎町である。小高い森の鎮守様《ちんじゅさま》を基点に、駅の方と、隣り町の方へと、二本の道路が走り、それにそって、ひなびた店が並んでいるが、十九年の十月頃には、食べ物を商う店など、一軒もなかった。

　店の土間はガランとし、台の上には申し合わせたように、埃がうっすらと積っている。

　町全体が、ひっぱくした戦局に、死物のように精彩を欠いていた。

　こういう町の中からでも、猟犬が獲物を追うように、食べ物らしい物を見つけてくる。一つ置いた隣室の横田が、ある日、意気揚々と帰ってきた。手に瓶らしい物をもっている。

「何や、何や」

　取り巻く同室の者に、掌でレッテルの所をかくし、二、三度ちらちらとふってみせた。

　つぎに栓をとって、一粒ずつ、さも貴重品のように、丁重に取り出して、配ってまわった。

　うまい、すこし薬臭い、いや、はったい粉のようなにおいもする、塩気も少しある。

「何や、何というものや」

「どこで売ってるんや」

「なんぼや」

　勝手なことを口走りながら、しっかと握った横田の掌を、三人がかりで押しひろげた。

「わかもと」

　そう読めた。それが駅通りの薬局にあること、

定価が二円五拾銭であることを聞き出すと、わあっと喚声をあげながら外へとび出していった。勿論、ぼくもその一人である。

後生大事に瓶を握りながら、一粒ずつ口に入れ、薬臭さと、はったい粉臭さを満喫しながら、鎮守の森で夕方まで遊んだ。機嫌よく口笛をふきながら帰ると、とんでもない事態が待っていた。

「わかもとを買ってきた者は即刻、瓶ごと舎監室に持ってこい」

厳重な達しである。張りつめた雰囲気がみなぎっている。

「どないしたんや」

おり合わせた者に聞くと、たった今、横田が全身に発疹ができ、高熱で、ほてった体を寮母と先生に支えられ、医者に連れていかれたこと、それは「わかもと」を、一瓶いっぺんに食べて中毒を起したのだと聞かされた。

おどろいてポケットから瓶を取り出すと、私のは三分の一ぐらいしか減っていなかった。この時だけは、差し出すことに、なんの未練もなかった。（**山下　隆男** 熊本県）

毎日新聞

■よろこび勇んで出発したが

●腹下しをかくして

「あんた、おなかこわしてんのとちがう？」

トイレから出てきた私は、いきなり友達に声をかけられてドキッとした。（しまった、きかれたか）でも私は、出来るだけ、さりげなく答えた。

「ううん、こわしてへん、なんで？」

「こわしてへんねやったらええわ」と友達はまだ疑わしそうに私を見て、傍を離れていった。（ああよかった。これでお粥たべんですむ）私はほっとした。

当時、小学校三年生だった私は、南朝の忠臣楠木正成ゆかりの地、南河内郡《みなみかわち》の葛城《かつらぎ》神社に集団疎開していた。おかげで空襲の怖しさは味わずにすんだが、空腹の辛らさは身にしみた。とにかく、おなかがすいた、真白な御飯など、とっくにお目にかかれなくなっていた。大豆御飯、高粱《こうりゃん》御飯、キビ御飯……それに豆カス御飯が加わったとき、

毎日新聞

■面会にきた親　なによりもお菓子をもらうのが一番うれしかった

おなかをこわす子が増えた。

先生は、赤痢などの伝染病を心配して、「おなかをこわした子はすぐ届け出なさい。また友だちの下痢に気がついたら教えて下さい」と注意した。

おなかをこわすと粥食になる。すると、その子の分だけ、御飯のわけ前が増える。お粥だってシャブシャブで、とてもお腹のたしにはならないから、おなかをこわした子は、こわしていないと嘘をついて御飯をたべたがる。そうはさせじとトイレで耳をすますのである。隣りでアヤシイ音がすると、すぐ犯人をつきとめ、先生に報告する。そしてわずかに増えた御飯をガツガツたべた。先生の注意があってからは、みんなますますトイレ番に精出した。

私は御飯をよくかみ、おなかをひやさないようにし、一生懸命気をつけたが、とうとうおなかをこわしてしまった。さあ、困った。なんとしても、バレないようにしなくては。トイレへは、誰も入っていないときをみはからっていった。不運にも入っている最中、人が来たら音をひそめた。あまり長い間トイレを使っていたり、何回も通ったりしたら疑われるし……。

こんなに気をつけても、見張りの数の方が多いのだから仕方がない、ついにバレてしまった。一度お粥になったら、いくら「もうなおりました」といっても、なかなか普通食に戻してもらえない。口惜しいから、お粥組が一致協力して、仲間を増やすことにした。

こうしてクラスの三分の二以上が粥食になった

時、とうとう豆カス御飯も姿を消し、全員雑すいになってしまった。やっと安心してトイレにだけはいけるようになったのである。

食前、食後、私たちは必らず誓いの言葉をとなえさせられた。食前の誓いの言葉は、最後の「兵隊さんありがとう」というところしかおぼえていないが、食後のはこうである。

「おいしい御馳走をいただいて勇気百倍、御国のためにがんばります。御馳走さまでした」

（**梅野　美智子** 東京都）

●絵にかいたお菓子

私はキャラメルが大好きで、週に何度か、父が会社の帰り、お土産に買ってきてくれたものでした。当時は二十粒入りが十銭。ほかの何より、そのお土産が一番楽しみでしたが、そのうちお砂糖が少なくなったせいでしょうか、一人一箱しか売ってくれなくなりました。しばらくすると、それも、十粒入り五銭の小箱になってしまいました。父のポケットから出てくる黄色い箱が、半分の大きさになってしまって、とてもつまらなかったのをおぼえています。

小学校三年生の時、一番小さい組として、甲府《こうふ》市の旅館へ集団疎開させられました（昭和十九年）。二百人近い子供の食糧の仕入れなど、どなたがやって下さったのか、さぞ大変なことだったと思いますが、とにかく三時にはおやつがありました。

ちょうど裁物《たちもの》板くらいの、細長い食事台の上に並んだお皿に、配られるお菓子は本当に毎日の楽しみでした。ビスケットとあめ玉、かりん糖とおせんべい、ふかしたおいも、ときには乾燥芋など。お芋の時などは隣のお皿を横目で眺めて、大きさをくらべてみたりしたものです。

東京の父兄が交替でお見舞に来てくれる時には、必ずなにかお菓子を持ってきてくれました。自分の子供だけに食物を持ってくることは禁止されていましたが、皆でお金を出して買ったお菓子を持ってきて下さるのです。だから、自分のお母さんが来てくれる人は勿論、ほかの人たちもみんな父兄の慰問を楽しみにしていました。

けれども、いくら先生方や父母たちが一生けん命やって下さっても、世の中から甘い物、おいしい食物がなくなって行っている時ですから、食べたいとおもうものが、思うように食べられなかったわけです。そこで、こんなことが流行しました。

わら半紙にいろいろなお菓子の絵をかくのです。カステラ、おまんじゅう、お団子、ケーキ、キャラメル、おせんべい、かりん糖など。みんな夢中でかきました。自分の知っているお菓子を片っぱしからかいて、その下に名前を書きこみ、お互いに見せ合って、そのおいしいことを話し合って楽しんだのです。

六年生の男の子に、お菓子の絵がとても上手な子がいました。私たち下の組の者は、競ってその子にかいてもらいたがりました。その子のかくカステラは、真中に渦の巻いたまるいのでしたし、アイスクリームにはちゃんとウェハースもついて、とてもおいしそうでした。

その絵のおかげでその子は大いばり、私たちは一生けん命ごきげんをとっては、かいてもらいました。その紙を大事に自分の荷物の中へしまいこみ、毎日出して眺めていました。いつの間にかなくしてしまいましたが、とっておいたらよかったと残念に思っています。

絵で代用するほかに、もう一つ子供の頭で考えた解決策があります。お菓子は絶対に家から送ってもらってはいけないのですが、薬はよいということになっていました。そこで、ビオフェルミン、仁丹など、おいしい薬を送ってもらうのです。

一番人気のあったのが梅肉エキスでした。たいていの子は一びん持っていて、時々出しては、細い棒の先につけてなめていました。とても大切なものですから、一度にたくさん食べてしまうことはありませんし、それに副作用とか習慣性とかが問題になるような薬でもありませんでしたから、ふだんそうして飲んでいても、害はなかったのだと思います。

先日、子供が軽い下痢をしたときに、梅肉エキスを買ってきて、ちょっとなめてみましたら、こんな酢っぱくて苦い味だったかしらとおどろきました。もっとおいしいものだったような気がしていたのです。（**中村　桂子** 藤沢市）

大阪全滅

こんな所で負けたら　あかんと人を押のけ

●南区御蔵跡町

「お父さん、いつまたB29機が飛んで来て大阪に爆弾を落すかも知れんよってに、田舎のおばあさんの所へ少しでも荷物を疎開させたら……」「此《こ》の辺《へん》には軍需工場も無い事やし、敵機かて高い爆弾をそうむやみに、なんぼ戦争やいうても考えとるわえ、それに、大阪のこんな場所がつぶされるようでは、日本の国も、もうしまいやなあ」父はこう言って「明日《あした》お前の荷物だけでもはこんだるから、今夜は心配せんと寝え」と笑った。

その夜、三月十三日に大阪の大半が、敵機のために焼かれて、火の海となったのである。

松坂屋百貨店の裏側に住んでいた私の家も、もちろん丸焼《まるやけ》となってしまった。「お父さん」「きみ子」互に呼び合っていたが、煙と火の粉のために、二人ははぐれてしまった。私は大勢のにげる方へ一緒についてにげる他《ほか》はなかった。そのとき後の方で「うわあ」「ごおう」と何とも云えない音と人の声に振かえると、今、自分が渡って来た橋が、にげおくれた人間を三、四人のせたまんま、何と川に中ぶらりのような形になっている。

■伊藤万の屋上からみた御堂筋　毎日新聞

「こっちだ、早く早く」と前の方で男の声がした。息を止める様にして立ちどまり、振りむいていた人々が、助けをもとめる声をうしろに、又かけ出した。「おすなおすな」で多ぜいの者がのがれきた所は、南海《なんかい》線のガードの下であった。

「暫《しばらく》の間、ここをうごかないで下さい」誰かが力の入った声で命令をした。「うごくと命が無いぞ」と又別の男の太い声が聞えた。身うごきも出来ない程押しつまった陸橋の中で、私はせなかの自分の子供にけがはないか、と初めて気がついたのである。

其の時、「おーい艦載機だぞ、下に飛んできよるから、うごいたり声を出すところされるぞ」と二、三人の声が入りみだれてさけんだ。敵機の音がしてきたと思うと、（カチン、カチン）と私の頭の上で金と金の打ちつける様な音がしばらくの間続いていた。そのあと、近くにある油工場が（ぐわん）と大きな音とともに、真赤な火が上ったかと思ったら、黒い煙がもうもうとひろがり、私達の陸橋のそば迄来た。一同はつばをのみこみ、しゃがみこんでしまった。私は息をすることさえ苦しくなってきた。こんな所で負けてはならぬと、力一ぱい人を押しのけ、せなかの子供をおろすと、片手で抱きかかえ、右手で腰の手ぬぐいを引きぬき、自分の鼻をおもいっきりかんで、それを人前もはばからずに、子供の鼻の先へあてがった。すると不思議な事に今まで苦しそうにうごいていた私の子供が、心よさそうな顔をして私を眺めている。

それから間もなく、空襲警報が解除になって、みなと一緒に、ガードの下から流れ出る様に押し出された。父はどうしているだろうかと思い乍《なが》ら、家の方へ足をむけ、堺筋《さかいすじ》に出てみて、驚いた。何も無い、本当に一軒の家も残ってはいなかったのである。市電がミイラになっていた。そして電信柱が焼け、頭の上に、今にも落ちてきそうな恰好《かっこう》でぶらぶらとうごいていた。何も見えない焼野原に、百貨店と大阪城だけが、ぶきみに焼跡に浮びあがっているのだった。残り火が、私の体を、むうっとするほどあつく感じさせた。松坂屋を目じるしに、どうやら此の辺かと立ちどまったとき、気の遠くなる事を私は見た。

○大本営発表（昭和二十年三月十四日十二時）
昨三月十三日二十三時三十分頃ヨリ約三時間ニ亘リB29約九十機大阪地区ニ来襲、雲上ヨリ盲爆セリ
右盲爆ニ依リ市街地各所ニ被害ヲ生ゼルモ、火災ノ大部ハ本十四日九時三十分頃マデニ鎮火セリ
我制空部隊ノ邀撃ニ依リ来襲敵機ノ相当数ヲ撃墜破セルモ、其ノ細部ハ目下調査中ナリ

○大本営発表（昭和二十年三月十四日十六時三十分）
昨三月十三日夜半ヨリ本十四日未明ニ亘リ大阪地区ニ来襲セル敵機ノ邀撃戦果次ノ如シ
撃墜十一機、損害ヲ与ヘタルモノ約六十機

隣組一同が使用していた防空壕の中で焼け死んだ二人の人間を、かつぎ出すところであった。私はふと、それを手伝っている一人を見て「お父さん」と大きな声で呼んだのである。すると父は不思議なものでも眺めた様な顔をしていたが、「よう生きとったなあ、わしは又、この中にお前がいてはせんかと思うてなあ」こう言って私のせなかの子供を覗《のぞ》き、「ほうら、おじいちゃんやで。ようがんばって生きていてくれたなあ。えらいやつや、えらいやつや」と涙を流して孫の顔を見てよろこんだ。

其の日の夕方、私達は河内《かわち》松原《まつばら》の祖母の家に身をよせたが、ここには義理の祖父の身内で、十七才の娘をつれた夫妻が私達より先に来ていたのである。ハナレの六畳と二畳に二組の世帯《しょたい》が住んだのであった。父は三日後、近くの大百姓屋の家に畠仕事を手伝いにいっていたが、あまり体の方がつよくないために、二ヶ月ののち床についてしまった。

祖母は、私の子供が乳が出ないと可哀想だと言って、祖父にかくして毎日二合の米をくれたが、乳《ち》のみごをかかえた私にはとてもたらず、毎朝畠に行き、イモのつるを拾《ひろ》って来て、枯木《こぼく》をあつめてはイモのつるを湯がき、それを細かく切って米にまぜてたき、食べた。入れ物は枯木の灰で洗った。

床についた父は、栄養失調で一日一日病気が悪くなっていったが、私にはどうする事も出来ず、四ヶ月分も医者代がたまった頃、父はこの世を去った。私や子供の体にはシラミがわき、

かゆくてねつけぬ夜がいく日もつづいたが、其の頃の人々には、シラミのわく話は当り前で通っていた。

戦争はおわり、平和が来たが、出征した夫も、父も帰ってはこなかった。

（勝　きみ子 松原市）

防空壕の中の物まで灰になってしまって

●阿倍野区帝塚山

昭和二十年三月十三日。「今日は大阪に大空襲があるらしいから、早く家に帰った方がよい」と職場から早目にかえしていただき、電燈も思う様につけられないからと、晩の食事を早くすませ、今からでも疎開出来たら、と必要な物を荷造りして、玄関に出しておりました。

しきりに警報の鳴るくらやみで、手当り次第つみ上げておりましたら、また町会の人が「空襲だ、早く防空壕に入りなさい」とドナッテきました。年寄《としより》はおりますし、すぐ町会の防空壕に、隣組の方々と入っておりました。あの年は寒い年で、三月に入って雪がふりました。寒さと恐ろしさで、みんなぶるぶる身ぶるいをしておりました。

その時、いままでのゴーと言う音とちがった、ピューンと言う音がしたと思うと、壕の中までパッと明るくなりました。何事かと思っておりますと、主人が家が焼けとると言ってとび出《だ》しました。

私も座布団をかぶってこわごわ外に出てみましたら、なんと家の松の木も、隣の松の木も、お星さんが光っているようにキレイでした。私は一時恐ろしいのも忘れて、なんとキレイなんだろう、アメリカはえらいなあ、バケツリレーや竹ボーキの訓練が何になるか、と口に出したらあの時は「一寸《ちょっと》こい」でしょう、口の内でつぶやきました。

■道頓堀附近

朝日新聞

これが東京に落した焼夷弾というものだな、と見ておりますと、主人が「バケツの水を持って二階に上ろうとしたが、もう上には行けなんだ。家もとなりも近所中丸焼《まるやけ》だ。早く体だけでも安全な所へにげなければ」と、壕の中から出しぶる老人をやっとつれ出しました。

その時、近所隣組の人は、どこににげたのか誰もおりません。三人で電線の焼落《やけお》ちたのや塀のたおれた上をとびこえて、どこという当《あて》もなく、家のない方へと着のみ着のまま歩きました。

やっと、たんぼの中にお百姓さんの小屋がありました。やれやれと思って中に入りますと、沢山《たくさん》の人が入っておられましたが、せばまって入らしていただきました。誰も口もききません。赤い、炎ともなんとも言いようのない、夜目にも見えるいやな煙の色の大阪の空をながめて、ためいきをついておりました。

やっと東が白みかけたとき、年寄はかえろうと言って、急に元気になりました。先に立ってどんどん家の方にかえります。私は家の焼けるのをみて出ましたので、どうせ家は焼けているだろうが、中庭に掘って入れておいた防空壕は大丈夫だろうと思い、近くまで帰ってみますと、かなり大きな家もあとかたもなく、瓦一枚残っておりません。

どこの家がどこやら分《わか》らず、白い紙を引いた様にぺちゃんこになっておりました。年よりは生あたたかい灰の上にヘタヘタと坐ってしまいました。もしや自分の家だけでも残っているの

毎日新聞

■市岡一帯

では、と思って帰ったのでしょう。

　私は、防空壕の中の物は大丈夫だろうと思いましたが、家と一緒に灰になっておりました。この中には、私が友達からあずかっておったラジオが入れてありましたが、これには困りました。後で考えたら、何か一つでも持ち出しておったら助かりましたのに、あの時は真暗《まっくら》の中で、まだ手に持っておる物もなげ出してでてきた位でした。

　住吉《すみよし》公園の近くに、主人の姉が子供を連れて焼け出されているか分らないから、と年寄をはげまして歩いて行きました。道々ひどい有様で、みんな私ら同様ボロをきて、手足顔もまっくろで、目だけ光らしております。この人たちは、大阪の中心部で焼け出され、家族とはなればなれになって、どこといって行くあてもなく、住吉公園から南の方へ行列を作っておりました。

　姉の家の近くも、みんな焼け出されておりました。子供を連れて困っているだろうと、家の前まで行ってみますと、家は焼け残っておりました。残ったと言うだけで、屋根瓦はとび、かべはおち、たたみは壕の中に引きぱなしでぼろぼろでした。

　でも、一時おちつかしていただきました。二、三日おりましたが、食べる物に困りました。主人は大阪市に勤めておりましたが、病気で退職してぶらぶらしておりました。

　その時、友達が大和《やまと》に疎開かたがた木工所をしておりましたが、体の調子がよかったら、来て事務でも手伝うか、と言って下さいました。年よりを姉の家にあずけて、二人で大和に行きました。

　ここでも部屋のないのに困りました。どこでも二、三世帯ずつ住んでいるような所、見知らぬボロをまとった者は、部屋どころか庭にも入れて呉れません。

　その時、一人者のおばあさんの事をきき、その働き先に尋《たず》ねて行ってたのみますと、表の六帖は人にかしたが、大阪に行ったきり何《なん》か月《げつ》も帰らぬから、その人が帰るまでおりなさい、入口に錠はかけてないから、と言って下さいました。

　早速行ってみますと、うすぐらい部屋でしたが、たたみもひいてありました。毎日ろくな物も食べずと、家さがしに足が棒の様になっておりましたで、やれやれと手足をのばしました。でも、見知らぬ者になんで家をかして下さったのかと、落着くと少し気持の悪い思いでした。

　しばらくたって、なんで見知らぬボロを着た者に、よく貸して下さいましたね、と申しますと、一目見た時、悪い事の出来る人ではないと思った、と言って笑っておられました。これから私らの苦労が始《はじま》ります。

　(これを一篇として、二篇、三篇と書きたいと思っておりましたが永い間ペンを持ちませんので、ペンを持ちますと、あの時の苦しかった事の思い出が、次から次と思い出されて、つい涙して、くしゃくしゃにしては、原稿用紙を何枚むだにしたかしれません。たとえ紙の上にでも、自分の苦しかった事悲しかった事をこうして書いただけでも、少しは気持がらくになりました)（今田　やす堺市）

恥の記憶

◉紀元節の買出し

二月十一日、紀元節の日でした。ちょうど会社が非番だったので、毎日まいにちの食糧不足で、こどもたちが不憫で仕方なく、妻と相談して、生れてはじめて、いやな食糧買出しに出かけることになりました。行く先は、会社で知り合った工員の家で、大宮《おおみや》市の北の方の村でした。その工員の話では、家が農家で、いろいろな野菜があるから、来れば売ってやるといったからです。それに、今日は紀元節で、国の祝日だから、今日一日くらいは大目に見て、取締りはないだろう、と勝手に自問自答して、自転車に籠をつけて出発しました。

見送る妻やこどもたちに「気をつけてね、つかまらないようにね」といわれ、途中で道を尋《たず》ねながら二時間ほどで工員の家へ着きました。

手土産に、無理をして白砂糖を少々持っていきました。工員の父親さんは、たいへん感じよく応対してくれたので、私も家に妻やこどもたちが、ひもじい思いをしていることを、言葉をつくして話しました。先方は同情して、甘薯や人参、牛蒡、小蕪などを、金額にして二十円くらい売ってくれました。私は厚く礼をいって、家に待つ家族の喜ぶ顔を期待しながら、大宮の十七号国道を走っていました。

突然、私の前に一人の警官が飛び出してきて、「待て」とどなりました。私は「しまった」と身の毛のよだつ思いで、自転車からおりました。「それは何だ、食糧だな」と、警官はいいました。見るとその警官は、傷痍軍人記章をつけていて、張りきっています。

「ええそうです」と、すっかりおじけた私は、素直に答えて、家に何人ものこどもが、空腹にたえかねていることを訴え、寛大に見てくれるようお願いしましたが、すべて無駄で、馬耳東風でした。

道端を見ると、そこに七、八人の男女が、暗い表情でうずくまっています。この人たちも同類だな、と直感すると、同時に、おれ一人だけじゃあない、と勝手な気休めをしました。

間もなく「行くか」と、一人の警官が、同僚にいいました。「おい、みんな、おれについて来い」警官の言葉に、私たちは、敗残兵のように重い荷物を背負ったり、荷台にのせたりして、足取りも重く、あとについて歩き出しました。途中多くの人に白い目で見られるのがつらかったけれども、それにも増して、家に待っているこどもたちに、食べ物を持って帰ることの出来ない無念さがたまらなく、頭の中をかけめぐりました。

私たちは、大宮署の裏庭に連れこまれました。その時、私はまた驚きました。よく見ると、車庫か、物置のような建物の中に、ずらりと机をならべて、その机を境に、警官と調べられる人が何組も、向い合っていました。

庭には、八百屋さんらしい人が、取り上げた食糧を、計りにかけて、公定価格で買上げて、金を支払っていました。その態度は、人の気も知らぬげに陽気でした。

誰か急に、かん高い声でわめきはじめました。私は思わず声の方を見ました。七十に手のとどきそうな老婆が、警官に、とびかからんばかりの血相で泣きながら「私たちをどうしてくれる、子供が死んでもかまわないのか、品物を返せ返せ」と絶叫しています。私はもののあわれを感じ、老婆に深く同情しました。ひとごとではないからです。

ついに私の調べられる番が来ました。私は品物を売った人の住所氏名を聞かれました。しかし、はじめての買出しで、確たる住所氏名など知っている筈はありません。私は、知らぬ存ぜぬで通してしまいました。私の住所氏名も調べられました。

甘薯と牛蒡は公定価格の三円くらいで買上げられてしまいました。残りの人参と小蕪は返してくれたので「無一物で帰るよりもましだ」とあきらめて、人参と小蕪を籠の中へ入れようとしたときでした。その時、私はなんとも腑に落ちないことを見ました。

ちょうど私の傍を通りかかった警官が、足を止めたと思うと、私の人参を一つかみ持ったのです。どうするかと見ていると、とぼけた顔をして、私には一言の許しもなく、警察署の中へ消えて行ってしまいました。その体格のよい警官の後姿を見送りながら、私は心に強い憤りを感じました。しかし、この人も、家庭に、私たちにおとらぬひもじい思いをしている妻子がいることだろうと思いました。なんともやりきれない、終戦の年の紀元節でした。（内田　長三郎 埼玉県）

読売新聞

■禁制品は窓の外に　苦労して買った米なども見つかると没収される、車内の取締を恐れて荷物を窓外に出す

◉ハダシ通学

昭和二十年の四月、私は長野師範学校女子部、今の信州大学教育学部を卒業して、軽井沢第三國民学校に赴任いたしました。教員不足だった当時のことですから、新卒という名のもとに大変期待されて、一年生三十九名の受持ちとして迎えられました。

初めて教壇にたつうら若き女教師というのに、その姿はじつに貧しいものです。モンペも上着もみな更生したものばかり、それでも若さというものは、姿の貧しさに反比例して懸命に張切っていたものです。子どもたちも、そんな私に負けず、銘仙や絣の着物で作った上着の胸に、配給の手ぬぐいを大きくさげて入学してきました。

学校の中は血気盛んな校長先生を中心に、全職員が、これまた戦局の重大さをよく体得して、次代をになうこの子どもたちのためにと、力のかぎり教育の道に精進すべくはげんでおりました。「必勝の信念で何事も当るべし」と、毎朝の朝礼に必ず校長先生から訓示を受けたものです。

そして、このような非常時下にあっては、これに最もそぐわしい学校教育の姿として、まずハダシで通学することにしたのです。二、三の先生がたから反対の声もありましたが、校長先生のかたい信条のもとでウンもスンもなく実行されました。先生が何よりも模範にならなくてはいけないというわけで、私もいさぎよくハダシで学校へ行くことにしました。

教案などの入った木口という袋をさげて、色あせたモンペをはいてハダシで学校へ行く私の姿を、今の若い娘たちが見たら、全くのきちがいざたとしか思えないことでしょう。

とにかく私は毎朝元気よく、ハダシでスタスタと学校へ出かけました。落葉松の林道、石ころの坂道、学校までは二キロほどでしたが、私は小走りにハダシで学校へ向ったものです。初めて受持つ子どもたちの、日に日に増してゆく可愛さのために。

途中、石ころなどで痛い思いをしたこともありましたし、霧のふかい日など、高原の冷気が足うらに痛いほどしみ通って、苦痛をかんじたこともありました。

それでも一か月二か月とつづくうち、足の裏がかたくなったのか、あるき方が上手になったのか、平気であるけるようになったから不思議です。オハヨウゴザイマス。オハヨウ。と子どもたちもみなハダシで、こりすのように軽々と学校へ行くのです。

南瓜しか食べるものがなくて、両手から顔の色、目の玉まで黄色い粉がふいたようになっていた子のことなど、いまでも頭のすみにはっきりと焼きついています。

朝日新聞

■どうぞよろしく　町からやってきた疎開児童を迎える地元のこどもたち

学校には小さな足洗い場があって、いいわけ程度に足を洗って教室に入ります。廊下も教室も全くきたなく、情操教育などと理想をえがいていたことが、悲しくふみにじられた思いも、忘れることが出来ません。

こうして全校ハダシで通学することになりましたが、子どもの中には病気やケガ人が出ますと、肩に赤い布をつけて保健の先生から認可証をもらうわけです。しかし子ども同志の無言のおきてのようなものがあって、赤い布を恥じ、なかなかつけたがらなくて困ったものです。戦時中の子どもたちにのみ通ずる、一つの信念のようなものだったと思います。

このことが近辺の学校間のうわさになったり、新聞などに大きく報道されたりしたので、私たちはますます得々として実行しておりました。

ところがあの八月十五日です。すべて終りました。終止符を打つという言葉がこの時ほど実感として迫ったことはありませんでした。占領下の学校教育は全くの一変をみせ、張りつめていた何もかも力なく萎んで行く思いでした。持って行き場のない心境を、一体どのように処理したものでしょう。音をたててくずれて行く昨日までの教育の方向から、どのようにして新しい芽をふかせたものでしょう。

そしてハダシの一件です。これは誰いうとなく、九月の二学期が始まったその日から、先生の足にも児童の足にも、昔通りの履物がはまっておりました。

あの時の三十九名の私の子どもたちは、当時のハダシの思い出を、めいめいの心の中に、どのような形でよみがえらせていることでしょう。

（**鈴木　愛子**佐久市）

旧版のこの項に掲載いたしておりました木沢敏子さんの「女生徒の病気」という文章は、朝鮮に対して、人種差別の個所がありました。その点お詫び申し上げます。

そのため、木沢さんの文章は削除し「ハダシ通学」を代りに載せさせていただきました。

編集部

⦿先生のピンはね

柏原町《かいばら》（兵庫県）は冬が早い、周囲を中国山地が重なるようにおおっているからだ。

十月の初旬、各家庭から冬のふとんが送られてきた。体育館で梱包された荷物を受けとると、両親の愛情が痛いほど通じてくる。厳重に結び、くくられた麻ひもを解くのは、子供の手には無理なのだが、解くこと自体が楽しくてたまらないように、二人三人と協同して解いていった。

「いいか、ふとんの中に食べ物や、その他外の品物が入っていたら、必ず前に出すんだぞ」

三人の教師が間を縫って歩きながら、何回も注意する。

「みんなで後から公平にわけるからな」

指先をすりむき、ひりひりするようになって、やっと縄が解けた、玉手箱のふたを開けるように、わくわくしながら上におおったむしろをはぐ。

真新しい、見るからに暖かそうな厚いふとんが出てきた。折り曲げたふとんの中を見る。

「あった」

食べ物は絶対に入れてくれるな、学校側の要請を破って、母が、父が、兄弟が入れてくれた食べ物だ。大豆を炒ったもの、練乳の缶、きなこ、こういった物が、空腹であえいでいる時に、どんなに有難いものか、どの子供のふとんにも、家族が食べるものも食べずに節約して生み出した色々な品が、量の多寡こそちがえ、入っていた。

しかし、ふとん以外の食べ物は全部没収された。うらめしい。焼きつくような視線を何十と浴びながら舎監室に持っていかれた。

「後で公平にわけるからな」

これがわけられなかったのである。

＊

集団疎開で親許を離れて暮している小学生を、すこしでも慰めようと、尼崎市の父兄会がお金を集めて、親子ラジオの設備をしてくれた。

舎監室に親ラジオがあり、そこから各部屋にスピーカーがひかれている。所がまもなく私の部屋は故障してならなくなった。舎監室のすぐ上、二階の部屋である。

十月初旬頃のもっとも大きな話題は、先に冬ふとんの間に隠して送られ、全部没収された食べ物を、いつわけて下さるかということであった。

ところが二、三日しても、一向に分けて下さる気配はなかった。始終空腹を抱えているだけに、今日は分配があるか、明日こそは、と楽しみに待っている。本土空襲もはじまり、軍国主義の最もきびしい時、教師は権威の権化のように感じられ、気やすく話しを交したりすることは一度もなかった。

ましてや、食物の分配をお願いするなど思いも及ばないことである。かげで、ひそひそと囁き、未練気な視線を送ることで表現するより仕方がなかった。

夜の七時から八時までは、自習の時間である。

しかしなにを自習しようというのであろうか。勉強は午前中、申しわけ程度に二時間ほどあるだけ、後は薪の切り出し、運搬、除草、炭の山出しなど、全部作業である。自習時間は日課の上にあるだけで、教師も喧嘩をするとか異常な事態が生じない限り、監督にくることもなかった。

「おい、おい」

押入れの中から出てくるなり、頬を紅潮させた山田が早口でしゃべった。

「先生が、僕たちから没収した物を、食べよいやっぞ」

「えっ、本当か」

ただでさえ、なにか退屈しのぎはないかと、もてあましていた私等は、山田が指す押入れをのぞいた。

「嘘いえ、どこからも見えないよ」

「ラジオの線の穴からだよ」

真下は舎監室だった。そこから親子ラジオが配線されていたが、途中、押入れのすぐ下の所でネズミの業か、かみ切られてあった。

そっと線を上に引くと、暗い中にぼんやりと一条の光が射してきた。

目をしっかりと穴に当て、階下をのぞくと――、床の間の一隅と、そこに寄せて置かれた長机の上に、没収された品物が裸電球に黄色く照らし出されている。視線を穴からの視界ぎりぎりにめぐらせると、K先生の背中だけが目に入った、他は視界の外だった。突然、I先生の姿が目に入ると、長机の上から練乳の缶らしい物を取り、また視界から遠ざかった。

「あっ、ミルク、練乳」

思わず声に出すと、押入れの人いきれが、ざわめいた。

「僕にも見せろ」

「今度は僕だ」

「一列に並べ」

「君は、もう見たやないか」

このことは疾風のように全部屋へ伝わった。毎晩、見学？の客で部屋は賑わった。

虚偽と背徳と不信の数々が穴を通して語られ、空腹と欲望で「カサカサ」になった子供の心に、砂漠の砂の水のように滲みとおっていった。

極限に近い状況下における人間の倫理が、どんなにもろく、どんなに弱いものかを目の前で知らされた。

冬ふとんが送られてから一ケ月ほどたった頃、各部屋の室長が呼ばれて、没収品の分配があった。全員に手渡すには、あまりにも少ない量になっていたのである。

発送人不明の、少量の炒り豆と、きな

こを手にしながら、みんな複雑な気持で眺めていた。（山下　隆男熊本県）

◉疎開地の女ボス

生れてはじめて、夜行列車に乗りました。見るもの聞くもの、すべてが十一才の好奇心を満足させてくれます。とうとう一夜まんじりともせず、翌朝尾道《おのみち》に着いて、そこで支線に乗り換え、支線の終点でおりました。そこから寮までは一里ほどの徒歩でした。足首が痛くなりかけた頃、やっと目的地に着きました。

寮は村の共同養蚕場で、前には巾五十メートル位の御調《みつぎ》川が流れ、橋の上から川をのぞくと、川床の砂利や、群をつくって泳ぐ小魚が見えました。その水をひいて、洗面や洗濯に利用していました。

寮の広さは、養蚕のための大部屋（二十帖くらい）が二つ、小部屋が三つ、大きな板の間と、左右両側に廊下がついています。生徒が寝おきしたのは、主に大部屋の二つだけでした。

私たち第三次集団疎開組が行った頃は、寮生がかなり多かったようで、夜などは部屋いっぱいに布団が敷きつめられ、便所へ行くのも、人の体をまたがねばならないような有様でした。

ここの寮生は、六年、四年、二年の女子で、これを均等に六班にわけ、上級生が下級生の面倒をみる仕組になっていて、私は三班へ編入されました。

到着第一夜が訪れました。就寝の合図の鐘に、みんな一斉に布団を敷き並《なら》べ、消灯までをおしゃべりですごしています。新参者の私たちは、黙りこんでまぶたを閉じていました。と、すぐ近くから泣き声が聞こえてきます。そおっとみると、誰かが村八分にされているようです。みんなの声から、五班の班長の土山（仮名）さんだとわかりました。「土山さんのお父さんハゲ頭や。チャーチルにそっくりや、兵隊にも行かんと……非国民」

その頃、ルーズベルトやチャーチルは憎い敵だと教えられていました。この村八分の主謀者は、かつて大阪に居た頃、目立たない存在だった田島（仮名）さんなのです。が、目の前の彼女は、女王蜂のごとく、働き蜂に守られて、権力をほしいままにしていました。とうとう土山さんは、頭から布団をすっぽりかぶってしまいました。働き蜂はその上を、侮べつの言葉を投げかけながら、またいだり、布団をめくったり、いやがらせをしています。

今の今まで、こんな光景は想像だに出来ませんでした。弱肉強食の野生の王国が、そこに展開していたのです。私達新参組も、これから一日二十四時間、いかに自衛していくかを考えねばなりません。

一瞬にして、来るまでのあの胸のふくらみは消しとび、もう母恋しさの一念に変ってしまいました。

二日後に私たちの歓迎会がありました。寮長先生は、とても音楽好きの独身の男性で、他に中年の女の先生と、四人の炊事兼附添いの人たちと、大人は計六人でした。寮長先生は、得意のアコーディオンで色々な曲を演奏され、つづいて田島さんに歌うよう命じられました。「出船」の曲でした。すず虫の音色のように、美声がひびき渡っています。それはそれは美しい声の持主でした。私ははじめて女王蜂の由来を、すべて察知することができました。

やがて養蚕期が訪れ、三週間ばかり村の家に分宿することになりました。

私は四年の陰田さんと二人、役場に勤めている高井さんの家に預けられ、生れてはじめて一日に四度の食事の相伴をしました。この家での想い出は、すべてが楽しい想い出ばかりで、中でも一つ年下の女の子に、毎日山に連れていってもらい、松の実をとって、チューインガムのようにして遊んだ記憶は、今もはっきり焼きついています。

分宿が終った頃から、雑炊やお粥の日が多くなりました。学校で勤労奉仕があると、疎開の子は、地元の子の半分も役に立ちません。疎開の子が何か失敗すると、地元の子がすぐはやしたてます。

「ヤーイ、おかいの子、おかゆば食べてるから、腹に力がはいらんのじゃ」

近くの原爆も、ひとごとのように聞き、ただ食べることだけに血眼になって、終戦を迎えました。

九月はじめ、台風がこの地を襲い、御調川をズタズタに引き裂いたので、いたるところ浸水しました。校庭に植えていた芋畑も、泥水に洗われました。復旧作業は、先ず校庭の流木、折れ木などを一通り整理してから、芋を掘りました。掘り終った頃、昼食のベルが鳴ったので、教室で弁当箱を開き、隅に片寄った麦御飯を食べました。この日は労働がきつく、みんな気持が荒んでいたのです。

寮の下級生たちが、手に手にお芋をもらって帰って行くのが、窓ごしに見えます。さっきから小使室でふかしていたようでした。

私たちは、口々に下級生をうらやむ言葉を吐きました。午後は二時間ほど作業をつづけてから、帰路につきましたが、寮へ帰るなり、誰れかが「腹減った。芋食わせ」と小声でささやきました。すると誰れからともなく、大声でそれにならいました。聞きつけた寮母さんたちは、あわてて部屋から出て来てたしなめるのですが、私たちは玄関に坐りこみ、セキをきったように「ハラ減った、芋食わせ」を連呼しました。

しばらくすると、女の先生が帰ってきて、この光景に茫然としておられましたが、すぐ引いてきたリヤカーから、ふかし芋を取り出して、わけて下さったのです。私たちは、自分たちだけがママ子扱いされたものと早合点して、大声を出した軽卒さを恥じました。

その夜、六年生のほとんどが、先生の部屋へ呼ばれました。昼間の行状を、女の先生が寮長先生に話されたらしいのです。寮長先生はとても気短かな方で、すぐ横面にピンタが飛ぶので、日頃から恐ろしい人と思っていました。

最後の人が、部屋の障子を閉めた途端、せっかんがはじまりました。私もほっぺたを思いっきりたたかれました。二度三度。「もう言いません、かんにんして下さい」あまりの痛さにふるえ上り、号泣しました。

中でも、山田さんは一番ひどく、手で殴られた挙句、ハンガーでたたかれ、悲鳴とも絶叫ともつかない声で泣き叫んでいました。（飯森　加代子 高槻市）

朝日新聞

■野外授業　教室は疎開先のお寺の境内、ござの上に机をおいて、先生もゲタばきの授業

◉白米の弁当

とにかく、空腹だったことだけをおぼえています。

終戦の年、小学校六年生。食べ盛りだった私たちの昼食は、必ず「さつまいも」と決められていました。そんな昼食をとりながら、私たちは毎日開墾の鍬を振っていたのです。みんな一生懸命でした。山の中腹を伐《き》り拓《ひら》き、野焼きをし、木の根を掘り起して甘藷を植えてゆく作業が続きました。この作業は、私たちにとってかなりの重労働でした。時折、麓の農家の人たちが、植え付けの指導に来てくれて、その日だけは作業もいくらかラクでしたけれど、毎日の作業はほんとにつらく、それだけに空腹感はどうにもがまんがならなかったのです。

私たちがこんな作業をはじめた初夏の頃から、山野を彩る緑の美しさをよそに、戦局はしだいに敗色を濃くしていきました。学校の授業はもちろんなくなり、朝、登校して点呼を済ませるとすぐ、六キロほどの道のりを、鍬をかついで開墾現場へ出て行きました。

行動はすべて軍隊式に行なわれました。落伍することは許されませんでした。陸軍司政官として南方に派遣されたことのあるS校長は、落伍するのは怠ける心があるからだと叱咤し、怠けることは罪悪であると訓示しました。それにしても、小学生である私たちの作業能力には、限界があるはずでした。しかし、校長は、その限界を超える精神力を要求していました。

本土の最南端にある鹿児島《かごしま》では、撤退を続けるわが軍を追いつめるように、沖《おき》縄《なわ》への艦砲射撃がはじまったという報道を、隣りの家に爆弾が落ちたような身近さで聞きました。「本土決戦」という噂が流れ、グラマン機が飛び交い、B29が高い空を泳ぐようになりました。開墾現場で、私たちは、その白く光る翼を発見するたびに、森の中に逃げ込んでジッとしていました。皮肉なことに、敵機が飛来したとき、私たちには瞬時の安らぎがありました。緊張感から解放されることはありませんでしたけれど、そうした肉体の安息をねがうサディスティックな感情が、しだいに私たちを支配していきました。

　そんなある日、H君への制裁が行なわれたのです。

　昼食の合図を待ちかねたように、みんなは木かげにまるく輪をつくって、いっせいに弁当を開きました。弁当といっても、ふかしたさつまいもに魚の干ものといった殺風景なものでした。担任のY先生も、いつものように、そんな弁当をみんなといっしょに食べていたのでしたが、その日に限って、大きな樫《かし》の木の下で、ひとり弁当を開いていたH君に、先生が気がつくまで、そう時間はかからなかったようです。

　急に顔をこわばらせた先生は、怒りにふるえる声でH君の名を呼びました。みんなは、はじかれたようにH君のほうを振りむきました。反射的にH君は弁当のフタを閉じました。先生はいきなりH君の頬を殴りました。ピシッ、ピシッという激しく肉を搏《う》つ音が、木立ちの中に異様にひびきました。先生の余りの剣幕に、私たちは息をのんで、呆然とみているだけでした。

　H君の弁当には、白い米の飯が入っていたのです。弁当の底の部分三分の二くらいにご飯を入れ、その上に小さく割ったさつまいもが並べられていて、ちょっと見ただけでは、さつまいもだけの弁当のようでした。そんな「擬装工作」が先生を激怒させたのです。この場合、非はH君にあったといえるかもわかりません。

　経済的に恵まれた家に育ったH君は、世間によくあるように、精神的に優柔で、その肉体も虚弱でした。擬装した弁当を持ってゆくことを、ハッキリ拒否できなかったH君に、そんな気の弱い一面をみる思いをしましたし、結果だけを見れば、行き過ぎた家庭の愛情が、こうした非情の制裁を招いてしまったといえるでしょう。

　しかし私たちは、満足に運動もできないひ弱な体だったH君を、開墾という重労働に駆りたてた無形の暴力を憎みました。H君が敢て禁を犯したのも、その体力を維持するための生理的な欲求に外ならなかったのです。私たちは、到底H君を批難する気にはなれませんでした。その日、精神的にも打ちひしがれたH君を、私たちは交代で背負い、いたわりながら帰途についたのでした。

（上池　達男　鹿児島県）

◉疎開っ子

　戦争が次第に敗色濃くなった昭和19年の夏休みだった。当時軍港都市横須賀《よこすか》に合併されていた逗子《ずし》の国民学校にも、児童疎開の勧奨《かんしょう》がやってきた。当時六年生であった私は、「田舎」へ転校することに一種の憧れを感じていた。

　幼い時から新潟《にいがた》の郷里（父方の本家）へ兄たちが遊びに行っての面白く愉快な話に夢はふくらんでいた。小学校時代ずっと、転校生には成績もよい人が多く、生徒たちにもすぐ仲よく溶け込み、一種の英雄気分さえあったことも、この夢を大きくした。先生から「田舎の子供は正直で純朴だから、行ったら楽しく暮せよ」と云われて……

　私の兄（次男）と私は、元気よく両親のもとを離れて、新潟県の北部、中浦《なかうら》村（今の北蒲原《きたかんばら》郡豊浦《とようら》村）の伯母《おば》のもとへ迎えられた。もうすでに子供が大きくなって手離してしまっていた伯母は、私たちをとても可愛がってくれたから楽しかった。夏休みが終って学校へ行くのが待ち遠しかったこと！

　九月一日の初登校。私は新しい級友たちに親しみを込めて話しかけた。ところが、誰も返事をせず、じろじろと眺めるだけ。私は戸惑いながらも懸命に話しかけた。

　やがてそのうちの一人か二人が私の口真似をすると他の者がどっと笑って散った。次の日に一人の生徒が話しかけてきた。「おめえさんの名前、カンか？」「うん」するとみんなが「ワァー、カンカンカーンだでや」とはやす。

　私はすっかり驚いてしまった。逗子では毎年、クラスに三人か四人転校生がない年はないが、ここでは六年間に僅か二人目だ。転校生は英雄どころか動物園の動物扱いで、集って眺めたり、小突《こづ》いて見たりして笑う。

　子供同志が呼び合うのは姓でなくて名前だということも、初めての経験だった。そして自分の名前が寛（カン）という呪《のろ》わしい名前であることも、初めて自覚させられた。

　学級ボスは弱そうな「よそ者」をかまってみることに楽しみを見出したらしく、便所に閉《と》じ込めてみたり、雑巾《ぞうきん》で顔をふかせたり、当て身で倒してみたり、子分《こぶん》を指図《さしず》して教科書や靴をかくさせたりした。最初は抵抗してみたが、私は観念してされるままにした。一月くらいたつとそろそろ飽《あ》きたらしく、「かまう」のも下火《したび》になって来た。

朝日新聞

ある日、ボスは先生からひどく叱られたので、教室から逃げ出した。先生は運動場を二～三回グルグルと追廻したが、最後にボスは豚小屋に飛込んでしまって、先生は摑《つか》えるのをあきらめた。

自習時間はボスの天下であった。ボスはある時、仲間にもいい目をさせてやろうと考え、男生徒全員に物差《ものさ》しを持たせ、女生徒を一人づつ叩《たた》かせて廻らせた。後で先生から追及されたとき、誰もその首謀者を自白しなかった。

十月に入ったある日、ボスがにこやかにやって来て私の机の前に立ったとき、私は又何が起るのかと表情を引きしめた。彼は私に読本の漢字にかなをつけてくれと云う。依頼は命令と等しい。しかしそれを引受けてからは、ボスは私に対して保護者的態度をとるようになり、それから後、たびたびチンピラどもの襲撃《しゅうげき》から私を救った。

その年の冬は大雪だった。激しい吹雪《ふぶき》の日は、学校の行き帰り途上で襲われる危険性がないから安心だった。だがあるとき、とうとう帰路をつかまり、雪の穴を掘らされたあげく、その穴に蹴落されてしまった。チンピラどもはさっさと帰ってしまい、私が脱出した時はもう真暗な夜だった。こんな場合、都会の学校ではいたずらも大事に到らぬよう加減するのが常だったし、もし血でも出そうものなら加害者の方が青くなるのが普通だ。しかしここでは訴えるべきものはない。先生や大人もボスやチンピラを拘束《こうそく》する力はなく、告げ口がばれれば次の制裁がもっと怖《こわ》い。私は田舎の子供が正直で純朴だなどと云っていた都会の先生の甘さにあきれた。

■**おやすみなさい**　都会にふみとどまっている父母の夢と、そしておなかいっぱいたべる夢

弱肉強食の世界に突然放り込まれた私は、強者に買弁《ばいべん》的迎合《げいごう》をはかり、あらゆる苦痛に対して無感覚になるよう努め、先生や学業を軽視する風をよそおって、やっと毎日を切り抜けて来たのだ。

そんな寒々《さむざむ》とした状況の中でも伯母の家へ帰れば別天地で、私はニワトリと兎の飼育をまかされていて、孤独の恐しさにも耐えることができた。軟いふかふかした兎の毛が何よりのいこいだったに違いない。中学（旧制）受験が終り、合格の発表があったとき、私はこの暗黒時代の終りが見えて来たことでほっとした。それからの一カ月は、氷を握らされたり足払いを喰《くら》わされたりしても、もう何ともなかった。私はこの苦難を、先生や親兄弟親類の誰にも告げずに、独立で何とか切抜けたことに誇りを感じさえした。

中学へ入って間もなく終戦、私の両親も新潟へ引揚げて来て、再び家族は一緒に暮せるようになったが、みんなは田舎は住み良い所と思っているようである。

（**佐野　寛**　池田市）

◉乾パンどろぼう

昭和二十年七月二十六日、私たちの街、松山《まつやま》は空襲で焼かれてしまった。街

朝日新聞

■**建物疎開に戦車も出動**　三月十日の東京大空襲の後、火災を防ぐための建物疎開がにわかに急ピッチですすめられた

は外側から円状に、中心に向かって、焼夷弾で焼かれていったのである。

　その翌日から、油照《あぶらで》りの暑さであった。もはや太陽からかくれる木陰も家もなくなったためか、それとも私たちの体に抵抗力がなくなっているためか、とにかく、街中がかまどになったように暑かった。空気は、焼夷弾の中に入っていたという生ゴムの臭で、吐き気がした。

　私たち中学一年生は、郊外にあって焼け残った食糧倉庫を守るために、その附近の民家を倒す作業にかり出された。類焼から防ぐというのである。その食糧倉庫は、私が卒業した小学校の近くにあったので、顔見知りの人たちも倒壊作業の中に加わっていて、旅館のようなでっかい家を倒すときなど、石手川《いしでがわ》堤防のねきに住んでいる義男さんだから、土手義っさんは、大きい木柱に鋸を入れるたびに「勿体ないねや、勿体ないねや」と念仏のように繰り返していた。

　昼食になった。埃だらけになった体を石手川の流れの中につけて、汗を落としてから弁当をひらく。川岸に友と並んで食事をしていると、いま日本が戦争をしているということが、なんだか嘘みたいである。芋だのカボチャだの、貧しい弁当ばかりであったが、みんなもりもりと食べた。

　三時になると、思いがけなく、おやつに一袋ずつ乾パンがでた。袋の中に十個小さい四角の乾パンが入っている。めったに食べられないものをもらって、こんな余禄があるのなら、毎日でもこの仕事をしてもいいと思った。

　おやつも済んで、最後の仕事が開始された。私たちの班七名は、乾パンですっかり調子づけられて、手早に畳をはがし、床板をはずしてゆく。ものをこわす、まして一軒の家をこわすのは、こども心に面白い。私たち中学生が柱と屋根だけのかたちにし、あと大人たちが、柱に鋸を入れて、そこに綱をつけ、みんなで引っぱって倒すのである。

　あとでおもうと、その頃、私の班のYが、夕暮れの綱引きのどさくさにまぎれて食糧倉庫の中にしのびこんでいた。つまりさきほどの乾パンが、寝た子を起したのである。食い盛りの中学生には、食糧倉庫側の厚意は仇となってしまった。

　一日の作業を終えて倉庫前に整列、点呼をとる。たまたま班長にあたっていた私は「第四班七名異状アリマセン」と力いっぱい声をはりあげた。

　なにも知らなかったが、じつは異状はあったのである。倉庫の役人が、私たちの学級主任Kに、Yのことを報告していたらしい。

　点呼がすむと「Y、出てこい」Kはこめかみをぴりぴりさせて怒鳴った。Kはヒットラーのようなひげをはやした、どこか気ちがいじみたところのある恐ろしい先生だ。

　Yはすくんだ。けつまずくようにYの前に走ってゆくと、KはYを殴りに殴った。シャツの胸のあたりから、乾パンがばらばらと落ちた。「貴様ぁ、先生に恥をかかしたな」「貴様みたいなやつは、もう学校やめてしまえ」Kは殴ってはわめき、そして殴った。土手義っさんたちは、釘止めされたような顔で、ただ見ていた。

　長い制裁が終り、「解散」の号令で、私たちはそれぞれ仲のよい友だちと帰途についた。ああ私はいま思い出しても、自分ののんきさ、不注意さに首すじが熱くなる。

　「Kのやつ、Yをあれほどまで殴りつけなくても。わしら、高い授業料を出してKに殴られに学校へいきよんか」

　私は友だちの列の中で、大声でこういったのである。そのときKが、うしろから歩いてきているのを、私はまったく知らなかった。

　「なにぃ」Kは私の襟首をつかんで、自分の攻撃範囲の中に引き寄せた。それから私はたしかY以上に殴りたおされたろう。このまま殴り殺されるのではないかと思った。殴られながら、痛さよりも、私の家の近所で殴られるのが恥ずかしかった。

　Yは学校を止めた。父親が大工で、それを手伝っているということを後日きいた。いまどき大工の仕事なんてあるのかと私は思った。

　やがて終戦。あのひもじい食糧難である。先生はリュックをかついで農家の生徒の家を訪問する。Kは、こうなったら先生なんかしていたのでは、おまんまの食い上げだといって、学校を止めていった。

　それから少したって、Kがふかしマン

チュウを売っているという噂が学校中にひろまった。（藤原　正高　松山市）

◉生めよふやせよ

その頃都内の高等女学校は全部四年制となり、十九年四月から四年生は学徒動員として軍需工場へ通った。その内に次次と三年生、二年生も動員になったので、私たち職員は殆ど毎日動員先の工場へ監督に通ったのである。

工場での生徒の生活は、朝八時から午後五時までほとんど休みなく、機械油で真黒になって働くのである。仕事の内容は種々あるが、怠ける者など一人もなかった。馴れない仕事をたどたどしい手付で真剣にやっているのだが、工場側では、工員と比較して能率が上らないとか、お客様を背負い込んで迷惑だとか、嫌味をいわれる事もあった。私は生徒を激励し乍らも不憫《ふびん》でたまらなかった。

馴れぬ旋盤で手を切る者もあった。或る工場ではオシャカを隠すために川へ投げ捨て、後で数が合わなくて追求された事もあった。生徒は泣き乍ら白状したが、その心情を察すると、私も泣きたい位辛かった。

工場での職員の任務は生徒の保護と激励、それに学校側を代表して工場側との折衝もあった。工場側にも学徒係が居たが、その人柄によって、かなり生徒の待遇に差があった。

或る工場では、生徒のための防空壕がなかったため、昼間空襲にあって恐ろしい思いをした事もあった。生徒の職場が分散して居るので、その安否を気づかってかけずり廻り、自分は避難どころではない。

或る工場で、監督の若い女先生が「一カ月も配給米をくれない」と訴えて来た。生徒は毎日弁当を持参し、工場からは弁当分の米を一週間分ずつまとめて配給する事になっていたのである。若い先生が再三請求しても、言を左右にしてくれようとしないというので、私がその工場へ行く事になった。

係の人に催促すると「米は腐るほどありますよ、請求すればいつでもあげますよ」と云う。「それでは今下さい」と云うと、一寸狼狽の色を見せて「入れ物がないでしょう」と云う。「入れ物はあります」と云って、早速生徒の職場を廻り、手提をあけさせたり、何もない人にはエプロンをはずさせて、とにかく入れ物をまとめて持って行った。

係の人に連れられて行った倉庫には、男の背丈ほどの桶があって、それに米が一ぱいはいって居た。一人の男がその中にはいって米を計って出すと、他の一人が受取って並べられた入れ物に配ってくれ乍ら、二人で断片的に凄い言葉を吐いて居た。私は級長を一人連れては居たが、他に人気のない倉庫の中で背筋の寒くなる思いであった。

秋も更《ふ》けて日が短かくなると、五時に仕事を終えると真暗である。それから後片付をして五時半頃、木枯しの吹く庭で整列し、級長の号令で駅まで歩く。それは武蔵新田《むさしにった》にある工場であった。

私が先頭を歩いて居ると後方で「全体止れ」と号令がかかった。つづいて「左向け左！」「敬礼！」と号令がかかったので、よく見ると闇をすかして神社の鳥居が見えた。私はその日はじめて来たので気づかなかったが、生徒は疲れと空腹で一分も早く家へ帰りたい時でも、日頃の先生の教えを決して忘れはしなかった。

或る日、四年生の組とたまたま学校の教室で向い合った事があった。生徒に「貴女達卒業したらどうしますか」と尋ねて見た。すると間髪を入れず

「卒業したらすぐに結婚して、よい子をたくさん産み、丈夫に育ててお国のために捧げます」と清純な瞳を輝やかせて淀みなく答えたのである。

私はとたんに目頭が熱くなり、胸にこみあげてくるものを感じて、涙をおさえるのに努力した。じつはこの思想を彼女らに植えつけたのは、他《ほか》ならぬ私自身なのである。

その頃の十五才の少女はまだ何も知らなかった。彼女らはただ漠然と、女は成長すればお嫁に行って子を産むものだと思って居ただけで、現実の苦難については何も考えず、ただ単純に先生の教えを体し、それを実行しようと決心して居ただけなのである。

その頃五体の揃った若者は一人残らず戦場へかり出され、若い娘の結婚相手など内地には居なかった。戦場では毎日若い男子が戦死して行くので、此のままでは将来の我が国の人口問題に大きな不安が予想された。そこで政府は若い男子を交代で短期間内地へ帰還させ、その間に独身者には結婚を奨励した。

若い娘達は、新婚の夢もさめやらぬ幾月か後には、再召集された夫を戦場へ送り、日毎夜毎つづく空襲と食料難と戦い乍ら夫の留守を守り、やがて生れ出るみどり児を育てると云う、苦難の道を覚悟の上で、健気にも、モンペに防空頭巾姿で結婚式を挙げたものである。その上大半はやがて未亡人となって遺児を育てて行く苦難の生涯が予想される。その育て上げた子をお国のためによろこんで捧げなさいとは、何と惨酷なことを云わねばならぬものかなと思った。

「君死に給ふ事なかれ」と大胆に詠じた晶子が羨ましかった。二十余年を経た今日でも、あの瞳を忘れる事は出来ない。（内藤　咲枝　東京都）

ゆがめられたおしゃれ

佳人薄命★

工業専門学校一年生の長男は、よれよれに破れた人絹の巻脚絆《まきぎゃはん》が、足に巻きにくい、と今朝も泣きべそをかきながら、学徒動員の勤労奉仕に出かけた。

新らしい脚絆《きゃはん》を買ってやろうにも、どこにも売っていなかった。熊本《くまもと》幼年学校へ入校した次男の脚絆の方が、少しはましだったのに、入校式に列席した夫は、次男の衣類全部、靴までも、幼年学校の前の河に流して、素手で帰宅した。

私は驚ろいて「こんなに物が不足して、みんな苦労しているときに、よくもまあ」と惜しがった。

「あの子は、もはやお国に捧げた子じゃあないか。二度とこの家へ帰って、あの衣服をまとうようなことがあってはならぬ。あの子は、永久に、うちの子ではないのだ。未練がましく衣類など持ち帰って、思い出したりしてはならん」と夫は私をひどくなじった。

私は、また丸帯を解くことにした。二本あった嫁入衣装の、丸帯の固い帯芯を使うのである。一本は、すでにリュックサックに姿をかえて、買出しの供をしていた。

残り一本は、喪服用の丸帯であるが、こののち紋付の長着に丸帯を締めるようなことはあるまい。モンペ以外は着られない時代になったのだ。

思いきって、白い丸帯の中から帯芯を引出して、巻脚絆の長さに切った。それを国防色に染めて縁をかがり、長い紐をつけると、立派な巻脚絆が出来上った。

長男は、畳の上を跳ねまわって喜び、夜は固く巻いて枕元にならべて寝、朝は、それを恰好よく足に巻いて、足元も軽そうに、学校とは反対の方向の動員先へ急ぐのであった。

一難去って、また一難、こんどは小学六年生になったばかりの三男が、しょんぼりと学校から帰ってきた。運動靴の配給のクジが、今日もはずれた、としょげている。

一ケ月に一度くらい、運動靴、雨傘、ボールなどのクジ引きが学校であった。一度ボールの配給を受けたことがあったが、一番必要に迫られている運動靴が当ったことがない。

朝になると、三男は「今日は何をはいて学校へ行こうかねえ」と泣声で私を困らせた。

リュックサックや巻脚絆、足袋などは、私の手作りでどうにか間にあっているが、履物ばかりは、私も、どうしてやることも出来ない。困りはてているとき、田舎で藁草履《わらぞうり》を一足もとめた。

三男は、その藁草履をはいて、毎朝機嫌よく学校に通っていたが、ある日「あすからこの草履をはいて行かないよ。みんなが百足《むかで》をはいている。いまに足を刺《さ》されるぞ、いうて笑うんじゃ」といいだした。

藁草履は、はいているうちに、縁の藁が切れて、ちょうどむかでの足のように、いがいがが突き出る。

そのことを聞いた父親は「何をぜいたくをいうか。藁草履があれば結構じゃあないか。僕の会社などは、軍需工場でありながら、履物の配給など一度だって受けたことはない。工員たちは、履物がわりに機械をふくウェスを足にしばりつけて、土間に立って仕事をしているんだぞ。国の非常時には、何事もがまんしなければ、戦争に勝てはせん」

父親にそういわれた三男は、鋏でそのいがいがを切取って、だまって草履をは

朝日新聞

■**女学生**　戦争初期はのんびりしたもので、こんな服装がいわゆる臨戦体制だともてはやされたが、戦争とはそんななまやさしいものでないことを、すぐに思い知らされた

いた。

私のうちも、家屋疎開の区域内に入って、立去らねばならぬ日が来て、上柳町《かみやなぎまち》の親戚《しんせき》に間借り生活をはじめた。

ここの町内は、一流会社の社長や重役、高級軍人家族の住む上流社会であった。

それでも防空訓練だけは、やはり、どこも変りなく終日行なわれた。

奥さま方のモンペ姿も、きりりと上品であった。生地や柄がいいせいか、それともデザインがいいのであろうか、と思いながら、私は前に廻ったり後に廻ったりして眺めた。

中でも、向う隣りの若い軍人の奥さんのモンペ姿は、ことさらスマートで、見ても、見ても見あきなかった。

私も柄のいい上等の布地でモンペを作って着れば、あの奥さんのような姿になれるのではあるまいか、と思い、とっておきの銘仙絣《がすり》の単衣《ひとえ》をくずして、モンペを作ることにした。

縫い上るのも待ちきれず、途中で手を通したり、足を入れたりして、鏡の前に立って見たが、あまり見映《ば》えがしないので、やはり中身の違いだ、と気がついて、がっかりした。

間もなく昭和二十年八月六日、広島《ひろしま》の街の上空が、ピカッと光り、ドーンと鳴った。

その日の黄昏《たそがれ》どき、あの恰好のよかったモンペの、焼け焦《こ》げたのを、身に着けたまま、向う隣りの奥さんは、ついに帰らぬ人となった。（**小久保　よう子**広島市）

千枚通し★

とりあえず、私一人が父の郷里へ疎開することになった。十四才の私が、父に伴われて、はじめて転校先の県立浜田《はまだ》高等女学校の門をくぐった時、私の眼に最初飛びこんできたのは、武士の討ち入りのような恰好をした、この学校の上級生が、鍬をふるって作業をしている姿だった。

それは「大和袴《やまとばかま》」と名付けられた、この学校の「制服モンペ」で、当時「県女」と言えば名の通る、島根《しまね》県で二番目に古い歴史を持つこの学校の象徴でもあった。この越後獅子《えちごじし》か、山伏《やまぶし》のような「大和袴」なるモンペを発案したのは、主席女教師の和裁の先生で、日本の軍国主義に忠実な校風にぴったりの、凛々しい服装として、校長には至極気に入りのものであった。この独裁校長の下では、教師、生徒ともに個人の意志など全く無視され、すべてが上意下達の方針で、表面的にはなんの抵抗もなくすぎていた。

しかし、疎開のため、都会から転入学してきた生徒のほとんどが、この奇異な「制服モンペ」以上に、徹底した軍国主義教育に驚きの眼を見張った。そして、これらの「よそ者生」に対する服装検査のきびしさ、監視の冷い眼。それは、ざっとつぎのような諸点である。

○頭髪　ピンを用いてはならない。後頭部で一束にまとめ、ゴムで束ねる。色ゴム禁止。

○上衣　セーラー服のリボンをはずして着用。

○下衣　大和袴、規定通り縫製されていることが原則。学年の色別リボンをモンペの吊り紐の胸のところへ付ける。ところが、一年生の赤が白に変更。すべて色ものは華美に通ずるの理由から。ポケットは、大きさ、位置、指示通りでなければならない。その中には、紙、ハンカチ、ガラスふき、足ふきの四種を入れる。（足ふきは、通学時以外は、内外の別なく寒中も素足のため）

○はきもの　白木の下駄。

ある日の朝礼で、いつものように尊大な態度で壇上に立った校長は、いきなりつぎのような話をはじめた。

「明日から、本校の生徒には『護身用《ごしんよう》』を身につけてもらおうとおもう。昔、武家の婦人は、つねに護身用をその身に隠し持っていた。そしていざというとき、武家として恥じないよう操を守った。今日、いつ敵兵が、鬼畜米英が上陸してくるかわからない。その場合、撃ちてし止まむ、の大和魂を持って、本土決戦にのぞむ覚悟がなければならない。一人でもアメリカ兵をやっつけるのだ。そのための護身用として、千枚通し（キリ）を用意してもらう。これで敵兵の腹をねらうのです。いいですか、腹です。その腹を、この護身用で突くのだ。一人でも敵を殺してからでなければ、死んではいけない」叫ぶような調子で話し終った校長の顔は昂奮《こうふん》し、通常でない眼の色をしていた。

兵士が武器の手入れをすると同じく、毎日その千枚通しの護身用を磨くこと。これがサビていることは心がサビていることとされた。

かくして、「大和袴」の左内側に護身用入れの細長いポケットが一つ加わり、千枚通しには竹のサックをはめて、この専用ポケットに常時おさめておくことになった。

この千枚通しを握りしめ、敵兵の前に走り寄るまでに、火焔放射機や機関銃でバリバリと、虫けらのように射ち殺されてしまうだろう、と思いながら、質が悪くて、ちょっと油断するとサビの出る護身用にペーパーをかけたものだった。

（笠井　幸子 浜田市）

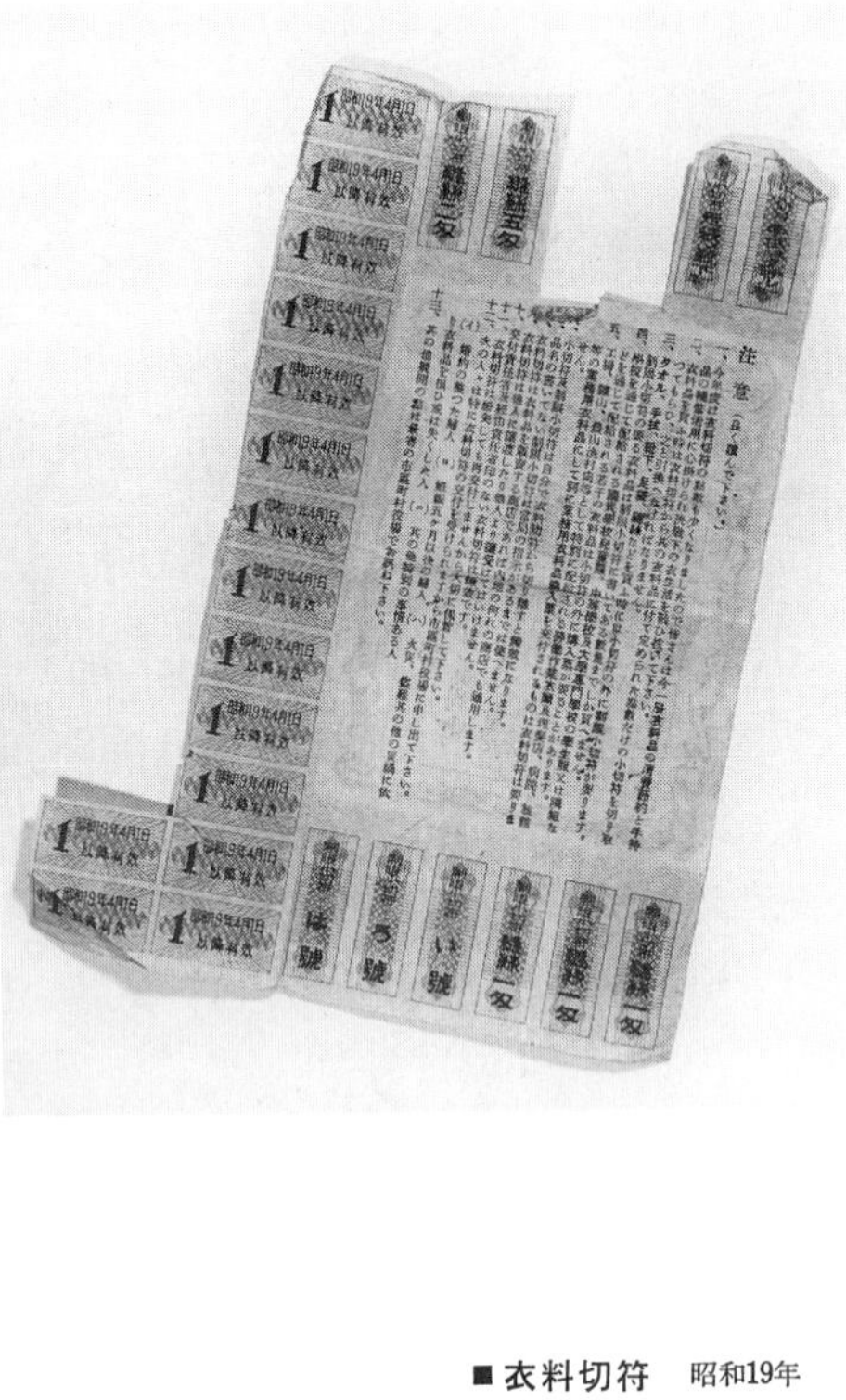

■衣料切符　昭和19年

地下足袋★

戦争の終りの年に、女学校に入学をした。

知人からゆずられたセーラー服のひじに、補強の布を当て、母の着物をほどいて作ったモンペ姿が入学式の晴れ姿である。

登校の途中、防空ごうに避難したり、勉強をしないで、毎日土だらけの作業をしたりの日日にも、私たちには、それなりのオシャレがあった。セーラー服はすぐに、より活動的な上衣にかえられたが、その上衣の白いエリを、毎日ピンと真白にしていること。ダブダブのモンペに、きちんと折り目をつけてはくことなどである。しかし木綿のモンペの折り目は、すぐに取れてしまうのがおちであった。

布地はたいてい木綿の地織り、かすりや縞が多かった。ひざや、うすくなった布地には裏をつけて、ていねいにさしてから作る。

このダブダブのモンペが、二ケ月くらいたったら、いつの間にか、誰からともなくかわってきた。ニッカーと称して洋裁の知識のある人が、製図をしてはいたのが、恰好がよく、アッというまに流行した。そして、少しでも目立たせたいという心理から、お互に工夫をこらしたが、その一つが、もんぺの裾にゴムを通す工夫である。なんのことはない、大国主命型スタイルであった。

それから八月も近くなると、この神代型ニッカーはより足を長くみせるために、もっとシンプルなスタイルにかわっていた。ゴムを入れないでウエストや腰巾に合わせてピッタリダーツをとり、裾はたっぷりと長く裁ってカフスをつけたのである。

■夏のモンペ姿　　写真　岩谷圭江子

八月、照りつける真夏の太陽の下で、私たちは、もっともハイカラと自認するズボンをはき、地下足袋をはいたまま、敗戦の涙をぶ厚い綿《わた》の入った防空頭巾でふいたのである。

終戦後、物資の不足はますますはげしく、私たちは地下足袋はぬいだが、靴が無かった。当然のように下駄の登校となった。手づくりの鼻緒をすげ、なるべく減らないように堅木の下駄をはいて通学した。

ぼつぼつズボンの裾は平《たいら》になりゴムやカフスはとり除かれた（平《ひら》ズボンと呼ばれた）。平ズボンをはいている人は、軟派だなどとかげ口をきかれながらも、一人二人と、そのズボンが多くなって行った。ズボンの下からわずかに出ている赤や黄の下駄の緒が、ずいぶんと鮮かに見えた時代だった。

紺サージのズボンがうらやましくてたまらなかったが、私の最高のよそゆきのズボンは、母のコートをほどいたセルのズボンと、父のズボンを更生した夏のボーラーのズボンだった。

短い期間にうつりかわったズボンのスタイル、乙女心のいじらしさが、つくづく感じられるのである。

（黒滝　正子 弘前市）

★女子挺身隊の記念写真

この写真の服装が当時の女子挺身隊の日常着であり又働らき着であり、時に式服の用もした。カーキー色、木綿に麻の混紡らしくこわい布だった。ネダンは不明、工場から支給されたかとも思う。

ボタンはねずみ色のトーキ製、モンペは腰廻り、足首廻りともヒモがついていて、これでしばった。外を歩く時はこれにたいていゲタ、手製の鼻緒で、ゲタも草履のようにへっていたから、歩きよかった。

両肩には、一方に黒い布に綿を入れて作った防空ズキンと、帯芯か何かで作った白い木綿のゴツゴツした手製のさげ鞄を×の字に身につけた。鞄の中身は赤チンにホータイ、脱脂綿にオキシフル、工場で作業中に被る手ヌグイ、常に携帯食糧として大豆の炒ったのを一、二合。それに乾パン一袋、後はプライベートな持物になる。

母は何時もお掃除をする時、手ヌグイを大きく深く被っていたが、私もあのかっこうが好きで、工場での作業中の手ヌグイの被り方も、必ず前髪を上の方に見せて一寸工夫した。これが精一杯のおしゃれだった。

その手ヌグイについて情ない思い出もある。その頃総理大臣の筆になる「神風」の二字が黒く染められ、その真中に赤く日の丸が染められた手ヌグイが、戦う産業戦士達の工場へ配られたのだ。それを横に四つ折りにして鉢巻きとしてキュッとしめて電車に乗り込む人達は皆、「英雄」みたいに見えたのだが、これはヒコーキをつくる工場の人達だけのものだった。

この手ヌグイが欲しかった。私達のように兵隊さん達の服になる布を作る工場にだって「神風」の手ヌグイが配られてもいいと思った。何よりそれが女学生の眼には美しく映ったからだ。

髪型は入学と同時に、かくの如き「オチョンボ」という型に規定強要され、オカッパ髪の伸びるのを一生懸命祈ってゴムひもでしばった。

この写真は、当時市役所の横の小さな写真屋さんの撮影になるもので、これが唯一の在校を証明する写真である。

（岩瀬　田鶴子 岡崎市）

疎開

その屈辱と悲惨

そかい【疎開】《名・ス自他》敵襲・火災などによる損害を少なくするため、集中している人や物を分散すること。（岩波国語辞典）
そかい【疏開・疎開】空襲・火災などの被害を少なくするため、一個所に集中している人や建造物を分散すること。疎散。（広辞苑）
ソカイ【疎開・疏開】空襲などの被害を少なくするために都市の住民や建物などを分散すること。（新潮国語辞典）

無理に疎開させた子が疎開先で爆死

そのころの私は、師範学校を卒業して二年経《た》った二十一才の若い女教師であった。昭和二十年、国民学校六年生の女子組を担任していた。

地方の小都市である富山《とやま》県の高岡《たかおか》市では、学童の集団疎開は行われず、縁故疎開（親類でもあれば、各父兄の責任において子供をあずける）がすすめられていた。学校の授業も殆ど正規には行われなかった。

学校農園へ重い下駄をひきづって出かける途中で、B二十九が高い澄んだ青空に白い尾を引いて飛んでいくのをみながら、警戒警報のサイレンに走ったことや、捺染《なせん》工場から転業した町工場の悪臭のたちこめる中で、子供らと広い紙に糊づけして風船爆弾を張りあわせたことや、運動場の隅に、各自持参のバケツや、洗面器などで、町々に掘られた防空壕の残土をはこんで、小山のような土盛りの防空壕をつくったことや、なさけない哀れな敗戦間近の日本の姿であった。

私は幾日も幾日も校下を歩きまわって、父兄に縁故疎開をすすめた。教室からだんだん子供の数がへっていった。

駅前の一番の目抜き通りに、相当大きな店舗をはる金物屋さんがある。御主人（父）は応召中で、若い美しい母親が、六年生の女の子と、三年生の男の子をもって留守宅を守っていた。幾度か訪ねても、田舎に親類知人もなし、どこへ行くあてもないと、しまいには涙を流した。その母親よりもまた年若い私は、共涙ぐんで、どうすることも出来ぬ自分の小さな力を悲しむより仕方がなかった。

その子が、七月三十一日の朝、とてもうれしそうな顔で（この笑顔が、二十年以上を経た今も私の頭にこびりついている）

「先生、富山のお里（母の実家）へ行きます」と知らせに来た。当時は夏休みといっても、種々な作業が続けられていて、登校する日が多く、子どもは動静を担任教師に報告しておくことになっていた。

私も、その笑顔につりこまれて、

「おかあさんも坊やもいっしょね。気をつけていってらっしゃい」と学校の玄関まで見送ってやった。

その翌日の八月一日の夜、富山は爆撃を受けたのである。

金戸恵子は死んだ。母の実家の両親と（祖父母にあたる）母と弟と本人との五人が、防空壕の中で死んだのである。その夜、山越しに爆発音が地ひびきを立て、富山の空を真赤に焦しているのを、二十キロあまりはなれた高岡の町で私は見ていた。

噂によると、伏木《ふしき》の港のある高岡の方が、富山よりは爆撃される危険が多いといわれていた。

金戸恵子が死んだときいて、私はなかなかそれを信じなかった。富山といっても広いし、必ず死んでいるとはいえまい。

空襲で、たくさんの人が死んだ。しかし、前の日にわざわざ死にに行ったようなこの親子三人を神は知っていたものか。

お通夜は、八月というのに防空幕をお

ろして燈火管制の中で行われた。しめやかな、むしぶろのような室内で、仏前にうなだれる父親の後ろ姿。葬儀は親族の手で取りはこばれたが、応召中の父親は特に許されて、葬儀のために休暇を得て帰って来られたという。

死ぬ率の多い兵隊の父が生き残り、銃後にあった妻と二人の子が、思いがけず空襲で死ぬ。こんなこともあったのだった。（柿谷　実子 高岡市）

■隣組総出で疎開荷物の荷造り　東京向島

朝日新聞

捨ててあるものを 拾ってたべる暮し

昭和十九年五月、知人の厚意で当時の滝野川《たきのがわ》区から甲府市山宮山《やまみややま》へ疎開しました。家族は九人でしたが、一時は被災した兄弟とで十三人の時がありました。主人は務めの都合で東京に居り、月に一回一晩泊りで帰る位でした。

当時の配給は米に脱脂豆や唐もろこしを挽割《ひきわ》ったのを混合したもの、小麦粉、唐もろこし粉、大豆、さつまいも、などでそれも満足になく遅配が始まりました。二畝歩余りの土地を貸していただき生れて初めて鍬を取る生活に入りました。少しでも早く食べられる野菜を作りたいと思いましたが、何を作るにしても収穫迄には半年位かかります。それ迄の食料をどうしたらよいか皆で考え、一家総動員で働いて集めることにしました。

家主の方に梅と桃と二百本位ずつの林があり、人手不足の折から下草取りの手伝いをしました。そして御礼に取り残しの小梅の実と、出荷出来ぬ桃の形の悪いのや、きずのあるものなどを戴くことになりました。

取り残しの梅の実は一斗もあり、早速塩漬にしましたが、あの当時どんなに尊く、大勢の方々に、喜ばれたか知れません。桃は岡山白桃という種類で味がよく、熟したのを木からもぎ立てでいただいた美味しさは、今も季節になって桃を見ると思い出します。桃を食事の代りにしたことも何度かあります。

学校から帰ると子供達は毎日たんぼや道ばたへ野草を取りに出かけます。カンゾ、ノビル、スベリヒュウ、ハコベ、ニラ、何でも食べられるものは取って来ます。

おしたしにしたり雑炊に入れたり、小麦粉にまぜてうす焼をつくったりしました。梅林の中に何年も植えかえしないラッキョウが沢山ありました。これをいただいて細くこまかいのを丹念につくりましたが、かえってやわらかくておいしいものでした。又桃林の入口に桃の肥料を吸ってか、見事に茂った赤じそが沢山ありました。そんなの食べられますかと不思議そうに見ておられましたが、捨てるというのをいただいて、夜二時頃迄家中皆で実をしごいて取り、塩漬に又つくだにして楽しみ、大勢の方々に分けて喜んでいただきました。

夏の終りから秋に、甘藷のつるを切って畠のふちに捨ててあるのをもらい、葉柄と葉をとり、別々にさっとゆでてむしろに干し、葉は一枚一枚丁寧にひろげて干し、乾いたら裏がえして干し、さわるとこなごなになる位干して鑵に貯えます。

葉の方は早く乾きますが、葉柄の方は中々芯まで乾きませんので、もんでは干しもんでは干し、細い糸の様になって、すっかり乾いたら鑵に貯えて置き使う三日程前に水にもどして、干瓢《かんぴょう》の代りにしたり雑炊に入れたりして随分いただきました。葉の方は一日程もどして、きざんでスシの具にしたり雑炊に入れたりしました。

稲刈が済んだたんぼの落穂拾いとたに

し取り、これも忘れられぬ思い出です。たんぼを次から次へと落穂を拾い集め農家へ持って行って二升の真白なお米にかえていただいた時のうれしさは、今もはっきり覚えて居ます。

たにしは余り乾ききらないたんぼで、土の凹んだ小さい穴のあるような所を掘ると、大きいのは一つ二つ、小さいのは三、四個も出て来る時があります。竹のへらを持ってあちこちと掘り歩きました。子供はかえって上手で、よく居る所を探しあてます。皆で競争で掘りました。半月ほどの間、毎日毎日天気なら必ず出てとりました。全部で叺《かます》に一俵ほどで、皆でよくとったものと感心しました。

使う分量だけ水に入れ、よく洗っては水につけて泥をはかせ、三日間位何度も洗っては泥をはかせてから、塩ゆでにしたり醤油でつくだににしたりしました。蛋白質の不足な時、大きく役立ったと思います。

■東京から運ばれてきた疎開荷物　山形

朝日新聞

そろそろ寒い風が吹き霜が降る頃、落柿拾いに出かけました。これも大切な食事の役割をしてくれました。あの辺の農家には大きな柿の木があり、熟したのが一ぱい落ちて居ます。朝早く起きて、ふまれぬうちに手分けして、ばけつやざるなど持って貰って来ます。甘くておいしく三、四個で朝食の代りに充分です。十一月になってこの地方特有のじ菜という美味しい漬物を作りますが、下について居るかぶを畠に捨ててしまいます。

これを貰い、拾い集めて煮て頂くと軟らかくて美味しく、雑炊に入れたり味噌煮にしたり随分助かりました。

こうして何とか食事をつなぎながら一生懸命夢中で野菜を作りました。その甲斐あって少しずつ畠のものも食膳に上る様になり、次々と自分達の努力で作った新しい野菜に一同舌鼓を打つことが出来る様になりました。

（渡辺　とよ子 東京都）

夫の出征中に強制疎開でついに廃業

十九年の二月、突然、私の町筋に強制疎開命令が出た。西の鶴見川《つるみがわ》から、東の軍需工場方面にかけて、防火地帯として、ひろい空地をもうけようというのである。

予期せぬことに、附近一帯は色を失った。出来るかぎり早く、三月一ぱいに立退けという強硬命令である。配給はほとんどなく、休業状態であったから、同業者の多くは工場に働きに出ていた。なかには廃業して、郷里へ帰った人もあった。

しかし、私にはどこというあてはない。この先商売はどうなるのだろうか。店の諸道具や資材を、どこへどうして運ぼうか。みんな大きな物ばかりで、ガスの天火釜など、大の男四人掛りでやっと動かすほどだし、陳列ケースや、戸棚、製造に必要ないろいろの器具、これを集めるには長い年月がいった。今ここで散逸したら、もう商売はあきらめるほかはない。

夫の帰るまで、ぜひ商売を続けて行きたいのだが、これを全部他へ移すことは、不可能であった。歎願して変更してもらう事がらとは訳がちがうし、ここにいては危険なことは明らかであった。

思い悩んで、夜も眠れなかった。日は容赦なく過ぎていった。実家の両親は、当時の私を、まるで幽霊のようだったと後にはなしてくれた。もう三月に入っていた。夫からは折返し「急いで疎開せよ」と返事がきた。姑も親戚も、こうなっては廃業のほかはあるまいと嘆息するばかりであった。「うちだけではない、もっともっと気の毒な人もあるのだ」と一心に自分を納得させ、ついに廃業を決意した。

空家《あきや》探しがはじまった。町内会長の紹介で、警察は親切に空家リストを見せてくれた。六十才の実家の父と、毎日弁当持ちで空家を見て歩いた。

せまかったり、物凄い石段の上だったり、持主をようやくたずねあてると、もう約束ずみだったりで、数日はくたびれて暮れた。最後に出あったのが、現在の家であった。高台のこのあたりは、どの家も緑に包まれ、気持ちのよい環境で、空襲の心配も今までよりは少なそうであった。

引越先がきまったので、すぐ組合に廃業届や大道具の供出手続きをすませ、整理にかかった。売れそうな物は店に積んで、みんな売った。進物用の杉折、しゃれた装飾の紙箱、四季折々の進物附属品等々。どれを見ても、店の将来を夢見て、夫が情熱をかけて資本を投じたものばかりであった。

三月二十九日がきた。近所の半数以上がすでに引越して、ガランドウの家並は、廃墟の町と化していた。顔の広い町内会長の尽力で、数台の馬力《ばりき》がきた。トラックは、民間ではとうの昔に姿を消していたから、馬力は貴重品ともいえた。大勢の人々の手で、荷物はたちまち積み上げられた。子供たちと、足の神経痛に悩む姑が、荷台の傍らに乗ることになって、落ちないようにロープで支えられ、四キロほどの道のりを、ゆられていった。よそ目にはユーモラスな光景だが、長年住みなれた町を、不本意にはなれねばならぬ姑の心のうちは、どんなであったろうか。

最後の馬力に、供出の大道具が、大勢がかりでやっとのことで押上げられた。私は、この二ケ月でからっぽになった頭を振って、人々にあつく礼をのべると、馬力の後を追った。

供出の集積所では、もうその役目を終ったあのガス釜が、すべり板を通って、地ひびき立てて地にめりこんだ。温度ゲージがふっ飛んで、ふたがゆがんだ。私は目をつむり、息をのんだ。

あしたから、どんなくらしがはじまるのであろうか。早速働き口を見つけなければならないが、心は重かった。

（森井　勢以　横浜市）

疎開荷物を預かる
ほうにも多い苦労

夕暮、新宿《しんじゅく》の裏駅に立って眺めていると、八方の道から荷車やリヤカーに箪笥やふとん包みのようなものをつんで、一生懸命に引いてくる人がある。こちらの道へ行く人があるかと思えば、その道からくる人もある。蟻がお菓子のかけらを引いて行くように、一心に引いて行く。あちらが危険と思って出てくる人があるかとおもえば、その道へ向って安全な地へのがれようとしている人々の姿は、娘の私にも、真剣さがあふれているだけに、哀しいものに見えた。

二十年三月の東京の大空襲から、誰もが急に真剣に疎開について考え、動きだしたようにみえる。焼かれてしまえば、買えるというあてがないのだから、自分たちのくらしのための一切の道具、衣類を、自分たちで守らなければならなかった。家族ぐるみ疎開する人々、一家の主人だけが東京に残り、妻子を疎開させる人、子供だけが先生と共に地方へ疎開した集団疎開、そして家財道具、衣類だけでもと地方へ運んだ人もあった。

駅前などの人口密集地で、空地を作るために、建物をこわされ、立ちのかされる強制疎開というのもあった。三日とか一週間以内に立ちのき先を探して引越すのだから、その家の人々はどんなに大変だったろう。

往来にピアノや、ガス台のようなものまで、ただならべてあったりした。売れれば売るつもりでならべてあるらしかったが、買ってもって行けるような人は少なかった。

よほどの権力者でなければ、トラックなど動かすことができなかった。荷車をひいてくれる人もなかなかなかった。たいていの人は、自分の背中に、自分たちの食べるもの、きるものを背負って歩かなくてはならなかった。

父は地方の町の開業医であったから、疎開の荷物をあずかってほしいという方が東京からたくさん来られた。それぞれ宝物のようだった。

小林古径、横山大観の絵だという一荷物もあった。日本に一冊しかないフランスの古い本で、貴重なものだからなどとあずけられる人もあった。そのほか大方の人は、衣類の包みのようであった。

母は方々の大切な物をたくさんおあずかりして、もし家で焼いたらと心配した。地方の町でも、空襲のおそれはあった。やがて、さらに山深い部落の患家の蔵に、この荷物をあずかっていただくようにお願いして、荷物は再びわが家をはこび出され、山へ向う一本道を荷車で移動していった。

疎開するための家や部屋を探してあげるのにも、父はずいぶん患家にお願いして歩いた。高名なピアニストは、外国人で日本へ帰化した方だったが、当時の日本の田舎町ではどうにもくらしにくそうであった。

隣町の日光《にっこう》のあるお寺には、中村吉右衛門丈が居られた。名優も芝居をする舞台がなくて、無聊《ぶりょう》のように見受けられた。芝居好きの母は、何とか慰めしたいといった。父は俳句をしていたので、句会を開いておよびしたらといい、小さ

な句会が持たれた。そのときの

「耕すや　寺の畑を　借りもして　吉右衛門」

という色紙が残っている。お嬢さんの現幸四郎夫人正子さんは

「焼跡は　わびし　野菊の咲きてなお」と作られた。

革新党の若いAさんの三才のお嬢さんが、十九年の大晦日に、急性消化不良症で入院された。父も懸命に手当したが、元朝をまたず亡くなられた。農家の一室に疎開して居られて、夜半に泣き出すとうるさいので、つい母屋に気をかねて、おさつなどを食べさせたのが悪かったのでしょうと、若いお母さんがお泣きになった。

疎開をして部屋を借りる人も、また貸す人も、ずいぶんうっとうしい思いをしたものであった。

田舎のお寺の一室で、夕方、小学校の子供たちが、両親とはなれ、先生たちによりそって、歌をうたっていた光景が目に浮ぶ。ダリアが咲いていて、もうとんぼも飛んでいる夏であった。

■三月十日の東京空襲から逃れてきた疎開者　長野

朝日新聞

八月十五日の正午、陛下の放送をおききして、人々は戦いが終ったことをしった。

飛行機の音のしない八月の空は、かっとした日ざしの中に蟬しぐれのみ。日本の息の根が止まったかと思われるばかり異様な静寂であった。母は

「もう、空襲はないの」と父に小さな声でいった。父はたしなめるような顔をした。

その母は九月のはじめ腸炎を患ったが、栄養失調でもあったのか、あっけなく亡くなった。

疎開の荷物を山へとりにいって、母が念いりに荷作りした茶箱から最初にとり出されたのは母の喪服で、娘がそれを着て、母のお葬式に列《つらな》った。

（熊谷　さち　今市市）

一家離散したまま　再び揃うことなく

そろそろ東京住いも危くなってきた一九四四年夏七月、十一才の兄と九才の私は、母と三里近い道を、母方の伯父の家に、縁故疎開する為、炎天下の県道を歩いていた。

国民学校の友だちが、日を追うて数少なになってきたそのころ、私は、早く他の友だちと同じように田舎に疎開させてくれるよう、日毎、母にねだっていた。

とうとう両親も、毎日の空襲警報にせきたてられ、兄と私を、茨城《いばらぎ》県真壁《まかべ》郡大村《おおむら》の伯父夫婦のもとに疎開させることにしたのであった。

当時私の家は、両親に五人のこどもの七人家族であった。その家族の先頭をきって、いちばん末の方の二人が、先ず、縁故疎開というかたちで、こどものいないのを淋しがっていた伯父夫婦を頼って出発した。この出発が、それ以来家族が一ッ屋根の下で住むことが出来なくなる出発になろうとは、私も、恐らく大人の両親たちすら考え及ばなかったことと思う。

私たちに次いで、師範学校を卒業して一年、若い二十一才の女教師であった長姉が、学童疎開の命で、国民学校生徒20〜30人を連れ、山梨《やまなし》県日下部《くさかべ》に旅立っていった。私と同年の九才の学童を多勢つれて、姉は責任感で体がこわばる思いであったという。

長姉を送り出してから、当時三輪田《みわだ》高女四年であった三番目の姉は、連日、学業はそっちのけの軍需工場通いであったが、急きょ、四年で繰り上げ卒業させられてしまった。

戦争戦争に日の暮れる時代に学校を卒《お》えたこの姉は、敵国の言葉である英語教育を殆んど受けずに、学校を出されてしまった。空襲と極度にひどくなってきた食糧事情を避ける為、姉は、私たちの所へ合流した。

四人のこどもを送り出し、当時女高師の学生であった次姉と両親の、空襲に明けくれする生活も束《つか》の間《ま》、母は、幼い者三人が気がかりで、東京を引き上げ、茨城に帰った。残された父と次姉は、夜毎機銃掃射を受け、逃げまわる日を送った。しかし二人の生活、というより、家族が全く破壊される日が、まもなくやってきた。

はじめに、女高師の学徒動員が始まり、姉は食糧増産のため、群馬《ぐんま》県にかり出されることになった。父ひとり残し、気丈《きじょう》な姉も十九才、何の為の戦いかと、既に胸いっぱいひろがる疑問をおさえ、無為な戦いへの憤りだけをひっさげて、出発したということであった。

次姉を送り出してからまもなく、今度は、陸軍軍医学校勤務の父に、学校一部疎開の命が下り、山形《やまがた》市への疎開が決定した。こうしてついに、住む人のいなくなった東京の家をたたむ日がおとずれ、父は単身山形市へ軍医学校と共に出発していった。

こうして一九四四年七月、私たち幼い者が東京を離れたのを境に、一年足らずのうちに、わが家は離散し、一時は、茨城、山梨、群馬、東京、山形と、実に五県にちりぢり別れの生活を余儀なくさせられた。その間の生活は、筆につくせない辛《つら》くきびしいものであったが、その中で今なお、ほほえましく思い起されること二ツ。

■松ヤニ取りに働く疎開の主婦たち　福島

朝日新聞

一ツは、九才の私が、ちりぢりの親兄姉を結ぶ、手紙回覧を作り出したこと。茨城でのエンコ疎開（地元の子は、疎開児童をエンコ、エンコといびった）の生活をつぶさに兄と共に書き、それを父に送り、父が書き足し、長姉に、そして次姉にと送り、めぐりめぐって、各県の生活状況が書き込まれたたのしいたよりとなって、重たい封筒は、私たちを何より喜ばせた。その手紙が幾度往復したか忘れてしまったし、残念にも度重なる引越しでその手紙も紛失してしまった。

その二は、そのころ既に部隊の疎開も始まり、厚い防風林と竹林と、倉のあった伯父の家に、軍需品が隠され、その管理に兵隊が二三人来ていた。使い古しの背《はい》のうを呉れたのはやさしい兵隊さんであった。それを兄と共にほどき、手袋の大きいのを作り、里いもの茎を干したものを中に布を巻き、糸で巻きこんだ球を作り、兄と私は、わずかに、はずむボールを追って、にわとりの走りまわる庭で、うち興じた。

この二ツが、総てが灰色に塗られた戦争中のしかもいちばんきびしかった疎開生活の中で、今なお心に残る明るい思い出である。

しかし一度離散させられた生活は、その後戦い終えた後も遂に一ツに合い寄ることなく、兄姉妹《きょうだい》、それぞれ別の地にあっての青春を送ることを余儀なくさせられた。

職を失った父、勉学の志だけで飢えと戦ってきた姉たち、そして成長した五人のこどもたちとの生活をとうとう一度も送らずに過してしまった両親、そして私たち末の者たち、その心に今も戦争の傷は残り、平和な家庭を根底からきりくずしていく戦争というものへの激しい、絶えることない憎しみは、裏を返せば、貴重な、我々兄姉妹の宝でもある。

（清沢　ひろ子　府中市）

路傍の畑

●どぶ板の上にも野菜はそだつ

私の家は、市道に面した南向きで、間口四間、奥行三間半の二階家でした。道路と家の間に、六十センチほどの側溝があり、家の前だけにコンクリートのフタがしてありました。

十九年九月末のことです。そのころは、どこの家でも防空壕掘りが盛んなときで、壕から出た土の置き場には、どこでも大変苦労したようです。私もその土の処分に頭をなやませましたが、結局、家と市道の間にある側溝の上へ置くことにしました。約三十センチくらいの厚さで、巾八十センチくらいに一面に敷きました。

妻が「お父さん、その側溝の上を利用して野菜を作ろうよ」といいましたが、「でも下がコンクリートで、しかも半分家の軒下では雨水もろくにかからないから駄目だよ」と相手にしませんでした。しかし妻は農家出身だったので「土をたっぷり盛って、土の中へ肥料になりそうなごみなどをなんでも混ぜれば、なんとかなるでしょう、それに日当りも大へんよいしさ」といいます。そういえば、近頃ごみやさんもめったに来ないし、ごみ箱の中はたまる一方だから、ごみも減り、堆肥《たいひ》の代りになるなら、こんないいことはないと思い、妻の意見に同意して、出来るか、出来ないか、やってみることにしました。

土をさらに十センチほど盛り上げて、取り灰や、ごみを全部その上に混ぜてしまい、その上から水をたっぷりかけ、毎日の米のとぎ汁や、食器を洗った水なども全部土の上へ掛けて、肥料になるようにしました。

なにをまいたらよいか相談の結果、ホーレン草をまくことにしました。種を十銭買入れ、その夜お風呂をたてて、全員入浴をすませてから、その種を布袋に入れて、風呂の中へ一夜浸しました。翌朝取りだして、暗い所へ四、五日置きました。種は、品質がよかったためか、白い根が無数に布の織目から出て、ちょうど豆もやしのようでした。

家の出入口だけすこし残して、盛土をした所へ平均に、豆もやしをほぐすようにして、ぱらぱらとまきました。その上に、ほんの少しの土を、ふりかけておきました。

翌朝になってみますと、一夜のうちに、種は葉の部分を上に向け、根の方は土をさぐりわけるように下を向いて伸びていました。道を通る人たちが立ち止って「あ、おつなところへ畑が出来たね」とか、「考えたもんだね」「私もやってみましょう」などといって、ほめたり、感心したりしていきました。

取り灰や水を掛けたりして、何日かたつうちに、ぐんぐん生長して、見違えるようになり、狭いながらも美しい家庭菜園が出来ました。

その頃、妻が国策に協力して？お産をしました。なにもかも不足して困っていた時でしたが、ホーレン草だけは充分食べさせることが出来ました。なぜこんなによく育ったのか、菜園が南向きで日当りのよい所で、一日中ポカポカと太陽の恵みを受けていたからでしょう。

木枯《こがらし》が吹いて寒くなってからは、冬眠状態に入りました。汚物の汲取りやさんも、来る日がだんだん遠のくようになり、農家は別として、一般家庭では大変困っていました。私の家も例外ではありません、時々あふれでるので、ほんとうに困りました。これをなんとか処分しようとおもい、春になったら、家の西側にある防空壕の上から、物干場まで菜園にしようと考えました。いまから汚物を混ぜておけば春になって作物の肥料にもなり、一石二鳥とばかりに、通行人や、近隣の人に迷惑とは思いましたが、スコップで土を蛇腹のような溝に何本も掘って、長柄の杓で汚物を汲んではその溝に流しこみました。すぐ土を掛け、二十日くらい間をおいて、又前とおなじように溝を掘って流しこみました。

こんなことを何回か繰り返しているうちに、冬のこととて、汚物がなかなか分解しません。そのため到るところに露出して、見られたものではありませんでした。三月はじめ、軒下の菜園には、馬鈴薯をうえました。ホーレン草同様に、大きな期待を持って、その生長を楽しみにしていました。四月に入ってからは、防空壕の上や物干場にも、フダン草をまきました。

四月十四日の真夜中、突然空襲警報のサイレンとともに、B29一機が飛来して焼夷弾の雨を降らせました。こどもを育てるように丹精こめて作った家庭菜園も、わが家とともに消え去ってしまいました。（内田　長三郎 埼玉県）

●御堂筋の歩道を掘りかえして

昭和二十年の二月のある日、周防町《すほうまち》第四隣組員一同は、組長さんの指図で、銀杏並木で名高い大阪一のメーンストリート、御堂筋《みどうすじ》の歩道の敷石を、一枚一枚つるはしをふるって掘りおこしていた。

小松菜とか廿日《はつか》大根などの種をまいて、味噌汁の浮かしなりと自給自足するためである。その頃、周防町通りの御堂筋から、半町程西へ入った小住宅の建てこんだ所に住んでいた私たちには、猫の額ほどの前栽《せんざい》か、物干しに並べた石油箱位しか土というものに縁がなかった。防空壕も四、五軒共有で、表通りの舗道を掘りおこして作ったものである。

二日に一度、半本の大根とか、一週に一度助宗鱈《すけそうだら》の配給などで、辛うじて命をつないでいた私たちに、それは大へんな重労働であった。商店の事務員をしていた男の人は、手がふるえて、二、三日満足な字も書けなかったとか。商店主の組長さんを除いては、男の人は二人もいたであろうか、たいていは、近くの心斎橋《しんさいばし》筋《すじ》の商店員のおかみさんとか、教員の奥さんなど女ばかりで、男の人の掘りおこした敷石を片づけたり、後の土を防空用のスコップで砕《くだ》いたり、やっと一坪か二坪の畠らしいものを作るのに、一日がかりであった。

吹きすさぶ寒風も苦にならないほど、モンペの下にじっとりと汗ばんだのをおぼえている。これも町会配給の種をまき、水かけの当番を定めて家路についたときは、横堀川《よこぼりがわ》にかかる橋の上を、夕陽が赤く染めていた。葉を落して裸になった銀杏の根元と、やっと人の通れる道幅を残して、歩道に黒い畠がどこまでも続いていた。

寒中にまいた種が生えるものやら、生えないものやら、考える余地もないほど、溺れる者は藁の心境であったとみえる。受持ち隣組の名札の立った畠に水をかけにきては、芽を出すのはいつのことやらなどと、これも隣りの畠に水をかけにきた奥さんたちと、真前《まんまえ》にそびえる大

■耕やせるところはどこでも耕やした　読売新聞

■焼跡の隣り組菜園　昭和20年3月3日東京都日本橋区　朝日新聞

丸の建物を見上げながら、語り合ったものである。その頃のデパートといっては、今の花やかさからは想像も出来ぬくらいで、名も知れぬ海草の干したものとか、荒けずりの松の台に、男物やら女物やらわからぬ、粗末な鼻緒のついた下駄などが、ひろい売場の片隅に、さむざむとならんでいたものであった。

三月に入って、それまで淡路《あわじ》の祖母の許に疎開させてあった末の子の国民学校入学、長女の卒業式と、それにつづく進学の手続きなどで、主人と長男を家に残して、田舎へ行っていた留守の間に、十三日夜のあの大空襲である。

そのまま、終戦後まで、田舎に居すわってしまった私には、御堂筋のあの畠がどうなってしまったか、二度と見ることは出来なかった。恐らく、火の中を逃げまわった人たちによって、踏みつぶされてしまったことだろう。

（**守先　花子** 羽曳野市）

●三合程の大豆を一斗にせよと

二十年になって、空襲はいよいよはげしくなった。神戸がやられ、御影《みかげ》も大変であった。五月に、防空壕の傍に落ちた爆弾で生き埋めになり、娘とふたり隣組の人たちに掘り出され、六月に焼夷弾にやられ、いよいよ体一つになった。親切にすすめてくれる人があって、大阪府下歌垣《うたがき》村というところにたどりついた。娘二人を連れた親子四人である。

行った先は、まことに親切な人たちで、奥の八帖を貸してくれた。しばらくして、銀行勤めの夫は京都の妹のところへ、上の娘は神戸女学院通学のため、芦《あし》屋《や》の親戚にあずけた。そして十歳の娘と二人のきびしい生活がはじまった。

ある日、大豆三合くらい配給されて、これをまいて一斗（十四キロ）供出せよとのことである。体一ツの部屋住い、畠もなにもない者が、一体どうしたらいいのかと途方にくれた。

奥さん、道端に畠をこしらえている人がありますよと教えてくれる人があった。なるほど、困っているのは自分だけではない、ぐずぐずしている時でない、と元気をだした。

通りの邪魔にならぬよう巾七、八センチにした、長さは六メートルくらいだったかとおもう。さあ土を掘らねばならない。踏みかためられた道はかたい。ハアハアいって、なれぬつるはしをふり上げてみたが、ながくつづかない。第一日はほんの少しでやめた。幾日かかったか忘れたが、とにかく土を盛り上げた。それにもみがらと灰を土にまぜ合わせるそうだ。風呂釜の下の灰と、もみがらをもらいうけ、そのとおりにした。それに、よちよちと運んだ水をかけ、なんとか準備ができた。

こんどは種まきである。短かい畠、二列にまいた。どうぞ無事に芽が出てくれと祈る気持ちでいっぱいである。なにしろ一斗の供出が待っている。

いく日たって芽が出たか忘れたが、可愛いい若葉がみえたときはうれしかった。でも少しづつのびる若葉が、なんとよわよわしいことだろう。

車やいろいろのほこりをかぶり、そして七月の陽は強く、かよわいわが豆の木にも容赦ない。朝夕の水かけなど、いたわってみても、いかにもたよりない。

日がたち、だんだん色づいてきた。そして、実のってくれた。ありがたい。しかし、どれほどの収穫があるだろうか。おっしゃるとおり、畠をこしらえ、種まいて、こうして実ったことは事実だ。その結果はこのとおり。一斗の供出など思いもよらぬが、いかにおえら方でも、この上の無理はおっしゃるまい。

八月になった。終戦だ。ああもう供出の必要もなくなった。じつにホッとした。

収穫した豆は、鼻かけの多い、一升くらいのものであったが、私にとっては貴重なものだ。この豆を石臼《いしうす》でさっとひき、あき鑵に入れた。

すまいのさだまらぬまま、京都から芦屋へと転転と持ち歩いて、大事な副食物になった。（**山田　千野** 横浜市）

配給食品日記

焼けなかった京都の朝昼晩

平岡　峯太郎

●昭和十九年

○三ヶ日は休み、四日、五日は買いに行っても何も無し、暮の配給品で食卓賑う

△主食　五日に餅米三日分差引いた七日分を配給せらる

○一月六日

ささやかな水菜《みずな》が四分の一株

○七日　また皆無

○八日　大根　二本　有難し

砂糖　四人　半月一、二斤

むらさき　月に一人四合五勺

御味噌　一人百匁

○九日

卵　一人一個、蜜柑　一人百匁

蔬菜　ナシ

○十日　鼠大根　するめ烏賊　登録制による

○十一日

品無しとて、どの店も閉してあり、買物袋空っぽで戻る

○十二日　大根

○十三日　ナシ

○十四日　白菜　一本

みかん　一人に百匁

○十五日

菜はまたナシ、精米　十日分

正規に流れて来る食品の購入状況は半月に右の如くであった。この外のいわゆる乾物もの、塩もの、佃煮類、蒲鉾《かまぼこ》、半平《はんぺん》、ソセージ、ハム、昆布加工品等々、有るには有るらしいが、これを購わんとすれば行列であり、闇値であり、縁故、横流れに封じられるのが現状である

○十六日

砂糖　一、二斤、牛肉　百匁

○十七日　非番、ナシ

○十八日

東京葱《ねぎ》　牛肉のあしらいに甚《はなはだ》珍重

お肉百匁を二日分にいただく

○十九日

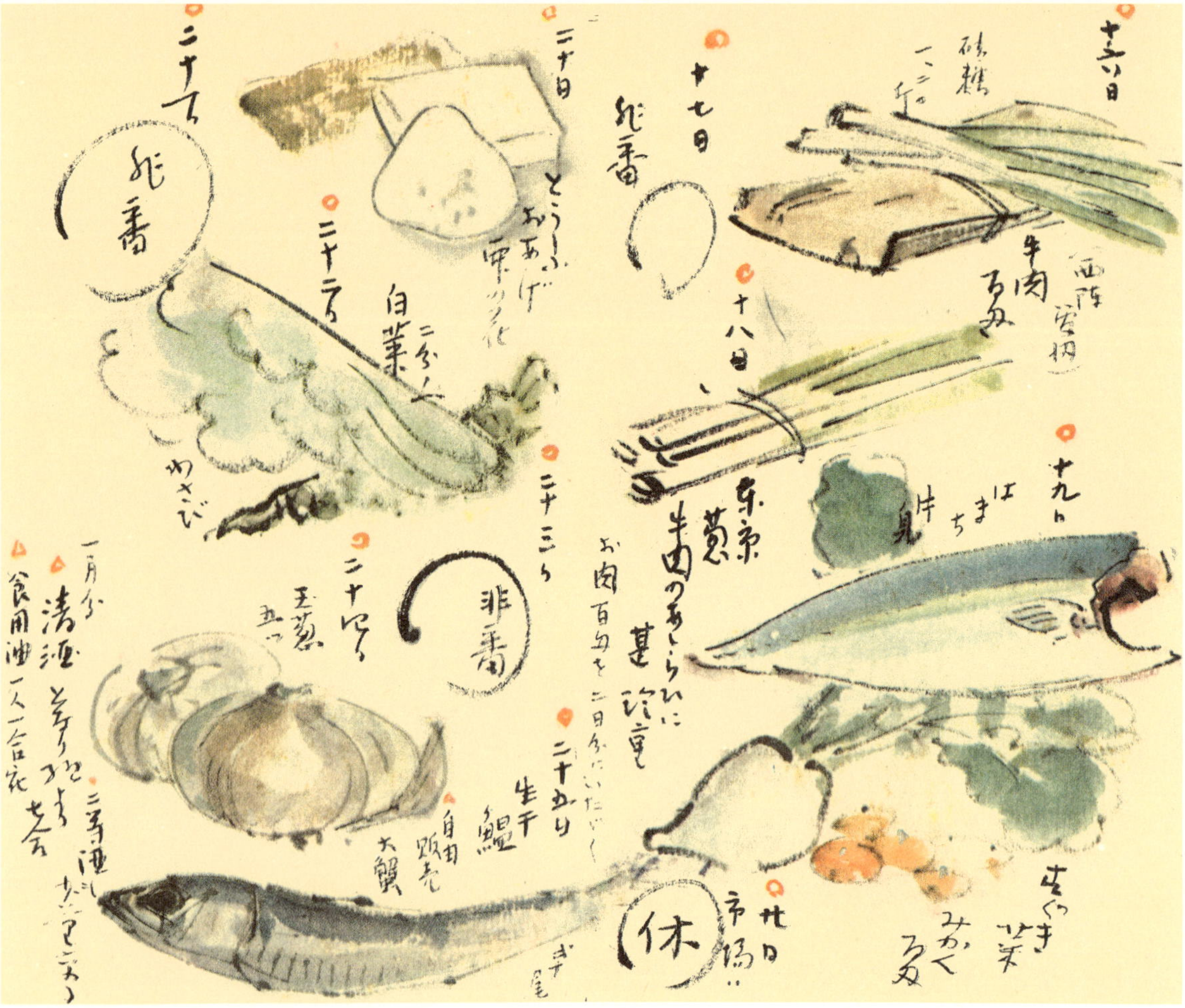

はまち　片身
すぐき菜　みかん　百匁
○二十日　市場は休み、ナシ
とうふ　おあげ　卯《う》の花《はな》
○二十一日　非番、ナシ
○二十二日
白菜　二分の一、わさび
○二十三日　非番、ナシ
○二十四日　玉葱　五ツ
○二十五日
生干鰮《なまぼしいわし》　二十尾
大蟹《おおがに》　自由販売
主食配給　精米十日分
乾うどん一日分　三把で四人三食分　つまり一把で四人一食分ということになる
△一月分清酒　となり組より七合
二等酒も少量交《まざ》る
△食用油　一人一合宛
○二十六日　かぶ
○二十七日　非番、ナシ
○二十八日　大根
○二十九日　蠣《かき》
○三十日
揚豆腐《あげどうふ》　白とうふ　卯の花
すぐき
○三十一日　小魚　めばる
玉白菜　二分の一、昆布

●一月中
魚類五回、蔬菜十四回
牛肉一回、卵一回、豆腐二回
食用油一回、雑穀一回
蜜柑三回

○**二月**一日　白菜
○二日　大根
おしたじ特配　一人五勺
菓子　小児にのみ当る
○三日　みずな　雲丹《うに》　塩昆布少々
○四日　蕪《かぶら》
○五日　玉葱
野菜の現地買出し厳禁となって、一般出廻りよくなる
○六日　干海苔《ほしのり》　二帖、大根
○七日　白菜
○八日　大根　ネギ　もやし
○九日　烏賊
○十日　すぐき菜
乾鶏卵　一箱、卵　一人一つ
○十一日　大蕪
○十二日
お漬物品薄となり、おこうこ一本に行列が長い
○十三日　玉ねぎ
○十四日　大根
豆腐　お揚《あげ》と卯の花はなし
○十五日
精米配給　補正食交らず
すぐき菜　半切
片栗粉　百匁㊫十八銭
○十六日
お葱とみず菜
○十七日　大根
○十八日　白菜
○十九日　大根

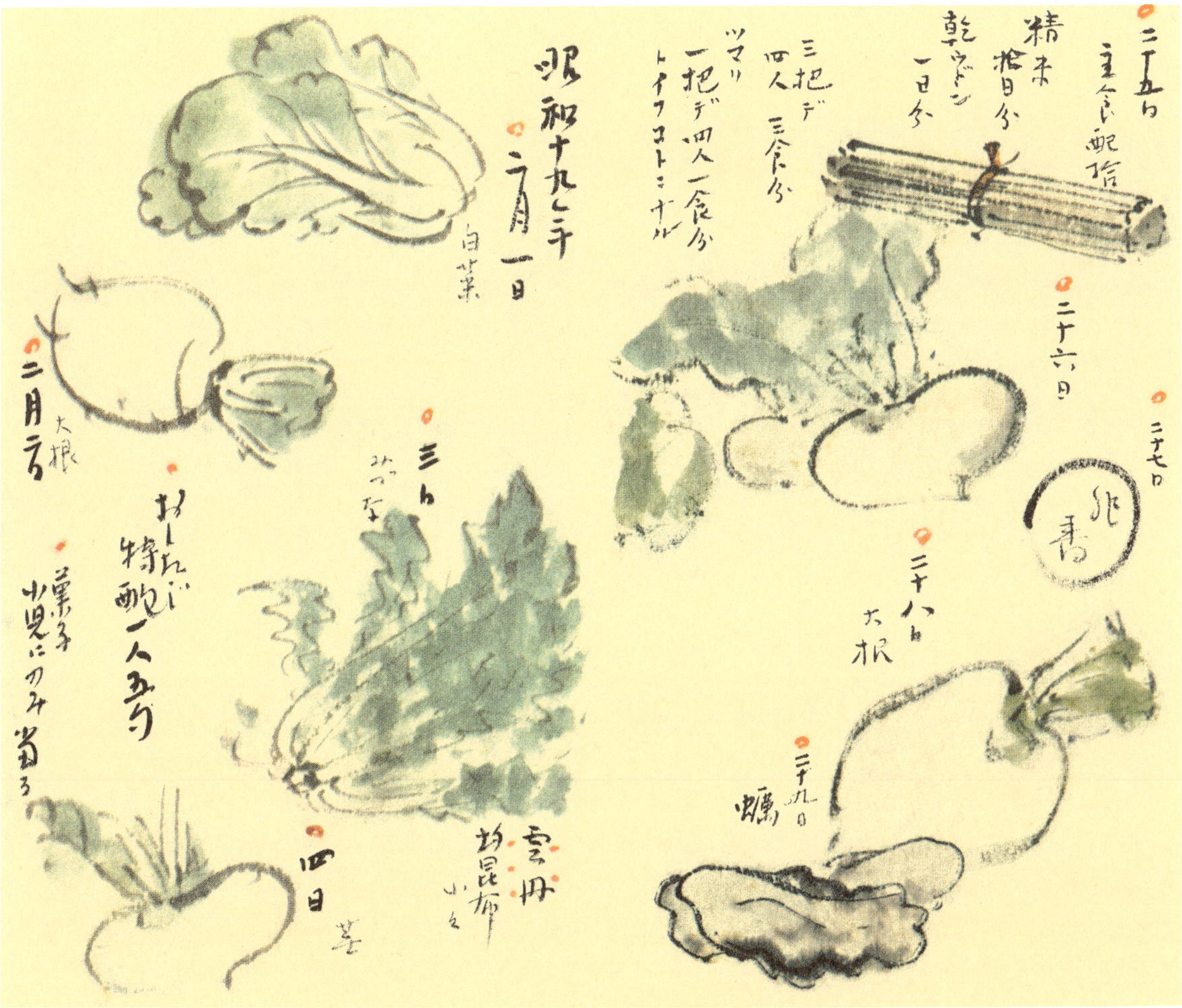

○二十日　千切《せんぎり》大根　一人三十匁
○二十一日　豆腐
牛肉　百匁　一円六十銭
鯖《さば》　四分の三　三十六銭
大根
○二十二日　大蕪　二十五銭
出し雑魚《ざこ》　一人十匁
○二十三日
ここ二、三日、魚入荷多量、また配給
あり
いわし　一人五銭
○二十四日
もやし少々　十五銭
白ねぎ　二十銭
二月二十五日より、野菜もの、隣組
単位の登録制と定まる。
○二十五日
白菜　半分
だしざこ　一人十匁　五銭五厘
精米配給　小麦粉一日分混合
○二十六日　水菜少量
○二十七日
また鯖当る。漁業用重油の増配があ
って、丹後《たんご》大漁
もやし沢山
○二十八日
とうふと白菜
○二十九日
畠菜　二十銭
神足《こうたり》村あたり、午後、野菜の自由販
売、いくらでも買える
雲丹　蛸《たこ》　特配

○三月一日
冷凍玉葱　二つ　半分腐敗
○二日
かぶら　三つ
○三日
もやし　二五
○四日　鰮　二つ、葱と玉ネギ
○五日
精米配給　脱脂豆一日分混る
野菜　ナシ、小鯖　五尾
○六日
きゃべつ　十九銭
○七日
水菜　二十一銭
○八日
玉ねぎ　二十三銭
○九日
蒟蒻《こんにゃく》　三十銭（一丁五銭）
○十日
水菜　十四銭
卵　四個　三十銭
○十一日　酒の粕　四人に百匁配給
久々の味
○十二日　もやし　畠菜
○十三日　ナシ
○十四日　大根　豆腐　四十三銭
○十五日　魚　メバル　五十六銭
精米配給　脱脂豆一日分混る
母の死にて、何かとどさくさしてい
たため、画を略する
○十六日　葱と蒟蒻　四人三十九銭
○十七日　ナシ

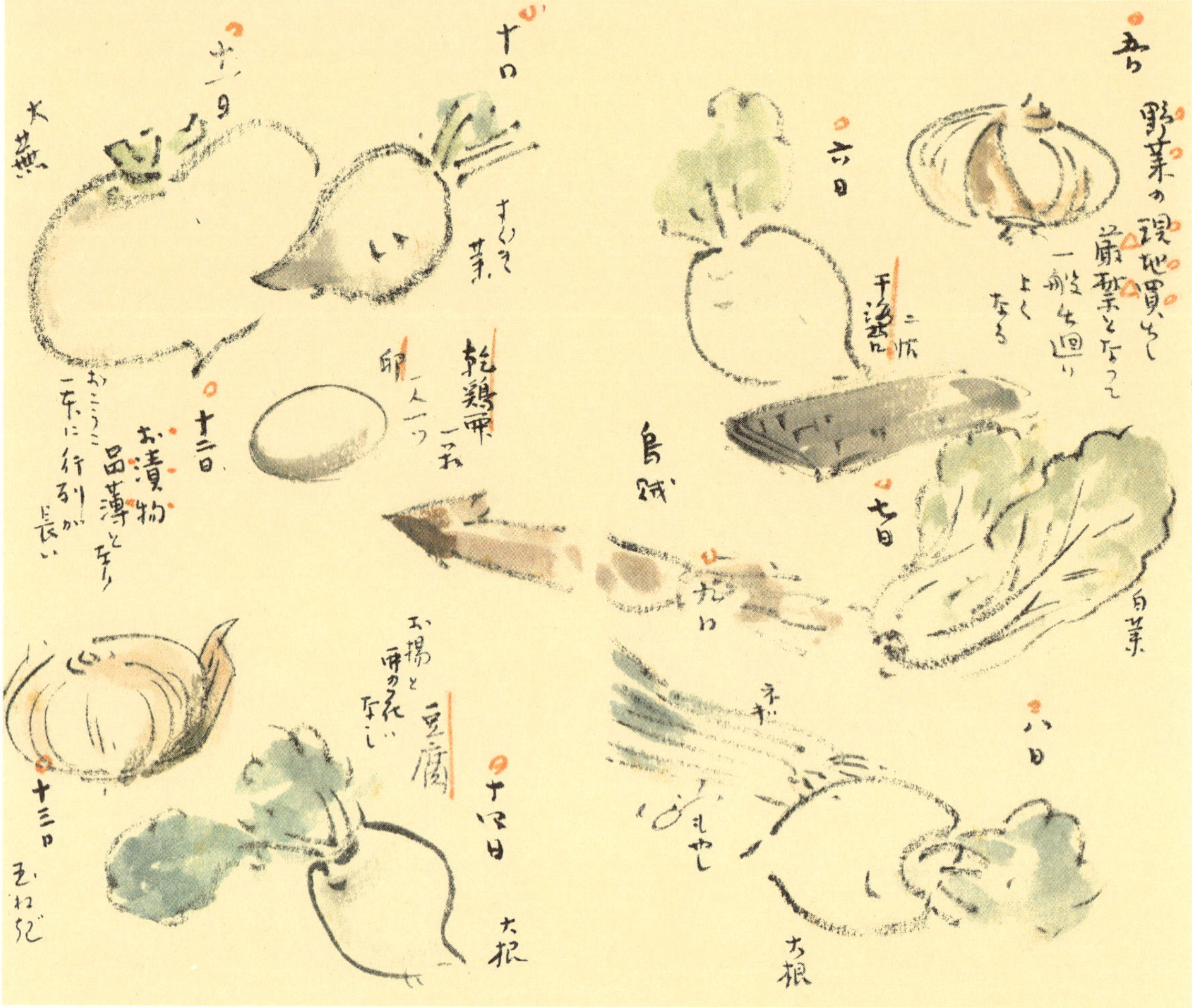

○十八日
もやし　十五銭
蔬菜の出廻り、少なき季節となった
らし
○十九日　菠薐草《ほうれんそう》　四十八銭
おから煮物　少量
漬物は行列でなくては求めがたい状
況
三河《みかわ》からみえた正宗寺《しょうしゅうじ》和尚、京の配
給米を見て、鶏の餌《えさ》見たいなな、と
気の毒がられる
○二十日　ナシ
○二十一日　豆腐　おから　二十銭
△特配で蟹《かに》が買えた
○二十二日　ナシ
○二十三日　蒟蒻　一人当一丁
○二十四日
もやしと蓮根《れんこん》　六十四銭
○二十五日　干鶏卵　一世帯一箱
大原《おおはら》の柴漬《しばづけ》少々自由販売
精米に、ひき割大豆一割混入したも
の、この品粗悪で問題となる
○二十六日　水菜　九銭
○二十七日
塩干《えんかん》もの　鰈《かれい》　一円　五六尾
○二十八日　豆腐
○二十九日　鯖とのどぐろ　特配
○三十日　ナシ
○三十一日　もやしと畠菜

●三月中

魚類六回
野菜十七日　その内、モヤシ
五回交る
蒟蒻三日、とうふ三回
牛肉　ナシ、鶏卵　二回
蓮根はまれに当ったが、くわい、ご
ぼう、人参など、街頭のおでん屋に
はあって、一般のお台所へは、中々
廻らないのである
蒲鉾の類も相変らず右の如くである

○**四月**一日
またモヤシである、畠菜　少々
○二日　大根　一本　十四銭
○三日　野菜　ナシ
自由販売　かに　一円五十銭
○四日　またモヤシ
蒟蒻　一人一丁　二十五銭
○五日　野菜はナシ
豆腐とおから　二十銭
△精米に干甘藷が一日分混った。こ
れを水に浸してのち、少量の甘味を
付けて煮ると良い茶うけとなる
○六日　うど　エビ　夏みかん
○七日　ナシ
○八日　千切と水菜
○九日　ナシ
○十日　ナシ
○十一日　干鰈《ほしがれい》
コンニャク　一人一丁
○十二日　豆腐とおから
○十三日　水菜と塩昆布
○十四日　水菜　少量
○十五日　モヤシ
工場で鱶《ふか》を配給せられ大助かり

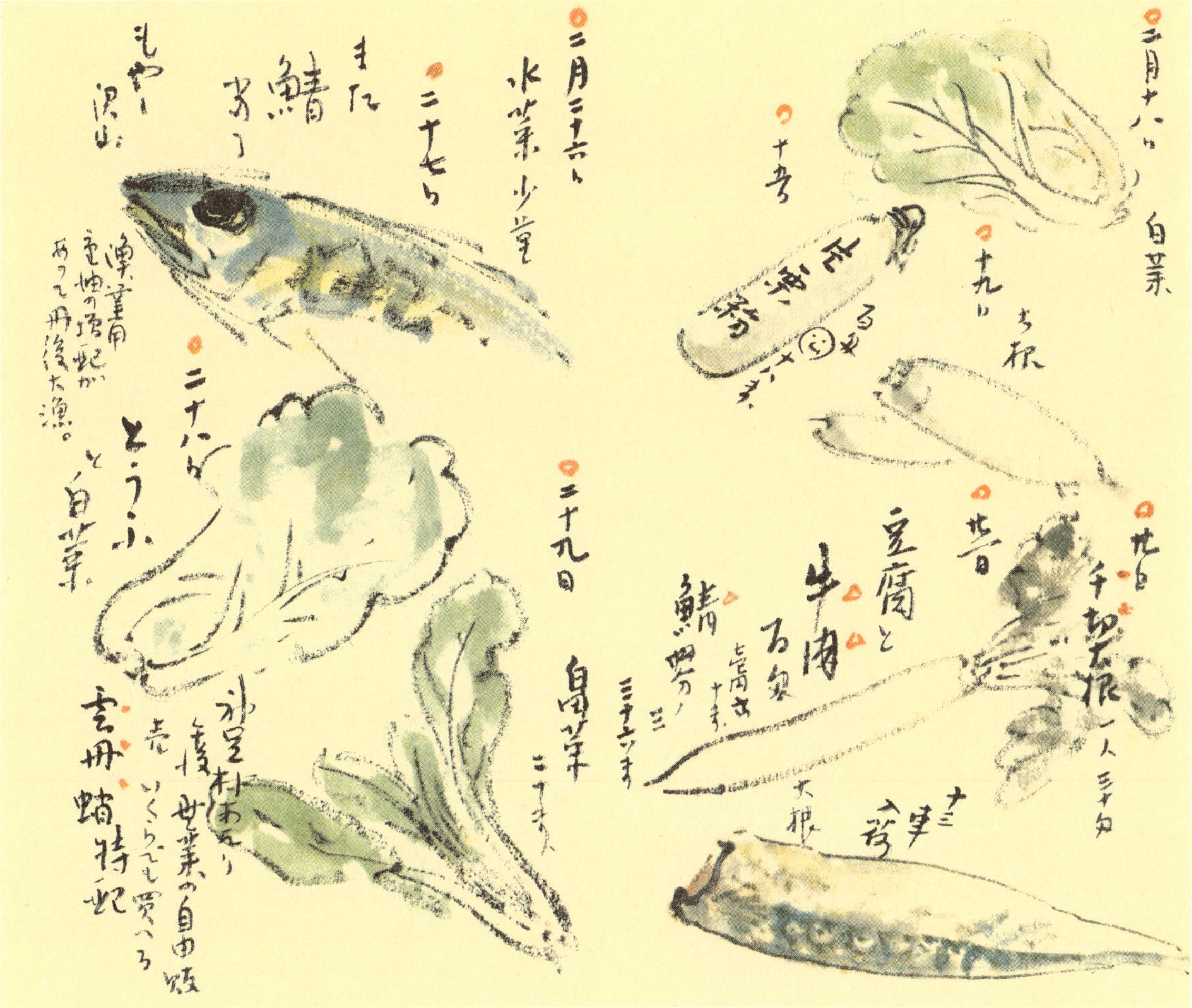

配給の精米　八日分、あと二日分
は脱脂大豆
此頃、鮮魚野菜払底、農林省も頭痛
鉢巻の体
○十六日　ナシ
○十七日　豆腐と蕗《ふき》
○十八日　ナシ
○十九日　筍《たけのこ》とポンカン
○二十日　ナシ
○二十一日
鰊《にしん》と高野《こうや》どうふ　一人に二個
○二十一日　豆腐
○二十二日　大手《おて》亡豆《ぼまめ》　鰊少々
もやし
○二十三日　つくね薯《いも》　十個
からし菜
蜆《しじみ》　鰛
○二十四日　蕗
○二十五日　精米（米十日分）
○二十六日　ナシ
○二十八日　鶏卵　一人一ヶ
もやし
○二十九日　蒲鉾　配給制第一回
○三十日　筍　一人百匁

●四月中

牛肉と生鮮魚類は、正しい流れでは、
うちの隣組では買えなかった
お野菜も乏しかったが、季節ものの
筍が、月末になって二度当り、いわ
し、かれいに、にしん等が三四度買
えたようである
新しいお野菜の代りにとて、豆腐が
二三度配給されたようだし、もやし
の軸のたけたのが、ちょいちょい出
た
鶏卵が一回、千切、大手亡豆少々、
珍らしいものでは、かまぼこと高野
どうふが一度買えた
知己の恵投品、はからず買えた街の
自由販売品等で、吾家の膳は幸いに
足るを知る程賑かであった

○五月一日

魚じまとなったが鯛《たい》等姿も見られな
い。祭鮓《まつりずし》にする塩鯖《しおさば》もその通、生節《なまぶし》
なんて忘れてしまう。加工して塩ま
でふって生《なま》より公定価の安い塩鯖に
ついて価格引上の問題も出ている。
内田農商大臣はうけが良いようであ
る
花鰹《はながつお》（切符）
薹《とう》の立った菠薐草《ほうれんそう》　一束
○二日
ほうれん草
いり白豆　一升五合十円　妙な筋
からながれ来てお茶うけ助かる
○三日　千鰈　但し縁故販売
長岡《ながおか》の横溝さんのおはからいにて大
筍二貫匁、淑子が買ってきてくれる
○五日　鰛
精米　八日分
割なんば　二日分
○六日　小鯵《こあじ》　夏みかん
○七日　からし菜
○十日　とうふ　おから

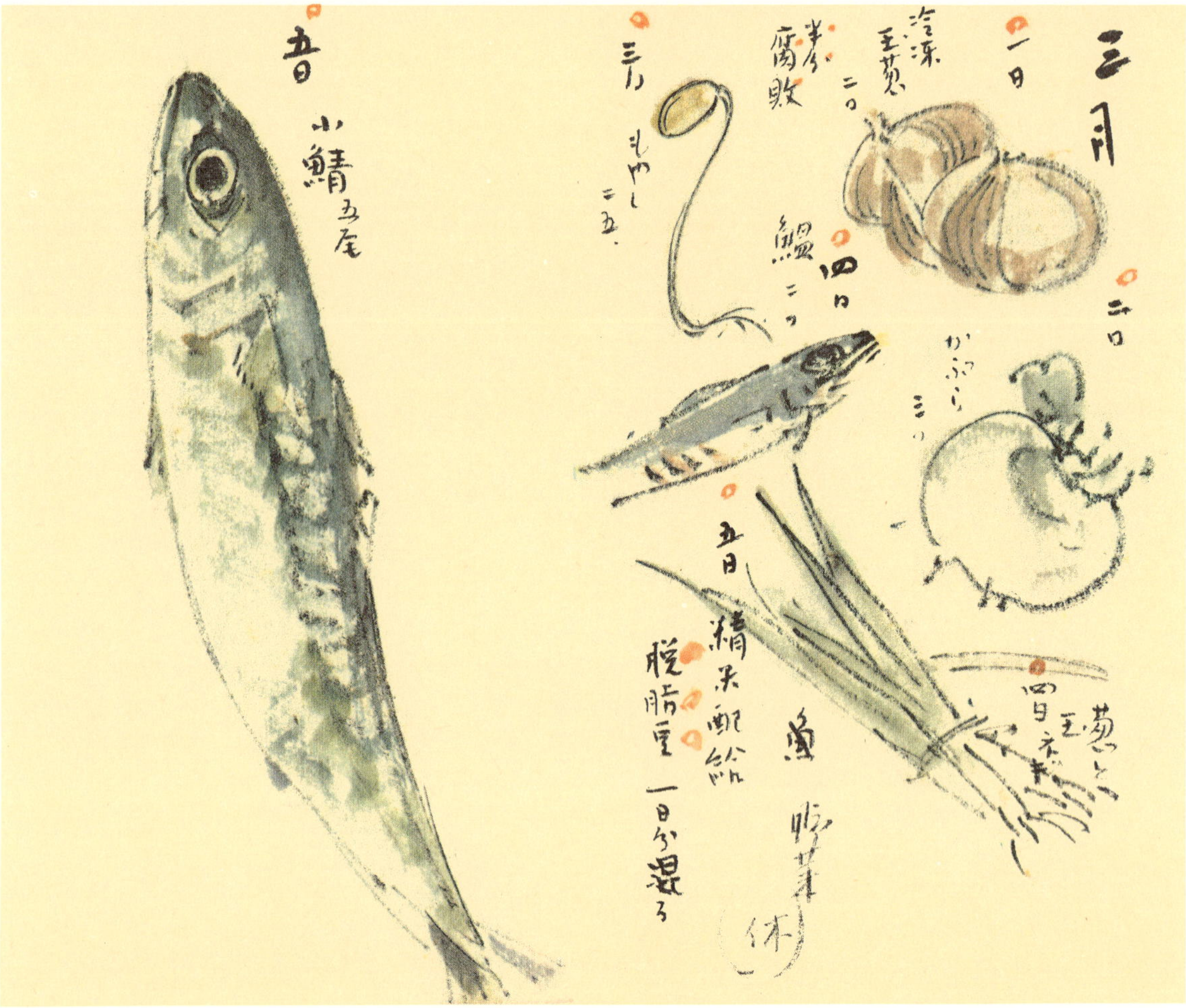

○十二日　もやし　筍
珍らしく黄湯葉《ゆば》　一世帯に一束
○十三日　大根
○十四日　小鯵　夏みかん
○十五日
精米は八日分
脱脂豆　二日分
○十六日
工場でいい夏大根が十本、買えて助
った
○十七日
豌豆《えんどう》少し　六月末のものの如くた
けた品
○十八日　いわし
○十九日　初めて胡瓜《きゅうり》　一人一本
食油　一人一合
○二十二日
貯蔵玉葱非常措置　一人一ヶ位
○二十三日　小鯵少々
○二十四日　豌豆　極少《ごくすこ》し
○二十五日　胡瓜　三人に二本
精米に麦混入　とうもろこし一日
分　満洲豆粕二日分
○二十六日　野菜ナシ、止むなく桂《かつら》
まで買出しにゆく
魚有り　メバル
○二十七日　きゃべつ　一ヶ
乾海苔　三人に十枚
百匁の買出しもヤカマシイ折柄、伏《ふ》
見《み》大手筋に昼間堂々大鍋に、豌豆を
煮て、ひさぐ屋台店があった
○三十日　鰮が十尾

筍　三人に一本ずつ
淑子が下桂《しもかつら》へ一走り行って、しのご
ぼう、きゃべつ、豌豆等、どっさり
買って来てくれて助かった
桂で二貫目　神足で一貫目
△この取引、勿論、非(公)、豌豆一貫
目　二円七十銭
○三十一日　鰮　きょうも買える
●**五月中**　牛肉無し、大衆魚八回
主食が足りない上に、乏しい配給副
菜では誰が何といっても、熱量の足
りる筈がない。どの家庭も夫々、並
並ならぬ別途購入の苦労を重ねてい
る現状である
五月の配給食で著しく変ってきたこ
とは、主食精米の代りに押豆、なん
ば、麦等の混入が三日以上となった
事である。米二合三勺でも相当ヘト
ヘトであるのに、代りのものが米二
合三勺分の熱量と比して落ちるよう
で、これに馴れてゆくには、誰もが
困り抜いている。しかし勝ぬくまで
は、もっともっときつい我慢をしな
くてはならぬのであろう。学校給食、
工場の残業米等、特配にいろいろな
噂も聞くが？
○**六月**一日
小鯵が配給になった。珍らしくも、
三日続いて大衆魚が買えて、どこの
奥さんもよろこぶ
○二日
お豆腐

野菜は少量ながら、きゃべつ、大根、
胡瓜等が買えた
○三日
また鯖が買えた。その間塩干ものとして小えびが百匁宛ほどあった。野菜は乏しい、豌豆など二百匁ばかりあっただけ、キャベツ、玉葱など交る
○六日、七日、九日
大衆魚が僅ながら配給された。胡瓜一本が公認一日熱量補給品
工場から
もずく昆布　弐百匁
胡瓜　十本、白菜古漬《ふるづけ》　二貫目
○十五日
きょうの配給は、野菜もの一世帯に一銭なり、鳥羽《とば》くんだりまで買出しにいった八百屋さんも、あいた口が塞《ふさ》がらんといいつつ、売っていたとか
どうにもならぬので、下桂までいって、長けた菠薐草ときゃべつを求めて来た仕末
主食は前回通り
精米　六日分
白豆　二日分　潰《つぶ》し豆　二日分
○六月下旬
野菜の出荷、相変らず不振
胡瓜一人に一本、等の日つづく、魚は十八日に、いわし一人五銭、この頃は画にもならぬ
益々巧妙になる百姓の横流し、豌豆が一貫目五円とか、七円とか、大多《おた》福豆《ふくまめ》等どこへゆくのか、おでんの屋台を覗《のぞ》くと、大根が、小芋が、煮えているが
大鯛一尾、百五十円で買った人から、直接聞いた
勝つまでやりぬく気持が、世相の半面を見ると、くじけるような考えになりたがるという声も又、無理ないと思ったりする。戦争する国民の耐乏生活は、等しきものでなければいけない
○**七月**十九日　胡瓜　一人一本
○二十日　ナシ
○二十一日　胡瓜　三人四本
○二十二日　きゃべつ　小一つ
○二十三日　午蒡《ごぼう》少量
自由販売、切干大根　福神漬　大量六円購入
軍需省よりマカロニ　一円　上等
誰がその役目になられたとて、無い袖は振れないのだがと御同情は申上るが、市の、この方の御係は、お上手であるとは決して申上られないと思う。忙中を出るのもおっくーで暫く休んだが、食料の窮屈さはいよいよきびしくなる
耐乏生活が、大戦争下の常であること位は、誰でも心得ている。敢て飽食しようとも、恣意の食品が得たいとも思わない。鯛や鱧《はも》や鰻《うなぎ》の味は忘れてもいいが、ただ、月に鰯《いわし》が五尾

や、二日に茄子一個では、働けないのである。

○昭和十九年八月中　正配給食品控
（一人分）
醤油（通帳制）　四合五勺
酒　七月分　二合　一円
味噌（通帳制）　百匁　十三銭
砂糖（通帳制）　半斤の四分の一　十銭

○八月一日
この日、野菜、魚等品薄とて、配給休みとなる

○二日
だし雑魚　一人十六銭
茄子　三人に二個　七銭

○三日　茄子　三人に二個　八銭

○四日
白菜の葉　一片　一人一銭

○五日
主食　十日分　精米　七日
大豆　二日　素麺《そうめん》　二日

○六日　茄子　二ツ

○七日　ナシ

○八日　茄子　三人に二ヶ　六銭
他に何も無し

○九日　青唐がらし　四、五本

○十日　ナシ

○十一日
なすび　三人に対し二つ　五銭

○十二日　ナシ

○十三日
七銭の茄子　三人に対し一個

○十四日
南瓜《なんきん》の一寸角位の切　三つ　六銭
主食　十日分　精米　七日分
素麺　二日分
大豆　一日分　一人壱円三十三銭
盆用ビール　二本　二円六十銭
清酒は農家へまわる

○十五日
芽白菜　一人一銭、とうふ

○八月分
味リン　三合、清酒　二合
ビール　大一本
盆用ビール　追加一本

○十七日
珍らし青林子《りんご》　一人に二ツ
南瓜　切身一ツ

○二十二日　とうふ　卯の花
寒天《かんてん》少々

○二十三日　もやし

○二十四日　ナシ

○二十五日
南瓜　一片、鰊《にしん》　三本　二十銭

○二十六日
米　七日分、豆　二日分
そうめん　二日分、茄子　六銭

○二十七日　ナシ

○二十八日　ナシ

○二十九日
牛肉　三人に五十匁
南瓜　九銭、とうふ　二十二銭

○三十日
食用油　一人一合
椎茸　とうがらし　四十五銭

父よ夫よ

お通夜の炭

火、悲しいものです。豆炭やまきが、わずかづつ配給がありましたが、御飯をたくよりも、おかゆをたく方が火がいりますし、野草やキャベツの外葉をゆでるには、今よりもむしろたくさん燃料がいりますから、とても配給ではたりることではありません。

　それでも我家は幸い高い所だったので、近くに削り残したように、雑木が三四十本生えている所がありましたから、母は毎朝そこで、一握りか二握りの枯枝や落葉を拾って来るのを、日課にしていました。

　前夜、風の強かった朝は、喜んで出かけました。私の家だけがひろうのではありませんから、とても足りるほどはありません。空箱も紙屑もみんな火になりました。

　そうこうしているうち、戦争もいよいよきびしくなり、人手がなくなったのが理由かと思いますが、八幡製鉄所が、コークスを燃したかすのガラを、取りに来ればやるということで、皆どっと押しかけました。ざーっとなだれのように落とされるガラの山の下で、まっ黒になりながら、一しょうけんめいに袋に詰めました。うれしいはずなのに、妙に沈んだやりきれない気持ちでした。

　たいして力仕事をしたことのない母と私が、およそ人並みに持って帰ろうと思うと、もう大変でした。やっとこさで四つの袋に詰めて、ガタガタと手製の箱車を親子で引っぱりました。胃の弱い私は、若いくせに母よりも先きに、へとへとになりました。

　家までは五、六キロはあったでしょう。途中少し車が軽くなったので、いくらか下り坂らしいと母と顔を見合せてうれしがり、しばらくしてふと後をふりむいて、あっと声をたてました。一番大きい袋を落として来たのです。泣き出しそうになりながら、さっき車が軽くなったところまで引き返えしました。今でも、ポツンと袋の落ちていた場所の様子が目にうかびます。

　根かぎりの力で親子は車をひきました。何しろ家が高い所なので、最後の力をふりしぼって引き上げました。これで少しの間は助かりました。

　ところが、このガラが災難だった人達がいるのです。間もなくの空襲で、家のまわりに積みこんだガラが燃えたのです。そのための火事で、焼け出されたり、亡くなったりしました。

　一月、二月と、どんなに寒くなっても、細々とした火しかありません。二月十一日、それはことに寒い日でした。夜勤あけで帰る私は、坂の下で母にあいました。

　父が悪いので、往診を頼みに行くところでした。帰って見ると、昨夜少し風邪気味だったけれど、一しょに夕食を頂いた父が、息苦しそうにしていました。肺炎をおこしたのです。火鉢一つに洗面器をかけて、湯気をたてたところで、部屋が温《ぬく》もるような生やさしい寒さではありませんでした。おまけに、湯タンポが昨夜からもりだして使えないと母が嘆きました。

　私は妹とふたりで、職場の友人が郊外にいて何かと手に入りやすいのを知っていたので、こたつに入れる木炭と、おかゆにするお米をわけてもらいに行きました。ちょうどお昼の食事どきに行きつくのが気がねで、途中デパートをちょっとのぞいたりして行きました。

　二人はオーバーの下に、お米と木炭をお腹に巻いて、バスがなかなか来ないので、寒風の中を歩いて電車のあるところまで帰りました。

　やっと調べられずに、少しのお米と木炭を持って帰りましたら、いま父が亡くなったところで、姉が父の胸をさすっていました。お米も炭も投げ出して、泣きました。お通夜にはその炭でこたつを入れましたが、体は温めながら、心は冷た

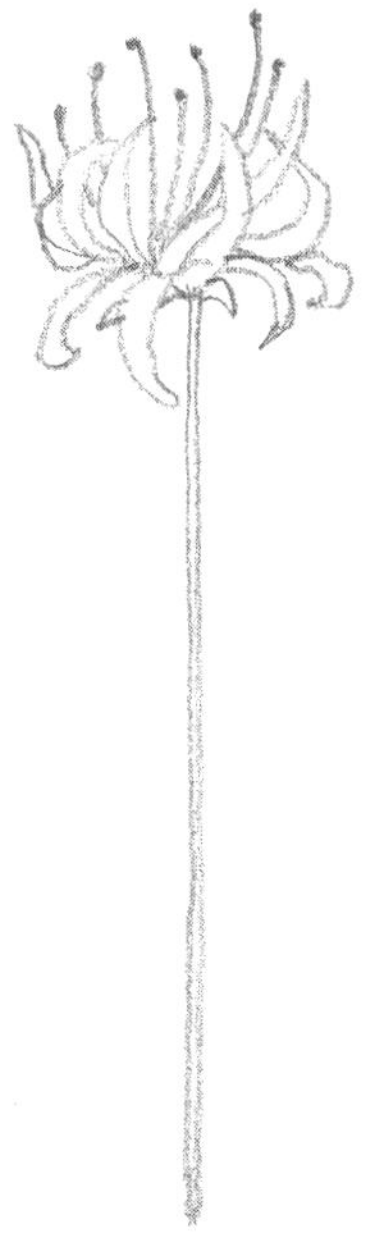

く寒かったものです。

（藤岡　タヅ広島県）

家の下に

昭和二十年一月二十七日。どんよりした冬の曇り日だった。私は風邪をひいて会社を休み、京橋《きょうばし》の自宅の二階で臥《ふせ》っていた。眠り足りた蒲団の中で、この日頃の生活を振り返ってみた。恋愛もできず、結婚もできず、ただあくせくと働くだけの灰色の青春。

「乙女盛りはたちの春を、みなお国に捧げてる、捧げてる」町を流れる安ぽいメロディーを、いまいましく思いながらも、国をあげての戦のさなかに、個人の幸福などあり得ないのだと、自ら慰めるより他はなかった。私は蒲団のぬくもりの中に目を閉じた。

ウーウーウー　ついで空襲警報発令、どこかで高射砲の音がする。昼間はいずれ都周辺の軍事施設が爆撃の目標にきまっているし、起きて防空壕に入るのも寒いし面倒だし、私は蒲団の中にいた。間もなく空襲警報は解除された。ほっとする間もなく、またウーウッと空襲警報が鳴った。そのとたん

ガラガラガラ、

私は反射的に掛ぶとんを頭からひっかぶった。一体なにごとが起ったのだろう。恐るおそる首を出してみた。ガラス戸が粉々に砕け、あたり一面はモウモウたる土埃で真暗だった。至近弾だ。起き上って外を見ると、すぐ横の五メートル幅の道一つ隔てた三階建の隣家が、無残にも倒壊して、道一杯をうず高くおおっていた。

二、三十メートル離れた所に赤い炎が吹き出している。私はすぐ身支度して、昭和通《しょうわどおり》の緑地帯にひとまず避難した。階下の防空壕から嫂《あによめ》も出てきた。爆弾は、隣家と、その隣の清水組のビルの間に落ちたらしい。鉄筋のビルはビクともしないが、木造家屋は一たまりもなく、崩れ落ちていた。火事は他の爆弾が、地下のガス管に命中したのだ。警防団が消火に当ったが、火勢はなかなか衰えない。各所で同時に火災が起きたらしく、消防車は長いあいだ来なかった。

私たちは延焼を恐れ、家財道具を家から運びだした。緑地帯は忽ち各戸から運び出された宝の山で埋まった。日頃お目にかかれない統制品禁制品も、山のように積まれている。兄、義兄、父の会社の人たちも駈けつけ、荷物運びを手伝ってくれた。

荷物運びが一段落すると、私達は妙な事に気付いた。これだけの騒ぎの中に、かんじんの父の姿が見えぬではないか。

「あ、そうだ。昼休みで、お父さん、家に帰っていらしたんだ」と嫂、「そうだ、伊藤さんは玄関の脇に立っていなさった」と隣組の中川さん。

「父は此の倒壊家屋の下に生き埋めになっているのではないだろうか」不吉な予感が脳裏をかすめた。警防団の人達が早速倒壊家屋の撤去に努めてくれた。しかしラス入りモルタル造り七、八十坪もある三階建の倒壊家屋の山を除去するのは、容易なことではなかった。ガス管の火はまだ消えていない。ブスブスメリメリ、建物が燃え落ちる特有の無気味な音が脅えきっている私たちを、いっそう不安焦燥へと追立てる。

火はここまで延焼し、父は生き埋めのまま焼け死ぬかもしれない。居ても立っても居られない気持だった。ラスと木材と土砂の山を除くのに、何時間かかったろう。

「あ」

やはり父は下敷になっていた。鉄兜《てつかぶと》をかぶり、防空服を着た伏せの姿勢であった。すぐに担架に乗せられ、顔を白布で被われて、救護所に運ばれた。担架からはみ出したゲートルを巻いた脚が、ブラリと直角に垂れ下がっていた。

「頭蓋骨折かなにかで即死らしい」間もなく救護所から帰った兄の目は、うるんでいた。爆弾落下から、掘出されるまで、三時間あまりたっていた。父は爆弾を見て「伏せ」をしたのだろうか、苦しまないで即死だったのだろうか。

やがて短い冬の日が西に傾き、いつものように、退勤の人々の群が、ビル街から家路を急ぐ頃となった。夕餉《ゆうげ》の煙もあちこちから立上っているようだった。私は何をする気力もなく、寒さも空腹も忘れ、緑地帯に坐りこんで、弟たちが勤労動員先の工場から、帰るのを待っていた。（矢島　與志子東京都）

駅頭のわかれ

その朝、父は防空壕の整理中に、古材に出ていた古釘を踏んで足を痛め、床についていた。十ケ月余り病床にふせっていた母を昨年の秋に亡くし、小学生の妹と三人の淋しさにもようやくなれた頃である。

病気になってからの母は、戦争のきびしさと共に、日ごと気弱になって、疎開したいしたいと、生まれた土地に帰ることをしきりにのぞみ、小康を得たらと、豊橋に家を求めて準備も出来た時、とうとう回復することもなく死んでしまった。

母の骨を抱いて豊橋の土を踏んだのは昭和二十年の元旦であった。私はまだ最

後の三学期が残っていたため、父と妹を新しい家に残して再び神戸に戻り、四月に学業を終えて家に帰って来た。

　やっとご飯たきから解放されたと喜ぶ父と、洋服を作ってねとまとわりつく妹と三人の生活が始まって二ヶ月。新しい家、新しい土地にもどうにかなじんだ六月はじめ、妹を学校に送り出して近くの親類へ行った。

　女学校を卒業したとはいえ、満十七才の私の肩に家事の一切がかかっていた。知らない土地で、すでに乏しくなって来た食料の何一つを手に入れるのにも、親類へ出かけて行って、亡き母の兄達の世話になった。

　その朝、いつものように伯母の家の戸をあけたら、引きつった伯母の顔があった。「今あんたのとこへ行くところだった」そして父の召集が知らされたのである。

　石ころの道を下駄をならしてかけた。玄関へかけ込んだ私は「召集が……召集が……」と言葉にならぬ言葉を発して、そのまま父の寝ている布団に倒れこんだ。「ショウジどうしたって?」父は半身起して、私の顔をあげさせて問うた。そそっかしい私が、障子をどうかして大騒ぎをしている位にしか思わなかったそうである。

　考えないことではなかった。しかし、明治三十三年生れの父に召集令の来る可能性は百に一つのようにも思え、その時への何の覚悟もなかったのである。

　伯母が来て、召集令状が本籍地へ来たため、電話が伯母のところへかかったということだった。くわしい話をしようと思った時には、もう姿がなかったと、私の後を追ってきた伯母は、しばらく荒い息を吐いていた。

　入隊日まで五日が残され、父はビッコを引きながらも起き上り、家財の整理が始まった。

　五日間はまたたくまに過ぎた。

　六月十日、前夜から雨が降っていた。軍服に身をかためた父、モンペ姿の私と妹、最後の日というのに何も言わなかった。何を言ってよいかわからない、私には自分に自信が持てず、集った親類の人人の中をただ右往左往していた。

　雨の中を、近所の人々が多勢集ってくれた。見知らぬ人々の方が多かった。その人々が無言のうちに、残される姉妹の上に哀れみの視線を投げかけているのを痛いほど感じ、私はなおのこと毅然としていた。

　駅までの三キロ余り、雨の中を長い行列が続き、軍歌が流れ、日の丸の小旗がふられた。私と妹はしっかり手をつなぎ、無言のまま父の後姿をじっとみつめながら歩いた。

　軍都と言われた当時の豊橋駅は、入場制限があって、見送人は改札口を入ることは出来なかった。新聞社に籍のあった母方の伯父が駅長室に入って行ったが、すぐに出て来て「おいで」と一言、二人を構内に入れてくれた。

　汽車の入ってくるまで、ホームで父は伯父と話をしていた。やがて汽車が入り、父はタラップに足をかけた。「頼むよ」と一言、私の目からこらえていた涙がほとばしった。妹の手は依然握りしめたまま、父の顔を食い入るように見つめたまま、涙はぬぐうまも惜しく落ちるにまかせ、黙って父を見つめる。

　「清子を頼んだよ」「お姉ちゃんの言うことをきくのだよ」そして汽車は動き出した。私は無言、手をあげた父も無言。手も振らず二人は手を握りあったまま泣いていた。（向坂　淑子　豊橋市）

君死に給う

終戦の前年ごろから体を少しこわした主人は、主治医の治療を受けながらも、寺岡計量製作所の一手販売店として名古屋の中《なか》区で商店を持ち、軍需製作所の商人として働いていました。

　店員も動員され、主治医も応召されたりして次々と医者は変り、人手は足りなくなり、体の無理が重なるままに日毎に空襲は激しくなって参りました。一個の卵すら自由に買えず、岐阜《ぎふ》の田舎の養鶏所まで一日がかりで買出しに行き、運の悪い時には一個も買えず、空しく帰える事も幾度かでした。

　外の諸物資も日一日と配給は乏しくなって一尾の古い魚を買うのにも、一時間以上も前から列をして待つ有り様でした。私の様に身心共につかれ切った者は、じーっと立つ事すら出来ず、すわり込んで待っていると、優しくいたわって下さる近所の奥様から「大事にしないと御主人より奥さんが先にまいりますよ」と言われた事も幾度かでした。

　日毎に烈しくなる戦いに少しでも家財を田舎へ疎開しようと、知人のところへ相談に行きました。二十年一月二十三日昼の空襲となり、汽車も電車も止り、夕方解除を待って帰えりました。

　何だかあたりが無気味の様に静かで、身の毛のゾーッとする思いでした。一軒おいて隣に大きな爆弾がおちて、大きな穴で家も一物も残さず吹き飛ばされていました。私の家もすっかりこわされていました、留守番の病気の主人の手を取り、どんなにかこわかったでしょう、と泣きました。

　お隣りの奥様から壕へ入れて頂きましたとか、台所にはその家の棟木がつき込まれて家の中全部瓦の土がおちて畳の上は土だらけ、電気も水もガスも出ません。それにとても寒い大雪の積った夜で、家の中全部凍る様な寒さでした。何はともあれ引っ越さなければ戸も立ちません。

　当時は疎開者が多かったが、商売をしてるので電話付の家、防空壕のある家と懸命に探し、やっと二十五日に引越しました。

　それからと云うもの、日に日に空襲が激しくなりまして、一夜の中にも幾回も壕へ入る事がありました。だんだん弱って行く主人は、僕は一人家にいるからお前だちだけ壕へ入れと云う様になり、でもそんな事も出来ず、とうとう壕の中へ寝床をしいて、そこに入ってもらって一夜を明した事も幾度かでした。

　これではと、少し離れた田舎の病院へ入院の手続をして、三月二十日に入院しました。其の車の運転手でも金だけではなくお米の一升でもあげないと動いてくれませんでした。いまどき車になんかと病院の先生も驚いた様でした。日頃店へ出入する車ですらそれでした。

　翌々日三月二十二日中区の大空襲で店は一品も残さず全部焼けて終《しま》いました。主人は家も店もなくなり、体は弱るし、再起出来ないと思っての心の悩みでしょう、二十四日の夕方私が病院から帰えろうとした時、突然様子が変って心臓マヒで亡くなってしまいました。夕方勤務交替の時間でしたが、かけつけた先生が「気の毒でした早かったね」と悲しんでくれました。

　泣き泣き霊安室へ入れて家に帰り夕食も終えないうちに又空襲警報です。死人を片付けるまではどうしても死なれない、家の壕ではあぶないので娘とリュックサックをになって遠いところまでにげたにげた。飛行機が上に来た時は途中の道ばたの壕へ入ったが壕が地しんの様にゆれました。

　夜が明けて解除になって帰えりましたら、爆風でこわされたり焼夷弾に焼かれたりで目もあてられない有り様、東《ひがし》区全滅と言ってよい程の大空襲でしたので、私と娘の女手では手がつかず知人や組長さんなどに泣きついても、皆自分の家の消火や片付けで見むいてもくれません。

　泣いてもいられず何とかしなければと思っている矢先に、大掃除其の他に手伝ってもらっていた叔父が尋《たず》ねてくれ地獄の中の仏とでも申しましょうか、棺を手製で作って病院へ持って行って、火葬場へ運んでくれました。

　火葬場では幾百人もの死人が山の様に積んであって、一週間後に取りに来ると約束して帰えりました。

　終生働いてくれた主人の通夜も葬式もないのです。何と悲しい事でしょう。一週間後にもらったお骨は果して本人のでしたでしょうか。当時四十八才の男盛りでした。戦のかげの犠牲者、かくれた戦死と申したく存じます。（久末　栄 伊丹市）

いわしの箱

　終戦の年の七月二十四日朝、夫は死にました。肺結核で四年越しのわずらいでした。最後の一年間というものは、戦禍が日本本土に及んで、病人の誰れもかれも医薬にこと欠き、栄養も不足の状態でしたから、疎開先にいた私どもの困りようも筆舌につくせませんでした。

　夫の死場所《しにばしょ》となったのは、千葉《ちば》県海上《かいじょう》郡矢指《やざし》村野中浜《のなかはま》（現在旭《あさひ》市野中）という漁村でした。

　もっとも栄養の方は、家具や衣類と物物交換で、お米や、魚の干物、鶏肉鶏卵など、そのころでもまだまだ入手できたのですが、家具や衣類とて際限《さいげん》なく出せるものでもなく、しかも病人はすでに食欲がありませんで、ただ死を待つばかりでした。

　こうした中で、一番困ったことは、警戒警報も空襲警報もなく、銚子《ちょうし》沖から入って来る艦上機から、いきなり機銃掃射《きじゅうそうしゃ》をうけることが度々あるのです。昼間は女の子には紅い着物は一切着せず、夜はたばこの火さえ遠慮するという中に、どうした洩《も》れ灯《び》か、罪もない畑の中の小学校に焼夷弾を落され、かかしすら掃射をうけたとききました。

　庭の防空ごうに逃げこまれる私や子どもはよいとしても、身動きもならぬ病人をどう守ったらよいか、その頃誰いうとなく、ふとんの綿には弾丸は突き通らないときいていましたので、病人を押入の中に寝かせ、上の段にも横にも前にも、ふとんの山を築いて、射撃から守ってやりました。

　ふとんの築城の中の病人は、日々の機銃掃射の音の恐しさと、折からの暑さの中の、そのふとんのあつさで、死期を早めたとも思われます。全く涙も出ないほどの緊張感でした。

　その死後、また困ったことができました。お棺《かん》がないというのです。もういっそ、敷布にでもくるんで、焼場《やきば》に持って行こうと決心したとき、出入りの魚売りのおかみさんが、背中に箱を山のようにしょって現れました。何だと思ったら、鰯《いわし》の空《あ》き箱なのです。

　「奥さん、これでお棺作って、旦那さんを納めなせいよ」

　と言ってくれました。つぎはぎのお棺は、それでも見事にでき上りました。多分空き箱十個分位使ったでしょうか。

　遺体を入れるとき、魚の臭いが、ぷんとしました。このとき、私の目にはじめて涙があふれて出てきました。

暮れかけた道

（三田　庸子　八王子市）

空襲警報で、父母と私は裏庭の防空壕にとびこんだ。編隊を組んだB29の爆音が近づいて来る、と思う間もなく投下された爆弾の炸裂音。防空頭巾をかぶり、耳と目を両手でおおい、出来るだけ低く伏せている私たちの頭に土塊が降ってくる。

昭和十八年、満洲から復員して来た父は、元の会社に電気技師として勤めていたが、頭痛がするといって二、三日前から休んでいた。六月の壕の中の、ムーッとする暑さに加えて、触れ合っている父の身体の熱かったこと。

その日から、父はどっと床に就いた。母は私に町ひとつへだてた医者を呼びに行かせた、が医者はなかなかやって来ない。母は十二才の私の使いを危ぶんで、再び自分で出かけた。私はひとりで、熱に浮かされてうわ言をいう父を見守っていた。うわ言の合い間に、父は痛みを訴えるが、手の施しようもない。それは医者が来てからも同じであった。医者はゴム管を通して尿をとった。父には、もう冷静な意識がなかった。

「配給で薬もなかなか手に入らないらしい」と医者が帰ってから母はいった。尿が出なくなってから二日目、父は死んだ。死亡診断書は「脳膜炎」であった。

いつ空襲があるかも知れない非常事態ではあったが、親戚が集まってくれた。

昭和二十年七月三日、夜伽《よとぎ》をしている最中に、空襲警報が発令された。都心から二キロほど離れていた私の家から、各自が夏布団や座布団を頭にかぶって避難しはじめた時は、もう南の空は真赤であった。

街中から続々避難して来た人々の群れに従って、私達は広いトマト畠に来た。落ちて来る焼夷弾の明りに、見事な鈴なりのトマトが浮かび上る。それぞれに親しい者の名を呼び合って、離れまいとした。顔を上げると、投下される焼夷弾は、私の真上に来るかと思われたが、大分外れたらしい。不意に背後で赤ん坊の泣き声がした。続いて「子供を泣かすな、敵機に聞こえると、隠れとる事が判る」と男の声。その切実な声に、男のいい分を笑う者は一人もなく、かえってシーンと静かになった。だが赤ん坊は別で、又ひとしきり泣いた。

空襲解除のサイレンが鳴りひびいて、我れに返ると、片方しか運動靴をはいていない。残った片方は、水に落としたようにグッショリ濡れていた。

呆然としながら、親戚の者はかたまり合っていた。「仏さまをひとりほうっといて」誰かがいったのをおぼえている。「ほんまや、薄情やなあ」と恥かしそうにいう声。「仏さまはもう空襲なんて恐《こわ》いことあらへんもん」みんないい合わしたように家に向って小走りになった。

幸い家は焼けていなかった。どこも開け放したままである。棺桶を置いた部屋へ入ってみると、驚いたことに、祖母の弟に当る寅《とら》さんが、一人棺桶の傍で煙管《きせる》をつめかえている。

「寅さん逃げてなし？」母が素頓狂《すっとんきょう》な声をあげた。「どこへ行っても、死ぬ時は死ぬんや。この家も仏さんが護ってくれとってんや」昔からひどい吃《ども》りの寅さんは、難儀しながら、これだけいうのが、せい一杯だった。この時から、私はこのおじいさんが好きになった。

誰も彼も気分が昂《たか》ぶっていて、東の空が白みはじめるまで、立ったり坐ったりしていた。夜が明けると、各々自分の家が気になるので、ひとまず帰ってもらうことにした。あとに残ったのは祖父と父の妹と母と私。急にひっそりした庭に、父の作った朝顔が見事に花開いていた。塀の中にあって、人に踏まれる事もなく咲いた朝顔。その一隅は、戦争とは何の関係もなく平和だった。

父の亡骸《なきがら》は祖父の持って来た車力に乗せ、母と私が火葬場までついて行くことにした。電柱が燻《くすぶ》りながら立っている焼け跡は、近寄ろうとしただけで熱い。その上に真夏の昼下がりの太陽。焼跡の中の国道を通るより外に道はない。電話も自動車も葬儀屋も、いや、この街の誰もが、他人のことになどかまけていられなかった。自分の事は自分でやるより仕方なかった。先に立つ祖父も、後に続く私達も何もいわない。一体何をどう悲しんでいいのか、わからなかったのだ。ただ誰の胸にも、昨夜これだけ焼いたのだから、今日は敵機もやって来るまい、という奇妙な安堵《あんど》があった。

正直いって、この時父の死に対する涙はなかった。今日生きていても、明日死ぬかもわからない。死んだ父も、生きている私も、同等であった。

火葬場での事ははっきり覚えていない。暮れかけた道を、帰りは国道を通らずに、大まわりして帰ることにした。狭い、やっと車力が通れるくらいの畦道《あぜみち》を通ったような気がする。

カラカラと軽い音をたてて祖父のひく空っぽの車力。その時ふと「もうお父ちゃんはいないんや」と思った。永久に帰って来ないんだな、と思った。それが胸にこみあげて涙になった。ふいてもふいても、こみ上げてくる涙に、追い打ちをかけるように母がいった。

「お父ちゃんは運が甲斐なかったんや。こんな薬もない時に病気するなんて」

（林　優子　姫路市）

一九四五年八月六日

黒い雨

前夜は江田島《えたじま》、呉《くれ》と空襲がおそくまで続き、その方角の空は夜明けまで真赤になっていた。今朝《けさ》は雲一つない晴天、主人は四日前に社用で出張し、今朝は帰宅の予定なので、朝食の仕度をしていた。そのとき警戒警報が発令された。

広島人はアメリカに沢山移民として行っているし、京都は日本唯一つの観光地なので、どちらにも爆弾は落さないと噂さが盛んであったためか、広島の人々は、ときたまB二十九が上空に飛来しても、防空壕にもはいらないで、美しい飛行雲をながめていた。

間もなく警報も解除され、私もモンペからスカートになり、時計を見ると八時を廻っているので、あわてて朝食の仕度を続けようとバケツに手をかけたとたんに、音もなく目をさすような白い光が走った。同時に私は、くずれた家の下敷きになっていた。光った、そして家がくずれた、その間の記憶は現在でも判《わか》らない、光る前にも爆発音はあったのでしょうが、その瞬間は、その音も聞かなかった。

何が何だか判らないままに、下敷きから這《は》い出たいと懸命に体を動かして、倒れた柱や落ちて来る瓦の間をくぐって、やっとくずれた家の上に這い出て驚いた。

雲一つなかった空は真黒な空に変り、大つぶな黒い雨の様なものが降っている。どうしたのだろう。あたりには人影はない。ただ一面くずれ落ちた家のあちらこちらから、薄暗い空に無気味な色の焔があがっている。夕暮れ時のような空。そして人影一つない。一体私はどのくらい家の下敷きになっていたのだろうか。数分か。それとも夕暮れまでの間か。薄暗い空は私に、その間の時間の観念をまったくうしなわせていた。

恐ろしさのまま、これでは焼け死ぬと、方角もきめぬまま走り出した。途中で、火の廻ったくずれた家の下敷きになって助けを呼ぶ声を聞いた。手をひっぱって掘りだしかけたが、女の力ではどうにもならない。赦《ゆる》して下さいと手を合せながら走ったが、ふいに、このままどこか

朝日新聞

に避難できても、何一つ身の廻りの物がないと気がついて、家まであと帰りした。
幸い家にはまだ火が廻っていない。玄関口を目当てに掘り返し始めた。やっと玄関口に常備してあった主人の奉公袋とリュックサック、風呂敷包を引出し、ズボンと、そして火傷《やけど》しないよう靴をはきかえ、つぶれた押入れから掛フトンを一枚引出して頭からかぶり、再び表通りに出た。

■広島の焼け跡

朝日新聞

黒い雨はまだやまない。顔から頭から血がふき出るまま、みんな半裸体の姿で、大声をあげて走っている。私の脳裡には、唯主人の事、実家の事でいっぱいで、誰かに逢うまでは死ねないと夢中で走った。道端に幾人も幾人も死んでいる。急にばく音が聞える。敵機襲来。みんな走りながら、ヤラレルゾと叫びながら、走る。私は畑の中に身を伏せた。

間もなく敵機は去った。ホット一息いれて、また走り出した。橋という橋はほとんど焼け落ちている。土手添《どてぞ》いに川下《かわしも》へ川下へ走る。やっと観音川《かんのんがわ》の川下の三菱工場の所まで来た。その先は海、郊外に逃げるには三菱の工事用の丸木橋を渡らなければならない。二百メートル余りの丸木橋。渡っているのは男の人ばかり。ちいさい男の子が火傷したのか、アツイアツイといいながら水の中にはいって行く。誰もひとの事などかまっていられない。

私もかぶっていたフトンを捨て、靴をぬぎ、リュックを背に、風呂敷包を右手に、靴を左手に持ち、橋を渡り始めた。又敵機がきたが、上を見る事が出来ない。足をすべらすと海へ流されてしまう。偵察飛行らしく間もなく敵機は去った。ようやく渡り終った。どの位時間がたったのか判らない。暫くの間くずれるように川岸に座ったまま休んだ。市内の空は薄暗く、四方八方に火の手が見える。もはや走る元気もなく歩き出す。ここは郊外の古江《ふるえ》といい、確か一軒の知り合いの家がある事を思いだし、尋《たず》ね当てて休ませてもらう。

このあたりは爆心地より相当離れているのに、硝子《ガラス》窓は全部こわれ、壁は落ちている（後で知ったのだが、私が下敷きになった家は、中《なか》水主《かこ》町にあって爆心地から七、八百メートルしか離れていなかった）。暫く横になっていると、体中が痛み出したけど、足の一部が、家の下敷きから這い出す時にでも、何かで打ったのか少

大本営発表（昭和二十年八月七日十五時三十分）
一、昨八月六日廣島市ハ敵B29少数機ノ攻撃ニヨリ相当ノ被害ヲ生ジタリ
二、敵ハ右攻撃ニ新型爆弾ヲ使用セルモノノ如キモ詳細目下調査中ナリ

し紫色にはれているだけで、他はカスリキズ一つしていない事に気がつく。この家の前の通りを、二人三人とお互に肩に手をかけながら、負傷した人、火傷した人が続いている。

夜になると、市内の空は真赤に夜空をこがしている。少し休んだせいか、今朝出張先から帰る主人のこと、実家の事が気になりだす。夜も大分すぎた頃に、叔母《おば》が近所に避難して来ているとの知らせを受け、実家の様子が判ると思い、急いで行ったが駄目。叔母は体の半分に火傷を受け、意識はモウロウとしている。母は火傷して逃れたが、父や祖母等はとうてい駄目ら

しいと聞かされる。私はたまらなくなり、真夜《まよ》中《なか》のまだ燃え続けている市内に、母を探しに出かけた。燃え続ける橋を渡り、無数にころがった死がいの間をぬい、叔母から聞いた、母が最後に居た所にたどりついた。大声で母の名を呼びつづけながら探したが、判らないまま、又知人の家に引返した。

翌日から、主人のことも判らず、気にかかりながら、市内の負傷者、死者の収容所を探し歩いたが、ぜんぜん消息が判らない。叔母は十一日遂に死亡する。私は疲れた。然し私が今倒れては主人にも逢えない、疲れた足をひきずって、主人の母が郊外に疎開している先に、連絡がありはしないかと尋《たず》ねた。その家の門をはいって、庭先の縁がわに立っている主人と、一週間振りに逢う。その瞬間言葉も出なかった。主人も七日から、私を探して市内の焼跡を尋ね歩き、もはや死亡したものと思っていたとの事、逢ったときの主人の言葉を今だに覚えている。

「芳子お前は足があるのか」

敵機の飛来は続く。裏山の防空壕で一週間程静養し、その後、郡部の知人宅に疎開する。

朝日新聞

母の消息は一ヶ月後に判った。火傷して川にはいり、そのまま死亡し工兵隊の舟で似之島《にのしま》に収容され、今は原爆記念公園の慰霊塔に眠っている。（村上　芳子 東京都）

わが子

あの日の朝、私は広島港《ひろしまこう》の海の上にいた。学童疎開をしている三男に面会に行くため、手土産の野菜を買出しに江田島《えたじま》に渡り、その帰りの船に乗っていた。警戒警報中の瀬戸《せと》内《うち》の朝の海は穏《おだ》やかで、鏡のように輝やいていた。

客船の右舷左舷には、分厚いズック布の幕を垂らして、船客に島の沿岸や呉《くれ》方面にある多くの要塞地を見せまいとしてあった。そのため晴天だというのに、客室は薄暗い。

さざ波に心地よく揺れる船に身を委《ゆだ》ねて、明日は会える三男のこと、熊本幼年学校にいる次男のことなどに思いを通わせていた。やがて宇《う》品《じな》港が近づいたかと思われるその時であった。突然、目の前が強い光で照らされた。薄暗かった船内は、急に真赤に染まった。私は、とっさに幕と甲板の隙間《すきま》から空に目をやった。太陽の二倍くらいの茜《あかね》色の丸い物が私の目を射た。それが見る間にすーと消えた。多勢の乗客達は、「今の光りは何じゃろう」と云いながら、海を覗《のぞ》きこむ者、空を見上げる者で、ざわめきだした。

■原爆の爪跡　手前のドームが産業奨励館、屈曲して流れているのが元安川

そこへ今度は、ドーンと雷のような音がした。「さあ大変じゃ、海に爆弾が落ちたんじゃ、早よう泳いで逃げんにゃあ。こんなちっぽけな船は助からんぞう」と男の人が叫んだ。船客たちは先を争って、小さい出入口の方へ寄り集った。船は片方に傾むいて、今にも水が入りそうになった。

私は急いでリュックサックのポケットから米の通帳や貯金通帳を出して風呂敷に包み、モンペの上から腰に括《くく》り着けた。いつでも海中に飛び込める姿勢になって、かたずをのんでいた。船はエンジンを止め、航海をやめて、あたりを漂っている。乗客の中から、また声がした。「近頃日本軍が新兵器を発明したという噂があるじゃあないか。その実験を広島でやったんじゃろう。空襲警報にはいっておらんのじゃけん、恐れるこたあないよ」といった。乗客は一斉にその声の方へ振向いて、ほっと緊張をゆるめた。船は再びエンジンの音を響かせて宇品港に着いた。桟橋には異常はなかった。

ところが陸に上って、失神するほど驚ろいた。行手は薄暗く黄塵《こうじん》が舞上っていた。その中に何か生物《いきもの》らしいものが右往《うおう》左往《さおう》していた。それを見た瞬間、私は棒立《ぼうだ》ちになった。それは人間とは思えぬ人間であった。頭はカッパの皿のように帽子の型を残して、丸く髪が焼け残り、丸裸《まるはだか》の皮がめくれて、古タオルか古靴下でもぶら下げたかと思われる人間であった。頭や顔一面から血が流れ、その上に茶色の土埃《つちほこり》がこびり着き、男女の見わけがつかなかった。ひどいびっこを引きながら、小さい者の手を引いている者、裸が裸の赤ん坊を抱きかかえて「この子が今死ぬる、この子が死ぬる、誰か助けてえ」と声をふりしぼって泣き叫ぶ者、よろめきながら何か口ばしる者などが続いて、宇品の海岸へ集ってきていた。

　薄煙《うすけむ》りの中からトラックが姿を現した。悲鳴をあげる焦茶色の塊《かたまり》を何十何百と降ろしては去った。あまりの恐ろしさに歯の根も合わず、息も止りそうになった私は、がくがくと震《ふる》えて立ちつくしているだけであった。だが、いつまでもここにこうしてはいられない。震える足と心に鞭うって、長男が学徒動員で勤労奉仕をしている電機工場に行って見なければと思った。あたりはガラスの破片や木片で道もわからなかった。

　これは日本軍の新兵器の実験ではなくて、敵の爆撃による大きな被害だということを、ようやく悟《さと》った。電車線路沿いに百米《メートル》程歩いた時、突然、私の前に兵隊が立ちはだかった。腕に赤い字で憲兵と書いた腕章を巻いていた。

　「どこへ行くか。これから先へは行けないぞ。引返せ」とその憲兵は大声でどなりつけた。どなるのも道理、行く先は煙りで真暗、その暗さの向うに赤黒い焔が舞っていた。

　私は引返して、海沿いに滅茶苦茶《めちゃくちゃ》に歩いた。

　やがて長男の動員先の工場を探し当てた。建物は斜めに傾き、今にも倒れそうなその工場は、それでも焼け残っていた。ここにも焦茶色の塊が重り合って、水を欲しがっていた。

　長男は見つからなかった。もしや。まさか。と声に出してくり返しながら、我家の方へ駈けだした。途中の家並は燃えさかっていた。橋の下の川には丸太棒を並べたように、人間が漂っていた。ここにまた憲兵が立っていた。今度は引返せ、といわなかった。漸《ようや》く我家に辿《たど》り着いた。

　家は消えて瓦礫《がれき》に変っていた。長男はここにもいなかった。

　瓦礫の下で、何か燻《くすぶ》る煙りと共に黄昏がせまっていた。焼跡に私は独《ひと》り、いつまでも立っていた。（小久保　よう子　広島市）

駅から

　思い出すと背筋が寒うなるようです。すぐ上の姉が当時、広島《ひろしま》市大手町《おおてまち》七丁目六五で看護婦会を手広く開業して居りました。私は六人の子持であったが、姉は子無しで既に寡婦になって居て、私の次男を養子に決めて居りました。時時広島へ出かけて居りましたが、七月二十六日に当市（徳山《とくやま》市）も一面の焼野原になってからは、姉も此の次は広島よ、貴女も無一物になったんだし、今のうちに何でも取りに来なさいよと、言うてくれますので、主人と道具等を持ち帰る積りで、あの日も早朝の一時過ぎより起き出して、お茶漬を流し込んで駅へ出かけました。

　姉の宅迄、延べ三時間余りかかるが、陽《ひ》のある間に帰らんと焼跡は通りにくいので、早く出かけたのですが、その朝に限って汽車が延着して、午前五時過ぎに、やっと「上り列車」が着きました。

　私等はこの列車で己斐《こい》まで行き、下車して市電で「白神《しらかみ》」（大手町にあり宇品《うじな》方面行）で降りると五分の距離に姉の家があります。列車はその日にどうした事か己斐を通過して広島駅に入りました。丁度八時前で改札口で訳《わけ》を言うと「そりゃ、出てもろては困るね、午前八時五分に広島発が入るから己斐まで帰って下さい」といって出してくれないので、又プラットへもどると、丁度広島発が到着したので乗車し、車の中程の通路側の席へ座りました。

　じきに満員になり、列車が出るまでの間を眼をとじて居ったのですが、十分位もたった時、瞼《まぶた》の辺《へん》がカーッと明るくなり、激しい雷鳴の様な音が耳を擘《つんざ》く様に響いたのです。魂《たま》げて眼を開けたら、車中はいっぺんに眼もあてられない修羅場《しゅらじょう》で、私の肩へ人の躰《からだ》がドサドサ打重《うちかさ》なって息ぐるしく、何とかもがいて顔を出すと、窓側の人は硝子の破片が無茶苦茶にツッ立って居るし、呻く声が充満し出して、無気味などよめきに、カーッと取りのぼせてオロオロと大変だと思うだけでした。それでも主人は突《とっ》さに人をおしのけて私の側へ来てくれました。

　駅夫が「皆さん落着いて、今から地下道へ避難して下さい」と言うて来たので、足がガクガクとなって気も転倒しそうなのですが、人の群れに混《ま》じって、何度もつまづきながら地下道へ向いました。ところが、軍人が立って居て「是《こ》れから先は通れません、山手へ逃げて下さい」と絶叫して居るので、駅裏の東照宮の下迄行くと半掘《はんぼり》の壕があったので、二人でボソッと座り込んで居ると、次々に避難して見えた。

最初は三十位のボロのズボンを穿《は》いて、と言うよりブラ下げて、上半身裸《はだか》の男が、躰中新薯《からだじゅうしんいも》の皮がペラペラめくれて居る様につるりと赤身が出て、むくんで光って、血は別に出て居らず、ヘナヘナと座り込んで「水をくれ」と言います。破れた水道があったので、ハンカチに浸《しま》せて飲ませました。大分立ってから「私は左官でね、屋根に居ったんよ……わし、どうやって此所《ここ》まで来たかの」と絶句して、また水を欲しがります。其の時、数人にかかえられて老婆が地面に下された。顔がブヨッと腫《は》れ上り、唇が剝れ巻き上って、毛穴が大きうなって、鮫肌のひどい状態に火脹《ぶく》れて浮出した皮膚が青黒く気味悪いばかりで、心臓に響く声でうめいて、「水、水」と言います。看護人が「水は飲まされんしね」と気のめいる様に言います。

三番目に三十五才位の女が小さい男児《おとこのこ》を連れて怪我《けが》一つせず手ぶらで来ました。「私は白島《はくしま》で下駄屋をしとります。朝飯が済《す》んだ所で柱が折れて来たが、簞笥《たんす》の間に入って、この子を連れて這いだして来たんです」と言いながら、ゴソゴソポケットをまさぐる、「私や五戋持っとるだけじゃけど、後何《あとなん》も無い、どうしようかいなー」とウツロな眼で一人言《ひとりごと》していています。

私等もお互いに怪我《けが》のなかった事を確めあったが、主人の白麻《しろあさ》の袖の肘《ひじ》にベットリ血が染んで居り、ビックリして「痛むかねー」と言うと「ウンニャ」と言う、上衣をめくって見たが、何ともなくホットした事でした。

誰れかが三時になるかなーと言うた時、ガス会社の方向から、火焔をふくんだ大竜巻《おおたつまき》がグワーッと起り、舐《な》める様に上から襲ってくる、赤黒い不気味《ぶきみ》な火焔は、時々赤紫にめらめらして、生きた心持がしませんでした。丁度私は壕から這出《はいだ》して紙屋町《かみやちょう》方面を探して居った時なので、魂消《たまげ》て転げる様に壕の中へもどりました。

此所《ここ》は広場だったから、後《あと》から続いて避難民が群れて居て、重傷者は、土にじかに寝せられて二目《ふため》と見られん人々がうごめいて居り、じっとして居れませんので、二人で空腹をかかえて大手町の方へ行って見たが、盛んに焼けてる最中で、手の下し様もなく、瓦礫《がれき》の山や荷馬車、人の転倒している間を、顔をそむける事も忘れて、ただ姉の身の上を案じながら、後髪《うしろがみ》を引かれる思いに胸がせつなく、重い足を無理に紙屋町の方へ向けました。

それでも道が何とか解《わか》って、己斐へ向いました。己斐の駅は、屋根は格別なんともないのに庇《ひさし》が爆風でブラリと下って、やられたなと頷《うなず》けました。まだ太陽はギラギラして居て五日市《いつかいち》にたどり着いた時は日暮れで、婦人会の湯茶の接待を受け、宮島口《みやじまぐち》でやっと汽車に乗る事が出来ました。とっぷり暮れた窓外をボンヤリ見ながら、今朝からの出来事をイヤイヤをしながら思い出して居ました。徳山に帰り着いたのは夜更《よふけ》の二時過ぎで、上《あが》りがまちでヘナヘナと座り込んでしまいました。末娘や河本の皆（親戚で、その頃河本の部屋に住んでいました、徳山市西辻《にしつじ》）が大心配していて、やっと食べ物に有りつけて、人心ついてから、広島の大変だった事を話したら、フーンと私等のススだらけの顔を不思議そうに眺めるので、あの時は本当にガッカリしました。（野村　ぬい　徳山市）

やけど

八月六日の原爆で、父は死亡、主人は出勤途中、橋の上で直爆を受け、顔手に大火傷《おおやけど》を受けてしまいました。私は老人や幼い子供たちと田舎へ疎開していて難を逃れることが出来ましたが、この日から一家の苦しい生活がはじまりました。

夫の顔の皮は、桃の皮でもむく様に、くるっとむけてしまい、赤い生身が痛々しく、次から次と悪臭の膿汁が流れるのです。両手も一皮むけて赤く腫れ上り、布団の上に置く事も出来ず、蚊帳《かや》の天井から紐を下げ、それに両手を吊下げて寝なくてはならぬ様《さま》は、見る目も憐《あわ》れでした。殊に空襲警報中の真暗やみの中で、吊下げられた両手が白く光る、なんとも云えぬ不気味さは、今思出してもゾーとします。本人はどんなにかつらく苦しい事だったでしょう。

全市民が被害者なので、重症の火傷にも施す薬は勿論、手当をしてくれる医師も居ないので

"All the News That's Fit to Print"

The New York Times.

LATE CITY EDITION

VOL. XCIV..No. 31,972.

NEW YORK, TUESDAY, AUGUST 7, 1945.

THREE CENTS

FIRST ATOMIC BOMB DROPPED ON JAPAN; MISSILE IS EQUAL TO 20,000 TONS OF TNT; TRUMAN WARNS FOE OF A 'RAIN OF RUIN'

HIRAM W. JOHNSON, REPUBLICAN DEAN IN THE SENATE, DIES

Isolationist Helped Prevent U. S. Entry Into League—Opposed World Charter

CALIFORNIA EX-GOVERNOR

Ran for Vice President With Theodore Roosevelt in '12—In Washington Since '17

Jet Plane Explosion Kills Major Bong, Top U. S. Ace

Flier Who Downed 40 Japanese Craft, Sent Home to Be 'Safe,' Was Flying New 'Shooting Star' as a Test Pilot

KYUSHU CITY RAZED

Kenney's Planes Blast Tarumizu in Record Blow From Okinawa

ROCKET SITE IS SEEN

125 B-29's Hit Japan's Toyokawa Naval Arsenal in Demolition Strike

REPORT BY BRITAIN

'By God's Mercy' We Beat Nazis to Bomb, Churchill Says

ROOSEVELT AID CITED

Raiders Wrecked Norse Laboratory in Race for Key to Victory

Steel Tower 'Vaporized' In Trial of Mighty Bomb

Scientists Awe-Struck as Blinding Flash Lighted New Mexico Desert and Great Cloud Bore 40,000 Feet Into Sky

By LEWIS WOOD

NEW AGE USHERED

Day of Atomic Energy Hailed by President, Revealing Weapon

HIROSHIMA IS TARGET

'Impenetrable' Cloud of Dust Hides City After Single Bomb Strikes

■原爆投下を報じる八月七日のニューヨークタイムズ

朝日新聞

す。大部分の人は、手当してくれる者も無く、路上で息を引きとっていきました。せめて家へ帰って来た人も、油、醤油《しょうゆ》等の調味料で傷口を洗う程度の事です。

私は主人の云うままに、食用油を探し集めました。油に天花粉《てんかふん》を混《ま》ぜて即席「チンク油」を作り、これで度々患部を湿布したのです。浴衣を解《と》いて洗い、熱湯消毒して包帯代りに使いました。後《あと》に病院へ入った折、先生から「初期の手当としては、適切の処置であった」と賞《ほ》めていただきました。蠅《はえ》を防ぐ為に、暑い日中も蚊帳を吊りっぱなしにし、暑がる病人の為に、母はつききりで扇《あお》いでいました。一匹のうじも主人の傷口からは出ませんでした。

町の好意で、患者を一ヶ所へ集めて手当をして下さるのですが、ただ赤チンをさっと一筆ぬる程度の事なのです。顔中赤くぬられ、まともには見られぬ姿です。母と私は、大切な主人を、こんなみにくい姿にしたくないので、治療を受けずに連れ帰りました。せっせと手製チンク油を作って、手当をしました。

物々交換で手に入れた米や玉子、果物は、主に主人に与えました。他の家族は、ジャガ芋や芋つるの煮物で我慢しました。老人、子供には、すまない気持で一ぱいでしたが、仕方ない事なので、心で手を合せながら辛抱《しんぼう》してもらいました。

寺や学校に収容されていた患者は、男女の区別さえわからぬ程に、やけただれ、重症の身を板の間や土間の上に横たえているのです。水を欲《ほ》しがりながら、みとってくれる人もないままに、淋しく死んでいくのです。どの人の傷口からも、多くさんのうじ虫が目についた事が、強く印象に残っています。頭元には配給の米代用のカタパンが、いくつもころがっていました。

油も少くなって来た頃、主人の勤め先の病院が、仮設病院で治療を始めた事を知り、親戚の人々の好意で、大八車《だいはちぐるま》に乗せてもらい、十五キロ余の長道を、炎天に見守られて、仮病舎へと移りました。交通機関はストップの状態でした。

私は老祖母と幼児二人を守って行く為、病院へはついて行く事も出来ず、母が付添って行きました。これが今生のお別れになるのではないかと、何とも云えぬ悲しさで見送りました。車が見えなくなる迄、暑さも忘れて立ちつづけました。

我に返った時、七人の食糧を工面《くめん》する重い任務のある事に気付きました。一人を背中に、一人の手をとって、知人や近所の人を頼りに、米、玉子、野菜の買出しに廻り歩きました。子供連れの事です。少しづつ、度々手に入れるより方法はありませんでした。

二日替えには、病院へ運ばねばなりません。朝四時前に起き、上の子は老祖母にあづけ、下の子を背おって、持てるだけの食糧を持って、十五キロの夏の路を通った事です。くるしく、つらい、つらい毎日でした。でも暑さも忘れて、主人を元気な体にしたい一念で頑張り続けました。

治療の方は病院が充分してくれますから大丈夫。私は食べる物を運ぶ事に精出しました。幸い母は料理が上手だったので、数少く限られた材料も、うまく工夫して、主人の口に合った料理をしてくれたので、食も進み、運ぶのが追つかない様な日もあった様です。おかげで、次第次第と快方に向って行きました。

現在は、用心に用心を重ねて原爆症と闘いながら、一家の柱として働いています。外傷の方はすっかり快くなりましたが、貧血の方は相変らずで困っています。（橋本　朝江　広島県）

次の朝

磨き上げた床柱や、なつかしい子供部屋が、太いなわで引かれ、ばたばたと倒されて消えてゆく。建物疎開がぼつぼつはじまった頃、学校や職場からはじまって、市内の中心部の家から防空壕が掘られていった。昭和十八年も終り頃ではなかったろうか。

庭のある人は、庭隅を掘り、トタンを置いて土をかぶせる。家族がみな入ると一杯になる。勿論暗いじめじめしたところだ。庭のない長屋住いの人は、玄関の畳を二枚ほどまくりあげて、そこを掘る。座板があっても、その下が空洞だとおもうと、歩くたびに吸われるようにきしむのだ。また隣組の何軒かが一緒になって、道路の端や行きどまりに掘る。

今でも、着物を着かえて寝る間もないほど忙しく働くことを、戦時体制のようだと話すけれど、戦争も末期になると、枕元に、すぐに着られる物と（なるべく厚着にしたほうがよいといわれていた）履物、非常袋を置き、真暗でも行動できるようにしておいた。

二十年の六月、呉《くれ》市が空襲でほとんど焼けた日、広島からも、赤く燃える炎が見えるほど明るい晩だった。むし暑いながい夜だったが、その夜、私が女学校二年か三年のとき、四つ身の綿入れを学校で縫ったのを、小学校五年の弟が洋服の上にちゃんと着て、隣組共同の壕にじっと坐っていた。

呉のつぎは広島がやられると口々にいいながらも、むし暑い夜の壕の中は耐えられなく、空襲で死んでもいいからと、外に毛布など敷いて、一晩中坐っている人も出るしまつだった。そのときの弟の、妙になにか深く考えていた顔が忘れられない。たびたび壕に入ってみても、厚い綿入れの着物をきて、ちゃんと坐っている。それから二ケ月後の原爆で、どこで小さい命を終ったか、わからないままなのだ。

原爆を落された朝のことだ。

警報が鳴り、広島が焼けはじめ、学徒動員で広島東部の工場にいた私たちも、全員、山裾をくりぬいた大きな工場の、トンネルのような防空壕に避難した。

一時間ほどたって、一人の同級生が、見たところほとんど無傷で、ころがりこんできた。この人は、看護組として、工場に出ないで、市中心地の学校に残っていた中の一人だった。学校が倒れて、火傷した人たち二、三人と防空壕に入ったけれど、火の手がまわって来たので、歩ける私だけ、ここまで逃げてきたという。焦熱の地獄をつゆ知らぬ私たちは、その話を、恐怖と驚きで聞きいった。この人は一週間目に亡くなり、学校にいた人は全員死亡した。

夕方近くまで壕の中にいて、つぎの朝早く広島に入った。八月七日のことだ。

早朝、すでに警報が鳴っていたけれど、誰一人空を見上げるものもなく、慌しく行きかう人人の群の中に、もはや弟も逝《ゆ》き、家も焼かれたことをはじめて知った。警報が鳴ると、道の側に並んでいた壕をのぞいたけれど、どれも全く遺体で一杯だった。急いで逃げこんだ火傷の人たちが、この壕の中で息を引き取られたのだろう。

あてもなく家族の消息を求めて歩きつづけて、何日たったか、ある日古い友人に出あった。この人は一人娘で、何不自由ない幸せな家庭の人だったけれど、原爆で両親を亡くされ、家の焼跡に残ったたった一つの防空壕で、泣きながら、やっと見つけたお父様を、お骨にしておられるところだった。トタン板から洩れる煙に、誰一人ふり返る人もなく、生きている自分をたしかめる心すらなく、生きている人だけが生きて、右往左往している、なりふりかまわぬ人の群がつづいていた。

お互に言葉もなく、別れていった。

（星野　佳以子　広島市）

小学生

きたかぜがふいているときにつくつたかんそういも

「庖丁《ほうちょう》は危いからよく紙に包んでカバンに入れていくといいわ……」「俎《まないた》は足のない方がいいわ、どこへでもおけるんだもの……」

きょうから始まる乾燥芋作り、私達が学校へ行く頃は、まだ日陰は霜で真白、学校の庭も日当りのいい所はぬかっている。

第一時間目の授業が始まる時間にわれわれの作業も開始する、二組ぐらいづつ一箇所に集まって、その範囲ならすきな場所に自分の席を取って、筵《むしろ》やゴザを敷き、その上に各自の座布団を敷いて坐る。北風がビュウビュウ校庭を吹きまくっている。

高等科の男子の生徒が、リヤカーに芋俵を五俵位運んでくる。すぐに俵をほどき、水槽（足洗場）へ入れて芋洗い、もうその頃は大勢の人達が集ってくる、俵をほどいて出す人、洗う人、手はたちまち真赤になっていく。でも水を使っている方がずっと暖かい。手を出していると、指先が痛くなってくる。少し位「はあー」とやった位では感じない。「わぁー暖かい、水の中の方がずっといいねえ……」「ここへおいでよ、早く水へ手入れなよ、暖かいから……」

水槽当番はキャラコか木綿の半袖体操服（その頃は長袖の体操服等しらなかった、メリヤスの体操服もなかった）、それにブルマーにハダシ。でも水の中に入っていると水が暖かいので寒くない。

他の人達は芋洗いをすませると、すぐに切り始める。大きな芋は五ミリ位の輪切り、細いのは五センチ位の長さで五ミリの斜め切り。それを又五ミリ位のヒョウシギに切る。俎の上が一杯になった頃、水槽掛りがバケツを持って集めてまわる。切る芋がなくなりかけてくると、バケツで持って来てくれる。

集めた芋は、水を一杯張ったタルへ入れる。そのタルは二、三本ある。そこでざっと洗われた芋は、今度は水の出流れになっている水槽へ移される。そこで暫《しばら》くつけておく、水槽が一杯になった頃、バケツやざるに入れて運ぶ。

芋を切るのは校庭の一角だが、広々とした校庭には丸太が何本もズラリと並べられて、カイコの時に使う平たいアミカゴのような物が斜めに立てかけてある。その上に、筵が敷いてあって、そこへ水気の切れた芋を広げる。真白になった切芋がずらりと並べられて、とてもきれいだ。遠くから見ると、芋とは思えない。

その作業は午前中一杯やる。さすがに広い校庭も切芋で一杯だ。見事だ、でも低学年の生徒がちょっと可哀そうだ、隅の方で遊んでいる。じっとして芋を切っている時が一番つらい。手はかぢかんでくるし、思う様に切れないし、うっかりすると指先を切りそうになる、切った芋が氷ったようになることもしばしばだ。

「はあーはあ……」冷たい指には何んの効果もない、庖丁を持つ手よりも、芋を持つ手の方がずっと冷たい。あまり冷たい時には、先生が小使室からバケツで熱いお湯を持って来てくれることがある。少しでも手を暖めるためにである、でもそれはそーっとである。若い先生方の中には「これくらいの寒さ、何んです。戦地の兵隊さんを思いなさい……」とかで平気でいるそうだ。そのくせ、そんな先生は、皆の仕事を見てまわってばかりいて、あまり自分ではやらないそうな。

■校庭の乾燥いも作り　千葉県立松戸高女　　写真　丸　静江

さて午後から勉強、冬の日とて急に天候の悪くなることがある。勉強をほうり出して芋かたづけ、何しろ広々とした校庭一面に干してある芋を雨天体操場へ運ぶ。こぼさぬ様に二人で前後を持って、かけ足で。

雨天体操場は蚕《かいこ》の部屋の様に細《こま》かく棚が作られてある、澱粉の匂いがぷんぷんする。やれやれと思う間もなく、又、お日様がかんかん照り始める。今しがた干したばかりの芋は、又庭へ持っていく、少しでも水分をなくすためにである。あまり文句を言う人もいない、まれに「また出すんだってよ……」「だってしょうがないじゃない、こんなに水分のあるのを入れたら、臭《くさ》っちゃうでしょうよ、これだけのお芋、もったいないでしょう、切るのだって大変よ……」「そうよね……」

天候にかかわりなく、下校前には切干芋をしまうのだ。午前中一杯（まれには三時間目位で切上げることもある、そして後はいつも通りの勉強だ）たいてい半日は芋切り、午後は二時間〜三時間勉強、今思うと、勉強より食糧増産に小学生までが懸命だったのだ。

その筵の「ヘリ」をあむのも自分達でやった。授業に農業と云う時間があったので、その時間にやったり放課後やったりしたのだ。

次の日は、芋切り前に、又芋干しだ。

（これを書いていると、あの澱粉の匂いがただよってくるようだ）

（田中　よし子 成田市）

のどがかわいても みずものめないで ざいもくはこび

夏の終りごろ、わたしたちは、市有林の木をはらいさげてもらえることになり、子どものうちから、リヤカー、大八車など借りあつめ、岡崎《おかざき》の町の東端丸山《まるやま》へ出かけた。学校は町の西の端、歩いていくだけでも遠い道のりのところへ、防空壕の木材をとりに出かけるのだ。

わたしたちの学校には高等科がないので、上級生といっても、五、六年の子どもである。

朝学校を出発し、歩けど歩けど、目的地にはなかなかつけない。みんな炎天下をあえぎあえぎいった。「水を飲むとよけいくたばるぞ」「休むな」男の先生の叱咤《しった》の声に、みんな歯をくいしばって歩きつづけた。

やっと昼頃、山につき、べんとうをたべる間もおしむくらい、ひきつづいて男の先生の切ってくれた松の木を車につんで、車のない子は、一人一本か二本、はらった枝をひきずりながら、山を下りた。もってくるのをやめれば、自分たちのわりあての壕ができないのだから、みんな真剣だった。

大八車の輪のまわりの鉄が暑さで乾燥し、はずれそうになった。男の先生が、子どもたちの残り少ない水筒の水を集めて、はずれそうな鉄のわをはめ、そこに水をかけた。みんなのどがひりひりしているのだもの、あれだけの水が飲めたらな。子どもたちといっしょに、うらめしい思いで男の先生の手の水筒の水をみていた。

「輪っぱがはずれてしまったら、これだけの木をどうやって学校まで運ぶのだ。車が第一だ」男の先生は、わたしの方をむいて、きっぱりいった。

とうとう水筒の水は、一滴残さず、大八車の輪や心棒にかけられてしまった。

夕方学校へもどってくる頃、みんなふらふらだった。みんなで力を合わせて持ちかえった材料を使って、防空壕はでき上った。しかし空襲は、まだ遠くの町のような気持でいた。

その年の秋、B29が撃墜され、岡崎の近くの松平村《まつだいら》に墜《お》ちたことがあった。警報が出たので、子どもたちを送っていき、帰ってきたら、校門のところで、北東の空に飛行雲がまっすぐ下にいくのをみた。あB29、と思って瞳をこらしていたら、翼が陽をうけて銀色にキラッとひかった。つぎの瞬間、パッと焔みたいな赤いものがみえ、下へ落ちていくのがはっきりみえた。

後日、墜ちたB29の展覧会が岡崎の公会堂であり、子どもたちをつれて見にいった。当時新聞は常に「鬼畜米英」と書きたてていたので、わたしは会場についても、何だかこわかった。縄をはって市の職員が、長蛇の参観者の列を整理していた。

会場にはB29の翼の一部、搭乗員の大きな飛行服、もっていたものなどがならべられていた。でも一番印象深く胸にやきついていることは、その部屋いっぱいにひろげられた、アメリカ兵のつかった、純白の美しい絹の大きな落下傘だった。ひもも太いきれいな絹だったような気がする。それともう一つ、ポケットに入る位の大きさのアメリカの女の人の写真だった。

あくる二十年の三月、空襲は頻繁になり、宿直も男の先生だけにまかせられず、女の先生も裁縫室で、当番で泊まることになった。しかし、とまるにもふとんがない。子どもから古い布二尺と、古い綿を寄付してもらい、ふとんを作って、卒業記念に母校におくることになった。

子どもから集めた布は各種さまざま。色や柄を少しでもみよいように、女の先生で頭をひねって布くばりをし、つぎはぎのふとんを仕上げた。なにも物のない時代、今ならくずやにはらいさげるようなふとんでも、先生たちは大よろこびした。

卒業式は、式の途中空襲警報が出たらどうしよう。式はやめるか、いややろう。とにかく式はとり行われた。教室に帰って子どもたちに卒業証書と、記念品の「認印」を手渡し、お別れのことばもそこそこに、校門から送り出した。ほっとしたら、空襲のサイレンがなりだしたことをおぼえている。

（富田　美鶴 岡崎市）

ひもじさにひとの べんとうをぬすん でたべたこども

昭和十九年の三学期、私は豊中《とよなか》市で、国民学校二年生の男女六十人のクラスを受持っていた。校区の半数が農家、半数が工員、事務員等の給料とり、という構成の部落であった。

都市に近い農家の景気は、一般の食糧事情の悪化に反比例して、よくなっていった。

農家は保有する米穀類や収穫する野菜や果物を、多くのお金や日用必需物資に交換していたが、その交換率はよくなる一方で、戦後、ある農家のおかみさんは、「紗《しゃ》の羽織と麦五合とかえた」と話してくれたことがある。当時は主食、副食物を持っているものが一番強く、他の物資には不自由しないのがあたりまえとなっていた。自然、交換の取引先は、いろいろな物資（着物や石けん等）を沢山もっている家庭が対象になるために、農村に住む零細な月給取りは、何も手に入らないことになる。

受持っている六十人の家庭で、農家の子は生活が豊かになる一方、非農家は苦しくなる一方という中での、規律だとか道徳というものは、非常に扱いにくかった。お弁当はみんなそろってたべ、たべ終ったらみんなで「ゴチソウサマ」をして遊びに出る、ということが極めて行われにくいのである。

オカユのようなベチャベチャの雑品を炊きこんだ御飯は、弁当箱のふたをとった時に、既に片方に寄ってしまっている。農家の子は銀メシを盛り上がる程にぎっしりとつめて来て、おかずもいい。「これなあ、きのう別荘（子供たちは高級住宅のことをこう呼ぶ）のおばちゃんにもらったんだぞ」とみせびらかせば、「ウチとこかて、飴をいっぱいもろたんよ」と負けずに自慢する。

非農家の子は、とっくに自分の弁当はたべ終って、木のいすと自分の太ももの間に冷めたい手を押しはさんで、寒さにふるえながら、裕福な子供の楽しい会食を、我関せずの顔をしてじっと待っている。

この己《おのれ》に克《か》つ小さい頭や胸の中は、如何につらいか、飢えの苦痛を知っている私には、いたいほどに伝わってくる。

三年生になった春ごろから、クラスの弁当が一つ二つと失くなりはじめた。子供たちは自分のひもじさを、犯人を捕えることで打ち消そうとするかのように、必死になって犯人探しに協力してくれた。

その結果、Tという少年一人の仕業であることが判った。ひもじさをこらえていることが長く続くうちに、彼の食神経は麻痺してしまい、いくら食べても満腹感がなくなってしまった。

小柄なTは、一度にギッシリの銀めしの弁当を三個平げてしまう。盗むと学校の近くの藪の中に持っていって食べ、弁当ガラを竹の落葉の中に捨ててくる。見付かって、叱られても、また同じコースを選ぶのだから、そこが三年生というべきか。

Tのからだは、やせて棒のようになり、胸の骨がせんたく板のようにあらわれているのに、お腹だけはタヌキのようにポンポンにふくれあがっている。「もうしません」とかぼそい声でヒーヒーと泣いて謝《あや》まっておきながら、はや翌、翌翌日はまた盗む。

一生けん命に空腹に耐えている子どものことを思えば、Tを放置できず、私は校長先生に相談して、大江橋《おおえばし》にあった少年相談所につれていき、結果、Tは、柏《かし》原《わら》にある施設に入所することになった。ここは、元来は、罪を犯した子どもたち、両親のない子どもたちなどの保護施設である。Tは母もおり（父は出征中）罪といっても、お腹のすく病気、しかも配給制度の結果やむなくなった病気なのに、こういった施設に入れられねばならなかった。

その時は、そうすることが精いっぱいの措置であったが、その時すでに、私の気持の中には釈然としないものがあったし、戦後、生活が落ちつくにつれて、私はTに対してすまないことをしたという気持がだんだん強くなってくる。

Tは、この農村に疎開してきた一家であったし、戦後すぐ私は学校を辞めており、しかも東京へ移ってきてしまったので、その後のTについては、同級の子どもたちからのたよりの中にも全然ふれられていない。もしも、どこかでバッタリあったら、私は何といって謝まろうか、と思う。（**浦田　邦子** 武蔵野市）

こわされたふろやのいろのついたタイルがほしかつた

いろいろな理由で疎開の出来ない子供が結構居たものです。低学年なので集団疎開に加われない子、（特別な理由がなければ、小学校三年生以上でした）郷里を持たない親、田舎に親戚《しんせき》も知人もない家の子がそうでした。私なども何代も続いた江戸っ子の果てで、行くべき田舎が有りませんでした。

そんな子供が、一年生から六年生まで二十四、五名は居りました。始めの内は男女それぞれに分れて、先生も居て授業らしきものも有りましたが、それも三月程で若い先生は出征したり疎開してしまったりで校長と、体の不自由な先生、小使さん、と大人はそれだけになってしまい、生徒も一人へり二人へり、男女ともに十七、八人になってしまいました。仲間がへる度に、行くところがない残された子供達は皆とても心細いおもいをしなければならず、家に帰っても、その事で親子とども不安にかられたものでした。

それでも毎日登校し、おきまりの防空頭布《つきん》、これも女の子にはちゃんと流行が有り、始めの内は三角のとんがり帽子、その内肩あての所に襞《ひだ》を寄せたり、頭のところに襠《まち》を入れて丸い恰好にしたりで、母親はいつ着る時が来るやも知れぬ縮緬《ちりめん》の花模様などをこわして作ってくれ、そんなものを作ってもらった女の子は矢張り少し得意になったり致しました。

終戦の前の前の年でした。そのほか煎《いり》

米《こめ》や匙《さじ》（黄燐焼夷弾の燐を落す為に皆持たされたものでした）三角巾《さんかくきん》、こまごました薬品類、それに不思議な恰好をした手袋（鶏の足の様な三本指ので、親指と人さし指が一本づつ独立していてあとの三本は一緒で、しかも綿入れです）こういう姿で登校しましたが、果して教科書を持って行ったかどうかは記憶も定《さだ》かで有りません。

何しろ先生の居ない学校です。一応自習をするという事になっては居ましたが、男の子は戦争ごっこ、女の子は絵をかいたりジャンケンをしたり、本を読んだりして居た様です。時間ごとのベルも鳴りませんから二時間目頃にはお弁当を食べてしまい、警戒警報になるまではとに角学校で過ごしました。

一度は男の子と女の子が入り乱れて原因不明の大乱闘になり、低学年の私は何が何んだか解らぬ内にぶったりぶたれたりしてしまいました。ねずみの子が追いやられて一ヶ所に集まり混乱を起した様なものです。不安な気持が爆発したのでしょう。広い校舎を暴《あば》れ廻り木造の廊下や階段をどすどすと踏みやったので校長先生がとんで来て、私達は制裁を受けねばなりませんでした。女の子と男の子と一列づつに立たされ、女の子の目の前で、男の子は往復ビンタを喰《く》らいました。小さな子などよろけて転《ころが》ってしまいました。

大人だってやり切れない気持だったのでしょうが延々と一時間は叱られた後、やっと私達だけになった時、私達は押しくらまんじゅうの様にひとかたまりになって、女の子も男の子もオイオイ泣きました。ぶったってぶたれたって、皆きょうだいの様な気持が流れて居たのです。

私も一度ひどく叱られました。自習という事で皆で絵をかきました。それぞれかきたいものをかいたのですが、私は髪飾りをキラキラさせて、裾を長くひいた花嫁さんをかきました。

皆の中から上級生が選んで黒板に張ってくれるのです。私のも張り出されたところ、一週間に二度程見廻りにくる校長が、それを見てベリベリとはがし、こういう非国民の絵をかくヤツは誰だ、と怒《ど》鳴《な》りました。

おずおずと私が立ち上ると、お前の親は非国民だ、文句が有るなら親に言え、と言ったなり出て行ってしまいました。もとより小さな私に文句の言えよう筈も有りませんでしたが、それでも内心、鉄《てっ》兜《かぶと》の絵などをかかなくて好《よ》かったと思いました。

その頃街では取壊《とりこわ》し疎開が始まり、街並がだんだん変って行きました。銭湯が壊される時には、もう随分居なくなった筈の子供がそれでも集まったものです。桃色だの水色のタイルが欲しかったのです。玩具《おもちゃ》など有りませんでしたから、小さなタイルはおはじき、大きなタイルは石けりで仲々貴重品でした。なるべくきれいな色をさがし特別美しいのを持っている子供は羨《うらやま》しがられ、得意になって見せ合ったりしました。今の子供達の玩具の何んと高価で立派なこと。桃色のタイルを後生大事にして居た私など、今デパートの玩具売場に行くと目が眩《くら》んでしまいそうです。

戦いもいよいよ苦境に入り、強制疎開の指令が出て、私の家も壊されました。柱に鋸《のこぎり》が入れられ、崩れ落ちるのに二十分もかからなかったと思います。やっとつてがついた信州《しんしゅう》にあと一週間で出発という時私は母を失いました。

きのみをひろったりまつやにをとったりしたやまのこ

（**太田　真理子**　東京都）

食糧増産の一環とかで、カシの実やイッチの実を拾って供出せよとの文書が小学校にきた。山の学校には願ってもない戦争協力の仕事である。上級生全員を引率して（といっても三十名ばかり）木の実拾いに出かけることにした。これで作ったパンを戦地に送るというのである。

握り飯を腰にして、学校から六、七キロもある官山に生徒の案内で出かけた。山の子供ではあり、お国のためにの一心で、昼食の時間も惜んで拾いまわったおかげで、夕刻にはどの生徒も肩に食いこむほどの量を、大黒様よろしくの態で、学校にたどりついた。今ではマムシのいることなど考えて、とても行ける山ではないが、戦時中のことではあり、こんなことも平気であった。

こうして拾ったのが十数俵になった。これは学校から約八キロ下の鳥栖《とす》町の工場に運ばねばならなかったが、荷馬車を持っている人に依頼しようにも、その経費は一銭もなかったし、運賃の高くなったその頃は、無料で引き受けてくれる人もなかった。

私は近所から借りて来た荷車に、見よう見まねで木製のブレーキを付け「供出品」と書いた幟《のぼり》を立て、十人ばかりの男の上級生に後から綱で引っ張らせて、急坂を転り落ちないようにして出かけた。もちろん梶棒は校長の私が握らねば、男の職員は誰もいなかった。はずかしいなどという気は少しもなく、鬼ヶ島から引上げる桃太郎のような気であった。長い道で会う人から「ご苦労さん」と頭を下げられて、全員勇気百倍した。しかし工場は忙しそうで、係の人も、ろくに私たちの労をねぎらってもくれなかった。

「代金は、後で教育事務所から渡すことになっていますから」

といいながらも、全員に一包みずつの

乾パンをわけてくれた。木の実がこんな乾パンになるのだそうだ。おいしそうな気もしなかったが、食べ物をもらうなどは、当時としては珍らしいことだったので、とても有難かった。代金は敗戦とともに、どうなったか考えもしなかった。

　夕方には、みんな無事に学校に帰り着いた。八キロの山坂を、荷車を引いて往復しても、疲れた生徒は一人もいなかった。それに工場でもらった乾パンが、よほど嬉しかったと見えて、ポケットに入れたり出したりしながらニコニコしていた。一日の重労働の報酬が、パン一包みなどに不審を感ずる者は、生徒にも大人にも一人もいなかった。私もその晩、一包みの乾パンを、それも両手の掌に入るほどの小さなものだったが、家族一同でかじった。義理にもおいしいといえる物ではなかったが、お粥ばかり食べている私共には、それでも結構うれしかった。

　敵機の空襲は連日のように続いて、苛烈になるばかりであった。日本の空は完全に敵の制空圏内にあったのだが、大本営から何十機撃墜などと勇ましく放送されると、

「陸上で迎え撃つと、国民に被害があるから、洋上で撃墜しているのだそうだ」

　と言ううわさを真実として受け取っていた。

　ある朝表の方で

「空中戦だ」

という叫び声に、驚いて飛び出して見ると、北の空を行くB29の編隊に、ケシ粒のような戦闘機が、機関砲の音の中を、キラリキラリ体を輝かせながら、突こんで行くのが見えた。崖に身を寄せて、息を詰らせて見ていると、急に一筋の白煙の尾を引いて、一機がまっさかさまに山の向うに落ちて行った。

「ヤッタゾ」

と歓声をあげたが、よく見るとB29の機数に変りはない。しかも悠々と飛んで行く。

「アアッ、落ちたのは日本の戦闘機だ」

　胸を締めつけられる思いと、祈るような気で、山の向うを見つめた。

「日本の飛行機が飛べないのは、航空燃料の不足のためだから、その松根油を作るために松ヤニを至急採れ」

　との通牒が、各学校に流されたのも、この頃である。

　山の子供たちはまた喜び勇んで、山の大松の幹に、V字形の溝を幾段も彫りこんでまわった。ゴム液を採るのと同じ方法だが、松ヤニは出はじめても、だんだん固まるので、大松でも、一本から一日に二十グラムも採れたろうか。それでも、これで日本の飛行機が飛べるならと、暑さも危険も少しも苦痛ではなかった。松の持主などにことわる必要もなかったし、文句をいう人もなかった。

　しかし、松ヤニは、供出の時間もなく、戦いは敗れた。石油罐に集めた松ヤニに恐る恐る火をつけて見たが、やたらに黒煙を出すだけで、豚の脂ほどにも燃えなかった。果してこれで飛行機を飛ばすつもりだったろうかとしみじみ思った。（**中川　三郎** 佐賀県）

■**松根を掘る**　ガソリンが足りなくなって、松根油の増産が全国的に要請されて、小学生もかりだされた　毎日新聞

ひるはこどもよる はすいへいさんが つかうきようしつ

入学式には五十六名だった一年生は、きのう一人、きょう二人と、みるみる転入生がふえていく。胸に名札をつけることをしなかったので、私は、衣類から名前を識別した。ほとんどが着たきり雀だから、「格子縞のワンピースが清子ちゃん」とおぼえてしまえばよかった。ところが、このように毎日新入生を迎えると、名前をおぼえるだけでも一仕事である。

学校の裏から隣村にかけて、尾根《おね》続きの山の中は、蜂の巣のように縦横に壕が掘られ、中は大工場と化していた。時々落盤事故で、死人や怪我人が、運動場のむこうの道を担架《たんか》に乗せられて通って行く。工場の作業員の家族が続々と村内の飯場に移り住んだため、村の人口はふくらみにふくらむ。子供たちの中には、呼び名だけで、本名を知らないという子が幾人もいた。出席簿に、本名と全く違った呼び名のふりがなをつけ、毎朝翻訳しながら、出席を確認したものである。

しかし、転入生は農村の子が持っていないよさを身につけ、おっとりとした村の子に、ある面ではいい刺戟になった。

物置きの「明治〇〇年」と墨書され、足のとれた虫食いだらけの机や腰掛けも、再び日の目を見て、教室に運びこまれる。夕暮れの教室に名札だけが、いやに新しく浮かんで見えた。むろん机も腰掛けも、三人掛けである。こうして新学期はあわただしくすべりだした。

このまま進めばまだよかったのだが、村境の「原」と呼ばれる大茶園の丘は、毎日ブルドーザーでけずられて、飛行場となった。牧之原《まきのはら》飛行場の分遣隊ということで、海軍航空隊員が学校を宿舎にすることに決ったという。

もう三人掛けどころではない。昼夜二交替制で教室が使われるわけで、夜は教室一ぱいに、ふとんが敷きつめられ、昼はその寝具を教室の隅に積み重ねておく。しかし、朝晩机の出し入れはできないから、机腰掛けは使わぬようにとの指示があったらしい。何の相談もなしに、つぎつぎと新しい事態が起ってくる。いつの間にか、机と腰掛けは、村の各所にあずけられ、床に坐っての学習がはじまった。黒板と教卓だけの教室に、子供たちはただ、うじゃうじゃと寄り集まっている。そうしている間にも人数はふえる。はじめは床に腹ばいで絵もかけ、雨の日は室内運動も遊戯もできたが、暑くなるころには百名近くもなって、窮屈なことこの上もない。

「兵隊さんのおふとんにのらないように」とはいっても、無理なことは承知だから、気の使いようも一通りではない。もう名前をおぼえたり、算数を教えたりどころか、その日の員数を確認して、教室から出したり入れたりだけで精一ぱい。ようやく頭数《あたまかず》が揃ったころには、あの不気味な警報が村内に鳴りひびく。なるべく集団で帰らないこと。まわり道でもよい、三々五々、木の下や山かげをえらんで帰るように、と指示して帰宅させる。

こんな毎日の中にも、ときには昼すぎまで静かな時もある。二時間目のはじまるころから、校庭の一画で、隊員たちの食べ物が煮え立ちはじめる。急ごしらえのれんがのかまどに、ふろ桶ほどの釜が、いくつも煮えたぎっている。大豆の煮えるにおい。乾燥野菜（にんじん、ごぼう、大根の切干し）の煮える異様なにおいが教室に流れる。水っぽいすいとんか芋で朝食をすましてきた体には、何より条件の悪い時間だ。やっとの思いで昼食の時を迎える。

全康《まさやす》君という、顔の青白い、しかしすばらしく怜悧そうな坊やが、七月はじめに転入してきた。浜松で空襲に会ったので、この土地にしばらく落着くからといって、品のいいおかあさんがつき添ってきた。

昼食――私も、麦とじゃがいもの弁当をひろげる。その前で、全康君がひろげた弁当箱には、じつに見事に大きくふくらんだ大豆、大豆、その間にご飯粒が見える。あの美しいおかあさんが心こめて作ったものなのだろう。他の子供がぱくぱくと流しこむような早さで、食事を終る中で、授業中の怜悧さに似ず、かれの箸の運びの何とたどたどしかったことか。

そういう中でも

「先生、おれ、きょうこれが弁当だ」

といって、いり豆をポケットからとり出して、みんなを笑わせる男の子もいた。

なにがいいとか、悪いとかの判断より前に、まず食べることを考えなくてはならなかった時代、米代りの大豆の度重なる配給で、村中のおとなも子供も、体に変調を来たした。特に小さい一年生には無理もあったろう。授業中に便所へかけこむことが多かった。

当時私は保健係をやっていたが、大世帯になると、まず頭を痛めたのが便所である。人数は知らせられなかったが、相当な数の若者たちとの同居である。まず、便所があふれ出した。しかも見事な下痢便である。高等科の生徒が農業実習に運び出してはくれるものの、おびただしいものだった。

やっとの思いで、夏休みを迎えるころは、一年生は一教室に百十三人を数えた。文字もかぞえ方も、ろくに教えないで終ってしまった。運動場は焦げるような陽光の下に、かぼちゃやさつまいもが青青と葉を繁らせていた。わずかに残っている白い所は、連日のように出征兵士を送る式を行う場所だ。そこで私は、出征兵士を送る歌のオルガンをひく。もうお互いに無感動に近かった。

　村の田んぼに、大きな爆弾が落ちた。村のまん中を通る汽車が、機銃掃射でやられ、十人も即死した。畑に出る者は、手拭いや上着を草色に染めろ、村内をニュースが走り、指令がとんだ。

　警報が発令されると、汽車が不通になる。私はノー・パンクタイヤの自転車を、ギイコンギイコンこいで、八キロの道を走った。ふいに頭上にまっ黒い艦載機が飛び交う。あわてて自転車をほうり出し、草いきれの青田の中にはいずりこんだことも幾度か。八月十五日、かすれかすれの玉音放送のあと、将校の自決未遂云々の話が、職員室に伝わってきたが、だれもさして反応を示さなかった。

　数日たって、航空隊が解散したあと、ひっそりした運動場の隅のかつての炊事場で、女の子たちが歌いながらまりをついていた。

「……米の値段が六十円、
あんまり高いのでお目々がクリクリ、
……米の値段が七十円、
あんまり高いのでお目々がクリクリ……」

　私はそのころになって、ようやく我に返ったように、日本の前途を思い、やがて復員しても職のない夫との生活の、見通しのなさを思い、暗たんとした気持ちになっていた。私の給料は五十九円だった。（小関　春子 掛川市）

あのころのこどもはこんなふうにしていた

　朝近所の神社やお寺の境内《けいだい》に集合し、高等科の生徒の指揮で二列となって登校。

　校門には週番が立ち、防空頭巾や胸の名札服装の検査をし、忘れたり、忘れ物を取りに戻るとチェックされ、週一回の地域集会の席上で注意され、班の不名誉とされた。

　班は隣組と同じに編制されていた。

　校門を入った所で、御真影奉安殿に向って最敬礼をし、又忠魂碑、二宮尊徳像にも敬礼をする。

　服装は男女児ともズボンまたはモンペにシャツやセーター。女児は筒袖の着物の上だけのもの（標準服といった）に、冬は綿入れのチャンチャンコや、綿入れの標準服を着た。

　ズック靴は二ヶ月に一回、五、六足がクラス毎に配給になり、くじ引きだったので、はいている者は少く、多くは下駄ばきで足袋を着用。

　一度など鋳物の下駄が配給になったが、冷めたいし、音がうるさくてすぐに止めた。

　鞄《かばん》は必ず肩に下げるよう命令されていた。帆布や帯芯で手縫いで作ったり、女子は木口という木の口金に、銘仙や帯地で袋をつけ、肩から下げた。中にはしゃれた木彫の木口を持つ子がいて、みんなをうらやましがらせた。

授業

　算盤《そろばん》をしたり、姉のお古の教科書の書きこみを消したおぼえはあるが、どんなことをしたかよくおぼえていない。（修身の時間の教育勅語と、歴代天皇の暗記は、いまでもおぼえているのに）

　授業中警戒警報が鳴ると、鞄を持ち、防空頭巾をかぶって、班別に所定の位置に集まる。空襲警報になると、自宅へかけ戻った。警戒警報の解除で、再び登校もしくはそのまま解散になった。

　空襲警報が解除になっても、警戒警報が長く続くと、広い家へ集まって自習をするが、たいていは上級生から流行歌を習ったり、芸じまんの子が踊ったりで、演芸会のようになった。

　のちに教室は兵舎に使用され、廊下や昇降口の渡り板の上に這いつくばったり、机や椅子を出した教室で、二クラス背中合わせで授業をした。

　ノートはわら半紙をとじ、一度使用済のノートに、赤えんぴつで書いたこともある。

　チビた鉛筆には筆の軸《じく》をつけて長くしたり、消しゴムは下敷の端に紐でつないでおいても、よくなくなった。

弁当

　盗られるといえば、体操や教練《きょうれん》で鞄を教室へおいて出ると、必ずお弁当がとられた。

　からの弁当箱は、便所の中にすててあって、中身は食べられても、せめて箱だけはおいていってくれぬものかとうらめしかった。

　私も赤い弁当箱を初め、二、三回とられて、しまいには、兄の使ったドカ弁ぐらい大きくて、梅干の酸で黒くなりフタの真中に穴のあいたのを持たされたが、湯のみ代りにフタに湯をつぐときに困った。

　家の近い者は食べにもどるし、みんな包んできた新聞で見えぬようかくして食べていたが、たいていさつま芋やじゃがいも、かぼちゃのふかしたものなどだった。さつま芋の入った麦御飯は上等で、手製のむしパンやじゃがいもをサイの目に切って塩ゆでにしたり、すいとんの身だけすくって弁当箱に入れたり、苦心した。

わが家の特製は、ふかしたさつま芋をついて片栗粉とまぜ、コロッケ様にしてむしたもので、むしたてでないと甘みがおちるため、母が昼にとどけてくれるのが待ち遠しかった。同様にふかしたじゃがいもをついて麦飯とまぜ、ハンバーグ風にフライパンで焼き、あつあつにソースをつけて食べるのも母の発明で、きらいな麦も、こうするとおいしかった。

その後、授業はほとんど出来ず、春は麦の落ちぼ拾い、夏は軍馬の干草刈り、桑の皮むき、秋はいなご取り、どん栗ひろい、落ちぼ拾いと毎日動員された。

空襲が続くにつれ、教練が激しくなり、配属将校の下で、上級生男子は銃剣術、女子はなぎなたのけいこ、低学年は避難訓練をした。

綿入れの防空頭巾をかぶり、炎天下二時間もかけ廻ると、最後の訓辞の頃には貧血を起してパタパタと倒れ、近くの教室に収容しきれず、廊下や昇降口にまで寝かされて、足のふみ場もなかった。

栄養不足のせいか、蚊に食われた後が銅貨大のおできになり、なかなかなおらず悩まされた。ろくな薬がないため、どくだみの葉を塩でもみ、鼻が曲るほどくさいのをおできの上にのせ、ホータイをしたが、そのホータイもスフなので、すぐとけ、歩いていると落ちてくるので困った。（太田　芳江　佐賀市）

十五キロもあるとなりむらへひとりでかいだしにゆく

父の転勤で下河津村《しもかわづ》縄地《なわち》鉱山（現在河《かわ》津町《づまち》）へきてまもなく、昭和十六年十二月八日の真珠《しんじゅ》湾攻撃によって日本は戦争に突入したのです。

縄地鉱山は白浜《しらはま》村（現在下田町）の境の峠にあって、白浜の学校へかよう生徒と縄地の学校へかよう生徒があり、わたくしはもう一人の友だちと縄地分教場へ五キロの道を通学しました。横山秀夫先生が三、四年生、妻の延子先生が一、二年生の担任でした。一組男女共で十五人がせいぜいで、二教室しかありませんでした。

この縄地分教場にかよう頃、シンガポールの陥落でゴムマリを先生からもらったときが一番うれしいことでした。戦線遊戯とか鉢巻とりもたのしい遊びの一つでした。

やがて父は稲生沢《いのうざわ》村（現在下田町）の縄地鉱山高根鉱業所というマンガン鉱の運搬夫になり、母は選鉱婦として働きました。ハーモニカ長屋といわれる六軒長屋で風呂も便所も共同生活で、すっかり集団生活になれて山へばかり遊びに行き、畑につくってある栗や柿をとりに行ったこともありました。

まもなく父は召集となり、母と二人暮しになったとたんに又転勤で、こんどは静岡県田方《たがた》郡土肥《とい》町《まち》の土肥鉱山の長屋住いになりました。

昭和十九年十一月三日、縄地鉱山の鉱石を出荷する港まで荷物をはこび、西海岸の石廊崎《いろうざき》、松崎《まつざき》などをまわり七時間余ほど駿河《するが》湾を六家族とともに会社のポンポン船で土肥へきました。

土肥港は四国の四阪島《しさかじま》製錬所へ運搬する「金」が出るので大きな桟橋があり、石廊崎の荒波とくらべると畳のうえを走っているようで、ここが土肥港かと深く印象にのこりました。

土肥鉱山の社宅は朝鮮の人たちがほとんどで、トンガラシをいれてかぼちゃを煮てくれたり、米を石臼でつぶした粉でふかしてくれました。わたくしたちは稲生沢からだいじにもってきたうどん粉が、雨にたたかれてすっぱくなったのをムリしてたべましたが、主食はまさに豆かすばかりの生活でした。

たまたまイルカを浜へ追いつめてきては、とれたイルカの油をほしたのやイルカのやいたのをよくたべました。

家の柱や板の割れ目に南京虫がゾクゾク寒気《さむけ》のするほどいて、カンテラで「ブスッ」と焼き殺すのはなかなかおもしろいことでした。どこの家もカンテラで黒こげとなった柱ばかりでした。シラミも共同風呂へ行けば間違いなく背負ってきました。天気のよい日にフトンをほすと、ウジャウジャとでてきました。

恥も外聞もなく、小学生五年生で、十五キロもある隣村まで種いもやそら豆を買いだしに、学校から帰ると毎日のように大きな「しょいこ」を背負っていってきました。夜おそくなることもしばしばで、暗い森のところを通るとお化けがでるとか、おそろしい思いで行ってきたこともありました。

ありとあらゆる野草をとっては食べ、たまたま母が豆粕をわたくしに内緒で食べたといって口論し、三才のときから育ててくれた母親を困らせて、初めて生みの母親でないことを知ったのもこのときでした。

食事といっても豆粕の水とんとか豆粕だけのごはんでした。道ばたのサヤ豆や稲の穂を学校の帰りにとって、ナマで食べたりしました。わたくしの上級生で、「ユウさん」という人は片目、片足が悪いからだで、食うものがないため、毎朝ブタ箱をあさり、栄養失調のうえ腹の中へウジがわいてとうとう死んでしまいました。

戦争の雲行きはだんだんと悪くなり、毎日のように空襲警報となり、母と一緒に夜は坑内へ逃げるのですが、米をフライパンでいって缶へつめ、二日分ぐらい持って、坑内でいつ死んでもよいように覚悟はしていきました。

学校も半日で待避の訓練ばかりでした。かたい運動場を掘りおこし、さつまいもをつくったりしました。

そのうちに敗戦を前にして空から銀紙が落ちてきて、清水《しみず》や静岡《しずおか》が夜間爆撃をうけ、同時に艦砲射撃で照明燈に照らされ昼間のように明るくなり、火柱がいくつも見られ、煙突の倒れるのもわかりました。

そのうち友だちとメンコで遊んでいるとき、天皇の敗戦の報があったのです。大人の人が泣きながら「戦争は負けたんだって」……こども心にも戦争は勝つと思っていただけにとても変でした。猛爆を目のあたりにした静岡市へ住むようになろうとはよもや考えませんでした。

(江川　佐一　静岡市)

まいにち四キロのみちをがつこうへはだしでいつた

昭和十六年四月、尋常小学校六年を卒業して高等小学校に入学した。これまでは学校が五分で行ける所にあったが、高等科は町の学校に行かねばならぬため、毎日四キロの道を往復しなければならない。

戦争もいよいよはげしくなり、その年の夏にはズックがなくなった。みんなはわらで作ったぞうりをはいて通学した。七月八月は岩石山《がんじやくさん》と言う学校から一キロ位離れた山の中腹を開墾《かいこん》して、そばをまいた。九月になって又教室にもどり勉強した。戦局はますます激しくなり、内地の者はもっと戦地の人々の苦労を感謝し、一層努力しなければいけないと言うことで、通学用のぞうりを禁止された。

それからは毎日はだしで登校しなければならなくなった。私たちの通学道路はゴロゴロ道だ。途中に淋しく、けわしい峠もある。そして四キロもある。足が痛くてたまらない。誰れからともなく、ぞうりをはいて途中まで行き、道端の草むらの中にかくし、痛む足をひきずりながら登校した。

背には竹の皮で作ったカバンを背おい、母の古着で作ったカスリのモンペをはいて、はだしで歩くさまは、思い出すと身ぶるいしそうである。

町に近づくと、それまでのゴロゴロした石ころ道がアスファルトの道になる。この道が私たちを泣かせた。夏は暑くてとび上りたい位、冬はつめたく凍りついて、ささるよう。ヒビ、アカギレ、そして霜焼けに赤くはれ上った足、その足でゴロゴロ道を三・五キロ歩き、残りの〇・五キロはやきついたり、凍りついたりの道を歩かなければならない。それでも十二月の後半から三月のはじめ迄は、ぞうりをはけたように思う。

そして新学期、高等科二年生になった。少し勉強していたら、田植えの準備がはじまり、杉の木の下枝を刈る時期になった。それからは明けても暮れても杉の下枝刈りである。朝七時に家を出て、八時に学校に着き、八時半には山に向って出発する。

この頃から作業に出る時の班の組織が変った。県立、私立の中等学校の生徒も居住区の小学校に通い、方面別に分かれて班を形成していた。だから一つの班の中に中学生(男子)と女学生(女子)そして高等科(今の中学に当る)の生徒、それに担当教師一、二名で編成されていた。

学校から四キロ位の山道を登って、「すり鉢山」に着く。すり鉢をふせたような形をした山なので人々はそう呼んでいた。

その山が私たちの仕事場だ。この山の杉の木の下枝を落とし、帰りにはそれを背おって帰るのである。午後三時頃から帰り仕度をするが、自分の落した下枝を、少しでも沢山持って帰ろうと、持って来た綱でくくり、それを背中に背おって山を下る。その有様はまるでたき木が下りて行くようである。五、六十人の生徒が長い長い列をつくって歩く、先生も、生徒も汗にまみれて本当によく働いたと思う。こうして集めたたき木は、やがて皆の飲むお茶をわかす、大事な燃料である。皆一生懸命歩いている。だがこの道はとても遠く、背中のたき木は肩にくいこむように、ずっしりと重い。やっと校門が見えて来た。皆の顔にホッと赤味がさす、運動場にたどり着いた時は、くずれるようにしゃがみこみ、しばらくはじっとしている。そうしてやっと立ち上り、たき木を片づけ、我が家へと帰っていく。

山仕事の日が何日か続いたあと、今度は農家の手伝いに行く事になった。田植えが始まり、農家では猫の手でもかりたい程忙しい日が続くのだ。

私たちは二人一組で農家に配属され、そこのおばさんと二人で組み、枠を持ち、田にはいる。十株植えの中、四株を受け持って植えはじめる。最初はとてもついていけず、おばさんに手伝ってもらっても三株位しか植えられなかった。でも一週間位からおばさんと対等に植えられるようになった。からだ中が痛くてねむれなかった夜の事も忘れてしまいそうな程嬉しかった。

学校に行って勉強したのは、農閑期と、天気が悪くて山仕事や開墾の仕事の出来ない時だけだった。だから高等科の二年間、学校で授業を受けたのは五分の二位の期間だったと思う。空腹をかかえて、みんな石にかじりついて働く毎日だったと思う。(松本　和子　福岡県)

酒・た・ば・こ・マ・ツ・チ・石・け・ん・長・ぐ・つ・油

暗い灯

昭和十八年頃は、沖縄でも物資不足が目立ってきて、とりわけ困ったのは、燈火用の石油である。ほかの品物は、代用品で間に合せることもできたが、石油だけはどうにもならず、一家庭に月五合の配給だったが、いたずらに切符だけたまって、現物はないというのが実状だった。貴重品になった石油は、来客用に石油ランプとともに納戸にしまいこみ、ふだんは牛の脂を使っていた。

牛脂を皿に入れ、木綿の布片を芯にして、竹三本で燭台を作り、それに乗せて、平安朝の昔にかえったように、その下で勉強や、縄ないや、つくろい物をした。光度は石油ランプと大差はないが、脂の燃える臭いには閉口した。しかし暗闇よりはまだましだと辛抱した。

その牛脂を買うのに、朝四時頃から起き、一里の道を那覇《なは》の市場まで歩き、順番を待って、一斤二十銭の闇価のように高い牛脂を、一人宛二斤ずつ買っていたが、牛の数が少くなり、ついで軍が牛の買い上げをはじめたので、配給の量も、半月一回になり、やがて月に一回と、次第に減り、ついにはなくなった。

つぎに出はじめたのが、カーバイトである。当時戦局は日本軍に不利で、沖縄戦を予想した軍は、港湾の整備や飛行場の拡張に使うため、熔接機とともに多量のカーバイトを持ちこんだ。これが横流れして出廻ったものらしいが、値段が高い上に、ブリキ店で作った特製のカーバイトランプが法外に高いので、貧しい私の家では買うことができず、すばらしいほど光り輝く近隣のカーバイトランプを、羨望の目で眺める弟妹が、私には不憫《ふびん》であった。

当時私の家族は、四十才の父が胃腸病で病床にあり、私は学業を中退して、父に代り四反ばかりの畑を耕やし、主に野菜と甘藷を作り、片手間に養豚をやっていた。兄弟は十七才の私を頭に、次男が高等小学校二年、三男が小学校五年、妹が小学校一年と、みんな学校へ行っていたので、生活は苦しく、やりくりに明け暮れる父母を見て、小さい胸をいためていた。

その頃、大豆は割に豊富にあった。なんでも満洲《まんしゅう》から大豆を輸入し、帰りは黒糖を積出しているといわれていた。父と同年の母は豚の餌にするオカラを得るため、その大豆を原料にして内職に豆腐作りをやっていた。一升二十八銭で二升仕入れ、朝四時に起きて石臼でひき、湯豆腐を作り、家族の朝食もそれですませ、型に入れてかたく水をしぼり、固まった豆腐は一升から二箱とれた。

一箱は五個に刻まれ、一個で四銭、二箱で四十銭、二升分で八十銭。これをミカンの空箱に入れて軒下に吊し、傍に庖丁を添えておけば、買う人は勝手に入用の分だけ切り取り、金は一個宛四銭備えつけの小箱に入れて行く。

母は毎日豆腐作りに精出し、肉豚十頭、親豚二頭の餌代もついでに稼いでいたが、別に収入がなく、父の薬代と生活費に追われて、高いカーバイトランプなど買う金はなかった。

そこで私は考えた。牛脂も油なら、松脂だって燈火の代りになるだろうと思い、早速町はずれにある市有林に行って、松の根っ子を削って来た。晩になって、スルメの足のように細く裂いた松の根を、燭台に入れて火をつけた。仲々よい。ただ、まき上げる油煙と、十分間毎に火種を取りかえる面倒さがいやだった。

時々行って松の根を削るうちに、真似するものが現われ、松の根は大方切り取られた。市議会もこれを重視し、取締りの巡査を巡回させていたが、私の留守に、十四才の弟が松の根を取りに行き、巡査につかまったと警察から連絡が来た。

早速父と相談し引き取りに行った。腹をすかせているだろうと、竹籠に甘藷を入れ、豆腐に味噌とお茶も準備したが、道々弁解の言葉も考えつかないうちに、首里《しゅり》署に着いた。

かついでいたいも弁当を、首里警察署と書かれた門札の下に置いた私は、おずおずと門をくぐった。

「なにい、君はその子供の兄か、保護者はどうした、なぜ保護者をよこさないか」

受付けの巡査は、横柄にどなった。ペンを持った右手に空手だこができているのを見て、私は言い知れぬ威圧と恐怖を感じ、足がふるえた。

くどくど説明し、父は病気で私が代理で来たこと、子供のことだから、一度だけ見のがしてくれ、今後厳重に注意する、と弁解に汗をかき、やっと始末書でゆるしてもらった。さすがに弟は私の顔を見るなり泣きだしたが、髯を生やした署長も、空手だこのごつい巡査も、いっしょになってなだめてくれた。二ヶ年後には沖縄戦という悲惨な出来事がはじまるとは露知らずまだまだのんびりした時代であった。（**瑞慶覧　長和**那覇市）

■配給のきざみたばこ

たばこをまく

父も母もたばこを吸う、配給だけではとってもたりない。毎朝五時になると、角のたばこ屋の前から長い長い行列ができる。一時間も並んで待っているうち、行列はますます長く、どこのたばこやの行列だかわからない。向う町内のたばこ屋の後とぶつかる程つながる。

でも並べば買えるので、半分は面白い気持ちで、たばこを売る日は、友達と遠くの方までわざわざ行って、並んで母のために買ってきた。

その頃たばこの値だんを折りこんだかえうたがはやって、子供は喜んで面白がってうたった。外国語一さい追放で、バットが金鵄《きんし》と変った頃、（ちょっと付け加えると、ニュースが報道、スプーンは匙というように、一さいの外国語は使ってはならないと、私たち学校でも英語ローマ字など全く教えられなかった、そのため今たいへん不自由です、やたらと横文字が多くて）

そのかえ唄は、

金鵄輝く十五銭
はえある光三十銭
鵬翼《ほうよく》高い五十銭
紀元は二千六百年

後の方は忘れましたが、こんな歌で、こんな値だんでした。

だんだん戦争がはげしくなり、巻たばこがすくなくなって「みのり」というきざみたばこが多くなりました。その頃はやりはじめたのが、自分でたばこを巻くということです。

アルミニュームでできた、ごくかんたんな機械で、手軽に巻けるもので、巻く紙も売るようになりました。

早速父が買ってきて巻いてみました。仲々面白いし、上手に巻けるのです。子供にも出来るぐらいでした。しかし、とてもたばこを吸うのに使うだけのマッチがなかったのです。何でも不足不足で、なにか工夫しなくてはなりません。面白い事を父がはじめました。

父は天気のよい日には、レンズを持って、それを太陽にあて、その熱でたばこの火をつけるのです。まずたばこを持って、レンズを少しはなして持ち、太陽に向けます。一点小さく輝くところを上手にたばこにあたるようにしていますと、意外に早く火がつくのです。ちょっと気の長い話ですが、仕方ありません。

東京で焼け出されて田舎に来てからもその方法を続けて、たばこを吸っていました。天気の悪い日は、だめなので、雨の日は「ポッカチ」でつけていました。箱の中に、かいろ灰の灰のようなものを入れて、上で火打《ひうち》石を使います、一生懸命、金と石でカチカチするので「ポッカチ」と名づけました。その飛び散った火が、下の灰に落ちて火になるので、とてもひまがかかるようでした。

でも、そのたばこも次第に不自由になり、柿の葉、とうもろこしの毛、すっかしの葉など、みな色々工夫して、干してきざんで吸って見て、とうもろこしの毛はあんまりよくなくてだめ、甘柿の葉の干したものが案外うまかったそうです。全く神《かみ》代《よ》の生活のようになってしまったけれど、工夫もまたたのしみでした。（**細矢　充栄**小千谷市）

手作りの靴

十九年秋から終戦までを、私は学徒工員として過した。東京都北多摩《きたたま》郡にある自由学園女子部の三年から四年生だった。動員されたのは中島飛行機製作所で、跡は今ひばりが丘団地となっている。

二、三ヶ月工場に通った後、

学校が工場になった。寄宿生だったから、物に不自由することも甚しかった。三年生の夏帰省したとき、姉のスキー靴を持ってきていた。これは雨の日には心丈夫だったが、走らなくてはならぬときはつらかった。秋から冬中、どうにかこれでドカドカと過し、もうどうにもはきづらくなった頃、学校で遺失物のバーゲンセールが開かれた。

　毎学期終りに落し物の展示会が例となっていたけれど、それを売るというのも、物の乏しかった御時勢だが、当時落した物が係の所にそれほど集っていたというのは、学校として誇っていいかも知れぬ。

　私はこれで靴が手に入ると大喜びしたが、運がなかった。くじはみなはずれ、残った値もついてないほどのものの中から、やっと二足選り出した。一足は底が再生ゴムで、帆布のような布のついたもの、いま一足は、まともなゴム底だが、スフの布で、もうよほど痛んでいた。

　再生ゴムの方は、一月くらいはいたろうか、底が割れてしまった。母が小包で靴を送ってくれたが、届かず、途中で焼けたものであろう。やがてもう一足の運動靴も、ズタズタに破れた。五月頃だったとおもう。

　はだしというわけにもいかぬので、靴を作ることを思いたった。幸いゴム底はまだ使えるので、甲を手持ちの布で作ればよい。電休日（隔週の公休日をこういっていた）一日かかって靴作りをした。

　まずボロボロの布の部分を底から切り離し、型紙を取るため、ていねいにピンを打つ、なにしろ左右ともズタズタなので、紙の上に想像で線を引く、両方の型を重ねて、修正する。この靴はひも付きだったけれど、適当な鳩目もひももないし、もっと脱ぎはきの楽なものを作りたいと考えた。

　材料は父のセルでズボンを作った残り布を使ったが、靴としては厚みが不足だとおもったので、袷《あわせ》仕立てにした。こはぜは三個、こはぜ止めは配給の白い木綿糸を幾本もより合せてつけた。この糸は、ゴム底と甲布を縫いつけるのにも使った。はき心地、脱ぎはきも具合よく、私の手仕事の中でも傑作だった。翌日これを見た先生も友達も、こはぜどめの思いつきや、デザインをほめてくれたし、私自身もこれほど靴に満足したのは、ずいぶん久しぶりのことだった。それほど足にピッタリと軽かった。

　ところが、靴の心配はこれで終りにはならなかった。ゴム底と甲を縫いつけた糸が、なんといっても木綿糸二本どりでは弱かったのだ。糸の寿命はやっと二日で、三日目には一番力のかかるつま先から切れ出す、水にぬれでもすると一日しかもたぬ。そこで、一日おきに靴を縫う仕事ができた。

　たまたまその日が炊事当番に当るとか、空襲があるとかで、つい出来ずにいると、靴は容赦なくパックリ口を開けるのだった。雨の日には、べつに雨靴があるわけでなし、ぬれた靴を、あるかなしかの炊事の残り火にしがみついて、乾かさねばならない。いまにも糸の切れそうな靴を気づかって、ソロソロすり足で歩いたり、間に合せに、ひもやハンカチで靴ごと足にくくりつけることもあった。

　二日目毎に縫いつける糸がつきたら、ゴム底がすりへってしまったら、また履き物の苦労がはじまるのは知れたことだが、その心配は意外に早く解消した。糸のつきぬうち、戦争の方がつきたのである。

　しかし、すぐに靴の都合がつくわけでないから、その後も縫いつけ作業をしながらはき続けた。二十年の秋も終る頃、母から送られた小包のなかに靴が入っていた。どこから手に入れたものか、黒いスフ布の編み上げ靴だった。女の子の靴としては、まことに妙なものだけれど、なんといっても、それは新しい靴だった。

　二十一年の年があけて、新宿《しんじゅく》のヤミ市で、ゴム長を買った。値段はおぼえていない。それをはいて、いまは足のぬれることも、冷い思いをすることもなく、思う存分雪合戦をした。これほど自由に靴の買える世がきたことが、ほんとうにうれしかった。（古川　雅子　国分寺市）

あく洗い

戦争中、身にしみて不自由を感じた物の一つに、石けんがある。

　戦争がはじまって間もなく、統制販売になると云う噂が出るや、一日の中に、それこそあっと云う間に、あらゆる店頭から姿を消した。

　買い置きの少なかったわが家では、たちまち石けんを、しまつして、しまつして使う羽目におちいってしまった。次第に心細くなってゆく石けんを横目に、あらゆる智恵をしぼって、石けんの代用を考えねばならなかった。

　浴用としては、ぬか袋専用であった。

　近くの農家で、お米といっしょにわけてもらった糠《ぬか》を、晒《さらし》でつくった袋に入れ、湯の中で白水をもみ出しながら洗う。鶯のふんをまぜると色が白くなるという祖母の言葉に、半信半疑ですこしずつまぜては使ったものである。

　洗髪用としては、ふのりが活躍した。

　鍋一杯くらいの湯の中で、ふのり一枚を煮とかし、どろどろになったものを、髪になすりつけてよくもみ洗いし、あとをすすぎ流す。

　きれいさっぱり、汚れが落ちたかどうか、残念ながら全然記憶に残っていない。

　一番頭を悩ましたのが洗たくであった。あれやこれやとやってみて、結局は古人の智恵の遺産ともいうべき「さいかちの実」「灰汁《あく》洗い」を使うことに落ちついてしまった。この二つは思いのほか、よく汚れが落ちて、物資の乏しい数年間、わが家を大いに助けてくれたのである。

　「灰汁洗い」の灰は、木灰かわら灰を使う。薪や、庭木の葉刈りを、風呂にたいたあとの灰が、専ら利用された。

　桶の中に灰を半分くらい入れ、水をたっぷり入れてよくかきまわし、きれいに澄むまで放っておき、その上澄《うわず》みを汲みだして使った。

　もっときれいな灰汁を使いたいときは、これをこして使った。

　しょう油樽のような、口が下についたたるの中に、荒石、中石、小石と順々に石をつめて、台の上に置き、上から灰汁を注ぎ入れる。ぽとぽと下に落ちてたまった灰汁は、きれいに澄んで、少しぬるぬるしており、手がひどく荒れたが、シーツやシャツをたらいの中でふみ洗いにすると、おもいがけなく、白く美しく洗い上った。

　「さいかちの実」は、私が勤務していた師団司令部の庭に、十数メートルもある大きな木が数本あり、寒くなる頃に、黒く乾いた干しバナナのような実が、カラカラと落ちた。体裁などいっている時代ではなかった。せっせと拾い集めて袋にためておき、必要に応じて取り出して使った。

　まず金だらいに二升くらいの水を入れ、さいかちの実を十くらい入れて煮出すと、フツフツとしたあわが立ち、足袋など、この中でもみ洗いすると、きれいに汚れが落ちてしまった。


（高井　薫　宝塚市）

やみ酒

産業報国会が配付する、産業戦士用のビール券を、内ポケットに深くおさめ、前田君と山村君と三人で、広島市八丁堀《はっちょうぼり》の、キリンビヤホールの行列に加わったのは、十九年の夏の夕暮れ。

　ホールの二階のカウンターから、玄関を出て、ビルの角を左折し、街路に連なる愛酒家約二百人の最後尾に立った。行列のなかには、粉薬の包紙のような白紙に、煙草の茎を刻んだ粉を、不器用に巻く者、紙煙草を半分に手折って、短い煙管《きせる》に詰める者、踵《かかと》を上げ、首をのばし、前方の行列の動きをみる者あり。焼けつくようなアスファルトの路上に、ビルの影を投げ、ようやく汗が乾く頃、待つこと二時間にして、二階の床を踏んだ。

　ビール券を、白衣白帽のボーイに、三枚渡して、二枚を返された、カウンターの人は、素早く中ジョッキに、ビールを注いで、与える。泡がコップの上に三分の一、左手に取って、口に運ぶ、鼻をつく香気、咽喉をさすやわらかな刺戟と、甘味をおびた苦味、思わず、うまいと叫んだ大きな声。あたりをみて、一寸はずかしい。未練をおさえて、後続の行列の横を通り抜けて、管制中のうす暗い繁華街の街角で「一杯のジョッキも、楽じゃないのお」といって、西と東に別れた。

　バタンコ（軽三輪車、ウインドガラスもない、屋根もドアもない）の運転手中尾君は、会社の取引先をまわる途中、酒の香をかぎつける名手であった。

　中尾君の情報は、適確だった。仕事をおえて、バタンコの人となる。私には目的地はわからない。車がとまる。客の出入もなく、酒の香もしない。大手《おおて》町《まち》三丁目の居酒屋（店名は忘れたが）。中尾君は、入口の障子の破れ目に手を入れて、内側の掛け金を外す、二人は外をはばかりながら、急いではいる、中尾君は、掛金を掛けることを忘れない。マダムに合図すると、コップに酒を注ぎながら、マダムは、ジャンケンのチョキを中尾君の眼の前に出す。コップ二杯ですよ、の仕草であった。コップを手に持って、なめるようにして、中尾君とマダムに対して感謝し、一口のんでは、うまい、ありがたい、と連呼した。おしまいだ、コップの底をのぞきこんで、未練を残して、裏口から、こっそり出た。

　終戦の年の四月上旬、日曜日の朝、中尾君が小学校（国民学校といった）の疎開荷物を、県北の新庄《しんじょう》村に運ぶのだが、同道しないか、ドブ酒はあるぜといった。

　アルミの水筒二コをたずさえ、バタンコに乗った。県道から村道へ、谷川に添って山と山の間を走る。桜の花は五分咲きくらい、戦時中の桜の花を観賞する人はいない。午後四時頃目的地のお寺に着いた。

　先発の児童たちは、親、兄弟、姉妹から離れてこの山奥に来たのだが、意外に朗らかにみえた。しかし顔色は蒼白、衰弱して、この地方の児童の血色、頑健な体とくらべてその差を見出した。受持の先生に荷物を引渡して、帰路についた。

　中尾君は、路傍の農家やノレンの吊るした家の前で、車を停めて、二言三言交しては戻って、運転台にまたがる。

　ヘッドライトをつけた頃、中尾君は農家の軒下から、私を招いた。二人は土間を通り抜けて、台所の板間の端に、腰を下した。主婦が大きな飯茶碗に、なみなみと注いでくれた白いドブ酒を、味わう暇もなく、一気に飲みほしてしまった。主婦は二人の顔を交互にみて、唖然としていたが、気付いていて、空いた茶碗に注いだ。

二人は恥かしい素振りで、互に顔を見合せて微笑した。皿に盛られた沢庵を一箸つまんで、二杯目を味わうと、じつにおいしい。ああ、うまい、奥さんありがとうといった。身辺の応召兵士のこと、戦況の話以外はなかった。酔い心地は最良であった。

同時に乾杯して、二人は土間に立ってありがとうといって、最敬礼をした。チップも渡して、外に出た。今一度、最敬礼をして（心からの）農家を出た。車の荷台においた弁当箱はあるが、アルミの水筒二コは、暗闇に消えていた。ほろ酔いの頬をなでる宵の春風は、香がよくて爽やかであった。

■焼け跡の国民酒場　東京　　朝日新聞

月下の食事

（小久保　勘市 広島市）


石油の配給が、あろうことか、とうとう月に一合となってしまった。全然ないのと同じようなもの。何ヶ月か前、不便この上もなくなっていた、いわゆる自由購入から、月三升と決められた当座なんか、やれやれまだこの分なら、タマには好きな夜更かしも可能と、心中ひそかにほっとしたのに、それも束の間、やがて一升となり五合となり、ついに三合と急転直下。いくら何でもこれ以下にはなるまいと、根拠もなしにタカをくくっていた矢先きのお達しなのだ。

ブリキの手ランプに一ぱい半足らずの赤茶けた液体（多分、重油乃至重油混用）、果して幾晩保《も》たせ得るやら。

当時村中では、電灯を有《も》たない家が何十戸あったものか？　この部落では、うちと本家がそうだった。村の、多分九十%以上の家では、二十年以上も前から何不自由のない夜を有っているのに、どうして家では電灯を引かずに来たの。引けなかった当然の理由をちゃんと知っているくせに、おぼえず心にスネてみる。しかし今更はじまらない。もんだいは、このギリギリの現実を、どこまで合理化するかだ。

まず夕方は、外明りが残る最少限までに炊事を終え、やっとランプを点けたら大急ぎで食べ終え、食べ終るやランプは消されて、後片づけは翌朝日の目をみるまでおあずけ。これで何とか、月の三分の一内外をまに合わせた。残る三分の二はおおかた、いろりの火明りにたよった。早寝早起きはおかげで？何の苦もなく、小学校の福子にまで徹底してしまった。

ある晩、人が（誰であったか忘れてしまった）たずねて来た。彼は庭先きで立ち止まり、しばらくこちらを見すかしてから、「ソにやァ、夕飯《まんま》だンか」いかにも感に堪えた様子。

私達三姉妹はげらげら笑い出した。たしかにその通り、折からの月明を利して椽側食堂としゃれていたところだったのである。

私達はよく椽側を用いて晩サン会をやらかした。というよりは実に、月光さまを利用さしていただいたわけである。さはあれ、月は毎晩こっちの条件に適ってくれはしない。その日の天候とは密接な関係をもち、かつ日日夜夜《にちにちよよ》の時刻とは絶対的関係をもつ彼女であってみれば、私達とても元よりそこはのみ込んで、月の大半を文字通り暗黒の中でくらしたわけです。

ときどき、本家のいねさんがお湯に入りに来た。三人の子供をつれて、まっ暗やみの道をたどりついて、まっ暗やみの家の中へ入り、互いの声をたよりに、いっときの交歓をたのしむという寸法。

治男、満洲子、智恵子の三ぼっちを一人一人呼んで、あたまや肩のへんを手さぐりしながら、軍歌をうたったりなぞなぞをやったり。ある晩智恵子がさっぱり手にさわらない。母ちゃんのそばにも居ないという。みんなで「ちこ」と呼ぶと「あ」

と、部屋のあちら側から返事が来た。それが、あまりにも平常の声なのに呆れたり感心したり。ほとんど二才未満ごろであったろう、ちこはあんな暗黒の中を平気で縦横にあそびまわっていたのだ。二才未満ならたしかに、大人のような過去は有ち合わさないわけ、夜は暗いものという、幼ない彼女の、いわば常識だったにちがいない。

そんなさなかに、何本かのろうそくが配給された。「暗夜に光明」の語が、まさにぴったりです。黒い油煙をあげながら、チヂヂ……とかすかな燃え音をもらしながら燃える手ランプの、赤茶けた小さな炎ばかり見なれていた眼には、何とまっ白い光だったことか！

ろうそくの光は白くやわらかく、煤けた家うちを、ほのぼのと浄めてくれます云々とは、当時の古ノートにみつけた文字である。（**遠藤　風子** 北上市）

行列の場所とり

トントンと、表戸をたたきながら「タバコの配給ですよ、早く行かないと番を取られちゃうよ」と元気な声がします。「ハーイ有難う」と、私と妻は大声で床の中から返事をしました。

今朝は、タバコ屋さんでタバコを売る日です。今しがた表戸をたたいた人は、隣組のＫお婆さんです。お婆さんはタバコを買いに行く道すがら、いつも親切に私の家へ声をかけてくれるのです。

時計を見ると午前二時です。外は寒風、早速私と妻は身ごしらえをして、防空頭巾をかぶりタバコ屋さんへ小走りに向って行きました。妻はタバコはのまないけれど、私が困っているのを見かねて、いつもいっしょに買いに行ってくれるのです。あちらからも、こちらからも、寒い星空の下を、黒い影がカラコラカラコラと足早な下駄の音を立てて、やはりタバコ屋さんの方へ走って行きます。

たちまち行列は二、三十人になってしまいました。そしてはじめは暗くて、誰れが誰れやらさっぱりわかりませんが、次第に目が暗がりになれてきて見ると、みな近所の人ばかりで、行列の常連でした。中には子供までいて「お父さんに買ってやるの」と真夜中を平気で行列の中へ加わっていました。

寒いのでふるえながら、それでも時間つぶしに世間話をしたり、たわいもないことに大声で笑ったりして、時間をもてあましていました。「タバコなんか覚えなければ、こんな苦労はしなくてもすんだにね」などという人もいました。

ある人がこんな提案をしました「どうですね皆さん、私たちはこうしてタバコの配給のあるたびに、夜中に起きて、しかも寒空に立ちならんでいるなんて、こんな馬鹿げたことはないから、ここへ来た順に、白墨で下水ブタの上へ、各自の名を書いて置いて、家へ帰って夜が明けたら、その印の上へ立っていることにしようじゃありませんか」

みんな一寸考えこみましたが、誰れいうとなく「そうしましょうか」と全員賛成しました、誰かが早速白墨を持ってきました。下水蓋の上に、直径三十センチくらいの丸を、集まった人の数だけ書きました。それはちょうど子供の石けり遊びのようなことになりました。各自がその丸の中へ自分の名を書いて「いい案だが、消されちゃあしないかね」といって三三、五五、家へ帰っていきました。ひとしきり賑かだったタバコ屋の店先も、また元の静けさに戻りました。

夜が明けて私たちは、先刻書いた自分の丸印の上へ立ちました。しかし夜中に決めたこの丸印のことを知らない人は「何だねこれは、こんな勝手な決め方があるかね」と不平をいっていましたが、衆寡敵せず、だまりこんでしまいました。タバコ屋さんの協定で、朝七時に一斉に売り出されます。待ちこがれた行列が急に活気づき、各自が一個宛タバコを売ってもらい、にこにこ顔で帰って行きますが、中には買ったとたんに走り出して、次の近くのタバコ屋の行列の最後尾に着く人もいます。運がよいと、また一個買うことが出来るからです、それと反対に、向うのタバコ屋で買った人が、私たちの行列の最後へ加わることもあります。

とにかく、この丸印行列法も、一見合法的に見えますが、こんな勝手なきめ方が長続きする筈がありません。つぎの配給日には、前夜の十時頃から、そろそろ丸印を書きはじめました。

さらに次の配給日には、前日の宵の口から丸印を書く始末で、だんだん批判の声が大きくなってきました。ついにある朝、前夜書いた丸印は完全に消されていて、誰が何番か見当がつかなくなり、それ以来この名案？も立消えとなってしまいました。（**内田　長三郎** 埼玉県）

電柱の利用

もろもろの物資が不足した中で、一番困ったのは、マッチだった。

配給が、すっかり途切れて、家中の戸棚や、箱や鞄《かばん》、はては、つづらの中のボロ服のポケットまで探して、折れた一本、二本を、有難がって使っていたが、それも、使い果してしまった。

困った末に、付木《つけぎ》を製造する

ことを思いついた。材料は、鉱物標本の中に入っていた硫黄《いおう》を、空缶《あきかん》のふたに細かくけずって入れ、火にかけて暖まって熔けたところで、細《ほそ》く割った経木《きょうぎ》やボール紙の端をひたして、先につける。さめて、固まれば出来上りである。

晴天の日中は、虫眼鏡で点火し、その他の時は、のべつ仏だんに線香をとぼしておいて、必要に応じて付木にうつした。

火打石を使ってみたが、ホクチがないので、これは失敗した。

しかし、そのうちに、鉱物標本も種切れになり、疎開でとりこわしになった家屋の跡の、電灯引込線の碍子《がいし》を割ると、中に少量の硫黄のあることを知った。それを、屋根板の木っ端《こば》につけて、多量の付木を製造し、近所に配《くば》ったりもした。

（神守　きよ子 京都市）

海ほたる

当時（二十年）私は国民学校三年生でした。戦地で懐中電灯の代わりに使うということで、生徒たちに海ぼたる取りが命ぜられました。

毎晩満潮のとき（たとえ何時でも）私たちはでかけます。昼間のうちに漁師の家の子供が魚の頭をとっておいたのをもらって、細竹の先に糸をつけ、その端《はし》に魚の頭を結《ゆ》わえつけます。そして家の裏の「一段」に出て、海に投げこむのです。二段というのは、道をはさんで両側に家があり、片側はすぐ山に接し、片側はすぐ裏が海です。波よけと網置き場のために、家より一メートルばかり低く、巾約一メートルに石垣が積んであるところを二段といっています。

しばらくすると、エサのまわりに、ボーッと青白い直径十〜二十センチメートルほどのかたまりができてきます。それをエサごと引きあげて、指でエサのまわりをこそぎ落すと、ばらばらと、小さな海ぼたるが容器にたまります。

海蛍は直径約二ミリまでの半透明な球状をしています。三時間ぐらい、釣っては落とししていると、一合ぐらいになります。そうすると、私たちはもう帰らねばならない時間です。

帰ると、海蛍は新聞紙にうすくひろげ、蔭干しにするのです。

こうして乾したものをためて、学校に持って行くのです。

ふだんは夜、小さなこどもが外へ出ると叱られたものですが、このときばかりは公認で出られて、とても楽しかったものでした。

あの海蛍は、はたして戦地で使われたでしょうか。

（横田　好子 防府市）

松の明り

昭和十九年――主人の出征を機会に、吹上《ふきあげ》町の片田舎に引き上げました。

勤務地では電灯があり、給料生活でしたので、光熱についてそう不自由は感じなかったのですが、一度田舎の生活にはいると、光熱の不自由さは大変なものでした。

当時の田舎はランプ生活でしたからマッチと石油が、各家庭に割当てられ配給されました。

部屋の明りはランプだったわけですが、石油の配給量が少く、毎晩ランプをともすわけにはいかず、忙しい時とか、行事の時のためにしまっておきました。農閑期などは、石油節約のために、暗い部屋で過しました。炊事や乳児の世話は、赤々と燃えるいろりの炎だけが頼りでした。薪の中には、いつも杉の枯葉をまぜて焚《た》いていました。

杉の枯葉は、紙屑などより火力があって、長持ちするので、探し物や乳児のおむつ取りかえの時などにとても助りました。

杉の葉は、青杉の下枝を切り落したり、大風の吹きまくった後などに拾い集め、いろりのそばに小さな木箱を置いて、いつも入れていました。それでも、もっと明りがほしい、何とか方法はないものかと考える日が続きました。

思いついたのが、昔の原始生活をしていた祖先の人たちが使ったといわれる松のツガ（松の樹脂分の心材）火でした。大自然の息吹きをひしひしと感じながら、山の中に入ると、青葉にかおった頃の面影はみじんもなく、何十年も風雨にさらされたとおもわれる松の残骸が、地上に横たわっているだけです。

ナタやカマで腐った松の肉をつついたり、たたいたりしますと、完全にミイラ化した松のシンだけが残ります。それを家に持ち帰り、十センチ位の長さに、切ったり割ったりして、庭先で乾燥しました。乾燥したら、いろりの脇に瓦を重ねたり、かんからをつるしたりして使ったわけです。

松の油がものすごい勢いで燃え、部屋はいっぺんに明るくなるのですが、もの凄い煤煙がもくもくと立ち上り、まるで小さい汽車の発車時みたいでした。

少しでも明りにあやかろうと、ツガ火に近づいて食事をしていると、

「もう顔が黒くなってるよ、毎晩ツガを焚いていたら、いまに家も人間も真黒になるね」

という母の呟《つぶや》きに、ビックリするやらおかしいやら、明るくなった嬉しさやらで、久しぶりに腹の底からの笑いを取り返したものでした。

悩みは松のツガが少ないことでした。虫や風に倒されたり、

人間に利用されなかったものだけが、三十年も五十年も風雨にさらされ、完全にミイラ化するわけですから、少ないのもそう不思議ではないと思います。山を越え谷を渡り、歩き疲れても一本のツガも見つからないこともありました。一人、谷川のせせらぎに心をいやしながら、また明日のツガの採集に望みをかけていたわけです。

松が倒れてから十五、六年くらい経たものを思い出し、胸おどらせながら、背丈ほどの竹やぶをかきわけたどりついて、つついたりたたいたりしてみたが、松の肉は堅くびくともしません。枝先きの細い所しか採取出来ず、がっかりすると同時に、改めて松の強さにおどろいたものでした。

そのうち、マッチが、つぎの配給日までもたないようになって、あの時は、部屋の暗さ以上にみじめでした。

そこでいつも外出する時は、薪をいろりの灰に埋めて、火種をたやさないように心がけました。火の必要な時、燃えかすの薪の先を二本合わせ、火種をはさみ、杉の枯葉や紙を丸めての せ、顔が真赤になって息苦しくなるほど吹きつけると、ボーッと燃え上るのですが、火種が小指の爪ほどに小さいときは、灰の中に吹き飛ばして、火種を見失うこともたびたびでした。くやしさに、大昔の火打石を思いだし、堅石をガンガンたたき合わして、スッと出るうす煙りに、自分でも苦笑したものでした。

しかたなく、火種を近所にもらいに行きますが、うろうろしていると火は消えてしまうので、火のついた薪をくるくるまわしながら走って帰りました。風に吹かれて保たれた薪一本のもらい火で、やっと夜の炊事にかかるわけですが、食事どきまでの長い時間を待ちくたびれて幼いこどもは、いろりのそばに眠ってしまう有様でした。

（南郷　よね子　鹿児島県）

雪はだし

小学校六年生の私は、父の郷里佐渡《さど》郡両津《りょうつ》町（現在の両津市）に、遠縁をたよって一人疎開した。十九年の秋である。

その年の冬、新潟《にいがた》県では、いまも話題に残るほどの大雪に見舞われた。私は長靴をもたなかった。

ゴム製品不足で、ゴム長《なが》なんてものは、どこにも売っていなかったのだ。東京では、雨の日は、爪革《つまかわ》のついた高歯《たかば》でも、けっこう不自由を感じなかったが、雪国ではそうはいかない。

どこの家でも、すりへった長靴の補充はつかず、すべりどめに荒縄《あらなわ》をまきつけて、不自由を忍んでいたから、よそから疎開してきた子供にはかせる長靴などあるはずもない。

大雪の経験のない私は、大した恐れもなく、登校に高歯をつっかけて家を出た。

ところが、家から数メートルも行かないうちに、雪が歯の間にぎっしりつまり、下駄が雪の団子のようになって、ニッチもサッチも進めなくなってしまった。

なんとかして学校に行かなくてはならない。夷《えびす》（地名）のはずれの家から、橋を渡って湊《みなと》（地名）の入口の学校まで、汗をびっしょりかきながら、数歩ごとに、下駄を電柱やポストにぶつけて雪を落し、あえぎながら歩いた。

都会からきた女の子が、雪道で行きなやんでいるのを、土地の悪童連は、面白がってはやし立てた。

思いあまって、東京の両親あてに、長靴をなんとかしてほしいと手紙を書いた。まもなく、母から一人でいるこどもに不自由をさせた詫《わび》と、長靴、石けん、その他の日用品を送ったという便りがとどいた。

でも、待ちわびたその品物は、とうとう私の手もとにとどかなかったのだ。正確には、小包はとどいたが、かんじんの品物はみな抜きとられて、破損小包として、二、三冊の雑誌が到着しただけだった。

当時は、小包や荷物が破損状態で到着するのは、ごくありふれた出来ごとで、どこにも苦情のもって行きどころもない時代だった。私は今までどおり、高歯で通学をつづけるよりなかった。

そんなある日、学校で雪中行軍が催された。学校を出発して、隣村の田圃《たんぼ》を一巡して帰る三、四時間の行程だった。誰に相談してみようもないまま、重い気持で参加した。

人の踏みかためた歩道でさえ、あえぎあえぎの歩行なのに、まして人のかよわぬ田圃道の困難さは、たとえようもなかった。

ふり落しても、そのあとから雪が下駄にはりついて、重さに足がぜんぜん動けなくなる始末。列からはおくれるばかり。途方に暮れたすえ、ついに決心して、はだしになってしまった。

雪の中をはだしで歩くなんて、いまの生活からは到底考えもおよばないことだが、そのときは、それほど突飛でもみじめでもなかった。

最初は冷たく、それから痛く、やがて次第に足はしびれて、無感覚になっていった。そんな状態でどれくらい歩いたか、ぜんぜんおぼえていないが、その日行軍が終って、足をふき、上履《うわばき》をはいたあとの、燃えるような足のホテリの心地よさに、目の前がパッと開けたような気がした。

（味方　瞳　新潟市）

村へやってきた町の子

★食物やって歌わせる★

昭和十九年頃になると、いなかの親せきをたよって、私の町にも、東京から疎開してくる子が多くなってきた。そのうちに学校単位で集団疎開してくるようになった。子ども達は町の四つの旅館やはたご屋に、先生二人に生徒三〇名ぐらいずつ分かれてね起きしていた。

全部で百名を越える人数なので、町に一つしかない国民学校に、そのまま入るわけにいかなかったのか、疎開児童たちは、町の児童の授業が終わる二時頃に登校して、夕方まで勉強してたようだった。東京の何区の何学校の児童だったか、今はまったく記憶にないが、彼等が登校した最初の日、歓迎会がおこなわれた。疎開児童代表の六年生の男の子は、両親とはなれているさびしさなどおくびにも出さず、歯切れのよいはきはきした口調で、ぼく達となかよくしてください、ぼく達も早く縄ないや、ぞうり作りをおぼえて、いなかの生活になれたい、と言ったのを今でもおぼえている。

私や近所の友だちは、すぐ近くのさびれたはたご屋でね起きしているそかいっ子達と、すぐになかよしになった。彼等と近づきになるには、彼らが一番欲しがっている品物を持っていけばよかった。やはり何といっても一番喜ぶのは食べ物だった。食べ物といっても当時は甘《あま》いおかし一つあるわけでなく、子ども達の唯一のおやつは、農家で常備食としてつくっておくアラレやカタモチ（東京でいうかきもち）だった。農家でない私などは、豊富にアラレやカタモチがあるわけでなかったが、親せきからもらったものなど、何とか調達して、せっせと彼らに運んだのをおぼえている。

冬になると東京の子ども達には、東北の寒さが一番こたえたのだろう、わらぞうりをとても欲しがった。それでわらぞうりをプレゼントした。わらぞうりのないうちの子は買ってまで持っていってあげた。アラレやわらぞうりの代償として、私達がそかいっ子に要求したことは、はたご屋の廊下や、階段のおどり場などで、上手な歌を聞かせてもらったりゆうぎを見せてもらうことだった。そかいっ子達は、アラレやわらぞうりを手に入れたいばかりに、せいいっぱい声をはりあげ、手足をふりあげた。農家の子などは、時には梅干し入りの大きなにぎり飯や、餅などを貢《みつ》ぐ者もあった。

彼らとの交流は、つきそいの先生の目をのがれておこなわれたが、先生も生徒のひもじがるのを見かねてか、黙認しているようだった。彼らとの交流の場所は、いつもはたご屋の中だった。彼らから私達の家に遊びにくるということは絶対になかった。おそらく集団生活が乱れるのをおそれ、先生が外部での交流を固く禁じていたのだろう。

昭和二十年の秋、疎開児童たちは、迎えに来た家族に連れられて、東京にひきあげていった。いなかのアラレのおいしさや、わらぞうりの暖かみは一生忘れませんと言いながら、……あの中の何人かは、家族を戦火で失ったことだろう。

（土佐林　信江　小平市）

★先生が子供のぶんまで★

北陸の片田舎の私の家にも急に学童集団疎開で、大阪の布施《ふせ》市から小学二年と五年の男子約三十名が先生三人に引率されてやってきた。

その頃本堂の方には軍需品が積込まれ、会社から周期的に部品を磨きにきていた。

庫裡《くり》は建てて百年近くにも成《な》ろうと思われる古い建物であったが、家族は妹と二人きりだったので、デンと大きな十畳間や十二畳の部屋が三つずつ並んで、襖《ふすま》を取れば大部屋となる間取りで、真中の部屋は、昼も電灯をつけねばならぬような暗さ、それに台所はこれ又大きな流しに風呂場、かまど、囲炉裏《いろり》と六間四面ほどあるので、学童を受入れるのには好条件、子供好きの私は双手を上げてよろこんだ。

学童を迎えてまずおどろいたのは、モヤシのようにヒョロ長の顔色の悪い子が多いことで、食糧難の都会の子が、如何に耐えていたかがわかるような気がした。

受入れた村の人たちもやさしかった。日々大豆とうもろこしの粉に、わずかばかりの米、その米も遅配、欠配がつづいた。下痢のつづく子が出たが、だからといって食糧を変えることも出来ない情勢下に「学童に食べてもらって下さい」とお米、南瓜、さつまいも、ときには鶏などつぎつぎと運ばれた。

純農村の寺院で家族も少く、飯米《はんまい》には事欠かなかったので、自分も混食に切りかえ、十日に一度くらいずつ、おにぎりやおはぎを作って出した。砂糖一つあるでなく、南瓜やさつま芋のおいしそうな

■地元の子に迎えられる疎開学童　昭和19年8月　毎日新聞

のを選んで、少量のズルチンを入れたりしたが、子供はこれを大変よろこび、「銀めしや、カボチャのおはぎ作ってくれはった」と大変なはしゃぎよう。「つぎはお姉ちゃんなに作ってくれはるの」と目を輝やかせて待ちあぐんでいるのを見るとき、親元を離れているこの子らになんとか私の力で出来ることはして上げたいと、欲得《よくとく》なしに工夫をこらした。児童もよくなついてブタキン（豚のように太り、近眼の意）だの十万噸《トン》（肥えていて軍艦のように重い）だのと、有難いニックネームをつけてくれた。

来て間もなく、先生にも学童にも私にも、シラミやノミがわきはじめた。今のような殺虫剤もなく、お風呂の湯をにえたぎらせて、放《ほう》りこんだ。シャツといわずパンツといわず、縫目にズラリとならんで光るシラミの卵と白いシラミがうごめいているのをみると、思わず鳥肌が立った。先生や炊事婦さんは、学習よりも、食事と洗濯と、シラミ、ノミ退治に明け暮れた。

なかには熱を出して徹夜で看病するうち、「おかあちゃん、おかあちゃん」と泣き出す子、まるで母親になったようなつもりで一生懸命だった。いま思えば家の留守を守るより以外、徴用《ちょうよう》にも就職にも何らお国のために微力をささげることができなかった私が、学童の世話をすることによって、急に生甲斐を感じだしていた。ときには村の子らと、いなごやたにしを取りに行ったが、都会の子には非常に珍らしく興味があるらしかった。

そのうち困ったことが出来た。私の家が、私一人で気楽なために、外の四ヶ所に分散していた寮の先生たちが私宅に息抜きに来るのはよいが、夜遅くなってから、児童の米をごまかしては炊き、離れで食事することが度重なってきた。先生も配給米混食のみでは耐えられなかったのだろうが、子供はジーッと耐えていた。

ある日、またドヤドヤと先生が上りこんできた。五年ともなれば、その不満を私に訴える。児童は先生の部屋を覗《のぞ》き、一人二人とふえるうち、ドッと襖が外れて倒れてしまった。私は一時に爆発して「先生。あまりに子供が可哀想じゃありませんか。先生は子供のお米を食べて満腹でよいかも知れませんが、歯を食いしばって疎開している子はどうなるんですか。止めて下さい」と叫んでしまった。すると年長の先生は「なにもお嬢さんに言われる筋合いはない。先生には農業会から特配があるんですからね」とうそぶかれた。まさかそんな特権が許されている筈がないと思い、聞いて見たら、全然そんな配給はなかった。それ以来、事務連絡以外に先生が訪れて食事することもなくなった。

子供は「おねえちゃん、ありがとう。家へ手紙にかいて出そうかと思っていた」といっていたが、いまの教育のように、家庭的雰囲気とか学習とか、躾といわれる面は、みな押つぶされてしまった恰好だった。

こうした日を過すうちに、八月十五日を迎え、重大放送があるとのことで全員正座して聞いた。そのうち、全身の力が一時にゆるんでしまったような気がした。キョトンとしている学童に「戦争は終ったってことですよ」といったとき、喚声《かんせい》を上げて喜んだ。一人として敗戦を悲しむ子はいなかった。

（**藤原　徳子** 福井県）

防空壕と壕舎

二坪のトタン小屋

私の旧居は、昭和20年5月24日夜の東京大空襲の際、たくさんな油脂焼夷弾の直撃をうけて焼けた。当時妻は五歳の四男、二歳の長女とともに、新潟県の知るべに疎開しており、小学三年生の三男は学童集団疎開中で、東京の家には、旧制都立第八中学校三年生の長男と、同一年生の二男と、私の三人が暮していた。

　それまで、来襲するアメリカB29は、駿河《するが》湾から富士山めがけて本土上空に侵入し、右折して東京へは八王子《はちおうじ》、立川《たちかわ》あたりから入り、中央線沿いに東進して、千葉《ちば》の方へ行き、東京湾から退去する例が多く、いつもなら北方はるか、探照燈に照らし出された機体が見えるのであったが、その夜は横浜西方あたりから斜め右に曲がって、ちょうどわが家の真上を都心に向かって飛んだ大編隊が、びっしりと焼夷弾を投下したのだった。

　焼けたその夜から、親子三人は近くにあった義弟の家にころがりこみ、二、三日ぼんやり過した後、焼け跡の片付けをはじめた。火の燃えついた時、水かけもやったが、とても手に負えず、ケガさえなければと逃げ出したため、ふつうの消防手段は何一つ施さなかった焼け跡は、瓦とトタン板と壁土と土台石などが塁々と積もっているばかりで、燃えるものは全部あとかたもなかった。残土や瓦などを道路のわきに運び出す作業は、たいそう骨の折れるものであったが、子供たちにも手伝わせ、数日かかって、六十坪の地所を片付けた。

　このとき出てきた焼夷弾の殻は、わが家の敷地内からだけでも十九本あって、後には水汲み用のバケツ代用に使ったりもしたが、太さ七、八センチで、長さ四〇センチほどの長い六角形の筒だから、バケツ代用といっても適当ではなかった。

　さてここに、三人の住む小舎を建てようというわけだ。近所があまり焼けなかったので、強制取りこわしの古材を持った人もあり、柱や床板類をゆずってもらい、屋根と壁には、いくらでもある焼けトタン板を使う。寝室一坪、土間一坪、計二坪の小舎だ。前の家の台所のアゲ蓋の下は、コンクリートの枠になっていた。その上に床板をならべ、寝室にして、朝起きたらフトンは床下にしまうというアイデア。

　寝室から石と板の段を三段下りた土間は、地面より四〇センチほど低い半地下で、入口のドアから一段下に踏みこむような設計だ。寝室から別なドアで外の炊事場に出られる。井戸のポンプは、専門の井戸屋が修理して水も出る。大工の技術は皆無だし、道具は鋸、金鎚、ペンチ、ブリキ鋏、カジヤだけで、カスガイ

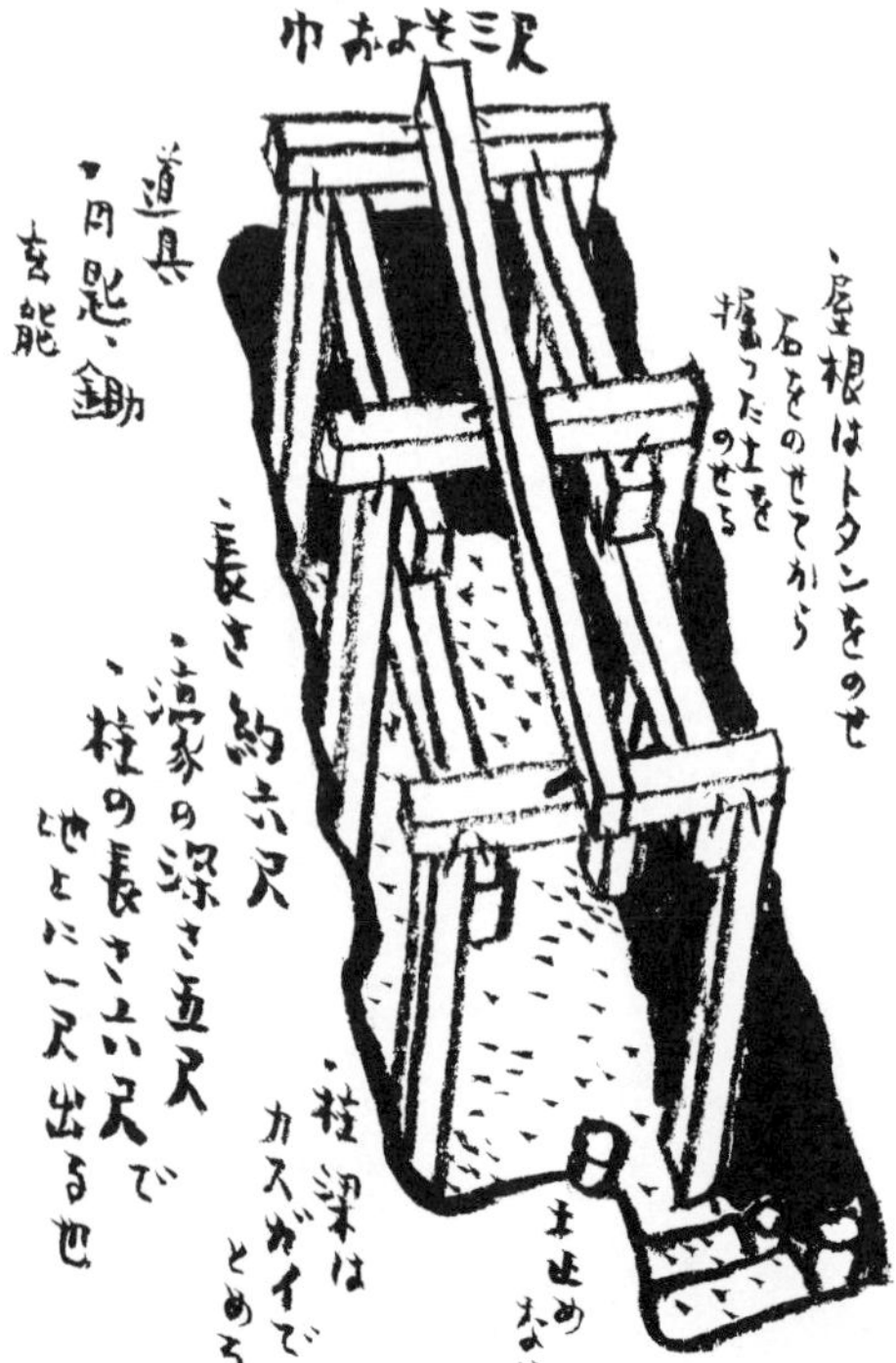

や古釘は人から寄付してもらった。土台を廻して、ホゾで柱を立てることはできず、柱は六〇センチぐらい土に埋める掘っ立てだから、長さのきまっている柱で、当然屋根は低くなる。土間の半地下式もそのためだ。土間のまん中にイロリを作り、そのまわり二方に腰かけ用の板をとりつけ、ここで食事もするつもり。

毎日新聞

電灯もついたし、ラジオも人からもらった。

万端でき上がって、義弟宅から小舎へ移ったのは、焼けてから半月ほど後だった。この小舎のほか、わが家の庭には、かねて掘ってあった一坪弱の防空壕と、半坪弱の地坑があり、わずかな衣類や、妻の疎開先からもらってきた米や麦粉などが少々貯えてある。こうしてきびしい小舎の生活がはじまった。

食べ盛りの兄弟、乏しい食料、ヘビもカエルも、野草も食物として採集したし、野良猫を捕って食べたこともあった。配給の大豆から石粒を拾い出すのが、夜なべ仕事だった。

8月15日、子供たちが学校へ行った留守、終戦の詔勅のラジオをこの小舎でひとり聞き、折からもらってあったナオシという甘ったるい酒をグイ飲みして、泥酔の上泣き寝入りした。

（戸田　達雄　東京都）

屋根上のカボチャ

二十年の四月十三日夜から、十四日朝にかけて、私の住んでいた小石川《こいしかわ》区西丸《にしまる》町《ちょう》一帯から、春日《かすが》町《ちょう》におよぶ都電の線路を目標に、敵機の来襲を受け、住いはきれいに灰になってしまいました。父親一人を後に残して、私と母と姉の三人は、敷ぶとんを頭からかぶり、リュックを背おい、傘と下駄を持ち、四時間あまりを飛行機に追いかけられ、焼夷弾からにげまわりました。

明け方近く、やっと本郷《ほんごう》の菊坂《きくざか》に広い焼跡を見つけると、誰からともなく腰をおろしてしまいました。春日町の裁判所の焼けるのを目のあたり見ながら、私はその火の色の美しさに見とれていました。

空襲が解除になり、朝の陽が昇りはじめた頃、家のことや父が気になり、重い腰を上げ、昨晩逃げまわった道を、そっくりそのまま帰り道につきました。焼け残って、何もなかったふうにたっている家もあれば、ブスブスもえて、煙を出している家もありました。植物園の前を通ると、ぞろぞろ人が出てくるところでした。植物園には、かなりの人が避難したとのことでした。丸山町《まるやまちょう》や大原町《おおはらまち》は焼け残っていました。家も大丈夫かも知れないという母の期待もむなしく、家のまわりは全部見渡す限り灰になっていました。

そこら中が焼けただれ、まだ地面も熱く、つまさきだって、ヒョイヒョイ歩いていきました。

家の焼跡の前にたつと、父が一生懸命井戸の側で働いていました。「お父さん

■住めば都　気がたかぶっているせいか、焼け跡の壕舎ぐらしも、キャンプみたいで、さほど苦にならぬ人も珍らしくはなかった

■空襲のあと
とにかく人手は家族だけ、資材はそこいらにころがっているものを使って「住い」を作った

毎日新聞

何してるの」「ああ無事だったか。こっちは大変だ。井戸のなかのふとんに火がついてる」井戸に横穴を掘って、タンスや衣服箱を入れ、その上に家中のふとんをしまって逃げたのですが、たまたま井戸の木わくがもえ落ちて、ふとんにもえうつったのでした。

　二日目に、父は焼跡から、土台石や瓦を拾ってきて、また強制疎開でつぶされた家の跡から、柱や板片をみつけてきました。

　四日目に、父を助けて、六畳一間のバラックを建てました。焼けボックイの柱や板をかくすようにトタンを張り、やけ瓦をのせました。私たちは、近くの親せきに寝とまりし、父と兄は、荷物と一しょにこのバラックで生活しました。

　ところが五月に入って、また大空襲がありました。私たち母娘は、空襲警報が鳴ると、すぐに父のところに行きました。まもなく神田《かんだ》方面が真赤になりました。その赤い火が、明るく美しいまでに夜空をそめていました。私たちはなんということなく、父がつくった縁台に腰かけて、その火の色を眺めていました。

　すると、にぶいあの特長のある音をたてて、B29一機がこちらの方に向ってきました。飛行機のおなかから、パラパラと火の玉が落ちてきました。パラパラパチンパチン。火の玉は焼跡に落ちてはねかえり、まるで花火のようにひろがりました。パラパラパチンパチン、花火はだんだん私の家に近づいてきました。焼けただれて、なんにもない焼跡に、花火はますます踊るようにはじけてひろがってきました。

　本所《ほんじょ》にいて大震災も受け、空襲で家が焼け落ちるときにも、冷静に判断してきた父が、まずうなるような声をあげ、バラックにかけこむと「南無阿弥陀佛」と念仏を唱えはじめました。母も私たちも父にすがって、口々にお念仏をとなえました。

　かすかにふるえている父の腰につかまり、私はもう駄目だとおもいました。どんなときにも、弱音もはかず、涙も見せなかった剛気な父がふるえている、そう思うだけで、私たちは心細く、もう生きた心地がしませんでした。幸い直撃を受けることなく、家のまわりにおいてある焼材木についていた火を消すと、ホッとして父の顔を見上げました。父は飛び去ったB29を、いつまでも見つめて立ちつくしていました。

　翌朝目をさまして表に出てみると、父はスコップで、家の跡を一生懸命掘り上げていました。「お父さんどうするの」「土の中に壕舎を作るんだ。どんなに焼夷弾が落ちても大丈夫なように、屋根の上に、土をたくさんもった壕舎をたてるんだ。地上にたった家など一たまりもない。土の中で生きるんだよ、栄子」

　父は一週間かかって、一間半も深く掘り、六畳一間、押入れと半坪の台所をつくりました。明りとりの窓一つだけ明け、屋根の上には、こんもり土をもって、カボチャの菜園にしました。おかげで、夜も燈火管制の心配なく、電気をつけて本も読みました。

屋根の上のカボチャも豊作で、どこから見ても、その下に人が住んでいるとは思われませんでした。もう毎晩私たちは眠ることが出来ました。どんなに敵機の数が多かろうと、あのヒュルヒュルという爆弾の落ちる音さえ聞えなければ、安心して眠ったものでした。

（松本　栄子　横浜市）

役に立たぬ防空壕

下の図のような防空壕をつくったのは、昭和十八年の春でした。

当時は父母弟妹と私の五人家族でしたから、すこし狭すぎる防空壕でした。しかし空襲警報もすくなく、避難することもなかったので、不便は感じませんでした。漬け物の桶を置いたり、サツマイモの貯蔵所として使用しておりました。

昭和十九年七月、小学生だった弟妹ふたりが、集団疎開で箱根《はこね》へゆきました頃から、空襲も頻繁《ひんぱん》になりました。

父は軍需工場、私は勤労動員で、それぞれ働き、母は家事を受けもっていました。

朝、空襲警報が鳴りますと、父母と私の三人が防空壕の階段からなかへ入ります。三人が腰掛けると、ちょうどいっぱいになるほどの腰掛けの大きさで、両側に父母、私は真中に坐りました。

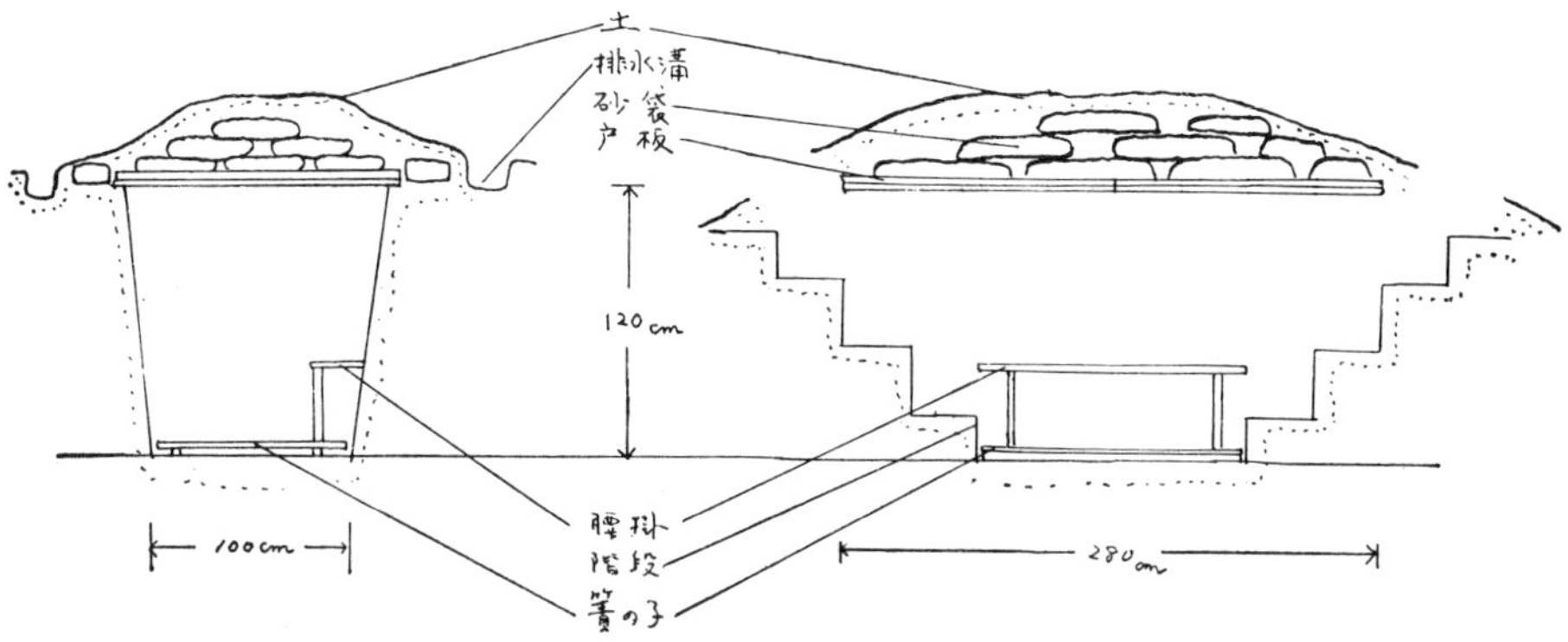

はじめは掘りっ放《ばな》しの土の床でしたので、サツマイモや野菜などの食料品貯蔵には都合がよかったのですが、衣類、調度品などには、すぐにカビが生えてしまいます。そこで、土のうえに簀《す》の子《こ》を敷きました。

空襲が激しくなってくると、ほとんど防空壕のなかへ避難したまま、夜を明《あ》かすことになりました。簀の子のうえに新聞紙をひろげ、そのうえに蒲団を敷いたのですが、三人が足をのばしては寝られませんでした。土の壁へ寄りかかって仮眠するため、のちに板壁も取りつけ、背中の湿気を防ぎました。

防空頭巾にモンペという恰好のまま、応急手当て用の薬品箱、風呂敷包みをだいて仮眠したのです。

この防空壕は、隣り組の人たちの手を借りて掘ったもので、二日間かかりました。掘り出した土は、図の砂袋につめて防空壕の屋根にあたる部分に積み、あまった砂袋は入口附近に置いておきました。また土砂も、防空壕のそばへ、シャベルを添えて盛っておきました。戸板も四枚、用意しておきました。

空襲になり、焼夷弾が降ってきたら、戸板に砂袋をのせ、さらに土盛りをして、防空壕の出入口を塞《ふさ》ぐ——という予行演習はなんどもいたしました。

しかし二十年の空襲のときは、その予行演習も、なんの役にもたちませんでした。

その日、五月二十九日、横浜に大空襲がありました。父は朝から集団疎開していた弟妹の面会のために、箱根へいって留守でした。

空襲警報が鳴ったので、母と私のふたりは、防空壕のなかへ避難しました。そのうちに、夕立がトタン屋根をたたくような音がしたので、外を覗《のぞ》くと、隣りの家が燃えていました。

母と私は夢中で、近くの中学校の校庭へ逃げました。防空壕に戸板をあてて、出入口を塞ぐことも、砂袋や土砂をかけることも忘れてしまったのです。

その日の空襲で、横浜市街地面積の42パーセントが戦災をうけ、焼失家屋約10万戸、罹災者38万人の被害がでました。

中学校で夜をあかし、翌日焼け跡へゆきますと、わが家は丸焼けでした。防空壕は、とみると、焼夷弾の直撃をうけて、深い穴がぽっかりとあいているだけでした。（江間　道子　横浜市）

まるで仙人の暮し

いつ戦災に遇《あ》うか、いつ焼けるかと空襲のたびに心を決めて避難していたが、いざ焼け出されてみるとさっぱりとして、一夜《いちや》乞食《こじき》になったにひとしいのに、心はからりとしていた。

隣組の中でも部屋数の十以上もある○

邸が焼けのこり、そちらの御世話になる事に決《きま》った。焼け出された翌日即ち五月二十六日の午後、カンパンとお米がほんの少しずつ配給になった。その夜は御親切に湯をたてて下さり、タイルの光るお風呂場に総勢十七人いれかわり入浴出来た。

私達親娘三人は玄関に近い二十畳の広間にSさん、Hさん、Tさん、Dさん方の家族と夜を送るので、充分に体をのばしては寝られないが、ともかくもタタミの上に夜を送ることが出来た。

翌二十七日はからりと晴れて、私達は家の焼跡の片づけに取りかかった。商売がお風呂屋なのでレンガ作りの石炭蔵が焼けのこり、それへさしかけを父が作ることになった。

焼け残った知り合から強制疎開のとりこわし材木と雨戸を沢山わけてもらい、焼けトタンをはたいてのばしたのを羽目に張り、三日がかりで四畳半位の部屋と三尺程の玄関を北側にむけて作った。

空襲がはげしくなるというので、その年の春三月、レンガの蔵の中に木の囲《かこ》いを作り、レンガと木のわくの間に泥をはめ込んで作った父の手作りの防空壕は、焼けて三日目にその部厚い鉄板の引戸をあけて見ると、大事な荷物は皆無事だった。

大分前によそでやはりこういう式の壕を作り、焼けてから「やれ荷物は助かった」と急いで開けてみると、まだ焼け落ちて間のないために火が入り、みすみす皆やいたと聞いていたので、父は大がめに水を張って入れて置き、日をへて引戸をあけたのだった。畳もなくむしろの上にござを敷き、天井もなく電気もないが、三日目にはO邸より移ることが出来た。風呂をたてようと、父がどこからかドラム罐を借りて来た。囲いがないので私は入ることが出来ない。父が木ぎれで作った低いはしごをかけて、背の低い母がようやく入ったのは、とっぷりと暮れて月もない真のくらやみの中だった。

家は焼けたが家数にして五、六軒先は焼けのこり、そちらの知合からなかなか貴重品の「味噌」「塩」「半紙」「手拭」「パン」「野菜」など頂戴して大助りした。煙草を三本下さった方があって煙草好きの父をよろこばせた。

連日晴天がつづき、掘り起した水道で洗濯するのも楽しい野天である。変った生活はおもしろかったが、いつ又空襲で焼夷弾を見舞われるかも知れず、父はレンガ蔵の品物に手をつけず、いつでも引戸をしめて泥で目ばりして避難出来るようにと注意をおこたらなかった。

五月三十一日には二度もB29が家のま上を通ったので、夜大挙して押しよせるのではないかと皆心配してくらした。

商売の風呂やは人手がないと出来ないので、父は再建するよりも親娘三人静かにくらしたいという願いがつよく、もとの店の脱衣場あとに菜園を作ろうと鍬をふるったが、掘っても掘ってもガラスの焼けておだんごのようになったのやら、大屋根にのっていた瓦の焼けこげやらがぞくぞく出て来て骨の折れる仕事だった。

朝日新聞

■ドラム罐の風呂　だれか前線から帰ってきた兵隊がおもいついたのか、それともこういうときに出てくる人間のチエか、とにかく風呂好きの日本人らしい工夫ではある

六月に入ってすぐの配給がタクワン一人九銭ずつだったし、御近所はどこも馴れぬ畑作りにとりかかっていた。

二、三日して父が医者のT先生の疎開あとからビンをみつけて来た。底の方に三糎位黄色の液体がよどんでいる。焼跡のことで夜はローソクで暮していたが、ローソクの灯に母がこれをたらしてみると油らしいという。紙でこよりを器用に作って燈心とし、この油でその夜は本のよめる位明るい時をすごした。まるで仙人のくらしだと母は明るい顔をする。

毎日三度三度の食事はどこの家も同じでおかゆとか、さつま芋とか、はこべをつんでおひたしにしたり粗末なのだが、父は勝つまでは誰でも不自由をしのんでいるのだからと、時たま不満顔をする私をしかった。焼土の下から思いがけず、家のもとの住居の庭すみにみょうががつやつやとした芽を出しているのをみつけて、御近所にもわけたりした。手に入った食物は何によらず御近所とわけあっ

て、とぼしい食卓をうるおす努力が、その当時の女の仕事の大事な一端だったのだ。（**藤木　治子** 東京都）

機銃掃射で助かる

警報をきけば、工作機械の電源スイッチを切って、裏山の樹間に体を潜めていた百五十名の従業員の生命を守るには、防空壕の必要があった。

裏山（向宇品《むかいうじな》）へ横穴式防空壕を掘ることにした。三十名が半日交代で、横穴を掘りはじめた。事務員と工員が、ツルハシやスコップを使って、土砂を掘る作業は、重労働で、不器用だが、自分たちの生命を託す防空壕である、表情は真剣だ。男子はツルハシで山を崩し、女性は土砂を手箕《てみ》に入れて、広場に運びだす。女事務員（女子挺身隊もまじる）も、モンペを着けて、社長以下全員一丸となって働くさまは、あたかも蟻が地上に出る竪孔《たてあな》を作るに似る。

百五十名を収容できる横穴は、すくなくとも五十米を掘りたい。高さを一・八米、幅も一・八米として、掘りはじめた。最初の半日で、大半の者は掌にマメを作った。警報が鳴っても、敵機を目で認めない限りは掘った。半月はかかると思ったのが、七日間でき上ったが、奥の岩盤に遮られて、三十米で中止せざるを得なかった。

二、三日たって、全員の待避訓練をした。空襲があっても、百五十名の生命は、完璧に助かる自信を得た。みんな喜びあった。

その年の夏、自宅にも、家族が待避できる防空壕を作ろうと、従業員の菅、甲野両君の応援を得て、裏に一坪の広さで、深さ一米を掘った。かこいを古木とトタン板とし、その上に土砂をおおい、大人一人が出入できるような入口を開けた。幼稚だが、爆弾の破片くらいは避けられるぞな、と菅君はいいながら、黄色い荒い歯を出して笑った。直撃弾なら、どんな防空壕でも、横穴式でないと一コロじゃと甲野君は真剣な口調でいった。

三人の子供は、学校から帰って、ああ防空壕だといって、飛びこんだ。待て待て、父さんも母さんも五人ではいってみようと、妻を促して、入った。妻は天井を仰いで微笑した。私は嘲笑に受取った、が幼稚とも、不完全だともいわなかった。

壕から出た妻は、垣根附近の雑草を、防空壕の周囲や上面に移植した。このせまい防空壕は、玩具にひとしいが、中にいると、気分が落ちついて、安堵感があった。

防空壕ができ上って間もなく、艦載戦闘機の機関銃掃射を受けた。妻と二男と三男は、防空壕に飛びこんだ。壕の中で首をちぢめてうつむいていたが、豆を炒るような音が瞬間つづいたといい、長男は、早く二階から降りて、壕の中へとすすめたが、二階で硝子障子をあけて、見物したと妻はいった。敵機が去った後、二男は防空壕の傍で、機銃弾一個を拾った。（**小久保　勘市** 広島市）

朝日新聞

■**あくる朝**　ふとんもナベもお釜も、そっくり無事であった、となり組で作った防空壕

女手ひとつで作る

防空壕も今までのような、土を掘っただけの素掘《すぼ》りでは駄目だから、有蓋（ふたつき）にするようにとの通達があり、近く検査があることになった。

当時夫は、学徒勤労動員の引率で、長《なが》崎《さき》の兵器工場に行って留守であった。八才七才六才の三児を抱えて、鹿児島《かごしま》に転任して来たばかりで、親しい知合もなく、私は途方にくれた。

土地の人たちは手助けに事欠かず、隣の家など数人がかりで、壕をカギ型に掘り拡《ひろ》げ、セメントなども使って、立派なのを作っているのを、羨ましく眺めていた。

たまたま海岸の材木屋で、板を売っていると聞き、前の奥さんと早朝から海岸まで行き、長い行列のあげく、三分板を二十枚ばかり手に入れることが出来た。

借りた大八車で、夏の炎天下を、汗だくで家まで引っぱってきた。また運よく、くじに当り、長い竹の配給が二本あった。南国だけに直径十四―五センチ、長さも六メートルくらいの立派な青竹である。

さて、どうにか材料は手に入ったものの、頼む人もないし、小さなこどもを相手に、一人で作る決心をした。考えてみると、既に壕は掘ってあるし、案外簡単そうである。

先ず竹は中が空《から》なので、生花用の鋸でも、充分切れて、六本の柱ができた。柱を土の中に打ちこみ、柱と外側の土の間に、板を壕の深さまでつぎつぎと横にならべて入れ、すき間に動かぬように土を入れると、板はとまり、側面の壁は出来上り。天井は柱と柱の間に板を横に並べる。入口、出口には、階段型に土を掘り、有り合せの板切れで土止《どど》めをして、木箱などはめこむと棚が出来る。天井の板の上に三十センチばかり土を盛る。こうして、ろくな大工道具もないまま、釘一本使わずに、深さ一メートル三十センチ、長さ二メートル、巾七十センチほどの壕が独力で出来上った。底には残りの板を敷く。

木の香も新しく、我ながら上々の出来上り。いささかお得意だった。

検査は甲、乙、丙にわけられて、丙は不合格の作り直しである。検査に来た警防団氏が「恰好は悪いが、資材がよいから乙」と判定されて、どうにか合格した。

二十年、いよいよ空襲警報もたびたび発せられるようになると、食料、身の廻りの物、貴重品の他に、やっと手に入ったお茶カン一杯の砂糖と、ゲッツ・サラダ・オイル（舶来製品）を後生大事に抱えては、何度となく、壕に出たり入ったり。

下二人の子供を連れて、夫が奈良《なら》県の山奥の伯母のところに疎開に送って行った留守中、六月十八日夜の大空襲には、折からの梅雨で三十センチばかり水が溜っている壕の中に、長男と二人で退避。いつもとは違って、真上に飛行機が飛んで来て、近くでドカン、ドカンという音。その中ザッーという凄い音とともに、あたりがパッと明るくなり、これで親子もいよいよ一巻の終りかと思う。外に飛び出して見ると、ガソリン臭いにおいに、庭一面五メートル四方、三十センチ置きくらいに、メラメラと火が燃えていた。

そばにあった防火用水の水をかけたり、靴でもみ消したり、雨で土がぬれていて、自然に消えるのもあって、わが家の庭の火は、どうにか消えた。よく見ると、壕から数メートルのところに、大きな焼夷弾が二メートルくらいの穴を掘って割れていた。もう四、五メートルも横に寄っていたら、家に直撃して、子供と二人だけでは、どうすることも出来なかったであろう。まことに幸いなことであった。

爆音が聞えなくなり、表に出て見ると、家の三軒向うはすっかり火に包まれている。みんな悲鳴一つ上げないで、黙黙と右往左往していた。後でわかったのだが、御近所でも、沢山亡くなった方、負傷者があった。（土谷　義　鹿児島市）

■防空壕設計図から

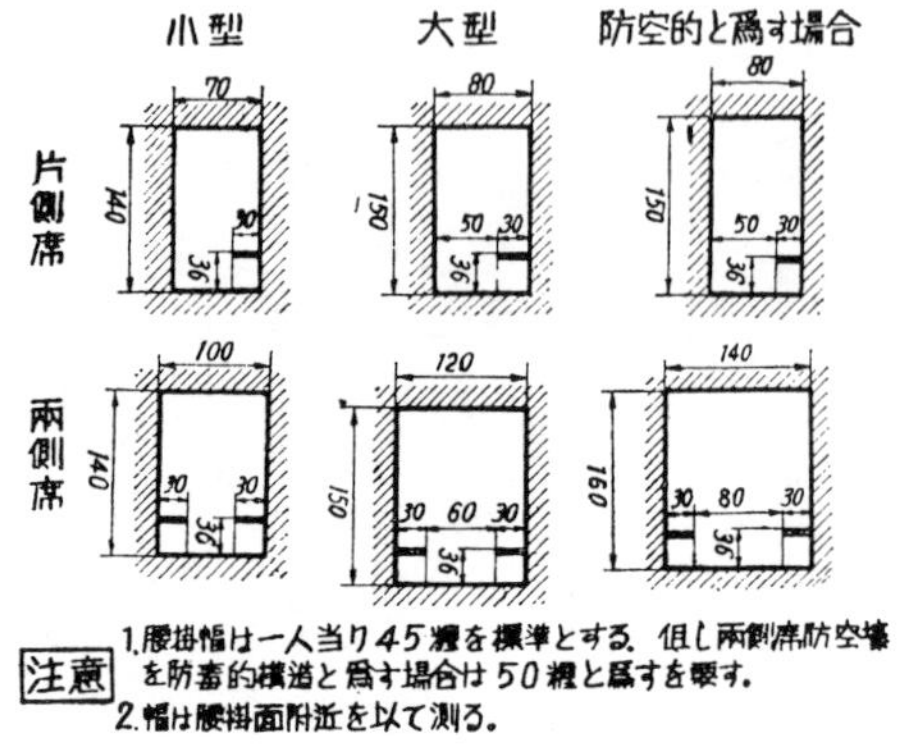

防空壕は断念して

水は汲み出しても汲み出しても湧き溢れた。けれども防空壕としてはそこが最適の場所だった。慌《あわ》てて縁を辷《すべ》り落ちても、そこまでは三メートルも走ればいい。西側はモチの生垣が二メートルほどの巾で丈高く育って、井戸のある庭を隔てていた。

表座敷に面した東側の庭の中央には古い青樫が数年手入れもされないままに、五メートル余りそびえて四方八方へ手を伸ばし、鬱蒼《うっそう》と茂っていた。それと隣りあって、これも相当な樹齢の松の木が斜めに倒れかかったように枝をはっている。壕に近く何本かの山吹やゆすら梅などの灌木がしっかりと根をはってとりかこんでおり、自然のままのいい掩護物となっていた。

縦のものを横にすることもないという風な明治生れの夫としては、珍らしく真剣な勤労奉仕の積りで掘ってくれた壕は、長さ二メートル近く巾一メートル深さも一メートルほどもあったろうか。だがその壕は防空壕の役目どころか満々と水を湛《たた》えているのだ。毎日少しずつ掘り進んで深さが一メートルに近づいた頃から水が滲《し》み出し、みている間に夫の両足は泥水にうまり、一晩すぎると澄んだ青空が映るようになっていた。

粘土質の掘り起しにくい土壌だった。額《ひたい》から流れ落ちる大粒の汗の玉が、夫の眼の中はおろか息を吸えば鼻の穴にまでしみ込んで行くのを、泥まみれのタオルで横なぐりに拭いとりながら、夫は憤ったような顔つきでシャベルを動かす。私はそばからそばから大きなひしゃくで水をかい出す。あきらめては又ほりつづけ水を汲み出す、それが幾日つづいたことだろう。

東京から江戸川《えどがわ》を隔てたわずかな距離のこの町でも、日毎に防空演習は繰り返されていたが、戦争の実感はまだ自分達のものではなかった。

長男が第一回目の学徒動員で十八年十二月はじめに入営し、次男はN飛行機工場につとめていて東京暮しだったが中学五年、一年と小六の男の子、幼稚園に入ったばかりの末娘、嫁いで来て俄かに六人の子供の母となった私はわずかに半年あまり、うろうろと気を兼ねることばかり多くて能率の上らない新米の大家族の生活（それまで父母と私たった三人きりのまま事のような暮しだった）に追いまわされて、防空壕作りどころではない。専門の仕事師に頼んで掘ってもらう経済的の余裕はなかった。それが出来るならば食べる方にまわした方がいい。シャツも服も直せるものは私自身のものまで男の子にも着せていた。

「どうせ死ぬなら皆一緒に死ぬさ、押入れにでも入ろう」夫も諦《あきら》めて投げ出した。とうとう穴掘り作業は中止した。家族は空襲のサイレンが鳴り響くと押入れに入った。

夏が過ぎ秋になった。私は姙娠していた。往復二里余りの農家への買出し、配給物の行列、食べごしらえのやりくり、娘時代に一度治ったはずの結核が再発していたが、寝ついていたのは幾日でもない。お医者様の往診して下さる時間をみはからっては床に入るのだが、しょっ中時間が間に合わなくてお勝手仕事をしているのをみつかってしまう。そんな位だから生まれてくる赤ん坊のおむつを縫う暇も殆どない。

私は押入れの中に裁縫道具を用意しておいて、さあ空襲というといそいそと押入れに入っておむつを縫った。ガーゼの肌襦袢《はだじゅばん》、胴着、ネルの寝巻、ようようあつめたわずかな材料をこうしてぽつぽつ縫うのだが、落着いて縫えるはずもない。空襲解除のサイレンをまつ間の少しの時間が、初めての我が子のために針を運ぶ唯一の時だった。押入れの中で産むことだって考えておかなければならなかった。

十九年十二月十六日早朝、赤ん坊は無事に座敷の床の中で生まれた。その日も、その後の一ケ月ほども真冬特有の美しく晴れた日がつづき、空襲も間遠《まどお》だった。親戚からまわしてくれたお手伝いさんのために、数少いおむつのために、晴れた日が何より嬉しかった。

やがて子供達は、夜空襲のサイレンが鳴り響くと、二階の雨戸をあけたまま敵機の来襲を待ち受けるようになった。押入れにもぐり込み息をひそめて爆弾投下の音を聞くよりも、開けっぴろげの部屋の中で烈しい空中戦を見守る方が、育ち盛りの男の子にとっては勇ましく望ましかったのに違いない。いつか私まで、空襲といえば小さい娘の手を引き赤ん坊を背にくくりつけて二階に上るのが習慣となった。「死ぬなら一緒に」その考えが頭から離れなかった。敵か味方かわからないけれど、一機が烈しく火を吹いて墜落して行けば、子供達は敵機が撃墜されたものときめて手を叩き歓声をあげた。私自身は「若しか味方だったら」そう思って胸が痛みはしたものの、真理に眼を閉ざされた人間の痛恨と悲哀に苛《さ》いなまれるのは、二十年経った今が更に激烈である。

私は東京の下町一帯が空爆された夜のことも忘れない。その絶え間ない爆撃のために、何里も離れたこの町の、目に見える限りの家という家の屋根は暗闇の中に照らし出されていた。隣家の白い壁が真赤に染まり、炎々ともえさかる遠い火災の照り返しで、部屋の中の夫や子供達の一人一人の顔が恐ろしいほどに浮き上っていた。胸はり裂けそうな恐怖と不安で早鐘のようにうちつづけていたのに、尚かつ僥倖《ぎょうこう》を待ちこがれていた愚かさを忘れない。

防空壕は、その後も長い間、水をたたえたまま打ちすてられていた。いまではそこに、木犀《もくせい》が秋になると花を咲かせている。（**中山　筆子** 藤沢市）

朝日新聞

■**野天床屋**　初夏の陽を浴びながら、刈る方も刈られる方も、ここにはむしろさばさばした表情があった。戦災者への無料奉仕

心の隅にのこる汚点

　昭和二十年六月二十九日、B29の大空襲をうけて、その悲惨な状態を目のあたり見てからは、勝算どころか、生き抜けるかどうか、死に対して、半ば覚悟のようなものが出来ていた。たとえ空襲で死ぬるとしても、誰か一人でも生き残ったなら、自分からの血統《ちすじ》は絶えないであろうと、悲壮な考えから、三年生の末女一人を、故郷の母の許《もと》へ疎開させた。

　その後、親族、知己《ちき》がなくて疎開のできない学童のために、市内国民学校も、いよいよ学童の集団疎開をすることになった。娘二人は学校勤務で、いずれも独身なので、その疎開へついて行くことに内定した。私はその準備をしてやらなければならなかった。けれども毎日の警報下では、それは不可能なので、末女を疎開させている田舎の母のもとで、古着をなおして夏ぶとんやらモンペやらを作ってやろうと、途中、故障また故障のバスと山道を、徒歩で帰っていった。

　親元を離れたことのない末女は、大喜びで迎えてくれ、私は久しぶり空襲の脅威から解放されて、玄米食ならぬ白いご飯に、昔なつかしい故郷の味噌汁に舌鼓《したつづみ》を打った。しかし、その翌々日のラジオは、岡山市を艦載機が爆撃したと伝え、山また山の谷合《たにあい》の上空を五機又十機飛びさっていくのを見て、子供らは夫はと案じめぐらした。

　働き盛りの息子を戦地に送り、六十才を過ぎた母が、嫁を相手の百姓で、子供（孫）四人を抱えての生活はらくではなかった。

　定められた供出はしなければならないし、松根《しょうこん》掘り、道路の修理と、およそ男のする仕事の全部に出動するので、農村の老人も、女性も容易なことではなかったのであろう。その中への厄介であるから、炊事、掃除の手伝いをしながら、古着の更生を急いでいた。

　突然娘達三人がやってきた。「まあどうしたの、昨日の艦載機は」と、矢つぎ早《ばや》に聞いて、ようやく安堵《あんど》の胸をなでおろした。けれどその時居合せた母の眉宇《びう》に浮んだ苦衷《くちゅう》の色、言葉にならぬ言葉に、私はハッとした。

　娘達も、まだ恐怖に戦《おのの》きながらも、同じ思いであったらしく、一夜を静かに休ませてもらっただけで、翌朝は恐怖の町へ帰って行った。

　納屋の一部は私にと、亡《な》き祖父がいってくれていたが、今は他郷に出ているので、それをもらうことなど思ってもいなかったけれど、広い二階が空いているので、暫《しばら》く疎開させてもらってもと、あれこれ少しの改造の案はめぐらしていた。それを、きっぱりと断念した。たとえ死んでもよい、死なば諸共《もろとも》だ、夫子供とともに餓《う》え、ともに助け合うこそ幸《しあわせ》だ。

　母は決して鬼でもなく、非情ではないけれども、他郷にいる子や孫の命が、風前の灯であることをおもうまえに、我が経済の負担《ふたん》の方が思われたのであろう。無理のないこととはおもいながら、私の心の一隅に、いまも汚点のように残っているのである。

（河原　富志恵　岡山市）

全羅南道光州東公立中学校

　ヒゲをはやした陸軍大将荒木貞夫氏が文部大臣となった頃は、まだ一般には敗戦など予想は出来なかったし、私共中学校の教員、生徒には、むしろ、これからさらに一段と銃後で頑張らねばという、決意みたいなものがあった。学徒隊編成の指令が、全国男子中等学校に出たのは、荒木文部大臣が出来てから間もなくであったろう。

　戦時体制には率先協力をモットーとする校長U先生を頂く私の中学校では、早速その指令に呼応することになった。廊下に出ていた「校長室」の札は「隊長室」「職員室」は「教官室」と替った。

　校長は隊長、教頭は大隊長、学級担任はそれぞれ中隊長小隊長格、腰にサーベルを下げ隊員（生徒）を指揮して結成式をすますと、それからは、各種の祈願祭、その他公の場所には学徒隊編成で出かけてゆかねばならなかった。国民服に戦闘帽は平常服になってはいたが、足にからみつきそうになるサーベルを左手で気にしながら街中を行進する様は、英数国漢図画音楽等、教室授業だけをやっていた先生達にとって、これは一大事だった。

　毎朝の朝会（朝礼）は学校の日課だったが、ここで新たに教練朝会が誕生した。従来の神前朝会、体操朝会と三種の日課が、毎朝交互に行なわれるようになった。

　教練朝会。全員武装して教練科先生を従えた隊長の視閲を受け、更に分列行進をして、中央壇上に立った隊長殿に「頭《かしら》右《みぎ》」をする。当時、私は担任の関係で、困ったことに中隊長をやらねばならなかった。

先頭中隊だと「前え進め」の号令にあわせてラッパをふいてくれるからよいが、次の中隊からは、連続して鳴っているラッパにあわせて「前え進め」をかけねばならない。ラッパに合った行進が始められるように、また、前をゆく隊との距離が正規にとれるように「進め」の号令をかけるのはなんでもないようだが、速成の隊長には気骨《きぼね》の折れることだった。その上、隊員に背を向けたままの号令では、どんなにどなってみても、声量の乏しい私には、うしろまで聞えるという自信はない。近くで鳴っているラッパの響きの方がはるかにピンピンしている。

しかし、こういう場の当時の中学生は、実に純真無垢、現今の高校生とは比較にならない。たとえ号令は聞えなくとも、私のサーベルの動きをみて、実にタイミングよく発進を始める。貧弱な声をはりあげても、ラッパや靴音にかき消されてゆく号令など問題にせずに、この慣れた生徒の所作に、私は安心して鼻の先に捧げるように持ってきたサーベルを「…右!」と言いながらふり下す。この時うしろに並んでくる愛する隊員達は、多分一斉に要領よく「頭右」をしたものと信じて私も行進を続ける。

「ナオレ」も「歩調やめ」もみな同じ要領だ。

神前朝会。その頃神棚はどこの学校にもあった。私の学校の講堂にも立派なものが出来ていた。

朝会のラッパが鳴ると、私は早めに教官室を出る。(当時は号鐘をやめて、元ラッパ手だった雇員が、今のタイムベルの代りに日に何回となくラッパをふいていた)神棚の扉を開き、燈明をあげて生徒、教官、隊長の入場を待つ。

先ず、隊長は壇に上り恭々《うやうや》しく二礼二拍一拝をする。一同これに和する。次に「皇国臣民の誓詞」を隊長の先唱で、一同これに和して唱える。

○皇国臣民誓詞

一、我等ハ皇国臣民ナリ、忠誠以テ君国ニ報ゼン。
一、我等皇国臣民ハ、互ニ信愛協力シ以テ団結ヲ固クセン。
一、我等皇国臣民ハ……(第三項はどうしても思いだせません、残念です)

この誓詞は朝鮮総督府が布令して、二人以上集合する席では、公私に関係なく集会の初めに斉唱する定めだった。

戦争も初期の頃、生徒の修学旅行で東京まで行った。二重橋のたもとに一同整列し、白壁の櫓《やぐら》の奥に茂る森の彼方を注目しながら、厳かに誓詞を斉唱して、周りの人を驚かせたこともあった。

体操朝会、木刀を振って、剣道の作法と、面《めん》、小手《こて》、胴《どう》、突《つき》の動作を型にしたような「皇国臣民体操」というのをした。

どの朝会でも、宮城遥拝、訓話、戦況解説等で長びき、予定を二〇分、三〇分、四〇分と超過して授業時間にくい込んでしまうのが常だった。


(**白土　時雄** 水戸市)

ある教え子の死

当時四年生の担任だった私は、朝六時半に王子《おうじ》駅に集り、級の生徒を整列させて造兵廠へ行き、七時の朝礼までに、地金工場へ行かなければならなかった。

造兵廠へ一歩ふみ入れたら、すべて軍隊式で、軍人が通れば、班長が「歩調とれ」の号令をかけ「かしら右」とやる、女ながらも勇ましいものだ。

朝礼の訓辞が終り、各班に別れて作業にとりかかる。大体十人くらいが単位で、工員さん、女工さんが二人くらいついて指導してくれる。主に小さい兵器の部品の鑑別だった。がらんとした工場の中は、歯車の廻る騒音と、機械油の臭い。生徒たちは手を油だらけにして、不良品をはじき出す。寒さに手の感覚がなくなってしまうことがある。

「こら、まじめにやらんか」

と若い中尉の区隊長がまわってきて、いきなりストーブに水をかけてしまった。凍《こご》えそうな手を暖めにいった生徒をみてのことらしい。ときどき手を暖めなくては、やれるものではない。区隊長自身やったことがあるだろうか。なんとも腹が立った。早速出かけて
「生徒たちはただお国のためと、一途《いちず》に仕事をしているのです。すこしくらい熱があっても、風邪気味でも、無理して毎日、学業をなげうってきているのに、この寒中、ストーブを消してしまうのは、あまりひどいじゃないですか」

と私の息子より若い区隊長を相手に抗議を申し込み、しぶしぶ又燃してもらったことがあった。

軍人万能の廠内では、理屈にあわないようないろいろの不快なことがあった。でも生徒たちは、まじめに、涙ぐましい努力をした。

昼食に御飯が食べられること、週一回なにかの配給があって、民間では手に入らない、甘いものとか、紙とか、布地とかが買えた。生徒にとっても、それはうれしいことの一つだった。

学校は下町の商家の娘が多く、ざっくばらんな人なつっこさが、工員さん、女工さんに可愛がられ、生徒も「おじさん」「おばさん」となついていた。

二十年一月のなかば、生徒の一人が合

格の部品の箱の積んであるのに、つまずき、部品が一時に足におちた。すぐ起したが、歩けないので、工員さんに負《お》ぶさって、医務室へ行った。大したことではないと思ったのに、結果は、足の骨が折れたので、一ケ月は入院といわれ、そのままそこに入院し、九時頃やっとかけつけた父母と、その夜は不安のまま枕元についていた。

「今まで四年間、一日も学校を休んだことがないから、なんとしても起きたい」といって泣く子を、だまして私は工場へ出た。

それから一ケ月半、三月のはじめに大体治って、作業ができるようになった。でも、ちょっとびっこを引く。医者は、おそらく一生治らないだろうという。後姿をみるのがつらかった。でも本人は、じつに元気で、みんなと一しょに明るく作業をつづけていた。

三月十四日の朝だった。打合せのため、学校へよったら、門の所に、その子の父親がいた。鼻の頭と顔半面にやけどをし、両手にホータイをしていた。私を見るなり、ポロポロと涙をこぼした。父親の話をまとめると、こうである。

十日の大空襲のとき、深川に住っていた、その一家は、まっ先に危険を感じ、病身の母と祖母を第一に避難させ、父と足の悪い娘と弟とで消火にあたった。もうこれまでとあきらめて逃げようとしたときは、あたり一面火にかこまれていた。焼夷弾をよけつつ、三人手を取って走ったが、むせ返るような火の中で、二人の子は何回かころび、歩けなくなった。苦しいといって、その辺に重りあっている屍の中にもぐってゆく弟を、姉がかばうように起しては、又たおれる。

「お父さん、早く逃げて」

という声をかすかにきいて、夢中で走ったという。

お父さんは、最後に、こう結んだ。

「妻も母も、池で屍になっていました。まだ息のあった娘と弟に、お父さんが死んだら、お前たちを弔う人がなくなる、お父さんは行くよ、と無情にも逃げた私がうらめしく、一しょに死んでやりたかった」（小林　綾子 埼玉県）

自分だけ白い飯を食べる神経

二十年の三月九日に、東京都江戸川《えどがわ》で戦災にあい、郷里の甲府《こうふ》で、七月六日に再度罹災した私は、焼け跡のバラック住まいの末、中巨摩《なかこま》郡敷島《しきしま》町の農家の八畳間を借り、娘二人によちよち歩きの長男との四人暮らしをはじめました。

その間、夫はずっと東京にあって、一ケ月に一度たずねてきました。封鎖された貯金、父二百円、妻子四百円、合計六百円に、いささかの金を足してくれていきました。唐紙《からかみ》一重隣りの八畳は、舅姑、小姑がおり、その奥の八畳には、満《まん》洲《しゅう》よりお産のため、終戦直前帰国していた姉小姑が、娘一人と住んでおりました。ここの長男に嫁いだ夫の妹も、満洲より戦中帰国して難をのがれ、一番むさくるしい暗い八畳の部屋に、夫の父と、その弟と、妹と、幼ない息子との五人でおりました。

この家の主、保坂林《りん》さんは当時五十六才、ひさしを貸して母屋をとられた現状にもかかわらず、嫁の一家眷族《けんぞく》を暖かく迎えてくれていました。林《りん》さんが腹立たしいのは苛酷な供出で、百姓であるおのれに米がなく、嫁の親が、我が家の倉に、七月空襲以前に、闇夜ひそかに小作米を運びこみ、のうのうと銀飯《ぎんめし》をたべていることでした。

月に一度か二度、東京からくる夫は、いらいらと都内へ帰れるのを待つ妻子の心なぞ頓着なく、それでもくるたびごとに、チョコレート、砂糖、肉、葉煙草など、しこたま仕入れてきました。土産の闇物資は、この家に住む者全員の喜びでした。

隣室の舅を頭とする親子は、虫が出はじめた米を、日の当る廊下に干し、一日、米の飯に舌つづみですが、私たち親子四人は、朝から、すいとん、ふすまのぱんで、がんばりました。夫がくるたび、飯時《めしどき》になると、隣室で「おい、ちょっと」と呼びます。呼ばれた夫は、隣りで白い飯の馳走にありついて、楊子をつかいながら戻ります。ふすまのだんごを食べている幼ないわが子に、気をつかうようすもありません。二日でも三日でも夫がいる間、舅は息子だけを呼んで、とうとい飯を馳走するのでした。

ある時、例の如く銀めしを食べて戻ってきた夫に、たまりかねて私は叫びました。鬼、人でなし、よくまあ、くるたびごと、自分だけのうのうと、隣りで食べてこられるね。ののしりながら、涙がとめどなくあふれました。息子はふすまのぱんをしゃぶって無心です。娘たちは「母ちゃん、あたいたち、このぱん好きだよ」私はなおせつなく、声をころして泣きました。

そんな私を、林《りん》おぢいちゃんは、よくなぐさめてくれました。市場にも出せぬ蛸の足のような人参や、大根、みんな金をとらずにくれました。一升でもいい、米をやりたいが、わしら百姓が、あの人の米を借りて食っているのだ、出《でき》秋《あき》もすぐだよ、その時はたくさん売りますよ。

十月にはいって、秋晴れの昼下りでした。外で大きな声がします、夫でした。

「おおい、持ってきたぞ。米だ米だ」

東京にいる弟子《でし》と二人で、三斗（四二キロ）の米を背負《しょ》ってきたのです。「いいか、もうふすまのぱんなぞ食べるなよ」

　隣室から舅も顔を出して「よく警察につかまらなんだな」「ああ埼玉《さいたま》まで早場《はやば》米《まい》を買い出しにいってな、びくびくしたよなあ」さり気ないやりとりでした。夫は翌朝弟子と夜明けを待ちかねて立ちました。「もう少し待っていろよ、まだ焼け跡で家はなし、第一都内に転入を認めてくれんからな」

　その朝、廊下づたいの障子の外に、舅が「ごめんよ」と立ちました。障子をあけると、ざるに入れた米でした。私は立っている舅を見上げて、とまどいました。「少ないが食べてくれ」「東京からたくさん持ってきたで、いらないです」「まあ、そうだろうが、取っておいてくれ。とうにやればよかったにな」私の顔を見ないようにして、米ざるをおくと、背をむけました。

　そのことのあったあと、舅はよく米を貸してくれました。舅がいない時は、姑が、かえさんでもいいとくれました。

　（この原稿を書いて、感無量です。娘二人嫁ぎ、幼なかった息子は、甲府の空襲で目をやられ、現在二十三才で盲学校高二へ在学中です。この後生まれた、高校三年の娘を連れ、私は離婚しました。三万円が別れ金です。小さなアパートを借り、次女のところで事務手伝いです。長女も次女も息子も末っ子も離婚に賛成し、おだやかに別れました。お互いの両親は、今は亡き人です。夫は外面よく内面悪き人でした。でも限度があります。酒乱で内気で内弁慶で、やがて五十六才を迎えようとして、夫と別れをすすめる子供たち、それを決意した私、その遠因はこの銀めしを平気で食べる神経につながっているように思います。息子は父と暮していますが、遊びにきます。お母さん今に孝行してやるよ、そういいます。やさしかった林おぢいちゃんも、亡き人となりました）（**渡辺　秀子** 甲府市）

カラフトのいも作り

「今日はうちが桶を借りる番だ。放課後こやし運びする」と夫が言いのこして学校へ出た。姑も朝飯をすませて畑へ出た。私は畑へ出る前に、家に残していく一年十ケ月の長女と、三ケ月になったばかりの長男の段どりをしなければならない。

　樺太《からふと》の五月はまだまだ寒い。部屋に焚いているストーブが危ないので、長女を出窓に上げる。出窓は高さ七十センチほどに三十センチの巾で、南向の三部屋をとおして続いていた。毎日のことなので、長女はガラス戸から外を見るのにも飽きるらしく、内側の障子戸は、桟《さん》を残してボロボロにやぶいた。

　昨夜つくった凍《し》ばれ薯《いも》のでんぷんダンゴを、おやつに長女においていく。このダンゴは、生徒をつれて援農に出たとき、農家の畑に捨ててあった凍《し》み馬鈴薯を夫がもらってきて、それからとった澱粉でつくった。

　一度凍った薯は、春になるとグシャグシャに解け、皮はおおかた剝《む》けてしまう。それを二斗桶の水に漬ける。はじめ赤い水になるが、何回も水をとりかえ、赤水にならなくなった所で水から上げる。薯は白くふかふかしたものになっている。よくしぼって、こまかく切り、ストーブのまわりに干す。干しあがったものを石うすでひく。ふるいにかけ、あらい分をひきなおす。三回ほどくり返すと、ざらざらしたでんぷん粉ができあがる。

　食べる時は、本物のでんぷんをつなぎに加え、少々の水を浸みさす。やわらかくなったころ、熱湯をいれよくこねる。これをダンゴに丸めて焼くか蒸す。このダンゴは、薯カスまじりなので、モサモサするうえ、凍《し》ばれいも臭く、まずい味だが、なんとか腹おさえにはなった。

　先に出かけて、畑の畝《うね》ぎりしている姑も、ひと疲れの頃だろう。急がねばならない。わが家の畑は、その全部が荒地を墾《たがや》し拓《ひ》らいたものだ。夫が勤めている学校の周囲の大半は市有地で、畑にはおおよそ不適なツンドラ地だが、職員の誰もが、住宅から近い場所を早いもの勝ちに開墾して、自分の畑にした。

　うちの畑は、一つは二百メートルほどはなれたツンドラ地と、他の一つは学校のグランドを越した熊笹地を拓らいたものだ。ツンドラ地を畑にする苦労は並たいていでなかった。湿地で、深さ一尺余りが草の根ばかりで、土らしい土とてない。まず巾一尺四方ほどに鋤《すき》で切目《きれめ》を入れ、スコップで根切《ねき》りしてひっくり返し、乾燥させるのだが、金属タワシの網目のような草の根組みは、鋤もスコップもはね返し、十尺四方掘りおこすことは、男手でも大仕事なのだ。

　乾燥させた草の根は、たんねんに土をはらいおとしてから、何カ所にも積み重ね、焚いて畑への肥料とした。畑地の回りに深い溝を掘り、水はけをよくした。

　この仕事は春から秋までかかり、翌年ようやく畑に使えた。そのくせ、この畑の薯は水っぽく、反当《たんあた》り二十俵がやっとで、苦労したほどのこともないのだ。

　遠い方の畑は、熊笹地を墾したものだが、昨年の秋に百坪ほど拡げた。ここは土が黒く、微粒子の土質で、フワフワして薯もおいしい。私たちはビロード畑と呼んだ。

　肥料は人糞を用いた。自宅だけでは不足なので、学校の便槽を職員に割り当てた。こえ桶使用の順番もきめた。こえ桶を中に、私が前を、夫が後に天秤《てんびん》をかついだ。学校が終ってから、陽の沈むまでがんばっても、六、七回やれば、二人ともへとへとになった。全部の畑にするには四十回は必要だ。ある日私は天秤の肩をはずしたので、グランドのまん中で桶をひっくり返し、こやしまみれになった。汚ないと思うより、もったいないと叫んでしまった。こやしまみれのモンペを草にこすりつけている顔を、汗と涙のまっ黒い粒が、ぽたぽた流れおちた。

　満洲から大豆が送られてきていて、時には大豆だけの配給になったし、戦がはげしいこの頃は、その大豆すら未配給だ。一俵でも多く薯がほしい。去年は一反ちょっとの畑から、二十五俵ほどの収穫があった。今年は二反近くなったので、四十俵はとりたい。一日バケツ一杯食べれば一週一俵だ。一月四俵として、五月から九月までの分と、来年の種薯《たねいも》の分四俵は残さねばならない。種いもは小粒の方が数ができるので、ピンポン球大のを、さらに半分に切って播《ま》く。「お隣りでは、今年は芽の出た薯の皮を種いもにするそうです」と姑に話したら、私の下心をよみとった姑は「秋に大きいのをとるのには、本ものの薯をつかうんです。がまんしなさい」という。

　りくつではわかっていても、いまの私には、腹いっぱい薯を食べたい衝動をどうすることもできない。さあもう十一時だ。街の食堂で一杯三十銭で、塩汁のようなウドンを五十人に限り食べさせる。食券から外れないように、長女を背負って一キロの道を、大いそぎで街まで走らなければならない。（山口　清子　士別市）

東京の下宿

　昭和十八年の秋だったか、突然文科系学生の徴兵延期制度が廃止されてしまった。語学を専門とするため二十四名という小編成のクラスから九名の学徒兵を送り出し、二名の休学者もあって残り十三名。半数近い空席をみつめてシュンとしてしまった事をおぼえている。

　当時の下宿代は、四畳半で二食付四十円前後が相場であったと思う。昭和十七年頃は、まだ銀座あたりで五十戋位の天丼にありつけたし、学校の食堂では金二十戋也のカレーライスがいくらでも食べられた。中野にある学校の寮にも半年程世話になったが、月々の郷里からの仕送りは五十円あれば十分だった——ただしこの「五十円」が両親にとって、どの程度の負担であったかは、両親とも失った今は知るすべはない。

　その五十円の内訳は寮の部屋代半年で十円、食費は朝晩二食付で月十五円、昼めし十円、交通費五円、本代十円、交際費五円、その他といったところだった。朝食は一同そろって食べるが、夕食は外食してくる者もあって、一応食べたいだけ食べられたと記憶している。

　友人が両手をズボンのポケットに入れ、上衣の第五ボタンをはずして口笛を吹きながら映画館の前でスチールを見ていただけで警官から注意を受けたり、玉突き屋にいた友人が「不良狩り」にあって始末書を書かされたり、といった今では考えられないような不自由さはあったけれど、十八年秋頃までの食生活はさほどひどいものではなかったと思う。

　その頃私は親類から出発し、アパート、寮、素人下宿を一通り経験し、阿佐《あさ》ケ谷《がや》の玄人《くろうと》下宿に落着いていた。戦局が好ましい方向にいっていない事は薄々感じていた。昨日までの級友は既に戦場にいる。私達も十九年の声を聞くと軍需工場へ動員されていた。朝は早いし帰りは遅い、おまけに食料難で、とうとう下宿では食事が出ない事になった。

　「真理の探究」どころではない。朝目をさました時から先ず「食料の探究」である。一体何を食べさせられたのだろう、と自問してみても全く思い出す事が出来ない。何でもいい、とにかく口に入りさえしたらよかったのだろう。

　外食券食堂というのがあった。配給米をもらう代りに券をもらって、それを持って食べに行くのである。その食堂にすら割り当て量と時間がある。何度か食べはぐれて力無く下宿へ帰ったこともあった。そんな時は、非常食として郷里から持参した大豆入りの米をドビンに入れ、古新聞の薪《まき》で部屋の中を煙だらけにして夕食にありついたことがある。ごはんは実に上手にたけた。勿論おかずは塩だけ。あの味は今も忘れられない。

　その頃街のあちこちに雑炊食堂なるものが出来た。石川五右衛門をゆでたような釜で何やらわけのわからぬものを入れてグチャグチャに煮、ひしゃくですくってどんぶり一杯が二、三十戋。これを長い行列をして食べる、——否《いな》、流しこむのである。銀座の有名喫茶店の前に長い行列がある。のぞいてみると「こぶ茶あります」だった。

　下宿の学生同士が郷里からの食料品や、それぞれの町で見付けた物を一室に持ち寄る夜もあった。ふすまで作ったようなあべ川もち。どこかの薬局から手に入れたクエン酸とサッカリンのジュース。小豆《あずき》が手に入ったが砂糖がない。誰かの発案で煎ってみる。煎り小豆なんて食べられたものではない。然し私達は顔をゆがめ、ボリボリ音をたてながら胃の中におさめてしまった。

　郷里から送ったはずの食料品が届かなかったこともある。郵便局では届けたという。下宿では受取らぬという。ずい分気まずい思いをしたことがある。よく送ってもらったのは煎り大豆《だいず》とか、さつまいもの切り干しであった。くずいもをわぎりにして干しあげたものがあった。固いので長い事しゃぶって食べた。又火の気のない寒い冬の夜、疲れた身体に鞭打って机に向う時、電気スタンドの電球の頭部にこの干しいもを乗せてやわらかくしたり、かじかんだ手をあぶったりもした。（**高畠　健** 静岡市）

防空演習

■**ある家庭防火群**　写真　堀越千代子

　二十年五月の大空襲で家を焼かれるまで、西武《せいぶ》線新井薬師《あらいやくし》駅のすぐ前に住んでおりました。駅前の広場は今よりずっと広く、真中に大きな防空壕がほってありましたが、人通りもまばらで、駅もうす暗く殺風景なもんでした。

　月に二三回、買出しやら疎開荷物の運搬やらで、群馬《ぐんま》県の方へ行っていましたが、そのための汽車の切符の割当てが、この小駅では日に四五枚しかなかったもんです。売り出しは八時頃だったのですが、確実に手に入れるためには、五時、四時、とうとう三時頃から列《なら》ぶようになりました。

　寒い冬の夜、吹きさらしの待合室に、ふるえながら立ち続けているのは、決して楽なことではありませんでしたが、その点家がすぐ前でしたので、前後の人に順番を確認してもらって、時折り家へ暖をとりにもどりました。

　もうそのころ若い男の姿はまばらで、比較的元気で町に残っていたのは、私のような丙種合格、国民兵の三十男くらいのものでした。

　そんなところが皆のつけ目だったのでしょう。誰も敬遠してなり手のなかった隣組の防空防火訓練の群長に、ひっぱり出されてしまったのです。昭和十九年頃は、月一回か二回の訓練でしたが、だんだんと、いつ訓練の伝令が警防団からやってくるかわからなくなりました。私は出勤前、毎日のように、巻ゲートルに、国民服、戦斗帽、腕に群長の腕章をまき、メガホン片手に待機するようになりました。

　「空襲……空襲、柏木さん頼みますよ」伝令の煙草屋のおやじさんが、息を切らしながらかけこんで来ます。

　「御苦労さん」私もすぐメガホン片手に、隣組をかけまわります。

　「空襲……空襲……待避……待避……」私の声で、みな防空壕か、ふとんの中にもぐりこむことになっていましたが、必ず一人二人は表へ出てきたり、あぐらをかいたままでいたりして、私を閉口させたものです。

　私は路地に戻ると、少し間をおいて、用意の花火に点火するか、再びメガホンで「焼夷弾落下、焼夷弾落下」と呼びかけます。

　間もなく、ぞろぞろと隣組員たちが集ってきます。古綿をいれてつくった防空づきんをかぶり、救急袋を肩に、その中にはガーゼ、包帯、マーキュロ、止血用の三角布などがはいっている筈でしたが、セーター姿に、中には着物の上に、思いおもいのモンペをはき、ズック靴か地下足袋をはき、軍手をはめた手で、バケツかはたきをごつくした様な火たたきを持って来ます。どこの家でも、水をいれたバケツと火たたきと砂袋は、いつでも持ちだせるように、入口に用意されてあったのです。

　大半が奥さんたちでした。中には年寄りや、主人の出てくる家もありましたが、その人たちは防空づきんを手に持ったり、勤め前の恰好だったりして、私の注意を受けたものです。

　当番になっている家からは、五六段の小さな梯子《はしご》が運ばれてきます。

　私はそれを傍の家の、軒下に立てかけると、改めて壁の一ヶ所をさしながら、

　「今、焼夷弾がここに落されました。皆さん注水用意、注水、注水」と奥さんたちをせき立てます。すると先頭にいる奥さんが、かけ足で梯子に登る。つぎの奥さんが梯子をおさえる。つぎのおかみ

さんが、水の入ったバケツを梯子の奥さんへ、奥さんはそれをパアッと、燃えはじめた家の壁にかける。後の人たちはつぎつぎにバケツをリレーして、消えかかったところで、火たたきで、火の粉をたたき落す。といったバケツリレーの防火防空訓練を型の如く、何回となく行ったものです。

しかし、実際はなかなか思うようにゆきませんでした。第一バアッと勢よくバケツいっぱいの水をかけたら、梯子の奥さんはひっくり返ってしまいますし、勢い少量の水か、空バケツでということになってしまったのです。それに、積極的に私に協力してくれたのは、ほんの三四人の奥さんたちだけで、大半は一寸走りまわっただけで雑談をはじめたり、何回三角布の使い方を説明しても、うなずくだけで、すぐ忘れてしまう年寄りたちもいました。

それもまあ、私だけの訓練の時はよかったのですが、訓話だとか指導だとかいって、警防団のおえら方がやって来て、「皆さん非常時ですぞ」などとハッパをかけられると、私もつい柄にもなく「ほんとは梯子の左側に、一、二、三のかけ声で止り、左手で梯子を持ち、右足から登る」などと、訓練要項の形式ばったことなど口走ってしまって、一層皆の朝の忙しい時の出足をにぶらせたようです。

結局私の防空防火訓練は実《み》を結ばなかったようでした。やがてやってきた大空襲に、私たちは広場の防空壕に。そこも逃れて、爆音と煙の中を安全地帯を求めて、逃げのびていったのですから……。

（柏木　七洋 東京都）

台湾の嘉義の防空壕

厚さ二十センチ、直径一メートル半位のまるい土管を土中にうめ、入口だけを残して上から一メートル位土をかけた防空ごう。これを作る時はまさかこれが将来我が住居になろうとは考えてもいなかった。

昭和二十年のある日、我が家の庭に五十キロの直撃弾がおちて家が半壊した時から、三十メートル位はなれた空地のこの防空ごうが、終戦の日までの我家となったのである。

建直しをしたくとも大工さんがいない。材料が入手しにくい。又それらを工面した所で、いつ又ふっとんでしまうか知れない。時折機銃掃射の薬莢《やっきょう》がたたみの上にころがっている。こんな工合なので明日をも知れぬ一家四人の命は当分防空ごうにあずけておくより仕方がないということになったのである。

防空ごうでの生活。それは今思い出してみても、あまり苦にならない所か、むしろなつかしい。あの頃の切迫した状勢下では、ごうの中でも生きていられるだけよいという、切ぱつまった感情が不自由をあえて感じさせなかった故かも知れない。

しかし、ごうの中でごはんはたけない。それでくずれおちた自宅のカマドを何とか釜がかかるように作り直し、警戒警報解除中に急いでごはんをたく。もちろん一日分を一度にたいて、それを飯盒《はんごう》に入れて、ごうの中にはこんで置く。雨ふりの時は、一人が傘をさしかけて火が消えない様にしなければならない。勿論ガス等はない、燃料はまきである。このまきは、台湾《たいわん》人学校の教員であった母の教え子が、なくなればとどけてくれた。

燃料といえば、終戦近くなった或日、近くの化学工場に爆弾が落ち、ブタノールの原料である砂糖が三日三晩もえつづけた。そのもえカスがコークス状になり、恰好な燃料となるので、カマスをもってひろいに行った。火をつけて木炭代りに使うと、甘いこげくさいよい匂いがして、結構いぶらず、火持がよくて重宝した。

おかずは、台湾では配給とは云え、結構闇物資が豊富だったので、とりのむしやきやら、アンピンヒーと云って肥料をえさにして養っている腹の黒い魚（戦前は日本人でこれを食べる人はあまりいなかったが）等を、たくさん煮てたべることが出来た。

不思議なことに正午近くなると、きまって空襲は解除されるので、一家四人もぐらの様にごうの中からはい出して、外気を思う様《さま》すい込み、外で昼食と云うことになる。近くの鉄工所の工員さんで父の教え子が、どこからへコましてくるのか、昼時になれば、きまって水あめを飯盒に入れてもって来てくれる。たばこののめない父は、それとたばこを交換して目を細めてなめていた。

父は嘉義《かぎ》市若葉国民学校長。学校は児童が疎開して一人もいなく閉校になっており、校舎は兵舎に借用されていた。父の仕事は時折学校へ顔を出し、それに両陛下の御真影、教育勅語の守護とあって空襲になれば、白い布につつんだ両陛下の写真と勅語を背中に背負って、ごうの中にかけ込んで来たものだ。白い布は目標にされやすいと思ったが、白以外はおそれ多いと云うことでゆるされなかった。変な話だ。

私は銀行につとめていたので、空襲警報のない日は九時迄に出勤しなければならない。鬼も十八の娘盛りが、ごうの中からはい出したまま出勤というわけにはいかない。こわれた家の水道は修理されぬままに水がとび出している。その水で顔を洗い、物かげで歯をみがき、粉おしろいをうすくはたき、口紅をつけてモンペをはき、防空頭巾をかぶって出勤ということになる。

　その口紅も、色が濃ければ国防婦人会の小母《おば》さんに「はですぎますよ」と注意を受ける。母と妹は終日ごうの内外に出たり入ったりしていた。

　夜はごうの中に蚊取線香をたき、うすぐらいローソクの光の中で、うすいふとんと毛布をしき、折重なる様にして寝た。私達は寝てしまえば何もわからなかったが、夜中に何かで目をさました時に、父母がきゅうくつそうにすわって、私と妹の手足を伸していてくれた。空襲が長時間にわたる時は、父はよく碁の本を読んでいた。

　たった一人の息子をアメリカの潜水艦に船もろともうばわれた母は、「この上に直撃弾がおちて皆一緒に死ねれば幸福だろう」とぐちをこぼしていた。私はまだ死にたくないと思ったが、母の気持も無理ないと思っていた。

　ごうの生活もながくなると、人間も何となくうすぎたなくなってくるものだ。恋人でも出来たらどうしようと思い出した頃終戦になった。早速家を手直しして、雨のもるにまかせ、青カビの生えたたたみをたたき出し、学校の柔道場のタタミを拝借して、かろうじて作った一部屋に手足を伸して寝た夜のことは一生忘れられない。（**太田　光子** 北海道）

じゃま者あつかい

　私は浜松駅で五才の長男の手を引き、二才の長女を背に、呆然と立っていた。来る列車も来る列車も人を満載し、待っている人は遮二無二乗ろうとし、大半は残されて列車は出てしまい、また次の列車を待たなければならなかった。

　戦争になって東京はつぎつぎに空襲され、主人は出征し、仕方なしに主人の実家に二人の子をつれて身をよせた。そこは牛乳屋で二人の義姉(二人共未婚)と、中風でねたきりの舅《しゅうと》が居た。私はそこでなれない労働をし、朝早くから牛乳瓶を洗い続けていた。辛い日々だった。

　だがそこも空襲でやけてしまい、舅は亡くなり、私は義姉達とあちこち居候したが、幼い子を持つ私は方々で嫌われ、結局実家の兄の家に行く事になった。

　二人の子供と、馬鈴薯の包みと肌着の包みを持った私は、どうしても汽車にのれなかった。

　前に手紙で兄の所にいきたいと言ったら「来ては困る、もう今は自分で生きなければならぬ」という冷い返事。でも私は行かなければならぬ。兄の所には母が居た。私は無性に母に会いたかった。次の列車に死物狂いでのった。誰かが引っぱりあげてくれた。ムヤミヤタラに押されて真中に来た。「苦しい」と子供がいう。だがどうしようもない。身体を動かすこともできず、人イキレでむんむんする中を立ち続けてゆられている。「暑い」と子供がいう。着せるだけ着せたため子供はオーバーまで着ている。小さな手が必死に私のモンペをつかんでいる。やせた顔、トガった顔、みな押し黙ってゆられている。

　「お母ちゃんお腹痛いよう」という。だが今何をしてやれるだろう、「ウンコ出たいよ」という。それでもどうすることもできない。「出ちゃう、出ちゃう」という、その中してしまったらしい。「がまんしてね、もうじきだからね」と私は気休めをいう、そして又ゆられていく。

　やっと藤沢近くになる。「今度降ります」と声を張りあげる。降りられるかどうか心配だ。列車の速力が落ちてきた、私は夢中で出ようとする。「奥さん、子供抱いてちゃ無理だよ、窓から出してやるから、兄ちゃんだけ連れて降りなよ」と誰かがいう。娘をはなしたら？　もし私だけ降りて、うまく子供を渡してもらえなかったら？　私は一生娘と会えなくなる。一瞬そんなことを考え、絶対にはなすまいと思った。降りられなければ仕方がない、やってみるだけだ。私は娘をしっかり胸に抱え、長男の手を引き、夢中で出口に突進した。「出して下さい、降ります」と悲鳴をあげる。

　やっとどうにか三人共無事にホームに降りたトタン、列車が動き出す。動き出した列車の窓から、私の大事な包みを、誰かが放り出してくれた。娘を背に、包みを二つ持ち、ノロノロとホームを出たけれど、疲れ切って荷物は持てない。駅の人に荷物を預ってもらい、それからやっと子供のパンツを取りかえ、冷い外気に当ってホッとした。

　既に夜になろうとし、停車場には電燈がボンヤリかすんで見えた。やっと少し元気が出て、兄の家の方に歩き出した。

　兄の家に着いた時、あの手紙が心に浮び、すぐには戸があけられなかった。長男は青い顔をして、無口になり、大きな目で私をジット見ている。

　思い切って格子戸をあけた。出て来た兄は、露骨に嫌な顔をした。「なんだ来たのか、手紙で断わったじゃないか、家も一杯で入れるわけにはいかない」「でも浜松にも居られないんです。空襲で家がやけて」「そんなことはお互いさまだ、今はみな自分の事でせい一ぱいなんだから、お前も自分のことは自分で考えろ、とにかくすぐ浜松に帰れ」と玄関で立ちふさがるようにしてニべもない。
その時二階から母が転《ころが》るように降りてきた。「何をいうのだ、妹じゃないか、お前が入れなくても私が入れる」とふだんおとなしい母が兄をどなりつけた。さすがの兄も、母の見幕《けんまく》に驚いて、一言もいわずに引っこんでしまい、やっと二階の母の部屋に通ることができた。「坊やよく来たね、大変だったろう、可哀そうに」と涙ぐみながら、子供の頭をなでてくれる。「お腹がすいたろう」と自分の小さいお櫃《ひつ》から、おにぎりを作ってくれた。おにぎりを子供といっしょに食べながら、熱い涙が後から後からこみあげてきて、止めることが出来なかった。

（**大山　輝子** 横浜市）

竹槍

昭和十八年秋のこと、結婚以来半年住んでいるこの町にもようやく本土上陸に対する関心が高まって来て、ある日婦人会が音頭をとって、竹槍を持って集れということになった。

私は五ヶ月の身重《みおも》だった。身重の身も同じように無益と思われる竹槍の訓練を受けねばならぬというのが気にさわった。それで、隣組長の妻君に意見をのべて見た。かの女は「おなか大きいのは病気じゃねえんだから差支ないんじゃなかんべか」といったが「病気でも、訓練うけなきゃならない時は受ける。おなかの大きい時、そういう事はしない方が子どもの為にもいいって、東京なんかでも妊婦は訓練に出なくてもいいって聞いたけど」という私の意見には不承不承うなずいた。

しかし私は、田舎の警防団の常識はあてにしていなかったので、ナニ本当を云えば体も何ともないのだしと、竹を一本よそでゆずってもらって槍らしくこしらえて、それを持って参加するつもりだった。

ところが当日、朝早く「腹のでっけえ者は出なくてよい」という回覧が廻って来た。それから妊婦はそれ迄とちがって、色々な行事の義務の第一線には立たなくてよいとされたのである。こしらえた竹槍は細かったし、お座なりのものだったので胡瓜の手にしてしまったが、その方がその竹槍自身にも似つかわしいようであった。

それから、翌々年、終戦前の五月ごろ、よちよちの子をかかえた私は、疎開工場にかんづめになって仲々かえらない夫の留守を、中学三年の弟を戦災の東京からあづかっていたので、一里余りある中学へ通う弟の食物の世話で追われていた。

ある日、学校から帰った弟は、教練の先生から明日竹槍を一本づつ持って来いと言われたと話した。竹など手に入らぬと思っている彼は弱りきっていた。私は小さな子を背負って知り人をあちこちたずね廻り、頼んでもらって知らぬ家から一円五十銭で握り太の青竹を手に入れてもどった。喜び勇んだ弟は、切れないナイフをといで竹をけずり、かまどの火で焼いて鋭く仕上げた。二年前、私がお座なりにこしらえたのとは雲泥の、立派なのが出来たと私も思った。

翌日意気揚々と青竹槍をかついで登校した弟は、夕方しおれかえって、別のすごく太い竹槍を持って帰宅した。

どうしたのと聞く私に、「皆が竹槍持って整列したら、こんなほそいのが何の役に立つかと先生がおこって、たるんでるって僕の他にも二、三人叱られた。そしてね、折角こしらえたのに、竹槍は膝にあてて二つに折って捨ててしまったんだ。そしたら、あとで仲道君が、僕のを上げるって、うちに行けば竹もあるからってこれをくれたの」かえしてくれれば何の役にでも立つのにと私はいった。

いい青竹だった。散々さがして買って来たのだ。云いようのない口惜しさで一杯だった。（**田島　泰子** 豊田市）

ある徴用工

（昭和18年）

12・7「チョウヨウキタ八ヒ一三ジニウシヤコンヤスグカヘレ」の電報を、妻の実家で受取る。翌朝未明出発。

12・8夜十二時帰宅。入所に間にあわない。

12・9延着のため、警視庁職業課に出頭、午後指定された工場に入所する。一室十七人、みな徴用の不当を話合う。餅菓子二ヶ配給十四銭支払う。九時消燈、なかなか眠られぬ。寮での第一夜をすごす。

12・10私たちは第九回徴用者の名称を受る(九徴)。百二十人くらいいる。青年学校長の講話「戦争は苛烈の状態にあり、諸君は名誉ある応徴士だから、勝たずんば止まずの精神を以って働け」という意味の話をする。

■応徴士記章

12・11職種選定の説明あり、午後工場見学をする。不潔な場内、汚染された空気、乱雑に置かれた器具材料等、そこで働いている工員（ほとんど徴用工）の無気力な表情、疲労に蒼ざめた顔、ばかりなのでガックリする。

12・12明後日当工場に朝香宮孚彦王殿下が御視察に見えられるので、九徴全員が工場内外の清掃整理に動員される。

12・14朝香宮孚彦王殿下御視察中、目ざわりになるとて、九徴全員は講堂にカンヅメ、静粛をいい渡される。

12・15九徴全員の入所式、国民儀礼に始まり警視総監、厚生、陸軍、海軍各大臣の訓辞（代読）ついで、多くの来賓の前で、社長が派手なジェスチアをこめての殉国精神高揚を宣告した挨拶を行い、被徴用者代表の宣誓があって終る。異動申告を提出してるのに、飯の量が少すぎるとてみなが騒ぎだし、食堂員に私刑を加えろというものも出たが、協議の末、舎監に抗議することにした。

12・18私が徴用され、事業出来なくなったので、妻が芝浦職業指導所に「廃業届」を出す。

12・21職種決定、私は倉庫課記録工に決定。夕食後、寮では各自の決定した職種について論じ、みな昂奮気味で、話がはずむ。この日、タラワ、マキン守備隊全員玉砕の報、新聞紙上で知る。

12・22夜、寮の部屋で忘年会を開く。酒一升八円、ウイスキー三十五円で入手、賑やかな宴だった。

12・28徴用後、初の給料うける。常傭制工賃十一円四十銭。特別補給金三円。補給金十五円六十銭。家族手当一円八十銭。赴任手当一円。合計卅二円八十銭。

12・30今日から職場に出るが、まだ見学程度で、本格的に所属きまるのは来年からであろう。午後同室の人たちが、配属なった各職場を見てまわる。人事課から全員に応徴士章をくれる。「こんなもの、誰が、おかしくって付けられるもんか」憎々しげに、投げだす者もいた。

12・31午前中大掃除。午後持出証明書をもらい、私物をまとめて工場を出る。九徴全員二日間の休みで、外泊がゆるされたのだ。新年は三日から仕事はじめ、今年の大晦日は、あわただしい。しかし街は決戦下か、寂寞とした空気に包まれていた。

1・3仕事はじめ、組長から記録工は不要だから、剪断工に変れと強要される。夜、寮の部屋で新年会を開く。持ち寄りの酒でポーッと赤くなる。ながく部屋の人たちが仲よくするため「九徴五楽会」という親睦グループを作る。会費月壱円。

1・6剪断工は、体力的に無理だと主張して、記録工に留り、資材部倉庫課出庫伝票計算係の仕事を受持つ。

1・8大詔奉戴日「勝ちぬく誓」の発表がある。「みたみわれ大君にすべてを捧げまつらん。みたみわれ、すめらみくにを護《まも》りぬかん。みたみわれ、力のかぎり働きぬかん。みたみわれ、正しく明るく生きぬかん。みたみわれ、この大みいくさに勝ちぬかん」

1・10いよいよ明日から、家よりの通勤。午前中だけ職場に出て、午後からは寮の大掃除。今日かぎりで、この部屋ともお別れだ。一ヶ月あまりの寮生活がなつかしく思いだされる。まだ異動申告は工場にあるので、それまで三食とも、工場の食堂で、食べるんだとがんばってるものもいる。日給、補給金についての説明がある。私の場合、日給一円九十銭、補給金二円六十銭、初任手当三十銭。一日分合計四円八十銭の収入になる。しかし欠勤した場合は、一銭の収入もない。「どうにかなるさ」自嘲にも似た気分になりながら、明日から通勤という救われた気分でホッとした。（**吉本　元太郎** 酒田市）

わが町は焼けたり

甲府・浜松・豊橋・富山・名古屋・西宮
芦屋・相生・岡山・荒尾・国分

燃えたはずなのに

●甲府七月七日

甲府《こうふ》市が空襲にやられたのは終戦の年の七月七日の未明だった。丁度《ちょうど》その夜防空当番だったので、十二時頃町内を一巡《まわ》りして、ほっと机の前にくつろいでいたら空襲警報だ。急いでラジオのスイッチを入れたとたん「B二十九の編隊が山梨《やまなし》県へ侵入」という東部軍情報だったが、何時《いつ》も富士山を目がけて侵入して、東京へ進路を変えてしまうので、今夜もそのてつだろうとたかをくくっていた所「一機甲府の上空に飛来」と云いも終らぬうちに、突然北の方でドカーンと一発、物凄い炸裂音《さくれつおん》がした。「大変！空襲だ」とかやの中の父母を起し、ふとんをたたむのだが、わなわなしてしまって、やっと押入れにつっ込んだ。「早く重要書類と食料を持って」と父母に云っておいて、私は庭のすみに掘っておいた未完成の防空壕に、かねてつめておいた衣料の行李を、家と外とをはだしのまんまで往ったり来たりしてうめた。爆弾焼夷弾は北から東、南面からと外廓から次第に中心部に凄い勢で落されて、その炸裂音と焼夷弾の火の色が、両手で土をかじくって防空壕を埋めているまどろこしい自分の身辺に何時やってくるのか、気が気ではなく「八百万の神様、仏様、ご先祖様、イエスキリスト、どうかお救《たす》け下さい、私ら親子をどうかお守り下さい」と思わず声にして祈らずにはいられなかった。

頼みにしていた母は居間にぺったり坐りこんで「お父さん私はもう駄目」と動こうともしない。常日頃、両眼失明の父に「お父さん逃げる時はしっかり私につかまって、……お父さんだけ死なせやしない」と勇ましかった母だが、ドカーンという一発をきいたとたん腰が抜けてしまったのだ（本人は胴ぶるいだったと云うが）その母をようやくはげまして、食糧、薬品のかばんをかけ、水を入れたバケツを片手にした私が母の右の手を、重要書類のかばんと電気治療器（父の甥が発明した）をもった父が母の左の手をひいて、燃えてしまうものとして明けっ放しにした我家をあとに逃げ出したのは、近所の殆んどが退避してからだった。

途中幾度か「もう駄目、ここでよい」とすわり込んでしまう母をひきずる様にやっと、衛戍《えいじゅ》病院近くの人家の少い畠中にすわり込んだ。

爆弾、焼夷弾はだんだん近くに落されて、すぐそばの鶏小屋が焼け、師範学校が物凄い勢で燃えていた。ついそばの畠には焼夷弾でやられた若い人の死体があるとか、生きた心地はなかった。そのうち、つい二町と離れぬ所で物凄い音がしたかと思うと、すごい火焔があがり、加えてドカーン、ドカーンという破裂音は一晩中続いた。後でわかったことだが、陸軍の缶詰を保管していた酒倉が焼け、缶詰がはじける音だったということだ。爆撃は未明までつづいた。

どうやら一段落ついたらしいので、親切なお百姓さんが貸してくれたゴザにくるまって、道の端に疲れた身体を横たえた。そこを通り乍ら「どこかけがでも……」と心配気に言葉をかけてくれる人もあった。「大分おさまった様だから焼跡を見て来ておくれ」と云われて、恐る恐る我家の方向に歩いていったが何だか変だ。焼けたあたりは明るい空の色なのに、家の方角は黒い。魚屋も酒屋もIさんもKさんも焼けなかった。ならもしや？と万に一つをたのみ乍ら角をまがったら「あっ、焼けなかった、残っている」何か奇蹟を見る様で我家に駈け込んだ。塀はすっかり倒され、庭の柿やぐみの木、梨などが数本がやられたが、あとは何ともなっていなかった。

前の家迄燃えて来たのを「先生（父は小学校の教員だった）の家に火がついたら、こっちへも延焼するから」と隣保組の人達が、塀をこわしたりして食いとめてくれたと後で聞いた。幸い隣家との境に一間位のどぶがあり、我が家の庭に木が沢山あったので、それも延焼をまぬがれた大きな要因だったろう。その年は裏の青リンゴの木が、沢山おいしい実をならせ、防火してくれた隣近所へのお配りにとても役に立ってくれたのは後の話である。りんごはその年を最後にとうとう実をつけなくなった。

さて父母を連戻しに引返したが、母はすっかり元気になって、誰よりも一番先に我家のしきいをまたいだ。

その午後誰からともなく、焼けた酒倉の缶詰がもらえると伝わったので、母と二人で袋を持ってかけつけた。いるわ、いるわ、蜜に集る蟻の様に男も女も、ぶすぶす火をふいている缶詰の山をかきわけては取り出している。常には貴婦人然としているある夫人など、一〇〇ヶ以上入った木箱を探り出し掘り出して、その箱にデンと腰をすえ込んでいた。自分もあんな浅間しい姿の一人になるのかとやり切れない気持だったが、「どんなんでも生き抜かなければ……」と自らを励まし乍ら蟻の群の中にまじっていった。

（中杉　知誉子　甲府市）

■甲府市桜町一丁目　山梨日日新聞

手を振る敵機

●浜松二月十七日

私の家族は両親と、三姉妹と、祖母の六人です。両親は共稼ぎでした。姉も学徒動員でした。私と妹は在学中、祖母は母代りに家を守っていました。我家は、浜松駅から二十メートル位離れた所に有り、二十二年もここで住んでいました。

昭和二十年二月十七日の事です。この日の朝五時頃から警戒警報が鳴ったが、しかし十分位で解除になったので、母は朝御飯の仕度にかかり、私も学校に行く様にした。浜松駅ホームの拡声器で話す声が、家の中にいても手に取る様に聞こえて来る。父は、今日も無事汽車が発車するなと言って、何んとなく案ずる様子でホームの方を見守っていた。

私達は朝食を済せ、それぞれ家を出て行く。私と妹は、決った場所に集合して学校に行きますが、無事に一時間目の授業が終ると、急に空襲警報が鳴った。先生は、早く帰りなさい、今日の授業は終りといったので、急いでカバンを持ち、ズキンを頭に被《かぶ》りながら妹を呼びに行って、学校の裏門から、我家へと走りました。幼い妹の手を引っぱる様にして急ぐのですが、なかなか思うようにはまいりません。

二十分位走ってやっと寺島町《てらじまちょう》の公会堂が見える所迄来ると、敵機が来たので、道傍《ばた》の木影に入って、妹を私の身体で隠す様にして退避しました。しばらくすると敵機が見えなくなったので急いで又走った。間もなく敵機が来たので、妹に早く走って、急いで急いで、と言って手を引っぱると、妹はもう走れないと言って、その場所を動かず、泣き出してしまいました。

私は夢中で泣いている妹を負って、とにかく安全な所に隠れなくてはと一生懸命に走り、公会堂迄来た。垣根の中を見ると、洞穴が有ったので急いで妹をおろし、洞穴に飛びおり、妹に被《かぶ》さる様にして退避した瞬間、敵機が来た。すぐ頭の上を飛んでいる様に爆音が大きく聞こえるので、恐る恐る上を見ると、敵機には前後に二人乗っていた。低空飛行をし旋回しながら、後の人は私を狙《ねら》い撃《う》ちする様にしていたので、私は隠れようがなくもう助からないと諦めて、敵機の旋回する方に目をやっていると、撃つどころか手を振った。私は驚いて急いで妹に、早く敵機を見てご覧、と言うと妹は敵機に怯《おび》え、ふるえ声で、あれ手を振ってるねと、言った。妹が見た時は敵機は私達より少し離れていたが、はっきり見えた。

敵機は私達を驚かして去って行き、静かになった。私と妹は助かったと喜び合って話していると、公会堂の中に退避していたらしい小父《おじ》さんが、子供の声がするといって出て来た。そして私達を見つけた。小父さんは、私達に早く出なさい、その洞穴には、敵機が落した焼夷弾

○東部軍管区司令部発表（昭和二十年七月七日十一時）

一、B29約二百機ハ六日二十三時三十分ヨリ七日三時三十分ニ亘ル間、四梯団ニ分レ、管区内中小都市ニ分散来襲シ、主トシテ、焼夷弾攻撃ヲ実施セリ

二、甲府、千葉ノ両市ハ敵焼夷弾攻撃ニヨリ火災発生ヲ見タルモ七日払暁マデニ概ネ鎮火セリ、ソノ他二、三ノ小都市ニ対シ焼夷弾投下アリタルモ損害極メテ軽微ナリ

三、管区内中小都市ノ攻撃ハ今回ガ最初ニシテ爾後コノ種分散来襲ニ対シテ厳戒ノ要アリ

の爆ぜ《は》たのや、まだ爆ぜないのも有るから、いつ爆ぜるか分らんで早く出なさいといったが、私達穴に飛びおりる時は夢中でしたので、どの位深いのか気にもしませんでしたが、小父さんに言われて初めて私の背の高さほど深い事に気がつき、穴が深くて出られないと言うと、じゃ手を引っぱるから出なさいと言ってくれたので、妹から出してもらった。

　小父さん有難うといって私達は家へと急ぎ、我家の方角に目をやると、空一面黒い煙りが拡《ひろ》がっていた。私達は家の安否が気になった。すると自然と足が早くなる。思う事も悪い事しか思わない。万一あの黒い煙りが我家の燃える煙りではないかと思ったら、胸が一っぱいになり、涙が出て来て仕方がなかった。

　すると妹が、どうしたの泣いてるんじゃんと言ったので、私は急いで顔を拭き、どうもしないよと言った。して私は思った、敵は何故《なぜ》私を撃たなんだろう、弾が有る穴に退避している事が敵の方で分り、撃たなくてもどっちみち死ぬんだから手を振って去ったのだなと思った。この時ほど自分が幼い事が口惜しかった事はない。（服部　秀子 静岡県）

タンスをお棺に

●豊橋六月二十日

ジリジリッとけたたましいベルの音が、看護婦宿舎に鳴りひびいた。暗闇のなかを、枕もとにおいた貴重品袋と救急用品の袋を肩にかけて部屋を飛びだし、受持ちの病棟に走る。手さぐりで担架《たんか》をさがし、重症の患者さんを安全な地下室に運ぶ。暗い中を看護婦のキンキンした声が「どいて下さい、どいて下さい」と走っていく。担架は二人の看護婦で運ぶ。下肢にギブスを巻いた患者さんが、ずっしりと重かった。やっと運び終って、ほっとした頃、あたりは照明弾で真昼のように明るくなった。

　焼夷弾が、まるで花火のようにパラパラと降っている。今夜はどのあたりが爆撃されているのだろうと心配しながら、日頃の疲れと、毎夜何回となく起されるので、ついうとうとする。誰かが「豊橋《とよはし》方面がやられている」という。ドキッとしたが「なあに、私の小さな家の一つくらい、なんとか残るだろう」と考えて、またもやうとうとしていた。やっと空襲が終り、もとの位置に患者さんを運んでいった。こんなことが、毎夜何回繰返されたことか。

○東海軍管区司令部発表（昭和二十年六月二十日十二時）

マリアナ基地ノ敵B29約二百機ノ中約九十機ハ本六月二十日零時四十分頃ヨリ逐次志摩半島ニ侵入シ渥美湾北部ヲ経テ豊橋市附近ニ焼夷攻撃ヲ行ヒタル後、概ネ三時スギ頃マデニ浜松附近ヨリ南方ニ脱去、マタ概ネ同時刻爾余ノ約百十機ハ伊豆半島南岸オヨビ駿河湾口ヲ経テ逐次静岡市附近ヲ焼夷攻撃シタル後、御前崎附近ヨリ南方ニ脱去、コレガタメ静岡オヨビ豊橋市内各所ニ火災発生シタルモ静岡ハ概ネ五時頃、豊橋ハ概ネ八時頃ソレゾレ鎮火セリ、本空襲ニヨル両市ノ被害ナラビニ邀撃戦果ニ関シテハ調査中ナリ

　十日後、手もとに涙とほこりによごれた一通のハガキが届いた。六月二十日、家は焼夷弾の直撃をうけ全焼となり、弟二人はその時の火傷のため空襲の三日後に死んだ……とある。

　○ハガキの内容

（母から）十九日夜十二時頃（ショーイバクダン）の直撃を受け家の物一物も出さず全焼に終り父母忠（弟の名前）は柳生橋《やぎゅうばし》へ逃げたのですが尚（弟の名前）は一人で陸橋の方へ行ったのです父と忠は面手足を家でやられ尚は途中で面手足肩をやられ羽根井《はねい》学校へ収容され父忠は豊橋病院に送られ父はとても快く元気もあり薄皮も少々出来て来ましたが尚と忠は二十二日とうとう死んでしまいました詳しい事は又お目に掛って談します涙で書けません（つづいて兄嫁の筆跡で）千枝ちゃん何から書いたら、ただ胸一杯で何にも書けません私達は本当に申し訳もなく田舎に行って居た為無事、早速とんで来てびっくり致しました、ただ無事を祈って来ましたのに力が落ちました。

　驚いて、すぐに家に帰りたいからと、前後もわきまえずたのんでみた。しかし、その時には国立病院の実習があった。「それをすませてからにしなさい」といわれ、涙ながらにその日を待った。

　豊橋の町は、見渡す限りの焼野ヶ原になっていた。想像もつかなかった光景である。家の跡の防空壕には、隣の人がきて、二人とも焼け死んで、そのまま一つづつのかたまりになっていた。大豆が一斗缶の中で、真黒く炭の様《よう》になっている。その横に弟がいつも使っていたハモニカの金属の部分だけが落ちていた。それを拾って思いきり泣いたものだった。

　父のほうも、このとき火傷したので、豊橋市民病院に行った。六帖くらいの病室に、二人の患者が、ムンムンするような暑さのなかで苦しんでいた。その一人が父だった。火傷のため、ガーゼの間から目だけがのぞいている。着のみ着のままの姿だった。父が「歩くと体にひびくから、静かに歩いてくれ」という。全身に十六カ所も火傷した父は、リンゴ汁だけしか飲めなかった。病院にいても、蝿が多いため傷口にうじがわき、そのうじが傷をつついて痛いといった。黒いナべ、二、三箇の茶わん、よごれた風呂敷包、その横に、弟の骨が古い封筒の中

に、一人分づつ入っていた。

隔離病舎のほうには、兄嫁が腸チブスで入院していた。母の話によると、兄嫁は、子供を連れて田舎に疎開していたところ、この空襲を知り、当時行方のわからなかった弟尚を探して走りまわった由。あちこち探した末、弟は小学校の片隅に、むしろの上で死んでいたという。

廻りの人の話では、家族のことをあきらめていたのか、何もいわずに死んで行ったらしい。兄嫁は、恐らく、暑さのため生水を飲みながら走りまわったのであろう。高熱のため、唇は茶色になっていた。戦地へ行った兄の帰りを五年あまりも待ちこがれて、熱にうなされながら、兄の名を呼びつづけて、七月三十日に死んで行った。後に五才の子を残して……

棺桶がなく、いろいろ考えた末、タンスの一番下の台を、どこかから持ってきて、それを心《しん》にし、まわりにむしろをあてて遺体をつつんだ。焼けてタイヤのないリヤカーで、ガタガタいわせながら、約四キロの道を、火葬場へ運んでいった。その途中、空襲にあい、あわてて避難したとき、むしろの間から、遺体の片足がはみだして、ぞっとした。

（宮治　千枝子 愛知県）

北日本新聞

■富山市総曲輪七の組方面

豆粕を押いただく

●富山八月一日

長い長い道でした。真夏の太陽がギラギラ照りつけ、道路は焼けつくようにもえ立っていました。その道を借りてきた鍬《くわ》をかつぎ、ひしゃげたバケツをぶらさげて、私はテクテク歩いていました。静かでした。農家の軒先に三々五々たむろしている人々を除けば、おだやかで平和なたたずまいでした。

昭和二十年八月一日夜、富山《とやま》市は集中爆撃により、ほとんど全滅に近い被害をこうむりました。祖母の家へ東京から疎開していた私と妹は、まともにこの空襲をうけ、火の中を逃げまどいながら、かろうじて一生を得ていたのです。翌朝ごろごろころがっている死体の中を、トボトボ足をひきずって歩いている所をトラック（兵隊さんが乗っていましたから軍のトラックでしょうか）に拾われ、血縁からいったらはなはだ遠い、けれど距離的には一番近かった親類の家にころがりこみ、二、三時間の仮眠を得た後、母方の祖父の家へ落着きました。

死んだように眠り、腹ごしらえもできて、やっと人心地のついた私をまっているものは、焼跡整理の仕事でした。焼け出された私達一家は、当時七十に近い祖母と二人の伯母、そして私と妹でしたが、伯母の一人はひどい火傷を負っていましたし、妹はまだ幼かったので、若い伯母と私が働かなければならなかったのです。

祖父の家から焼跡まで一里余り、勿論交通機関はとだえていましたから、歩くよりほかに手はありません。着たきり雀のモンペ姿に、借りものの運動靴、手拭の頬かぶりで、鍬を肩に、バケツをぶらさげた珍妙なスタイルで歩きました。時時農家の小母さんの「あれ気の毒に、あのすさんとこも、みな死なれたんでないけ」などという話し声が耳にはいりました。よほどあわれに見えたものとおもいます。

二八〇坪ばかりの屋敷跡には、数えただけで直径二メートルくらいの爆弾の穴が三つ、焼夷弾が三十六発ありました。洪水や大火にびくともしなかったといわれる土蔵も跡形なく、防空壕にいたっては、まさに木っぱみじんでした。かけた茶碗、つぶれた鉄瓶、そんなガラクタを掘り出し、寄せ集める作業が、川原で焼く死体の煙と臭いの中で、何日も何日も続けられました。

それでも、通っている間はまだましでした。食事はとれましたし、畳に蒲団でやすむことができたのですから。

でも人の親切にも限りがありました。祖父の家を例にとれば、八人家族のところへ、四世帯約二十人がころがりこんでいました。いずれも着のみ着のまま無一物です。こんな田舎町が、こうした空襲をうけようとは誰も考えていませんでしたから、市へ疎開して来ている人はあっても、さらに郡部にまで荷物を分散させていた人は、ほとんどなかったのです。どこの家も多かれ少なかれ同じような状態でした。

ですから、いつ終るかわからない戦争、そして身近にせまった危険感などが、被災者に哀れを感じた最初の何日かがすぎると、自分自身を守る態度になって現れても無理ではなかったのです。

誰からともなく、被災者たちは焼跡に舞いもどりました。私たちは女手ばかりで建てた掘立小屋のわずか一坪程の場所で、母のもとへ返した妹を除く四人の生活をはじめました。罹災のほんとの苦しみはこの時からでした。

■名古屋の繁華街　写真 大石 孝

まず食料がありません。東京では救援活動が非常に円滑に行なわれ、むしろ焼跡にいた方が食糧事情などよかったと聞いています。でも富山では、そうではありませんでした。オニギリをトラックから配給されたのはただ一度、それも四人にたった一個でした。あとは伯母と二人、近在の農家へ出かけては、畑に打ち捨ててあるさつまいもの葉と茎を、くさっていなさそうな所をよりわけては、もらってきて、茹でてたべました。

食料を買いたいにも、お金も物もなかったのです。たまに一合のお米がもらえると大喜びで、一升位のおかゆに作り、四人でわけて飲みました。馬鈴薯はむしろ御馳走でした。豆粕もとうもろこしも高粱《こうりゃん》もフスマも、私たちは押しいただき、涙を流して食べたものです。夜はお天気がよければ露天に寝ました。土の上にじかにしいたむしろは、時には露にじっとりぬれましたが、星を仰いで寝るのは、かえって爽快でした。それにひきかえ、雨の日はみじめでした。トタン屋根をたたく雨音をききながら、寝ることも動くこともならず、まんじりともせず、夜をあかさなければなりません。

そんな中で、八月十五日を迎えました。隣近所集って、誰かが借りてきた雑音のひどいラジオで、玉音放送をきいたのです。なんということもなく涙が流れました。でもほっとした気持でした。その後に終戦後のもっともっとひどい事態が待ちかまえているとも知らずに、いつまでも、その場に立ちつくしていました。（神林 範 藤沢市）

○東海軍管区司令部発表（昭和二十年八月二日十四時）

一、B29約七十機ハ八月一日夜半約二時間ニワタリ熊野灘方面ヨリ波状侵入シ富山市附近ヲ焼夷攻撃ノ後、遠州灘ヨリ脱去セリ、又別ニ同夜二十一時頃ヨリ約三時間半ノ間ニオイテ熊野灘方面ヨリ侵入シ琵琶湖、北陸方面ヲ経テ東部軍管内ヘ侵入シタルモノ約五十機、更ニ駿河湾オヨビソノ南岸地区ヲ通過シ東部軍管内ニ侵入シタルモノ約八十機ナリ

二、本空襲ニヨリ富山市各所ニ火災ヲ生ジタルモ払暁迄ニ概ネ鎮火セリ

早よ降参したらええ

●名古屋三月十二日

昭和二十年三月。女学校一年生で学徒動員中の私は、この戦争に対する批判の眼などかけらも持たず、ただ最後には必ず日本が勝つのだと云われるままを全く素直に信じて、窮乏の中に不平も云わず工場に通っていた。

その夜も衣服をつけたまま横になっていた私達は、浅い眠りのうちに例の不気味なサイレンでとび起きた。手早く防空頭巾をかぶり、救急医薬品や乾パン、炒った米などを入れた袋をめいめいに肩から下げて、玄関前の防空壕に急ぐ。

上の弟は小学三年生、次の弟が三才半、生後八ヶ月の末の子は母がおんぶした。考えてみればこの弟は殆ど終日、まるで母の体の一部分のように背中にくくりつけられていた。

その恰好で母は重い畳を運び出しては、壕の上に立てかける。私も真似た。やせた少女であった私が苦もなくこの作業をした。父は二度目の応召中、母を助けて幼い弟達やこの家を守らねばならぬのだと、責任感と自負心で気が張りつめていた。二人の弟達は、眠さや心もとなさの為か、ヒイヒイ泣き声をたてて、折角入れた壕から「お母ちゃん…」と這い上ってくる。それを「あんたたち！死んでもいいの？」と私は入口からつき落した。警戒警報に追いかぶさるように直ぐ空襲警報が鳴った時には、もう聞き慣れた編隊の鈍い爆音が次から次へと頭上に来ていた。

壕の中はひんやりと土の匂いがこもり、僅かの食料、最少限の夜具、貯金通帳などの大切なものを収めた小箱等を置いて、母子五人が坐ると一杯の広さであ

る。私達の耳に果てしのないB29の通過音と爆発の轟音、警防団員の叫び声。……と、あわただしく駆け込んで来た一人が「近くに焼夷弾だ、直ぐ避難して下さい！」とどなった。近所の花屋さん母子と一緒に行くことになり、そこの御主人が「石黒さん、ここは私達が守ったげる、早く！」と云ってくれた。

乳母車にふとんを積み、中の弟を低い姿勢で乗せると私が押して一同は走り出した。両足がひどいしもやけで、冬中苦しんでいた上の弟が、一寸ひきずるような足どりで乳母車の横につかまっている。清水《しみず》の広い道に出ると人の流れが北に向っていた。その群に加わって瀬戸《せと》電（名鉄瀬戸線）踏み切り近く迄来た時、照明弾がいくつも降って来て真昼の明るさになった。「早く壕に入るんだ！」警防団員に叱られて道端の共同用防空壕に走り込んだが、真暗で足首までも泥水に浸ってしまう。中は既に人で詰っている。私達は再び車を押して行かねばならなかった。

壕の中で過ごす不安な夜はいつものことだったが、家をあとに夜道を逃げるのは初めて。耳慣れた筈の恐ろしい音が今は一層生《な》ま生《な》ましかったし、私達が急いでいるその方角にも低い爆発音は響いていた。

三キロ程も来て、和田神社の鳥居と木立ちのみえる角で一寸立ち止まると、母は「この辺で曲りましょうか」と云った。人の群は当然のように真直ぐ北に向っていたが、私達は何となく左に折れた。そして百メートルも行かない処ですさまじい音！今迄にない近さにハッと乳母車の弟に覆いかぶさると、土の塊、石、何かのかけらのようなものが頭や背中に叩《たた》きつけられ、体がよろけた。気付くと、しっかり押えた筈の弟は爆風で溝にころがり落ち、しもやけの弟も離れた処でうずくまっていた。しかし私達五人は無事だった。花屋さんの幼ない女の子は手に生涯残る深傷を負った。

その子は痛さに泣き乍ら「お母ちゃん戦争なんか止めたらえぇのになぁ、はよう降参したらえぇのになぁ…」と云った。おばさんはあわてたが、私も五才の子の大胆な正直な言葉が異様な強さでぶつかって来たのを憶えている。空襲のない一家団らんの灯が、途方もなく遠い遥かな世界のことに思えた。

畠の中でふとんをかぶって夜の明けるのを待つ時、皆言葉少なに真赤に映《は》える空をみつめていた。あの火できっと家も灰になったのだ……。

警報も解除になり引き返す道では、家族の安否を尋ねて叫ぶ人がおろおろし、女学校の卒業式を明日にして晴着を抱えたまま死んでしまったと、お母さんらしい人が娘さんの傍で泣きわめいていた。直撃を受けたのは神社の正面だったから、私達もあのまま北に向っていたら命はなかっただろう。

疲れきって帰り着くと、思いがけず無事な我が家があった。警防団員が照明弾を焼夷弾と間違えて避難命令を出したものと聞いた。我が家の防空壕に居れば、こんな恐ろしい思いはしなくてもよかったのだ。しかしこれが契機となり、私達母子は家財道具もそのままに、近郊の伯父を頼って鳥のたつように疎開した。

（小森　美恵子　横浜市）

○大本営発表（昭和二十年三月十二日十六時三十分）

本三月十二日零時過ヨリ三時二十分ノ間B29約百三十機主力ヲ以テ名古屋市ニ来襲市街地ヲ盲爆セリ、右盲爆ニヨリ熱田神宮ニ火災ヲ生ジタルモ本宮、別宮等ハ御安泰ナリ、市内各所ニ発生セル火災ハ十時頃迄ニ概ネ鎮火セリ

現在迄ニ判明セル戦果次ノ如シ

撃墜　二十二機　損害ヲ与ヘタルモノ約六十機

防空壕に埋まる

●西宮五月十一日

昭和廿年五月十一日、その日は五月晴れの好いお天気でした。西宮《にしのみや》の山手桜谷《さくらだに》町《ちょう》の静かな住宅街の一角に私達は住んで居りました。

当時家族は両親と私、小学三年と一年

の娘、四才になる末息子。主人はその前年応召して沖縄方面に出動とのみで音信不通のままでした。家業は西宮寒天牧場と申し阪神間一円に古いお得意様を持つ牛乳店でした。日々に激しくなる戦局に、乳牛の飼料入手は困難を極めましたが、病人乳幼児用の配給に父は頑張《がんば》っていました。

午前十時頃、けたたましい空襲警報のサイレンに、近くの学校から子供達が帰宅して心配気《しんぱいげ》に空を見上げていると、ズシンズシンと激しい地ひびきと共に多数の飛行機の爆音、高射砲の音、地震の様な大地のゆれに二人の娘と押入れに逃げました。

「お母ちゃん危い、早く防空壕へ」と長男を抱いた母の声に、子供達の手を引き、裸足《はだし》のまま庭を横切り、畑のすみの壕の中に飛び込みました。平常めったに壕に入らぬ父も「大変だ今日は唯事《ただごと》では無い」と言いつつ入って来ました。私は非常袋を忘れたのに気附いて取って返し、袋を肩に走りました。夢中で壕にころがり込んだ刹那「ドカァーン」と耳も聾《ろう》せんばかりの大音響と共に、あたりは真暗、体はたたきつけられた様に横転、ザァーッと土砂に埋《うず》りました。どれ程の時がたったのでしょう。目の前が明るくなり気が附くと子供達を下に、その上に父母と私。三人がおおいかぶさる様に倒れて居りました。壕はねじ曲った様に大破し、子供達もあまりのショックに声一つ立てず、ただ大きな目をみはるばかり。一人ずつ立たせて手足を振ったり動かしてみたりしてみましたが、誰も何ともありません。色白の次女の頬に一筋の血が……父も私も爆弾の破片で服にあながあき所々ブスブスとこげて居ります。

★昭和二十年五月十一日

八時半頃から敵六十余機は約一時間に亘って紀伊水道附近を旋回集結の後、九時半頃から徳島東方を北進大阪湾を経て神戸東方地区に侵入、芦屋市附近を無差別爆撃ののち、京都西南方、奈良、三重両県境を経て十時半前後紀伊半島東南部から洋上に脱去した。（五月十二日朝日新聞）

恐る恐る壕をはい出して見ると、たった今、走り出た我家は後片《あとかた》もなく、廻りの家もいづれも吹きとび、倒れ、かたむき、あたりはひっそりと物音一つせず、変に静かで無気味でした。

お向いの家の人達は？　小さい子供さんの多いお向いの二軒が、警報の出るたびに一緒に我家の壕に入っていたのでした。間も無く消防団の人や兵隊さんが来て、倒れた家の下から無惨《むざん》な姿の御近所の人達を次々に掘出している所でした。小さい子供さん三人と、お向いの小母《おば》さんが、そのお隣りの赤ちゃんも、横も、裏も、筋向《すじむか》うの家も、日頃親しくしていた隣保《りんぽ》八軒に十四人もの死者が出たのです。我家には、五〇〇キロと二五〇キロの爆弾が二発も落下、中庭に大きな深いすり鉢型のくぼみが出来ていました。非常袋を取りに中庭を走っていた時、私の頭上には五〇〇キロの爆弾が……子供達と押入れにあのまま入っていたら……本当に一瞬の出来事、運命の分れ道は紙一重の差、運の強さをただ神仏のお守りと手を合せました。

土台の石組を残して何一つなくなった家敷跡《やしきあと》から、傷だらけのお位牌《いはい》を拾い、二つに割れた床間《とこのま》の地板の下に奇蹟的に無事でころがっていたウイスキー一本を見つけた時は、生死の知れない主人の無事でいるしらせかと眉を開いたのです。着のみ着のまま裸足《はだし》の一家六人は、俄に曇って黒い雨の降る中を、牧場へと迎えの牛車に乗ったのでした。子供心にも大きなショックだったのでしょう、毎日のサイレンにおびえて高熱を出す次女の為に、一家は乳牛二頭と共に六甲山の中腹の山中に逃げました。父母は藁草履《わらぞうり》を作って孫達にはかせ、なれぬ畑をたがやしてなお神州不滅《しんしゅうふめつ》を信じて居りました。新聞もラジオも無い生活で、終戦を知ったのは二日後、山を通る人から聞いたのです。（**佐藤　弘子** 西宮市）

くさった握飯

●芦屋八月六日

「西宮の娘達は京都へ行け」というビラと、「八月五日には芦屋、西宮を空襲する」というビラが落されていたということでした。八月五日には万一来るかと思っていましたが、宵のうちに来たB29は、阿波灘《あわなだ》から今治《いまばり》へ行ったので、安心と寝入った夜半すぎ、警戒警報もなく芦屋が燃えたのです。

妻と長男と四才の二男とは故郷に疎開しており、二女は学生でしたが母のところへ連絡に行き、家には長女と私だけがいました。

これよりさき家財は防空壕に入れておきましたが、雨がふって妻や娘の晴着を入れたたんすが水浸しになり、また掘り出して乾かしておきました。

周囲の家がもえだしたので、隣組の中で一番さきに逃げ出しました。そのとき持って逃げた品物は敷ぶとん一枚、大豆《だいず》カルケット缶一ぱい、きざみたばこ、紅茶、さとう、ピッケル、提燈《ちょうちん》でした。これらの品物は家がやけた後でたいへん役にたちました。

逃げる先々が焼け、後から大雨になったので、焼け残った一軒家で、そこの人が逃げ出して誰もいない所へ入って雨をしのいだのですが、そこの家の人が帰って来て、そこで紅茶を飲み、家へ帰って、私の家が完全に屋根の落ちたのを見たのです。

家が焼けて一番後までくすぶっていたのは本でした。一万近い蔵書《ぞうしょ》は三、四日くすぶり続けていましたので、火種《ひだね》には困りませんでした。

その日の夕方、やっと一個の握飯《にぎりめし》の配給があったのですが、それは大豆入りで、すでに腐っていました。私は、金属回収でつみあげてあった中から茶釜を拾って来て、それで大豆を煮て食べたのです。

菜園にはかぼちゃと茄子《なす》を作っていましたが、家の焼ける熱で、それらが丸焼きになっていたので、それが即座のおかずになりました。

近所の人はその日から焼けトタンを集めて小屋を作りはじめましたが、私は、焼夷弾のカラを集めて――家や庭で二十八個を発見――その上にふとんをしいて、枯れた無花果《いちじく》の木の枝にトタンを一枚載《の》せて寝ました。

大阪市役所に勤めていた長女は、昼のうちに母への連絡に、郷里岡山県へ発《た》っていきました。

その夜、私は眠れぬままに、紅茶をのみ、たばこを吸っていると、近所の人が集まって来ました。みんなたばこがほしかったのです。家を囲《かこ》んだ板べいと生垣がなくなったので、私のたばこをのむのが見えたのですね。

家と家、人と人とをへだてていた垣が取りはらわれ、同じ苦労をするとき、貧富も身分もなくなってしまうのです。戦災をうけて強く感じたことの第一です。

翌朝、清酒「大関」の倉が燃えて、酒が流れているということで、みんな酒くみに走ったのですが、私もでかけたが、

○中部軍管区司令部、大阪警備府発表（昭和二十年八月六日十時）
一、敵米B29約二百八十五機ハ八月五日二十一時三十分ゴロヨリ六日三時ニ亘ル間三群ニ分レテ侵入、第一、第二群ノ主力ハ今治市、宇部市附近ニ焼夷弾ヲ、又ソノ若干機ハ日本海沿岸及ビ瀬戸内海ノ一部ニ機雷ヲ投下、第三群百三十機ハ紀伊水道ヨリ侵入、西宮市東西地帯ニ焼夷弾、一部ニ爆弾ヲ混用投下セリ、西宮東西地帯ノ火災ハ軍官民ノ敢闘ニヨリ六日払暁前ニ鎮火セリ
二、損害調査中ナルモ六日十時マデニ判明セル戦果ハ撃墜八機ナリ

大勢こみあっていてよりつくすべもなかったのです。すると近所の人が、うちの焼け残りのかめを持って、一杯なみなみとくんで来てくれました。

会社で配給があったといって沢庵《たくあん》づけを持って来てくれるもの、焼けた馬の尻を切って来てくれるもの、みんなかめのそばに集って酒を飲みました。焼けてうすくはなっていたが、こんなにうまい酒は後にもさきにも飲んだことがありません。一週間目に私は妻の疎開先へ行ったのですが、それまでは明けてもくれても、その酒を飲んだものです。

「大関」の酒倉から、かすを持ち出した者は警察へ連行されましたが、流れる酒をくんで来たものには何もありませんでした。

六日の夕方、誰いうとなく、新聞もラジオもない罹災地へ、広島に強力な爆弾が投下されたということが伝わりました。

もう一つ強く印象に残ったことは、三日目頃から、蠅と蚊が大発生したことです。罹災の直後には、そうした昆虫は一匹も居らず、暮しよかったが、三四日目になると、蠅も蚊も大発生しました。特に蠅の発生がひどく、近所の赤ん坊の眠っている顔の上にも、我々の食器類にも、まっ黒に蠅が集まって来て、追っても逃げないのです。蠅の天敵がなくなってしまったせいかと思われますが、眼にも鼻にも蠅がまっ黒にとまっている中で、赤ちゃんはすやすや眠るようになっていました。

夜はまた大きな蚊の来襲で、空襲警報の中でも火をたかないではいられなかったのです。火が消えると忽ち蚊の群が襲って来るからです。（**尾関　岩二** 岡山県）

運命の給料日

●相生　七月二十八日

二十年七月二十八日、当時父は播磨《はりま》造船所（兵庫県相生《あいおい》市）に勤務していた。

空襲もだんだんと各地にひろまり、今度こそは造船所であろうとは、誰しも思いまた言い合っていた。

当日は朝から警戒警報に入り、お昼近く空襲警報に変って、まもなく造船所の上に、どんどん、爆だんの雨が降ってきた。運の悪いことも重なった。その日は給料日で、たいがいの者が出社していた。当然のことに犠牲者も多く、二三百人くらいだったか、近所のお寺に運ばれた死体から流れ出たあの鮮かな血の色を、私は生涯忘れ得ない。

釣の好きであった父は、その日久々の休みをもらって、近所の人と釣に出かけ、幸いにも、命びろいをした。母はなにも給料日に休まなくてもと、こごとをいったけれど、全くなにが幸いになるか分らない。

町では造船所をやった後は、必ず近いうちに町を崩壊しに来るだろう、というデマが流れ、人々は恐怖のどん底にあった。

それから、二、三日した夕方、またも空襲警報のサイレンが鳴った。母はなんと思ったか、家中のとっときの米をひっぱり出して、大釜一ぱいの銀めしをたき、小鰯を焼いて、「みんな、今夜は死ぬかも知れんよ。生きているうちに、腹一ぱい食べて死ねば、思い残すことがないからね、どんどん食べていいよ」といって、真白いごはんをついでくれた。当時は、どの顔もどの顔も、目ばかり光っ

★昭和二十年七月二十八日

午前七時十分本社工場に米艦載機グラマン約三十機が来襲し、二百五十キログラム爆弾を主として、機銃掃射および無数の十キログラム爆弾を投下した。爆撃の主目標は渠中、接岸および係留中の艦船にあった模様であるが、被爆したのは接岸中の改E型貨物船一隻のみで、同船は船底に達する小型爆弾の直撃によって沈没した。

一方二百五十キログラム爆弾は、倉庫地区、第一・第二・第三船渠付近および第六機械工場の裏山等を初めとし、海上に相当数投下された。

これによって、運輸課長坂井英三以下職員十名、工員二十一名、学徒一名、その他七名、合計三十九名の死者と多数の負傷者とを出し、船台ではタワー・クレーン一基倒壊、第二・第三船渠付近ではタワー・クレーン一基渠中に倒壊、第二船渠の渠壁が破損した。

同日午後零時三十分ごろ再び同様の編隊の空襲を受けて、原図・木工工場に火災を生じ、両工場は全焼した。

この前後二回の空襲により、工場は致命的損害は受けなかったが、一時は従業員の意気消沈して、爆音や警報らしい音にも神経過敏となった。（播磨造船所50年史から）

て、生気がなかったものである。こうりゃんも食べた。豆かすもいって、しょう油の中に通して食べた。野山のやわらかい雑草も食べた。水の多い「ぞうすい」を食べるので、胃がみんなおどろくほど大きかった。だから母に「いくらでも食べていい」といわれたことは、死ぬよりもうれしかった。私たちが、がつがつと食べるのを見ていた母は泣いていた。

（西本　恵三子広島県**）**

逃げる

●岡山六月二十九日

私の住む岡山《おかやま》市にも、昭和二十年六月二十九日の真夜中、B29の大編隊が焼夷弾を投下。市の周辺を幾らか残して、市街地の中心部は焼かれ、数千人の市民が殺され傷ついた。今日は何処の軍基地が、昨日はどこの市街地がと、ラジオは爆撃のニュースを報じた。夜となく昼となく気味の悪いB29の爆音が遠く近く耳にはいる。爆破される轟きが地の底をとおして、何十里先からか響きわたる。

或る日、兵器廠に行って、弾丸造りをしていた女学生の四女が、いつもより早く帰ってきた。

「今日は岡山市に爆弾が投下されるって情報がはいったから、みんな早く帰って安全地帯に逃げるよう上官からいい渡された。爆弾を投下されたら、何《なに》も彼《か》もそれこそみんな全滅してしまうんだそうだ。防空壕等何の役にも立たない」と、彼女は真青《まっさお》な顔で話すので、今まで焼夷弾であれば、あくまで防火体制をとらなくてはと思っていたけれど、ほんとうに今日ここで死んでは犬死になるから、今宵一夜は山中へ逃げて夜を明かすことに衆議一決した。場所は曾《かっ》て娘らが、女学校から遠足に行った事のある野々口《ののぐち》という所で、二里（八キロ）位はあるだろうか。

大切な配給米を炊《た》くもの、とっておきの梅干を容器に入れるもの、一時《いっとき》も早く運ばなくてはならない。今日山中へ逃げて幸い生き延びたら、明日から食べる食料と、それを炊く釜と、若干の衣類とを、どうしても保管しなくてはならない。

漸やく炊き上ったご飯を、内側の黒い、外側は赤色に金蒔絵をした新しい重箱につめて、それを風呂敷に包み、ご飯をたいたあとのアルミの釜は、井戸の中に入れる事にした。深さは上の方の水の無い所が約四米位はあって、どんな旱天《ひでり》にも渇《かっ》水がなく、水の深さは二米位はあったろうか。

私「何かひっかかりをしておかなくては、あげる事ができないではないか」四女「お母さんあげようと思えばあげれるわよ、落してさえおけばいいじゃないの、早く早く」とせきたてられて、「それもそうね」とその釜を真逆《まっさか》さまにどぶんと投げこんだ。鉄の釣瓶《つるべ》が静かに動いていた。五升程の米は風呂敷に包んで（ビニロンなどありはしない）軒下の土一尺程を掘って埋め、衣類は柳行李《やなぎごうり》に入れて、これも役所から帰った夫に事の詳細を話し、門の入口近くを掘って埋めて貰うことにした。

逃げる計画の大部分は完成した。いつも持っていなくてはならぬ掛鞄《かけかばん》（祖父の博多《はかた》織の帯と小倉織の黒い布等はぎ合せて作ったもの）の中の包帯、三角巾、赤チンやら、配給の未利用粉末（ドングリ其他植物の葉等の粉末）と僅かの小麦粉で作った黒い乾パン等を今一度査《しら》べ、それに水の入った水筒、防弾帽も肩に掛け、モンペの紐もかたく結んで出かけた。夫は「まあお前らいっておれよ、俺は後から行く」と行李を埋める穴を家主のKさんと一緒に掘っていた。

近くにあった勤務先の学校は全焼、警報の合間を縫って、焼跡の整理に、青空教室で生徒の授業に、それこそ懸命に働いていた次女は、又しても後へ後へとなるので、早く歩かねば日が暮れるからと促しても、どうしても遅れてしまう。

四十八部隊の辺《あたり》まで来た時、次女は突

如「わたしは帰ります」といい出した。「わたしは教師だから、どうしても逃げる事は出来ぬ。この非常時中の非常時に、死んでも子供達を守らなくては」三女「でも姉さん死んでは何も出来ない、生きていてこそご奉公ができるんじゃない、さあ行こう」とさっさと歩き出した。中学生の長男はそれまで黙っていたが「僕ら中学生が銃後を守らねばどうするの。僕は帰る」いうなり踵《きびす》を返して、今来た道へ走るように帰っていった。

さて私は、夫の勤務中、隣組長である夫の代理としての責任を果さねばならぬ身分であるのに、それを放擲《ほうてき》する事になるではないか。

■熊本市の中心部　熊本日日新聞

陛下の御為にお国の為に「一旦緩急《イッタンカンキュウ》アレハ義勇公ニ奉シ　以テ天壌無窮《テンジョウムキュウ》ノ皇運ヲ扶翼《フヨク》スヘシ」私の心に曾《かつ》て徹していた此の心が勃然《ぼつぜん》として湧《わ》き起ったのである。

帰って見れば夕暮れの空の下で、夫は地下に埋めた行李の上に、うず高く土を盛り上げていた。「俺は逃げる積りはなかった」と、ポツリといったのみである。

其の夜は全くのデマで、爆弾投下はなかった。埋めた米は、二、三日後に掘り出してみれば黄変して臭くなっていたので、粉にして団子《だんご》をつくり、辛《かろう》じて毎日の食用にした。衣料は湿気を吸収して痛み、殊に大阪で戦災に逢い、郷里に帰った家主のKさんは、それから一カ月後終戦になって、もう大丈夫と地下から掘り出してみれば、一行李全部地下水の浸透で、見るかげもなく使用不能になっていた。井戸に落した釜は、引き揚げる術《すべ》もなかった。今でもなおあの井戸の底に眠っているであろう。

（**河原　富志恵**岡山市）

○中部軍管区司令部、大阪警備府発表（昭和二十年六月二十九日十時）

一、南方基地の敵米B29七十機内外ハ六月廿九日二時過ギ頃ヨリ紀伊水道ヲ経テ岡山市附近ニ侵入、同市附近ニ焼夷弾ヲ投下ノノチ、四國東部附近ヨリ南方ニ脱去セリ、コレガタメ岡山市ニハ火災ノ発生ヲ見タルモ今朝マデニ概ネ鎮火セリ、別ニ同日零時ゴロ豊後水道ヨリ侵入セルB29ノ他ノ編隊ハ関門附近ニ焼夷弾ヲ投下ノノチ、山口市附近ヲ経テ南方ニ脱去セリ

おしゃれの効用

●荒尾　七月二日

雲も、そして有明海《ありあけかい》も真赤に染めて、夕日が雲仙《うんぜん》のむこうに沈むのを見はるかす、熊本は福岡県との県境にある、荒尾《あらお》市の虚空像山《こくぞうさん》の中腹に生れ育った私は、十一才の六年生の夏に終戦を迎えました。

八人兄姉の末娘として甘えて育っていたのですが、三人の兄は出征し、長姉は嫁し、家に残ったのは両親と看護婦の次姉、病気がちの三姉の五人でした。

ある日、遊び疲れて外から帰った私に、母が「君ちゃん、玉川先生を急いで呼んできてちょうだい、稲子姉さん、先生の注射のあと、しばらくして震えがでてきたから」「はあい」。私は二キロほど離れた病院へ飛んで行きました。その途中も敵機来襲にあい、一番近い家の防空壕へ入れてもらいながら、やっと先生に逢えたとおもったのに、冷たい非情な言葉が返ってきました。まだ小さい子供だとあなどったのか、さっきの空襲で気が立っていたのか（空襲など毎日で神経がイライラするはずもなかったろうに）「どうせ死ぬんだから行っても無駄なんですよ」

あの女医さんの丸顔、一生わすれないことでしょう。

母は怒るひまもなく、すぐ私を次姉のいる三井病院へ走らせました。三里半ほど遠いところで、いつもは市電が走っているのですが、さっきの空襲でやられ、電車は動いていないとの噂さに、私はお金を持たされずに家を走りでました。行ってみると確かに三駅ほどは走っていませんでしたが、その先は走っていました。

今の私だったらお金を持たしてくれなかった母をさぞ恨んだかもしれないが、そのころの私は、元気で、母も私を頼っていてくれると思いこんでいましたので、それが嬉しくて線路づたいに走りに走ったものです。線路と歩道に別れているところでは、電車で通っただけの道ですから、線路と別れると迷子になりそうに心細くて、下を鹿児島本線が走っている鉄橋もはって渡って行きました。

姉と二人、電車で帰り、手配してあったリヤカーに苦しんでいる姉をのせ、次

姉が前、私が後から押して、また、三里半の夜道を病院へと急いだのですが、なにしろ空襲空襲で夜も寝ず、昼も病人相手の次姉は、リヤカーを引きながら居眠りし、電柱にぶつかったり、よろけたりの運転でした。手遅れだけど手術してみますか？といわれる医師を頼りに、姉と私は病人を、山をくり抜いた横穴防空壕の手術室へ送りました。盲腸の手遅れで腹膜炎をおこしていましたが（前の玉川先生が暖めるようにといわれたので母が暖めていたため）奇蹟的に助かりました。二カ月あまり入院し、傷のあともこぶし程あり骨皮にやせてしまいました。

　次姉は、仕事と妹の看病でくったくた。三姉も近くの三井化学工場の爆撃のたびにガタガタする振動に傷を痛がり、私は食料難のこととてソーメンを折り込んだ御飯を、毎日まいにち運んだのです。ギラギラ照りつける季節に、泳ぎの好きだった私は、潮の満干の激しい海で、やっと泳げる水カサになったとき、母が「お弁当もって行ってよお」と海へ呼びに来るのがいちばん悲しかった。でも、悲しさはそれくらいで、あとの苦労は平気でした。

　空襲のサイレンが鳴ると、父はすぐ目の前の職場へ、母はバケツを片手にトビを肩に、国防婦人会へ飛んで行き、二人の姉は病院だし、広い家に一人ポツンと私は敵機来襲まで寝ていました。

　ある夜、一人のとき敵機来襲にあい、そのときはもう戦死していた長兄のお骨をだいて、縁側から飛び降りましたら、コロコロと腕からお骨がころがり落ち、兄さんごめんね、と口の中でつぶやき、横穴防空壕へ飛びこんだのですが、幼い頭の中でヒラメいたのは、明日の朝、一番に髪をとく櫛がないと髪がみだれて恥かしいということでした。

　子供部屋へ引き返しますと、姉の鏡台の横に焼夷弾が落ちていて畳と鏡台がもうチョロチョロと燃えはじめているではありませんか。すぐ風呂場へ走り、バケツに水を汲んでは消しして、心に余裕がでてくると各部屋を見て廻り、二、三カ所の火を消しました。

　翌朝四時ごろ、あちこちで活躍した父母が帰って来て誉《ほ》めてくれたことを今も忘れません。元気すぎるほどのおてんばな私にも、女らしさがあったお陰で、全焼しないで済んだと、冷かしとも感謝ともつかぬ母の言葉をその後もよく耳にしました。

　海へ巻貝をとりに、山へ梨を買い出しに、母に喜んでもらいたいばかりに、苦にもならず、小さな体を精一ぱい動かしたものです。

　その後の空襲で病気の姉にと大事にとってあったジャガ芋、カボチャ類を入れた物置を焼きましたが、大牟田《おおむた》市も焼野ケ原と化したのです。そして姉が退院してきてしばらくしての昼間の空襲がやっと解除になり、防空壕を出た次姉は、遠く雲仙のむこうの雲を見て

「ああ綿菓子みたいな雲よ。早く見てごらん」

「中が桃色で綺麗ね」

　母が「何いっているのよ。昨夜からの空襲で目が充血してるんだろう」といいながら出てきましたが、確かに綿菓子のような雲でした。戦後、ああ、あれが長崎の原爆だったのね、と皆で話し合ったものです。

　あのとき幾万の人が傷つき、息絶えて行ったのかと思うと、楽しいはずの祭の綿菓子が悲しさを呼びもどすのです。

（高橋　君子　神奈川県）

○西部軍管区司令部発表（昭和二十年七月二日十時）

一、マリアナ基地ノＢ29約百機ハ七月一日二十三時五十分頃ヨリ約一時間半ニワタリソノ主力約六十機ヲモッテ天草方面ヨリ熊本市ニ侵入、同市ヲ波状的ニ焼夷弾攻撃セリ、マタ他ノ一群ハ豊後水道ヨリ侵入シソノ約十機ハ零時頃ヨリ約一時間ニワタリ周防灘ニ機雷投下ヲ、約三十機ハ零時二十分頃ヨリ一時間ニワタリ主トシテ関門両市ヲ一部ハ延岡市ヲ焼夷攻撃セリ

二、熊本市、門司市、下関市、延岡市内ニ火災発生セルモ五時頃マデニソノ大部ハ鎮火セリ

我重要施設ノ損害ハ極メテ軽微ナリ

爆弾ともしらず

●国分四月二十九日

近くに航空隊を持った国分《こくぶ》の町は、航空隊を狙って通る敵機が、行きがけの駄賃に、焼夷弾や時限爆弾を落していったり、時には低空からの機銃掃射をして行ったりした。

　天長節の二十九日も、南国の空は青く晴れわたっていた。朝六時十分警戒警報が発令、つづいて空襲警報が発令された。

　いくら日常生活になっていたとはいえ、防空ズキン防空服装の幼い弟妹を、空襲のたびに庭の防空壕に入れ、雨が強く降るようなザーッという音につづいて、ズシンズシンと地の中にめりこんでは破裂する爆弾の音を聞いているのは、なんともいえず不気味なものであった。

　十二機編隊の敵機は、この日午前十時頃、国分の町に爆弾をゆうゆうとばらまいて飛び去って行った。休日で家にいた私は、わが家が無事でホッとしたわけだが、勤務先の専売所が燃えているときかされると、心配する祖父母や母を後に、事務所へかけつけた。

　火のまわりが早かったらしく、木造の

南日本新聞

■鹿児島市　向うは桜島

事務室は無残に全焼して、警察の方々が消火作業を終ろうとするところだった。駈けつけたのは瀬戸所長、中山さん、上西さん、吉満さん、野村さんと、女では私ひとりだった。時限爆弾はないから大丈夫と警察の言葉をきいてから、焼け跡に入り、自分の机のあったあたりに立ってみたが、それらしい事務用品一つみつからなかった。

そのうちくすぶって燃え残っていた柱が、風にあおられて、またチョロチョロと火を吹いてきた。

幸い事務室脇のつるべ井戸が無事だったので、所長や上西さん方と、バケツで消火作業をはじめたのが、ちょうど十時半頃だった。

突然私たちは、アッというまもなく、吹き飛ばされてしまった。こんなとき考えるひまなどあるものではないし、他人のことをかえりみるゆとりも全くなかった。

次に気がついた時は役所の垣根をこえた道路に、どろんこ姿で倒れていて、瀬戸所長がしきりに「松田君」とどなりながら、私の体をゆすぶっていた。一体どんな姿で、どのくらいの高さから地面にたたきつけられ、気がつくまでが何分位であったのか、正確なことはなにもわからない。必死の思いで、ゴソゴソはうようにして、やっと立ち上った。油と泥を全身にあびた姿はすさまじかったが、爆弾の穴の中へたたきつけられた方たちが、全身火傷で重体だったことを思えば、反対のほうへ吹き飛んでいた私は、幸運だったといわねばならない。

とにかく時限爆弾の上にのって消火作業をしていたことは事実で、後からその大きな穴をみたとき、よく命があったものだとおどろいたものだった。若かったし、気丈夫だった私は、所長に挨拶すると、どろどろの姿のまま、町の中をフラフラしながら、八分かかる我が家へ歩いて帰った。よほど強く腰を打ったらしく、家までたどりつくと、さすがの私も気がゆるみ、起きていることができず、すぐ床に横たわってしまった。井戸端で、どろんこ顔を洗う私をみて、年老いた祖母が、ナムアミダブツと、涙をこぼしては、小さな声でとなえていてくれた。（**松田　経子** 東京都）

★昭和二十年四月二十九日

マリアナ基地のB29約百機は四月二十九日もまた南九州に対し四日目の大挙連襲を試みた。すなはち午前六時半ごろ約四十機が四国足摺岬方面から二梯団に分れ宮崎県南部に侵入、別に同時刻ごろ主力約六十機は十機及至二十機宛の四梯団をもって志布志湾または薩摩半島から鹿児島県下に侵入、いづれも八千メートル以上の高々度から鹿屋周辺ほか宮崎鹿児島両県下の飛行場に各種爆弾を投下、それぞれ同九時半ごろまでに宮崎県東南洋上から遁走した、わが方の軍事施設は損害皆無に等しい

この日わが海軍航空基地の新鋭戦闘機「雷電」は鹿児島県東部地区上空で撃墜三、撃破相当数という戦果を収めた（四月三十日朝日新聞）

百姓日記

昭和二十年一月一日から
その年の八月十五日まで

田中仁吾

●米作農家の側からみた敗戦の年の記録——佐賀県兵庫村（現在佐賀市）の場合

●よう手に入ったのまい（よく手に入ったねえ）●そいばってん（だがしかし）●よかのまい（いいねえ）●どぎゃん（どう）●勝うでて（勝とうとして）●こぎゃい（こんなに）●やいよるとこれェ（やっているのに）

一月一日　月　晴

酒　五合　塩ます切身　二切れ
かずのこ　少量　砂糖　一二〇匁
干柿　五〇個
みかん　二〇個（各戸　平等）
右正月用配給

自分　四八才　智子　八才
ちを　四二才　省吾　七才
幸子　二一才　美千代　三才
洋介　十二才

五時に起き、戦勝祈願と正人が健康を祈るため老松《おいまつ》神社に初詣り、おなじ願いの氏子の参詣人が多い。

今朝は日の出も美しく、日本晴のよいお正月だ。勝ち抜くための苦しい生活を洗い落そうと朝風呂に入る。朝風呂は心地のよいものだ。

美千代も早く目覚め喜び、ちをと幸子が苦心の料理に、見事なお正月の御馳走が出来ている。今年は雇人の鮮人四郎も新妻を迎えて、家庭ばかりのお正月。

「正人兄さんも満洲で年をとっているじゃろう」と話したら、美千代が「正人兄さん何日かえる」という。「正人兄さんは戦争が終《しま》えんば帰ってこんばい」といったら、「いつしまえる」と聞く。幼児に戦争の説明は出きない。洋介が「何日、しまえるか、分るもんか」といって聞かせる。

今日は正月の恒例で警防団役員の慰安会。十時頃には全部集った。

慰安会のため、佐六さんに特別に頼んで鯛の魚を料理し、またナマコも持ってきてくれたので皆がよろこぶ。

「ほう、珍らしか。久しぶり鯛のご馳走ばい。おちをさん、よう手に入ったのまい」

「警防団の慰安会するけんといって、特別に相談して買ったが、佐六さんも勉強してやってくださった」

警防団支部の配給酒一升（外に一升）を飲みながら、話しは戦争の話、闇の話となった。

「なんでも闇値で高くなったばってん、この頃では、闇米も百二十円くらいで売買されているとの事ばい」

「そいばってん、その米ば持っている百姓がなかろうもん」

「いくら米の無かといっても百姓は食う分は持っているけん、その点は百姓が一番よかのまい」

「米も一俵二百円くらいまではなるもようばい」

「二百円の米ば売って見たいもんない」

「元日早々闇の話しは止《やむ》い」

「ほんなこと、そりゃそいばってん、戦争はどぎゃんなるじゃろか」

「負《まけ》はせんじゃろうかない」

「負けるもんこゥ。勝《かと》うでて、こぎゃい不自由さこらえて頑張ってやいよるとこれェ」

「そいばってん、昨年七月東條が内閣ば辞職したのも、サイパンばとられたけん、止《や》めたもようばい」

話しは暗い話ばかりではあったが、楽しい慰安会であった。

一月二日　火　晴

朝食後、ちをが「今年も川西《かわにし》の田を作るかんた」という。俺も突然の質問に、「なぜこゥ」といったら、

「田地《たんなが》ばかり多く作っても、肥料もなか、資材もなか、その上人手不足で百姓に働く人もなかろうが。そして、肥料が無かけん、米も充分穫《とれ》んけん、誰も損して引合わんけん、止《や》めよろうが。そればうちは人の止めた田地まで引受けて損ばかりして、働かれるもんかんた。骨折損して、田地ば多く作ればこそ、供出にも苦辛せんばなんのに。伯父《おんじ》さんに行って断って来《き》んさい」と朝より腹立てて不平をいう。ちをがいうことも道理で、実際問題として、今日の経営は増反すればするほど赤字となり、供出には苦しみ、俺も現在の経営は不合理であることは自覚しているが、俺はちをにいった。

「そりゃあ、あさんのいうごと、今日の田作りは、田地を多く作れば作るほど損をしおることは知っておるが、なんの商売でも、儲《もう》かるときばかりの商売じゃなかけん、損をしても経営を大きくなされるときに拡張しとかんば、よい目にあえんけん、一、二年辛抱して作って行こうか。耕作田の手に入ったとき増反しとかんばいかんぼ」

「そりゃあんたのいうことは分っているばってん、仕事の出来んことをやっても損するばかりじゃろうが」

「あさんのそぎゃい言《いう》ないば、伯父に行って断ってくうどう」

と俺も腹が立ったが、ちをが腹立てることもこれ以上弁解の仕様もない。兄宅に行ったが、今朝のちをとの話はいわなかった。

幸子は友達と、ちをは子供つれて、町に行った。

一月三日　水　曇夜雨

懇意にしている佐賀市三溝《みつみぞ》の原田常一さんが、

「田中さん、牛肉の配給があったけん、持って来たけん、すまんばってん、米ば一升でんよかけん、わけてくれんかんた」と業務用配給の牛肉を持って米相談にきた。

「せっかく相談に来なさったけん、一二升わけてやろうか」

と原田さんに分けてやり、夜食は久しぶりの牛肉のおかず。省吾が「わァ牛肉のおかずだァ」と喜び、久しぶりのご馳走に、みんな喜んで食べた。

一月四日　木　曇

四郎は今日も休む。昨夜の雨で馬も使いよくなり、麦も芽がでてきた。

権現堂《ごんげんどう》の常次《つねじ》が、手を傷したとて、遊びにきて、義父がかわって馬使っているとのこと。戦争のためとはいいながら、義父も七十才になってから馬使いとは、骨が折れることだろうと話した。

●戦争中の田中仁吾さんの家族　左から　次男洋介さん、長女幸子さん、二女智子さん、仁吾さん、三男省吾さん、奥さんのちをさん、（長男正人さんは出征中）　昭和18年

聞いたこともない親戚がふえる

一月五日　金　晴

今日は四郎も来たので、四人して三田《さんだ》野《の》麦田の手入れ、晴天つづきで麦の生育がわるい。

夜七郎宅で五日会《いつかかい》。

飯のおかずに、見たこともない珍らしい魚が皿に盛ってある。おこうさんが、

「こんな魚ば差出してほんに気の毒かばってん、佐六さんに魚ば頼んでおったら、こんな配給しかなかったけん、と言って持って来《き》んさったけん、おかしかばってん、しかたなかたんた」

「ほんなこと、こりゃ珍らしか、はじめて見るばい。なんという魚じゃろうか。毒にならんないば、よか、よか」

見かけはわるいが、うまかった。食後は例の如く雑談となったが、今夜も戦争の話。

●作るかんた（作るのですか）●それば（それを）●せんばなんのに（しなければならないのに）●あさん（お前）●しとかんばいかんぼ（しておかねばいけないぞ）●くうどう（こようか）●なかたんた（ありませんよ）

「東京都は毎度の空襲で大分やられているもようのまい」

「東京都ばかりじゃなか、どこでんやられているけんが、佐賀市もいつかはやられるばい」

「そぎァんたい。毎日まいにちアメリカの空襲ばかり受けて、日本の飛行機は、一機でん飛ばじィ、影も形も見えんけん、腹ん立つのまい」

「闇米の、とりしまりもきびしく、非常にやかましくなったのまい」

「そいけん、このごろは、叺《かます》でん、袋《ふくろ》でん、箱《はこ》にでん、米は持って行かれんけん、佐賀の町に闇米持って行くには、下《しも》肥桶《ごえおけ》に入れて持って行くが一番安全ということばい」

「そりやぁよかろう、下肥桶に入れて行くないば、巡査も気づかんじゃろう。百姓もえらいこと、考えたもんない」

「この食糧不足で、どこの百姓も、伯《おん》父《じ》さん、伯母《おばっ》ちゃんが増えて困ったもんのまい」

「ほんなこと、今まで聞いたこともなか親戚の人がたずねてきて米相談されることには、困ったもんのまい」

「そいばってん、誰でん交換の品物は持ってくるけん、物資のなかときじゃっけん、損ばかりはせんでよかたい」

「ほんにィ、この頃は百姓様々じゃんない」

一月になって麦をまけとは無理な

一月六日　土　晴

昨夕、麦増産協議会の通知が来ていたので、組合長宅に行き、朝八時より協議がはじまった。組合長より、

「昨日の組合長会議で（このたび政府の命令で、耕作面積の七割五分は絶対に蒔《まき》つけねばならない）とのことで、皆さんに協力をお願いするために会合してもらった」とのことで、みんなが、

「もう一月になっているのに、今から麦蒔いて穫《と》れるもんかんた」と一致した意見であったが、組合長が、

「昨日もその時期のことが一番問題になったが、どうでも蒔つけねば食糧が足らんとのことで、ぜひ蒔つけねば出来んとのことばい」

「今から七割五分になるごと蒔けといっても、肥料も無か、又種麦も全部が持っているか分らんばんた」

「肥料は配給するとのこと、そしてこのたびの命令は、国家総動員令で、どうでも蒔つけんばできんとのことばい」

「総動員、総動員といっても、蒔つけのできん家庭もあろうもん、そんな家庭はどぎゃァんするかい」

「そいけん、このたびの蒔つけは、実行組合で責任ば持たんばなんけん、班別で共同作業したらどうだろうかと思っているが、どうじゃろうか」との組合長の意見に、

「どうせ、誰《だれ》でん蒔き終《おわ》らんばないば班別に共同作業したがよかろう」と班別に共同作業で蒔くことにきまった。

「政府も無理なことをいうもんない」といって解散した。

帰宅と同時に空襲警報が発令され、サイレンが鳴るのと同時に東の空より、今までと違ったプロペラーの音で、ブルーウルン、ブルーウルンと、圧《おさ》えつけられるような爆音で「今日の飛行機の音は違うない」といっていたら、日頃新聞で見ていた大型四発のB29である。

「オーい、見にきてんさい、これがB29じゃろう。太《ふと》かない」西の方に飛んで行くのを見て、

「アメリカがこぎァい太か飛行機ば持っているのに、日本が何の勝とうかい」と、米吉さんがいう。

●米吉さん（故人）

夜十時頃、空襲警報が発令され、つづいて「敵機、およそ七十機編隊で大村《おおむら》を爆撃中」との放送があったので「大村ないば、見えるかもわからんばい」と西側に見に行ったら、佐賀上空方面の空に、ピカリ、ピカリと高射砲の炸裂《さくれつ》する火花だけが、つぎからつぎと見える。洋介はじめ、みんな見にきた。

裏の辰一も迎えに行き、裏もみんな見にきた。

「あがいやって、高射砲で射っているが的《あた》らんところたん。おどんが青島《チンタオ》戦争で見とるけん」辰一がいう。

見た目には美しく見たが、誰もはじめて見る空襲の実況は恐しかった。

一月七日　日　晴

七割五分の蒔つけも、鋤が破損していては、出来ないので、安一方に修繕に行ったが、ジャベラも鋤の先もない。

「鋤先も配給制度になっているけん、農業会より配給券ばもらって来てくれんかい」というので、「鋤先ば配給制度にして、麦の蒔かれるもんかい」と、農業会に行き、鋤先の配給券だけはもらって来たが、ジャベラはないので、自宅にあった古ジャベラと取りかえた。

農業会より麦蒔督励に来るとの事で、十時、組合長宅に全部集る。会長より、

「麦蒔はどぎァんしよるかい」とのことに、

「麦は蒔くごとしよるばってん、会長さん、肥料もなか、人手もなか、そして今から蒔いても、一年麦じゃっけん、穫《と》れるこっじゃい分らんばんたァ」

「そりやァわかっとるばってん、腹の

●飛ばじィ（飛ばず）●そいけん（それだから）●分らんばんた（分りませんよ）●いうもんない（いうものだ）●きてんさい（きてごらん）●太か（大きい）●あがい（あんなに）●的らんところたん（的らないんだよ）

減っては戦争はされんばい。そいけん勝つために食糧増産ばお願いに来たたい」

「会長さん、肥料はやるかんた」

「肥料も反当り《たんあた》硫安二貫目くらいじゃろうのまい」

「硫安二貫目どんやって、麦の穫れるもんかんたァ」

「ほんなことじゃんのまい。そいばってん、無かとは、どぎゃんしようもなかたい」

絶対蒔つけねばならないとのことで、今夜組合長宅で割当完納の協議を致すことにきめた。

夜組合長宅に行ったら、「成美《せいび》女学校より、若宮《わかみや》部落に勤労奉仕に来ることになっているけん、どうしたらよかろうか」とのことで、

「麦蒔《むぎまき》に女の生徒がきて、仕事のできるじゃろうか」

「いんにャ、女生徒ばってん、麦田を、三株だけ、ねりわりをしておくと、三百名ばかりしては、二町歩くらいは、耕《う》ち返すということばい」と松雄が話す。

●老松神社

「そいないば希望者と、手間不足者に分配することにしようか」ときめた。

「生徒たちは弁当は持ってくるけん、昼食のとき味噌汁だけ出してくれとのことであった」とのことで、「その味噌汁が困るたい」とお互いの話しであった。

一月八日　月　晴

朝九時過ぎ、成美校の生徒は、先生に引率されて百五十名来たので、清、七郎、松雄、英男、自宅に受け入れた。小さい身で、真面目で、真剣に仕事を致しくれたので、仕事や能率は充分ではないが、自宅も二反歩ばかり蒔つけができた。

栄四郎が、長崎市に駐屯しているとのことで、兄がふみたちといっしょに面会に行ったことを話した。

麦蒔《むぎまき》で稲扱《いねこぎ》が、延びることだからと、林の内を小積替《がえ》した。

一月九日　火　晴

七郎さんと弥十さんに召集令状がきて、十一日入隊とのこと。

安一に鋤の新調を頼みに行ったら、今日も農業会の証明を取って来てくれといったが、農業会の宮崎さんに、証明書をくれと頼んだら、

「毎度証明ばやられるもんかい、安一さんに相談しなさい」

とて証明書はやらなかったので、安一にこのことを話したら、

「そいないば、先方の材料店も、米ば持って行かんば、材料ばやらんけん、米ばくれんかい」と露骨にいう。

「なんでん、かんでん、米、米といって、百姓の鋤先まで米替《こめがえ》せんばないば、百姓もたまったもんじゃなかばい」

「そいばってん、先方が米ば持って行んば、材料ばやらんもんのまい。おどんも困っているさい」

理屈をいっても勝たないことで、米をやることにして、鋤の新調を頼んだ。

一月十日　水　晴

堀立《ほりたて》部落の、伴三《はんざぶ》に、ソーケを頼んでおるが、竹が買えないから、できないというので、幸いにも農業会にソーケが来ているとのことで、事務員の江副に相談したら、四円五十戋ということであったが、五円くれといって、その上に米ば二升くれてくれという。

「ぞうたんのごと、農業会が米替する ちゅうことがあるもんかい」と腹が立ち抗議したが、

「米は取ってやるから、といってソーケも作らせたけん、田中さん致しかたなか、二升だけ、くれてくいござい」というので、腹は立ったが、米を取りに行き、ソーケ四ツ買ってきた。

安一にも米を持って行き、鋤は持ってきたが、百姓の生産必需品に業者が米を要求することには、農家も困ったもんである。

一月十一日　木　晴

七郎、弥十、佐世保海兵団に入隊で朝八時、老松神社で部落さしたてに行く。

●穫れるこっじゃい（穫れることやら）●ほんなことじゃんのまい（ほんとだねえ）●いんにャ（いやいや）●せんばないば（しなくてはならないのなら）●ぞうだんのごと（冗談でしょう）●くいござい（下さい）

吉野《よしの》、六丁野《ろくちょうの》、牟田《むた》、若宮全部の人が集り、例の如く、黒田神官のおはらいの行事にはじまり、区長山口善次の祝出征の挨拶、七郎の挨拶があり、両人のため万歳を三唱し、日の丸を先頭に、応召兵は祝出征のたすきを掛けて、伊賀屋《いがや》駅まで見送りに行ったら、兵庫村《ひょうごそん》より四、五名の応召者があり、村長、役場職員もきていた。

麦田の手入仕事。

一月十三日　土　晴

「弥十さんは昨夕不合格で帰ってきているとのことばい。そいばってん、寝ているとのことたい」

「そうじゃろう、弥十さんのことだから恥しがって寝とるじゃろう」と、弥十さんには村人も同情した。晴天つづきの天気で、麦蒔《むぎまき》も稲扱《いねこ》ぎも大分さばけた。ちをは部落隣保班長集合で役場に行く。

一月十五日　月　晴小雪

今日は隣保班で非鉄金属を回収し、学校、校庭に集荷とのことで、朝より隣保班世話人と話し合い回収廻り。

非鉄金属（銅、シンチュウ、カラ金）であれば品種の区別はないが、目的は仏具供出で、半強制である。

「これも政府よりの強制命令たんたァ。日本国中のことじゃっけん、致しかたなかたんた。お寺の仏さんの道具はもとより、半鐘まで全部供出せんばなんとのことたんたァ」

「鐘突堂の半鐘もや」

●若宮部落

「そりやァ全部出さんばけん、正見寺も光円寺も往生寺の鐘も出さんば出来んとのことたい」

誰も不平、不服はいいながらも心よく供出してくれ、清宅よりは見事なせんとく火鉢を十個と仏具の供出があったが、この美しい火鉢には誰も、見事だ惜しいなあといった。

午後学校の校庭に持って行ったら、兵庫村全部より仏具はもとより（お寺の半鐘は別）大形せんとく火鉢、花器、床置《とこおき》の逸品など見事な製品が供出されてあり、これらの高価な家庭の財宝であった製品も、受取りにきた業者が、かたっぱしからボンコツで打ちこわしてしもうので、誰も「惜しい品物ばかりない」とさびしく眺めていた。

午後宮側《みやわき》に麦田仕事に行き、四郎は馬使っていたが、今日は朝より小雪が降って寒かったので馬が元気を出していた。三時すぎになってから、馬があばれ出し、四郎も一生けんめい、がんばったが、とうとう逃げだし、勢古《せいこ》方面に、かけ出して行ったので、俺もこれは大変だと、後より追って行ったら、鉄道踏切をこえて野中《のなか》方面にどんどん逃げて行くので、心配しながら追っていったら傍示《ほうじ》部落の、野中伊好《いよし》さんがつれてきてくれたので助った。幸い人の傷も馬の傷もなかったが、新調の鋤が破損してしまった。

一月十六日　火　晴

今日は四郎が休んだ。麦蒔も残り少くなったので今日終りたいと思ったが鋤が使用出来ない。清宅が終ったので、「清さん、昨日馬ば逃がして鋤を破損《ばらい》させたので、今日麦蒔を終りたいと思っているけん、鋤を貸してくれんかい」と相談したら、心よく貸してもらったが、土地が悪くて非常に骨折ったので「こんなに苦労して麦蒔せんばかの」と自分の仕事でありながら腹が立った。

一月十七日　水　晴

今日役場より麦蒔検査に来るとのことで、組合長宅に行ったら、農業技手の友田と役場書記の大海と二人きて、

「麦蒔は終ったかい」という。

「終ったかいちゅうてえ、十五日までに蒔終らんば、国家総動員令に掛って罰金受けるばいと、友田さん、あんたがいったろうが。そいけん誰でん、一生懸命になって蒔終ったさい」

組合長と光雄が同伴して、部落の麦蒔検査にまわった。

一月二十日　土　晴

たばこの配給がきたので、隣保班に知らせてまわる。

「今月のたばこの配給は遅れたのまい」

「ほんなこと、二日おくれているもんのまい。自分がたばこ吸わんけん、たばこのことは忘れるもんのまい」

「仁吾さん、あんた、たばこのまんけん、たばこの苦労をせんでよかけん」

たばこのみが集まれば、お互いたばこに困っておる話ばかり。

「あんたたばこの足らんとは、どぎゃいしよる」

「たばこのかわりに蓮の葉もよかばい」

「蓮の葉もよかばってん、桜の若葉の、ひかげ干しもよかとの事ばい」

「きざみたばこて配給があるけん、キセルでのみたいが、キセルがなかもんの

●足らんとは（足らないのは）●一仕事じゃんのまい（一仕事だねえ）●作るぎィ（作るなら）●教えようだい（教えてやろう）●のみきるもんかい（のむことができるものか）

まい」

「巻きたばこ作りも、一本一本巻くのがめんどうで、これまた一仕事《ひと》じゃんのまい」

「タバコ巻き道具ば、作るぎィ簡単に出来るばい、俺が後で教えようだい」

「闇たばこもあるばってん、高くて買いきらん」

「闇たばこば毎日のむのに買ってのみきるもんかい」

電動脱穀機の能率のよさに驚く

一月二十二日　月　晴

今朝辰一方に、四馬力発動機の新品がきたので、自宅が試運転米摺り。「やっぱい、新品が調子がよかのまい」と心地よく運転する。今までの発動機の調子が悪かったため、米の品質まで悪くなり、辰一で米摺した米は、供出成績が悪く困っていた。

農業会に行き、叺を申請したら「田中さん、あんたはムシロば出荷しとらんけん、叺はやられんばい」という。


「叺ばやらんないば、供出ば止めとこうだい」

「それでは、立て替《かえ》てやるけん、返してくれんば、ばい」

「私も叺屋じゃなかけん、立替の叺のあるもんかい」

「よか、よか、持って行きなさい」と五十俵受取ってきた。

一月二十四日　水　晴

朝五時に起き、三田野北側の田に脱穀機をすえつけて、光子、春子を頼み準備して待っておるが、電工が来ない。九時頃やっと来たので、「朝起《あさおき》して待っていたばんた」といったら、

「私達は時間の来んば、仕事に取り掛らんもんのまい」

電工が作業を終り「もうよかばんた」との合図にスイッチを入れたら、軽快に廻るモーターの音。「ウン、これはよかばい」と稲扱作業をはじめたが、能率の上ることに感心した。（一日使用料四円五〇戔）

一月二十五日　木　晴

今日は三田野全部扱《こぎ》終る予定で、文、春子（兄も加勢にきた）を頼み、仕事も予定通り進行し、兄も能率のよさに感心し、心よく働いてくれた。


規定時間の五時頃になり、小積半分ばかりになったとき、電工が来て「もう時間じゃっけん、仕事ば止めんばモーターを止めるばい」という。

「そうじゃろうばってん、たった、こぎゃしこ扱終るぎィ、三田野全部終るけん、頼むけん、十分でよか、待ってくれんかい」

「できん……」といって無情にもプッリと切ってしまった。

「いくら、イヒュウカといっても、たったこれだけ、自分も見ていながら待たんということがあるもんかい」と腹が立ったがどうしようもない、そのまま残した。

一月二十九日　月　晴

宮側の稲扱をはじめたが、モーターが運転せないので電工に見てもらったら、ダルマスイッチが切れていた。


モーター故障で作業が遅れ、くにさんも暗くなるまで加勢してくれたが、扱終ったら六時頃となり、籾《もみ》は其のまま残っておることで、「ほんにィ、百姓もこんなに骨折って仕事をせんばじゃろゥか、百姓もこりはてた」と、働きもののちをも、今日はへたばった。

「致し方なかたい。残った籾はこのままにして、今夜は俺がここに寝て籾の番をしようだい」

夜食を終ってから、

「着物ばドッサリ着てゆかんば風引するばんた」

といわれて、籾叺の上に叺を天井にして寝ていたが夜明ごろに目がさめたら、雨がポツリポツリ降りだしている。おどろいて帰り、

「おい、雨の降いよるぼ」

と起したら、ちをも幸子も、おどろいて、「ありやァどぎァんするかんた」

と心配する。

「あまりひどい雨ではないので、今から取ろうか」と三人して籾取りはじめたが、幸い雨はひどくはならなかった。

一月三十日　火　夜明より小雨、曇

ちをが「早うせんば雨にぬれる」と急ぎ、四郎も来たので十時ごろまでに終ったが、みんな疲れた。

昨日役場より受取ってきた衣料の配給

●いまの田中仁吾さん

●やらんないば（くれないならば）●返してくれんば、ばい（返して下さいよ）●こぎゃしこ（これだけ）●イヒュウカ（いっこく、へんくつ）●仕事をせんばじゃろゥか（仕事をしなくてはならないのだろうか）

を朝ちをが知らせて廻ったので、九時ごろ皆集り、配給物資を手に取ってみていたが、

「今日の配給は、幼児用が主で、家庭用、成人用は少しだけ来ているたんた。それで、幼児のおる家庭ば優先的に配給し、そして、家庭人員の構成に按分して、わけてくれとの事であったけん」

「そいないば、赤ちゃんのおる家と、こどもの多か人より分けようか。ほんに赤ちゃん用が一番困るもんなんたァ」

「それから、このもめんのカスリ反物が二反きているけん、それと、この上っぱりが一つしかきておらんけん、これはどうしようか、たれでん欲しかけん」

「そりやァ、どれでん欲しかとばっかりじゃっけん、くじ引きする事にしようか」

「くじ引して分ける事にすれば、運のよい人は毎度よか品物ばかり当ることになるけん、不公平になるばんた」

「それじゃあ、このたび、くじに当った人は、この次の配給のとき、遠慮してもらうことにしようか」

「それがよかろう」

と配ることになったが、上っぱり、反物とくじ引して配給が終ったら十一時過ぎていた。

朝、友貞初躬《ともさだはつみ》、入隊。伊賀屋駅まで見送り。

二月四日　日　晴

隣保班の警防団が組織され、今日は、隣保班と警防団の合同訓練出初式。

隣保班は各家庭より、婦人が一名づつ出場することになり、服装は、モンペイに防空ずきんの軽装。

隣保班の団員は若い婦人ばかりであるが、部落団員は六〇才位より四十四、五才位までの老年輩ばかりである。

「こりゃ銃後に残っているもんは、女と年寄ばかりじゃっこう」

一通りの指導と訓練が終りポンプの放水競技となったが、若宮部落のガソリンポンプの威力には驚き、感心した。

各部落でまた訓練をする事になっていたので、東班も午後とーげのかどで訓練することに決めた。

辰一の指導で、消火作業をはじめることとなり、厚宅のヒサシに、何人か上り、外はリレーで水運搬にならび、「ヨ

馬から落ちて右の肩を骨折する

二月五日　月　雨

農業会で、叺が自由に手に入らないので、巨勢《こせ》村犬尾橋《そんいぬをばし》の叺屋に行き、相談したら、叺はあるが、叺百俵に米を二斗やってくれというので、「米はやられん」といって断わった。

権現堂に寄ったら餅を搗《つ》いていた。

「クダケ餅は保有米の対象にならんけん、クダケ餅ばドッサリ搗きよるさい」

「うちも、クダケ餅ば搗かんばといっとる」


ーイ、はじめ」の辰一の号令ではじめたが、学校のときのようには行かない、

「この位のことでは火事の火は消えんばい」

「空襲のとき、この位なことで何の役にたとうかんた」

「いんにゃ、何日《いっ》空襲受けるか、分らんけん、シッカリ訓練しとかんばできんばい」

「ほんなこと、まあ一ぺんやろい」と今度は気合が入って、うまく操作が進行する。

「おばっちゃん、知れよるばい」と下から、ひやかし。「よかよか、戦争のためじゃっけん」

と、冗談いって笑いながら訓練を終り米を持寄り清宅で焚出《たきだし》し、楽しく今日の訓練を終った。


「クダケ餅ば持って行けば欲しい物が手に入るもんのまい」

「ほんなこと、非農家はクダケ餅でん欲しがるもんのまい」

常次が作っている自家酒《やみざけ》を飲んで帰った。

二月八日　木

朝米摺、二十二俵供出した。

二月十五日　木　晴

八幡《やはた》より篠田雅子《よしこ》親娘が突然きたので、

「よう、来られたのまい。八幡方面は空襲はどうかい」

「どうも、こうもなか。毎日、毎日空襲騒動と、空襲訓練、米の買出しで誰でもへとへとになっとるばい。それで若宮に一寸息《いき》つきに来たたい」

「どこでん同じこと、百姓でん食糧には困っておるもんのまい。そいばってん空襲だけは都のごと心配はいらん」

「仁吾さん、予防線張らんでもよかたい、こぎゃんしころ田ば作って、米の足らんことのあるもんかい。米相談に来たばい」

「誰でん、米米といって来るけん困っとるだい」

「あんたん達のなんの困ろうかい、都のもんは、かつれとるばい」

今日で稲扱を全部終った。タツさんを頼み藁《わら》五十把売る。

二月十七日　土　晴

柿原より、空き叺を百叺心配してくれたので、取りに行ったら、雅子親子が後押し加勢にきてくれた。

二月十八日　日　晴

馬の鍛練に行き、行軍より帰り校庭に入る途中、馬があばれて落ち、右肩を打ち、あまり痛くはないが右腕が自由にならない。外の人も心配し、傍示部落の野中伊好さんが自宅まで送ってくれた。夕方より夜になって非常に痛む。

二月十九日　月　晴

柿原より、古叺をくれるから取りに来

●たれでん欲しかけん（誰でもほしいから）●ばっかりじゃっけん（ばかりだから）●知れよるばい（見えてますよ）●搗きよるさい（搗いているよ）●こぎゃんしころ（こんな分量）●かつれとるばい（飢えていますよ）

てくれとのことで、洋介をつれて行き、帰りに大財町《おおたからまち》の名倉《なくら》堂ほねつぎ病院に診察受けたら「これは大変で右肩が骨折して、三、四ヶ月はかかるですよ」といったので、俺もおどろき、洋介も心配した。

三月七日　水

四郎が数日働きにこないので、迎えに行ったら「外野《ほかの》部落の中地《なかち》一郎次方に働くよう決めたよ」という。腹も立ったが、致し方ないから、先日より源作が働きに来ていたので、定雇《じょうやとい》のことを相談したら、働きにくることを約束してくれた。

●兵庫小学校

三月八日　木　晴

源作は今日より働きに来た。

「どこでん防空壕ば作ってしまってあるのに自宅だけ残っておるけん、早く作らんば」と、ちをが催促する。

「あぎゃな防空壕作っても、何んにならろうこう。恐しか爆弾ば落すとこれェ防空壕どん作っても何んにもなんぼ」

「どこでん作ってあるのに、理窟ばっかり言わぢィ、早う作らじゃァ」

「そりやァそぎゃんたい、そいばってん腹立てんでもよかたい」と俺が指図《さしづ》して、古材と古畳を使用して東側に丈夫な防空壕が出来上った。

裏の辰一が見にきて、

「ホウ、丈夫な防空壕作ったのまい。こいないば、アメリカの爆弾でん世話なしばい。こりゃ若宮で一番丈夫かばい」といってほめた。

三月十日　土　曇

今年になってから砂糖の配給がなく、闇の砂糖もないらしい。それでモヤシを作り、水飴作りが流行しているとのこと。

「そりやァ飴作りはよかろうのまい、酒作りのごと罰金ばとられんけん」

「おちをさん、あんたん方は甘かもんはどぎゃんしよる」

「あたしのうちは、蜂蜜のあるけん、甘かとには不自由せんばんた」と、女達の話である。

三月十一日　日

「源作さん、籾ば全部《すっぱい》搭ってしまうぎィ後で困るけん、この箱一ぱい残しておこうかない」と、土間にある箱に残すことにした。

「ほんなこと、こんど全部米になせば、みんな供出せんばけん、残して盆すぎに搭ったがよかばい」

「俺もそぎゃん、つもっている。そいばってん源作さん、誰にでん言うぎィできんぼ」

「誰にでん言うもんかい」と箱一ぱい入れて残すことにした。

三月十四日　水　雨

馬鈴薯植え附け、牛蒡下種。

源作休み、母親のスエさんが米相談に来たので二升渡す。午後、牟田のすえさん方に唐津《からつ》の小作米勘定に行く。

三月十九日　月　雨

八幡市の嘉一さんが久しぶりに来られた。

「達者でいたのまい。八幡はどぎゃんかい」

「もう、都はどうもこうもならん、毎日毎日、空襲は受けるし、食糧はなか、もう米の飯は薬の替りばい。野菜とか麦粉とか、食べられるもんはなんでも食べんば生きてゆかれんたい。この頃は米の代用に、油臭か肥料用大豆粕の配給のあったばってん、食べられるもんかい。そいけん肥料に持ってきた」

「八幡は魚はあろうもん」

「あるごとはあるばってん、配給の魚は知れたもん、闇の魚は高くて、自分達の口には入らんたい」

「嘉一さん、あんた暇じゃろうけん、佐賀におらんかい」

「危なか八幡ばってん、やっぱり自宅に居らんば。田植には加勢に来るたい。仁吾さん、戦争で、こぎゃい物資不足で何のなか、彼んのなかというばってん、食糧の足らんのが一番苦しかばい」

「二月に、雅子が来たときも、そんなに話していたばい」

「そいけん田舎に買出しに出ても、百姓も闇馴《やみなれ》して、ずるくなって買いにくかもんのまい」

「やっぱり困っていることは同じことばってん、食糧が身近にあるけんよかたい。今日はゆっくりよかろうもん」と夜は、昔話など話し久しぶりに逢った。

米吉を頼み藁小積した。雨模様で嘉一さんも加勢した。

三月二十日　火　雨

朝、兄が来て、仁吾、川西の田はどぎゃんしてくれるこ、あさんの作ってくれんないば、作ってくれる人がなかぼ、と心配して話す。

「作り手のなかことのあるもんかい。清一さん、佐六さん達が人手もあるし、

●あぎゃな（あんな）●何んにもなんぼ（なんにもならんぞ）●言わぢィ（言わずに）●作らじゃァ（作らなくちゃ）●世話なし（心配なし）●つもっている（積りでいる）●言うぎィできんぼ（言うことはならんぞ）

働き手で信用もあるけん、二人に相談して耕作してもらうごと話してんござい」と兄に話したが、

「こぎゃん、田ば作り手のなかごとなって、田地持っているもんは、どぎゃいなるじゃろかない」

「そぎゃんことのあるもんかい。今は戦争で、肥料もなか、資材もなか、米の収穫もなか、供出はやかましか、作っても引合わんけん、作り手がなかばってん、戦争が片づいて、世の中が、また落着けば、田も作るごとなるさい」

嘉一さんもいたので、夕方まで話合って帰った。

満洲の長男が凍傷で入院を知る

三月二十一日　水　曇

朝兄宅に行き耕作者のことを聞いたら、清一と、佐六が引受けて作ることを約束したとのことであった。

小作米勘定のことで唐津《からつ》に行かねばならないので、

●佐賀駅

「省吾もつれて行うか」といったが、ちをが「自分一人さえ不自由しているので、つれて行かんがよか」と言う。

佐賀駅に行ったらキップ制限で、自由に切符が買われず、順番を待っておれば夕方になるとのことで、柿原に頼み、闇切符を買ってもらったが、午後三時の列車で行く予定していたが、七時の列車となり九時に着いた。

三月二十二日　木　雨

「利一さん、あんた軍事関係の仕事ばしよるということで、よかろうだい」

「今日では、軍事関係の仕事が一番よかですたい。自宅も今、軍需会社の下請仕事ばしとるけん、金の心配はなか、そして、物資も優先的に配給があるけん、おかげで不自由はしとらんばってん、米の手に入らんとが一番困っとるたい」

「そいけん、米ば土産に持ってきたたい。統制でやかましかけん、これだけ持ってくるのに苦労したばい」

久しぶりに新しい魚のご馳走になった。

●現在の正人さん

三月二十三日　金　曇

つくが「仁吾さん、米には不自由しておらんだろうが魚はなかろうけん」と見事な魚ば土産にくれた。
今日も切符が思うように買われず、九時の予定が0時となった。美しい魚の土産で久しぶりのご馳走にみな喜んだ。
夜区長宅に、オーク割勘定に行っていたら、ラジオよりジージーと予告があり
「大本営発表、大本営発表、優秀なる敵の機動部隊は今朝未明より沖縄攻撃を開始せり我が軍は撃退を期し奮戦中」との放送に「庄ェ門橋の浅一も、沖縄に行っておるとのことで、こりゃァ帰らんばい」と誰も真剣に心配し悲壮な相談であった。

三月二十四日　土　晴

正人に久しく便りも致して居なかったが、北海道の梅子より、正人が凍傷で病院に入院していることを知らせて来たので、その後のことも聞きたいので、手紙を送りたいと便箋と封筒を買いに行ったが、文房具店にないので、数年前の書残しの便箋に、私製封筒を作った。

「銃後も今日では物資不足で、不自由は致しおるが、供出割当だけは完納したから安心してくれ。

その後の病状はどうか知らせてくれ。

家は、俺も、ちをも元気で過し、美千代も丈夫に育ち、いたずらして困る、幸子も戦のため青春の夢も忘れて働いているので助かっている、洋介も「ほしがりません勝つまでは」と少年としての物欲しさも満足に出さず、可哀そうでならない。智子も小さいながら丈夫で、今春の入学を楽しみ、省吾も元気でクルクル遊んでいる。

野田の田圃も今春耕作道路を作る事になったので、今までのような苦労はなくなることだから、安心してくれ。

銃後のことは、世話せんでよか。正人も元気でやってくれ」

種籾の整理して残りの籾全部、摺り終った。

三月二十五日　日　晴

今日は早朝より空襲警報が発令され、次々に発令される空襲警報のサイレンには誰も麻痺してしまった。

佐賀市の柿原より、組合に電話がかかり「田中さん、若宮部落の、真崎厚様に世話になっていたが、幸い、石炭が手に入ったので、真崎様方に送りたいが、家を知らないので、田中さん方に届けるから、御面倒ですが連絡してください」と

●作るごとなるさい（作るようになるよ）●しとらんばってん（していないけれども）

の連絡があり、小型三輪車一台石炭持って来たので、このことを末子さんに知らせに行ったら非常に喜び「あんた方にも分けて取りなさい」といってくれたが「自宅は長州《ゴエモン》ガマだから石炭はいらんけん」といって断った。

駐在所から無実の嫌疑で呼び出し

三月二十六日　月　晴

朝駐在所より呼出しがきたので、闇米のことだろうと思って行ったら、

「田中さん、あんた昨日、石炭ば三輪車一台がと米替したろう、届けがきとるばい」といったので俺もおどろき腹もたった。

「もう届けが来とるかんたァ。昨日の夕方、佐賀市の柿原運送店より三輪車一台持って来たことは、ほんとうばってん、あれはうちの品物じゃなかった、真崎厚さんの石炭じゃったたんたァ」

「田中さん、あんた、すらごと言いござんな。人に負わせて、米替しとろうが、知らせが来とるばい」

「昨日の石炭は、あれは、真崎厚さんが召集前戸上電機に勤務中世話になって居たから、石炭送りたいが、家を知らないので、うちに届けるから、連絡してくれとのことで、自宅に届けたのですよ。その石炭は昨夕方、真崎さん方から、すぐ取られたですよ」

「すらごと言いござい。あんたん方も風呂に石炭ば焚《た》うもん」

「ぞうたんのごと、うちは五ェ門風呂じゃっけん、昭和七年に改造してから、一塊の石炭も買ったことはなかばんた」

「それなら調べるばい」

「どうぞ充分にお調べ下さい」

「そいないば帰ってよかたい」と、帰ったら、ちをが心配して、

「なんの呼出しじゃったかんた」と聞く。

「なんの話しも、かんの話しもあるもんこォ。昨日柿原から石炭ば持って来たろうが、それを昨日夕方には駐在所に、うちが米替していたと届けたもようたん。俺も腹立ってなるもんこォ」

「ぞうたんのごと、石炭は、降すとより早く、誰が駐在所に知らせたじゃろか。うちが耕作田の多かけん、常時《いつでん》米のことには目をつけているじゃろう。そいぎい駐在所からどぎゃあん、言うたかんた」

「そいないば、調べるばいといったので、充分調べて下さい、といって来たさい」

「人のことばっかりいって、自分も闇を致しながら、駐在所にまで知らせてェ。はがいか」とちをも腹立てる。

三月二十七日　火　晴

目田原《めたばる》飛行場の整地作業人夫の割当が若宮部落にも当り、自宅も部落工役《くやく》が当ったので源作を作業にやる。（幸夫《ゆきを》宅より喜作）

兵庫村の奉仕隊は伊賀屋駅集合で汽車賃は無料とのこと、俺は肩がまだ自由にならないので、名倉堂に治療に行っていたら、空襲警報が発令され、サイレンが鳴りラジオ放送で「敵機は目田原飛行場を爆撃中」と同時に東の方にドローン、ドローンと、爆裂の音が聞えてきたので「こりゃほんなこてェ目田原がやられているばい」と出てみたら、真黒い爆煙が立ちのぼるのを見た。源作のことが心配で、急ぎ帰宅したが、被害の便りは来ていなかったので安心した。源作が帰ってから、

「源作さん、えすかったろうない」

「えすかった、爆弾は恐しかばい。誰でん血色はなかったばい。防空壕に入って、誰でん仕事ばするもんかい。もう目

●駐在所

●すらごと言いござんな（うそ言いなさんな）●人に負わせて（人のせいにして）●そいぎい（それでは）●はがいか（腹が立つ）●ほんなこてェ（ほんとうに）●えすかった（おそろしかった）

田原には行かれんばい」と恐しかったことを話した。

三月二十八日　水　晴

源作村工役に行き、俺は部落勘定に行き、排水溝の測量に終日かかった。夜は組合長宅で供出米のことで協議会。

「保有米だけは、残してよかろうもん」

「それも供出完納を前提とした保有米確保ということであるたんた」

「そいぎい、昨年のごと不作して、一反に七俵半か七俵しか穫っておらないのに、供出完納するぎい、自家用、保有米の不足するときはどぎゃんするぎいよかかい」

「うちは七俵平均には穫れておらんばんた」

「その事は、今日の協議会の席で大問題となり非常にやかましかった、たんたァ。そいばってん、現在の日本の食糧事情から、割当の数量だけは政府としても是非確保せねばとのことで、強権発動令を適用してでも、完納確保を行なうということであったたい」

「強権発動、強権発動ちゅてェ、人ばオドシて供出せろというてェ、無かとっばァ出さるっかァ。またわが穫った米ばで供出せろちゅうてェ、保有米まで供出の足らんけんちゅうてェ、なんちゅう話しかい、おどまァ出す米のなかけん出さん。強権発動するないば、してよかたい、おどまァ出さん」

と真剣になって腹立てる。

「○○さん、そんなに腹立てんでもよかたい。只今《いまのう》強権発動するということじゃなか、強権発動してでも供出完納をせる目的でやかましくいいよろうだい。そいけん、完納責任は実行組合で責任ば持たんばごとなっとるけん、今夜はそのために寄って話合うておるけん、あんまり早く腹立てんでもよかたい」

お互い精一ぱい供出することに決った。

三月二十九日　木　晴

朝ちをが「米の供出は、どんな話合になったかんた」と聞く。「どぎゃんも、こぎゃんも、割当られた分はどうでん出さんばできんごと決まった」

「割当の分供出するないば、保有米は、なかろうだんた」

「そりやァ、うちばかりじゃなか、どこでん、足らん、足らん、といっておる」

平太郎がきて「今朝、小浜《おばま》に塩替《しおかえ》に行くといっておるから、仁吾さんあんたも来んかい」と誘ってくれたが、

「私宅は、昨日、鹿児島から（米替《こめかえ》に来たけん塩と替《か》えてくれ）と来たので、一寸不自由せんけん、この次にお世話になろか」と断った。

三月三十日　金　晴

小城《おぎ》郡北山村《ほくざんそん》に要件が出来たので、朝九時のバスで行く予定していたが、次、次に空襲警報が発令され、十一時廿分の発車となった。

途中詫間《たくま》菊次の妻女と逢い、同席して古湯《ふるゆ》まで行った。北山の馬場甚三《じんざぶ》殿と久しぶり逢い、世話になり、北山村も、やっぱり同じこと、山村は山村としての、山林資源の供出割当があって、苦労があることを話した。

三月三十一日　土　晴

今日も、早朝より、空襲警報が発令される。バスもいつ発車するか分らないので、栗竝《くりなみ》部落より古湯まで歩む。歩むこともまた楽しい。

●現在の平太郎さん

古湯温泉に、ゆっくり休み、久しぶりに詫間菊次と逢い、池の中の鯉を釣り上げて御馳走になり、菊次が軍属として南洋方面に勤務していたことを話して聞かせたが、昔に変らぬ、ホラばかりを、久しぶりに聞いた。

菊次も、身の病気のため、家庭療養のため、妻君の里に世話になっているとのことであった。

四月一日　日　晴

朝、不足の分を供出米作り。ちをは、今日より始まった排水溝、堀上げ工役に行く。

午後七時のラジオニュースで、沖縄戦局が重大局面になったことを放送したので、こりやァ、沖縄ばとうとう占領されたばい、ほんなこてェ大事《おおごと》になったばい、また空襲がひどくなることじゃろうと心配した。

四月二日　月　晴

組合長より「今日は、村長が兵庫村全部供出米督励に廻ることになり、若宮が最初だから、九時に全部集ってくれ」とのことで、組合長宅に集まった。

柴田村長、農業技手友田、書記大海三人来て、

「今日は皆さんに、申しにくいこと、無理な相談ではあるが、供出米のことで、是非完納して頂くため相談に廻っておりますので、御協力をお願いします」

「そりやァ村長さん、供出せんばなんことは分っとるばってん、無かとは出されんばんた」

「そりやぁ分かっとるばってん、これも、日本に米の足らんけん、米のことは百姓にお願いせんば出来んけん、政府よりの命令たい」

「村長さん、命令、命令ちゅうてェ、供出は完納しても、自家に食うとの足らんとは、どぎゃんしてくれるかんた」

「そりやァ実際に保有米の無いことの証明があれば、政府も規定量の配給米は支給してやるたい」

●無かとっばァ出さるっかァ（無いものを出せるか）●おどまァ（俺は）●いいよろうだい（言っているのだろう）●どうでん（どうしても）●塩替（米を塩とかえる）●食うとの足らんとは（食べるのが足りない分は）

「規定配給米では百姓の仕事はされんばんた」

大海が「こんどの強制完納には、クダケ米も供出の対象となっておりますから、クダケでもよいから供出して下さい」とのことであった。

四月三日　火　晴

木炭でも塩でも何でも米がいる

四月四日　水　晴

今日は、農業会長が督励に来るとのことで組合長宅に集る。
会長「若宮第一は他の組合より、供出歩合が悪く、あまり成績がよくないので、他の実行組合並には、供出して頂くようお願いに来た」

●村役場

朝ちをに、「クダケも供出の対象となるとのことじゃっけん、うちもクダケを仕上げて、供出米に作ろうか」とクダケを仕上げたら、拾俵出来た。ちをも、

「クダケば供出してよかったけん、助かった」とよろこんだ。そして普通米を残し、クダケを供出することにした。


「一昨日は村長さんの督励、今日は又会長さんの督励で、こりやァ、どうでんこうでん出さんば、できんばい」

「百姓が米ば出してくれんないば、非農家は餓死《かつれじ》にするばい」

「会長さん、非農家もばってん、百姓も全部《すっぱい》だすぎぃ、餓死するばんたァ」

「百姓は、クダケ餅なっどんは、持っておろうが」

「どこの部落が一番成績がよかかんた」

「下分《しもぶん》が一番よか、若二《わかに》も上分《かみぶん》も完納したばい」とのことであり、若宮部落としても完納致すよう今夜集ることに決めた。組合長宅に、吉野、若宮全部集まったが、現在のままの、供出割当を完納することは、実際問題として無理のことで
「他部落も籾摺《もみすり》量を、手加減致しいるとのことで、若宮も米摺高を一率に減《へら》すことにしようか」と話合い、一率に三分ばかり減額して籾摺量を計算する事に決めた。

四月五日　木　晴

鹿太郎を頼み餅搗き、九時に終った。

名倉堂に治療に行き昼食となり、弁当を探すがない、盗まれたらしい。

外の患者が、

「おんじさんは百姓じゃろうもん、百姓ないばよかさい」

「百姓でん、食うとは、食わんばけん、弁当盗られては困るたい」

「そいないば、さっき帰ったあの人が持って行ったじゃろう」

木炭瓦斯用の木炭を柿原に頼んでいたので、聞きに行ったら、

「木炭も、あるごとはあるばってん、木炭もやっぱり米替せんないば手に入らんばんた」という。

「米やらんばないば、今は供出がきびしかけん、しばらく延《の》ばしてくれんかんた、後で返事ば致すけん」と頼んだ。

馬鈴薯配給、二貫四〇〇匁。

四月六日　金　晴

源作一《いち》の坪《つぼ》かや切り、俺は治療に行き午後幸子と不自由ながら畑の仕事。

●現在の智子さん

夜、佐六方で、五日会。

「小磯内閣も、沖縄ばとられ戦争もやかましくなってきたけん、総辞職したとじゃろう」

「沖縄ばとられたないば、こりゃお終《しま》いばい」

「佐賀市は軍事工場がなかけん、後まわしにしとるもようたん。そいばってん、一ぺんはやられるさい」

「そうじゃろう、佐賀市だけ残すもんこォ」

四月七日　土　晴

今日は智子が入学式で、早朝より喜んでいる。

入学式にちをが付いて行く。昭和十三年七月四日の生れ、戦時体制で物資不足、食糧不足の生活に育ってきて、身は小さいが動作が機敏で健康に育ってくれた。入学祝に鶏を料理して祝った。

午后西中野部落の健作がきて、

「専売局に勤めている春江が塩を心配してやるから、買わんかい」

といったので「それはよかった、是非たのむけん」

「専売局も、割当以外の塩が来るもんのまい、そればやることじゃっけん、致しかたなか、米ばくれんばできんばい」

「そりやァ今時じゃっけん、米はやるさい。そいばってん、これで助った、丁度塩の切れて心配していた時じゃけん」と夜取りに行き、一等の塩を叺一俵買ってきた。

●ことじゃっけん（ことだから）●クダケ餅なっどんは（クダケ餅くらいは）●食わんばけん（食べなければならないから）●米やらんばないば（米をやらなくてはならないのならば）

四月八日　日　晴

朝隣保班長交替の事で平太郎宅に集る。

「平太郎さん今度まで、あんた隣保班長ばしてくれんかい」

「何んて言よるかい、内閣も小磯さんから、鈴木さんに替ったろうが、そいけん隣保班長も替らじゃァ」

「それじゃ辰一さん、あんた班長ばしてくれんかい」

「隣保班長も今まではよかったばってん、近頃は配給の仕事までせんばけん、あたしでは、できん」

「それじゃ仁吾さん、あんた隣保班長してくれんかい」

「俺も忙しかばい」といったが、自宅が隣保班長に決った。

四月十一日　水　晴

朝農業会に行ったら、宮崎健次郎が

「吉野部落は実行組合を若宮と別れることに決めたのまい」

意外な質問に俺も返事に困り、

「いや、そんな話は、若宮のもんは誰も知らんばんたァ」

「そりやァ若宮の人は知らんといっても、吉野部落から数人事務所に来て（吉野は若宮と分離して若宮第三実行組合と決まったけん、届にきた）といって、吉野部落は、若宮第三、となっているですよ」と農業技手の友田も助言していう。

部落の人もこのことを知り、誰も意外のことに驚き、腹立て、「どっちいしたところで、組合長に逢って、事情を聞いてみようか」と組合長に逢に行き、

「吉野は実行組合ば若宮から別れて独立したとのことばい、あんた知らんかい」

「おりやァ、そぎぁんこと知らん」との返事に

「あんた組合長じゃろうもん、組合長のあんたが知らんということがあるもんかい。もう手続も終っているということばい」と組合長を責めた。

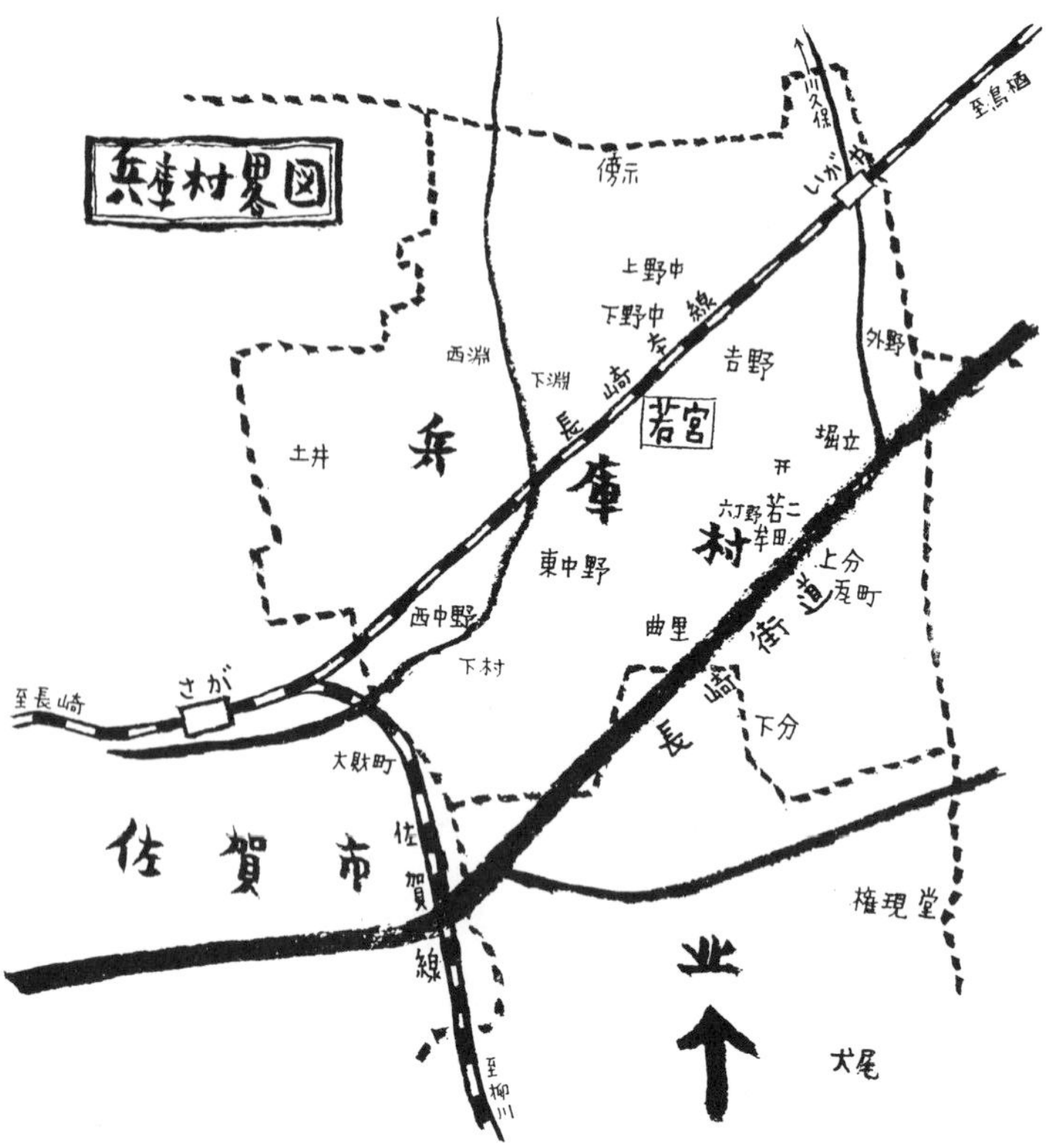

吉野に通知して、今夜話合い致すよう組合長に手配を頼んだ。

夜、組合長宅に集って待っていたが、吉野部落よりは来なかった。

四月十二日　木　晴

午後、実行組合を吉野と正式に分離する話合致すことに決り、二時若宮全部、組合長宅に集まった。吉野も全部揃ってきたので「まあ、上らんかい」と挨拶するが、みなが遠慮する。

昨日まで兄弟であった組合も、今日は他人となり、分蜂した。座席も無言のうちに分離して、冷たい空気がみなぎり声もない。

組合長は、下をむいたまま何ともいわないが、話しは自然に開始された。

「吉野もいままで長い間若宮実行組合で運営して来ていたのに、無断で手続せんでも、よかったろうもん」

組合長に、

「あんたには、こんどのことはなんとか話しがあっていたろうもん」この質問にも組合長は無言で返事がない。

「組合長にでん話さず、勝手に分離手続して、吉野もあんまりじゃろうもん。それも若宮が差別したり、不信行為があったら、是非もなかことばってん、今のところ若宮も吉野に対して、差別したり、不信な行為はしておらんと思うが」

「そのことを言われれば、吉野としても申しわけないことだが、吉野部落も何ら若宮に対して不信がある不平があるということではなか。ただ吉野は吉野で小さいながらも、独立した組合を組織したいのが長年の希望であったので、農業会にこのことを話したら「それはよか」とのことで手続を頼んで分離することにしたたんたァ」

「そんな話しがあるもんかい。組合長にも相談せず、勝手な行動を取ったことは、組合としても遺憾なことだが、組合長を侮辱した行為じゃろうもん」と話したら、吉野も腹を立て、開き直って、

●替らじゃァ（替らなくちゃあ）●じゃろうもん（だろうが）

「それなら、吉野としても組合長に申し分があるばい、申し上げようだい。このことは吉野だけのことではないが、現在の統制経済で農家の重要物資である、肥料や石油も配給となっているが、その配給、分配のとき、目次をみせたことがあるかい。いつもこれだけといって、端数はこの次に配るといって残し、次の配給のときは消えてなかろうが。農業会よりの配給物資がどうなっているか組合員には分らん。残った品物は若宮だけで配っていることだろうと吉野としては思っているたい」

「ぞうたんのごと、それは話しが違う。今の配給のことは若宮部落としても、あんたち同様疑惑は持っているが、若宮部落だけで分配なんかはしておらんばい」

「そいないば、その残品はどうなっているかい」

「いやそのことはあまり掘り下げて聞かんでもよかろうもん」

「そうゆうふうな関係もあったけん、分れたがましばいということで、分れることに決めたたい」

「そいないば、もう農業会に手続まで致しおることだから、とやかく理屈をいっても合併は出来んことじゃろうけん、どうせ、分れることないば、平和に分れることにしようか」

「ほんなこと、ワッサイと分れることにしたがましばい」

とお互い分離することに話しが決り、組合としての備品や預金も等分して分けることになり、種子保存用のドラム二個と、預金の五十円は、お互いの耕作田の割合でわけることに決った。

最後は談笑して愉快に別れた。

雇人の徴用のがれの工作をする

四月十三日　金　晴

米作農家には思いがけない人が訪れて米相談に来る。今日も、かねさんといって、亡父の友人であった江副政六の妹さんが、有田焼の茶器と皿を持ってきて、米をわけてくれという。

「あなたのことは父親から話しは聞いておりました」

「そうじゃろう、わたしがこの家を出てから（間借りしていた人）もう五〇年にもなるけん。知らん農家に行っても米を分けてやる人はないですよ。それで昔の家を思いだしお願いにきたけん、無理な相談ですが、命を助けると思って分けて下さい頼むけん」

家の人も意外の人の訪問におどろいたが、昔を忘れずに、来られたことがうれしく、少しではあったが分けてやったら、拝《おが》んで喜ばれた。

ラジオの臨時ニュースで、アメリカ大統領ルーズベルトの死報が放送されたら、「あらッ、よかったない」と坊主悪《にく》ければ袈裟《けさ》まで、とか、罪もないルーズベルトの死報を誰もよろこぶ。

帰ったら、三溝の原田さんが、リッパなドンブリを持ってきて、米相談にきたとのことに、

「ほんにィ百姓も米、米とこんなに責められるないば困ったもんない」と困ったことである。

俺が傷もまだ不自由で、今日は牛島町《うしじままち》堤ハリキュウに治療に行った。

四月十四日　土　晴

「源作さん、今日は下肥《しもごえ》とりに行ってくれんこ」

「ほんなこと、下肥なりと取ってこんば野菜の肥料でんなかけん、野菜も腹一ぱい食べられんもんのまい」

自家の下肥まで、田圃《たんぼ》の肥料に使用せねば出来ないので、野菜用の肥料が充分使用できない、畑は持ちながら、農家が野菜難儀を致している。

夜組合長宅で供出の話合、今夜の話合では「これ以上の供出は出来ない」との意見が多かった。「強権発動を受けるとも致し方なかけん、部落完納は一時見合せて個人個人で出来るだけ供出して、もし強権発動でも受けることになったら、またその時に話合致すことにしよう」と決めた。

四月十五日　日　晴

源作の如き特定の職業を持っていない者は、国民徴用で徴集されるとのことで、源作を偽装工作の手続頼みに役場に行き、源作がことを話したら、

「詫間《たくま》源作を農事雇用者に申請しておけば、そんな手続をする必要はなかろう」といったので、源作を自宅の農業雇用者に申請を頼んできた。

四月十七日　火　晴

朝区長がきて、竹取工役に来てくれといったが、源作が休んでおるので、ちをが工役に行くことになったので、俺がついて行った。川久保に竹がまだ届いていないとのことで、不平いいながら、妙楽寺まで取りに行った。帰りに川久保宿《じゅく》に来てから、空襲発令があり、小型飛行機が頭上すれすれに、ブンブン飛んで来たので、非常に恐しかった。しかし攻撃はせなかった。

帰りは六時過ぎとなり、夜食のとき、今日の空襲の恐しかったことを子供に話して聞せた。

四月十八日　水　晴

八田《やつだ》松雄に三度目の召集令状が来て、此の度は佐賀一九四部隊。日の丸を先頭に部落より佐賀営所に見送り。営所に着くのと同時に、今日もまた小型飛行機、数十機が超低空で空襲。

見送人は兵隊の誘導で待避所に避難したが、兵隊は素早く警戒の部署に着き防備体制となったが、動作の美しさ、やっぱり訓練を受けた兵隊だと感心して見まもった。

●分れることないば（分れることならば）●ワッサイと（なかよく）●責められるないば（責めたてられるならば）

四月十九日 木 雨

兄が来て、川西の田圃も、佐六もはっきり作るとはいわないとのこと、「ほんにィこぎぁい、田ば作り手のなかないば地主はどぎぁいなるじゃろうか」

「おまいばかりじゃなか、地主は誰でん困っているさい。西の伯母《おばっちゃん》も、光次が吉野の西を止《や》めるといって来たと心配して来なった。佐六さんが作らんというなら、ま一度清一さんに頼んだがよか」

小作料の減額を地主に交渉する

四月二十日 金 曇

昭和十六年度より、稲作も収量減となり、ことに昨十九年度は配給肥料も減額されて肥料不足で特に減収し、反当り七俵から六俵半位で、不良田のごときは五俵位の収量であった。

地主より自主的に小作料減額の話合があることだろうと予想し、今日まで引き延ばしていたが、地主としては減額の意向はないらしい。

他町村では小作料の減額運動を致しいることを聞き、若宮部落も、小作料減額申請を致そうかとの話合となり、自宅にも知らせてきたので房一宅に行った。

若宮部落も話合って、野中部落の弁護士である萩原源太郎に頼んで申請することに話が決り、減額の標準は、他町村の申請並に、十九年度平均収量の四割を小作料として納付するよう頼むことになった。

しかし一応は地主の了解を受けてから、萩原に頼むことに話しが決り、若宮、牟田、六丁野、吉野、全部の小作者が集まった。

四月二十一日 土 晴

今日も小作米減額申請のことで、若宮の小作者全部房一宅に集り、数人ずつ手分けして、地主宅を訪問し、相談に行くことを決め、人選と行く先を話し合った。午後過ぎ、地主を訪問、交渉の結果を報告することになっていたが、地主の返事は一様に、

「戦争のための不作だから、人が減額を承認致されるなら、自宅も減額に同意してやる」との返事であったが、江口清宅だけが、

「他家は賛成なされても、自家は小作米減額の話合に関係する必要はない」

といって、同意を得なかったとのことで、俺と俊作、寅吉、佐一、四人相談に行き、

「江口さん、外の地主さんも全部承知して下さったので、お宅もどうか、御相談は出来ないでしょうか」

と再度相談するが(風引で寝ていた)

「自家は(カタルコトワ、イランジャロウ)」と寝たままの返事で承知を得なかった。そのまま帰宅し、

「江口さんのお宅は、どうでも、不承知で同意出来ないとのことだ」と報告したが、

「書類だけは作っておこうか」と書類整理を始め、全部終了したら、0時を過ぎた。江口家の書類がやっぱり一番多かった。

四月二十二日 日 晴

昨日の書類(土地台帳うつし)を、寅吉、房一、辰一(前田)俺と四人、萩原源太郎に頼みに行ったが、萩原さんが、事務的に「はい、承知致しました、早速手続を致しますから」と、簡単に承諾したので、帰り道の話しに、

「萩原さんが、簡単に受け合ったが、実際減額になるじゃろうか」とお互い不安である。

四月二十三日 月 晴

今日は、学校で、在郷軍人の簡閲点呼があった。正午すぎ「田中正人さんのおうちはこちらですか」と未知の人が訪れて来た。

「私は小城郡山口村の者で並瀬という者ですが、満洲で田中さんと同中隊におりました。今度帰還しましたので、田中さんから、お宅に便りをしてくれと頼まれてお伺いしました、田中さんも元気で居られます」とのことであった。

一日も忘れたことのない正人が近況を聞くうれしさ、ちをも涙を流して喜び、凍傷にかかり入院しているが心配することはないとのことで、遠路お知らせに来て下さった並瀬様に感謝致し、ちをも「並瀬様に逢たのが正人に逢ったように嬉しかった」とよろこび安心した。

四月二十五日 水 晴

木炭の配給も輸送が出来ないから、窯《かま》元《もと》である背振村《せぶりそん》登羽院《とばいん》部落まで取りに行ってくれ、と農業会より連絡があったので、善次、光雄、正彦と四人取りに行くこととなった。若宮部落割当十三俵。

朝五時出発、リヤカーはタイヤがないので、昔の車力を各々引き、山道をガタガタ、ガタと、川久保部落より犬《いぬ》峠を経て登羽院部落に着いたら十時であった。

「たった十三俵の木炭ば、こぎゃん遠か所まで、こんばじゃろうか」と意外の遠さと疲労のため不平がいいたい。

兵庫村より、下村《しもむら》、下分、下淵《しもぶち》、伊賀屋、東中野《ひがしなかの》の六ケ部落が登羽院に来ていたが誰も「遠かったのまい」と意外の遠道と疲れたことにおどろいていた。

(兵庫村内、他の部落と学校、役場の配給は、六郎《ろくろう》部落の窯元に取りに行ったとのこと)

「こぎゃん遠か所まで取りに来たけん、買われるだけ相談して買って行こうか」と業者と交渉して、若宮は四十俵受取ることを約束した。

登羽院の山はワラビの名産地で、今が季節であったので、皆がワラビを採って行こうか、と裏山に登ったら、佐賀市内は目の下に見え、見晴しのよい山であった。

●カタル(加わる、仲間入りする)●こんばじゃろうか(来なくてはならないのだろうか)

今日は二十六俵持って川上《かわかみ》廻りに出たが、尼寺《にいじ》部落で暗くなり、四人とも非常に疲れ、徳永《とくなが》の念仏橋《ねんぶつばし》でみなへたばった。下野中《しものなか》に来たら、心配して迎えに来ていた。うちは幸子が来た。帰宅したら、九時を過ぎていた。

●現在の幸子さん

四月二十六日　木　晴

昨日の木炭の残り分を取りに、善次、光雄と三人、五時半出発。途中、川久保の三瀬製材所に部落土木用の材料値段問合せに寄り、登羽院に着いたら十一時であった。

業者が種籾を蒔き終るまで待ってくれという。十四俵の木炭を受取り、今日も川上廻りで帰路についたが、途中で筍《たけのこ》を掘っていたので、相談したら、売ってよいといったので（闇値ではない）三人で六十一斤買った。

帰宅したら十時過ぎていた。今日も疲れた。

四月二十七日　金　晴

今日も朝より数回空襲警報が発令されたが、敵機は見えなかった。

肩の治療に行き、馬草切り、馬の手入。蜂蜜が非常によくたまる。

午後、部落供出米完納の話合。組合長より「割当残額の六十俵は是非供出、完納してくれと督促を受けた」との挨拶であった。

「誰でん腹一ぱい出しとるのに、これ以上供出のできるもんかんた」と誰も悲壮な表情である。

「おどまァ保有米だけしか残っておらんけん出すとはなか」

「政府も、出せ、出せといって、保有米まで供出せんばといって、たらんのはまた飯米ばやるじゃろうか」

「米のなかけん、百姓に、出せ、出せと言っているのになんの米ばやろうかい」

「ほんなこと、供出するないば返ってはこんばい」

「そいないば、カツレンばなんけん、うちは強権発動受けてもよかけん、米は出すとのなかけん、出さん」

と誰も強硬に反対する。

「そりゃあ誰でんこれ以上供出するのは苦しかけん、供出せんとがよかばってん、他部落も苦しい中から部落完納ばしよるけん、若宮だけ完納せんということは出来ないことだから、完納することに話しば進めて行こうか」ということになったが、六十俵の不足分の割当規準が、あれはいかん、これはできんと解決がつかないので、最後は半強制的に、個人割当額を規準に供出することに決まった。自宅も割当額は二俵三斗供出することになったが、二俵供出した。

夜、善次宅で馬ふせの慰労夜食に行った。

●善次さん（現在）

強権発動するならしたらよかろ

四月三十日　月　晴午后曇

朝、組合長がきて「〇〇さん方がまだ供出の返事が来ておらんけん、あんた班長じゃっけん、致しかたなか、行って、言ってくれんかい」との頼みに、

「困ったのまい。供出は、わが前でん出しとうないのに、他人の供出米催促に行かれるもんかい」

「そりやァほんなことじゃんのまい。そいばってん致しかたなか、頼むけん」

「そいないば、行って相談してみようだい」と〇〇方に行き、

「〇〇さん、今朝、組合長が来て、あんたん方の供出の申込がまだきておらんごとあるけん、返事ばしてくれんかい、とのことで知らせに来た」

「自家は、もう一粒でん供出する米はなか、強権発動するならしてよかたんた」

「あんた、あたしに腹立てていても、あたしは使人《つかいにん》じゃっけん、組合長にそぎゃんいわんかんた」

「あたしが組合長さんに、出すとのなかちゅうて、いおうだんた」

五月一日　火　雨

役場より、農村部落の空襲伝達、防空設備が不充分で、指示通りの防空設備、伝達をするようにとの通知が来たので、午後、消防役員常司宅に寄ってもらい、役場より伝達のことを知らせた。

部落の各戸に指示通りの防空設備を致すよう、注意して廻ることに決めた。

五月二日　水　晴

畑仕事、胡瓜、南瓜、其他夏野菜の移植、植えつけ。

常次が、傷がまだ治らないとて、美津子をつれて来たので、常次に加勢受けて蜂蜜採り。よくたまる。

電気灌漑施設申請の許可が来たので、今夜、善次宅で話合。

帰宅は二時となった。

正人に手紙を送った。

五月三日　木　晴

川口さらえ工役より帰ったら、自宅で

●腹一ぱい（せいいっぱい）●出すとのなか（出す分はない）●馬ふせ（馬の疲労回復のため治療すること、その後馬主が人をよんで会食する）●わが前（じぶんの分）

竹槍の訓練をやっていた。

訓練は婦人だけ。指導員、宮地俊一。

服装、防空ズキンにモンペイ姿、九尺の竹槍を片手に一列にならんでいる。

敵兵は自宅の藁小積がアメリカ兵。俊一が「こうゆうふうにかまえて、一気《いっき》にアメリカ兵ば突かんばできんばい」と銃槍の形で、エッ！と気合と共に敵兵藁小積に一突して、

「こうゆうふうにして突かんば、アメリカの兵隊は死なんばい」

はっはっはあァと笑い。

「笑っちゃいかん、アメリカが上陸してくるないば、この竹槍で一突につき殺さんばとこれぇ、そのくらいのことじゃァぬからん」と俊一は真剣の指導だが、女たちは笑って面白くゆかない。

これを眺めていた米吉、辰一の、日露、青島戦争の古武士《ふるつわもの》が、「お前たちがそのくらいのことでは、人間の身にぬかりはせん」と、三年間現役軍人で鍛えた銃槍の手なみを見せてくれた。

「今どき、竹槍どん持って戦争してなんの勝うかんたァ」

「これも命令じゃっけん、一通りの訓練ばしとかんば、ちょうしの悪かもんのまい」と訓練は終った。

夕方よりは自宅で共同炊事の訓練が始まった。野菜、米、調味料を持ち寄り、魚を買ってきて、「竹槍の訓練より共同炊事の訓練がよかなんた」「ほんなこと、腹一ぱい食べられて」と笑いながら大よろこびで終った。

夜、組合長宅で、米摺賃勘定。（俵五十五戔）

五月五日　土　晴

今日端午の節句で、日本晴のよい日和りではあるが、一本の鯉のぼりも見えない。

五月六日　日　晴

土井の請負工事も、今日は善次、孝行も来て七人となった。夕方早く終り慰労会をやることとなり、森山酒屋に相談して酒一升買い、磯吾郎が、辰一（友貞）平太郎を迎えに行ったら、二人が酒一升持ってきた。

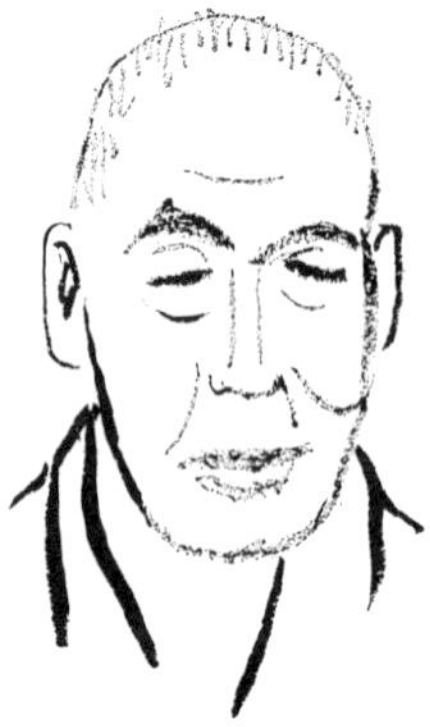
●辰一さん（故人）

平太郎が、供出米の件で、籾摺業者である辰一が、警察より呼出状がきて、警察に行って居ることを話す。
「若宮が、まだ部落完納しておらんけん、辰一さんば呼んで米摺のことば調べるためじゃろう」
「そいばってん若宮も完納はせんばできんばい」
年寄ばかりの雑談で、十時過ぎまで楽しく話して帰った。

五月七日　月　晴

警察より呼出を受けて行っていた辰一が、昨夜は帰宅せなかったとのこと。

兵庫村で供出の成績の悪い六ケ部落の籾摺業者を警察が呼んで、供出完納するまで留置くとのことで、米供出もいよいよ重大な段階となったので、今朝若宮実行組合員全部集まり、完納協議することになった。

いつもは、がやがやと雑談ばかりしているが、今日は水を打ったような静けさで、殺気さえ感じ、きびしい空気が満ちている。

誰かが「まず未完納者から完納するごとせじゃァ」

「誰がまだ割当を終っておらんかい」

「そりゃァ言わんでもよかじゃっかい」

いままでのような温情的発言はなく誰も真剣な表情である。未完納者が、

「未完納者、未完納者といって、おどんばァ、カツレ死《じに》させるつもりか。おどまァ出さん。強権発動するないば、してんろォ、おどまぁ出さんじゃァ」と腹立てる。

「そぎゃぃ、腹立てて、がんばっても、誰でん百姓は一様に米ば穫っておろうもん。また保有米も平等に取っているけん、吾が前は出さじゃァ」と同情のない返答である。

「そぎゃい、一様に行くもんか、なかとば、出されるもんか」と悲壮な答弁であった。

現在の未完納者の問題を解決致さねば、今日の話合が進行いたさないので、協議の結果、只今より未完納者の家庭を抜打ちに、現在持米を調査致すこととなった。

そして調査員も、情実や手かげんをさけるため、東、北、南の三班が交互に調査することとなり、玄米から、飯米用に精白致しておる台所の米まで調べた。

そして、各家庭の人員と保有米とを計算して、その家庭の保有米を残した数量が、組合全部集計して、三十一俵余りとなった。

しかし、部落割当の供出米不足分の四十三俵と、保有米不足の家庭に配給する米が二十俵あまり必要だが、籾摺高より（一俵につき三合）供出致せば、不足分が充当できるので、全農家の籾摺高より一俵につき三合づつ徴集することになった。

供出米　合計　六十三俵
供出不足米　四十三俵
残米　二十俵（今日は計算だけ）

残米二十俵を保有米不足者に操作して分配することになったが、部落内にはこのため、持米が0となった家庭が数軒できた。また泣いて供出された主婦もあり、悲惨な供出完納で、気の毒でならなかった。

「これで若宮も完納することなったけん、辰一さんば警察に迎えに行かんば」と、清、英男、善次四人迎えに行き、途

●つき殺さんばとこれぇ（つき殺さなくてはならないのに）●ぬからん（突きささらない）●竹槍どん（竹槍なんぞ）●完納することせじゃァ（完納するようにしなくちゃあ）●よかじゃっかい（いいじゃないか）

中ガンズメ橋で辰一と逢った。

「辰一さん、迎えに来よったたい。あんた捕虜になってきつかったのまい。若宮も完納するごとなったばい」

「そりゃよかった。なんもかんも、すらごと帳面ば持って行っとるもんでェ、(若宮だけこんなに収穫の少ないことはなか、この帳面はスラゴト帳面じゃろうもん。若宮も供出完納の出来んことのあるもんかい、供出完納するまでここに留めとくばい)と警察も二重帳簿ということば、ちゃんと知っとるもんのまい」

「留置場では蚊の食うたろうだい」

「蚊は、蚊帳ば引いて寝るけん、よかったばってん、なんもかんも、シラミからやられて、今でもモザモザしてかゆか」

「ひどか目に逢って、ほんにィ気の毒かったのまい」

五月八日　火　晴午后雨

昨日の供出米勘定で、今朝の三時までかかった。

自家の供出分は、一俵九升となった。

今日は現物の米集荷、誰も悲壮な表情で、割当られた数量を持ち寄ったが、組合員立合で一合の端数まで厳格に、升斗《ますはか》りして受けとり、家庭によっては組合員が行き、家庭と立合って受取ってきた家庭もあった。正午過ぎ、割当数量全部、集まったので、組合で農業倉庫に運搬することになった。

午後は権現堂の供養で供養詣り。(ちをは美千代と昨日行っていた)

今日は雨具の配給があり、みの、甚八、すろうころし、そうけ(荷ない)の配給でくじ引、自宅は甚八笠が当った。

麦が上出来といわれて怒る百姓

五月九日　水　晴

今朝のラジオで「五月八日午後十一時一分独逸《ドイツ》が無条件降伏に調印した」ことを放送した。

鹿太郎が苗代田馬使に来てくれた。俺は肩の治療に行く。昨日集荷した供出米を部落で運搬を終り、残り二十俵あまりを、保有米不足者に配給規準によって分配することになった。

農業従業者、一日三合、女子二合五勺小供十五才以下二合、授乳者三合五勺非農家は、農業従業者より少シ配給が少ない。

五月十二日　土　晴

田植人夫が少く、早目に約束しておかないと、手に入らないからとて、昨年の田植さんに頼みの手紙を出す。常次が美津子をつれてきて、苗代田を馬耕してくれた。

午後江副広次の長男が四十八聯隊に召集受けて入隊したが、不合格になったとのことで、祖父の政六と二人来られ、政六も久振りのことで宿られた。

五月十三日　日　晴

今日も午前中より数回空襲警報が発令された。六丁野の松永功、牟田の北御門《きたみかど》忠雄が召集入隊した。裏の、はるえさんも、高尾の真崎鉄工所に奉仕隊で召集された。

日常生活必需品がなく、何から何まで代用品と粗製品ばかり、生活物資でも特に衣料品がなく、衣料があっても市販されていないため、作業着はもとよりタオルもない。農作業の必需品である地下足袋のないことが一番困り、今日では、地下足袋の闇相場は米五升にもはね上って居るとのこと。

明日は目田原飛行場整備奉仕工役で、若宮よりは、自宅と幸夫宅と奉仕工役が当った。

五月十四日　月　晴

伊賀屋駅に行ったら、兵庫村より二十名来ていた。

汽車賃は無料、飛行場の拡張作業で西側の小高い山の整地作業であった。

訓練用の赤トンボは、次から次と飛立ち、作業終了の午后五時までに四回の空襲警報が発令されて、作業の時間は短かった。

「喜作さん、今日は爆撃されんじゃったけん、よかったのまい」

「ほんなこと命ばもうけたばい」

「喜作さん年寄も命は惜しかのまい」

「戦争で死なれるもんかい」と冗談いって帰った。

五月十七日　木　晴

今日は、今年度麦供出の基礎となる麦の検見《けんみ》。麦の検見も、上位に見立られては供出が大変だからと心配して、早朝から集まった。

検見の基準も、全部が見て上位の麦を三百斤の収穫に見立て、下位を百斤とすることに決まった。しかし今日の検見は供出に影響することだから、個人個人で不平をいわないように、検見委員を決めることにして、組合長を委員長として、

●伊賀屋駅

●来よったたい(きましたよ)　●すらごと帳面(うその帳面、にせの帳面)　●甚八(竹の皮でつくった笠)　●すろうころし(みのの上から着るござ製の雨具)　●そうけ(竹製のかご、ざる)

副長、班長を委員に決め、お互見くらべて批評はするが、批評の順位は委員に一任することを話合った。

　今年の麦作としては最上位の田圃に来てから、皆が麦の生育の美しさに感心してほめるので、平年ならよろこぶことだが、

「なんて言いよるかんた。うちんともばってん、あんたん方ともよかったろうが」とほめられて腹立てる。

　午后になってから、上位に検見された主人が来て、

「わがどんがァ、自家の麦のよかちゅてェ誰が決めたきャァ。まだ穫ってもおらんとこれェ、自家の麦が多かちゅテ分かるもんか」と血相変えて腹立てる。

「あんたん方の麦だけよく見たのじゃなか。あんたん方の麦がよかったけん、上位に見ただけたい。あんたの見ても外の麦田よりよいことは見て分ろうもん」

「よかも、悪かも、まだ穫ってもおらんのに分るもんかァ。わがどんが、勝手に決めて、俺は承知はせんじゃァ」

「なんていうかい。全部で話合の上で決めたことば、あんた一人で破壊するなら、いままで検見したのは、無効にして、班別に検見ばやり直そうだい」と皆が腹を立て、

「そいばってん、検見の基本だけは、今朝決めた基準で検見することにしょう」と班別に検見をやり直した。

五月十八日　金　晴

●現在の佐六さん

川西の田圃を佐六さんたちが断ったので、自宅より耕作することに決め、十四日に雇った鮮人を馬使にやったが、乾塊のため、かたくて馬が使われないからと休み、大牟田市の妻子に逢いに行った。

　今日は珍らしく酒の配給券が来たので（一升）知らせて廻る。

「今まで、たばこの配給は自家はいらんけん、東班で分けていたもんでェ、今日の酒は一升だから、自家にくれんかい」と相談したら、

「たばこの配給は、たばこの配給さい。今日は酒の配給じゃけん、酒は酒に配給せじィが」とのことで、

「そいないば、これからのたばこは自家で配給とるばい」と、酒のくじ引きしたら、幸い自宅に当った。

五月二十一日　月　小雨

　佐賀練兵場に軍馬購入検査に馬を引いて行く。

　兵庫村より八頭、下分古賀作二と自宅の馬と二頭合格したが、自宅の馬は八寸ばかりで、馬体は小さかったが、馬体がよく元気な馬で、今日の購買価格でも上位の方であったが（一、一五〇円）、古賀さんの馬は、自宅の馬より大きかったが、八百五十円であった。

　軍隊に引渡すとき、八田松雄が受取に来た。帰りに、福富方に寄り、手打ちうどんと、自家酒を世話になった。

　大牟田に帰った鮮人に迎えの手紙を送った。

炭坑方面からそら豆の買い出し

五月二十二日　火　雨、午後止む

　田植人夫より返事がきたが、空襲が恐しいから来ないとのことであった。
　磯吾郎宅に寄ったら、栄八と伊八と、いたが、小物成《こものなり》部落によい馬がいるから、買わないかと知らせたので、伊八と二人行って買って来た。（千二百五十円）
　栗毛、二才でよい馬であった。幸夫宅より酒を相談して馬酒《うまざけ》をし、磯吾郎、常司も呼んだ。

五月二十三日　水　晴

　昨日買ってきた馬を、苗代田に使ったが、どうしても、まくら廻りをせない（畔まで行かない）。源作に口を取らせて、誘導するが駄目、馬使を止め午后畜産組合に、軍馬の代金を受取に行き、三溝に廻り、原田常一の死亡を知った。

　夕方兄がきて、「三溝の家具屋に、水車を相談しているが、個人販売は出来ないことになっているから、夜取りにきてくれ。今夜来てくれといっているから」と迎えにきたので水車取りに行き、十一時帰宅した。（水車代金、二百五十円）

五月二十四日　木　晴

　今日は苗代水入に馬を使ったが、どうしても、仕事が出来ない。致し方ないので智《さとる》の馬を借って水入を終り、自宅の馬は伊八に話して売ることにした。

　しかし、馬の値段も日毎に相場が上っておることで、自宅の馬も一、四〇〇円に売れた。曲里《まがり》の八郎が馬を売るといっているからと、伊八が千円で世話したので買った。（馬は少し悪い）

五月二十五日　金　晴

　今日は種籾の塩水選《えんすいせん》。

　種籾塩水選用の塩は、今まではコールタールが混ぜてあり、食用に絶対使用できなかったが、今年のは、コールタールが混っていない。

「塩水選もばってん、家庭用塩のなかときじゃっけん、食用に分けようか」という話になった。

　一町歩に一升ばかりずつ配けて、自宅も三升あまり持って帰ったら、ちをが「これで助かった」とよろこんだ。

　北山村の馬場甚三が佐賀市に要件があったからとて来られ、土産に甚八笠五枚と椿の油を二合持って来られたので、椿の油も非常によろこんだ。

●うちんともばってん（うちのもだけど）●わがどんがァ（てめぇたちが）●決めたきャァ（決めたのか）●多かちゅテ（多いというが）●塩水選（種籾を塩水につけてえらぶこと、浮ぶ不良品をはねる）

五月二十七日　日　晴

大牟田に行った鮮人は、とうとう来ない。

夕方、伊八と八郎と二人きて、

「馬をあんまり安く売ったけん、後馬が買われんけん、二〇〇円だけ増してくれ」といったので俺も腹が立ち、

「あんたんたち二人共、牛馬商の免許もった商売人であろうもん。商売人が素人に来て、売った値段ば、後から値上するちゅうことがあるもんかい」と断った。

●田中仁吾さんの家　正面が母家、左が納屋

五月二十八日　月　晴

今日は種蒔き、午後肥料の分配。

肥料の配給制度も毎年少しずつ減って来たが、今年は特に少ない。

反当。硫安　二貫五百目
過燐酸　一貫七百目
加里　一貫目

今日の配給分は（自宅）硫安六〇貫、過燐酸四〇貫、加里一〇貫の内渡しであった。

五月二十九日　火　午後雨

常司を頼み母家の、むねつつみ、家ふき。

今日も、伊八と八郎と二人、正午にきて、八郎が「二百円だけくれんなら、馬をつれて行くから」といったので、一昨日同様腹が立ち、

「あんたたち二人共、馬喰《ばくろう》が商売で、商売のルールは知っておろうもん。商売人の手ば打ってから、売らんとか、値上するとか、なんちゅうことかい。売買のすんでから、馬ばつれてゆくとは、あんまりひどか」と俺が抗議をしたが（安く売った）の一点張りで、聞き入れない。

常司が俺に、一寸といって呼び、

「仁吾さん、今日はあんたから、どうでん二百円、取らでて来ているけん、勝ちはせん。そいけん馬ば高く買ったと思って二百円やったがまし。いくら抗議しても、二人が聞入れはせん」という。

ちをも「せからしか、二百円やんさい。二百円やっても馬の世話せんでよかないば、それがまし」という。

俺も、二人が商売道徳がないことに腹が立ったが、二百円八郎に渡した。

五月三十日　水　晴

肩の傷もまだ少し不自由である。

三田野（高）に強制的に時期後れて蒔いた裸麦を、兄と春子に加勢受けて扱いだが、裸麦よりも、紫雲英《れんげ》が繁茂し、兄が「こりゃァなんこォ、裸麦より、フーゾー作りじゃったない」と批判した。

六月一日　金　晴

晴天続の旱魃で馬耕が出来ないので、川西の田に水を入れて馬耕した。

自宅に唐豆《とうまめ》（そらまめ）を作っておることが、杵島《きしま》炭坑方面の人が知り、この頃は毎日数人買いにくる。ちをと幸子は唐豆ちぎりに忙しいが、毎日の現金収入で二人はよろこんで、こんなに売れることなら、この三反五畝全部唐豆を作っていたらよかったと欲のことをいう。今日も二人買いにきたが「少し固くなっているですよ」といったが「固くてもよいから」と、ちをと幸子は唐豆ちぎり。今日まで、青唐豆の売れ高が千五百円ばかりとなり、二人はよろこんでいるが、部落の人も「おちをさん方は、青唐豆ば千五百円がとも売んさったてっばい」と評判となった。

（三田野（高）三分の二ばかり唐豆栽培した）

六月三日　日　晴

八幡市の平野宅より、誠の戦死が知らせてきたので、弔いの手紙を出した。

六月七日　木　小雨午後止む

穀物検査所より二名麦作検見に来たので、組合長、善次、俺三名同行して、検

●素人に来て（シロウトを相手にして）●取らでて来ているけん（取る気で来ているから）●せからしか（めんどうくさい、うるさい）●フーゾー（れんげ草）

見廻り。

組合長宅で昼食を共にして酒を飲みながら、検査員の内話。食糧のないことは真実らしい。

夕方より、大童《おおどう》部落に馬肥頼に行く。

六月八日　金　晴

ちをが「どこでん、からいも（さつまいも）ば植えないよるけん、自家も植えよう」と催促され、西淵《にしぶち》部落の宮地徳次方に、いも苗があるとのことで、相談に行く。

「人が毎日苗取にきて、少し残っておるが、悪かばい」

「悪かとでんよかけん」といって相談して三田野の東側に植えた。

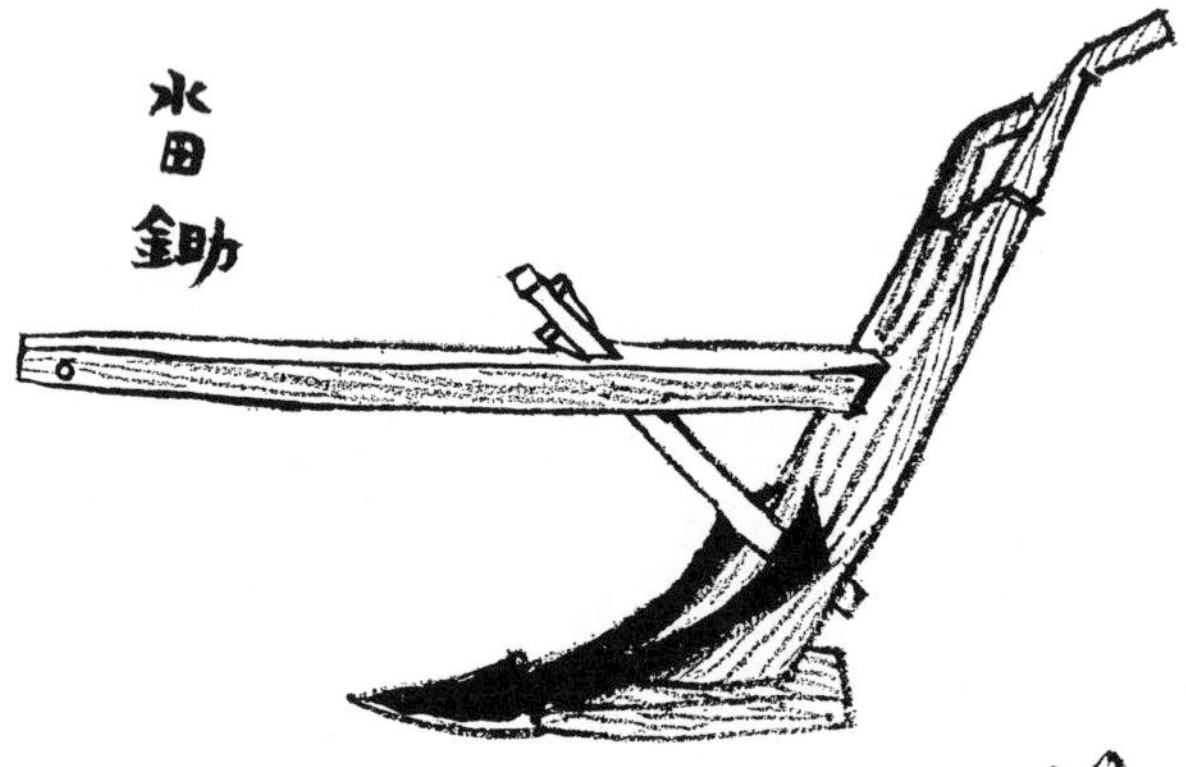

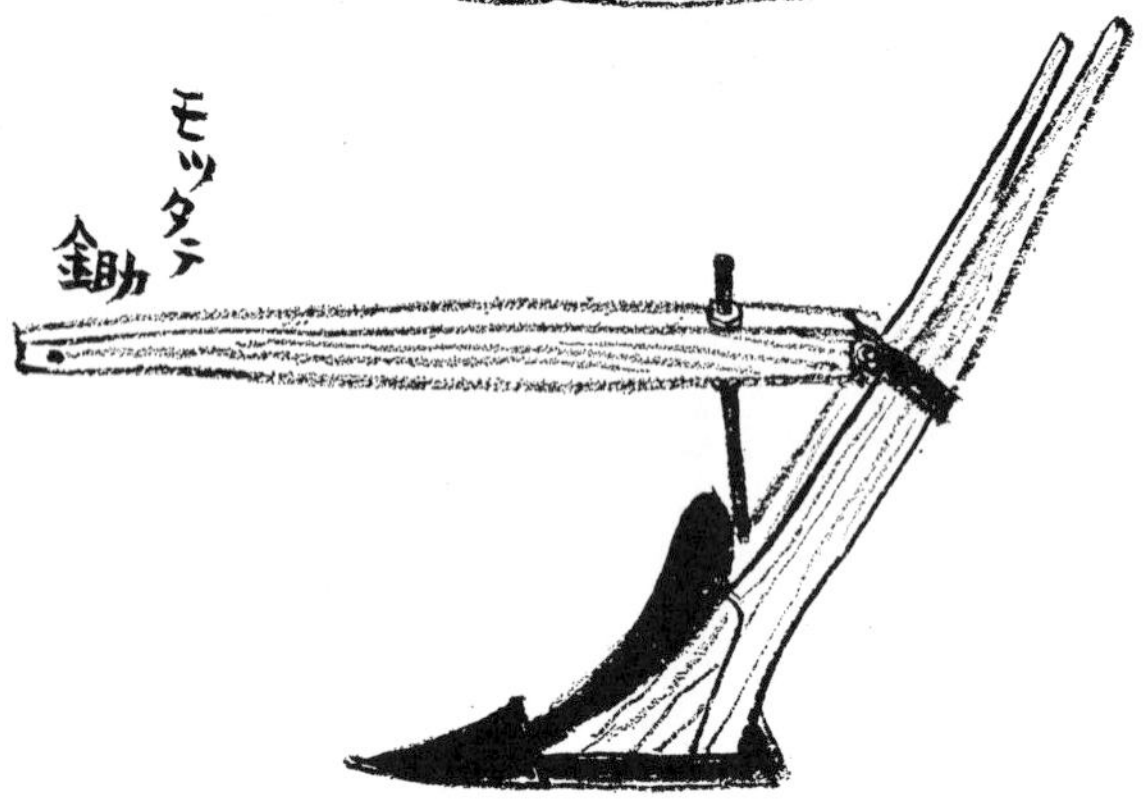

佐賀水田独特な水田鋤も、昭和八年頃より現在のモッタテ鋤となっていたが、今日の人手不足と資材不足で、水田の灌漑水も重要となったので、現在のモッタテ鋤では、水止りが悪く、以前の水田鋤が水留がよいので、昔の水田専用の鋤を新調している。自宅も鋤造り職人であった香田元一さん（七十八才）を頼み、今日より鋤造りをはじめてくれた。（台木は、倉庫の北側にあった楠木を切った）

六月十二日　火　雨

野田の田圃に時期遅れに蒔いた大麦が熟期がおくれ、小麦といっしょに刈取ることになったが、いままで晴天続きの天気が、皮肉にも麦刈初めと同時に雨となり、二、三日は止みそうにもない。

六月十三日　水　雨

昨日より昨夜まで降りつづいた雨で、堀水は満水したが、麦穫りが心配でならない。

北海道より、寅一が召集受けたと、電報がきたので、

「製鉄所に働いている人まで召集受けるごとなってきたなら、いよいよ、兵隊が不足しているばい」と話していたら、

「俊一さんに召集が来た」とのことに、

「卯太郎さん方も兄弟全部兵隊に召集されては、きつかのまい」と話して居たら、権現堂のよし子が、

「常次さんに召集がきた」と知らせにきた。

肉親関係に召集がきたことは、心配も真剣で、自分たちにも目に見えない圧力がかかってきた。

●現在の常次さん

●おとくさん（現在）

「ちを、常次さんが召集受けたないば、義父も、おとくも心配しよっけん、早く行かんば」とちをは美千代つれて、好子といっしょに行き、俺も夕方より行く。

六月十六日　土　雨、午後止む

今日常次は、久留米四十八聯隊に入営するので、営所まで見送って行く。

三年前、正人が現役入隊の時とは違い、今日の入隊は中年というより初老の兵隊で、見送りも妻子連ればかりで、離別も悲壮な情景で、涙の離別ばかり。

時間にきびしい兵営のこと、心残りではあるが時間で別れ、夕方権現堂に帰った。田圃の水入も今日よりはじめた。

六月十七日　日　曇

今日は、東邦電力会社より、年輩の人が奉仕隊員として手伝に来られた。農作業に経験のないインテリの人で「百姓の仕事は今日が初めてで、手伝にはなりま

●植えないよるけん（植えなさっているから）●きつかのまい（大変だねえ）●早く行かんば（早く行かなくては）

せんが、おじゃまさせて頂きます」と、真新しい軍手を手につけて、馴れぬ農作業ではあるが、真面目に手伝って下され、昼食となったが、

「昼食は弁当を持ってきておりますから」と弁当持参奉仕。

「いや、ご飯なりと食べて下さい」と昼食を出したらよろこばれ、五時に止められたが「これは上げます」と新しい軍手を下さったのが、うれしかった。

六月十八日　月　曇、小雨

今日も昨日の東邦電力会社の人が来て下さった。

学徒動員で学校は休み。

佐賀県立工業学校生徒二名、国民学校六名。

平太郎の麦と、自宅の三田野全部終った。

六月十九日　火　晴

今日も平太郎方と共同作業。

東邦電力会社よりは工員さんが一人。

佐賀工業学校生徒六名。平太郎（墓《はか》側《わき》）、自宅の一の坪を終り、野田に扱《こぎ》に行ったが、大麦は青かったので残したが、多人数で仕事もさばけた。

夜十時、空襲警報が発令されたのと同時に、南よりB29の爆音が聞こえ、恐しい数量の爆音と共に、頭上を北に飛んで行く。

「こりゃァ福岡ば爆撃に来たばい」と辰一たちと、裏橋より北の方を見ていたら、飛行機は次から次に編隊で飛んで行き、背振山《せぶりやま》の上には高射砲の炸裂する光がピカリ、ピカリと見えはじめた。

見ているうちに背振山の向うが少し赤く染ってきた。おしゃべりの子供はもとより、誰も言葉一つも出ない。

「ほんにィえすかのまい。佐賀も一ぺんはやられるばい」

十二時過ぎ、また空襲警報が発令され、幸子が、

「お父さん、また飛行機がたくさん飛んできよるよ」といったので、出て見に行ったら、二回目の爆撃で、背振山の向側は真赤に染り、背振山の山影が、ハッキリと見えていて、高射砲の炸裂が又ピカリピカリと光っている。

いっしょに見ていた辰一と「こりゃア福岡市は全滅しとるばい」と話した。

六月二十一日　木　晴

墓側の唐豆を刈り、野田の田圃に残っていた大麦を扱いだが、収量が少かった。

馬使準備したが、馬具が破損して（綱が切れて）出られない。馬具用の麻もロープも市場にないので、藁《わら》スボで作っているが、すぐ切れて困る。

今日は六月の二十一日、例年なら昨日より植え初め、今日頃から本格的に植えているときだが、春の旱魃と麦穫りが後れ、その上人手不足で、この頃が水入の最中、自宅も麦が残っていたが、外の田圃にもアチコチ残っていて、田植は何日からになるか見当もつかない。

田植の手助けに軍隊が出動する

六月二十四日　日　曇

食糧増産奉仕隊として大村聯隊より、百名兵庫村に増援隊として出動してきたので、若宮に七名の割当があり、自宅も一名頼むことになった。

山口県の人、四十一才、大工、母親と女児一人の家庭、とのことであった。

六月二十五日　月　晴

大東亜戦争がはじまった昭和十二年七月七日より、今日まで、若宮から四十五名が応召、出征しており、若嫁と、女、子供年寄ばかりとなり、小さい一年生から、大切な働き手となり、今年の植付けを心配していたが、このたびの奉仕隊のため農家も助かり、植付けも出来そうである。

幸子が段当野の田圃で、木炭瓦斯器をガラガラ廻して操作するが、どうしても発動機が運転せないので、ピストンを掃除したら（ガスのためピストンが固着していた）よく運転するようになった。

六月二十六日　火　晴

兵隊さんには、畔草切り、畔大豆下種を頼む。

兵庫村も伊賀屋、堀立、西中野、西淵部落では、田植も、ぼちぼちはじまったとのことだが、若宮はまだはじまらない。

佐賀市安住《あんじゅう》の、おえいさんが、味噌を持ってきたので、代りに米を少し持たせてやった。

六月二十七日　水　雨

二月中旬に蒔きつけた小麦が成熟せず、収穫皆無となったので、刈取って、堀に捨てた。

兵隊さんは、今夜学校に点呼に行った。

六月二十八日　木　曇、午後雨

宮側田圃の水入予定していたが、ポンプの故障で段当野水入。

兵隊さんは畔仕事、よせぬり、畔大豆下種を頼む。

夕方、常次が繁と美津子をつれて来た。

「西川副村に駐屯することなったけん、一寸来たたい」

「おまいたちも田植加勢じゃろう。兵庫村も大村聯隊より奉仕に来ておられるが若宮に七名、自宅も一人来てもらっているが、山口県の人ばい」

「おどんも同じこと、食糧増産奉仕隊たい」

「営所では何の仕事しよったかい」

「兵営には、鉄砲もなか、教練もなかけん、練兵場に植えつけてある馬鈴薯掘りが仕事たい」

「常次さん、あんたも百姓加勢に行ったと、同じことのまい」

●えすかのまい（おそろしいねえ）

「そいばってん、百姓仕事も、おどんがごと、仕事に馴れているもんはよかばってん、百姓仕事ば知らん給料取りや役人生活しておる人が可哀想ばい」

七月一日　日　曇

今日より佐賀高等学校より、若宮に二十名の奉仕隊が来ることになった。

明日より田植を予定したので、田植さんを頼むことにした。兵隊さんは水入仕事頼む。

七月二日　月　晴

田植人夫も二人雇ったので、今日より田植はじめた。九時、三名の学生さんがきてくれた。

学生さんは、ズボンを上げて苗代に入ってから、一人が「こりやァ気味が悪か」と苗代から上り「長靴ばはかんばキタナカ」と長靴をはいて、苗取をはじめたが、要領が分らない。

「そうじゃろう」と苗取の要領を教えたが、能率は上らない。弁当持参の奉仕だが昼飯だけは出した。「お百姓さんのごはんはおいしいですなァ」とよろこばれた。

七月三日　火　晴

今日も昨日の学生さん三名が来てくれた。

「学生さん、あんたたちも、昨日より仕事の要領が上手になったのまい」

「おじさん、百姓の仕事は、すぐ馴れるですね、そいばってん腰の痛かァ」

「そりやァ仕事じゃけん、腰の痛かったり、腹の痛かったりせじゃァ」

夕方五時に「お世話になりました」と引上て帰られた。

七月四日　水　晴

学生さんの奉仕も、今日まで。人手不足を心配していた植付も、食糧増産奉仕隊のおかげで田植は予定通り進行しているが、植付後の揚水作業が木炭瓦斯発生器の性能が悪く（ガスの為め、ピストンに故障がくる）思うように仕事が行かない。腹も立つが仕様がない。Z発動機で揚水し、門田《かどだ》発動機の分解掃除を、一郎と二人して夜八時まで手入した。

七月五日　木　晴

今日は、兵隊さん、田植さんと家族だけで田植。

七月六日　金　雷、大雨

朝より雷がヒドク、大雨となり、午後は大水となり、この大雨で宮側の水入はできた。田植は中止したが、役場より、大豆粕の配給品が、東川副村の諸富《もろどみ》倉庫にあるので、この大雨に受取に行ってくれとのことで、一郎が部落の人といっしょに行った。どこの家庭も心配して迎えに行ったので、自宅も幸子が迎えに行き、非常に疲れて来た。

七月八日　日　晴

幸いにも田植が始まってから、空襲がないので安心して仕事が出来、田植も予定通り進行している。

今日の田植、兵隊さん、田植さん、兄、ふみ、加勢。昨日取付けた三田野ポンプがモーターとポンプのつり合いが悪いため揚水が悪い。

七月九日　月　晴

三田野ポンプの、十一吋ポンプを九吋に取替え、プーリーも取替えたら揚水もよくなった。

兵隊さんの奉仕も正午までで止め。夜学校で兵隊さんの慰労感謝演芸会が催されることになった。

田植も、今日は善次方の馬を借り二頭で作業したのでさばけた。

兄と春子が加勢にきた。

夜は家庭全部学校に、演芸会見に行く。「舞踊万才」。戦争統制で歌舞音曲は禁止同様のこの頃、誰も昼より今夜の演芸会を楽しんでいたが「面白かったなんたァ」と十一時過ぎまで見物し、よろこんで帰った。

女と年寄ばかりの義勇隊が出動

七月十日　火　晴

今朝兵庫村全部の兵隊さんが学校に集合して、大村に帰隊されるので、部落よりも見送りに行く。

小学校は今日より奉仕休暇となり、洋介、智子、義弥、和子、典子、昭子が加勢に来て、

「伯母ちゃん、ごちそうせんばよ」

「ほんなこと、早苗祭《さなぼり》に餅ばどっさり食べさせるたい」

「ほんなことよ」と仕事はできないが苗代田圃一ぱい賑かである。

今日は、八幡の嘉一さんも加勢にきてくれた。

「都のもんは、米食うため、タケノコ生活しよるばい。百姓に米買いに行って、金もばってん、金よりも衣料が欲しがるけん、一枚二枚と持って行きよるぎい、裸にならんばたい」

「ほんなことじゃんのまい。自家も吉野に疎開して来ている人が背広の上着を持ってきて、米と替えてくれと米と替えたけん、助かったけんのまい」

「そいけん、この頃の百姓さんは、尺《しゃく》祝《いわい》といって、十円札ば一尺もごと積ねて祝っている百姓さんがいるとのことじゃァっかい」

「ぞうたんのごと、そぎァんことのできるもんかい。尺祝どころじゃなか、百姓も、なか、なかづくしで、なんでん闇ばかりじゃろうが。百姓もなんの金のたまろうかい」

幼年の頃より、親しく暮していた嘉一さんが加勢にきてくれたことがうれしかった。

七月十五日　日　曇

昼までで、苗代田圃の田植を終り、夕方、早苗祭。兄宅も伯母宅も子供まで全部呼んだ。

安住のおえいさんも「田植のおかずに

●ごちそうせんばよ（ごちそうしなくちゃよ）●早苗祭（田植がすんだ祝い）●ならんばたい（ならなくてはならないよ）●ことじゃァっかい（ことじゃないか）

持ってきた」と豆腐を持ってこられたので「あんた、よかとき来られた。サナボリしているけん、おりなさい」

早苗祭の人数、自家まで廿三名。

「田植も腹一ぱい世話になったけん、今日は、餅でも饂飩《うどん》でも腹一ぱい食べてよかよ」と唐豆あんこに、蜂蜜をどっさり入れて食べさせた。誰も砂糖不足で甘いものに飢えているときで、「こりゃ甘《あま》か」とみんなよろこび、子供たちが非常にうれしがった。

餅米四升と饂飩参斤用意していた。

今年度の植付面積、三町九反二畝、

（田植賃銀、十円）

●伊賀屋倉庫

七月十六日　月　曇

俊一方も俊一さんが召集され、働き手がない上に、このたびの七郎さんの悲報で田植が残っておるので、部落全部加勢して植えることになり、幸子加勢に行き、田植を終った。ちをと二人、勢古の卯三郎伯父を見舞に行ったら、見舞として蜂蜜をやっていたが、

「おちをさん、あんたのくれた蜂蜜で強《つよ》ったばい」とよろこんだ。

七月十七日　火　雨

朝区長より「伊賀屋駅に大量の大豆が貨車で送ってきているから、その大豆を、伊賀屋の倉庫に搬入せねばならないので、家庭より壮健な人が一人づつ奉仕に出てくれ」とのことで自宅より一郎が出夫。幸子も国民義勇軍で奉仕に行く。

午後六時に七郎の遺骨迎えに行き、夜通夜に行く。

七月十八日　水　曇

バケツが金物店にないので、幼な友達のトタン屋である持丸四郎を頼み（手持トタンがあったので）バケツ二個作ってもらい、賃の替に米をやったら、非常によろこんだ。

七月二十一日　土　朝小雨後止む

昨日兵庫村全戸数に義勇隊出動命令が出た。佐賀駅より、西中野倉庫に米運搬とのこと。

若宮部落は、午前0時喜兵橋《きべいばし》集合。ちをと二人車力を持って集る。幸子も義勇軍として出動。午前二時、兵庫全部佐賀駅集合、唐津港より送ってきている多量の米俵を、夜明けまでに西中野倉庫に運搬作業。

夜中より降っていた小雨も止み、佐賀駅より西中野倉庫まで、ガタ、ガタ、ガタと、車、車の連続、暗くて人の顔は分らない。一台に叺四俵づつ、幸子と三人掛り、倉庫では若い人が汗だくになって積み重ねている。

夜明けとなったら車に着いている人は老人と女ばかり。九時に終ったが、兵庫村の割当が二千俵で、出動人員が七百名とのことであった。

●西中野倉庫

七月二十三日　月　晴

今日も義勇隊と義勇軍の出動で、午前十時、佐賀駅集合。一昨日同様、西中野倉庫に米俵運搬、唐津港より送ってきた米俵二、〇〇〇叺を、二時間ばかりで搬入せねばならないとのことで、一台に十二叺づつ運搬。俺の車力には、土井きよ、詫間たつ、幸子の四人掛り、きよさんと、たつさんが、

「こぎゃんしころ米のあるのに、私たちには飢《かっ》れさせて腹がへり、性根がなくなって後押しする元気があるもんかんた」と不平とも冗談ともつかない冗談をいう。

今日も出動人員は年寄と女ばかり。九時過ぎには終ったが、非常に疲れた。

七月二十四日　火　晴

鮮人一郎は「百姓に働いたがよい」と今日よりまた働くことになった。

洋介と智子が、新型の防空ズキンに作り替えてくれというので、ちをが作りかえてやったら、省吾も作ってくれという。蜂の手入れをしたが、生育が非常によく、正人も蜂のことを心配して、毎度の手紙で注意して来ていたが、心配のことはないだろう。

七月二十五日　水　晴

お宮さんの敷地あとの田圃を、磯吾郎が耕作を止めたが、後の耕作者がないため、今日まで植えつけてなかったのを、食糧増産のため部落全部して植えつけることになったが、田圃に草が一ぱい繁り、整地するのに苦労した。苗もなく、いけ苗を持ち寄って植えたが、いけ苗も

●おりなさい（居なさい）●強ったばい（力がついたよ）

不足したので、少し残ったが止めた。

少量の配給肥料と特配の大豆粕と配合していたら、善次がきて「肥料用の小鰯を三輪車一台、持ってくることになっているから取らないか」と知らせたので、是非分けてくれと頼んだ。魚箱一ぱい六〇戔とのことだが、申込も多いとのことで、自宅は十箱注文した。一反歩に魚箱三箱ぐらい施肥してもその効果は分らないが、誰も一升でも多く穫りたいため、無駄とは思いながらも、施肥致したい。

植えつけてから今日まで二十日以上にもなるが活着が悪く、植えたそのままで精力がないので、昨年に引続き不作ではないかと心配する。

七月二十六日　木　晴

源作も早苗祭過ぎより休んでいたが、今日より働きに来た。佐六さんの魚配給も充分でないので、魚捕が流行していることで、俺もウナギすくいを作ることにした。

七月二十七日　金　晴

今日まで延延となっていた、米供出褒賞物資配給の知らせがきたので組合長宅に行く。

受取り人は、主婦と女ばかりきていたが、組合長より、「供出量の多かった人から優位の品物を順位に配給する、皆さんご承知をお願いします」との挨拶。配給物資も、軍隊用が多く、軍服（冬物、夏物）、外とう、毛布、ズボン、ズボン下、天幕、ゲートル、防寒用ズキン、ジュバン。この沢山の物資を見ては、どれも、これも欲しいものばかり。

「供出割当のときは、誰でんシカメ面《づら》ばかりじゃったァばってん、今日は、誰でんエビス顔ばかりたい」

しかし供出量を勘定し、その順位に配給することだから、時間がかかる。

「おちをさん、あんたん方が一番よか品物ばやるばい」と、冬物の軍服一装品をもらったので、ちをもよろこんだ。

草取り中にはじめて銃撃される

七月二十八日　土　晴

今日は朝より雲一つない上天気であった。十時頃、空襲サイレンが連続して鳴るのを、毎度のことで気に止めていなかったが、サイレンが止ったと同時に、東の方より、数十機の小型飛行機が、超低空で飛んできて、バリ、バリ、バリ、バリ、と銃撃をはじめた。

その恐しさ、無我夢中で除草器は田圃にそのまま、稲苗も見えない、堀の中に一目さんに逃げこんで、幸子、源作を呼ぶことも忘れた。

速力は早い。飛行機が西の方に消えてから、幸子、源作と一処におることに気づいたときは、ガタガタふるえて思わず、

「ほんにィエスカッタナイ」とはじめて恐しかったことに気づいた。野田の、用水路の狭い堀の芦の中に、首まで水の中につかっておるときも、西の方でバリ、バリ、バリ、と銃撃の音と、ドロウーンと爆撃弾の音も聞えた。

又、青黒い胴体に、丸の中に赤い星形の、アメリカのマークも目に浮んできた。源作も、幸子もただ「エスカッタ」といっただけで、何ともいわない。

「もう仕事ばされるもんじゃオ、さあ帰ろい」と濡れねずみのまま、除草器を持って、ドンドン、かけて帰ったが、誰も除草器を肩に、急いで帰っている。

●現在の美千代さん

家に着いたら、美千代が幸子の姿をみて、抱きついてワッと泣きだした、ちをも心配していたろう。

「三人とも帰ってきたのまい、世話したァ…」ちをも恐しかったらしい。

「内にもおられん、外にも出られん、防空壕の段じゃなかった。あんたたちが来たけん落ちついた。エスカッタァ」

「省吾は」「防空壕にかがんどる」

「省吾」と呼んだら駆けてきて、

「父ちゃん、エスカァ、戦争はいやあァ」といって離れない。

源作はそのまま帰る。

洋介も智子も学校より帰ってきた。智子は家に入るより「お母さんエスカッタ」と抱きつき、洋介は、「ないもかんも、えずうして逃げる暇のなかったけん、みんな一ぺんに机の下にガチャ、ガチャ、ガチャてもぐりこんだら、先生が（でろ、でろ）というばってん、出られんじゃったァ。エスカッタ」洋介は落着いている。

午後故宮地七郎の、合同村葬に行ったが、午前中の空襲の恐しかった話、又神《こう》野《の》の競馬場が銃撃されたこと、佐賀市に小型爆弾が投下されたことも聞いた。

午後二時読経がはじまることになっていたが、数度の空襲警報で五時となり、帰りも空襲の恐しかった話。

七月二十九日　日　晴

源作が来ないので迎えに行ったら、

「いやばい、昨日のごと銃撃されるならエスカけん、こん」という。母親のスエさんも、

「昨日のごと、やられるないば、外の仕事はされんといいよらすばい」

と親子ながら昨日の空襲に恐れて来な

●世話したァ（心配したア）●エスカァ（こわいよう）●えずうして（おそろしくて）●いいよらすばい（いっております）

い。

幸子も「昨日のごと銃撃にくるないば、草取に行こうごとなか」という。

「空襲もえすかばってん、田圃の草も取らんば米が穫《とれ》んぼ」と除草に行く。

昨日の銃撃で、城田村《しろたそん》の南里《なんり》で女性が除草中、銃撃されて即死したことも聞いた。

八月一日　水　晴

今日恒例の祇園であるが、祇園の行事は燈火管制のため中止、この戦争中祇園の気分も出ない。

夜町に用事に行ったが、市内の燈火管制はとくにきびしく、一つの火の明りも見えず、また人通りも少く真暗《まつくら》で淋しかった。

八月五日　日　晴

源作休む。朝より照り続き、終日暑かった。

夕方より、高尾宿、宮地電機修繕工場と山田鉄工場に修理催促に行き、帰りが七時過ぎとなったで、若宮より空襲当番に来ているだろかと役場へたずねたら、「来ていない」とのことで、

「それじゃ私が当番におりましょう」と他部落の当番の人と、今年の稲作のこと、物資の少いこと、闇相場のこと、戦争が不安になって来たことなど、話していた。十時を過ぎたので、

「もう今夜は空襲はなかばい」といっていたら、空襲サイレンが鳴るのと同時に指令部より「敵機数十機編隊で佐賀市方面に進行中」との電話指令に、みんながおどろいて、

「こりゃァ大事ばい」と引揚げ、俺も急いで連絡に帰る途中、曲里の北側に行った頃は、恐しい大量の飛行機の爆音が聞えてきたのと同時に、暗い夜空にピカリと一点の光が見えた一瞬、白い光がツーッと下り、ドローンと爆裂の音と同時に火花を三間ばかり高く吹きだし、最初の投下を合図に、次から次に投下され、国道以南は火柱の火の海となった。

一時は恐しさを忘れ、「まあきれい」とおもった瞬間、頭上を巾広い爆音とともに北のほうに飛んで行く。

ああー、連絡だとわれに返り、早く部落に帰らんばと心は急ぐが、足が固くなりおもうように走れない。

途中は人の気配にも気づかず、一目散に家に着いたら、ちをと幸子が西側まできていたが、俺の姿を見るより早く、

「帰ってきたのまい。どこにおった」

「うん役場に当番にいた」

「恐しさ恐しさ、なぜあんたがこんじゃろうかと待っていた」

「どぎやィエスカッタね。ほんにィ待っていたよ」と幸子も恐しかったことをいう、誰も恐怖のため、お互い話す語も渇いている。

飛行機の爆音が止み、暗い静けさに返ったが、南の空は、西より東にかけて、夜空が真赤に焼けている。また瓦町《かわらまち》方面と藤木《ふじき》方面にも火事がみえているようだ。このときになって、子供たちも防空壕より出てきて（美千代はちをが抱いていた）この情景を見ているが何ともしゃべらず、俺たちにしがみついて離れない。裏の辰一も見にきて、

「やっぱい佐賀もやられたのまい」という。二陣の空襲編隊が北の方に消えて行った。

「佐賀市も南の方がやられているもようのまい」

「東の方に集団で焼けておるところはどこじゃろうか」と話していたら「西中野に焼夷弾の落ちて火事が出来ている」と西の方よりの知らせに、俺も警防団の責任として「こりゃ消防ば出動せんばできん」と早速、半鐘を乱打して、火災急報を知らせたが、誰一人集合せない。近所の人も「この空襲で自分の家が危かに、誰も来るもんがあるもんかんた。他部落より、自分の村ば守っとかんば」という。

燃え盛りし炎も消えて、しずかなもとの闇にもどったら、人々が騒ぎはじめ、西に行き東に行き、逢ってお互いの挨拶は「よかったのまい、焼夷弾の落ちんじゃったけん」と火事の災害からは逃れたことには安心したものの、今夜の大空襲の恐怖は去らない。西の方よりは「西中野の火事は枝吉定作さん方で、焼夷弾ばかりじゃなか、爆弾のため母、子、やられんさったてッ」

北の方よりは「傍示にも爆弾が投下されて数人の死傷があった」と。南よりは「下分にも焼夷弾で家が焼けた」と次から次と被害が伝ってきて、恐怖は増すばかり。俺は死亡者のあった傍示部落に行ったが、人が多数集り、爆弾の脅威にただ呆然として、恐いとも語が出ない。空襲と同時に退避所で避難中、この惨事があったとのこと。（小型爆弾）

境幸一方の馬も爆弾の被害で死亡していた。

八月六日　月　晴

傍示を引上げて帰宅したら夜明けとなった。

昨夜の空襲の脅威は、今朝は騒動となった。俺が家に着くより早く、ちをと幸子が、

「どこでん、着物ば家の外に疎開していなさるけん、うちも早ぅ疎開させんば」と、もう準備に取り掛っている。

「まあ……待たい。俺も飯なっどん食べんば昨夜も飯は食べておらんぼォ」

今朝の飯は美味かった。

「どこに片づけておこうかない」

「隣も裏に片づけておられるけん、うちも裏に片づけようか」と、東側の柿の木の下に、長持を一棹《ひとさお》持ってきて、これに高級着物を入れることにした。

今朝になったら、確実な情報が伝り、下分は千住鶴夫宅が焼夷弾で焼け、巨勢村の道崎《みちさき》が数軒火災で焼失したことも知らせてきた。

また昨夜の空襲は、佐賀市の、南東の

●行こうごとなか（行きたくない）●出動せんばできん（出動しなくてはいけない）●やられんさったてッ（やられなさったということだ）●疎開させんば（疎開させなくては）●待たい（待て）

方だけの被害で、市内の中心地は被害を受けなかった。

　夜大本営発表で「広島市に強力爆弾が投下され被害が甚大なり」との放送があった。

八月七日　火　晴

　今日も天気晴朗で上天気。

　ただ形式だけに作っていた防空壕も、一昨晩の空襲の恐しさを現実に体験し「こりゃァ防空壕ば丈夫に作っとかんば危かばい」と誰も防空壕の改造に懸命である。

　自宅も丈夫には作っていたが、ちをと幸子が、

　「どこでん防空壕ば丈夫に作り直していなさるけん、うちも丈夫に作り直そう」と二人から催促され、

　「ほんなこと、焼夷弾で、防空壕のビッシャイするぎィ、いかんけん、丈夫にしておこう」と補強作業をはじめたが、学校から帰ってきた、洋介、智子、省吾も、小さい美千代まで手伝って、丈夫な防空壕ができ上った。

　今日も、敵機の来襲は多かったが、爆弾投下はせなかった。

　夜九時頃、空襲警報もなく、敵機来襲の爆音も聞えないのに、南の方角に突然ドッーンと爆音とともに、ポン、ポン、ポンと小さい爆発音も聞えてきたが、一昨夜の空襲の夢がまださめておらず、誰も「アラッ」とおどろきながらも、外に出て見る勇気もでない。

　俺は警防団の責任もあることで、爆発音をたよりに行ったら、瓦町の火薬庫の爆発で、まだ、赤色、白色、青色の花火、火薬がポン、ポン、ポン、と小さい音を立て爆発していたが、花火の爆発で美しい眺めである。

　帰りに、吉野部落にまわり、

　「今夜の爆発は瓦町の火薬庫の爆発じゃったけん、世話せんでよか」と大声で知らせたら、南の方面で、ガヤガヤガヤと騒ぐ声が聞えてきて、熊吉の声で、

　「そいないば、よかったたい、吉野はアメリカが上陸して来たばいと、皆びっくりしてここに逃げていたたい」ぞろぞろ、帰ってきた。

　若宮も瓦町火薬庫爆発のことを知らせてまわったら、みんな安心した。家に着いたら十二時を過ぎていた。

ソ連参戦で長男の安否を気遣う

八月八日　水　晴

　敵機の来襲も恐しいが、田圃の草は遠慮なく繁っている。源作は今日も来ない。

　農業会に行ったが、早朝より空襲警報が発令されたまま、連続空襲で待避所より出ることもできない。

　「こぎゃん飛んで来るないば、どこに逃げてもおなじこと、死ぬときは一処たいのまい」

　「こりゃァ仕事せじィ飢死するより、仕事したがましばい」

　十一時半頃、小型飛行機がまた超低空で飛んで来た。誰かが外で、

　「オーイ、飛行機から宣伝ビラを落しているぼう」と叫んだので、みなが外に出て見たら、空から何百枚のビラがヒラヒラと舞い下ってきた。

　各々ひろって見たら漫画や風刺画が印刷されてあり、縦横ともハガキよりすこし大きく、文字は日本語で書かれてあり（日本良い国神（紙）の国）と日本家屋が火災に弱いことを風刺して、焼夷弾で日本家屋が燃えて都市が廃墟となっている画や、米大統領とソ連のスターリンとが、太平洋と日本海を股がり、日本領土を踏台にして握手している画で（アメリカとソ連は同盟した、日本は敗戦だ、早く降伏せよ）と書いてあり、その他食糧不足のこと、海外戦線の不利なことを宣伝したビラであった。

　この宣伝ビラは、上司命令で全部押収することになっているとのことで、拾った分は全部役場に届けた。

　帰ったら、今日の宣伝空襲に、またおどろいて、二回目の家財道具の疎開がはじまっていた。自宅もちをと幸子が、

　「どこでん、また疎開しないよるけん、うちも片づけんば」と催促され、衣類はもとより、陶磁器と焼物は倉庫の土間を二尺五寸ばかり掘って、ここに埋めた。漆器類は倉庫の二階に片づけた。

八月九日　木　晴

　今朝も源作を迎えに行ったが、

　「いやばい、エスカけん」と来ない。

　十時頃、柿原よりなんの予告もなく、突然疎開荷物をトラック一台持ってきたので、

　「うちの品物さえ外に疎開させておるのに、あんたたちが持ってきて、焼けても知らんばい。そして、こぎゃんしころ持ってきて、置き所のあるもんかい」

　「いや、町よりおんじさん方が安心だから、相談して預けてきてくれとのことだから、すまないが、おかせて下さい」

　「焼けても知らんばい」と預かったが、六畳一ぱいとなった。

　正午過ぎ大本営発表のラジオ放送で、長崎市に新型爆弾が投下され、被害が非常に甚大であったことを放送した。

　夜ラジオ放送で、北九州地区にB29三百機来襲の放送に引きつづき、大本営重大放送で、

　「昨日八日ソ連が日本に宣戦を布告し、ソ満国境は戦闘状態に入れり」との放送に、

　「おちを、こりゃァ正人どんも危のうなったばい」と俺もおどろいた。

　幸子も「正人兄さんはどぎゃんしとるじゃろうか、ソ連が日本に宣戦布告するちうことがあるもんか」と腹立る。智子と省吾は俺たちが心配していることを察

●ビッシャイするぎィ、いかんけん（ペシャンコにつぶれるといけないから）

し「正人兄さんは戦死せんじゃろうか」という。洋介が「戦争は戦死するちゅてェ決っておらんけん、世話せんでよか」という。

ちをは何ともいわないが、いつもより長く仏壇にお詣《まい》りしていた。

八月十日　金　晴

大麦割当供出を、若宮部落がまだ完納していないので、組合長にきびしい催促がきているが、誰も供出の麦を持っていないとのこと。組合長も困り、自宅に大麦のあることが分っているので、朝晩超過供出相談に来て困る。

ちをも、

「あの人は、人より米ば多く穫りよんさろうが。自《おの》が責任上完納せんばないば、米替してでん完納すればよい。人にばかり相談して。自家から出すことのいるもんかんた」と腹立てて反対するが、毎日きて、

「あんた方から超過の分は、不自由はさせんから、完納の手続がすめば、また馬糧の申請をしてやるから、供出してくれんかい」

「六俵もごと供出するないば、自家が馬糧は0になるばい」

「そりやァ不足のことは分かっとるけん、あとで馬糧の配給の時は、優先的にあんた方に配給するごとするけん」と相談するので、超過分まで大麦十四俵と唐豆二俵供出することにした。ちをが、

「あの人が何の特配ばしんさろうかんた。よがごといわれて、また馬の飼料《はみ》に世話せんばなんとこれェ」と非常に腹立てて不平をいう。

八月十一日　土　晴

朝麦干、野菜の手入れ。

この食糧不足と野菜不足で、いままで放置されていた原野も、学校の運動場まで、南瓜、馬鈴薯が植えつけられ、馬鈴薯の後作《あとさく》に、今日では大豆がしげっている。堀立部落の生三《しょうさん》屋敷も兵庫村青年団で開墾せられ、南瓜がしげっているとのこと。

鉄道沿線の南側も、線路工夫さんの努力で開墾され、南瓜、大豆を栽培されてはあるが、煤煙のため、黒くふすぼっている。

午後小麦の仕上げ作業をしていたら、空襲警報と同時に、南の方より爆音が聞えてきたとおもったら、ドロッーン、ドロッーンと爆裂弾の音がつづけさまに聞えたので、ビックリして仕事はほったらかし、防空壕に逃げこんだ。「佐賀市も火事が起きている模様はなかけん、爆弾だけじゃったじゃろうない。エスかった

ラジオ放送番組

昭和20年8月

8月1日　水曜

後 0.15　箏曲「昔噺」富崎春昇、富崎富美代
4.00　長唄「瓜哇」吉住小三雄外
6.00　音樂教室・音樂のきき方（1）下総皖一
話・下村湖人
6.45　國民合唱「早起きお日様」
7.00　報道
管弦樂「小夜曲」モーツアルト作曲東管
特攻機を造る學童達（錄音）
物語「姿三四郎」徳川夢声

8月2日　木曜

後 0.15　軽音樂・長内手風琴樂團
4.00　落語「巖流島」古今亭今輔
俚謠・放送俚謠研究会
6.00　音樂教室一音樂のきき方（2）下総皖一
「魚と鬪ふ」安藤玉治作
6.45　國民合唱「早起きお日様」
7.00　報道
みんな知ってゐる歌「からたちの花」外
関種子、東唱
物語「姿三四郎」徳川夢声
8.40　農家の時間・蕎麦の増産と焼畑
農商技師原政司

8月3日　金曜

後 0.15　吹奏樂・星櫻吹奏樂團
4.00　連続講談「水戸黄門記」(1)小金井蘆洲
6.00　少國民歌集・川田正子、坂田幸津枝、音羽少國民合唱團、東管
朗讀「疎開先の猛君へ」山田清
6.45　國民合唱「早起きお日様」
7.00　報道
勝札、勝つ札、勝たせる札・内村軍一外
管弦樂「円舞曲集」シュトラウス作
日響、指揮尾高尚忠
尺八「虚空」坂野如延

8月4日　土曜

後 0.15　軍國歌謠「同期の櫻」内田栄一外
4.00　連続講談「水戸黄門」(2)小金井蘆洲
6.00　音樂教室「音樂のきき方」(3)井上武士
童話「猫の勘兵衛」室生犀星作
西山敏夫
6.45　「早起きお日様」
7.00　報道
今週の戦局
ヴアイオリン独奏「やさしき円舞曲」
近藤泉
放送劇「一つの卵」東京放送劇團

8月5日　日曜

前10.00　週間錄音
後 0.15　「俗曲集」弘田龍太郎編曲・関種子外
1.00　陸軍燃料本部より中継①漫才「戦線だより」大空飛人、玉松次郎②浪花節「善達江戸引返し」木村松太郎③歌謠曲と軽音樂・近江俊郎、長門美保、〆香
4.00　管絃樂「絃樂夜曲」チヤイコフスキー作
日響
6.00　歌とお話「早起き朝顔」椿澄枝外
劇「勘太郎少年」（1）巖金四郎外
6.40　國民合唱「早起きお日様」四家文子
7.00　報道
落語「庇火事」桂文樂
邦樂放送音樂會①箏と尺八「小川のほとり」吉田晴風外②狂言「棒しばり」三宅藤九郎外③長唄「菖蒲ゆかた」杵屋六左衛門外

8月6日　月曜

後 0.15　合唱「荒城の月」佐々木成子、東唱
4.00　「万葉秀歌」（1）森本治吉
ピアノ独奏「スペイン綺想曲」松隈陽子
6.00　シンブン
「地下の飛行機工場を訪ねて」萩原忠三
「勘太郎物語」（2）巖金四郎
6.45　國民合唱
7.00　連続講談「濡髪長五郎」（1）神田山陽
俚謠と俗曲・市丸、和田肇、外
8.40　「秋の緑肥と根瘤菌」黒川農商技師

●穫りよんさろうが（穫っていなさるじゃないの）●完納せんばないば（完納しなければならないのなら）●よがごと（うまいこと）●世話せんばなんとこれェ（心配しなくてはならないのに）

ァ」と誰も顔色がない。

夕方になってから、県庁の警察本部が爆撃されて、大熊警察部長が爆弾で死亡されたとのこと。県庁通りの三栄《さんえい》旅館爆撃されて破壊されているとのことであった。

夜になってから、燈火管制を厳重に致すよう指令があった。

八月十二日　日　晴

今日、小麦の供出検査、小麦の割当は完納した。

発動機の部品買いに行くが、日曜であったので「洋介、町に行くけん、来い。昨日県庁に爆弾の落ちたのを見てくるから」と誘ったら、洋介がよろこび、省吾が「おいもくる」という。「省吾ちゃんは行くことはできん、危かけん」とちをが止める。

町中も人が非常にすくない。買物をすまし、県庁に行く途中、昨日やられた三栄旅館の被害を見たが、大きな建物が無惨にも、ひっくり返り、その側には大きな青の馬車馬が、馬車もろともヒックリ返って死亡し、腹が大きくふくれている。

●正人さんの奥さんの君江さん（現在）

自分たちばかりではなく、道行く人は、この悲惨な状況を見ては、ただ啞然として誰も一言の言葉も出ない。俺もはじめて見る爆弾の威力に驚嘆し、無意識のうちに恐怖を感じ、目に見えない圧力が苦しかった。洋介も子供なりに恐怖を感じてか、一言もいわずただ黙視していた。

県庁はお堀の北より見たが、警察本部の被害は分らなかった。

八月十三日　月　晴

巨大建物や部落で特別目標になるような家屋には、目標隠蔽処置の通達があり、町も部落も、美しく化粧した白壁を無惨にも黒黒と墨で塗りつぶしてある。

●いまも白壁に墨のあとが点々と残っている清さん宅

清宅でも、今日、見事に塗り上げた白壁に点点と惜しくも墨で塗りつぶしておられる。

「清さん、そぎゃい、りっぱに塗った白壁ば、真《まっ》くろう塗りつぶして惜かのまい」

「うちが目標になるというもんでェ。これも戦争のためたい」

自宅も、ちをが、

「座敷の上の部分なりと隠蔽せんば危かばんた」と催促したので、座敷の上だけ、叺を張った。

「昨日も、飛行機の飛んでこんごとあったばってん、今日も飛行機の飛んでこんとが、おかしかのまい。そいばってん、空襲警報のなかとがよかのまい」と米吉と話す。

「アメリカもあんまり飛んで、くたぶれて休んでおろうだい」「そぎゃァんじゃろうのまい」

発動機の分解掃除してピストン・リングを全部取り替えて調子もよくなり、川西に夜十時まで水揚げ。

●現在の幸夫さん

八月十四日　火　晴

今日も飛行機は飛んでこなかった。

夜大本営よりのラジオ放送で、明日正午重大放送があるから、全国民は是非聴取するよう特別放送があったが、どんな放送であるだろうかと不安でならない。

八月十五日　水　晴

今日も朝より静かな上天気であった。

段当野に水揚していたら、友達の真崎清一君が田圃帰りに、

「オイ、仁吾、今日正午に重大放送のあるごと放送したが、どぎゃな放送じゃろうか。ひょっとすると、降参した放送じゃなかろうか」と心配した表情で話

●現在の仁吾さん

●おいもくる（おれも行く）

す。

「俺も、そうじゃなかろうかと思っとる。日本もいまさらアメリカに敵前上陸することは出来んことじゃろけん、あさんのいうごと、降参したこっじゃィ、分らんぼ」

「困ったもんない」とわかれた。東の幸夫宅は、大工の卯一さんを頼み、小庭の、柵のコンクリート柱を使用して、丈夫に防空壕の改造をしている。

日本もとうとうつん負けたのまい

隣の米吉とも、今日の重大放送のことを心配致しながら話していたら、十一時に大本営よりの臨時ニュースで「今日正午重大放送があり、天皇陛下の玉音放送があるので、全国民はこの重大放送を是非聞くように」との再放送があった。

幸子も「なんの放送じゃろか、うちのラジオはよく聞えんけん、前のかよさん方に聞きに行うか」と前に頼みに行ったら、かよさんが「よかですよ、みなさん聞きに来んさい」といってくれたので、昼飯も、そそこと、かよ宅に行ったら、平太郎もおとうさん、子供たちも聞きに来ていた。ラジオを前に車座になって、正午の時報が待ち遠い。ジーンと十二時の時報とともに、

●向いのかよさん宅

「大本営発表、今日正午をもってポツダム宣言を受諾せり」との放送に、

「ポツダム宣言ちゅぎィ、何のことじゃろうか」とみんなが不審に思っているとき「只今より陛下の玉音放送がありますから」とラジオより流れる陛下の玉音。

甲高く、不明瞭に、語尾が震え、断片的に聞えてくる言葉と悲痛な語調とが、敗戦のお知らせであることには間違いない。聞き入るうちに胸が熱くなり、女たちは目頭《めがしら》をおさえ、すすり泣きの声が聞えている。

玉音放送は終った。降伏のお言葉は聞かなかったが、降伏のお知らせの詔書であることは分った。

日支事変につづく足掛九ケ年の苦難と悲劇の生活も、勝つために今日まで頑張ってきて、いま敗戦の悲報を聞く。この敗戦の責を負って、国民に敗戦の悲報をお伝えになった御心情。おいたわしきは天皇陛下であった。

「戦争は負けましたですね」とかよの悲痛な返事。

「仁吾さん、日本も、とうとうつん負けたのまい」と日頃快活な平太郎さんも悲痛な表情で顔色がない、おとうさんも「戦争もとうとうつん負けて、こりやァどぎゃんなるじゃろうか」とぼうぜんとした表情である。

負けたという恐怖、敗戦国民という目に見えない恐怖が、お互いの皮膚に感じ（どうなるだろうか）という感情に変りはなく、俺も（こりやァ日本も降伏したないば、これからが大変ばい）と張り切って聞きに来た放送も、敗戦の悲報を聞き、お互い無言のまま帰る。

正人が部隊がどうなっているだろうかと心配が起きたが、このたびの戦争で、平太郎は、徳雄、かよさんは稲雄を戦死させていることで、今日の敗戦の悲報は、悲しみよりも、憎しみの感情であろうと察した。

幸子が「正人兄さんはどぎァいしとるじゃろうか」と正人がことを一番心配していう。

「戦争は勝てば兵隊は凱旋するが、負けて敵地におれば捕虜にされるから、正人どんも捕虜にされることじゃろうない」

「そいぎィ何日帰ってくるかんた」

「そりやァ何日帰ってくるか分らんたい。そいばってん、もう戦争で死ぬことはなかたい」

「そいばってん、早う帰ってこんばせからしか」と幸子も心配している。

部落内も、今日の午后は、道行く人も見えず、しずかさというより、恐怖につつまれた、暗いしずけさであろう。

段当野、田圃の水見に行く。昼前張りきって、防空壕を改造していた幸夫、大工さんも、敗戦の詔書に気抜けして、悄然としている。

「幸夫さん、防空壕はお茶引いたのまい」

「なんでん、かんでん終《しま》えた」

夕方となったが、ちをも幸子も、茫然として炊事も手が付かない。夕食となり、

「日本もアメリカに負けて、これからどぎィなるじゃろか」

「そりやァ日本が降参したけん、これからアメリカが占領政策で、そうとうきびしか政策ばするじゃろうない」

「エスかのまい」

夜になってから、ちをが「組合でん銀行でん預金のごとは、どうなるじゃろうか」

「俺もそぎゃい思っているとう」

何やかや心配と目に見えない恐怖で眠れない。

●つん負けたのまい（負けてしまったねえ）●そいぎィ（それでは）●せからしか（この場合は「心配だ」という意）●終えた（終った）

あとがき

○ごらんのように、この号は、一冊全部を、戦争中の暮しの記録だけで特集した。一つの号を、一つのテーマだけで埋める、ということは、暮しの手帖としては、創刊以来はじめてのことだが、私たちとしては、どうしても、こうせずにはいられなかったし、またそれだけの価値がある、とおもっている。

○この記録は、ひろく読者から募集したもののなかから、えらんだものである。応募総数千七百三十六篇という、その数には、たいしておどろくものではないが、その半数は、誌面の余裕さえあれば、どれも活字にしたいものばかりで、ながいあいだ編集の仕事をしてきて、こんなことは、まずこんどがはじめてのことであった。

○しかも、その多くが、あきらかに、はじめて原稿用紙に字を書いた、とおもわれるものであった。原稿用紙の最初の行の、いちばん上のマスから書きはじめること、題を欄外に書くこと、一見して、文章を書きなれない、というより、むしろ金釘流といったほうがぴったりする書体、といったことからも、これは容易に判断できたのである。

○誤字あて字の多いこと、文章の体をなしていないものが多いこと、なども、こんどの応募原稿の、一つの特色だったといえるだろう。

○しかも、近頃こんなに、心を動かされ、胸にしみる文章を読んだことは、なかった。選がすすむにつれて、一種の昂奮のようなものが、身内をかけめぐるのである。いったい、すぐれた文章とは、なんだろうか。ときに判読に苦しむような文字と文字のあいだから立ちのぼって、読む者の心の深いところに迫ってくるもの、これはなんだろうか。

○一ついえることは、どの文章も、これを書きのこしておきたい、という切な気持から出ている、ということである。書かずにはいられない、そういう切っぱつまったものが、ほとんどの文章の裏に脈うっている。べつに賞金が目あてでもないし、これで有名になろうというのでもない。考えてみると、このごろ、そうした書かずにはいられない、という気持から書かれた文章が、果していくつあるだろうか。

○どこで戦争中を暮したか、応募原稿についてしらべてみると、内地は北海道から鹿児島、沖縄までの全部の都道府県にまたがり、関東州、朝鮮、台湾、樺太、それに満洲をふくんでいる。つまり戦争中の日本の全域に及んでいる。これも、この種の募集原稿としては、珍らしいことであり、それだけ、この戦争中の暮しは、どこに住んでいた人にも、書きのこしておきたいことが、多かったということになるだろう。

○活字にするにあたっては、当然のことながら誤字脱字あて字を正し、文意の重複するところは省き、あきらかに筆者の記憶ちがいとおもわれる月日などの数字は改める、など、いくらかの手を加えた。

○しかし、その誤字あて字については、ちょっと読んだだけでは、なんのことかわからぬほどひどいものは正したが、そのままでも意味のわかるものは、わざと直さなかった。できるだけ、それぞれの原稿の、それぞれの味をそこなわないようにしたかったからである。

○おなじ気持から、かなづかいについても、必ずしも、一つの法則によらなかった。あるときは、旧かなづかいを生かし、あるときは、新かなづかいにより、あるときは、わざと、その人独自のかなづかいを、そのまま生かしたものもある。

○じつをいうと、誤字あて字が多く、かなづかいも、まちまちの一つの文章を、試みに今様のかなづかいに改め、今様の漢字使いに書き改めてみた。すると、あれほど心を動かされた文章が、まるで味もそっけもない、つまらない文章になってしまったのである。一見ちいさなことのようだが、これは、文章というものに、大きなかかわりあいのあることだとおもっている。

○原稿とはべつに、多くの方から、戦争中に使った道具や衣類、あるいは写真、日記、手帖などを送っていただいた。そのうちの一部はこの特集に使わせていただいたが、それ以外のものも、いろんな意味で、編集の助けにさせていただいた。ここで、あつく礼を申し上げておく。

○編集者として、お願いしたいことがある。この号だけは、なんとか保存して下さって、この後の世代のためにのこしていただきたい、ということである。ご同意を得ることができたら、冥利これにすぎるはありません。

（花森　安治）

附録1

戦争中の暮しの記録を若い世代はどう読んだか

○さきに暮しの手帖は、ひろく読者から、あの戦時中の暮しについての、具体的な記録を募集し、その中からえらんで、前号（第96号）一冊全部に特集した。

○発売の翌日から、読者からの感想が、文字通り机上に殺到し、それは今日もまだ続いている。世界的にも、数すくない戦争生活の記録として、あるいは、戦争について、庶民の側からの、確かな＜証言＞あるいは＜告発＞として、多くの共感を呼んだのである。

○千通に近い感想をよせられた人は、文面から察して、ほとんどが、いわゆる戦争体験者べつの言葉でいえば、＜大人の世代＞に属していて、その大半が、この記録を、若い人がどう受けとめるだろうか、という意味の言葉で感想を結んでいる。

○おそらく、この気持は、あの記録を読んだ＜大人＞のすべてに共通した気持ではないだろうか。

○以下二十頁にわたる特集は、それにこたえるために、編集されたものである。

○若い世代が、あの記録をどう読んだか、その感想を送ってほしい、という呼びかけは、八月二十日前後の新聞広告で行った。編集の都合上、〆切まで一週間前後しかなかった。

○応募総数1215篇。悪条件のなかのこの数は、若い世代もまた、この記録集に、つよい反応をみせたものと考えたい。応募下さった方の熱意に、心からお礼を申し上げる。

○その中から、えらんだのが、つぎの二十二篇である。これをえらんだおよその気持を書いておきたい。

○応募資格は、単純に戦争中に生まれたものという意味で、昭和12年以後に生まれた人と限った。したがって、年代のちがい、男女の差といったことで、一口に若い世代といっても、感想の傾向は、もちろん一つではない。私たちは、そのいろいろの考え方を、そのまま、この特集に反映したいとおもった。この二十二篇をずっと読んでもらえば、ごく大ざっぱながら、すこしは＜若い世代＞のものの考え方がわかるようにしたい、と考えたのである。

○入選作10篇という公約が、2倍以上の22篇になったのも、そのためである。

○なお応募原稿全部についての、ざっとした分析を巻末にのせた。あわせて読んで頂けたら幸せである。

わからなくても読む★

私の母は、このごろはずっと暮しの手帖は貸本屋で借りて来て、自分だけ読んで、サッと返していました。何日も借りると金がかかるし、買うとまだ高いからです。仕方がないので、私はいつも古い暮しの手帖ばかり読んでいました。ところが九十六号だけは、本屋で買って来ました。私は早速、くり返して読みました。

「いろいろの道具」のページはビックリしました。今の便利な生活とはまるでかけはなれたものばかりだったからです。

「わたしの写した教科書」は本当におどろきました。

「こんな事、うそでしょう」

と母に言うと、

「そんな事はないよ、お母さんだってくうしゅうでやけたあとは写したよ」

と言いました。

「日日の歌」のページには、今の生活には考えられないような話が多く、まったくおどろきました。「十七日、米一粒もなくなる」という所では、今とくらべてみて、どんなに不便かがわかりました。油の配給の所では、人数と分りょうまでおぼえました。それをベラベラとなえて、わらわれました。

このような戦争のことは、今日ではまったくそうぞうもできません。私は、この本が出て本当に良かったと思います。それでもまだ、父や母は、戦争を知らない人が、この本だけで戦争を知るのはむずかしいだろうと話し合っています。それもそうかも知れないと思います。けれども、私はこれから何回も、この本を読むでしょう。わからなくても読むと思います。**（政本　あかね・昭和34・小学3年・高知市）**

かっこいいけどちょっぴりこわい★

私は、中学二年の女の子です。戦争などという文字さえしらない私が、この本によって、いろいろのことを、しりました。

おとうさんが、買ってきてくれた暮しの手帖。私は表紙をみたとたん、それをはらわずには、いられませんでした。夏休みでもあるし、読んでみようと思ったのは、このときからでした。表紙からこんなことを考えるなんて、自分でもおかしくなってしまいました。

私がこの本を読んで思ったことは、たくさんあります。まず第一に食料のこと、私にはかんがえられないことです。なんでも、かんでも、たべられるものをたべた生活、私はすききらいがたくさんあります。そんな私はなんてぜいたくなんだろうとつくづく思います。

学校へいっても勉強のできなかった時代。でもちょっとはじめはうらやましい気持ちもしました。今考えれば学校で勉強ができないと思えば、なんとなくさみしく思います。おかあさんたちとわかれて生活しなければならないなんてことになったら、私はいったい、どうするだろうか。中学生のくせにといわれそうだ。

戦争がどんな状態だったのかよくしらない、どんなものであったかしらない。でもそれを知らない私は幸福だ。そんなに幸福でなさそうな気持ちがする私、それでもなんだか幸福にみえる。

おとうさんと、おかあさんと、弟と、私の四人。おとうさんもおかあさんも戦争を知っている、たまには話してくれる。それをおもしろそうにきく。ゲラゲラ笑うので、「知らないから笑えるのだ」という。本の中には知らないことばがたくさんある。説明してもらいながら読んでいくのですが、説明してもらっても、わからないのもある。そういうときは、自分で想像しながら読んでいくのです。

毎日おびやかされている、なんて、なんとなくかっこいいけど、ちょっとこわい。その時の人たちはどんな気持ちだったのか、おかあさんにきくと「なれっこになってなんとも思わなかった」そうだ。みんなそうだったのかな、と思う。

焼け野原の土地。私は、家のまわりを見まわした。青空で雲一つない、朝顔が満開だ。ここが焼け野原になったらどうなるんだろう、これも最後まで想像できなかった。

家が焼けてしまったらどうなるんだろう、住むところがなかったら。私には家もある、家族もある。戦争がなくて平和だから、この本も読める、たのしく読める。この本を書いた人たちは、どんな気持ちでこれをかいたか、だいたいわかる。それでもはっきりしたことはわからない、戦争のことを思いだして、かなしくなる人もいるだろう。

私はこの本を読んで、戦争のことはしらないが、戦争はないほうがいい、戦争ということばを全世界の人が、わすれてしまって、戦争といわれても、何のことだろうと、思うようになりたい。

（山田淳子・昭和29・中学2年・愛知県）

もう一歩前から★

蒸し暑い電車の中で、扇風機の風に揺れている「たとえぼろぼろになっても……」のポスターが目についた。もしかすると自分の求めているもの、戦争を体験した人と、私たち戦争を知らぬものとをつなぐものが、得られるのではないか、という期待がわいた。

母は近所の書店から買ったこの本を読んで、ずいぶん感動したようだった。平静を装ってはいたが、感動したときに出すうわずった声で、興奮してしゃべった。また、母の友人は、本を読む間に、何度も顔を洗いに立ったという。

たしかにこの記録には、私のような非体験者にもグッとこみ上げてくるものもあるし、戦争の悲惨さ、そしてその中における人間の強さ、弱さ、醜さなどもよくわかる。しかし残念なことに私の期待していたものは見当らなかった。

私たち、非体験者の感動はどこか、私たちの父母など、体験者のそれとは違うのである。体験者は自分の体験を通してその記録をつづった人と、互いにその苦しみや悲しみをわかち合えると思う。しかし、私たちの感動とは「体験」という線でわけられた、全く別のものなのではないだろうか。私たちにその感動がわかる、といっても、本当にわかるのではなく、そういうことがあったのか、という傍観者的な立場でわかるのではないか。

つまり、私たちにとって戦争は自分の父母たちが体験し、生きぬいた、そして二十数年しかたっていないにもかかわらず、すでに「歴史の一コマ」となってしまっているのではないだろうか。すると体験を語ることは無駄なことで、私たちと体験者とは永久に接することのない平行線をたどるのだろうか。

今までも、そしてこれからも、戦争体験は「再びくり返さない」ことを決意し、平和な社会を築くために語られてきたはずだし、語られるべきものだ。そのためには私たちは戦争を正しく知ること、いったい誰が、何のために起し、どのように進んで行ったか知ることが第一だ。

だから体験者は自分が見、聞き、感じたことを出来るだけ多くの人、特に戦争を知らぬものに明らかにしてほしい。そうすることによって、私たちに「戦争を起してはならない。」という決意が生まれ、体験者の「戦争はもうくり返すまい。」という気持、決意と一致点を見出すのではないだろうか。そこにおいて、体験者と非体験者とが結ばれ、体験が生きてくるのだ。

私は今までにも戦争についての本を読んできた。そしてそのたびに「戦争はくり返してはならぬ。」と決意を固めた。しかし「それでは自分はどうしたらよいのか。」というところで常に行きづまってしまう。未だにその解答を与えてくれるものに出会わない。なぜか。一つは体験者が自分の体験の一番心に残ったことしか書いていないからだと思う。そうすることは当然だし、また必要でもあろう。しかし、それだけでは私たちは傍観者的にしか体験がわからないのだ。そして体験者は、体験の受け継ぎが出来ぬことにあせり、同じような本を出したり、集会をくり返したり、一方非体験者は途方に暮れたままなのだ。

どうしたらよいのだろう。私は体験した方に希望する。もう一歩前から語ってほしい。つまりその苦しい体験が始まる前の体験も、くわしく知りたい。体験者に「どうして戦争に反対しなかったの。」と聞くと、よく、「そんなことは出来る状態ではなかった。気がついた時はどうしようもなかった。それまで目隠しをされていたんだ。」と答える。当然なことだ。戦争を始めようとするものが「これは戦争をするためにやるのです。」と言って物事をしはしない。気がついた時には、どうにもならなくなっているものだ。それまでは目隠しをしておくのだ。それはこれからも同じだろう。

だから、戦争をくり返さないためには目隠しを見破り、かなぐり捨て、戦争を進めるものを打ち倒さねばならない。それには、戦争が始まってからではなく、その前、戦争へ向って進んでいたときのことを聞きたい。戦争へ向っている社会が、市民生活にどんなところで、どんなふうに影響を与えたか、それを知りたい。そうすれば、われわれの生活がこんなになったからおかしいぞ、ということがいえ、目隠しを見破る一つの手段となり得るのではないだろうか。戦争が始まる前、日本が戦争への道を進んでいた時のことが重要なのだ。

戦前は「戦争反対」も言えなかったという。だが今は、敗戦という大きな犠牲を払って「表現の自由」という権利、「戦争反対」を大声で叫べる権利をかちとった。この権利を本当に自分のものとして活かし、戦争を止めることが、戦争で死んだ人に対しての、われわれの責任であり、義務ではないだろうか。

そして、そうしてこそ、体験者、非体験者が一つになって平和を目指して進むことが出来、体験が生かされたといえるのではないだろうか。

歴史は繰り返す、しかし戦争の歴史は決して繰り返してはならないのだ。


（小野　啓介・昭和25・予備校生・三鷹市）

この夏私の中に芽ばえたもの★

今まで「ベトナム戦争反対」の署名に幾度か名を連らね、カンパし、「沖縄かえせ」や「大阪空港軍事使用反対」のステッカーをはりまくり、「原水爆禁止」のバッジを胸につけても、私自身には「人道的に許せない」というごく観念的な、私にとって単なる言葉でしかない「反戦」の意識と、「侵略戦争反対」という、権力がイデオロギーという糖衣をかぶって、その利害のために人民を幾万となく殺しているという現実への憤り（これすら、実感の乏しいものであるが）――だけしか存在してはいなかった。

そこにはなにか他人事な、自分自身が「反戦」を表に打ち出しながら、なにかしら虚ろなもの、観念としての「反戦」だけが感じられるにすぎなかった。

これまでにも、私は幾度か父母、おじおばから当時の話を聞いたことがあった。無蓋車に乗り、母が豊橋まで芋の買い出しに行ったときのこと、父の戦場での話、兄の幼い日のこと。これらは、すべて常に安全地帯にいる人間の話のような気がした。ここから、私はすさまじさ、この記録のもつ迫力といったものを感じがたかった。私の中で「戦争」に対する考え方に変革がなされないかぎり、私の「反戦」の声も単なるヒロイズム（英雄主義）的な意味しかもたなかったに違いない。

今年の夏は、私の意識の中に、新しい何かが芽ばえた夏だった。私になにかを与えたもの、それは私自身の成長であり、私のそばにいる友人でもあった。

数多くの書物がある。思想、経済、文化……。あらゆる角度から細かく見つめた本が、私のまわりにもたくさんある。が、そこにかつて人間が生きていたことはなかった。そこには「数」としての人間――この時、その多くは死者であった――心のない、ただの数字としておさまっている、にすぎなかった。

そんなほんとうの「戦争」に対する私自身の無知は、「反戦運動」を私から遠くへ押しやるようにさえなっていきそうな気がした。

「暮しの手帖」を手にしたとき、そして最初のページを繰ったとき、「戦場」でない所で死んだ女、こども、老人たち。これこそ「戦争」ではなかったのか。本土の町や村、そこにも前線と同じ命をかけた「戦い」があったではないか。焼夷弾と食料との「戦い」が……。こんな感じがつきあげてきた。

文のひとつひとつは、つたないものだった。訴えの小さなものもあった。激しいものもあった。しかし、二五〇ページ目を読み終えたとき、私の中に、おぼろにではあるが、新しい意識の芽ばえを感じていた。あの日のあとに生まれてきた私が、あの日に生きていた人に、より近づき、私のあとに生まれてくるものたちに、真実の「戦争」をあますところなく、そして次に起るかもしれぬ「戦争」がもっとむごいものであることを、訴えねばならない……。

八月六日、その日、私はクラブ（合唱）の合宿に参加していた。八時一五分。だれもこの時刻を知らない。私はひとりでそっと目をとじ、キノコ雲と焦土とケロイドの写真を思いうかべていた。突然、爆音が聞こえてきそうな静かな木立と青い空があった。

午後のことだった。「眠れ幼き魂《こころ》」（註）の練習を始めようとするとき、トレーナーが、

「今日は何の日か知っているか」

とたずねた。一分間の黙とう。私は、はじめて「原爆の日」を身近なものとして感じた。「原爆ゆるすまじ」を胸の中で歌いながら……。練習の前に、少しでも曲の心を知るために「戦争」について話し合った。私たちの乏しい知識の中で彼は語った。私も語った。あの日が、ひょっとしたら大阪の空の上であったかもしれない。私たちの母が、兄姉が、あのキノコ雲の下で骨と化していたかもしれない。「戦争中の暮しの記録」を自分の記憶として思いうかべながら……。私は、自分の目が曇るのを感じていた。

今の私の心をわかってほしい。何か訴えねば……。「我々の力では、どうしようもない」と、現実の「戦い」に無関心でいるのではなく、自分と未来の愛するものたちのために、恐ろしく、無意味で、哀しいあの日々の生活を知らせるべきではないかと……。

註　「眠れ幼き魂」　ダーク・ダックス企画、保富康午作詞、佐藤真作曲。幼い少女が「戦争」で死んでいった話をテーマとした、怒りと祈りの六曲からなる合唱組曲。（**真中　葉子**・昭和25・高校3年・高槻市）

散りゆきし青春への挽歌★

僕がこの特集を読んで、まず心を暗くしたことは、当時の生活の言語に絶する苦しさということもさることながら、多数の人の青春が、そうした情況下に散っていったという事実に対してです。

僕は「若き日よ、ふたたびはかえらぬものを」という見出しのついたグラビアをめくるたびに、胸のしめつけられるような言い様のない気分に襲われて、しらずしらずのうちに、写真の女生徒の顔に見入ってしまうのです。

僕は、現在高校三年、十八才ですが、未来には限りない希望がありますけれど、それでも僕たちよりも、さらに若い中学生や、高校一、二年生を見ますと、何とも言えない寂しさに襲われることが、時折あります。僕はこの十八年間、自分の好きなように生きて来たと思っています。それなのに、ふと過去が懐かしく思い出されたり、また、反対に悔やまれることがしばしばあるのです。ですから、戦争によって、たった一度だけの青春を、踏みにじられた人達は、いったいどのような思いだったろうと思うと、本当に同情に耐えません。

青春の日の甘美なロマンスに浸るどころか、食物さえ思うように食べられない青春、おしゃれをすることも許されず、ひたすら「お国の勝利」を信じてすごした青春、それは悲劇と呼ぶのには、あまりにも、痛ましいものに思えるのです。

学校が工場にかわったり、学徒動員で工場などに働きにいって勉強さえ満足に

することの出来ない青春というものが、どんなものかは、僕たちの想像に絶するものだろうけれど、いくらお国の為とはいえ、あまりにもむごいことのように思うのです。

いま街に出れば、青年が派手な格好で、街中を闊歩しているし、映画館も、レストランも、喫茶店も、ボーリング場も、皆若い人たちで一杯です。キャンプ場や、海水浴場も同様です。それらが、幸福であるかどうかは別として、なんと戦時中の青年たちと違うことでしょう。

戦争中に青春時代を送った人たちには、何一つ許されていなかったものばかりです。それを思う時に、僕は、僕を含めて現在の若者たちが、あまりにもぜいたく過ぎるように思うのです。僕の友人の中には、マイカーを乗り回す者も相当数おります。高校生が、たとえ中古にしろ自動車を乗り回すということは、何か割り切れない思いがするのです。

戦後二十数年経った今、そういった相違はむしろ当然のことで、日本の復興、進歩を喜ぶべきでありましょうが、果してそれだけでよいのでしょうか。

僕は、この特集をよんでから、そういったことが目について、しかたがないのです。たしかに、彼らの語ることは真実で、人間的な愛には飢えているかも知れません。けれど、マイカーを乗り回し、高校生としては、多過ぎる位の金を使って食事をしたり、旅行に行ったりしている彼等を外から見れば、戦時中の青年達と比べるのが却っておかしい位のものです。自由ということは大切なことです。そして今の時代が自由過ぎるとは思いません――多少生活はぜいたくであっても、――しかしそれならば、戦時中の人人には自由がなさすぎたと言うべきでしょう。特に若い人たちがその自由を奪われることは、大変な苦痛だったのに違いありません。

これから僕は、戦争で青春を失なった人達の分までも、若者の特権である若さを活用して、頑ん張っていきたいと思っています。けれどかけがえのない青春を戦争によって失なった人達に対して、いったい、なにをしてあげられるでしょう。青春を取り戻してさしあげることは、絶対に不可能です。いったい、何をそれらの人達が失なった青春に対して支払ってさしあげればよいのでしょうか。

数多くの青春を踏みにじったもの、それは戦争です。戦争によって多くの青春が失なわれた。だから、もうけっしてこのような犠牲者を出してはいけない。戦争はいけないのだとつくづく思う今日この頃です。（小滝　誠一・昭和25・商業高校3年・高崎市）

あなたは間違っている★

「『米ソ両軍事ブロックからの中立と非核武装』という二大体制の対立そのものを固定的にとらえ、そのバランスの上での『中立』という、プロレタリア的弾劾をかなぐりすてた観念的社会党系原水禁運動の欺瞞性を弾劾し、反米民族主義に血迷う日共系原水禁運動の歪曲をのりこえ、反戦集会を勝ちとろう！」Aさんの瞳はもえていました。Aさんと共に闘うことを誓ったあの感激を忘れてはいません。

しかし、Aさん、今の僕は炎天下あなたに賛同したあの僕ではないのです。すべてがわかっていたはずのあの僕では。

戦争中の暮しの記録（暮しの手帖）一九四五年八月六日・黒い雨の章を読む、狼狽している自分に気づきました。こんなはずではない。戦争をヒューマニズムでとらえるとは。大戦は、帝国主義段階に進んだ列強の世界の市場の再分割のため……。僕はわかっているつもりでした。戦争というものが、また原爆の意味が明確に、論理的に。しかし、実は少しもわかってはいなかったのではないでしょうか。

――黒い雨はまだやまない。顔から頭から血がふき出るまま、みんな半裸体の姿で、大声をあげて走っている。（黒い雨の章より）――

前から感じていたひっかかりが、何であるかはっきりとわかりました。Aさん、あなたの言われることは、すべて論理的で少しも誤りはありません。それにくらべて、黒い雨の稿を書かれた東京の一主婦の方は、大戦の意味も又、その経過すらもわかっておられないと思います。そこにあるのは階級に目覚めた闘争でも、民族自決に立ちあがった一人間の歴史でもない、全く平凡な一市民の二十数年前の日常体験のくるしみだけなのです。

しかし、黒い雨の稿を読んだ時、あなたが反戦の意義を説かれた時とは全く別な、強烈な何かが体の中を駆けめぐるのを感じました。それは叫びでした。あの生き地獄の地から、くじけず私達の明日のため生き抜かれた人の真実の言葉です。その物理構造を知っている科学者より、その破壊能力を知っている軍事評論家達より、何よりも一番原爆をよく知っている人の叫びです。

Aさん、あなた達は、他の団体には理論の欠落があるという理由で、今度も独自の原禁大会を開かれましたね。この人類が再びおかそうとする憎むべき犯罪をなくそうとするのに、なぜ理論が必要なのですか。

「原爆二度と許すまじ」唯一の被爆国である私達が、みんな手をつなぎ、世界の人々に訴える。それだけでなぜいけないのですか。各自それなりの主義と主張があり、意見の分裂は当然でしょう。しかし、大会を五つに分裂させてまでの主義、主張なのですか。

「原爆二度と許すまじ！」この言葉のもとに、平和の明日をめざし、手をつなぎましょう。

今のままではあまりにもみじめです。戦争を、原爆を、その青春の中でとらえ、苦しみ、未来の私達のために生きた人々の人生は一体どうなるのでしょう。

Aさん、黒い雨がふったのです。

（柴田　秀美・昭和23・学生・岡崎市）

男は敵と戦い女は戦争と戦った★

私は昭和二十三年に誕生した。物心のつく頃には、表面的には、日本の戦争の痛手は消えていた。

学校は教科書の一ページで太平洋戦争を終え、母は戦後の農地改革での地主のつらさを語ってくれた。何冊もの少年志願兵や特攻隊の本は、私の血をかきたて、感傷的な涙を流させたが、結局、戦争は私のかかわることのできない過去の歴史の一コマでしかなかった。何人もの兵士たちの血で染まった海や陸や空は、私の前には現代の平和の舞台でしかない。頭の中で戦争を再現させることはできても、知識を超えて、戦争を膚で感じることはできないと思っていた。

しかし、その考えは変わった。この特集を読むにつれ、戦争は私の前に迫ってきた。それは今までの報道記事や教科書の戦争とは違っていた。天皇陛下万才と叫んで玉砕する、雄々しさにあふれたドラマティックな兵士たちの戦争でもなかった。

これは、私自身が戦争に加わっている気をおこさせる、いわば、膚で感じることのできる戦争だった。私と同じ二十才の娘が、我を忘れて敵機から老いた母と家族達を守る姿が、グラビアの鮮烈な焼夷弾と重なって数日、まぶたを離れなかった。今なら、パネルの机に肘をついて先生の講義を聞いている図になりそうな、防空頭巾をかぶって竹やりの練習をする女生徒たちの姿。また、トゥィギータッチのスリムなスタイルに憧れる現代の娘たちのことを忘れて、私自身、欠食児童になった様な気がした。一夜明けたら、わが家は勿論、わが街も焼野原と化す想像を絶するようなこと。

これらは、歴史としての戦争の表面には決して顔を出すことのない、あたり前のことだろうか。多くの兵士たちの陰にかくれた、ありふれたことなのだろうか。女性は戦争に参加しない、できなかったと誰も思っている。私も今まで男性が戦ってきたのだと思っていた。しかし、それは違っていた。

雄々しい兵士たちに負けることなく、勇敢に戦争と立ち向った多くの女性を私は知った。兵士は敵と戦えばよかった。だが、兵士たちの母は、妻は、子供は、敵も味方も含めた「戦争」と戦わねばならなかった。私はこの特集でそれを知った。戦争は知識を超えた。有難いと思った。今、私は心の底から純粋に戦争反対と叫びたい。

戦争は敗けて終ったけれども、日本人の生活が破壊されたのではなかった。史上まれにみる経済の発展と文化の繁栄は、退廃と虚無の影を帯びるばかりになってきた。今、日本は転期にある。ここで私達は、いのちの尊さと平和の有難さを思ってみよう。（中野　マキ子・昭和23・大学3年・東京都）

なぜ戦争を体験した人が平和を守らないのか★

「飢えたるこどもたち」の記事、一番心に残りました。お手玉の豆を、人に見つからないかとビクビクしながら食べた子、疎開先が嫌で歩いて逃げた子、食べられる物なら、薬まで食べた子、一つ一つよんで行くうちに、目頭が熱くなって来てしまいました。友人がお腹をこわすと、分け前が増えるので、一生懸命見張番をする子。

私の隣りでは小学生の弟がプラモデル作りに熱中しています。アメリカの戦車です。こんな弟をタイム・マシンで、二十数年の昔に送ったら……。私はボンヤリ考えていました。弟はすぐに栄養失調で死んでしまいます。想像して見ただけなのに、涙があふれてしまいました。

いやな想像は、したくないという私の気持を尻目に、想像の方はドンドン頭の中で展開して行きます。お腹を空かして元気のない子供たち、別の部屋では子供たちへの差し入れの食物で、くつろぐ教師たち、海岸へならんで体操のような格好でシラミを落す子供たち、私が実際に見た場面は一つもないのに、いつか父母に聞いた話や、本でよんだ話が一緒くたになって、どんどん頭の中を進んで行くのです。

さっき、涙が出そうになったはずの私は、いつの間にか言いしれぬ怒りで一杯になっていました。子供のお菓子を取った大人を突き飛ばして、お菓子を取り返してやる、大きなおまんじゅうを、大皿にのせて、持って行ってやる、二十年以上も昔の事実をいまさら、私が憤ったところで何の助けにもなりません。わかっているから、よけいに腹が立つのです。

私は戦争の話を聞くのが、大嫌いです。きっと、その後に、矛先をどこに向けて良いかわからない底知れぬ怒りがこみあげて来るからです。子供たちをカバーするべき大人たちも死に直面していたし、今だったら学校でボールを蹴っているような男の子も、予科練とかへ入り、その他の子供たちは残らず工場へ駆り出されていた。今から考えると想像もつかない程、ひどい生活だったと聞く。これが、悪夢という名の現実であったという他に言い方があろうか。二度と再びあっちゃいけない。戦争の道具なんか作っちゃいけないと私は心から思う。

「お前は、子供を助けて上げたいとか、戦争をやめさせたいとか言うけれど、何一つやらないじゃないか、出来ないじゃあないか！」、自問自答する。いままで、ベトナム平和の為に何をしてきたか。募金運動に百円玉を入れたのが、たったの三回、それだけ。

いつか週刊誌で、ベトナム平和に対する読者の意思表示の方法についての特集があった。平和ワッペン、平和バッグを作り、且つ、広めている人、車や体に、ベトナム和平のたすきを掛けている人。あの頃はベトナム関係の記事は氾濫していた。テレビ、新聞、雑誌ｅｔｃ。ところが、最近それが下火になりかけて来て人々も忘れがちになって来た。ベトナムは、まだまだ戦火に包まれているというのに。

数日前には、チェコにソ連兵が侵入したという。人が幾人も撃たれたという。チェコのオリンピック選手がメキシコへ行けないかも知れぬと新聞に出る。私はとても不思議になる。「戦争は嫌だ、二度とするものか」と思うのは、第二次大戦に惨敗した日本だけではないと思う。他の、たとえ勝利を収めた国々にしても、いやな経験だったと思う。それがどうして、また、蒸し返しをするのだろう。

日本の国内にしたってそうだ。私の様に戦争経験の全くない者でさえ、その悲惨で償いようのない、言語に絶する生活を聞いて、二度と起こってたまるものかと心から思う。それが、戦争には自ら出征した、その上分別のあるりっぱな人たちが、世界平和の為の積極的な案をなぜ討議しないのだろう。ベトナムやチェコの為に戦争をやめさせる方法を、なぜ考えてあげないのだろう。少なくとも私の目にはそう見える。もう戦争はたくさんだと誰でも思っているはずなのにと。

私は考える、小学校からの数多い授業の中で、「戦争は人類にとって悲惨な恐ろしいことです。人類の敵です。あんな間違いを二度としちゃあいけない」と強く教えてくれた教師が何人かいただろうか。「戦争は、どんなことがあっても起こしちゃいけない恐ろしいことだ」と小さなうちから良く教えてほしい。Ｂ29のプラモデルに喜こんでいる小学生たちに良く教えてほしい。

「横断歩道は手を上げて渡りましょう」と教えるように、日常茶飯事に教えてほしい。（木村　千鶴子・昭和22・銀行員・東京都）

母子のあいだで無言の対話★

私の家の台所には、片手の取れた、ナベがありました。底の真黒なつぎはぎだらけのです。母は、それを、食器洗いに使ってました。子供心に、早くすてればいいのにと、思う程、つぎはぎだらけのナベでした。

数年前、今の家に引越す際に、母は、そのナベを処分しました。それも、きれいに、きれいにみがいては、ながめ、何か物思いにふけるような仕草を、何度も何度も繰り返すのです。しばらくして、私に、

「これ、放《ほ》ろうか？」と言うのです。私は、「放ろ、放ろ、ようこんな、つぎだらけの、今頃まで使ってたねえ」と言いながら、何の感情もなく、ごみ箱へ。

今度この記録を読んで、何だか母が、数年前まで、片手のナベをすてきれずにいたのが、わかる様な気がしました。

食べる物もなく、人の物を取ってまで食べたり、長い行列を作って、やっと一杯の雑炊にありつくなんて、まるで悪夢です。

この本を読んでいて、しらずしらずのうちに涙が出て来ました。最初、ページを開いたとたんに戦場と書かれ、焼け跡の写真が、目にはいった。そこは戦場ではなく、私の父や、母が、生活していた日本なのです。その家々が、焼けただれ、まるで戦場、母はその焼け跡から、この片手のないナベを捜し出したのです。それと、お漬物の焼けたのが残っていたのです。お漬物には塩けが有るのでと、母達は大切に食べたと聞きます。

母は、私がナベをすてる時、どのような思いで、見つめていたのでしょう。わかるような気もします。平和しか知らずに育った私を、幸せだなあ、二度と戦争なんて起るな、このまま平和な日本であれ、と祈りながら見てたのではと……。

この本のおかげで、母子の間で初めて無言の会話が、出来たのです。

戦争を知らない私達には、大切な教科書だと思います。私が結婚しても、お嫁入道具の中に入れて行く事でしょう。

そして子供が出来たら、その子にも読んでもらわなくてはなりません。母と私が無言の会話をしたように、私も、私の子供と、無言の会話をしたいのです。（山崎　民子・昭和21・無職・門真市）

当り前の暮し★

戦後派第一号の僕にとって太平洋戦争とは何か奇妙なイメージである。五、六才の頃の僕がキャラメルを沢山食べたいとダダをこねると、母に「わがままを言ってはいけません。戦争中は何もなかったのですよ」と叱られる。そう叱られると幼な心にも、戦争とはなんて邪魔で奇妙なヤツだと思ったりした。

今度の特集号――それは僕達の父母の「やせがまん」の記録であるとまず思っ

た。こんな事をいうとまた叱られるかもしれない。例えば僕が一番驚いたのは、たばこ巻き器と茄子の葉まで吸ったという事実である。たばこの好きな僕はこの「暮しの知恵」には舌をまく。しかし僕はこういう類の「暮しの知恵」に対して、父母よ、よく生きましたと感心するつもりは毛頭ない。何よりも完全に強いられた「やせがまん」の臭いがしていやである。

七才から上の子供と重労働し「それでも私は生きる」という田上ユイノさんの発言なぞに感嘆して一体どうなるというのだろう。庶民の生活感覚は、どんな非常時でも時代を超えて「健全」であるなどといってすまされる問題ではないと思う。だから僕は、やみ酒にうまいと言い、白米弁当が発覚し制裁されたなどという人間にも、結構頷けるのだ。

見て涙が出た写真――「若き日よ、ふたたびはかえらぬものを」というタイトルのついた写真。写真のなかの青年男女は、僕達と年も同じくらいである。なぜ鉄カブトと救急袋を机のわきに常備して学ばねばならないのか。空席の机の上の三角柱の置き物が、学徒出陣を示している。隣席の男生徒も、いがぐり頭でやがて戦場だろう。なんと陰惨な教室の光景であろう。死の影さえ感じる学舎である。戦後教育をうけた僕等には、ちょっと信じられぬ。これが戦争中の事実なのだと自分を納得させるのに、かなり時間がかかる。

学徒動員で明け暮れたという人々のなかに次のような文章がある。「おかずは毎日ひじき、御飯は三食同じ物。その内体中がひじきのように黒くならないかと本気で思った。……汗に汚れた私の女学生時代。好きな本を読む事もできず、音楽を聞くこともできず、毎日学校へ行って勉強することさえできなかった、いまなら当り前のことが、何一つできなかった、私の女学生時代」。今なら「当り前」の事が何一つできなかったという恐らく怨みのこもったこの述懐には、僕は謙虚に耳を傾けたいと思う。

いうまでもなく、戦後派には、戦争の実体験はない。しかし、日常生活の次元で、父母と僕達戦後派の会話が成り立つとしたら、その一つの契機は、父母が戦争中の生活の事実そのものを怨めしく語ってくれる事から始まると思う。飢え、惨苦、悲しみの事実を率直に語って欲しい。懐しき追憶談などという道楽には意味を認めない。

そのためにも戦争生活の体験者には、それ相応の姿勢の堅持が不可欠であるように思う。即ち、「当り前」となった現在の生活を、絶対守り抜くという努力が大切と思う。そういう中でこそ、自主的な「暮しの知恵」も生かせるものだと僕は思う。

最後に、知ってよかった、有難いとさえ思った事実――それは「恥の記憶」という記録である。疎開先での先生のピンハネ、疎開先の女ボス等々、異常なまでの人間同志の葛藤である。僕は戦争体験者の中で、あの戦争は挙国一致して戦ったのだと懐しげに言う人を幾人か見て育ってきた。しかし人間の基礎というべき日常生活で、こんなに恥の事実が山積みされていて、なぜ挙国一致なぞとしらじらしくも言えるだろうか。戦争そのものが、恥を誘発するのかもしれないとも考えた。

ともあれ、特集号を読み終ってあとに残ったもの、それは「当り前」の生活が、いかに得難いかという溜息であった。（金田　哲郎・昭和21・学生・安中市）

私は幸せです★

わたしは、終戦の日に先立つおよそ半年前の昭和二十年二月二十三日に大阪で生まれました。

記録では、この日から二十日後の三月十四日未明、大阪地区が大空襲を受け、市内の大半が焼野原になってしまったのだそうですから、知らないまま戦争の体験をしていることになります。

この日、母は生まれたてのわたしを抱いて、防空壕へ避難し、父は、この世の食べ納めとばかりに、配給されたダイズを炒って、家の中でなかば茫然と食べていたそうです。幸い、わたしの家の一画は戦災を免れたそうです。

それから二十三年目、わたしは、その時のわたしと同じように、生後五ヵ月の女児を育てている母なのです。

この記録は、どれ一つをとってみても、今の世の中とはあまりにもかけ離れていて、どこか外国で起ったでき事のように、また、事実として疑いたくなるような、複雑な気持ちで読み通しました。

とりわけ、空襲下、産院から陣痛中に避難して路上で分娩し、自分の腰巻で生まれたての赤ちゃんをくるんで火の中を逃げまわり、四日目にやっと産湯をつかわせたという事実は、わたしには想像もつかない勇気であり、また、生との闘いであると思います。

この記録の初めの詩に、「とにかく生きていた」と書いてありますが、人は、生と死の境界に立たされた時、「呼吸をしていること」をどんなに幸せに感じるか考えさせられました。わたしも、大阪大空襲の時、防空壕の中で黒焦げになってしまわなくてほんとうによかったと思います。

もし死んでしまっていたら、今日、この子もこの世に存在していないし、夫も含めて家族三人の幸せな生活も成立していないことになります。一人の生がどんなにたいせつか身につまされて感じました。

二十三年過ぎた今日では、生と死の境

界に立たされることが日常の暮しの中にはありません。「ああ、生きているんだなあ」という喜びもふつうは感じませんが、交通事故のように突然に訪れる死を聞き恐ろしさを感じ、改めて、生と死の境界へ自分を立たせようとしても、直接その必要がないままにのんびりした暮しにとけこんでしまうのだと思います。

「どこどこで、乗用車と大型トラックが衝突して、乗用車に乗っていた人は即死ですって」と、悲惨な事実を知っても、「でも、車があると何かと便利ね」とほしくなってしまいます。電化製品、食べ物、衣服は、お金さえ出せば外国製品も手にはいり、旅行も行きたい所へ行けるし、途中で空襲を受ける心配もありません。

わたしは、今ほんとうに幸せだし、この子も幸せだと思うのです。夫も戦場へ出征することもありません。せいいっぱいですが平和に毎日を暮しています。

戦争中の不幸な暮しの事実は、この記録だけにとどめて、今の幸福な暮しは、記録されないまま、何十年も何百年も、事実の積み上げとして時がたっていってほしいと思います。(久保　アサ子・昭和20・主婦・青梅市)

親孝行したいとおもう★

私は十九年生まれの二十四才。今年の秋に二十八才の同じ会社の男性と結婚することになっている。只今花嫁修業中とは名ばかり、さあ心をひきしめてと思っても、ついかけ声のみで終ってしまうという日々の連続だった。毎日両親に甘えきったのんびりというよりダラダラとした毎日だった。

幸か不幸か戦時中の事は全く記憶にない。両親は「子供達がおぼえてなくて本当に良かった」と思っているらしい。父は職業軍人で、終戦とともにシベリアへ捕虜として連れて行かれたとのことでした。当時、父の年令は、現在の私の婚約者とほぼ同じ年代、そして私も終戦の時の母の年令とほぼ同じである。母は当時二才の姉と一才の乳のみ子の私をかかえて遠い満州の奉天で終戦を迎えた。両親は、戦中、戦後の苦労や愚痴を言ったことがない。「苦労は自分たちの代でたくさん」と思っているのらしい。でも、私は二十四才。素直な気持でその苦労が聞けるには十分な年令である。でも両親に問うには古傷をつつくようで聞けなかった。

初めて今度の暮しの手帖を読むことによって両親の苦労が苦労という生やさしい言葉で表現できない程の苦労であったことを知った。読書好きの私だが、始めのうちは頭がガンガンし、胸がしめられる思いで、何だか先を読むのが恐くなった。でも勇気を出してめくっていった。

そして勇気を出して母に見せた。母はさりげなくパラパラとページをめくりグラビアの焼け野原に子供をおぶった母子を見てぜんぜん悲愴さを見せず「まあ私みたい、この背中の子、佳代にそっくり」と口から飛び出た言葉の様に言った母。「まあ苦労したのね」と言う私に「背中に喜美子(姉の名)をおぶって、前に佳代をだっこして……」と回想する母。

戦後、幸い三年で父は私たちのもとに帰って来た。全てを無くした戦後の両親の苦労は、子供心にもなみ大抵でなかったことは知ってる。でもいつも笑顔で暖かさに満ちた両親のもとで、決して裕福ではなかったが、幸せだった。そして何の苦労も知らず、昭和元禄の名のとおり、泰平ムードに甘んじてる私が恥かしくなった。

花嫁衣裳、家具、電気製品の数々を持って新しい3Kの団地での第二のスタートを切る私。戦時中、終戦間もない人に比較したら全く雲泥の差であるのに、これが当り前と思っていた。現在の生活は満足することを感謝することを遠く置き去りにしているのではないでしょうか。

ずい分以前、母が言ったことをふと思い出した。「戦時中、戦後苦労のどん底の中にあっても、この子はどんな人のお嫁さんになるのかと花嫁姿を想像したわ」……。母とは、とても強いものである。でも何故かとても哀しい。

全ての人がそうである様に両親の時間もとり返すことが出来ない。せめてこれから結婚しても決して心配かけることなく親孝行したいと思う。そして、両親の念願だった花嫁姿になるとき、何とお礼の言葉を言ったらいいのかと、それを思うと涙が出て来そうになる。

(高嶋　佳代・昭和19・家事手伝い・佐賀県)

日本は勝った★

大切な妻や子や親を残してまで、何故男は、死ぬとわかっている戦場へ出かけていったのであろうか。もうおそらくは、二度と会えまい男達を、何故バンザイと、戦場へ送り出したのであろうか。いくら国の為とはいえ、日本が戦う為に、何故日本人のひとりひとりの幸せを犠牲にしなければならなかったのであろうか。日本人の誰もが、何故、戦争は嫌だと、叫ばなかったのであろうか。国の為にというだけで、何故日本人は、死ぬより苦しい思いをしなければならなかったのであろうか。……

終戦を迎えた時、私はまだ一才に満たない赤ん坊であった。だから、戦争がどんなものであったか、身に感じて知っていることは一つもない。

私はこの戦争で父を失なった。父は、フィリピンのレイテ島で、その若い命を国に殉じた。私の誕生の知らせを出して間もなく、フィリピンの父から多額のお金が送られてきたが、私の命名を知らせる便りは、父の許に届いているかどうか、その返事はなかったという。

父を写真でしか知らない私は、父の面影を慕い、あこがれることはあっても、その愛や存在の大きさを知らない為に、父のいないことに、不自由や悲しさは、一度も感じることなく育った。

しかし、今、私は、二十四才という若さで未亡人となった母の心を思わずにはいられない。敗戦というだけでも、人々は生きていく目標を失なったであろうに、焼けあとに、夫の両親と、幼ない一人娘を残された母にとって、夫の戦死の知らせは、どんなにむごい出来事であったろうか。「夜など、靴音がきこえると、もしかしたら……と、耳をすましたものヨ」と、今は笑いながら語る母ではあるが、この二十数年間、母は、どんなにひたすらに生きてきたか――それを考えると、私はあふれ出る涙を押さえることが出来ない。一言の愚痴もこぼさず、私の成長だけをたのしみに、生きぬいてきた母。

母は強かったのだと思う。そして、その頃の日本人は、みな母のように強かったのだと思う。敗戦後のあのすさんだ人人の心は、幼なかった私の心にも焼きついて離れない。駅のプラットホームに電車を待つ人々の姿には、まるで殺気のようなものすら感じられたし、電車が着けば、我れ先にと、窓を打ち破って乗り降りする人々。私は、そんな人々の姿が恐しくて、いつも母の手にしがみついていた。みんな、その時その時を、生きなければならなかったのである。

爆弾の恐怖は去ったけれど、敗戦のその日からが、日本人としての、本当の戦争ではなかったのか。私にはそう思われる。国の勝利をひたすら願い信じて戦ってきた日本人は、敗戦と同時に、今までに失なった肉親や友達、家、着物……それらのことを思い返す余裕もないままに、その日から、生きる為の自分との戦いを始めねばならなかったのであろう。悲しみや憤りをぶつける気力すら失なって、それでも、黙々と生きつづけてきたのであろう。

今の私達なら、立ち上がることは出来ないであろうに、その頃の日本人は、強かった。立ち上がった。何もかもを失なった中に、それでも何かの望みを抱いて、日本人は明日に向かって生きてきたのではなかろうか。

今度暮しの手帖の特集号で、そういう人達の心の記録を読んだ。日本人の誰もが、語り尽くせないような悲しみを味わいながら、それでも、立ち上がろうとする魂を持っていたのだと、どの文面からも、ひしひしと感じられた。彼等の誰もが、心の底に、国の為に戦って命を捨てた夫や親や子や兄弟の死を無駄にはすまいと、固く誓っていたのではなかろうか。今ここで倒れてしまえば、全く何も残りはしない。出来る限りやってみなければ――そうした気持が、大きな力となって、今の日本を築いてくれたのではなかろうか。

日本人は、淡々と二十幾年を、自らとの戦いに生きてきた。それが今、世界への勝利となって、この平和を誇っているのだ。私達には、あのむごい戦争に対する疑問は、たくさんある。しかし、二十幾年前に、その戦いは終った。

唯一つ残された課題――それは、戦争を知らない私達が、今後、いかにしてこの平和を持続させていくかにあろう。私も間もなく母になる。子供へ戦争の恐ろしさと平和の素晴しさを私なりに教え、立派な一人の日本人として育ててゆかねばなるまい。私の母達が、私達を育ててきたように……（後藤　千鶴子・昭和19・主婦・鈴鹿市）

なぜ今あなたたちは黙っているのか★

敗戦後の食料難と過労から、三才の時に母が死に、数年を経ずして、父もなくなったため、戦時中の暮しの話など私はほとんどきくこともなく育った。それだけに、父や母はあの時代をどう生き、なにゆえに命を縮めなければならなかったのか、戦時中の人々の暮しに強い関心がありました。

悲惨な体験、肉親との死別、生涯癒ゆることのない傷あと、必死で生活の立て直しをはかってきた日々、そして、この苦い経験を子供たちには絶対もうさせたくないこと等々。読み終って、小さい時からいつも抱いた疑問が、やっぱりわきあがってきたのでした。

あのとき、どうするすべもなく戦争にまきこまれてしまった人々は、その後、なにをどのように私たちに伝えようとしたのだろうか、ということでした。あの戦争からなにを知恵として学び、あなたの意志をどう自分の息子や娘たちに伝えようとしたのだろうかと。高校、大学と多くの友に接し、師に学び、人と交わりながら、いつも抱いた疑問でした。

大学を、高級職業紹介所とは夢にも思わず、神戸から上京してきた私は、非常にめんくらいました。新入生歓迎会で某教授は「今はそんなにハッラツとしているけれど、しっかり腰をすえてかからないと、四年になって青くなるぞ。就職先が卒業間際まで決まらなかったりして」と忠告しました。

学部を選ぶのも、親が、就職に有利だからどうしてもというので理工学部や政経へ来たという人は、青臭いことといったって現実がそうなんだもんと簡単にいってのけました。

課目を選ぶ基準は、優が取りやすいか、クラブへ入るのも就職に有利な条件、技術を身につけられるところはどこか、といったありさま。大勢に機敏に順応する若ものたち。その人生の達人ぶりには、田舎者の私など、ただただ敬服するより他ありません。

「思想研究会に入るとブラックリストにのせられるという噂よ」と、ビラの前に立ちどまった私に、親切に教えてくれた友もいます。「でも政府の弾圧化や右翼化の傾向に対して敏感に反応するのは、正常な感覚の持主だからじゃないかしら。納得がいかなくてストップをかけるのは、学生として当然だと思うけど」と答えると「そう、偉いわよ」とあっさりと認め、しかし参加しない自分を正当化するつもりか、冷たい言葉で結んだのです。「結局あとで後悔するのよ、あの人たち。損するから」この確信にみちた断定。

そんなとき、私は私と同年の若者の言葉とは信じられず、その人の父なり母なりがのり移って、そのまま語ったような気がして愕然としました。これが世の親の子供に対する配慮なのか、生き方の知恵なのか、あの戦争体験は何だったのかと。

大学四年になって「コネのない人は就職はむずかしいよ」と教授は親切に心配してくれました。「コネを早く探すように」とつけ加えもしました。多くの友が、どんな仕事をしたいかではなく、どこの会社にコネが効くかによって就職先を決めていきました。何のためらいもみせずに。

若い老成者。この人たちは人生の何たるかを知っているのだろうか、どこで教わったのだろうか。私には解せないことでした。親のない私は、あなた方世間の親は子供に何を教え、どう生きて欲しいと望んでいるのか、素朴な疑問がわいてくるのです。

あの時代が、どんなに言論統制、思想統制が厳しいものであったか、よくわかります。反戦の意志を示せるような、そんな風潮じゃとてもなかった、どうしようもなかったのだ、というご意見もうなずけます。しかし、戦後、反戦の決意と平和への意志を次の世代へ伝えることはできたでしょう。人の子はままならぬとしても、せめて我が子に伝えることはできたはずでしょう。戦争放棄を叫んで再出発したはずの日本のどこかで戦争への準備がなされていること、絶対に繰り返してはならないはずの戦争への危険性が高まりつつあること等に対して、私たちに教えたいことは何なのでしょう。

おとなしく黙ってばかりいたために戦争を体験してしまったあなた方は、あの戦争から何を学びとり、どう子供たちに伝えようとしたのか、あなたたちが果たさねばならない時代責任をどうお考えになっているのか、そこのところが私にはよくわからないのです。

その時の社会の要請に応えることも必要でしょうが、未来のあるべき社会のために、どう応えようとして子供を育ててきたのか、教えていただきたいのです。再び戦争を起こし、あのときはどうしようもなかったのだと、私たちの子供に言わなくてすむために――（来田　古比・昭和18・会社員・横浜市）

私の鼻はペチャンコになった★

いつものように書店から本誌が届いた時、表紙を見て、「あ、今度はおもろいものをやってくれたわい」と思いチョロチョロと読みはじめた。

それは決してかぶりつきの読み方ではなく、子供の世話や家事のあいまに、ちょっとゴロリンと畳に横になり読んでいるうちに、いつの間にか私の全身が本の中にくいこんでいった。そして、これらの記録を記した一人一人のすさまじいまでの気迫が私を圧倒した。

私の小学生の頃、富山では八月一日になると復興祭が行われ、花電車が走った。そんな夜はいつも両親が「今夜、富山が焼かれたがやぜ」と空襲の思い出話をきかせてくれた。私が中学生になった時も同じ話だった。そして、もっと大きくなって同じ話がでた時、

「また例の話かいね。まるで思い出を楽しんでいるみたいだぜ。自分の身近な周囲のことばかり考えていて、いったい戦争そのものに対する考えはどうだったがいね。『富山が焼かれたがやぜ』と百回繰り返し話してもらっても、それは単なる体験に過ぎんねかいね。それよりも、そんな情況になるまで黙って反対もせんといたことが問題ながやぜ。結局お父ちゃんやお母ちゃんの心の中が、いつの間にか戦争というものをつくりあげていったことになるがだねかいね。そういう無責任さだから、戦争体験をしたにもかかわらず、その後は『こんな恐ろしいことがあったがやぜ』と、思い出話風に子にきかせることしかできないのだねかいね」

と私は両親を責めはじめ、両親は私をなまいきだと怒り、それ以降戦争の話をする毎に我が家はけんかになるのだった。

例え戦争体験をしていなくても、私の方が両親よりずっと広く、深く、戦争について考えているんだから、という気持が私にはあった。

しかし、この記録を読むと私の鼻はペチャンコにくずれた。

「お願い申します」の田上ユイノさん、石井スヱさん、村上せんさん、そして「命」の谷口ますみさんがひとかたまりになって、急速に私の両親の声になっていた。特に「命」の「……その後の苦労はひどく、みじめだった」という結びの言葉と、「無理に疎開させた子が疎開

先で爆死」の柿谷実子さんの「……こんなこともあったのだった」という二つの結びの言葉に代表される何とも言いようのない、あるいは、乾いてさらりとしたとさえ言えるような書き方は、同時に私の両親の声でもあったのだろう。

　最近は、両親と直接もみ合う機会はなくなったけれど、黙々と日常生活を送っていた無名の人々の姿を通して、今私は、私の両親の姿そのものをみたと思った。それは、一つの試練を二十三年もの間黙ったままでくぐり抜けてきた人のみの言葉ではないだろうか。そして、これらの人々の持つ重い言葉を踏み石として、今後の私達の時代は生きるであろう。（野口　洋子・昭和17・主婦・京都市）

日本のためとは誰のためか★

　夏の暑い日、母は入院した。病名は眼がだんだん白くかすみ見えなくなるという白内障。母が入院して数日たって一通の封書が届いた。戦没者軍人軍属叙勲伝達式が市の公会堂で行われるという案内状であった。

　「日本国天皇は勲八等に叙し白色桐葉章を贈る」菊のスカシの入った書状と、キラキラ光る白色桐葉章を、母の代理で行った俺は、白い手袋をした市長代理から、れいれいしく受け取った。俺は、病床の母へ、どんな気持で持って行こうかと、複雑な気持になった。「かあちゃん、もらってきたぜ、天皇様からよぉ、勲章がおりたぜ」そうすなおに言えるだろうかと。

　今、俺の手もとに一冊の本がある。「暮しの手帖96号―特集戦争中の暮しの記録」。女性の写真を満載した、カラーのはでやかな本がいっぱい並べられている書店のすみに、焼け跡や、カッコウの悪いだぶだぶのぼろぼろの服を着たカラーでない写真と、ぎっしりつまった活字の本であった。

　手にとってパラパラとめくっているうちに、一日前、招待券をもらって見に行った〝連合艦隊司令長官、山本五十六〟を思い出した。戦争のつくったかずかずの英雄。桜のごとくぱっと咲き、お国の為と、いさぎよく散って行った特攻隊員。それらに共鳴し、日本のことを真剣に考えていたことに対する一種の敬意。そんなものがあの映画館にみなぎっていたと思う。

　〝あとがき〟をたち読みして、なんだか買っておかねばという気になり、二百八十円なりを出した。損をしたような気持がないでもなかったが、電車の中でひらくのもカッコウ悪いと思い、家に帰って読みはじめた。

　ひもじさをこらえているうちに食神経が麻痺してしまい、いくら食べても満腹感がなくなってしまった小学生のこと。玄米を一升瓶で白くしたり、デッキや屋根まであふれた汽車にのっての買い出し。爆撃され、家もすべてやかれ、まわりに死体がごろごろしている中をそかいして行った人……

　血をはくような一つ一つの手記が、俺の胸をつきあげる。今のくらしから見たらまるで考えられないこと。想像も出来ないことだ。

　俺にとっての戦争の記憶はない。二才の時、親父が戦場に向ってたつ時、笑って手を振ったとか、呉に逢いに行った帰り熱を出し、あついうどんを食べたらいっぺんになおってしまったと、母がいうが、それすらの記憶もない。

　戦争につながる記憶といえば、小さい頃、夜中に眼がさめて便所へ行くと、まだ母がおきていて近所からたのまれた着物をぬっていた。床にはいると、ボン、ボンと時計が二つ打ったのを覚えている。敗戦後、戦場で父をなくした後の母の苦労していた時であろう、唯一の記憶だ。

　俺は、母から戦争中の話をきいたことがない。こんなに苦労して育てたのに――とぐちをきいたこともない。買い出しに行った話や、乳が出なくてこまった話。いものつるや、いなごをとって食べた話など、きいたらいっぱいきかれるのではないだろうか。

　ここに書かれている、たくさんの手記を見ながら、眼帯をしてねている母の病床に行って読んできかせてやろうかな、そして母からも、苦しかった日のことききいておこうかなと思った。

　母が今、病床にふしている原因には、戦争がなかっただろうか。今までのつもりつもった苦しみはなかったろうか。

　軍艦マーチにのって、さっそうとみんなのあこがれの的のような存在の山本五十六。あの映画は何をえがいたのか。本当の戦争をえがいたのか。

　読んでいくうちに、映画のシーンがダブリ、日本の為にとはいったい誰の為だったのか。敗戦――それは誰が誰に負けたのであろうか。ふと疑問が頭をよぎる。

　そして今、ここに書かれている同じことが、いやもっとひどいことが、海を渡った同じアジアの国で行われている。新聞に報道される写真を見て胸をいためることもある。戦争を経験したこの俺たちの父や母の記録が、外国語にも訳され、世界の人たちに読んでもらいたいし。俺も、二世の為にと、ばあちゃんやじいちゃんが、苦しんで生きた時代の記録だよと、大事に保存しようと思う。

　そして、俺の二世が、ひもじい思いや、爆撃の恐怖にさらされないよう、平和な社会に生きられるよう、このいきた庶民の人間の記録を読んで、戦争に反対ならば〝反対〟とでっかい声でさけべる今の時代を、大切にしようと思う。

（福井　勲・昭和17・公社職員・姫路市）

敢然としてマイホームを守る★

ぼくは、智恵がおそかったせいか、六才にもなっていたのに、北京からの引揚げのことをほとんど憶えていない。ときどき、母から当時のことを聞かされても実感としては何も浮んでこないのが、たいへん残念であり、また母には申し訳なく感じたりする。

しかし、中学生になってからだろうか、友人達から戦時中の体験談を半ば自慢げに聞かされた時、ぼくは正直いって非常な劣等感をおぼえた。たとえば、友人は、あのころはよく玄米をつかされてうんざりしたなあ、という。ぼくには、玄米をつくというのがどんな意味かわからなかったし、彼が妙な手まねをしてみせてもピンとこない。

ところがその話を聞いている他の友人たちは、いっせいに同じような感慨に打たれでもしたように〝うんざりしたなあ〟とつぶやくのだ。

高校、大学を通して接した多くの書物の中から、ぼくはいろいろな形と意味を持つ戦争を読みとってきたつもりだったが、いまだにあの頃受けた妙な劣等感を、捨てきれずにいた。

つまり、どの書物にも「戦争」の記録はあったが、その中での生活の記録はほとんどなかった。〝玄米をつく〟ということがどういうことなのかを語ってくれる本は、なかった。

「戦争中の暮しの記録」は、ぼくの長い間の疑問に、あまりにも直接的に解答をあたえてくれた。そこには、ぼくがもどかしく模索し続けてきたものがあった。玄米をつくあの米つき棒の写真までも。

しかし、ぼくは、この一冊を読み終えたいま、新たな疑問が湧き起こるのをどうしようもない。ぼくは、いままで同世代の友人達といくどか戦争を語り合ってきた。多くは政治問題、あるいは、歴史問題として。しかし、一方では反戦運動に直接参加したという経験を持たない。友人の多くは参加したというのに。

いま、ぼくはその理由をここに見る。ぼくは戦争が生活に与える影がいかに大きなものであったかを知らなかった。だから生活を守るという次元での反戦運動を知らなかった。友人達の多くは、二度と玄米をつくことを嫌って反戦を叫んだかもしれない。空襲に追われた経験が、かれらを反戦運動に駆り立てたにちがいない。ぼくにはそのような経験はなく、あるとすれば知識だけであった。それも解説としての。

戦争を生き抜いた老人のことばに、ぼくは打たれて、いま、はじめて戦争経験がぼくに定着しはじめている。それほどう転んでも体験にはなりはしないが。

ぼくは、昨年一児を得た。子供ができて、戦争がますます恐しいものに感じられる。この子に、あのような苦しみを与えてはいけない。父親としての自分を大事にしなければならない、そういった気持が強くなってきた。子供を守るためには、家庭を守らなければならない。家庭を守るためには、国を守り、平和を守らなければならない。

学生時代、議論としてのみあった〝反戦〟ということばが、子供が生れて、実感となり、今回の〝暮しの手帖〟を読んでさらに強いものとなってきた。こういった感情は、次元の低い、自分勝手な、マイホーム的反戦感情と指摘されるかもしれない。なんといわれようとかまわない。いま、ぼくは家庭を守るに必死だ。そして、すべての平和運動はそこから出発するのではないのか、と思う。

特集「戦争中の暮しの記録」をまず買ったもう一つの理由。

それは、編集長もいっているように、子供に読ませてやりたいからだ。まだ一年ちょっとのわが子も、日本人として、この戦争のもっていた意味を知る義務がある。知って、平和を造る努力をしてもらうためにも、この本を、彼が物心つくまで残してやろうと考えたからだ。

ぼくには戦争体験がないから、語り継ぐことはできぬ。祖父母との同居もできぬ、いわゆる核家族であってみれば、この子に戦争を語り継ぎ得るのは、この本しかない。

やがて、わが子が〝戦争〟を理解できる年頃になったら、ぼくは書棚の片隅からこの本を探して、二人で読もう。その時もいまと同じように、明るい灯の下で本が読める平和な時であれば……。

（古賀　武陽・昭和14・会社員・国立市）

ここから出発しよう★

僕は名古屋の郊外に生れ育った。小学校へ上ったのは終戦の翌年であった。僕の戦争についての記憶といえば、花壇をつぶして防空ごうを母が二つ作ったこと、そのとき蟻の巣がたくさん有ったこと、防空ごうに入れておくために折りたたみ椅子を買ってもらったこと、空しゅうの時、母や僕は平気で飛行機を見上げていたが、軍需工場に勤めていた父や学徒動員をしていた上の姉はこわがっていたこと、夜の空しゅうのとき名古屋の方を見るときれいだったこと、レンゲや芋のくきを食べたこと、田や土手に遊びにいって食べられる草があるとつんで帰ったこと、町内の配給係をしていたので僕が伝えに行く役だったこと、向いのおじさんが兵隊さんになるというので学校までいったこと等々断片的なものである。

けれども理屈なしに戦争反対である。生理的に反対といってもよい。僕らと同年代の多くの人はそうである。恐らく戦争のいやなことを聞かされたためと、少しばかりの経験によるものと思う。

中学、高校のときは憲法九条の解釈をめぐっての論争が盛んなときで、新聞の解説記事などをよくよんだ。結局、法律は、あるから守られるのではなく、守ろうとしなければ守られないものだということをしった。現在も事態は同じなのに、九条解釈問題は前ほど盛んでない。戦争経験のある大人達は必ずしも守ろうとはしていないように思える。

大学に入った夏に、原水禁運動の広島への行進が僕達の町を通り、夜は集会が開かれることになった。受入体制がぜんぜん出来ていないから学生で準備しようとの先輩の呼びかけで、カンパや署名運動、会場準備をした。行進は到る所で歓迎を受け、準備のしがいがあった。それにしても、それまで一度も顔を出したことのない社会党市議が、この行進の先頭を歩き、歓迎の人々ににこやかに応じているのを見てびっくりした。集会でも、これを機会に平和運動を強力に押し進めたいとのべた。その市議は、その後地元の道路改良や排水路の整備に力を入れているとは聞いたが、平和運動はしていない。

その後原水禁運動は、ソ連と中国の路線の対立や、共産圏諸国の水爆評価などをめぐってはげしく対立し、僕のような生理的戦争反対論者ははみ出され、結集する場所がなくなった。

大学三年の時、安保にぶつかった。日本の進路、平和を考え、仲間と話し合い、論文もよんだ。あの時国立大学なら全部といっていいほどストをしたが、僕らの学部だけは自治会がなかったのでストはしなかった。午前の講義が終るとすぐに学生実験室へいき、実験をしながら弁当をたべ、デモの時間に間に合せた。あの時は民衆の声をどうしたら時の政府につたえられるのか、民主主義とは何かなどについて考えた。日本の将来という本来共通問題のはずなのに、政府(大人)と学生との間にかよい合うものを感じなかった。僕らにとって忘れえない安保も、いま同じ部屋で仕事をしている女の人は、六〇年に起ったことも知らない。当時小学五年だったという彼女も、もうすぐ選挙権を持つ。

平和運動は一つのまがりかどにきている。原水爆反対運動も三つに分裂している。三派系全学連の反戦運動には、ついていけない人も多い。一方では「八月十五日はどういう日ですか」と聞かれて、「花火大会のある日だろ」と答える青年もある。戦争をカッコイイという子供もいる。戦争体験のある大人達の中には、戦争を正当化しようとする人々も少なくない。

僕は「特集号」をよんで、平和運動の原点をここに持ってくるべきだと思った。「あのいやな、苦しい経験はしたくない、だから戦争はいやなんだ」

戦争経験のある大人達はもう一度思い出してもらおう。そして知らない子供達に話をしてもらいたい。「特集号」の記事は、僕の断片的記憶とかみ合って何の抵抗もなく理解出来た。僕らより下の世代だって、遠い国の出来事でも昔のことでもない、自分の親の体験なのだから理解出来るだろう。「あの経験はしたくない」を原点に平和運動を進めるならば、平和運動はよみがえるであろう。

サルと人間の違いは、サルは自分の体験しか利用出来ないが、人間は他人の体験も言葉や書物により自分のものとして利用出来るところにあるという。僕らは人間なのだ。民族の体験を大切にしたい。(原田　隆司・昭和14・会社員・大津市)

欠けている何かが★

私は、小学校一年生で、終戦を迎えた。いままで、戦争のことは少しは知っていると思っていたが、この本で、私の心の一点だったものが、ぱっとひろがるのをおぼえた。

そして、今ほど体験ということを、重大に感じたことはなかった。本をパラパラとして目にとびこんできたのは、防空ずきんと肩からかけるカバンだった。これだけが、私の身近かな戦争なのです。小学校入学の準備というのか、母の着物や帯をつぶして、暗い灯の下で縫ってくれたのをよくおぼえている。

それから、いろいろな人の語らいを耳にして、これこそ体験なしでは書けない文章だと、はっきり心にひびいた。その上、もっと言いたい、何か書きたいけれどという思いが、あふれているではありませんか。「お願い申します」の大きな活字は、文章や、つづりを越えて、何回も同じことを言わずにいられなかったのだと思いました。編集後記をみて、ああやっぱりと胸をなでる思いでした。

暮しの手帖96号の広告をみて、いろんな戦場を想像しました。男と男の争いが第一に書いてあるのだろうとも思いました。だけど読んでみて、書いた人は、ほとんどといっていいくらい女性でした。

戦場は、日本中の家庭もだったんですね。そして、何よりも食べることの争いだったんですね。私は今、二児の母となり、女としてのしあわせを、改めて心しました。この本を読んでいる間だけかも知れないけれど、何の文句も言えない気持になりました。子供は祖母にあずけ、汗だくになって、農業に励んでいます。

時には、もっと子供のことをしたいと思いますが、しようにも出来なかった戦争中のお母さんを思うと、おばあちゃんにあやされているのが、もったいないくらいに思うのです。どんな時代にも女性しか出来ない出産、育児を、戦争中どのようにして守って来られたのだろうという疑問が、はっきり解かれました。女性にとって安心して産み、両親で育てることの出来る時代こそ、何よりの平和だと感じました。

私は、もったいない、もったいないという姑に、よく口答えをします。そんな時、以前から、戦争中を苦労して来られたお母さんと、そんなことは何にも知らない私だからとは思っていました。けれど、まとまった話を聞く機会もなく、はしばしに、あんなこともあったと聞かされるよりも、こんど、文字によって、各地の苦しいお母さんの体験を読んで、姑の言葉も、今後は理解してゆけそうに思いました。

「お母さんったらこんな布を大切にして」と思ったことがありますが、ぜいたくな心が湧いてきたとき、このつくろった風呂敷を出して眺めるのですと書いておられる小幡玻矢子さんの文が思い出され、私も何かそういうものがほしいなと思いました。

この感想が送れる中では年上です。苦しいことばかり、胸をつかれながら読みました。ずっしりと、重い本を読み上げた感じです。

それでも、まだわからないことが一つあります。全国民が、苦しみのどん底をはいながらも、尚一つ信じていたものがあるようなのです。戦争に勝つことでしょうか。仕方ないからがんばったのでしょうか。人間らしく生きられる日を夢みてでしょうか。何不自由ない今の時代に、何か欠けていると私は感じているのですが、その何かが96号の文の中にかくされているように思います。

（田和　すみ江・昭和13・農家主婦・綾部市）

戦災孤児の訴え★

巻頭のグラビア写真と戦場という詩を読んで、これこそ、私がこの23年間心の奥底に秘め、休火山の中の熔岩のように、ぶすぶすとくすぶらせて来た想いをみごとに表現してくれていると思い、涙ぐみつつ、声を出して、二度も三度も読んだ。

私は昭和13年に生れ、終戦まで、幼児の時代をほとんど、戦時の体制のなかで過している。だから軍歌は、ほとんど歌えるし、この本の手記に書かれていることとはたいてい体験しているし、今でも、かすかに、またはっきりした断片となって、記憶にとどめている。

今度の戦争は、私の人生を根本から変えてしまったものの最大のものである。三月十日の東京大空襲の夜、私は、唯一の肉親であった母を失った。

戦災孤児となった私は、善良で親切な伯父夫婦に引きとられて、貧しいながらも、人並みな教育を受けさせてもらい今日に到ったが、平和な時代になった今日、民主主義教育を受けて社会に出た私におそいかかって来た社会の荒波は、私の心を押しつぶし、貧乏のどん底の中で養父を失い、年老いた養母をかかえて、今だに人並みなくらしにも恵まれず、女ひとり孤軍ふんとうしている。

ハイミスと云われても平気な私だが、失ったものの大きさ、二度とかえらぬ幸わせな人生を想い出す時、むしょうに悲しく淋しく、人生の哀愁をひしひしと感ずる昨今でもあり、ひとり涙にくれながらも、自分ひとりが不幸ではない、日本のあらゆるところの片すみで、多くの人が、今なお、戦争のつめあともなまなましく、心の傷をいやせずに、苦悩しながら生きていると思うと、何故か、神に祈りたいような、大いなるものにすがり、勇気を与えられて、皆が団結して、このいかりを、しかるべきものにぶつけたいという衝動にかられるのである。

そうした日頃の思いに水をかけるものは、近頃の若者達、戦争を知らない世代、昭和20年以後に生れた人々である。彼らに罪はないが、その親達が、戦争中に灰色の青春を送った反動で、子供らを甘やかし、ざせつ感からか、自信を失って、信念もなく、単に、金もうけとマイホーム主義に浮き身をやつしている現実を見る私は、やり切れぬいきどおりをおぼえる。

戦争を知らない世代の若者達の心のかわきを分らぬではないが、それ以上に、苦悩し、苦労させられて来た私たち戦争犠牲者の若者が存在することを、もっと一般は知って欲しいと思う。戦災孤児に対する政府の補償は皆無である。

いやなことは忘れたい、思い出すまいとして、必死に、食糧難の時代を生き抜いて来たが、この平和な豊かな世の中で今なお、心の傷と孤独に泣いている多くの孤児達の存在することを、改めてうったえたい。

家族主義の復活、マイホーム主義もよいが、その家族も無く、結婚も出来ず、ひとり大都会の片すみで、細々とくらしている男や女のいることを、世の人々特に、若者達に知ってもらいたい。そうして、戦争の悲さんさ、恐ろしさを他人事に思えない位にわかった時、はじめて、真の平和のありがたさを知り、戦争は二度とやるまいとの決意を持って欲しいのである。

その思いは、理屈ではなく、心の叫びであり、生命のうったえである。空襲と、戦場で亡くなった多くの人にかわって、私達戦争孤児は、そのことを一番先にうったえる権利があると思う。

今こそ、われわれ日本人は、個人個人の不幸を、全体のものとして、全世界にうったえ、二度とあやまちはくりかえすまいとのちかいを新たに、連帯感に結ばれて、平和を自由を平等を守り、人類愛に目ざめ、地球上から、戦争をなくして、幸わせに生きてゆきたいと思う。思想をこえ、人種をこえ、国家をこえて、人類の最高の目標にしたいと思う。
人間はみな兄弟。愛し合ってゆこう。

墓碑銘として★

（草野　京子・昭和13・会社員・東京都）

五才の私は、百日紅の花の下で、祖母に手を引かれて立っていた。父は見送りの人々に囲まれて、坂道を降りて行く。曲り角にさしかかって父は、くるりと振り向いた。長い時間であったように思われたが、それはほんの一瞬だったのかもしれない。黙って、再び坂を降り始めた父の後姿は、すぐに視界から去った。

今、三才の児を持つ身となって、私は始めて思う。あの時、父の胸にあったものは何であったろうか。ついに唇より発せられる事のなかった言葉は、何であったろうか。

昭和十九年七月十九日、ニューギニアで戦死した父は、現在の私よりも若く、二十七才であった。昭和十三年に生れ、小学二年生で敗戦の夏を迎えた私にとって、「私の戦争」はむしろ、それからの数年間であったように思われる。

芋、コーリャン、とうもろこしの粉……どんな物でも口に入る限り、それがご馳走であった毎日。

着るに衣服無く、病んで薬の無かった日々の姿は、これ等の記録に語られる通りのものであった。そんな中にもう一つ忘れられない死の思い出がある。

終戦の日から半年ほど過ぎた厳冬の朝、わが家のすぐ前の路上で、一人の浮浪者が死んだ。夏物の薄いシャツの上にわずかにむしろをまといつけただけの初老の男は、霜柱に顔を埋めるように倒れ、はだけた襟もとから、肋骨の浮き出たどす黒い胸がのぞいていた。検死の警官が抱き上げた時、そこから、ただ一ヶのしなびた薩摩芋が、ぽとりと落ちた事が今も記憶に新らしい。

あれもやはり壮烈な戦死ではなかったろうか。ついに身許不明であったといわれる彼もまた、一柱の無名戦士ではなかったろうか。

あれ以来すでに二十三年、戦争の記憶は薄れ、戦いを知らぬ世代も増えた。それだけではなく、再び戦争を陰に陽に押し進めんかの動向すら、とかく目に余る今日このごろであるが、そういった風潮に対する一つの警鐘が、この特集であるように思われる。

とかく、最近意識的に、戦争中の華々しいヒロイズムを喧伝し、戦争体験の無い世代の情感に訴えて、批判を封じるかの傾向が、いかに欺瞞に満ちたものかを、一つ一つの記録が明らかにしてくれる。

何も言えず、輸送船と共に南の海に沈んだ二十七才の父親や、最後に取っておいた芋をすら口にせず、霜柱の中に凍えた無名の男こそ、本当の戦死者である筈なのだ。

戦後二十三年を通じ、ほとんど公にされる事のなかった、このような真の戦いの犠牲の記録がここに有る。

私は三才の息子の寝息を聞きながら、半月近くかかって、一つ一つの記録を大切な気持で読んだ。そしてこれらの記録は、毎日の煩瑣な生活の中にいつか埋没してゆきつつあった「私自身の戦争」を再び思い起させてくれた。

やがて、私の子供も成長し若者となろう、その時まで、私はこの特集を大事に取って置き、そして聞かせなければならない。

戦争とはこんなものなのだ。それは華やかな戦記に残された英雄の物語りではなく、毎日を泥にまみれて生き、野良犬のように死なければならなかった多くの無名の人々の戦いであったのだ。その証言がここにあるのだ……。

戦没者の慰霊祭に「あなた方の死は無駄ではなかった……」との弔辞が麗々しく述べられる時代になった。が果して、あの惨たる毎日の暮しに耐えた事が、そしてその中に忘れ去られた数々の死が、無駄でなかったと言い切れる今日なのであろうか。

この記録を子供達に伝え、戦争の真の姿を理解してもらった時、その時こそ私は百数十編の記録の中に、そしてその背後に連なる私達をも含めた、厖大な人々の生と死が、始めて無駄ではなかったと言える筈ではないだろうか。その前にぬかずいて、平和の誓を新たにするというならば、この一冊こそ正しく無名戦士の墓碑銘に他ならないといえよう。

幼かったとはいえ、やはりそれなりの戦争を生きて来た私にとって、この感想は、記録を寄せられた方々と同様に書かずにはいられなかったものであった。

母への不信を★

（中内　万里子・昭和13・主婦・高知市）

戦争中の暮しの記録とは、なんとさまざまの悲惨さを血と涙でうったえていることか。私とて、そのうったえは受身ではない。

子供心にも、この手記とおなじような体験をしたことはおぼえている。空襲、疎開、しらみ、強制疎開、食糧難、と体験はしたけれども、もう、それは遠い昔のおもい出であって、この手記にあるように、如実には書き記すこともできない。

これをよんで始めてこんなに悲惨であったのかと、改めて思いおこした次第である。

だが、この中で、とりわけ私の心に強く残るのは「食べ物」の話だ。戦争中に「生きる」ということは、空襲から逃れることであり、住む所を探すことであり、着ることであり、食べることであった。だが、戦後、生きるということは、むしろ食べるということに集約されたのではないだろうか。

この手記の中で、「自分だけ白い飯を食べる神経」というのがあった。それまでは、一気に読んで来た私は、始めてそこで泣いた。そのやりきれなさが、身にしみてわかったからだ。その人は、夫と別れたと結んである。だが、私のやりきれなさは、相手が血のつながる母であるという事である。

戦中、戦後を東京ですごした私たちには、食糧難は、いうまでもなかった。考えてみると、母は私たちといっしょに満足に物を食べていたのを、見たことがない。母も子供以上に空腹だったにちがいない。

ある晩、ふと目覚めた私は、向うのすみに寝ている母が、二、三本のふかしいもを食べているのを見た。日頃、私たちの口には、めったに入らないものだった。

のどまで手の出かかった私は、それでも母に声をかけられなかった。幼な心にも、母が狼狽するであろうことを察して、そのやりきれなさが空腹を押し殺したのだろう。

だが、私は、その時から、母を心底信じなくなった。母はとうにそんなことは忘れているかもしれない。私が母の盗み食いを知っていたとは夢にも思ってないだろう。私は母にはもちろん、いままで、誰にもこのことを話してはいない。

話す娘、話される母、どちらもあまりにもあさましい姿だったろう。

だが、かずかずの手記の中にあるぎりぎりの食糧難を改めて知る時、あの時の母が、無理もなかったのではないかと思えてきた。今はもう、静かに余生を送る一老婆になった母を許す許さないのという大げさなものではない。

ただ、こうして書いてみて、心の底に沈んでいた母への不信といったものに結末がついた様に思う。そのうみを押し出してくれた、この手記は、その意味でも私には貴重な存在となろう。

（三宅　安枝・昭和12・主婦・笠岡市）

１２１５名の若い人たちについて

いちばん多かったのは14年―19年生れの主婦

もちろん、何にでも例外はあるが、ひっくるめていうと、女の人のほうがどうやら筆まめらしい。手紙にしても、あるいは作文にしても、どうも女の人のほうが、手まめに、気軽にペンが走るようである。そこへいくと、男は書こうという気持があっても、なんとなく書きそびれて、そのうち書く気もなくなってしまうことが多い。

こんどの感想文についても、女の人のほうがずっと多かったのである。簡単に考えると、暮しの手帖という雑誌が、どちらかといえば女の人によく読まれているからだ、ということになるが、少なくともこの「戦争中の暮しの記録」にかぎっては、もちろん女の人にも読まれているが、それに劣らず男にも読まれていることが、私たちの調査でわかっている。だから、応募した人に、圧倒的に女性が多かったのは、やはり女の人のほうが筆まめである、ということも考えにいれておいたほうがよさそうである。

応募総数１２１５篇のうち、８９５篇が女の人であった。まるめていうと、３対１の割合である。

もっとも年代によって、多少この色合は、かわってくる。

男の数が比較的多いのは、昭和20年から27年までに生まれた組で（一番若いのは高校一年）、女を１００とすると、57が男である。逆に男が一番少ないのは、昭和14年から19年までに生まれた人で、この組は、女を１００とすると男はわずかに22人である。

しかし、この昭和20年から27年の間に生まれた男の組は、女にくらべての割合が一番多いばかりでなく、その文章は、すべての応募原稿のなかで、いちばん特長があった。

やたらに新しい言葉が出てくる。一口にいうと、難解である。難解な文章にも二通りあって、読むほうがダメなために難しい文章と、書くほうがダメなために

■どの年代の応募が多かったか

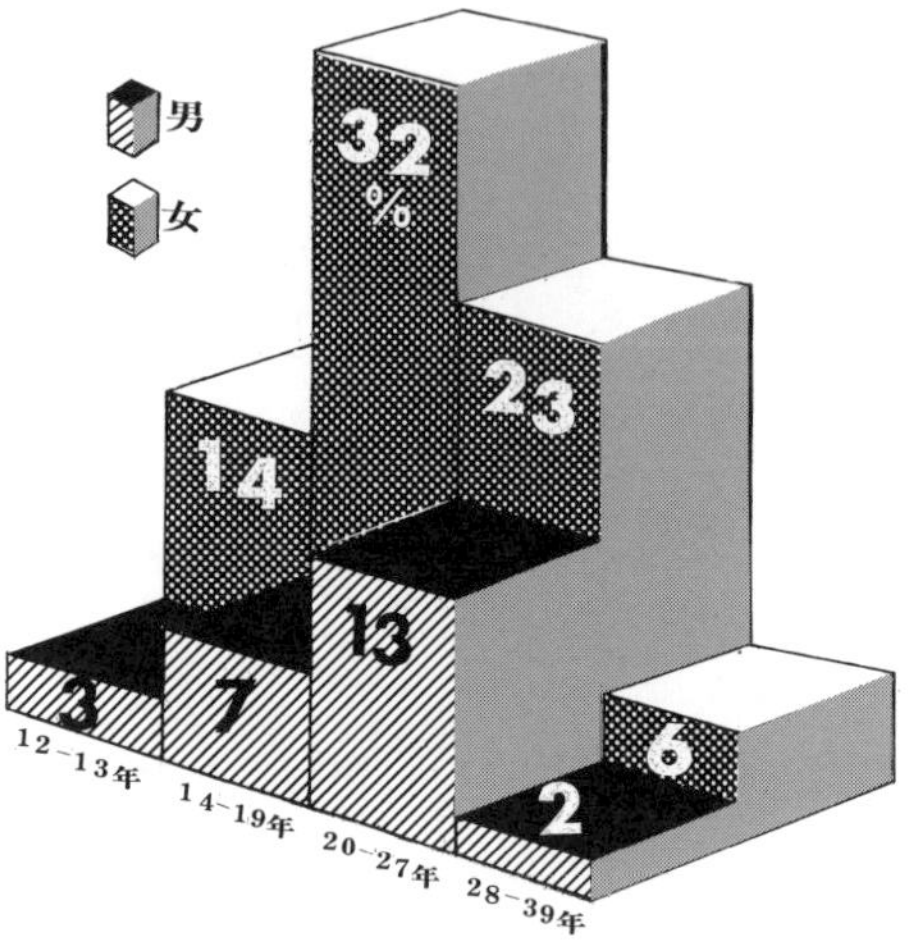

難しい文章とがある。こんどの文章には、この二通りが両方ともあった。

断絶・追体験・理論構築・状況・原点原罪・癒着・体制・反体制・連帯感・違和感……

こういった言葉がポンポンと、やたらにでてくるのである。

こういう言葉を使わなければ、自分の感じたことが言えないとおもう、そのことにも大きな問題がある。こんどの応募原稿のなかでは、こういった言葉をつらねて、しかもよく意味が通ったというのは、非常に少なかった。

たいていは、言葉だけが派手にならんでいるだけで、言っていることは紋切型のレディメードの結論になっているものが多く、私たちの言葉で書き直せば、だいたい五分の一か十分の一ですむ程度の内容である。

なかには、言葉をつなぎ合せることにばかり苦労をして、たぶん自分でも、いったい何を言おうとしているのかわからなくなってしまって、最後にはサジをなげてしまったものもいくつか見られた。

この年代の男性は、八割までが学生であった。大学生が六、高校生が四の割合である。

これにくらべると、おなじ年代でも女の方には、それほどむつかしい言葉は出てこない。原稿の字や文章を見ただけでは、男か女かわからないようなのも、たまにはあったが、大半は、字も割合に女らしく、文章もやたらにわけのわからない書き方をしたものは、ほとんどなかった。

このことは意外であった。というのは、戦後ひと頃、若い女の人、ことに学生の書く文章は、おなじ年代の男の子にくらべて非常に漢字が多く、むつかしい言い方をしようとしている傾向があったからである。

それが、こんなに「女らしい」文章を一般に書くようになったのである。

本題とそれるが、おなじこの号のはじめの方に特集した、女子学生のものの考え方の移りかわりという問題にも、関係があるような気がする。よろこんでいいことか悲しんでいいことか、わからない。

■応募者を仕事で分けてみると

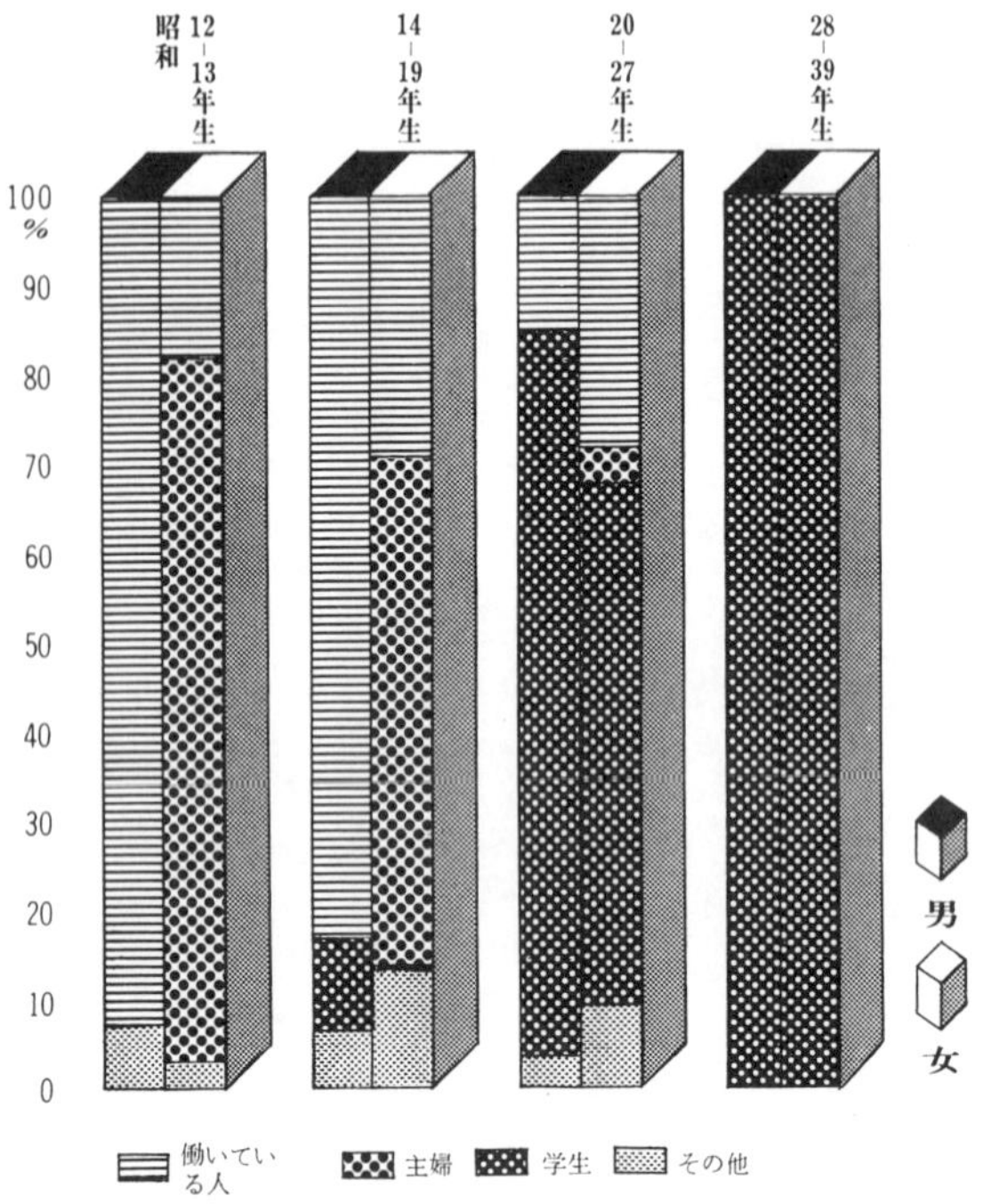

全体をひっくるめていうと、男の場合は、学生が52、働いている人が43、その他5という割合になっている。女の方はもちろん、すこし様子が違って、四割までが主婦である。そして学生が26、働いている人が24、なにもしていない人が10という割合になっている。

ついでにいうと、この主婦のうち、七割までが、子どもをもっている、つまり母親である。

戦争体験についての いわれない劣等意識

ところで、あの特集を読んで、はじめて、戦争中の暮しがこんなにも悲惨であったのかと知った人がいる。

こんど応募した人のなかでは三割五分に当る427名が、はじめて知った、ということを感想に書いている。

これも、もちろん年代によって相当ひらきがあって、昭和12年、13年組で知らなかったというのは、百人に十人位の割合しかいない。それが20年から27年組になると、知らなかった人がぐっとふえて、大体百人に五十人、つまり二人に一人という割合になる。小学生、中学生になると、当然のことながら百人に七十人ぐらいの割合で、知らなかった子がいた。

　そんなに遠い昔のことではない。しかも自分の親達が経験してきたことだというのに、こんなに悲惨なものだとは知らなかったというのが、こんなにいる。なぜだろうか。

■危機感をもっている人の割合

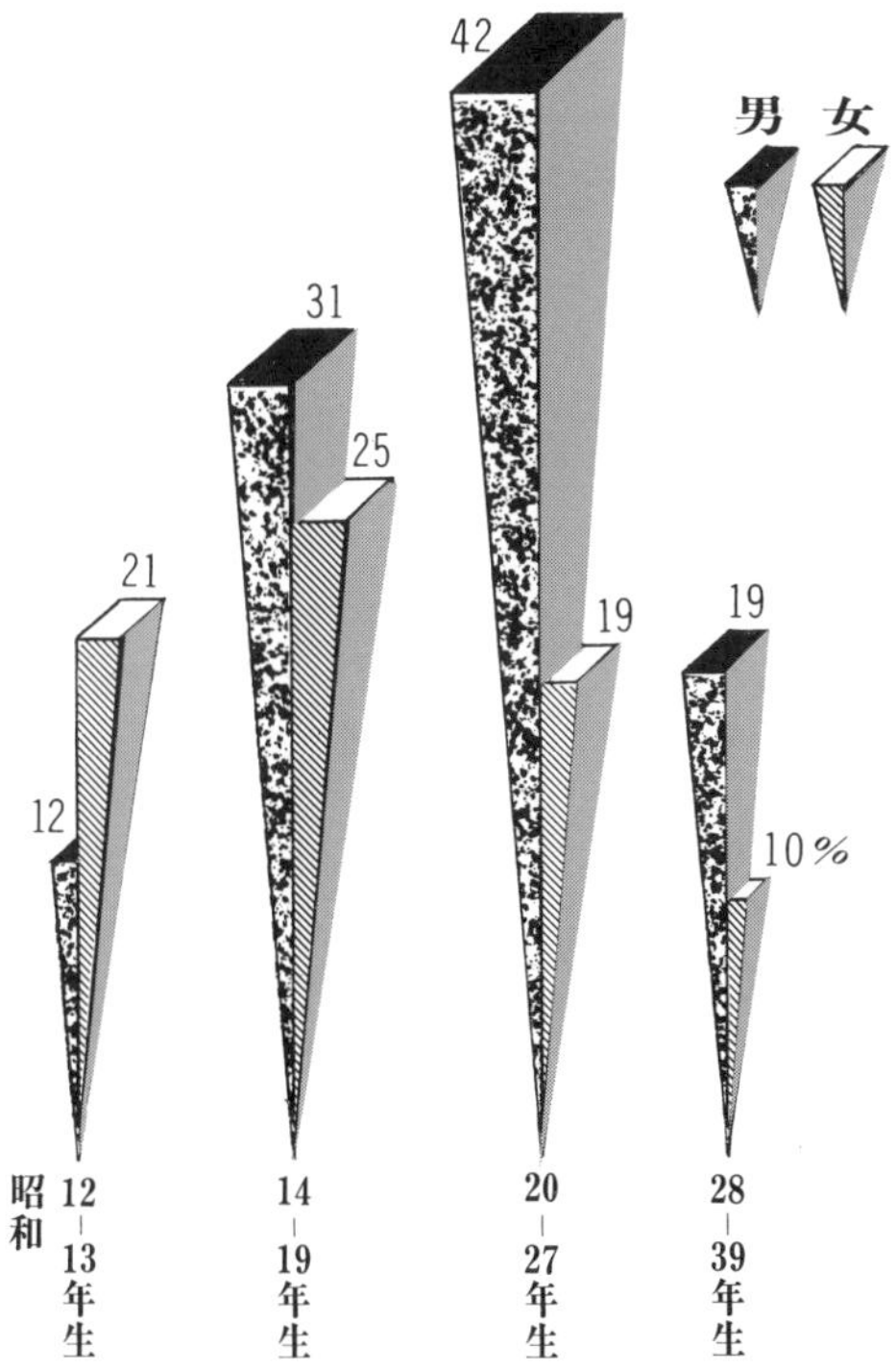

■悲惨さをはじめて知った人の割合

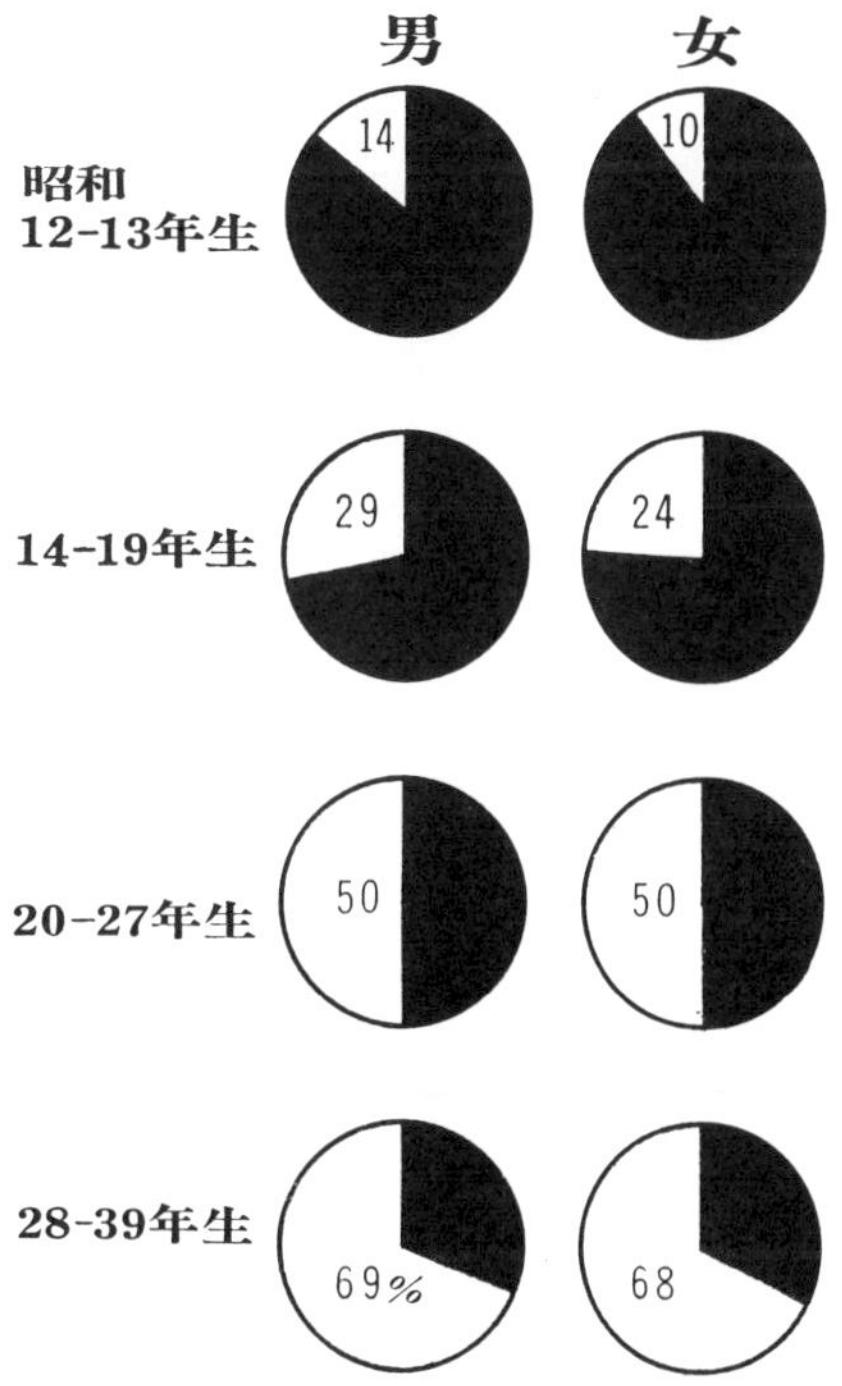

　こういう事実を知らされるのは、家庭の中で親から子どもへという形が一番ふつうだろう。

　それが伝っていないというのは、一つには親たちの中に、いやな思い出だから話したくない、という気持の人がいるということだろう。しかし、話しても、こんどは子どもの方で聞きたくないということだってあるにちがいない。

　それについて、ちょっとおもしろい数字をお目にかける。

　こんどの応募原稿には、一つの大きな特長があった。

　書き出しの第一行から、私は戦争を知らない、私は戦争体験がないという意味のことを書く。逆に、私は戦争を知っている、私なりに体験があると、やはり第一行から書き出す。こういう原稿が非常に目立ったのである。

　私は戦争を知らない、と第一行目から宣言せずにいられなかったのは、全部昭和20年から後に生まれた人である。

　しらべてみたら、二割もあった。しかも、他のことでは男と女とずいぶん違った傾向がみられるのに、この点では男女の差がみられないし、また大学生から小学生までおなじ割合である。

　一方、私は戦争を知っている、体験している、と強調するのは、昭和20年以前に生まれた人で、その中でも昭和12年、13年組に非常に多かった。この組では男の九割まで、女も八割までが、それを書いているのである。

　昭和14年から19年組では、男の四割、女では四割四分が、やはりこれを強調している。

　20年を境として、一方は戦争体験があることを強調し、一方はわざわざそれがないことを宣言しているのである。これは私たちにとって、意外でもあり異常でもあった。

　この人たちは、両方とも、なにか戦争体験ということについて、一種の劣等意識をもっているのではないだろうか。

　なにか戦争体験が、日常の毎日の平凡な暮しでは味わえない異常な体験だからというので、ある種の値打をもっているようにみえる。

　そのために12年13年組は、ごくわずかの記憶をたよりにして、自分もその価値ある体験の持主の一人であると強調するし、全然そうした体験をもち合せない年代は、逆にひらき直って、そんなものはもたないことを、わざわざ宣言するのではないだろうか。

　本来ならこんな悲惨な経験は、だれだってしたくないのである。ところが、体験のない世代にこれを話すときは、ついお前たちは知らないだろうが、といった一種の優越感にとらわれるのかもしれない。

　そのために、聞かされる方は、その優越感にイラダチと抵抗を感じ、所詮体験は伝えることはできないものだ、とひらき直るのではないだろうか。

その結果、一つの家族の中で、わずか二十年あまり前に親が経験したことが、子どもにさえ伝わっていない、ということが起っているのだろうとおもう。

いわれのない優越感であり、いわれのない抵抗感である。

大ざっぱに内容の傾向を分類してみると

さて、この応募原稿全体を読んでみると、そこに年代により、男と女の違いによって、感じ方受け取り方にいくつかの傾向がみられる。

大ざっぱにこれを分けてみると、大体つぎのようになるだろう。

1戦争中の暮しがこんなに悲惨なものだとは知らなかった。それにくらべると、いまの自分たちは幸せである。不平不満をもったり、だらけきって暮していることを反省した。

2いまの平和な暮しは、この人たちが作ったものである。あらためて親たちの世代を見直し、感謝したいとおもう。

3こんな悲惨なことをくり返さないために、いまの平和を大切にし、守りぬかなければならない。

4こんな悲惨な目にあいながら、当時なぜ反対しなかったのか。こんな目にあわされた人たちが、現在どうして平和を守るために立ち上らないで、黙っているのか。

5この悲惨な記録の行間に、戦争反対の叫びが聞えないのが不満である。

6この体験を私たちは受けつがなければならない。

7この記録を読んで、現在の反戦平和運動のあり方に疑問をもった。

8その他（これは、なにをいっているのかさっぱりわからない、いわゆる意味不明のもの）

全体を大ざっぱに分けると、こんなふうになるが、もちろん年代により、男と女によって受けとり方のちがいは当然出てくる。

昭和12年13年組の男には、「なんとしてでも平和を守りぬこう」というのが一番多くて四割を占めているが、女の方はむしろ、「この体験を子どもに伝えたい」というのがずっと多い。

ところが14年から19年組になると、男の方は「平和を守りぬく」と「この体験を伝えよう」が同数で、全体の半分以上を占めているが、女の方は「平和を守りぬく」が一番多く、全体の三分の一まで占めている。

昭和20年からあとに生まれた組になると、様子がちがってくる。社会人であろうと、学生であろうと、どれも「いまはなんと幸せであるか」というのが一番多い。

しいていえば昭和20年から27年組の男では、「平和を守りぬこう」というのは、六人に一人だが、女の方は倍の三人に一人の割合で、この点では文字どおり「ぼかあ幸せだなあ」組がはるかに多い、ということになる。

全体の四人に一人が危機感をもっている

危機感というのがある。日本はこのままでは戦争に突入しそうだ、そんな気配をひしひしと感じる、ということである。これがどのくらいあるか、しらべてみた。

男では20年から27年組に一番この危機感がつよくて、四割以上になっている。一番少ないのは昭和12年13年組で、危機感をもっているのは、わずかに一割そこそこである。

一方、女のほうでは、14年から19年組に一番多くて、四人に一人の割合になっているが、12年13年組は五人に一人、20年27年組もほぼおなじで、大体どの年代もおなじくらいの割合で、危機感をもっている人がいること、この点で男にくらべて違うところであった。

男と女の物の考え方の違いは、この危機感についてもよく現われている。

男は、基地問題、あるいは今の内閣の姿勢、国際情勢、教育の規制、といった大上段の事柄から話を進めていく傾向があるが、女の方は、この危機感を自分の身辺のことに受けとめて発言している。

たとえば、自分のこの幼い子が、いつの日か徴兵で召集されるようなことがあったらとか、自分の夫が出征するとか、あるいはこの家に空襲があったら、というふうに考えて、もしそんなことになったら、わたしは牢につながれても反対するつもりだ、と決意をする。

男は、いいかえると抽象的であり、女は具体的である。そのために、女の発言は重みをもっている。

世間では、とかく女の人の発言を、論理的でないとか、視野がせまいといって軽蔑する風があるが、このように、もう二度と戦争はいやだといった場合には、むしろインテリぶってむつかしい言葉をならべたてたがる男の発言が、いかにむなしい、頭の上をすぎさっていく風のようなものかを、身にしみて考えさせられるのである。

それにしても、こんどの応募者は、やはり、北は北海道から、南は鹿児島、沖縄まで、すべての都道府県にまたがっていて、しかも学生や主婦はもちろん、役人、教師、医師あるいは店員、工員、農民、酒場のホステスといった、いろんな職業の若い人たちが、一つの問題で、これだけ発言しているのである。このこと自体にまず意味があるとおもいたいし、私たちにとっても、予想以上に大いに勉強になり、考えさせられることが多かったことを、つけ加えておきたい。

附録2

戦争を体験した大人から戦争を知らない若いひとへ

〈戦争中の暮しの記録〉を読んだ若い人たちの感想のなかで、もっとも強く読者を打ったのは、こんなひどい目に会わされた大人たちが、どうしてだまっているのか、どうして平和を守るために立ち上らないのか、という素朴な問いかけであり、もう一つは、戦争がはじまってからではおそい、戦争中の体験よりも、戦争になる一歩手前のことを話してほしい、というねがいであった。

そこで編集部は、あの戦争を生きてきた人たちに、戦後のこの年月、とかく言葉すくなく、だまりがちだった人たちに、いま、若い人のために、じぶんの気持を、はっきり言うときがきているのではないか、と改めて呼びかけたのである。

その呼びかけにこたえて、いわゆる戦前派、戦中派から、つぎつぎに感想が寄せられてきた。その総数八六六篇。その中から、いま二十篇をえらんで、ここに特集する。

これまで、ほとんど外に向って語ることをしなかった世代が、ここにはじめて、はなはだ口は重いが、じぶんの心の中を語りはじめたのである。

断絶をつたえられて久しい二つの世代の話しあいが、そして心の通いあいが、あるいは、ここから、はじまるのではないか、すくなくとも、その希望が、ここに芽生えているのではないか、私たちは、それをおもっている。

悪魔にならないために★

戦中派と戦後派の断絶が大きく叫ばれるけれど、戦争を知っている世代、戦争体験を持つ人たちの中にも、戦争観に大きな断絶があることを私は訴えたい。あの戦争に甘美な郷愁をよせる人、あの戦争を正当化する人が、戦中派の中にも決して少なくないことも、残念ながら事実である。

敗戦当時、十六才で国鉄の機関助士だった私は、あの日を境にして、中国大陸から、南方諸島から、はたまた内地の各所から、名も顔も知らぬ先輩がぞくぞくと職場へ復帰してくるのを迎えた。一緒に乗務することもあったし、詰所で浴場で、戦場での体験を聞かされたけれど、戦争の悲惨さ、無益さ……などを訴える声はほとんどなかった。

残虐行為に近いようなことなどを得意気に語るのを聞かされて、へきえきすることもあった。若い私ではあったが、砲煙弾雨の下、生死の境をさまよいながら、この人たちはいったい、戦争から何を把《つか》み、何を学んできたのだろうかとやり切れない思いをしたものだった。

「男は敵と戦い、女は戦争と戦った」という中野マキ子さんの言葉は実に重い。

戦争の惨禍は、第一線で戦う兵士のみでなく、ひろく庶民の生活を根本から徹底的に破壊するものであることを、〈戦争中の暮しの記録〉はえがいて余りある。

しかし、私は、あの特集の手記の大半は、あの戦争の末期、日本の敗色が濃厚となってからのものであることに注意しなければならないと思う。中国との戦いだけの時期は、比較的のんびりしていたし、米英との戦いも初期の間は、大多数の国民は熱狂的に支持し、有頂天になっていたのである。

夫や愛児を戦地へ送り出している家族や、戦死した遺族を除けば、あの戦争によって生活の大きく変った人はまだ少なかった。戦争の末期になって、戦争を呪う声が急に大きくなったことは、当然のことかも知れないが、気をつけて考えなければならないことだと思う。

満州事変から敗戦の日まで十五年間、永い戦いであったが、一部の人たちを除いて、日本人に戦禍の及んだのは、せいぜい末期の二、三年であった。しかし、私は、中国の人たちは終始、言語に絶する惨苦を、われわれ日本人によってなめさせられたことを、決して忘れてはならないと思う。

ただ単に、人命や財産資源のみならず、無数の非人間的行為が、日本人によってなされたことを絶対に忘れてはならない。それぞれの家庭で、よき父であり、やさしい夫であり、心やさしき息子であったに違いない人間が、悪魔にされるのが戦争なのである。悲惨な生活を強いられるがために戦争に反対するのではなく、悪魔にされるのを拒否するために反対しなければならない。

あの戦争がどのような状態の中ではじめられ、進められたかを、考えてみるとき、私は、今のこの泰平ムードの世情の中に危険なものを感じないわけにはいかない。戦前の歴史が、いま目の前でくり返されつつあるようにさえ、思われるときがある。思いすごしであるだろうか。

それならなぜ、子供たちの教科書から、戦争の惨禍や無意味さを訴える内容が消えてゆくのだろうか。

昭和二十年八月十五日の正午すぎ、名古屋から浜松まで客車をひいて走った蒸気機関車から降りて、はじめて日本の無条件降伏を知り、涙を流した私だった。

敗戦のショックに放心状態の私は、同乗の初老の機関士にはげまされて、ショベルを握りつつ名古屋まで列車をひいた。その夜のことは終生忘れられない。もう灯火管制の必要もなく、家々からは、さんぜんたる電灯の光が洩れ、まばゆいばかりだった。石炭の焚口から洩れる光から敵潜水艦の襲撃を防ぐため、浜名湖の鉄橋を通過するときは、遮光幕を運転室におろしたものだったが、この日からはもうその必要もなかった。なによりも沿線の電灯のあかりがまぶしかった。

戦争が終っても、いや終ってからも数年は、苦しい生活がつづいた。しかし、生活は苦しくとも、明るい希望があった。生活は豊かかも知れないが、何か無気味な不安を感ずる今日この頃だ。

（川端　新二・39才・春日井市）

★祈るだけでよいか

若い方々の感想文を読み、先ず感じたことは「予想外なものではなかった」ということだった。

私は七十才、年令差は半世紀に近い。にもかかわらず、現代の若い人々の考え方はこうもあろうかと推測し、大体そのとおりだった。

私は明治から大正へかけて教育を受けた。日本は五大強国の一つ。外国と戦い二度勝った。やまとだましい、神風――そういった教育を受けて成人した。

戦中は、わが生涯を通じて最高の努力奮斗をした。戦争に協力した。日本通運赤羽支店に勤務、車両係長として輸送部門を担当した。被服廠《しょう》、兵器補給廠、防衛部隊、軍需工場の物品輸送が仕事の大部分であった。

ガソリンがなくなり、コーライト、木

炭、マキと燃料は変り、自動車を動かす仕事は困難をきわめた。

　当時の体験を語るのはやめよう。皆がそうして悪戦苦斗し、餓えにたえたのだから。

　敗戦。日本は完敗した。

　私はすべての命令を信じ、誠心誠意をもってやった。だまされたなどとは思わなかったし、現在もそれに変りはない。一軍部の力だけで、あれだけの戦争を始められるものではない。国民の総意がそう駆り立てていったのだ。これは当時の国際環境を抜きにしては説明できないことだ。

　とにかく全面的に協力した。私だけでなく、大部分の日本人がそうであった。

　戦争はまっ平だ。同感である。しかしどこかでいつでもやっている。戦争と平和のくり返しが人類の歴史だ。そのとおりだと思う。

　結論をいうと、私は戦争はなくせないものだと思う。適当な例ではないかも知れないが、健康はありがたい。地上からあらゆる病気をなくしてしまいたい、といっているのと同じに思われてならない。

　戦争の起る原因は「差別」にあると思う。民族と民族、国家間に差別のある限り、戦争絶滅は期し難い。差別とは、人種、貧富、地域差、資源、思想、宗教等、無限といっていいくらい巾広く存在する。

　その一つ一つを解決していくのが真の平和運動だ。何十年かかっても、その問題と取りくみ、差別を縮め、消滅させる努力を続けることが人類の使命だと思う。

　人と人と殺し合うなんて愚かなことをなぜするのかとなげき、平和を大切に守り抜かねばと決めても、それに見合う義務遂行の実践がなければ何の役にも立たぬ。祈るだけなら宗教家だけで事足りると思う。

　私は子供二人を失った。これも計算に入れて、あの戦争での得失を考えて見よう。

　失ったものより得たものの方が多く、大きい。最大のものは「自由」だ。思想言論の自由、このありがたさは筆舌に尽しがたい。政府、政党のやり方に批評ができるのだ。この喜びは私たち年代の者でなければピンとこないと思う。

　もう一つ附け加えたいことは次のことだ。人間は本能として愛憎の二面をもつ。平和を愛し、同時に、斗争をも好む。反論があるだろうが事実だ。一物二面であり、時として多面である。

　世界を吹きまくる学園紛争を、よく観察すればよくわかる。ヘルメット、角材から、メキシコでは実弾が飛ぶようになった。あれは戦争ではないというかもしれない。しかし血が流れ、何人かの人命は失われていく。この事実に眼を背けてはいけない。話し合いはいいことだ。しかしいくら話し合っても、平行線をたどるという場合もある。何でもかでも自己主張へ屈服させるというのは暴力だ。つるし上げは双方が理性を失う。英知と勇気、連帯感の、どれ一つを失っても対立抗争を打ち切ることはできない。

　私は、決して絶望を主張しているのではない。そうとられては心外だ。

　だが、事実は認めるしかない。読者におもねることはできない。正直に実感を書きつづることが一番誠実だと思う。

　いうまでもなく人間形成の源流は教育である。明治大正期の教育が、私の人間性を作った。だから私は若い人たちの感想文をよみ、現代の教育をさぐって見ようとしている。あの戦争に反対しなかったのはなぜか。現在も余り語ろうとしないのは？　などという疑問にも、間接ながら答えたつもりである。


（**渡辺　専助**・70才・東京都）

こんな筈ではなかった★

　私は昭和二年一月に生まれている、二年といっても実際には昭和最初の年である。鏡に写したわが姿を見ながら、昭和もだいぶ古くなったな、と思う。

　私は昭和九年小学校入学、歌を歌ってもお国のため、絵をかくのも、遠足で十五キロの道程に疲れてもお国のため、というように育てられた。戦争への批判どころか何の疑も抱かず真さらな気持で信じていた。

　その後師範学校に入学し、ここではいっそう拍車をかけて、聖戦というものに協力した。学生とは名ばかり、知性も学業もとうぶんお預けで、ただ働くだけである。

　二十年の初め学徒動員ではるばる名古屋まで出かけた。その頃すでに飛行機工場に原料はなく、仕事はほとんどなく毎日空襲をさけるのに精一杯であった。

　二十年八月、敗戦の日を迎えて、すべては間違っていた、みんなウソだった、と急にいわれてもなかなか本気になれない。あの時の虚脱状態。まわりの大人たちの狼狽。何もかも馬鹿らしく自信というものをすっかりなくしてしまった。いま私たちに戦争のことを思い出したくない、ふれたくないという気持があるのは、戦時中の苦しみもさることながら、あの敗戦後の不信の気持の暗さを思い出させるからではないだろうか。

　ほんの少し戦後の教育を受けて二十三年の春、小学校の教員として社会に出た。教師になることが怖しくて、一晩泣き明かしたことをおぼえている。戦時中私になに疑うことなく聖戦を信じさせた学校教育、その恩師であるひとびとが、いま戦後の新教育で、同じ口で民主主義を説き、黒から白へと変貌している。なんともわりきれない気持で私はまよった。しかし、友人や先生から、これからの日本を信じ、自由と平和を守る人間を育てよ、とはげまされて教育の現場に出たのである。

そのころ六・三制は出発したばかり、教育の現場は大きな混乱の渦をまき、校舎も教材もなく、すべてに貧しかった。しかし活気に満ち旺んな研究意欲で新卒早々、毎日尻を叩かれてふうふういっていた。

あれから二十年、そのあいだ教育の場にも流行のような流れがあって、いろんな新しい言葉が生まれては消えて行った。

そして幾度も改訂される文部省の指導要領。改訂の度に私たち教員の仕事は、道巾が狭められて行くような気がする。社会の進歩に合せた教育をと言われてはいるが、教育の仕事は畑で作物を作るのとはちがうはず、戦時中の教育で育った私たちがいま戦後の教育を担当し、新教育で伸びた若者たちがいま路上で角材を振っている。

教育の仕事はそのときどきの目先の要求よりも、一本筋の通った、いつの時代にも変らぬ人間教育でなければならないのではないだろうか。どうしてこうも矢継早に変えられるのか。私たち教員は小さい声で文句を言いながら、結局それにしたがって行く。無責任で意気地がない、と思う。

この頃、教育の現場は静かになった。出発のころ盛んに論じられた、全人教育とか自由を平和を愛する子供とかの言葉を、職場でも研究会でもあまり聞かれなくなった。検定を受けて出版され無償配布の教科書をていねいに克明に授業する毎日毎日をくり返して行くうちに、私はまた私の恩師と同じ過ちをおかすのではないだろうか。

この頃明治百年というが、なんとなく今の世の中が、明治の初めの世相に似て感じられるのは、私一人だろうか。

歴史はくり返す、なんて言ってもいられない。私が教師になったのは、こんな筈ではなかった。平和を口にする事さえ憚からねばならない教師、こんな筈ではなかった。（砂原　久枝・41才・米子市）

ボクのノート★

戦争中ずっと日曜外出のあった北スマトラは、第一線とはとてもいえない。異郷での独身所帯という、いわば渡世人的ノンキさの部隊であった。

一度敵機の銃撃を受けた。溝に伏せているとき、胸ならいいが、背中を撃たれて死んだのでは恥ずかしい、と思って仰向く努力をしたが、体が硬直して動かない。

俺はこんなにイクジナシなのか……南方の空を飛ぶのは爽快だ。あの雲の中から敵機が飛出してくるかもしれぬ。でも飛行機で死ぬのはアッという間だろう。死ぬなんて簡単なものに違いない。そう思うから、特攻隊の募集があったら志願しよう、などと考えていた。

若い諸君にお見せしたいものがある。ボクのノートの摘要です。

15才——紀元2600年の歴史を顧るに数多《あまた》の忠臣義士あり、命を大君につくし、以て皇統を護持したるなり。太平洋上波高く西の方暗雲低迷す、愛国の志さらに固めん。

16才——天子は現人神《あらひとがみ》なるに、戦死せる民をば拝ませらるること畏れ多し、忠義の心益々起さでやはあるべき。来ルベキモノガ来タ、海軍ノ進撃振リヲ見ヨ、海軍ハ俺ノ生キルベクマタ死スベキトコロ。

17才——スパイ事件をきく、寒心に堪えぬは、犯人が帝大生や師範中退たることで、かつての滝川事件、美濃部説とあわせ考えれば、学問教育界の道義地に墜ちぬ。九軍神の発表あり感激す、忠義とは一死以て天皇を護持することなり。色盲の故に、長年の希望だった兵学校に不合格、残念この上ない、是非海にいきたい、海洋学はどうだろう。

18才——闇が横行してる、米英のように物質主義でいこうとすれば不自由を免れない、配給が少ないのは戦争に勝つためだ。山本長官の死をきく、水産生のわれは、同じ海に生きる者として長官の魂を受けつごう。

19才——海軍人事部にきくと、色盲では予備学生もダメ。文部省から学徒徴兵延期廃止の布告、この際陸軍でもいい。（陸軍への請願書）特別幹部候補生を志願して採用を待っているが、もし飛行兵がダメなら船舶兵にでも採って頂きたい。遂にきた、特幹採用の通知。飛行整備兵として第一線に征く、死にゆくんだ……

かなりいい気なもので、やや特殊なケースかもしれないが、当時の一少年の歩みにはちがいない。これでは戦争批判どころか積極的戦争共犯者でさえある。いまは「こういう時代だったのだ」とだけいっておきましょう。

ボクの戦争体験は、実をいうと、この後にくる。

復員して家族の話をきいたとき、ボクは唖然とした。ボクがスマトラで日曜外出を楽しんでいたとき、母や弟妹たちは連日の空襲下にあってイモの葉を常食にしていたのだった。

戦争の悲劇は、渡世人的外地の軍人によりも、むしろ銃後の老人子女の上にあるではないか——「すまないことだった」。仕事で長崎にきたボクは原爆資料を見、被爆者を知った。

「死にゆく」などと簡単に割切って

いたボクが生還したというのに、ここでは幾万という市民がなんの覚悟も抱かないままに、殺されていた。戦争とはこんなに不条理なものだったのか――「黙れ、その不条理に対してお前は理屈をつけていたではないか、2600年の皇統を護持するためだなどと。どういうことなのだいったい」。ボクは黙って頭を下げるほかなかった。

反戦どころか、誰もが好戦者に仕立てられたんだ――長らくそう思いこんでいたボクにとって、戦没学生の手記はこれまた大きなショックだった。

人間・人生・社会・政治から、戦争への疑念や、敗戦の洞察。同世代人たる彼らの断想をよんだとき、目のウロコが落ちるのをボクは感じた。（人間性をうしない、国家権力の走狗となった偏狭な右翼少年は、俺が自分で作り出したのではないか、俺の不勉強による無知と軽薄さが……）

若い諸君。

憲法を守る会だ、反戦集会だ、原水禁だ、と走りまわるいまのボクは、こうした戦争体験の反省の上に立っているつもりです。でも黙っていてはいけない。アナタ方のいうように、やはり戦争を語るべきだとおもいます――ひろい意味の戦争を。

映画山本五十六がカッコいいとか、明治百年だ、万国博だなどと手放しでよろこぶ人がいたらいってやろう――カッコいい海軍に憧れ、紀元2600年バンザイなどといっていたら、いつのまにかこのボクは、多くの市民を苦しめ死なせた戦争の、国家権力の共犯者になっていたのだ、と。

そして、反対せずに黙っていても、それでも消極的な戦争協力になるんだ、と。（河合　潜二・44才・長崎市）

★若き世代への願い

戦争中の暮しの記録は静かに本棚へ納められている、いつもは夫婦揃ってすみずみまで読み、時には吹き出したり感心したりするのに、96号だけはパラパラと拾い読みしか出来なかった。

人は自分の過去を自慢気に話せることもあるけれど、みじめなバカな昔の姿は、ならば隠しておきたいものでもあり、もうすんだ事と忘れたい気持でもあるものだ。

この特集はあの時代に生きた者にとって辛い一冊である。だから若い人たちがどう読んでくれたか、とても気になっていた。

素直に大変だったなあと同情する人、平和を守りぬこうと約束する若い世代の感想は、大切に育てられた子供たちがのびのび成長してくれてよかった、とほっとする反面、「あの苦労は経験しない人には絶対わからないものだ、いまベトナムで死に直面している人々と全く同じだった」と口を酸っぱくして説明したって分ってはもらえないのだと感じた。バカな親たちは軍の命令とあればどんな苦しい事もお国の為と服従した。

終戦時は殊にひどかった。日本が敗けたと知って突然宣戦布告し、取れるだけのものを取り上げ、外地にある日本人に残酷の限りを尽したソ連を、今もって不信の念を抱いている人々は多い筈。勝った米国の上層部につちかわれていた良識のお蔭で立ち直れたことも、肝に命じて忘れてはいない老人。若い人たちが堂々と人間の権利を主張して、何かにつけて米国に反抗しデモっている姿を羨しく感ずる時がある。

内心、「こんど日米戦争が始ったら徹底的にやられるだろう。お人好しのアメリカも人間不信になってしまっている、その時はソ連が助けてくれるのかな、静かなるドンを読むと根っからの戦争好きらしいし、全滅だけは間違いなしだ」青年がきいたら「バカな考えだ、世界中の良心がそうはさせない」と真赤になって怒鳴りつけられそうな卑屈な態度で愚かな事を思うのも、戦争で敗れた故でもある。

親たちも愚かであったが、今の日本を見ていると、大して変っていない人々が多いのが気になる。

狭い道路を、猫も杓子も自動車を乗り廻す、結婚式には、貧乏人も貸衣装の金襴緞子を着て、流れ作業の神主の前で形式的な式を挙げ、必ず新婚旅行を決行し、狭い部屋へデパートの宣伝通りの家具を詰めこむ。自分たちの信念だけが正しいと信じて角材を振りまわす学生は、戦時中に火たたきを持たせられたのと似ている。

モーニングショーが当れば、どこの局でも同じ企画を流し、司会者は、インテリ太鼓持ちよろしく「奥様奥様」とおだて、いい気持になった主婦たちは、朝早くから、ユニホームかと勘違いするような揃いのスーツに、ネックレスを首輪にいそいそと出演する。もっと驚いたのは、聖火はオリンピックだけのものかと思ったのに、毎年廻り持ちの国体にまで燃えている。この型にはまった人たちは、戦時中のわれわれとちっとも変っていない。

たった一つの救いがある。あの戦争の最中、外国帰りの教授は、「日本は負けますよ、問題にならない」といっていたけれど、平和な今は、世界中を旅して帰る青年たちが、見聞を広く良識のたくわえを身体中に充して日本を指導してくれるかもしれない。

親たちの願いをきいて一生懸命勉強している子供たちもいる。親たちとは比べようもないほどの知恵をもった子供たちがいる。うろうろしていた年寄りたちと違って、実力をみっちりつけた若い人たち、どうか愚な親を許してください。次代を担《にな》ってください。

（岡　やえ子・49才・東京都）

★死にたくなかった

「生きていて、よかった」と思う。

妻がおり、子供がいる。眠れる家がある。空、水、空気、街のざわめき、肌で感じとれるすべてが。一言でいうなら、これが「平和」ということであろうか。

昭和十八年四月二十八日早朝、分隊長であった私は部下と共に敵陣に突入し、そのまま敵中にあって、正午過ぎにようやく脱出して生還したが、その夜の再度の攻撃の先頭に立つことが、とても、こわかった。私は死にたくなかった。

私の見た限り、知ってる限りでは――昭和十五年から終戦まで――「天皇陛下万歳」を唱えて死んだ兵隊は、一人もいない。

戦没者の叙位叙勲についての事務は、私の受持ちの一つである。

「日本国天皇は故何某を勲七等に叙し青色桐葉章を授く」

残された妻や子や、あるいは父母兄弟等に、町長が読みあげて勲章と共に一人一人に手渡す。

反応は、さまざまである。

おし頂く老父母と妻――その殆んどが紋付きを着てくる。

お店に買物に出かけるときのような服装できた娘さん等は、何の感情もあらわさない。

生きている私達がしてやれることが、勲章をやることだった、とは。やっぱり死ぬべきではなかった。

慰霊祭――毎年一回、町が主催で行なう戦没者の慰霊祭――も私の受持ちである。

人口一六、〇〇〇人のこの町でも、今度の戦争で三〇〇人近い戦没者がいる。

この慰霊祭で、私は自分なりに戦没者への祈り、平和の誓いなどをうったえたかったので、それを「遺族の代表のことば」の中におりこんだ。

ある年は、父母の立場から、ある年は妻の立場から、というように心をこめて書きあげたが、駄目だった。

読んでくれる遺族が、その感情を出してくれなかったからである。遺族の選定に問題はあるにしても。たった一度だけ、妻が読んでくれたのがよかっただけである。

この遺族達の全国組織である日本遺族会は、靖国神社の国家護持を運動目標の一つとし、全国の遺族に「靖国神社法」の成立を促進するよう協力を呼びかけ、政党に働きかけている。

私は思う。戦没者の中には、仏教徒もキリスト信者もいるのに、「靖国神社法」をつくることだけが死んだ人達に対する「はなむけ」になるのだろうか、と。他の国々にも、こういう例があるのだろうか。

それでも私は、遺族会の会合には、「靖国神社の国家護持」を説明しなければならない。

この四月から、私の仕事の受持ちの中に、自衛官募集の事務も入ってきた。

一週に一回くらい顔を出す募集担当の自衛官と、私はなごやかに話をする。

「もう戦争はないんだ。自衛官も、俺達サラリーマンと大して違いはないんだ」

と、自分に言い聞かせる。

生きている者が、死んだ者にしてやれることは、何もない。

私は、生きていてよかった。

（森　伊七・49才・仙台市）

★戦争の一歩前は

私たちは信じていたのです。「この戦争が聖戦である」と。日本人がいっしょうけんめい戦争をすることが、東洋平和のもとになるのだと。日本人のために、中国人のために、満州人のために、東洋のしいたげられた国の人々のために、私たちは戦争をしているのだと信じていたのです。

そうすることが弱小民族の集りである東洋の、支配的地位にある日本人の使命なのだと、信じていたのです。だから我慢してきたのです。

「ぜいたくは敵だ」というスローガンを信じ、家族のことだけを考えて「買いだめ」をするおとなを軽蔑し、一億一心になって聖戦を戦いぬかなければならないのだと、心から思っていました。

言論が統制され「勝つために」の一語にすべてを集中していました。勝つためには食べるものも、着るものも、人の命さえも、喜んでお国に捧げよう。短波受信機をもっている人は国へ渡しなさい。他の国からのデマにまどわされてはいけない。もしこっそり聞いている人があったら、それはスパイかも知れない。スパイはあなたがたのすぐそばにいて、あなた方の会話からも日本の物資欠乏状態を知って、本国へ知らせるのです。

困った、いやになる、などと戦意を失なうような会話は直ちに日本人の戦意喪失として敵国に知らされるのです。それは重大な売国行為なのです。あなたが意識しないで話すことも、スパイ行為につながっているかもしれないのです。もし押しいれなどで、こっそり無電機をいじっていたり短波受信機で放送を聞いている人があったら、それがたとえ、親、兄弟でも、日本を売るスパイなのだから警察に知らせなさい等々。

私たちには出版界、新聞界への言論統制ぶりは知るよしもないが、素朴な日常の会話までも言論統制をされ、親、兄弟をさえ売らなければいけないような気持にさせられたものでした。

空襲がはげしくなり、友だちが爆弾で即死し、やがて自分の家も焼かれました。教え子が孤児となったり、一家全滅したという話も聞きました。それでもまだ、戦争だもの、がまんしなければ、と思ってきました。昭和二十年三月のことです。

それから、急速に日本の敗色を知らされることになったのですが、あるいは……と思う心をうちけしうち消し夏を迎えたのです。その頃にはもう〃どうにでもなれ〃というような気持と、せめて一晩ぐらい起こされずにぐっすり眠りたいな、という願いだけでした。

八月十五日の放送、とぎれとぎれの放送を聞きました。戦争が終わった。日本は敗けたのだ。そんなばかなことがあるものか、いやたしかに……。今夜からは空襲がないんだ。はりつめていた気持がガタガタゆるんでいく一方、まだあの放送は敵のデマかも知れない、という疑惑がいつまでもいつまでも残りました。

戦場にある人も、内地に残った人も、死と背中あわせで暮した日々は、人間の命が何ものにもかえがたいものであることさえ、忘れさせたのでした。

戦争とは、そういうものなのです。

戦時中、戦争に反対しなければ、と考えていた人があったことを、後になって知りました。そんな私のおろかさを笑うかもしれません。今の若い人から考えればこんな馬鹿げたことがあるものか、と信じられないことばかりでしょう。しかし、当時戦争の渦中にあった庶民はただ夢中で生きていただけなのです。みんなが心を一つにしなければ、とそれのみを信じていたのです。

この戦争が誤ったものであることなど知る由もありませんでした。ごく一部の知識人だけが、戦争の危機、日本の危機を知り警鐘をならしていたでしょう。それさえ一般の国民は知らなかったのではないでしょうか。そして、暮しが窮屈になったことを困る、とは思いながら、勝ったあとの東洋平和を夢みて我慢していたのです。肉親の死さえ、我慢していたのです。

正しいと信じていたことが足もとからみごとにくつがえされたあとのみじめさは、戦後の暮しが実によく物語っています。国民がみな放心し、次に、自分の暮しのために血まなこになって生きたあの日々が、きのうのことのように思いだされます。あの我欲をむきだしにしなければ、生きられなかった当時のことを私たちは語りたくないのです。恥かしいのです。

しかし、それだからこそ二度とくり返してはならないのです。何にもまして尊い命、多くの可能性を秘めた命を無駄にするような戦争を二度としてはならないのです。そのために私たちは、もっともっと多くのことを学び、知らなければいけないのです。

いつのまにか戦争の渦の中にまきこまれ、しかもそれを聖戦と信じてしまった私のようなおろかさをくり返してはならないのです。

（種茂　千枝子・42才・磐田市）

戦後だけが人生★

戦場のフィリッピンから陸軍病院を転転して六年間、鹿児島の聯隊を出た朝のことを書こう。あんな美しかった朝は、いまもかつてなかったからである。

営門をでて、衛兵の視界から私の後姿がみえる真っすぐな道は、ゆっくりと歩いたと思う。しかし、伊敷の電車道を曲るやいなや、私は急に駆けだした。再び兵舎へ戻れと大きな声の命令が、後ろからどなるような気がしたからである。どんな道をどう走ったかは覚えていない。行くあてもない。ただ、細い道から道を伝って駆ける。兵舎から少しでも遠く離れればいいのである。

市中をぬけ、田舎道へ出たところで、陶郷苗代川への道を訊ねた。そこには昔から、黒い美しい陶器が鮮人の子孫によって作られていることを知っていたからだ。訊ねたのは、花売りの老人であった。肩の荷には、まだかたい桃の花があった。おりからの朝の陽をうけて光っているなと思った。春だなと思った。急に涙があふれた。涙にも朝の陽があった。麦にも畑にもあった。

私は涙を流しばなしで歩いた。この道を曲ろうと思えば、自分の意志でいまは曲ることができる。歩をゆるめることも、止まることもできる。本当だろうか、と、幾度も止まったり、歩をゆるめてためしてみた。やはり本当であった。そしてこんな素晴しいことはないと思った。

苗代川まではかなりの道であったとおもう。竹やぶのはずれの、そこでみたのは、白髪の陶工が静かに廻すロクロであった。ロクロが廻ると、太い手先から土が器になって産れてくる。つきることなく次から次へ産れてくる。

しゃがんだまま黙っていつまでもみていた。物を作ることは何と素晴しく、美しい人間の仕事か、兵隊は物をつくらないなと思った。戦場は殺し焼くだけだなと思った。その家は鮫島さんという家であった。讃岐までかえるという私に、ふかした芋のいくつかを小さい壺にいれてくれた。

戦争はまだ終っていなかったので、私

はすぐ徴用で航空機製作所へ入れられた。ヤミという言葉をはじめて知り、石鹸も紙も、なんにもないことを知ったのはそのころである。そのころのことは、＜戦争中の暮しの記録＞にあるので書かない。ただ、ああいった悲惨で異常な状態が、悲惨で異常とも思えないほど曲った自分をひたすら恥かしく思う。

これは、ひどいことだと思うのだが、戦が終り、しばらくするまで、私は、私自身のことについても、なに一つ知らなかった。知らされなかったからとか、そんな教育を受けていなかったからとかは、決して私は言うまいとおもう。そういってしまえば、あの貴重な戦争という体験が、私自身のものでなくなってしまうからだ。

自身のうちから起ってくる感情にしても、思想や生活にしても、それは初めは大変美しく、たのしい、輝く芽のようなものであっただろうと思えるのだが、それがすぐ、暗く重く妙に曲り、どうにもやり切れなくなり、そのままで現状肯定へとなってしまうことが、すべて私自身の生来の性状のこととして、人生の前半を過してしまったこと、それは後悔として、恨みつらみとしていまもある。

自由といい、民主主義といい、人間性といい、そういう言葉すら戦争が終るまで私は聞くことすらなかった。その意味の重大さや貴さを知ったのは人生の後半であった。これはもう、死に至るまで決して離すまいと決意している。なによりもまず知ることである。知らなかったとか、知らされなかったから、を言うまえに、知ろうとすることである。人間は知れば必ず正しくたち向うことができると思う。

私はいま五十才を越えようとしているのだが、本当は戦後の生れなのだと固くおもっている。何ひとつ正しく教えられず、知らず、名のみ生きてきた人生など、人生のなかへ入れたくない。

（田川　赫・51才・丸亀市）

わが青春に悔なし ★

先日もあるテレビのニュースショウで、「君が代」是か非かという論争があった。時間が経るにつれてそれは激論となり、ついには聞くにたえないような暴言が吐かれた。「君が代」を否定する人は戦争中大人だった人を殺人者と呼び、人民ではないとののしり、あなた方は何をしたか、その当時戦争を否定したかといった。この言葉は見ている私の胸をぐさりと貫いた。私たち戦中派はいつもこの言葉を投げつけられる。それに対して私はなんと反発してよいかわからぬ焦燥感を感ずるのである。

学徒動員が始まったとき、私の女学校は講堂と体育館を工場に提供した。工場に通う時間を惜しみ、動員の人数を増して時間を短縮し、授業の方も中止せず平行して行くという方法がとられた。だから早朝に登校して二時間の授業を受け、ただちに工場に入り作業を夕方まで行うという毎日がつづいた。全く学問を放棄して工場に動員された学徒にくらべて、私たちは恵まれていたといえる。しかもこの恩典は、全国の動員に先がけて一足先に志願して奉仕を申し入れたためだと聞いていた。

「志願」、この言葉を特に聞いていただきたい。戦争が烈しくなって玉砕という言葉がきかれるようになった或る朝、校長先生が真剣な表情で朝礼台の上に立たれた。「今朝私の机の上に手紙があった。『この大切な時に私たちは勉強しているだけでいいのでしょうか、工場に行かせて下さい、働かせて下さい、私たちはじっとしていられないのです――』貴女たちの真剣な気持はわかる、その日が来たら、一生懸命働いてくれ、それまでは、その時のために真剣に勉強してほしい」

校長先生はこの時の無名の血書にはげまされて、工場に志願してくれたのである。

私の母は昭和十九年の始めから床についていた。いきおい私は、母の看病と家事、勉強、工場と追いまくられることとなった。どうしても三つ成しとげることが出来ず、私はまず勉強を犠牲にし、朝の授業を休むようになった。

工場が終って遅く帰る私に、父は早退して少しでも早く帰ってくれといい、私とよくいい争った。「親が死にかけているとき何が学校だ」という父に「学校ではない、工場なのだから」と私は反抗した。父は工場だからこそ早退してもよいと考えているようだった。私は心の中で「勿論親より国の方が大事だ、国が亡びるか否かということは親の病気とはくらべものにならない」と叫んでいた。

母の死を私は工場の中で聞いた。家までの道を泣きながら帰って来た私に、「お前がそんなにお母さんのことを考えていたとは思わなかった」と父は言った。母の看病すら惜しんで工場に働く私を、父は冷たい人間だと考えていたらしかった。

私についていえることは、私は自分の生き方を少しも悔いてはいないということである。空しい青春だとも思っていない。私はその時点において自分に忠実に生きたのである。

戦争について本当に語れるのは戦ったものだけである。強制されたのでも何でもない。私は心から真剣に祖国のために働いたのである。国の存亡を心から憂うることの出来たあの頃のことを、私は尊いものと思っている。やむにやまれず血書を書いたのは私だったのである。

このことは先生も同級生も、まして親

も知らぬことである。戦争を語る時、私は始めて夫と子供に話をした。私のこの心をもだまされていた愚か者よというのだろうか。（向坂　淑子・41才・豊橋市）

最後の精兵★

「諸士は皇国を護る最後の精兵である……」

昭和十九年九月一日、現役兵として中部第四十六部隊の営門をくぐった私は、広い営庭を埋めつくした同期の戦友たちと部隊長の訓示を聞いた。部隊長堀中佐の軍人らしい簡潔な訓示のなかで、特にこのくだりだけは今でもはっきりおぼえている。「最後の精兵」。この言葉の持つ意味に膝がガクガクふるえるのをどうすることもできなかったことを、つい昨日のできごとのように思い出す。

昭和六年九月、満州事変が始まったときは小学校の一年生であった。それから終戦までの十五年間、私は戦争とともに成長した。

昭和十二年七月、北支事変がぼっ発したときは旧制中学の一年生であった。泥沼にはまりこんだような四年間に戦火は支那全土に及び、遂に米英を相手に大東亜戦争に突入した昭和十六年十二月、愛国行進曲に送られて戦時繰上卒業の校門を後にしたのであった。

かくして少年時代は、神国日本と、現《あら》人神《ひとがみ》天皇と、紀元二千六百年と、大和魂と、忠勇美談と、無敵皇軍と、出征兵士の見送りと、戦死者の遺骨の出迎えと、勤労奉仕と、軍事教練と、鉄けん制裁がそのすべてであった。そしてまさに花咲かんとする青春を、十五年戦争最後の精兵として祖国の難に殉じて、二十年の短い人生を終るべき運命にあったのである。

現実には死ぬことでありながら、「悠久の大義に生きる」といった、よくわけのわからない言葉が流行し、天皇陛下のために死ぬということが何の抵抗もなしに受け入れられ、そしてそれが最高の道徳であり、真理でもあった青春時代。

入営の朝、膝をガクガクふるわせていた新兵もやがて幹部候補生となり、日日の激しい訓練にも耐えぬいて、吾れこそは天皇陛下の股肱《ここう》なりと胸を張ったものだったが、最初の敵弾が真近かにサク裂したとき、まず脳裏をかすめたものは、天皇陛下でもなければ、米英撃滅の敵がい心でもなく、それはただ「生命が惜しい」ということであった。私は卑怯者ではなかったつもりだが、「悠久の大義に生きる」などという美辞麗句は、口にすることはたやすいが、死に直面したとき何の役にも立たないものであることを、一発の敵弾に思い知らされたのであった。

昭和二十年八月十五日、十五年戦争はようやく終った。最後の精兵は死すべき生命を永らえて、一年前歓呼の声に送られて勇躍出発した故郷の駅に、満員列車の窓からボロぎれのように投げ出されて復員したのであった。

私たちの世代は、ともすると、「俺たちは生命をかけて戦ってきた」とか、「死ぬよりもつらい生活をしてきた」とか言いたがる傾向がある。しかし、本当にそのとおりなのだろうか。子供の頃から、国家主義、軍国主義一点ばりの教育をうけ、皇軍のエリートと自他ともに許していた幹部候補生の私が、一発の敵弾にふるえ上り、常に死の恐怖におののきながら戦ってきた事実をかえりみるとき、私にはそんな大それた口をきく資格はない。

私に今あるものは、あの十五年戦争に生命を全うし得たという喜びと、戦死した多くの戦友にすまないという気持ち、その気持ちを常に抱いて戦後の二十三年間をいっしょうけんめいに働らき、今日の日本の繁栄にいささかなりとも寄与し得たという誇りだけである。

若い世代がそれぞれの立場において、平和を守る強い気持ちをのべた感想文をよみ大きな感銘をうけた。しかし、永遠の平和というものが果して存在するのだろうか。地球上に人間という動物が住む限り、戦争と平和とは表裏一体となって常に存在していると考える。

個人の家庭においても、戸締りをシッカリとして寝るように、祖国日本が永遠に平和な国であるためには、他国の侵略を許さないだけの備えをしておきたいと考える。そして、私たちが、日本の歴史の上で銃を執って戦った最後の日本人となることを、切に切に念願するものである。ただし、今かりに日本の平和を侵す者があるとしたとき、必要とあればいつでも、再び銃を執って戦う覚悟のあることを一言つけ加えておきたい。

（藤本　皓・44才・高砂市）

子を売る★

私は満洲の奉天市富士町という大都会の真中に住んでいました。終戦と同時に略奪、暴動が都市の周辺から始まりました。内地に住む人達にはあの恐ろしさは想像出来ないと思います。

幸いというか、警察署の前に建つ大きなビルの一軒に住む私たちには、余り略奪、暴動の心配は有りません。二階の窓から、略奪した品物をかかえ、こん棒をふりまわして通る多くの満人を眺めていました。もちろん明日は我が身かも知れないという不安は有りました。十月に入ると大陸はもう寒いのです。

その頃でした。日暮れになると、北満

の方から流れてくる難民の人たちが必ず私のビルの前で一時停止します。あとから追い付いて来る難民を待ち、ビルのすぐ裏に有る学校に収容されるからです。

夕方になるとさわがしい声がします。毎日その数は大変なものでした。或る日の夕方、子供の泣き叫ぶ声を聞きました。「お母ちゃん、かんにんして」「行くのはいやや」「兄ちゃん降りたらダメや！」私は二才になる娘と二階の窓を開けて下を見ました。大車《ターチョ》から男の子ばかり引ずり降されていました。母親は裸の上に麻袋に穴を開けて首だけ出して寒さにふるえていました。北の方から南下する途中、略奪に会って何もかも、着ている物までも盗られてしまったのです。

「ニデソッワ、ニデソッワ」お前はいくらで売るのかと満人が聞いています。記憶がたしかではありませんが、一人六百円だったと思います。男の子が一人六百円ずつで売られて行くのです。私はわが子を売る母親の姿になんともいえない恐ろしさを感じました。私はその頃七カ月の身重でした。「お母ちゃん、いちゃい」という娘の声に私はハッとしました。娘の手を握りしめていたのです。

その頃私のビルの四階に、メガネをかけて断髪にした奥さんが、小さな女の子を連れて新しく住むようになりました。営口《エイコウ》という港から即時撤退で、そのとき三人の子供を連れては逃げられず、二人の子供を風呂桶につけて、上から重しを置き、一番小さい子供だけおんぶして逃げて来たという奥さんでした。毎日四六時中「お母ちゃんごめんなさい」と泣く声が耳から離れない。私さえ生きておればまた子供を産むこともある。主人には申訳ないが、ああするより他に方法がなかったと話してくれました。

母親とは不思議なものです。子供を生かす為には売る。他人の手に渡すぐらいなら自分で殺す。二通りの方法しかないその時からいろいろな物事に対する考えが変ったと思います。そして母は、母である前に人間であるということです。平和な世の中に住む母は、子供のためなら自分の心臓をやってもいいと思い、盲らの子供には今すぐにも自分の眼を与えてもいいと思うでしょう。しかし人間が生きることに追いつめられた時、母と子との間は、人間対人間になることを私は感じます。

ふかし芋を子供にかくれて食べた母、その時は母も人間であり母ではなかったのです。でも生きている限り母は人間になった日のことは忘れないでしょう。それが母なのです。

戦争という恐ろしい出来事のために、世の母が人間になり、どれほど苦しんだか。今もその苦しみの中に、人に語らず、売った子の年を数え、殺した子供の姿を思う母が生きているとしたら、誰がこの母に詫びればいいのでしょう。でも私は思います。あの母たちは、もうこの世には生きていないのではないでしょうか。（**和田　英子**・48才・静岡市）

やっぱりわかっちゃいない★

私は今年五十五才です。ですからあの戦争の始まった年二十八才、終ったとき三十二才でした。つまり戦争のはじめから終りまでみてきている訳です。思い出というものは、時のたつほど美しくなるといいます。しかし、あの戦争が美しかったなぞとは決して言いません。なつかしいなどという不謹慎な言葉も軽々しくは使わないように心がけています。

ましてや、もう一度戦争をするなどは真っ平だと思っています。私なりに苦労してやっとたどりついた、今のこのささやかなしあわせを守って行きたいと、心から思っています。

でも、近頃の「反戦」という言葉をきくと、私はむしずが走ります。

お父さんたちは、なぜその時、反戦を叫ばなかったのときく子供がいるそうです。私は暗然とします。「断絶」という言葉がこのときほど、ふさわしく思えることはありません。このすきまを埋めるものは一体何でしょうか。話し合いでしょうか。対話とはそれ程万能なものでしょうか。

苦しかった戦時の生活が分ったという若い世代の声をよみました。

ほんとに分ったのかな、と疑りっぽい私は思います。

話はさかのぼりますが、満洲国成立のとき、わが国の態度が列国の批難をあび、居直ったかっこうで、日本の国際連盟脱退ということが起りました。

そのニュース映画が村の広場で上映されました。国際連盟の満洲問題審議の場で、日本が四十二対一という劇的な票数で批難されたとき、松岡代表が昂然と退場して来る場面に、一せいに拍手がわきました。今考えれば、世界の孤児になろうという瞬間を拍手でむかえるとは、誠につじつまの合わない話ですが、その時の国民の気持ちというものは、そうだったのです。

そして事態は更に悪くなり、ＡＢＣＤ包囲陣のしめつけはつよまり、日米交渉は一こうにすすまず、おもくるしい日をかさねた後、あの運命の十二月八日をむかえました。

軍艦マーチと共に、本早朝帝国陸海軍は西太平洋において米英両国と戦争状態に入れり、（文句は多少違ったかもしれませんが）というラジオのアナウンスに、私は、とうとうやったかと身のひきしまるのをおぼえ、暗雲一時に晴れ渡った気がして、国内にはワーンという熱気が立ちこめました。

日露戦争の時、自国の軍事力の限界について、何も知らされていなかった国民が、講和条件を不満とし、焼き打ち事件を起したことはよくしられています。

今回の大戦の前、開戦にいたらせずして兵を収めることは、日露の戦局を収拾する以上に、大きな力がいったことと思います。

今回の場合、あそこで米国と妥協すれば、即敗退とおもわれて、民族的自覚にもえる中国国民が日本の既成権益を認めよう筈はなく、満洲事変以来の努力は文字通り水泡になるおそれがあった。より大きく失なわないための妥協が、更に大きく失う第一歩となる、そういう大きな危険がはっきりみえているところへ追いこまれた、為政者の苦悩も分るような気もします。

行きつくところまでおちこんで、戦って敗けた。それは善悪ではありません。事実です。

私は、敗けてよかった、とも思います。勝てば尚よかったかもしれませんが、敗けてもよかった。そんな事を言うと叱りつけられそうです。それも知っています。でもやはりそう思うのです。

俺は反戦だった、徴兵忌避のためにこれこれの手段を講じたと、得意気に言う人があります。私はそういう人を憎みます。さげすみさえします。

学徒兵が、その出陣の意義についての心の整理も出来ぬままに前線に送られて行ったその心情は、察するにあまりありますが、それとは別に、はじめは満蒙開拓に、そして予科練に、進んで応募して行った純真な青年達が沢山いたことも事実です。

母が泣いてとめるのをふり切って志願して行ったそれら青年の心根は、ヘルメットをかぶり父母の説得にもこたえず、佐世保行きの列車にのりこむ現代青年の心情とどんなにか似ている事でしょう。

戦争の空しさ愚かさは終戦の日以来言いつがれ今も言われています。その声をきくと私は考えこみます。

あの戦争が愚かな戦いであったことはたしかです。そして敗れたことによってなおさら空しく思われる、それもたしかです。でもそれだけなのか、それだけがあの戦争のすべてであったのか。

私の言いたいのは、「あの戦争をたたかい、そして敗れたが故に」一切の旧権力はくずれさり、憲法は改定され、農地は解放され、軍と憲兵と特高とがなくなったことのもつ意義の重大さについてです。

あの戦争がなく、そして敗れなかったら、このような変革は起りえなかった筈です。敗戦によらずこれを行うには革命しかありませんが、戦争も敗戦も戦後の窮乏もなかったとしたら、恐らく日本に革命は起りえなかったでしょう。

だとしたら、明治欽定憲法は生命をもち続け、今日でも青年は徴兵の義務を果し、女性は家制度の下につつましく暮していたに違いありません。

それにしても、それらを手に入れるための犠牲があまりに多すぎた。私もそう思います。

まったく高くついた「自由と平和」でした。大洋に大陸に幾百万の青年が生命をささげ、焦土に無数の国民が屍をさらし、そうして手に入れた「自由と平和」です。

それを望んではじめられた戦争ではなかった。その通りです。でもあの戦いなくして今日の日本はありえなかった。あなたはそうは思いませんか。

あの戦いを愚かで空しいと言切ってしまうことは、あの人達の死を犬死にすることです。

私たちの父や兄が血であがなった「自由と平和」を守るために、今われわれは反戦の旗を高く掲げるのだと、あなたはなぜ言わないのでしょう。お前さんたちが守れという「自由と平和」は一体誰のおかげで手に入ったのだと、くらい気持ちで私はつぶやくのです。やっぱりわかっちゃいないんだ。そう思うと淋しくなります。（石川　文策・55才・大和市）

私たちはだまされていたのだろうか★

私たちは、「聖戦」というまことしやかなことばで戦争にかりたてられて、あのような目にあわされ、敗戦ともなれば、今度は軍閥とか東条さんのような一部の支配者のために、戦争を起されたとさかんにきかされたものだ。

するとまた国民は、そのままそれをのみこんで、はたしてそうだったかどうなのか、あまり念入りに考えないできたようにおもわれる。すくなくとも、私たちのような平凡な庶民の耳に入るかたちでは追究されはしなかった。

戦後、連記制の第一回の投票のために、おどろくほどの多数の婦人議員ができたとき、ある一人の婦人議員がじぶんの選挙区に帰っての講演のなかで「私は八十何才かの老母をリヤカーにのせて遠方までひっぱって疎開させたけど、あんなことしなければならぬ戦争はもういやだ」といったのをきいて、私は戦争反対を叫ぶ国会議員のことばとしては程度が低く感じ、失望したことを覚えている。

もしこの婦人議員が老母をリヤカーでひいて行かなくてすんだら、戦争はいやだといわなかったともうけとれるのだ。

私も感想文を書いた若い人たちのように、戦争の本質にふれて、もう一歩前のほんとうのことを知りたいとおもう心はいまもつづいているけど、一般の世のなかでは、もうそのことなどすんでしまったように扱われているのが、ふにおちなくて仕方がない。

戦争というものは、ただ一時のなりゆきや、少数の権力者の野望のためにひきおこされるものでなく（それらも一因にはなるけど）長い間の教育や、国民感情の積み重ねによって起きるものではないだろうか。私は一千九百六年の生れであるが、大正初年の小学校の下級生のころ、天長節などの学校の式などで、よく校長先生が菊の花を活けた講壇に立って話したことを覚えている。

「みなさん、日本はせまい小さな島国です。だからイッタン、カンキュウアレバ、よく戦って国土をひろめ、国家を富まさなければなりません」そしてそのあとは必ず天皇陛下万々才であった。

大正何年であったかアメリカで排日案が通ったとき、私は東京の女学生であったが、めいめいナギナタをかいこんでいって明治神宮のまえでエッイ、ヤッアとナギナタをふって、無言のうちにこの無念は忘れまいと神さまにちかった。

このほかにも小さいわが国は外国から幾度も無念なおもいを抱かされてきていた。

貧乏人がいつもせわになる金持ちのダンナさんだから、そのいうなりにならなければおさまらないので、つねにヘイヘイ！と頭を下げてばかりいるけど、その卑屈なおもいがつもりつもって、いつかは爆発することがあるものだ。

戦争の直後、アメリカの記者であったか、アメリカの反省として「たしかに、アメリカもわるかった」というひとことがあった。

けれど、そのアメリカの良心をそのまま一貫させる強さが日本にはあったであろうか。

敗戦を終戦とよび、天皇の戦争責任も問わないあいまいさで、なにもかもぼかして今日まできてしまっている。

どこの国も弱い国に何をしてもいいという考えを改めなければ（もちろん日本のしたこともいれて）そして弱い国の民族のかなしさにふれて、戦争をつきつめてゆかなければ、ほんとうのことはわからないし、世界の平和はこないようにおもう。（青山　マサ・62才・舞鶴市）

父と子と★

父

古本屋だった私の家には、警察の目を逃れて、二階に父のマルクシズム関係の本が隠してあった。

お前、黙っているのだぞと父は言った。父と母との会話。「どうやら推古天皇以前はウソらしい」或いは「今に英語の先生は困りだすぞ」。母曰く、「父さんの言うことはたいてい当らぬが、毛布が無くなるといったことだけは当っていた、もっと買っておけばよかった」

太平洋戦争に入る。父の習った河上肇の話はもうきかれなくなり、親子してくいいるように勝利の報せに酔う。

当時の婦人雑誌は、一頁毎に、アメリカ兵を殺せと印刷してあったが、表紙は全部現在の社会主義国の雑誌のように働く女性ばかり。父は目を細めて、有閑階級の娘などが昔はのっていたものだと喜んだ。アメリカの経済力をあれ程といていた父が、太平洋戦開戦2年目、小学生の私が、「父さん、とうとうアメリカ本土に日本軍が上陸したぞ」とだました時の、狂喜のような喜び。忘れ難い。敗戦の年。鹿児島市に爆弾第一号が無警告で落下、我が家は一番先に被災。ぺしゃんこに潰された私の家の残骸から、高校生（旧制）が論語を盗みだした。同じ高校卒業生だった父は、泥棒するなと書いてある本を盗みおると自嘲した。

中学3年生の私。全壊半焼の私の家の跡からいろんな物を取りださねばならぬ。あちこちに落下した時限爆弾。父と子は何時爆発するかと命がけで、家の跡へ行った時、爆音。迫りくる轟音と地響き。硝煙の匂。崩れる土壁。父は私の名を呼び「これで最後だ」といって私をだきしめた。直撃弾は外れ、親子はほうようにはいだした。後にも、先にも、父があのようなセンチメンタルな態度をとったのは、あの時だけである。

父と子

敗戦の年。中学3年。警報が出るたび、学校は休みとなる。うれしくてしかたがない。毎日、サイレンがきこえるのを待っている。その後、前述の被爆第一号。

始めて人の死体をみる。私の家の前の小学校は死体置場となり、始めて首の断面を見、外見全く無傷の、即死の若い母親の乳房にとりすがる生きた赤ん坊。

私は被災一号というので、中学で鼻が高い。ところがそれどころではなくなり、あっという間に授業とりやめ。連日空襲。学徒動員。いった先は、山間の谷間で、ここを戦車が通るようにする為、谷をうめるのだとの事。それをモッコの土運びでやるのだ。百年滅毒を待つの類い。

次は特攻基地知覧へ転出。軍隊に配属され、全く軍隊同様の生活。朝の点呼。軍人勅諭。中学生の目前でビンタ。「お前たちはここで死ぬんだぞ」という下士官の説教。ただし武器は竹槍すら不足。仕事は蛸壺壕掘りで、しまいにはその仕事すらなし。ノスタルジャーとしての知識欲。たった一冊の因数分解の本をくり返してよみ、死ぬのが恐い。

動員中に鹿児島大空襲。一夜火の手が望まれた。逃げたかった。だから将校宿舎から呼びだしがかかった時、私は見破られたと思って怯えた。ところがその将校は、私の父に師範学校で習ったという、私は救われたと思い、将校は私の父の所在をきき、君は大空襲で焼けた学校との連絡をつける為に帰還せよと指示が下る。私は公用のパスを持ち、羨望で紫色になった学友の目を後に山を下りる。――そして疎開地にたどりついた時、母と祖母だけは喜んだが、父は「お前は卑怯者だ、逃げてきたな」と冷たくいい放った。これが、父から受けた最も恐しい言葉だった。

子

敗戦。毎日、新聞をみていた父は怒りだした。「一億総懺悔とは何だ！　だまされていたんだ」婦女子は山に逃げなくてよい、アメリカ兵は乱暴しないと父はいう。私を帰国させた教え子の元将校が、身上相談にやってくる。父は通訳になって鹿屋の米軍基地にのりこむ。私は旧制最後の高校の入試を受けるべく、昔の古教科書を探して英作文をかき、父に送って添削してもらう。さて、これからが私のいいたい事である。戦後の父は極めて平凡、いな享楽を求めて俗人として死んだ。私も平凡、教師となった。今は学生委員として、学生の戦闘的な言葉に接してこれはおかしいぞと思う。私の父の態度が如何に首尾一貫していなかったかを想出してもらいたい。私はどうかというと、敗戦直後は軍艦マーチをきき、戦闘という言葉をきいただけで怒りに震えたものだ。

しかし、今戦無派の学生運動に接し、戦いという言葉の羅列をみて、そして実際のゲバルト行使をみて、それに無感動になっている自分をみる。私も又首尾一貫していないのである。私達も戦無派以上に、戦争を忘れてしまったのではなかろうか。ただ、学生諸君が労しすぎ、一つの信念を信じすぎているのをみて何といってよいか判らない。教官は学生委員にはなりたがらない。ただ、きついというだけではない、何をいっても乗り越えられぬ壁を感ずるからである。

ただ、激しい学生運動の中で、明日は徴兵令が来るかもしれぬというような恐怖感にかられて、寸暇をおしんで本をよんでいるか。デモにいく時、ストをする時、まさかと思うが、空襲警報で授業が中断されるのを喜んだ私の昔の気持はないだろうか。自由を否定する者の自由が跋扈《ばっこ》した時、ワイマール共和国の二の舞にならぬだろうか。

私の鎮魂歌★

（鵜木　奎治郎・38才・松本市）

数年前の失望の思い出。ある新聞の投書欄で、「戦災者遺族会の設立を――」と一BGの方の呼びかけに応じてささやかな会が発足した。

三月十日、家と両親を失った私は、長い飢餓感を充たされた思いで、少しでも会を大きくし、政府に非戦と補償の働きかけをしたいと心当りの方々に入会をすすめて歩いたが、意外にもどの人々も顔を曇らせて「もう過ぎた事ですから…」「思い出したくないから……」と、私の誘いに乗っては下さらなかった。小さな戦災者遺族会は、今も小さいまま、開店休業の形で、他の軍人遺族、引揚者、地主団体等のごとく、国会に派手な坐りこみデモなどやらないのである。

だが、この戦災者達の気弱いあきらめと消沈ぶりには考えられるかずかずの理由がある。

第一に、大部分の遺族が惨澹たる目にあいながら、戦災を震災などの天災とどうやら混同したらしいこと、戦争中でさえ、私たちは応召も爆撃も至って素直に受け入れて、敵を憎むということさえなかった。

その上どこを見ても、ベタ一面の焼野原、お隣りもお向うも家族を失くしたという、奇妙なあきらめの連帯感で、自己の悲しみを薄めた点もある。そして程なくの敗戦、いままでたたきこまれた民族の誇りは地に落ちて、精神的支柱を失った人々は、戦争と道徳の二重の敗北感に打ちひしがれて声を失った。まして名もなく死んだ内地の死者の声など、どこに垂直に立ち昇る空があったろうか？　生き残った者はただ目前の飢をみたすことに追われつづけた。

政府は今も私たちの肉親を「戦死者」とは呼んでくれない。幾年か前、千鳥が淵霊苑で、戦死者と戦災者の合同慰霊祭が行われようとした時、軍人側の遺族の方から「戦場で国のために弾丸に当って倒れた人と、内地で煙に巻かれて死んだ人と同一視されるのはご免だ」との声があって、取り止めになったという事をきいた。私はその言葉を無念ときくより「これではまた戦争が起りかねない……」と深い危機感に襲れたことをおもいだす。

古い世代の私達も、若い方々も、与えられるもののみでなく、単なる知識の授受のみでなく、体験から、書物から、本当の暮しの智恵を自ら学ばねばならない様な気がする。そして、何が真実で、何がウソか、断定され、突きつけられるものを自らの精神の歯で咬んでためそう。

ジイドの言葉に「神とはこれこれのものであるという事は出来ないのである。＜こういうものであってはならない＞と、いうことが出来るだけだ」という一節がある。私たちがかつて素直に受け入れた神話の神、ナチスの神はいずれも前者であったと思う。いま、思いえがく私の神は「殺してはならない」とただ強く言う。

この前の戦争では、「知らなかった」ということが、唯一の私たちの免罪符となった。だが、二度目はきかない。もし今度戦争が起ったら、敵も味方も皆殺しの戦争となって、正義も、自由も、平等も、勿論ささやかなマイホームの夢も宇宙の塵となりかねない。それを防ぐものは、小さな私たちひとりひとりの非戦への決意しかない。日本中の人間がひとり残らず戦争をしたくないと心から思っていて、それでも戦争は起るだろうか。たとえ数千金を積み上げられても、失われた肉親たちは帰っては来ないのだ。平和だけがただ私の夢、彼等への鎮魂歌である。（佐藤　寿美子・45才・青梅市）

若い人がじれったい★

師範学校を卒業すると、すぐ軍隊に入った私は、南国土佐で敗戦の報を聞いた。数え年21才の見習士官だった。翌昭和二十一年に結婚、満でいえば私は21才、妻は18才だった。その翌年に生まれた長男は現在大学生、次男は小学六年である。

今から思えば、この二人の子供らに戦争のこと、戦争中の暮しのことは全然話してやらなかったわけでもなかった。

しかし、話はほとんど私の気まぐれから語り出され、結論も何もなかった。それはあくまで私の「懐しき追憶談」でしかなかった。

なぜ子供たちの心に残るようなことを……戦争というものがどんなに悲惨なものか、また平和というものがどんなにありがたいものかを、自分らの経験を通して、噛んでふくめるように話してやらなかったのか。

みな遠い過去のことでどうにも仕方のないことだ、という気持。太平ムードは日本中溢れている反面、戦争への危機感は、この丹波の田舎町ではそう身近に感じられないという現状。日本が再び戦争にまきこまれるようなことは、近い将来に恐らくないであろうという安易な考え方。……それらがごちゃまぜになって私の頭にあったせいかも知れない。

ともかく子供たちは自分たちの親が若いころ、日本は大きな戦争をしていたということは知っていても、それ以上その精しいことはあまり知りたがらなかった。そして、私たちはそれをよい事にして口をつぐんできた。おそらくどの親もたぶんそうだったのだろう。

だが今改めて戦争中の生活をふりかえってみると、若い人には到底理解してもらえないだろうと思われる微妙な感情が心の片隅に湧いてくるのをおぼえる。

戦後二十数年経った現在、人間は街に溢れているが、果して心と心のつながりはあるのだろうか。一人一人バラバラで何ら連帯感も親近感もないのではないか。あるのは空しい疎外感だけ……

物は確かに豊かになったが、精神面の空虚さは一体どうしたことだろう。こういう現状に対する私たちの感慨は、そのまま戦争中の生活の記憶に結びつく。

あのころは物資は極度に不足していたが、私の経験した限りでは、乏しいながら分け合うという気持ちも強かった。師範学校の寮にいた頃、同室の誰かが帰省すると、白米のおにぎりにいろいろな煮しめをそえて持って帰る。それを同室のものや、親しい友人に分け合う。

また、電車にのっても、街を歩いても一人一人が皆仲間だという親近感があった。日本中が一団となって戦争という大きな事業に邁進《まいしん》しているという連帯感は、国民一人一人の間を、しらずしらずに結びつけていた。生活は確かに苦しかったが、だれも皆苦しいのだということで、辛うじて耐えていけた。あのころの想い出は苦しければ苦しいほど、一種のなつかしさをともなって心の底によみがえってくる。この気持ちを若い世代はどう見るのだろうか。ただ、単にあわい昔へのノスタルジアだと一笑されるのだろうか。

あのころ私たちは若かった。毎日を死に直面して暮してきた私たちの青春にくらべて、今の若い人々の青春は何とへだたりのあることだろう。先日のNHKの「日本診断」で「青春」というテーマをとり上げ、かつて予備学生だった人を集めてその意見を聞いたが、「現在の若い人の青春をどう思うか」という質問に対し、「うらやましい」という答とともに、「いまいましく思う」という答が相当数あったことを記憶している。

戦争を全く知らない若い世代の衝動的な行動に対して、私も「いまいましく思う」と同時に、じれったさを感じてならない一人である。しかし、もう今は戦争中ではないのだ。自分たちの経験した青春の時代より既に二十数年の時の流れがある。こう自分でいいきかせて、この感情をやはり私たちの胸深くじっとそのままにしておく方がよいのだろうか。若い人々に話しても理解してもらえそうにないこの心のモヤモヤも、いつかは時の流れとともに次第にあわく、消えて行くのだろうか。（高田　公三・43才・兵庫県）

明治っ子★

私もたった一人の弟を戦死させた。今でも気の毒なことをしたと思っている。たとえ足が一本なくても、手が片方でもいいから、生きていてほしかった。竹山道雄の「ビルマの竪琴」に出て来る水島は、私にとって話中の人物とは、どうしても思えないのである。水島は、今でも、ビルマの山野を駆けめぐって戦死した将兵の遺骨を葬り、読経をつづけていてくれると信じている。弟の霊も水島によって慰められたことと、私は心の中できめている。弟の死をこの目で見ないから、よけいにそう思うのかも知れない。

水島は同胞のなきがらを見捨てて、みんなと日本に帰る気になれなかったのだ。それが私にとっては感謝なのである。

戦後二十三年、日本の経済成長には世界が目を見はった。天下りながら民主主義もどうやら身につきかけて来た。しかし今日のこの平和は、何百万人の同胞の尊い血の犠牲の上に築かれたものである。このことは瞬時も忘れることがない。また忘れてはならないことなのである。

現代は消費文化の時代という。今の若い方々の、物を大切にしないことには恐れ入る。団地のダストシュートに、まだまだ使える靴、鞄、傘、玩具、学用品など、あまりにも無雑作に捨ててある。学校の生徒もまた同じである。私も教師のはしくれ、落しもの係りをしているが、運動靴、トレパン、トレシャツ、コンパス、万年筆、時計、眼鏡、弗入……それが新品でも取りに来ない。

先日も、入学祝に贈ってもらった時計を落した生徒が、四日ほどしたら、三万円の外国製の時計をして来た。私の時計だったら六個も買える。私は眼を見はった。なぜもっと探さないのだろうか。それから間もなく、落した時計が出て来たが、その生徒は、入学祝のは家において、三万円のを毎日していた。物をなくしたらすぐに買ってやる方にも問題がある。おそらくその親達は、ダストシュートに何でもぽいぽい棄てる組だと思う。

私は明治っ子である。明治っ子は「もったいない」ということをきびしく躾けられた。ことに戦争中の物のない時は物を大事にした。一本の鉛筆にも一粒のお米にも、作った人の命がこめられているのだから大切にしなさいと教えられた。生徒は鉛筆が十センチくらいになると、すぐ棄てる。私は見つけ次第ひろって使う。一人ではとても使いきれない。生徒はそんな私をみて、

「先生そんな小さい鉛筆でかくと書きにくくて能率低下です」という。

「鉛筆ホルダーに挟んで使えば、一センチくらいまで使えます」

「先生はケチ！ケチ！」

「そう、私はケチクラブの顧問、この鉛筆には作った人の命がこめられています。それを大切にするのがケチクラブです。どう、ケチクラブに入らない？」

生徒は「みみっちいなあ」というような顔をしてきいていた。物を大切にして生かして使うことは、物に対する愛情である。だから物を大切にし感謝する。「ありがとう」という言葉を忘れない。

生徒はズボンのほころびを縫ってもらっても、

「先生、さっきのズボン出来た？」といってはいってくる。ズボンを渡すと、黙ってすっと持っていく。

「自分に出来ないことしてもらって、ありがとうは？」と私はいう。生徒はにやにやとして出て行く。

私はときどき軍歌が聞きたくてたまらなくなる。何かしら心がひきしまって、元気が出てくるからである。戦争はごめんだけど、軍歌はいい。ことに「軍艦マーチ」などレコードで聞くと、心が奮いたってくる。高峰秀子さんも、何かで同じようなことを書いておられた。どうしてそういう気持になるのかわからないけど、私は軍艦マーチのあの元気な曲が好きだ。しかし「海ゆかば」の曲は余りにも悲しい。あの曲を聞くと、胸が一杯になってきて、涙がこぼれてどうしようもなくなる。涙の中に弟の俤《おもかげ》が浮んできて思わず合掌をしてしまう。

戦争は二度と再びしたくないが、戦争を知らない人も、「もったいない」ということがわかってくれたらと思う。明治っ子のいうことにも耳を傾ける大きい気持があってほしい。

（小林　かねよ・66才・大阪市）

うばわれた青春を返せ★

我が家に下宿している女子学生は、土曜日曜とデートに忙しい。あまり度重なると、勉強もしないであれでよいのかしらと、つい眉をひそめる私に、母は、あなたには判らないだろうけど、一日逢わねば千秋の……で、若い頃はあんなものだよと笑う。なんとか小町といわれて、稽古帰りの袂によく附け文を入れられたという母には、たとえそれは、色あせた錦絵のように遠い明治の話ではあっても、ともかく若い頃「青春」があったのだ。

だが私には、無い。

青春……その美しい言葉と私との間には、モンペと防空頭巾と、空襲警報と焼夷弾と、固い炒り大豆と藷のツルと……そんなものがぎっしり詰った暗い大きな距離があるのだ。

デートとゴーゴーと、グループサウンズと、ミニとサイケと……そんなめくるめくような現代の青春に、そのカケラさえ掌にとることを許されなかった日への悲しみの底から、ちょっぴり嫉妬めいた感情を抱いたとしても許してもらえるだろう。

若人の感想を読む私の胸にも、やはりそれはあった。たしかに文章はうまい。〈戦争中の暮しの記録〉のほとんどがたどたどしく、読み返さねばわからぬ稚拙な文もあったのにくらべて、若い人たちの文章の、用語も豊富になんと巧みなことか……、でもこれには、あの血みどろの記録の迫力はない。

豊かな青春を生き、現在の幸福にどっかり坐っていればこそ、こんな風に一皮へだてて撫でるような、さらさらと書くことを楽しんでいるような文が書けるのだ……と、そんな意地悪な見方が頭をも

たげてくる。
だがその中で「戦争によって失なった青春に対して、なにを支払ってあげればよいのでしょうか」という言葉を読んだとき、初めて、いままで胸奥に押えていたものが、堰を切って溢れ出すのを感じた。

奪われた青春……私はそれを返してほしい。

声を大きくして叫ぶ権利はある筈だ。だが、言ったとて何になろう。つぎの世代を受け持つ若い人々よ。私たちは今さら青春を返してくれとは言わない。その代り、せめて「老後」をあなた方の手で守ってほしいと思う。

戦後二十三年、当時二十代だった人たちも、そろそろ老後の生活を考える時期に来ている。まして私のように、戦争に青春を奪われ、婚期を逸した一人身には、子や孫に囲まれる安らかな老後もない。

戦争で婚期を逸した女性の数は、全国で幾万あるのだろう？ 私の周囲にもそうした人は多い。学生時代からすでに戦雲の中にいた私の同級生たちは、幸せな妻の座にいる者は少なく、独身と戦争未亡人がかなりの数を占める。職業を持つ人もあるが、大半が頼る夫も子もない一人身を親兄弟の下によせて、肩身せまい月日をひっそりと過して来たのだ。

その果てにあるものが、どんなに暗い老後かはわかっていても、その人たちは今日まで一言もいわず黙って耐えて来たのだ。

その中でも、しかし職持つ人には、老後を支える経済的ゆとりもあろうし、未亡人にはわずかでも年金もあり、頼れる子もあろう。けれど私のように、兄弟もない一人娘、病弱の身でわずかな財産を食いつないで母子二人生きて来て、その母も八十近い年ともなれば、母なき後のわが老後を切実に案じたくなるのも当然だろう。

今こそ私たち戦争に婚期を奪われた者たちが、団結して立ち上り叫ぶときだと思う。

「奪われた青春の代りに老後の保障を」と……

贅沢なことは言わない。無料または安い費用で入れる老人専用のアパート、あるいは気楽な一人暮しの立ちゆくだけの年金と、病気になったとき十分に療養できる老人専門の病院。真っ黒に塗りつぶされた私たちの貴重な青春の代償として、このささやかな要求を持ち出すことは間違っているだろうか？

もちろん若い世代に戦争の体験をつたえ、戦争なき平和な世界を築くよう導くことも、私たちの大切な使命とは思う。「戦争はいやだ」という言葉は、私たちの年代がいう限り、たとえ一言ではあっても、その裏には、ずっしりと重い体験の裏づけがあることを知ってほしい。

だが正直いって、世界の平和よりも何よりも、私たちは自分の老後が不安なのだ。

自己中心の狭い量見だと笑われてもよい。私たちは老後の保障がほしい。昭和元禄といわれ、戦後は終ったといわれるけれど、私たち戦争による独身女性の上に、戦争の影はますます濃くなって行くのだ。（広瀬　君子・49才・西宮市）

肉弾と私★

桜井忠温氏の「肉弾」を読んだのは、私が中学一年生の頃であった。

「肉弾」は、強力なロシア軍の守る、二百三高地を攻撃する日本の将兵が、悪戦苦闘している様子を、克明に描いていた。

その文章の行間からは、敵弾に撃たれて横たわっている日本兵の屍臭がただよってくるように思えた。

それまでの私は、小さい頃から戦争ごっこが好きで、数人の腕白坊主たちと、よく、近所の山を、竹の棒を持って駆け廻ったりしていたし、幼年学校を受験して、軍人にでもなろうかという夢を懐《いだ》いていた。

大正生まれの男の子の多くは、馬に乗ったカッコいい軍人の姿に、素朴に憧れていたものであるが、私もその一人であったのだ。

ところが、「肉弾」を読んだ私は、戦争の、というよりは、殺し合いのむごたらしさに恐怖を感じて、途端に、軍人志望をやめてしまった。まことに、単純かつ純情な子ども心であったようである。

私が教師となった頃、支那事変は拡大の一途をたどり、やがては、太平洋戦争に発展してしまった。

支那事変の当時、私は、日本は、中国から仕掛けられて戦争を始めたと思いこんでいた。このことを、「思いこまされた」とは、今でも私は言いたくない。私自身の知恵の足りないために、そう「思いこんでいた」と言いたいのである。他人から喧嘩を売られた以上、自分の安全を守るために、当然、受けて立たなくてはならないと思っていた。

その頃、満州は、「日本の生命線」であるから、これを死守しなくてはならないと言われていた。満州が日本の生命線であるということは、実感として意識されなかったけれど、日本が、日清日露の二度の戦争で、多数の日本人の血を流して獲得した満州や支那本土での権益は、守るのが当然であると、単純に考えていた。

戦争がよいとはいえない。しかし、日本人の既得権を守るための必要悪だ、というのが、私の考え方であったようである。

しかし、そういう私にも、「肉弾」で

感じた人間の生命にかかわる素朴な感情は、依然として保たれていた。教え子の父親が出征する時、その壮行の席に招かれた私は、他の人のように「お目出とう」とは、どうしても言えないで、「どうもご苦労様です」と挨拶したことを思い出す。

戦局が行き詰ってきた昭和十九年の末に、私は結婚した。その翌年の八月四日、身ごもっていた妻と、老母の二人を残して私は応召した。

応召の日の暁方の、これが最後かも知れないという切迫した気持からの、妻との烈しい抱擁と、汽車が、疎開地の駅のホームを離れていく時に、ホームの柱の陰から顔だけ見せていた寂しそうな妻の面影は、今も私の脳裏に焼きつけられている。

戦争には行きたくない、しかし、男として行かなくてはならないのだと、小さくなっていく妻の影を追いながら、私は、自分に言い聞かせたものである。

その月の十五日、仮の兵舎になっていた甲府の町外れの学校で、終戦の放送を聞いた。放送が終わって、兵隊が解散した後、私は一人で剣道場の片隅の床にすわりこんで、戦争終結の喜びに泣いてしまった。「俺も、生きていることができるのだ」という感激にひたったのである。

いま、私は、戦争のない日本の現在を、心からありがたいとおもう。戦争は、絶対にしてはならない、と私はおもう。

しかし、果して、日本は、再び戦争をしないだろうかというと、一抹の不安が残るのである。

若い人は、「あの頃の大人は、どうして戦争に反対しなかったのか」と不思議に感ずるようである。そう思うのも無理はないかも知れない。

あの戦争を、一部の人々が強力に指導したことは事実である。しかし、そういう動きを歓迎する底流が国民にあったことも否定できないように思う。教育も戦争推進に荷担したという。それも、そういう教育を支持する国民の感情があったことも忘れてはなるまい。

そこに問題がある。

かつての私は、人が殺し合うことと戦争とは、別の問題のように考えていたようである。また、直接自分の身に振りかからないことは、あまり深く考えなかったことも事実である。東京空襲に飛来したB29の大編隊を、私は、疎開地で、恐怖の念よりも、「美しいなあ」という気持で眺めていたことを、恥かしく思い返すのである。

自分や、自分の家族を傷つけられないようにするのと同様に、他人を傷つけたり、まして殺してはいけない。こういう、人間の生命を大切にする日常の心構えこそが、戦争を食いとめるための鍵であると、私は思っている。

（黒川　三雄・52才・鎌倉市）

★いまは戦争二歩前

私には一人の息子がある。46才の私に8才の息子、その年令差はそのまま、私の外地引揚後の遠い回り途の歴史だが、その息子に、私は戦争の体験を語り聞かせることは殆どない。戦争の思い出は傷なのだ。

私は長い間、それは生き残った者の後ろめたさによるものだと考えていた。私には私の「恥の記憶」があるからだと思っていた。失ったものが余りにも貴重だったがゆえに、その体験を伝えることは、わが子に対してさえ不可能だと思いこんでいたからだ。それが、昔の軍歌にひそかな涙を流すことはあっても、追憶の感傷に溺れて自分を甘えさせることを許さないで来た理由なのだ。

「あなた方はなぜ物言わぬのか」——若い世代の一人の発言は、今、私の胸をえぐる。私が物言わないのは戦中派の良心などではなく、考えてみると実は、もっと根源的な人間の弱さ、つまり勇気の無さやわが身かわいさに他ならないことに気づく。わが身に不利を招き、妻子の生活を脅かす恐れのありそうなことは発言したくない。しかも私の胸の底にわだかまっているのは、すべて現在の社会体制の根本に関わりのあるような事ばかりなのだ。だから、唇寒い思いはしたくない。

精鋭を誇るといわれていた関東軍の崩壊の瞬間を目のあたり見た私は、巨大な組織がどれほど狂気の集団と化し得るか知っている。敗残の俘虜となり果てた私は、人間がどの程度にまで堕ち得るか知っている。私は、私の反戦の決意が力ない呟《つぶや》きに終ってしまおうとするのを責めることができない。

しかし、人間の弱さを知っているがゆえに、高い理想を声高く叫び続けることに自信のない私だが、逆に、その弱さを最低次元の拠りどころとして立つことはできそうに思う。若い世代の一人は言う「敢然としてマイホームを守るべし」と。その通りだ。妻子を守ろう。家庭の平和を守り抜こう。どれほど志が低いと言われようと、国家などという実体のない空疎なものより、私は敢然としてマイホームを択び、そして守る。

私は日本を美しい国だと思う。この国を愛している。しかし私の考える国と、為政者の考えている「国家」とは別もののような気がしてならない。昔も今も、だ。

愛国心などと言われても、愛する対象が全く違っていることを改めて意識させられるだけだ。神話教育や国防教育が論じられ始めたが、不幸にして実現されることになれば、私は私の息子を、学校教育から、そして「国家」から、全力をあげて防衛しなくてはならない。

私は平凡な心弱い一市民に過ぎない。デモやストにも、ためらいがちにおずおずと人のあとからついて行くことしかできない。が、その私が心から抵抗の叫びを上げる時は、国家権力が息子を奪い取ろうとするその時であろう。「徴兵」「召集」という悪夢の時代を再来させてはならない。私が暴力的な学生運動を全面的には否定しないのは、この点でかならず彼らは味方であると信じているからだ。

そういう時代を予見するのは杞憂《きゆう》に過ぎないだろうか。恐らくそうではあるまい。若い一人は訴えている、「戦争体験者はその一歩前の時代から語れ」と。今は、一歩前とは言えないかも知れない。が、すでに二歩前ぐらいの時点にさしかかってはいないだろうか。

敗戦後の数年、あれほど熱烈に平和を望んだわれわれだったが、今は、卒業式の生徒の送別答辞にさえ「平和」や「ベトナム」が禁句となりつつあるのを、もどかしく見過ごしていなければならない時代なのだ。昭和22年に文部省が出した「あたらしい憲法のはなし」という小冊子を、記憶しているだろうか。あの不戦と平和への情熱に燃えた理想主義は、今どこへ行ってしまったのだろう。近づいて来るあの不吉な足音は幻覚なのだろうか。私の中学生時代だった大戦前夜の呼吸苦しさを、今また肌に感じずにはいられないのだ。

私は、8才の一人息子に戦争の実態を知らせよう。語るにはあまりに辛いことも、語っておこう。特に、戦争を望む者は断じてわれわれ庶民のがわではないことを、充分に教えよう。わが子がふたたび私の汚辱の歴史をたどるのか。恐ろしい想像だ。だがその前に、わが子の柔い心臓に、戦争を憎む心をしんの底から植えつけておこう。私は私の息子に繰り返し繰り返し、私の個人的体験を語りつづけなければならない。それこそ、あの戦いを生き残った私の義務なのだ。厭戦の感情の裏打ちなしに反戦の思想が長く生きる筈はないからだ。

敗戦のあの日以来、私は「君が代」を歌わない。あまりにささやかな抵抗だが、自分自身に課したひそやかな誓いなのだ。完全に戦争の恐怖のなくなった時代が来るまでは、私は私の誓いを破ることはないであろう。

（黒羽　幸司・46才・秋田市）

やっと発言しはじめた戦中派

★応募原稿の傾向について

ここにえらんだ二十篇は、どれも今度の戦争を体験した人たちが、戦争を知らない若い世代にこたえる意味で書かれたものである。

昨年、暮しの手帖は、第九六号全冊をあげて、＜戦争中の暮しの記録＞を特集した。一方、世の中には、戦争をまったく知らない若い人たちのあいだに、戦争をカッコいい、とする層が、しだいにふえていた。

その若い世代が、この記録集をどんなふうに読んだか、それを知ってもらうために、ひろく全国から、この読後感を募って、つぎの第九七号に、その中の二二篇を掲載した。

そこで、その若いひとの感想について、改めて戦争体験者の側からの発言を求めた、それがごらんの通りの二十篇である。

応募資格は、昭和十一年までに生まれたもの、とした。年令でいうと、ことし三三才以上ということになる。

応募総数、八六六篇。

この数は、やはり私たちの予想を上まわっていた。

＊

この年代のひとたちの大半は、俗に、＜戦中派＞という妙な名前で呼ばれている。この人たちは、戦争が終ってからは、じぶんの体験した戦争の意味については、ほとんど語らない。頑なに口をとざすというのではなく、ときにものしずかに頭をふり、ときに弱々しい微笑をうかべて、だまっている……いってみれば、そんな感じである。

しかも、若い世代の感想のうち、もっとも人を打ったのは、あなた方はなぜ戦争に反対しなかったのか、あなた方は、そんな悲惨な体験をしながら、それではなぜ今、戦争反対のために立ち上らないのか、あなた方は戦争の悲惨をいう、しかし戦争がはじまってからではおそい、あなた方は、なぜその一歩手前から語ってくれないのか、という意味の言葉であった。

いいかえると、直接にしろ間接にしろ戦争体験者は、ここに来て、その戦争責任を問われているのである。

これに対して、果してどれだけの人が発言するだろうか、それが私たちには心がかりだった。しかし、九百篇に近い応募数が、この心配を吹きとばしてくれたのである。

これまでずっと、じぶんの体験した戦争の意味について語ることをしなかった人たちが、ここで、若い人たちにこたえるというかたちで、はじめて、じぶんの奥深くにある気持を語りはじめた、といっていいだろう。本心を明かしはじめたといってもいいかもしれない。

＊

二つの世代の断絶ということがいわれて久しい。しかし、この九百篇近い原稿を読み通して、私たちは、はじめて、ここから、二つの世代の話し合いがはじまるのではないか、とおもわずにいられなかった。

ということは、この九百篇に近い原稿のほとんどが、若い人たちとおなじような考えだ、ということにはならない。

ここには、若い人とはまったくべつの、ときには逆の立場からの発言がすくなくないからである。ひょっとして、若い人たちには、〈意外〉とおもわれるような意見が、正面切って述べられているからである。

二つの世代の断絶を埋めるためには、〈話し合い〉が必要だ、というのが常識である。

しかし、一方が、相手によくおもわれようとして、心にもなく相手の考えに同調して、お追従笑いをしているようではほんとの意味での〈話し合い〉は、成り立たない筈である。

いまの世の中には、とかく、そういった表面だけとりつくろった、ゴマカシの対話が横行しているようにみえる。

ところが、ここには、すくなくとも、そのにおいがすくない。若いひとの考え方に同調するにせよ、しないにせよ、へんな思惑は一切ぬきで、じぶんだけの考えを、はっきり述べている人が多いのである。

すこし具体的に、その内容を紹介すると、

1じぶんの体験を、はっきり伝えて、平和を守ろうとおもった。　29％

2だまされて戦争をしたのではない。自分の気持で一生懸命戦ったのだ。わが青春に悔はない。　21％

3若い者はなっていない。そんなに簡単にあの戦争を戦った気持がわかってたまるか。　20％

4今が君たちのいう〈戦争一歩前〉なのだ。　13％

5若い人が意外にしっかりしているのを知って安心した。　8％

6君たちが守ろうという平和と自由はだれのおかげで、今手に入れたとおもっているのか。　4％

7その他　5％

もっとも、これは男女をひっくるめてのことで、男女べつべつにみると、この順序が変ってくる。

女性では、1の平和を守ろう、というのが、おなじ第1位でも、33％と率がふえている。つまり3人に1人は、そんなふうに考えているわけである。

ところが、男性となると、自分は堂々と意義を信じて戦ったのだ、という意見（2）が第1位で、30％をしめている。

その他の点では、男と女では、それほどちがった点はないが、ただ一つ、若い世代はなっていない、そんなに簡単に私たちの気持がわかってたまるものかというのは、意外にも、女性のほうが男性より平均して3％も多い点が注目される。

＊

そこで、この点だけについて、こんどは年代別にしらべてみると、50才以上の年代に、この考えがいちばんつよく、男の15％、女の26％が、いまの若い者はなっていない、と考えていることがわかった。しかも、女と男の差は11％と開いて、女性のほうが圧倒的に多い。

ところが、四十代になると、こういった考えは、男では変らないが（15％）、女のほうはずっと減っている（19％）。しかし、30代になると、おもしろいことに、これがふえて、男24％、女22％と、たいへんに多くなっている。

五十代の女性が、いまの若い者をどう考えるかは、およそ見当がつく。それにこの年代になると、嫁の一人や二人はあるのがふつうである。じぶんが戦争中主婦として味ったつらさ、それをいまの若い嫁とひきくらべると、つい若いひとはなってない、あんたたちにあんな苦労がわかってたまるものですか、という気持になったとしても無理はなかろう。

あいだに、戦争体験がはさまれているだけに、それでなくても複雑な嫁姑の感情のもつれが、よけいに屈折する、そのへんをチラとのぞかせた数字でもある。

三十代に、男女とも、この〈わかってたまるか〉という気持がつよいのは、五十代以上の女性とはちがって、自分は戦争体験者だぞ、君らとはちがうのだ、という意識からだろうとおもう。

その意識なら、どの年代にも、おなじようにありそうなものだが、ことに三十代にぐっと多いというのは、この年代は、戦争を体験したことにはまちがいないが、ほかの年代とちがって、当時小学生か、せいぜい中学生で、大人ではなかったから、それでよけい肩ひじ張ったような形になった、ということも多少影響しているのではあるまいか。（**編集部**）

保存版後記

○これは、もと暮しの手帖の第九十六号の一冊全部をあてて特集したものを、改めて一冊の本のかたちにしたものである。もとの特集号は、昭和四十三年の八月に出している。

○はじめ、雑誌の特集号というかたちで出したのは、そうしたほうが、はるかに大ぜいのひとに読まれるからであった。いったい編集者として、じぶんの作ったものは、できるだけ大ぜいのひとに読んでもらいたいとねがうものだが、とりわけて、この〈戦争中の暮しの記録〉は、できるだけひろく、大ぜいのひとに、できることなら、日本中全部のひとに読んでもらいたいというのが、私たちの心からのねがいであった。それには、雑誌のかたちのほうがよい、一冊の本、いわゆる単行本では、どうしても、そんなに何十万という部数を、かぎられた短かい日数のあいだに売りつくすことは無理である。

○暮しの手帖は、それまで、どの号も八十万部出している。この特集号も、おなじ部数だけ刷った。ところが、この号は、ふだんの号より、ずっと早く売り切れた。店によっては、二日で売り切れたところもある。そこで、雑誌としては異例だが、十万部増刷した。これも、昨年のうちに全部売り切れてしまった。

○しかし、この〈戦争中の暮しの記録〉は、ハイ売り切れました、ですませるようなものではない。いつまでも、活字を読める日本人が一人でもいるかぎり、読みつがれ、読みつがれてほしい本だと私たちはおもっている。

○ところが、雑誌のかたちは、大ぜいのひとに読まれるという利点があるかわり、造本の点では、どうしても弱いのは仕方がない。たとえぼろぼろになっても、この一冊だけは、これからあとに生まれてくる人のために残しておきたいというのが、私たちのねがいだが、それなら、もうすこしましな造本にしてほしい、という希望が読者から、つぎつぎに寄せられた。

○ここに〈保存版〉と名づけて、一冊の本のかたちをととのえて、新しく出すことにしたのは、このような事情からである。一冊の本とするにあたっては、あの特集号の内容は、もちろん一字一句そのままに収録したが、ほかに附録として、この暮しの記録を読んだひとの感想集を附け加えた。そのために、頁数は特集号にくらべて四十頁だけ多くなっている。

○附録の1は、戦争経験のない若いひとたちの読後感で、これは新聞広告で募集して、第九十七号に発表したものの全文である。

○附録の2は、この若い人たちの感想にこたえる意味で、こんどは、じっさいに戦争を体験した人たちの感想を募って、暮しの手帖第九十九号に発表したものの、やはり全文である。

戦争中の暮しの記録　保存版

昭和四十四年　八月　十五　日　初版第一刷発行
平成二十八年十一月二十五日　第二十三刷

編　者　暮しの手帖編集部
発行者　阪東宗文
発行所　暮しの手帖社
東京都新宿区北新宿一ノ三五ノ二〇
印刷所　大日本印刷株式会社
製本所　大日本印刷株式会社

落丁・乱丁などがありましたらお取りかえいたします
定価はカバーに表示してあります

ISBN978-4-7660-0103-7 C0055

Printed in Japan